Roland Denk

Mitarbeiter:

Toni Bäurle
Uli Finckh
Rudi Krusche
Willy Kuhweide
Ernstfried Prade
Günter D. Roth
Bobby Schenk
Jörg Schmall
Herbert Schneider
Eckart Wagner

BLV Verlagsgesellschaft
München Bern Wien

Das große Handbuch des Segelns

Roland Denk

Geboren 1936, Studiendirektor. Der Autor studierte Sport und Germanistik, segelt von Jugend an und ist jetzt am Sportzentrum der Technischen Universität München tätig. Er leitet dort – heute selbst begeisterter Fahrtensegler und aktiver Regattasegler auf der internationalen Einmannjolle »Laser« – seit 1965 die hochschuleigene ansehnliche Segelschule am Starnberger See, die auf Grund modernster Unterrichtsmethoden und der gelehrten perfekten Segeltechnik in Fachkreisen höchste Anerkennung genießt. Nebenbei hat sich Denk auch einen guten Ruf als Segelsport-Journalist und -Fotograf erworben, außerdem war er von 1972 bis 1976 vier Jahre lang als Stützpunkttrainer des Deutschen Segler-Verbandes für bayerische Spitzensegler tätig. Beim breiten Segelpublikum wurde er aber durch seine modernen – bisher vier – Lehrbücher bekannt: »Segeln: Klar zum A-Schein«, »Segelschein A in Frage und Antwort«, »Klar zum Regattasegeln« und »Segelsport-Lexikon«. Die Veröffentlichung eines weiteren Buches – diesmal eines umfassenden größeren Werkes – lag in der Luft. Durch die jahrelange umfassende Tätigkeit auf dem Gebiet des Segelsports und die dadurch entstandenen Kontakte war es ihm möglich, für dieses Buch einen derart attraktiven Mitarbeiterstab zu gewinnen. Die anschließend vorgestellten Mitarbeiter schrieben über die Themen: Bootspflege und Reparaturen; Segel; Beschläge und weiteres Zubehör; Bootsmotor; Segeltheorie und Trimmen; Mehrrumpfboote und Katamaransegeln; Windsurfing; Wettsegeln; Navigation nach Gestirnen; Funkortungsverfahren; Wetterkunde. Denk führte die Gesamtredaktion und schrieb selbst über Geschichte, Organisationen und Gebräuche, Bootskunde, Segelpraxis und Sicherheit, terrestrische Navigation, Betonnung, Befeuerung und Gezeiten. Außerdem stellte er das Kapitel Gesetzeskunde zusammen.

Graphiken: Helmut Hoffmann, München

Satz: acomp, Wemding
Druck: aprinta, Wemding
Bindung: Großbuchbinderei Monheim

Printed in Germany · ISBN 3-405-11534-5

Bildnachweis

Autoflug, S. 230, 233
Toni Bäurle, S. 4, 32, 47, 74, 84(6), 130(3), 131, 146(3), 150(3), 151(4), 173, 233, 244
Beken of Cowes, S. 199
Peter Brockhaus, S. 211, 222
Fa. Dehler, S. 70, 71
Fa. Friedrich, S. 240
Fritz Geis, S. 58
»Kaiserlicher Yachtclub« 1910, S. 20
»Königlich Bayerischer Yachtclub«: Fotoalbum, S. 21, 28, 52 / Jahrbuch 1913, S. 22, 30 (Archiv Wolfram Müller)
Michael Korhammer, S. 229
Kortenbach & Rauh, S. 204
Wolfram Müller, S. 15, 19(2), 24(2), 56
North Sails, S. 8, 54(2), 55, 56(2), 57(3), 58, 60, 61(2), 62, 75, 193, 282
Fa. Plath, S. 284(2), 285(2), 292, 307, 318
Ernstfried Prade, S. 8, 214, 215(2), 216(12), 217(10), 218, 219(3), 221, 222, 223(6), 224, 225(3), 226
Archiv Günther D. Roth, S. 7
Klaus Sarzio, S. 147(4), 167(4)
Bobby Schenk, S. 329(2), 331, 332
Karla Schenk, S. 7
Horst Schlichting, S. 200
Archiv Jörg Schmall, S. 8
Ulli Schmücker, S. 38, 293(2), 294, 311
Archiv Herbert Schneider, S. 7, 50, 180, 235
Fa. Seafarer, S. 291
Peter Stückl, S. 274(5), 278(12), 279(8), 241
Fa. Volvo, S. 102
Dr. Dieter Wolff, S. 194(6)
Archiv Prof. Wortmann, S. 202
Alle übrigen Fotos stammen vom Autor

Toni Bäurle

Jahrgang 1931, Diplomsportlehrer. Als begeisterter Jollen- und Fahrtensegler, der vom Kraftfahrzeugmechanikermeister, Fahrlehrer und Fahrschulinhaber über das Begabtenabitur und das Studium von Sport und Geographie zum Diplomsportlehrer und stellvertretenden Segelschulleiter am Sportzentrum der Technischen Universität München aufstieg, war Toni Bäurle besonders prädestiniert, in diesem Buch das Kapitel über den »Bootsmotor« zu schreiben. Daneben sei ihm besonders gedankt für viele wertvolle Tips und Hilfestellungen!

Uli Finckh

Geboren 1945, Gymnasiallehrer für Mathematik und Physik, Spitzensegler in der Korsar-Klasse. 1968 und 1970 war er als Vorschotmann bei seinem Vater Internationaler Schweizer Meister, als Steuermann war er 1971 Internationaler Österreichischer Meister, 1974 Deutscher Vizemeister, Europa-Vizemeister und Bestenlistenerster. In der Korsar-Klassenvereinigung ist er engagiert tätig und fungiert dort als technischer Referent, in welcher Eigenschaft er schon viele gescheite Artikel in der Klassenvereinigungszeitschrift insbesondere über Trimmfragen veröffentlicht hat. Für uns bestand kein Zweifel, daß Uli Finckh als Pädagoge, Spitzensegler und Physiker die ideale Persönlichkeit darstellte, das Kapitel »Segeltheorie und Trimm von Segel und Boot« zu schreiben.

Rudi Krusche

Jahrgang 1914. Seit 1948 war er maßgeblich am Aufbau der heute repräsentativen Segelschule des Sportzentrums der Technischen Universität München am Starnberger See beteiligt. Als Verwalter und Bootsmeister dieser Segelschule ist er für die Pflege und Reparatur des umfangreichen Bootsparkes verantwortlich und am ganzen See berühmt wegen seiner fachlichen Kenntnisse, seines Geschickes, seiner Einfälle – und seiner »supergepflegten« Boote. Bekannt ist das Ehrenmitglied zweier Segelclubs am See auch als souveräner Wettfahrtleiter und als Vater eines Deutschen Meisters und Europameisters in der Korsarklasse. Er schrieb in diesem Buch zusammen mit Roland Denk das Kapitel »Bootspflege und -reparatur«. Der Autor bzw. Herausgeber dieses Buches hat – seit er vor 12 Jahren (damals noch ein »Segelgreenhorn«) an genannter Segelschule als Leiter einstieg – von Rudi Krusche viele Fachkenntnisse gelernt und jegliches Entgegenkommen erfahren. Deshalb an dieser Stelle ein besonderes Dankeschön an ihn!

Willy Kuhweide

Geboren 1943 in Berlin, Lufthansapilot. Der erfolgreichste deutsche Segler aller Zeiten und einer der besten Segler der Welt überhaupt (Kenner reihen ihn gerne gleich nach dem berühmten Paul Elvström ein!): 1964 war er Olympiasieger im Finn-Dinghy, 1972 gewann er eine Bronzemedaille im Starboot. 1976 nahm er zum viertenmal an olympischen Spielen teil, diesmal in der Soling, wobei er mit seiner Crew Karsten Meyer und Axel May einen sechsten Rang belegte.

Neben seiner olympischen Erfolge war er noch dreifacher Europameister (zweimal im Finn-Dinghy und einmal in der Soling) und vierfacher Weltmeister (1963, 1966, 1967 im Finn-Dinghy und 1972 im Starboot). In diesem Buch schrieb er zusammen mit Roland Denk das Kapitel »Wettsegeln«. Außerdem konnten wertvolle Tips im Teil »Segelpraxis« mitverarbeitet werden.

Ernstfried Prade

Jahrgang 1945, Grafiker. Als begeisterter Segler und Skifahrer war er einer der ersten Europäer, die Windsurfing in den USA kennenlernten. Wegen seiner Erfolge und seines Engagements in dieser und für diese Sportart, gilt er heute in Deutschland als die profilierteste »Windsurfer-Persönlichkeit«: 1973 wurde er Vize-Europameister, 1973 und 1974 war er Deutscher Windsurfingmeister. Daneben kümmerte er sich intensiv um die Windsurfing-Schulung, und so ist er heute nicht nur im Vorstand des »Verbandes der Deutschen Windsurfing Schulen« tätig, sondern auch als Ausbilder der »International Windsurfing Schools«. Weitere Erfahrungen sammelte er dazu als Schriftleiter des Magazins »Windsurfing«. 1974 erschien sein erstes Lehrbuch unter dem Titel »Windsurfing – den Wind in den Händen«. Wir sind stolz, daß er in unserem Buch das Kapitel »Windsurfing« schrieb!

Günther D. Roth

Jahrgang 1931, Diplomkaufmann, Hobbysegler, dazu leidenschaftlicher Astronom und Wetterkundler mit großen Spezialkenntnissen. 1972 veröffentlichte er im BLV-Verlag das erfolgreiche Buch »Sterne und Planeten«, und 1976 erschien von ihm das Buch »Wetterkunde für alle«. Außerdem ist G. D. Roth Herausgeber des »Handbuch für Sternfreunde« sowie Mitherausgeber der Zeitschrift »Sterne + Weltraum«. Für uns war es ein Glücksfall, Herrn Roth für das Thema »Wetterkunde« zu gewinnen.

Bobby Schenk

Jahrgang 1939, Staatsanwalt in München. Beim breiten Segelpublikum wurde er bekannt durch seine dreieinhalbjährige Weltumsegelung zusammen mit seiner Frau Karla, seine zahlreichen Veröffentlichungen in der Segelzeitschrift »Yacht« und zuletzt durch sein großartiges Buch »Fahrtensegeln in Theorie und Praxis«. Vor seiner Weltumsegelung war er intensiv beschäftigt mit Lehrtätigkeit im Rahmen von Vorbereitungskursen für Segelscheinprüfungen. Die Prüferlizenz besitzt er für alle Führerscheine des Deutschen Segler-Verbandes. In diesem Buch schrieb er »Navigation nach Gestirnen-Astronavigation« und »Funkortungsverfahren«, Themengebiete, in denen Bobby Schenk als überragender Fachmann gilt.

Herbert Schneider

Jahrgang 1940, Maschinenbaustudium, Inhaber einer bekannten Yacht-Ausrüstungs- und Service-Firma. Er gilt als außerordentlicher Spezialist für alle Yacht-Ausrüstungsfragen, und er ist berühmt wegen seines Ideenreichtums – nicht umsonst war er vom IOC als exklusiver, offizieller Yachtausstatter für die Olympischen Segelwettbewerbe 1972 zugelassen. Für 1980 wird er sogar für die UdSSR als Olympia-Yachtausrüster in Tallin fungieren. Der ehemals aktive FD- und Starbootsegler, auch bekannt unter dem Spitznamen »Schmied von Schilksee« (wegen seiner alljährlichen Service-Tätigkeit bei der Kieler Woche) schrieb in diesem Buch zusammen mit Roland Denk das Kapitel »Beschläge und weiteres Zubehör«. Er gab außerdem viele wertvolle Tips, die auch an anderen Stellen verwertet werden konnten.

Jörg Schmall

Geboren 1943 in Stuttgart, heute als Physiker in Konstanz tätig. Der ehemalige Hochschul-Vizemeister im Finn und im 420er segelt seit 1969 Tornado-Katamaran, wobei er wegen seiner großen Erfolge (Steuermann und Vorschoter!) als eine Ausnahmeerscheinung anzusehen ist: Als Steuermann gewann er im Tornado die Internationale Deutsche Meisterschaft in den Jahren 1973 und 1974, nachdem er 1972 bereits Deutscher Vizemeister war und Internationaler Italienischer Meister war. Seit 1975 fährt er als Vorschotmann bei Jörg Spengler, und dieser Zusammenschluß zweier Spitzensteuerleute hat sich voll gelohnt: Die beiden wurden 1975 überlegene internationale Deutsche Meister, außerdem gewannen sie die Weltmeisterschaft. Für 1976 hatten sie sich überlegen als Olympiateilnehmer qualifiziert, und in Kingston gewannen sie dann die Bronzemedaille.

Eckart Wagner

Geboren 1938 in Kiel, entstammt einer bekannten Seglerfamilie: Sein Vater war für die ausgefallenen olympischen Spiele 1940 in der 6-m-R-Klasse nominiert, sein Bruder war Olympiateilnehmer 1972 in der Soling, er selbst war vierfacher Olympiateilnehmer. Der gelernte Jurist (Jurastudium mit Examen in München) ist heute Mitinhaber einer berühmten Segelmacher-Firmengruppe und der vielleicht profilierteste Segelmacher in Deutschland. Seine größten sportlichen Erfolge errang er im Starboot: Hier wurde er z. B. zweifacher Deutscher Meister, zweifach Distriktmeister und Europameister (1975). 1974 erzielte er seinen vielleicht bisher größten Erfolg: er wurde Weltmeister im Halbtonner. 1975 stieg er mit Erfolg vom Star in die Tempest um, hier hätte er fast seine fünften olympischen Spiele angepeilt. In diesem Buch schrieb er zusammen mit Roland Denk das Kapitel »Segel«.

Anstelle eines Vorwortes

An dieser Stelle könnte ein übliches Vorwort folgen, das z. B. die Schönheit des Segelns anpreist und auf die Wichtigkeit dieses Buches hinweist. Ich meine aber: Eine Werbung hat der Segelsport nicht mehr nötig, und dieses Buch spricht auch ohne spezielle Anpreisung für sich selbst – man möge nur ein bißchen darin herumblättern!

So möchte ich statt eines »normalen« Vorwortes etwas Wichtigeres tun: Ein herzliches Danke sagen den vielen Personen, Institutionen und Firmen, die mir bei der Durchführung dieses Werkes geholfen haben! Neben den zehn in diesem Buch schon vorgestellten Mitarbeitern sei folgenden Herren ein besonderer Dank gesagt: Wolfram Müller vom Bayerischen Yacht-Club, der mir aus seinem kostbaren alten Segelarchiv bereitwillig historisch bedeutsame Fotos und Jahrbücher zur Verfügung stellte; dem Präsidenten des Clubs »Das Wappen von Bremen«, Rolf Schmidt, und seinem Sohn Fritjoff, die mir bei meiner Fotosafari auf Helgoland große Freundlichkeit und wichtige Unterstützung entgegenbrachten; Fritz Geis vom Chiemsee Yacht-Club, der beim Kapitel »Segel« seinem Chef Eckart Wagner in manch wichtigen Punkten assistierte; den Bundeshonorartrainern Klaus Kieschke und Bruno Splieth, die mich zu Fotozwekken in Kiel aufs Trainerboot mitnahmen; Ulli Schmücker und Prof. Wortmann, die mir Fotos zur Verfügung stellten; dem Eintonnersegler Dirk Albers, der meinem Wunsch, zu Fotozwecken auf einem Eintonner mitzusegeln, Verständnis entgegenbrachte und sich sehr freundlich um mein Anliegen bemühte; Reinhard Winkler, dem bisherigen Leiter des Universitätssegelzentrums in Kiel, der seinen Kollegen aus München außerordentlich gastfreundlich während der Kieler Woche aufnahm; Herrn Krafft von Dellmensingen, der mir ein wichtiges Foto aus England vermittelte; den Bootsführern aus meiner Segelschule, insbesondere Peter Lukas, Victor Hörmann, Jürgen Fredrik und Klaus Sarzio, die mir bereitwillig als »Seglermodelle« zu Fotozwecken zur Verfügung standen und teilweise auch nach der Kamera griffen.

Ferner sei der Firma Schefferling gedankt, die mir erlaubte, gegebenenfalls Informationen aus ihrem sehr instruktiven Katalog zu entnehmen; den Tauwerkherstellern Gleistein & Sohn, FSE, Liros und Schwaiger's Witwe, die mir neueste Tauwerkauskünfte gaben und Informationsmaterial zur Verfügung stellten; den Firmen Autoflug, Friedrich, Kortenbach & Rauh, Plath und Seafarer für die Zusendung von Fotos. Dank auch dem Hydrographischen Institut und dem Seewetteramt Hamburg für diverse Abdruckgenehmigungen, dem Deutschen Segler-Verband und den Segelverbänden von Österreich und der Schweiz für wichtige Informationen.

Zum Schluß ein ganz besonders herzlicher Dank an meine Frau und meine beiden kleinen Töchter, die lange Zeit wegen meiner nicht mehr vorhandenen Freizeit mitleiden mußten, dies aber mit Verständnis hinnahmen.

München im August 1976 — Roland Denk

Inhalt

Der Segelsport – Geschichte, Organisationen, Gebräuche

Bootskunde

Seemännische Arbeiten

Mehrrumpfboote und Katamaransegeln

Windsurfing

Sicherheit

Wettsegeln

Navigation

Wetterkunde für Segler

Gesetzeskunde

Anhang

Farbtafeln

Zu folgenden Themen enthält dieses Buch Farbfotos:

Der Segelsport

Geschichte
Organisationen
Gebräuche

Geschichte

Bevor der Segelsport begann

Im Gegensatz zur eigentlichen Segelsportgeschichte ist die Geschichte des Segelns selbst uralt. Erst zu Beginn des 18. Jahrhunderts kam das Dampfschiff auf und viel später der Bootsmotor. Vorher mußte also zwangsläufig gesegelt werden – oder auch gerudert. Viele alte Darstellungen aus dem Altertum beweisen, daß schon in frühester Menschheitsgeschichte das Segeln für verschiedene Zwecke benutzt worden ist. Die Boote waren natürlich anfänglich primitiv, die Segel bestanden zunächst aus Bambusmatte, Wolle und Leinen – alle nach dem Prinzip der Rahsegel.

Aber keine Angst, lieber Leser: wir wollen hier nicht länger von alten Gebrauchsbooten, ägyptischen Ausgrabungen, sackförmigen Leinensegeln usw. sprechen, sondern nur noch kurz auf die Zeit der »Windjammer« eingehen, eine Zeit, die auch heute noch so viele fasziniert. »Windjammer« ist eine Bezeichnung für die alten großen Segelschiffe mit den viereckigen Rahsegeln. Das Wort hat nichts zu tun mit einem in der Takelage jammernden Wind; es handelt sich vielmehr um ein verballhorntes Englisch, gebildet aus »wind« und »to jam« = pressen: also Schiff, das an den Wind oder vom Wind gepreßt wird. Die Entwicklung dieser Windjammer begann um das 14. Jahrhundert, ihre Blütezeit lag im 19. Jahrhundert. Besonders schnell waren diese Schiffe zunächst nicht. Kolumbus z. B. segelte nach Amerika mit einer Durchschnittsgeschwindigkeit von 4 Knoten (kn), etwas später erreichte man Geschwindigkeiten von 7–8 kn. Anfangs des 19. Jahrhunderts begann dann ein Wandel in der Segelschiffahrt, wobei Schnelligkeit Trumpf wurde: die Klipper wurden in Amerika geboren, die berühmten schnellen Großsegler, die sogar noch heute z. B. das Fernsehen zu Serien anregen. Kennzeichen dieser Klipper waren die überhängenden Bug- und Heckpartien, scharf gehaltene Linien, der sich nach achtern vergrößernde Tiefgang und der mehr V- statt U-förmige Rumpf. Dazu gesellten sich ein geringeres Freibord, ein Fall der Masten nach schräg hinten und eine Vermehrung der Rahsegel (statt 3 nun bis zu 7 je Mast). Die Masten selbst waren um die 50 m hoch. Als erster echter Klipper gilt die 1844 in Dienst gestellte »Rainbow«. Der wohl berühmteste Klipper war die »Flying Cloud«, ein Schiff von knapp über 70 m Länge bei einer Breite von über 12 m, das 1851 die Strecke New York – San Franzisko in 89 Tagen und 21 Stunden (alter Rekord: 95 Tage) schaffte. 1854 soll angeblich der Klipper »Champion of the Seas« vom 11.–12. Dezember ein Etmal (Etmal = zurückgelegte Strecke innerhalb von 24 Stunden) von 465 Seemeilen zurückgelegt haben, das wären fast 20 kn gewesen. Eine Rolle spielten die Klipper damals nicht nur im Personentransport, sondern auch im Teehandel. Da der von China importierte Tee auf den langen Schiffsreisen im Geschmack litt, waren natürlich jetzt zum Transport schnellere Schiffe gefragt.

Alte Segelschiffe kann man heute noch bewundern bei gelegentlichen »Oldtimertreffen«. Berühmt wurde z. B. die »Windjammerparade« 1972 vor Kiel anläßlich der olympischen Spiele.

Die verschiedenartigen alten Segel – Rahsegel, Vorsegel, Stagsegel, gegebenenfalls mit einem Schratsegel kombiniert – und ihre Benennung sind in der untenstehenden Abbildung dargestellt.

Je nach Menge der Masten und Anordnungen und Art der Segel unterschied man zwischen verschiedenen Segelschifftypen. Die wichtigsten:

Brigg

Zweimaster, beide Masten sind mit Rahsegeln versehen, d. h. vollgetakelt.

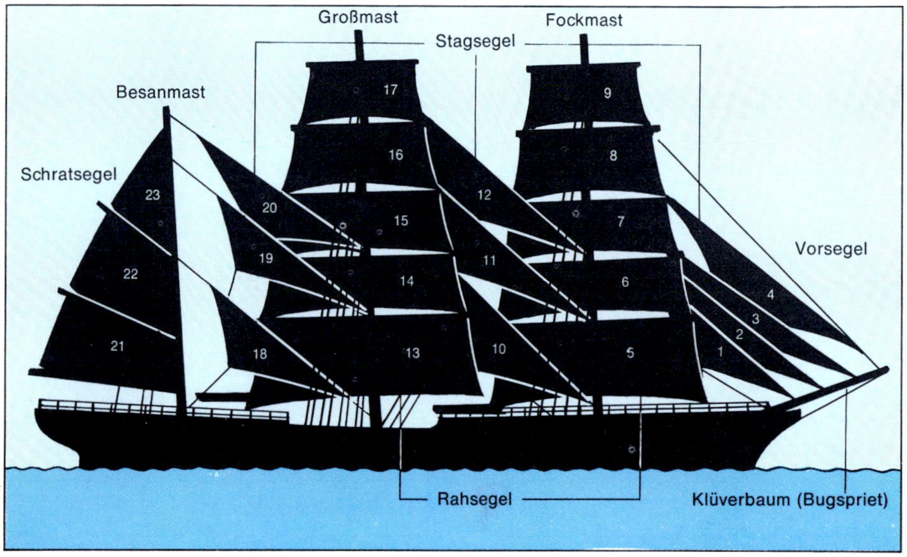

Die Segel eines alten Dreimaster (Bark): 1 Vorstengestagsegel, 2 Innenklüver, 3 Außenklüver, 4 Jager, 5 Fock, 6 Voruntermarssegel, 7 Vorobermarssegel, 8 Vorbramsegel, 9 Vorroyal, 10 Großstengestagsegel, 11 Großbramstagsegel, 12 Großroyalstagsegel, 13 Großsegel, 14 Großuntermarssegel, 15 Großobermarssegel, 16 Großbramsegel, 17 Großroyal, 18 Besanstagsegel, 19 Besanstengestagsegel, 20 Besanbramstagsegel, 21 Unterbesan, 22 Oberbesan, 23 Besantoppsegel.

Schonerbrigg oder Brigantine
Zweimaster, vorderer Mast trägt Rahsegel, der hintere Gaffelsegel; dazwischen sind Stagsegel gesetzt.

Schonerbark oder Barkentine
Meist ein Dreimaster, vorderer Mast ist vollgetakelt, d. h. er trägt Rahsegel, die beiden hinteren Masten führen Gaffelsegel. Zwischen dem Vor- und Großmast sind Stagsegel gesetzt.

Bark
Dreimaster mit zwei vollgetakelten = mit Rahsegeln versehenen vorderen Masten und einem achterlichen Besanmast, der ein Schratsegel trägt. Zwischen den Masten jeweils Stagsegel. Das Schulschiff der Bundesmarine, die Gorch Fock, ist z. B. eine Bark.

Vollschiff
Ein berühmter Windjammertyp. Alle 3 Masten sind vollgetakelt, also mit Rahsegeln versehen. Dazwischen sind Stagsegel gesetzt. Bei vier- oder fünfmastigen Vollschiffen wurde zur näheren Bezeichnung noch das Wort »Viermast« bzw. »Fünfmast« davorgesetzt. Das wohl berühmteste Fünfmastvollschiff der Welt und zugleich das größte war die »Preußen«, 1902 gebaut und 1910 verlorengegangen.

Toppsegelschoner
Auch Marssegelschoner genannt. Ein Schoner (Zweimaster mit größerem achteren Mast) mit Schratsegeln und am meist vorderen Mast (gelegentlich auch an beiden Masten) als Toppsegel Rahsegel. Bei drei Masten wird das Wort »Dreimast« vorausgestellt, also Dreimast-Toppsegelschoner. Ein etwas späterer Typ ist der *Gaffelschoner,* der an beiden Masten mit Schratsegeln (= Gaffelsegeln), die oben ein Toppsegel tragen, versehen ist. Auch hier wird gegebenenfalls das Wort »Dreimast« oder »Viermast« vorausgestellt. Eine weitere Schonerart ist der mit Stagsegeln ausgerüstete *Stagsegelschoner.* Die Schoner sind als der eigentliche Übergang von den Rahseglern zu den Schiffen mit Schratsegeln anzusehen. Eine Rolle spielte hierbei das Gaffelsegel, das Mitte des 17. Jahrhunderts entstand, und das sich während des 18. Jahrhunderts bei kleineren Handels- und Kriegsschiffen sowie während des 19. Jahrhunderts auch bei größeren Handelsschiffen (Dreimastschoner) verbreitete und gleichzeitig die Ära der Sportyachten einleitete.

Kleine Geschichte des Segelsports

Der eigentliche Segelsport, das Segeln nur zum Vergnügen oder als Wettkampf, begann erst so richtig in der zweiten Hälfte des 17. Jahrhunderts, und zwar ausgehend von Holland. 1660 erhielt Charles II. von England von der Stadt Amsterdam als Geschenk zu seiner Krönung die Yacht »Mary«, die als erste englische Yacht anzusehen ist und den Beginn des sportlichen Segelns in England bedeutete. Der junge König begeisterte sich an dem neuen Sport, er soll eigenhändig eine weitere Yacht entworfen haben, außerdem folgten in den nächsten Jahren weitere Yachtbauten.

Unser heutiger Begriff »Yacht« geht auf damalige Zeit zurück. Er stammt aus dem Holländischen aus dem Wort »jaght« (Jäger, Verfolger). Kleine, schnelle Boote wurden so genannt, die schon seit dem 14. Jahrhundert zur Verfolgung von Seeräubern, Schmugglern, dann aber auch zu Spazierfahrten eingesetzt wurden. Das Wort »jaght« verwandelte sich in England nach der Ankunft der »Mary« in das Wort »yacht« in der Bedeutung »Vergnügungs- bzw. Lustfahrzeug«. Auch das heutige Wort »Yacht« hat noch die alte Bedeutung, wobei wir es nach dem heutigen Sprachgebrauch besser als »Sportfahrzeug« (im Gegensatz zu einem Nutzfahrzeug) definieren. So kann man sowohl Segelboote allgemein als Yachten bezeichnen (in den Wettsegelbestimmungen wird z. B. ein Segelboot immer als Yacht bezeichnet) als auch Sportmotorboote als Motor-Yachten. Nicht Ruderboote! Speziell im Segelsport ist eine Yacht aber ein Kielboot im Gegensatz zum Schwertboot (Jolle). Zur Schreibweise: In Tageszeitungen kann man häufig auch »Jacht« lesen, was von der Wortgeschichte her nicht falsch ist. Allgemein – besonders in der Fachliteratur – hat sich heute aber die Schreibweise »Yacht« durchgesetzt.

Die wichtigsten Segelsportereignisse zwischen 1662 und 1976 auf einen Blick:

Jahr	Ereignis
1662	Erste überlieferte Segelregatta: in England zwischen den beiden Yachten »Catherine« und »Anne«
1718	Nach Behauptung der Autoren Grigorieff/Lobatch-Joutchenko in dem Buch »Der Segelsport in der UdSSR« Gründung des ersten Yacht-Clubs der Welt in Rußland (»Flotile der Neva«)
1720	Nach Meinung der übrigen Literatur Gründungsjahr des ersten Yacht-Clubs, des »Water Club of the Harbour of Cork« in Irland (heute: »Royal Cork Yacht Club«)
1775	Gründung des ersten englischen Yacht-Clubs durch den Herzog von Cumberland: »Cumberland Fleet or Sailing Society«
ab 1800	Dampfschiffe kommen in den USA auf. In Europa begann der Dampfschiffbau ab 1812
um 1815	In den USA kommt das Mittelschwert auf
1819	Erste Atlantiküberquerung eines Dampfschiffes: Savannah–Liverpool in 25 Tagen
1840	Gründung des ersten französischen Yacht-Clubs: »Société des Régates du Havre«
1844	Gründung des ersten amerikanischen Yacht-Clubs, des »New York Yacht Club« im Salon des Schoners »Gimcrack«
1846	Gründung des ersten niederländischen Yacht-Clubs in Rotterdam: »Koninglijke Nederlandse Jachtclub«
1851	Der berühmte Schoner »America« (30 m lang) in New York gebaut. Er lief im Juni in Richtung Le Havre aus und erreichte mit einer Durchschnittsgeschwindigkeit von 7 kn in 26 Tagen, 6 Stunden diesen Hafen. Am 22. 8. 51 fand eine erste Begegnung zwischen englischen und der amerikanischen Yacht statt, wobei »America« rund um die Insel Wight klar gewann.
1851	Erstmals Verwendung von Baumwollsegeln. Die Yacht »America« trug erstmals diese Baumwollsegel, die auch flacher geschnitten waren, während die Engländer die damals noch üblichen Segel aus Flachsgewebe benützten
1855	Gründung des ersten deutschen Yacht-Clubs: »Segel-Club Rhe« in Königsberg
1855	Erstmals wurde eine nur für Yachten gedachte Vermessungsformel entwickelt: »Thames Measurement«
1855	Die erste amerikanische Dampfyacht erschien
1866	Das erste richtige Hochseerennen wurde ausgetragen, und zwar über den Nordatlantik zwischen den drei Yachten »Henrietta«, »Fleetwing« und »Vesta«
1870	Das erste internationale Hochseerennen fand statt zwischen der britischen Yacht »Cambria« und der »Dauntless« aus USA
1870	Erste Verteidigung des »America-Pokals« unter der Schirmherrschaft des New York Yacht Clubs
um 1875 –1880	Die Yacht mit Hilfsmaschine und die Dampfyacht werden populär
1876	Konstruktion des ersten Regatta-Katamarans durch den berühmten Nathaniel Herreshoff. Das Boot gewann überlegen in einem Rennen des New York Yacht Clubs, woraufhin weitere Starts verboten wurden
ab 1880	Der Außenballast setzt sich bei Yachten durch gegenüber dem Innenballast
1882	Gründungsjahr der Kieler Woche
1886	Gründung des ersten österreichischen Segel-Clubs
1888	Gründungsjahr des Deutschen Segler-Verbandes
1891	Konstruktion der Yacht »Gloriana« nach dem Konzept einer modernen Segelyacht mit weggeschnittenem Vorfuß (Schaffung des Löffelbuges) und Verlegen des gesamten Ballastes nach außen
1896–1898	Der Amerikaner Joshua Slocum segelte mit seiner Yacht »Spray« als erster alleine um die Welt. Es war zugleich auch die erste Weltumsegelung mit einer kleinen Yacht
1900	Die ersten olympischen Regatten und der erste Olympiasieg eines deutschen Seglers: Martin Wiesner in der 1-2-Tonnen-Klasse
1903	Indienststellung der ersten ausschließlich auf Geschwindigkeit und unter Verzicht auf allen Komfort konstruierten »Rennmaschine« des Segelsports und größten Yacht aller America-Pokal-Verteidiger (43,80 m), der »Reliance« von Herreshoff
1906	Erstes Bermuda-Rennen, Vorbild für viele spätere Hochseeregatten
1906	Bei einer Konferenz in Paris, auf der über internationale Wettfahrtregeln entschieden werden sollte, wurde die I.Y.R.U., die »International Yacht Racing Union« gegründet
1907	In Berlin Gründung des Deutschen Motoryachtverbandes (DMYV)
1907–1914	Entstehung der »Meter-Klassen«, deren berühmteste Vertreter die 6-m-, 8-m- und 12-m-Yachten waren

Alte 20-qm Rennjollen, verbreitet um 1924–1928.

Jahr	Ereignis
1911	Das berühmte Starboot wurde in den USA von Francis Sweisguth konstruiert und trat erstmals am 30. 5. auf. Es war dann von 1932 bis 1972 olympische Klasse
1919	In England Neuerrichtung der im 1. Weltkrieg gesprengten I.Y.R.U. Der deutsche Segelsport blieb dabei noch ausgeschlossen
ab 1919	Das Rennsegeln in kleinen Booten wird populärer
um 1920	Einführung des verleimten Hohlmastes
ab 1920	Siegeszug der Hochtakelung. Ausschlaggebend waren die olympischen Spiele 1920 in Amsterdam, wo teilnehmende hochgetakelte Yachten ihre Überlegenheit zeigten gegenüber den gaffelgetakelten Yachten
1920–1938	Blütezeit der deutschen 10 m^2-Einheitsjolle
1922	Gründung der I.S.C.Y.R.A., der »International Star Class Yacht Racing Assoziation« mit Sitz in New York
1924	Erstmals auf olympischen Spielen (Paris) eine Regatta für Einhandjollen
1925	Gründung des »Deutschen Hochseesportverbandes ›Hansa‹« (DHH) bei einer Gründungsversammlung in Berlin

Jahr	Ereignis
1925	Die Hochseeregatta »Rund um Helgoland« im Rahmen der Nordseewoche fand erstmals statt
1925	Erstes Fastnet-Rennen, Europas wichtigstes Hochseerennen
1927	Erstes Erscheinen einer Genua-Fock, auf der schwedischen 6-m-R-Yacht »Lilian«
1928–1938	Große Zeit der Jolle »14-Fuß-Dinghy«, der ersten modernen Rennjolle
1930	Erste Verwendung eines Aluminiummastes, auf der Yacht »Enterprise«. Diese amerikanische »J«-Yacht gewann damals die Amerika-Pokal-Herausforderung gegen die britische Yacht »Shamrock V«
1930–1938	Große Zeit der Yachten der »J«-Klasse
1931	Erscheinen der amerikanischen Snipe-Jolle, einer der ersten Einheitsklassen. Diese Konstruktion von William Crosby war zusammen mit dem 14-Fuß-Dinghy ein Wegbereiter für das Jollensegeln
um 1935	Entwicklung des »flexiblen Riggs« von dem bekannten deutsch-brasilianischen Starbootsegler »Pimm« von Hütschler. Beteiligt war auch der deutsche Olympiasieger von 1936 Dr. Peter Bischoff

Jahr	Ereignis
1936	Zweite olympische Goldmedaille für einen deutschen Segler: für Dr. Peter Bischoff mit Jochen Weise im Star
1939	Gründung des Schweizer Segelverbandes, der »Union Schweizerischer Yachtclubs«
1946	Gründung des Österreichischen Segel-Verbandes (ÖSV)
1946	Erstmals Nylon für Segeltuch benützt
1951	Yardstick-System von dem Engländer S. Zillwood Milledge entwickelt, 1969 in Deutschland eingeführt
1952	Erste Einhand-Atlantiküberquerung einer Frau (Ann Davison)
1952	Erscheinen der Flying-Dutchman-Jolle (konstruiert von U. van Essen), der ersten Klassen-Gleitjolle. Olympisch seit 1960
1954	Die Polyesterfaser setzt sich durch für die Am-Wind-Besegelung
1956	Die erste große Yacht wird in glasfaserverstärktem Kunststoff (GFK) gebaut
1957	Einführung der Admiral's Cup-Rennen
1960	Erste Einhand-Transatlantikregatta

22-qm Dreimannjollen aus der Zeit um 1914 bis 1950.

Jahr	Ereignis
1961	Erste Serie des »Kleinen Amerika-Pokals« für Katamarane auf dem Long Island Sound/New York
1964	Olympiasieg Willy Kuhweides im Finn-Dinghy. Dritte Goldmedaille für einen deutschen Segler
1969	Windsurfing wird in Californien erfunden und breitet sich seitdem aus
1970	Erstmals Verwendung der IOR-Formel. Entwicklung seit 1968, IOR-Mark III seit 1973
1972	Endgültiges Durchsetzen der Alu-Masten, nachdem erstmals auch die Finn-Dinghies (erfolgreich) für die olympischen Regatten mit Alu-Masten ausgerüstet wurden
1972	Zum zweitenmal fanden vor Kiel die olympischen Regatten statt
1973	Die deutsche Mannschaft gewinnt erstmals den Admiral's Cup vor Australien und England

Jahr	Ereignis
seit 1973	Einführung des Amtlichen Sportbootführerscheins für die deutschen Seeschifffahrtsstraßen
1973/74	Das erste Yachtrennen um die Welt findet statt
1974	Kohlenfasern werden als Verstärkung für den Flying Dutchman erlaubt
1976	Erstmals segelt ein Katamaran (Tornado) auf olympischen Regatten
1976	Schaffung eines »Internationalen Sportboot-Zertifikates«, das in ganz Europa gilt
1976	Erfolgreichste olympische Spiele für die deutschen Segler mit 2 Goldmedaillen (Gebrüder Diesch im FD und Hübner/Bode im 470er) und mit einer Bronzemedaille für Spengler/Schmall im Tornado.

Rechts: Eine Seite aus einem alten Fotoalbum des »Königlich Bayerischen Yacht-Clubs« Starnberg.

Unten: Die berühmte Kaiserliche Yacht (S. M. Y.) »Meteor IV«, ein 1909 fertiggestellter Schoner.

Kleine Geschichte des Binnensegelns

Auf den zum Wassersport geeigneten Binnenseen herrscht heute ein reger Segelbetrieb. An schönen Wochenendtagen tummeln sich je nach Reviergröße hunderte von Freizeitskippern mit ihren Booten auf dem Wasser.

Das Segeln auf Binnenseen begann erst ab etwa 1850. Eine kleine Geschichte des Binnensegelns sei am Beispiel des Starnberger Sees in der Nähe von München aufgezeigt, einem typischen Freizeitsegelrevier, auf dem heute jährlich die meisten Segelregatten von ganz Deutschland stattfinden. Wir zitieren aus dem Jahrbuch 1913 des damaligen »Königlich Bayerischen Yacht-Clubs«:

„Noch vor 45 bis 50 Jahren [= 1868 bis 1863] war unser lieblicher Starnbergersee so gut wie unberührt. Nur da und dort hatte sich ein ruhebedürftiger Münchener ein bescheidenes Landhaus gebaut.

Das heutige Niederpöcking, eine Künstlerkolonie, vom Volk „Protzenhausen" genannt, zählte erst drei oder vier Villen. Auch in den anderen Orten, in Tutzing, Bernried, Ambach und Ammerland war ein ständiger Sommergast noch eine seltene Erscheinung. An Villen waren an all den Orten, Leoni eingeschlossen, höchstens acht bis zehn zu zählen. War doch die Bahn von München an den See erst im Jahre 1858 eröffnet worden, während ein Dampfer schon seit Mai 1851 den Verkehr auf dem See vermittelte. Beide, Bahn und Dampfer, sind Schöpfungen des Baurates Himbsel, des Großvaters unseres Mitgliedes Kapitän Himbsel ...

Bis Anfang der siebziger Jahre verkehrten je drei Züge von und nach München. Der erste erreichte Starnberg um 8 Uhr, der zweite mittags um 12 Uhr und der letzte halb 4 Uhr nachmittags. Zu diesen Zügen machte der Dampfer „Maximilian" je eine Rundfahrt, von denen nur die letzte bis Seeshaupt führte ...

Die Stelle, von der aus der Dampfer abging, ist das Haus, das gegenwärtig unserem Mitglied Herrn König gehört. Es war damals einstöckig und lag mit-

Starnberger-Woche. 1908.

Aeolus.

Dürrdanger, Dr. Serini,
Fr. Küstermann, Hl. Küstermann, v. Freudini.
O. v. Pfister, – Hr. v. Pfister. Fr. Stahlmann.
Dr. Vogt.

Roseninsel-Kurs 1892.

2 Eos Schwan Perle Hexe.

Rakete II. 1903.

Vor der Regatta 1892. (Roseninsel,

Eos Delphin Hexe Möve.

" " "

Rakete II 1904

Delphin Welch 1900.

Castor 1900.

ten in dichtem Schilfe und wurde auf einem langen Steg, an dessen Verlängerung nachts der „Maximilian" vertäut war, vom Lande aus erreicht.

Dieses von der Firma Maffei erbaute „Dampfschiff" darf mit heutigen Ansprüchen an einen Vergnügungsdampfer allerdings nicht gemessen werden. Es wurde mit Holz geheizt, war kurz und hatte viel Freibord. Die Kajüten waren unter Deck mit viereckigen Fenstern. Am meisten fielen in die Augen die riesigen Radkästen, die oben durch ein Deck verbunden waren, aus dem hinten ein dünner, hoher Schlot hervorragte, oben geziert durch eine zackige Krone. Der „Maximilian" hatte einen Mast mit einer Querraa, der nach beiden Seiten durch Strickleitern gehalten wurde; den ausfallenden Steven zierte als Gallion eine sittsame drapierte, vergoldete Jungfrau, über der ein nur drei Schuh langes, sechskantiges, weißblau gestrichenes Bugspriet hinausragte, an dessen Fuß eine Kanone angebracht war. Den Dampfer befehligte Kapitän Buchlohe (Vater des jetzigen Betriebsleiters), unter dem fünf bis sechs Matrosen mit roten Flanelljacken und schwarzen Glanzlackhüten standen. Erhebend war es, wenn im Kriegsjahre 1870/71 bei jeder Siegesnachricht der Mast nach allen Seiten mit den Fahnen der deutschen Staaten behängt war. Dann wurde auch beim Landen an jeder Station geschossen. Vorher machte einer der rotbejackten Seebären mit abgezogenem Hute die Runde bei den Fahrgästen, mit der Warnung: „Es wird gebeten, nicht zu erschrecken, da jetzt geschossen wird." Sonst wurde die Kanone nur am Ludwigstage und an den Namenstagen der verschiedenen Villenbesitzer gelöst. Schnell fahren konnte dieses in sauberes Grün gekleidete Dampfschiff nicht, warf dafür aber um so riesigere Wellen.

Segel sah man um diese Zeit sehr selten. Regelmäßig wurden sie nur von den Bierführern gesetzt, überhöhte, viereckige Segel aus ungebleichter Leinwand, die nur vor dem Winde zu gebrauchen waren. Man nannte diese Segel „Bierführersegel".

Im Segeln selbst erblickte man lange Zeit ein gefährliches Unterfangen, eine

Ansicht, die ihre große Verbreitung den eifrigen Erzählungen und Warnungen des vorerwähnten Kapitäns Buchlohe verdankte. Er kam vom Niederrhein und galt als Autorität in allen maritimen Fragen. „Ein Boot, das keinen Kiel hat, muß umwerfen", docierte er, und ängstliche Väter verboten ihren Buben das Segeln im Flachboot mit den Bierführersegeln. Aber weder des Kapitäns Warnungen noch das Verbot der Väter konnten die Segelleidenschaft der Jugend ganz unterdrücken. Im Geheimen entstanden oft erstaunlich große Segel, aus Kleesäcken, Rupfen und dergleichen, und manches dem mütterlichen Wäschespind gemauste Leinen- oder Tischtuch wurde dem edlen Zwecke zugeführt. Zu Masten und Raaen verwendete man Bohnenstangen. Das Segel ward ohne Fall gleich direkt an dem Mast festgebunden. Die obere Mastspur war ein Brett mit einem Loch, während die untere meist fehlte, da man sich wegen der Gefahr, entdeckt zu werden, nicht getraute, eine solche anzubringen. Bei schönem SW., nach stundenlangem Rudern gegen Wind und Wellen, wurde das Segel aufgerichtet. Abwechselnd mußte einer den Mast, mit gekreuzten Beinen am Boden sitzend, halten. War man dann nach dreiviertel Stunden, leider zu früh, unten an der Würm angekommen, so ruderte man ohne Murren nach Hause, glückselig, gesegelt zu sein.

Doch gab es damals auch schon wirkliche Segler, wenn auch nur in beschränkter Anzahl, die leidenschaftlich und mit ganzer Hingebung an der Segelei hingen; aber ein wirklich schneidig gesegeltes Boot war zu jener Zeit noch ein seltener Anblick.

Anders am Tegernsee. Dortselbst existierte eine regelrechte Bootswerft. „Böttinger" baute einen ganz besonderen Typ von Kielruderbooten, die sich wesentlich von den aus dem Norden importierten durch den runden Steven, das vollere Vorschiff und vor allem durch den großen Sprung unterschieden. ...

„Böttinger und Kellerer", welch letzterer Anfang der 70er Jahre eine zweite Bootswerft am Tegernsee eröffnet hatte, lieferten fast zu all ihren kleineren Kielbooten auch die Segel, und zwar „Lateinersegel".

Diesen zwei Werften, die lange schon den ganzen Süden Bayerns und einen großen Teil der österreichischen Seen mit ihren Booten versorgten, hatten wir in Starnberg lediglich eine Schreinerei entgegenzustellen, die ein gewisser „Lachner" in der Nähe des Gasthauses „Pellet" betrieb. Dieser Lachner baute in den Jahren 1867 und 1868 im ganzen drei Segelboote. Mit dem Bau von Ruderbooten gab er sich nicht ab ...

Als das nachweisbar älteste Segelboot an unserem See muß der gekupferte Schoner angesprochen werden, den ein Engländer Namens „Dupré", vom Volke kurz „der Engländer" genannt, um das Jahr 60 aus England mitbrachte. Dieser „Engländer" war auch der erste Ansiedler in „Protzenhausen". Das Boot soll sehr rank gewesen sein, hat wohl auch sonst nicht entsprochen, denn bereits 1869 lag es als Wrack am Strande, ungefähr da, wo heute an der Seepromenade der eiserne Aussichtspavillon steht, und wurde bald darauf abgebrochen. Gleich zu Anfang der 60er Jahre trat Heidtmann, Hamburg-Uhlenhorst, mit einer Reihe sehr guter Boote auf den Plan.

Herr Holtz in Niederpöcking bestellte 1865 ein gedecktes Schwertboot, slup getakelt, die Germania, und eine größere, carveel gebaute Jolle; ersteres kam allerdings ziemlich verspätet an, da es infolge des inzwischen ausgebrochenen Krieges über 3 Monate in Mitteldeutschland liegen blieb, letztere wurde Mitte der 70er Jahre vom Nachfolger, Herrn Göß, mit 2 Huarisegeln versehen, lief sehr gut und bildete das Muster in bezug auf Takelage für viele spätere, getakelte Ruderboote. Das Schwesterboot der „Germania", der „Arion", des Malers von Bojen in Niederpöcking, war das zweite; bald darauf lieferte dieselbe Werft für Maler Dürk ebenfalls in Niederpöcking den „*Ariel*", eine getakelte Jolle.

Tiermaler Prof. Ludwig Volz in Niederpöcking brachte etwas später ein extrem flaches Heidtmannsches Boot, „Orion", das im Jahre 1873 Schlachtenmaler Bodenmüller kaufte, von dem es unser im Jahre 1912 gestorbenes Mitglied Herr Frommel in Leoni erwarb und es „*Suevia*" taufte. Später ging es in den Besitz des Kgl. Advokaten Jul. Kehl über und endete ein paar Jahre später als Blumenkübel in dessen Garten zu Starnberg. ...

Diese Heidtmannschen Fahrzeuge wurden bald die Muster, nach denen Lachner Boote baute. Sein erstes war im Jahre 1867 der „*fliegende Holländer*" für den Sänger Heinr. Vogl in Tutzing. Das zweite die „*Herta*", welche Lachner noch im selben Jahre, unterstützt durch Rißzeichnungen des Malers Griebl aus Bremen, für den gleichen Herrn fertigte. Sie kam später an den Ammersee, wurde aber im Jahre 1875 von dem heute so berühmten Maler Leibl als „*Holbein*" wieder zu uns zurückgebracht und war viele Jahre das weitaus schneidigst gesegelte Boot. ...

Das dritte, den „Triton", baute Lachner 1868 für Herrn Advokat Neuner in Niederpöcking. Das war alles, was bis zum Jahre 1883 an Segelbooten an unserm See gebaut worden war.

Einige Jahre, nachdem Heidtmann seine ersten Boote geliefert hatte, wurden in der Kgl. Erzgießerei zu München zwei ganz gleiche, lange, schmale, etwas tiefergehende, eiserne Kielboote gebaut, mit je einem luftdichten Tank im Vorder- und Hinterschiff, das eine schwarz gestrichen für Herrn Knorr, das andere grün für Herrn v. Miller, beide in Niederpöcking. Die Boote führten ein großes, niedriges, aber sehr breites Lateinersegel und liefen sehr gut.

In Bernried fuhr Herr Dr. Volz noch ein Tegernseerboot „*Namenlos*", cat getakelt. Über den Verbleib dieses Bootes ist nichts Genaueres zu erfahren. Wahrscheinlich ist es aber dasjenige, welches, nachdem es mehreren Herren gedient hatte, in den Besitz des Bahninspektors Hartmann kam und dadurch eine etwas traurige Berühmtheit erlangte, daß im Herbst 1879 bei Nachtzeit 5 Artilleristen damit über den See setzen wollten, kenterten und ertranken.

Ende der 70er Jahre erwarb Graf Varicour ein Schwertboot aus Kopenhagen, den *Skitplatnir*, den später Herr Hartmann kaufte und an Herrn Wachsbleichbesitzer Jos. Rieder, den früheren Besitzer unseres Clubhauses, weiter verkaufte. Es war geklingert, fast so breit wie lang, cat getakelt, kreuzte miserabel, lief aber raumschots und vor dem Winde prächtig. Graf Varicour war es auch, der im Jahre 1880 die erste kleine Alster-Jolle zu uns brachte. Zur Zeit der Vereinsgründung war dieses Boot „*Hermann*" im Besitze des Inspektors Hartmann. Es wurde Vorbild für viele Jollen, die aber sämtliche in bezug auf Handigkeit und Schnelligkeit das Muster bei weitem nicht erreichten. ...

Im April 1879 lieferte Heidtmann eine carveel gebaute Schwertjolle mit Gleittakelung (Großsegel und Klüver) für Se. Kgl. Hoheit den Prinzen Ludwig von Bayern als dessen erstes Boot am Starnberger See. Bei Wind und Wetter machte es unter Führung seines hohen Eigners und dessen Angehörigen manch schneidige Fahrt und startete auch am 30. Juni 1889 beim ersten Geschwadersegeln des Clubs.

Eines der letzten Boote dieser Periode, zugleich das weitaus größte und modernste seiner Art Heidtmannscher Provenienz war die „Ellida" des Herrn Major Steinitzer in Feldafing. Es war erbaut im Jahre 1878 und wurde allgemein bestaunt als das erste Boot, das einen Spinaker fuhr, ein Segel, das man bis dahin bei uns noch nicht gesehen hatte. ...

So hatte sich die Segelei, wenn auch langsam, so doch stetig weiterentwickelt. Ein Wendepunkt in dieser Entwicklung trat erst ein, als im Winter 1882 A. Rambeck, der bis dahin als Tischler in der Sägerei des Herrn Stadtler beschäftigt war, ermutigt und unterstützt von einigen Herren, eine Bootsbauerei an der Perchaerlandstraße gründete. Rambeck war, wie nicht leicht einer, zu diesem Wagnis befähigt, hatte er doch einige Jahre in Hamburg bei Heidtmann gelernt und sich bei Lachner in Starnberg an dem Bau der vorerwähnten Boote betätigt. Schon nach ein paar Jahren mußte die Werft vergrößert werden; sie wurde an die Würm verlegt und hatte bald sämtliche süddeutsche Bootsbauereien überflügelt. Die weitaus größte Zahl all der schönen Boote, die nun bald den See belebten, stammten von Rambeck. Er führte gefällige, leichte Kielboote ein, die sich rasch am See heimisch machten und die alten, schwerfälligen Flachboote in kürzester Zeit vollständig verdrängten. Die Fischer konnten ihre alten Kästen bald nicht mehr vermieten und waren gezwungen, die neue Mode mitzumachen, nicht zum Schaden für das Geschäft. Wie viele kleine Segel belebten jetzt plötzlich den See. Jedermann ließ sein Kielboot takeln und zwar nach dem Muster der anfangs erwähnten Jolle des Herrn Holz in Niederpöcking: 2 Houarisegel. ...

Der Wassersport als solcher wurde erst im Jahre 1880 mit Gründung des Münchener Ruder-Clubs bei uns heimisch. Von da ab datieren auch bei den Seglern die Bestrebungen, sich zu sammeln und das Segeln gemeinsam zu pflegen. Wie reizend gelungen war die gesellige Fahrt, eine Art Geschwader-Segeln nach Ambach im Jahre 1884, mit Souper, Tanz und Übernachten, und wie gemütlich und nett verlief am nächsten Tag das Picknick vor Anker in der Bucht von Tutzing. ...

Aber gleichviel, es gelang, und kühn gemacht durch den kleineren Erfolg, faßte ein Herr schon damals den Entschluß, sich an die Veranstaltung einer Regatta zu wagen, ein kühnes Unterfangen, wenn man bedenkt, wie heillos verschieden das Bootsmaterial war und wie so ziemlich allen Herren aber auch jede Vorbildung zur Inszenierung einer solchen Veranstaltung mangelte. Freigiebig trafen bald von den verschiedensten Seiten Preise ein, und so sah der 15. September 1885 9 Boote am Start in Starnberg, um zum ersten Male am Würmsee im sportlichen Wettkampfe um die Siegespalme zu ringen. Der Start war: „Vor Anker mit niedergeholten Segeln ohne Zeiten. Kurs: Starnberg, Berg, Niederpöcking und umgekehrt. Siegerin war „Diana", geführt von Herrn v. Schwind. ..."

Geschichte des olympischen Segelns

Einen kleinen Höhepunkt des Segelsports stellte schon immer das olympische Segeln dar. »Immer«, d. h. seit 1900, als zum erstenmal olympische Regatten veranstaltet wurden. Um erstmals einen Gesamtüberblick über die verwendeten Bootsklassen zu geben, seien diese in Tabellenform festgehalten. Unsere Tabelle haben wir zweigeteilt, und zwar in die Zeiträume vom Beginn der olympischen Spiele der Neuzeit bis einschließlich 1932 und von 1936 bis heute.
Grund der Zweiteilung: Vor 1936 herrschte zu viel »Ungereimtes«, was die Zulassung der Bootsklassen oder die Durchführung der Wettkämpfe betraf. Teilweise waren auch geringste Teilnehmerzahlen (oft nur ein Boot pro Klasse) zu verzeichnen. In bezug auf die Durchführung ist z. B. auf Seite 144 der Chronik »Die Olympischen Spiele in Amsterdam 1928« zu lesen: »Was nun die Amsterdamer Segelkämpfe selbst angeht, so hat bei diesen keine ganz einheitliche Auffassung bezüglich deren Durchführung bestanden. Wenigstens sind die Jollenkämpfe, – merkwürdigerweise gerade dadurch, daß diese in Einklang mit den Kämpfen der Kielklassen in Einklang gebracht werden sollten – nach einem sogar im Widerspruch mit dem Programm stehenden – System ausgetragen worden.« Plazierungen in der jeweiligen Bootsklasse halten wir deshalb für diesen Zeitraum weniger interessant, deshalb gibt unsere erste Tabelle nur die Bootsklassen alleine wieder:

Die Bootsklassen der olympischen Regatten von 1900–1932

Jahr, Ort u. Zahl der teiln. Länder	Bootsklassen
1896 Athen	keine Segelwettbewerbe
1900 Paris/ Meulan 6 Länder	1. Offene Klasse 2. 0,5-Tonnen-Klasse 3. 0,5–1-Tonnen-Klasse 4. 1–2-Tonnen-Klasse 5. 2–3-Tonnen-Klasse 6. 3–10-Tonnen-Klasse 7. 10–20-Tonnen-Klasse
1904 St. Louis	keine Segelwettbewerbe
1908 London 5 Länder	1. 6-m-Klasse 2. 7-m-Klasse (nur 1 Yacht!) 3. 8-m-Klasse 4. 12-m-Klasse (nur 2 Yachten!)
1912 Stockholm 6 Länder	1. 6-m-Klasse 2. 8-m-Klasse 3. 10-m-Klasse (nur 4 Yachten!) 4. 12-m-Klasse (nur 3 Yachten!)
1916	Spiele ausgefallen
1920 Antwerpen 6 Länder	1. 12-Fuß-Dinghy (nur 2 niederländische Boote!) 2. 18 Fuß-Dinghy (nur 1 Boot) 3. 6-m-Klasse, Typ 1919 (nur 2 Yachten) 4. 6-m-Klasse, Typ 1907 5. 6,5-m-Klasse, Typ 1919 (nur 2 Yachten) 6. 7-m-Klasse (nur 1 Yacht!) 7. 8-m-Klasse, Typ 1919 (nur 3 Yachten!) 8. 8-m-Klasse, Typ 1907 (nur 2 norw. Yachten) 9. 10-m-Klasse, Typ 1919 (nur 1 Yacht!) 10. 10-m-Klasse, Typ 1907 (nur 1 Yacht!) 11. 12-m-Klasse, Typ 1919 (nur 1 Yacht!) 12. 12-m-Klasse, Typ 1907 (nur 1 Yacht!) 13. 30-m^2-Klasse (nur 1 Yacht!) 14. 40-m^2-Klasse (nur 2 schwed. Yachten)
1924 Paris/ Le Havre 19 Länder	1. 12-Fuß-Dinghy (erstmals als Einhandboot) 2. 6-m-Klasse 3. 8-m-Klasse
1928 Amsterdam 20 Länder	1. 12-Fuß-Dinghy 2. 6-m-Klasse 3. 8-m-Klasse
1932 Los Angeles 11 Länder	1. Monotype-Dinghy (Einhandboot) 2. Star 3. 6-m-Klasse (nur 3 Yachten!) 4. 8-m-Klasse (nur 2 Yachten)

6-m-R-Yacht

Von den Spielen 1908 bis 1932 herrschte die große Zeit der »Meter-Yachten«, auch »m-R-Klasse« genannt, wobei der absolute Star die 6-m-Klasse war, die von 1908 bis 1952 neunmal den Olympiastatus innehatte, genauso oft wie das spätere berühmte Starboot (1932–1972). 1920 herrschte in Antwerpen einige »Klassenverwirrung«, nachdem diverse »Meter-Klassen« in alter und in neuer Vermessung starteten – wobei teilweise nur jeweils eine Yacht vertreten war.

8-m-R-Yacht

Unsere folgende Tabelle ab 1936 nennt zu den einzelnen Bootsklassen auch die Medaillengewinner:

Die Bootsklassen und Medaillengewinner der olympischen Regatten ab 1936:

Jahr, Ort und Zahl der teilnehmenden Länder	Bootsklassen	Medaillengewinner (nur Steuermann genannt) [Als Nationalitätsbezeichnung ist das Segelzeichen gewählt]
1936 Berlin/Kiel 26 Länder	1. O-Jolle	1. Kagchelland (H); 2. Krogmann (G); 3. Scott (K).
	2. Star	1. Bischoff (G); 2. Laurin (S): 3. Maas (H).
	3. 6-m-Klasse	1. Belville (K); 2. Konow (N); 3. Salén (S).
	4. 8-m-Klasse	1. Reggio (I); 2. Simonsen (N); 3. Howaldt (G).
1940/1944	Spiele ausgefallen	
1948 London/Torquay 23 Länder	1. Firefly-Dinghy	1. Elvström (D); 2. Evans (US); 3. de Jong (H).
	2. Swallow	1. Morris (K); 2. Bello (P); 3. Pirie (US)
	3. Star	1. Smart (US); 2. de Cardenas (RC); 3. Maas (H).
	4. Drachen	1. Thorwaldsen (N); 2. Bohlin (S); 3. Berntsen (D).
	5. 6-m-Klasse	1. Whiton (US); 2. Sieburger (A); 3. Holm (S).
1952 Helsinki/Schärengebiet von Helsinki 29 Länder	1. Finn-Dinghy	1. Elvström (D); 2. Currey (K); 3. Sarby (S).
	2. Star	1. Straulino (I); 2. Reid (US); 3. de Andrade (P).
	3. Drachen	1. Thorwaldsen (N); 2. Gedda (S); 3. Thomsen (G).
	4. 5,5-m-Klasse	1. Chance (US); 2. Lunde (N); 3. Wassén (S).
	5. 6-m-Klasse	1. Whiton (US); 2. Ferner (N); 3. Westerlund (L).
1956 Melbourne/Port Phillip Bay 28 Länder	1. Finn-Dinghy	1. Elvström (D); 2. Nelis (B); 3. Marvin (US).
	2. 12-qm-Sharpie	1. Mander (KZ); 2. Tasker (KA); 3. Blackall (K).
	3. Star	1. Williams (US); 2. Straulino (I); 3. Knowles (BA).
	4. Drachen	1. Bohlin (S); 2. Berntsen (D); 3. Mann (K).
	5. 5,5-m-Klasse	1. Thörn (S); 2. Perry (K); 3. Sturrock (KA).
1960 Rom/Neapel 46 Länder	1. Finn-Dinghy	1. Elvström (D); 2. Tschutschelow (SR); 3. Nelis (B).
	2. Flying-Dutchman	1. P. Lunde (N); 2. Fogh (D); 3. Mulka (G).
	3. Star	1. Pinegin (SR); 2. Quina (P); 3. Parks (US).
	4. Drachen	1. Prinz Konstantin (GR); 2. Calegaris (A); 3. Ciciliano (I).
	5. 5,5-m-Klasse	1. Hunt (US); 2. Berntsen (D); 3. Copponex (Z).
1964 Tokio/Sagami Bay 40 Länder	1. Finn-Dinghy	1. Kuhweide (G); 2. Barret (US); 3. Wind (D).
	2. Flying-Dutchman	1. Pedersen (KZ); 2. Musto (K); 3. Melges (US).
	3. Star	1. Knowles (BA); 2. Stearns (US); 3. Petterson (S).
	4. Drachen	1. Berntsen (D); 2. Ahrendt (GO); 3. North (US).
	5. 5,5-m-Klasse	1. Northam (KA); 2. Thörn (S); 3. McNamara (US).
1968 Mexiko/Acapulco 41 Länder	1. Finn-Dinghy	1. Mankin (SR); 2. Raudaschl (OE); 3. Albarelli (I).
	2. Flying-Dutchman	1. Pattisson (K); 2. Libor (G); 3. Conrad (BL).
	3. Star	1. North (US); 2. Lunde (N); 3. Cavallo (I).
	4. Drachen	1. Friedrichs (US); 2. Birch (D); 3. Borowski (GO).
	5. 5,5-m-Klasse	1. Sundelin (S); 2. Noverraz (Z); 3. Aisher (K).
1972 München/Kiel 44 Länder	1. Finn-Dinghy	1. Maury (F); 2. Hatzipavlis (GR); 3. Potapow (SR).
	2. Flying-Dutchman	1. Pattisson (K); 2. Pajot (F); 3. Libor (G).
	3. Star	1. Forbes (KA); 2. Petterson (S); 3. Kuhweide (G).
	4. Drachen	1. Cuneo (KA); 2. Borowski (GO); 3. Cohan (US).
	5. Tempest	1. Mankin (SR); 2. Warren (K); 3. Forster (US).
	6. Soling	1. Melges (US); 2. Wennerström (S); 3. Miller (KC).
1976 Montreal/Kingston	1. Finn-Dinghy	1. Schühmann (GO); 2. Balashow (SR); 3. Bertrand (KA).
	2. 470er	1. Hübner (G); 2. Gorostegui (E); 3. Brown (KA).
	3. Flying-Dutchman	1. Diesch (G); 2. Pattisson (K); 3. Conrad (BL).
	4. Tornado	1. White (K); 2. McFaull (US); 3. Spengler (G).
	5. Tempest	1. Albrechtsson (S); 2. Mankin (SR); 3. Conner (US).
	6. Soling	1. Jensen (D); 2. Kolius (US); 3. Below (GO).

Zur heute in früherer Weise nicht mehr gebrauchten Rennflagge ein Zitat aus dem Jahrbuch 1918 des »Kaiserlichen Yacht-Clubs« Kiel:

„Bis vor etwa 20 Jahren war es in Deutschland üblich, daß Yachten, welche sich in einer Wettfahrt befanden, dies durch Heißen einer besonderen Flagge kund gaben. Diese Flagge war meist eine rechteckige und sie wurde meist im Großtopp der Yacht, anstelle des dort sonst gefahrenen Clubstanders, gesetzt....

Jedenfalls steht aber fest, daß schon vor mehr als 30 Jahren es in Deutschland üblich war, daß manche Eigner bei Regatten häufig eine Erkennungsflagge von bestimmter Zeichnung und Farbenzusammensetzung führten. In vielen Fällen handelte es sich zwar nur um einfache Abzeichen und Farbenzusammenstellungen, bei denen die Hauptsache die leichte Erkennbarkeit auf größere Entfernung war, vielfach wurde aber auch von denjenigen Eignern, die im Besitze eines Haus- oder Familienwappens waren, dieses in heraldischer Form für die Flagge verwertet.

Man hatte sich im allgemeinen in der Führung der Rennflaggen nach England gerichtet, wo es allgemein üblich war, daß jeder Yachtbesitzer eine besondere Rennflagge fuhr, die meistens eine ganz beliebig zusammengesetzte geometrische Zeichnung aufzuweisen hatte. Leichte Erkennbarkeit war bei möglichst einfacher Farbenwahl dabei die Hauptsache.

Die Rennflagge hatte den praktischen Zweck, anzuzeigen, daß die Yacht ein Rennen segelt. Es sollte dies auch nur anzeigen, daß sie von den Führern anderer, nicht wettsegelnder Yachten erwartete, daß diese ihr möglichst aus dem Wege gehen würden, um sie im Wettkampf nicht zu behindern. Das wurde auch überall in englischen Gewässern getreulich befolgt, und sogar die Handelsschiffahrt pflegt auch heute noch auf eine Flotte wettsegelnder Yachten, wenn irgend möglich, Rücksicht zu nehmen. Neben diesem ersten praktischen Zweck diente die Rennflagge auch als Unterscheidungsflagge, um eine größere Anzahl wettsegelnder Yachten gut auseinanderzuhalten. ...

Die Entwicklung führte also ganz von selbst dazu, auf eine andere Abhilfe zu sinnen. Im gewissen Sinne bahnbrechend dafür waren die im deutschen Binnenlande schon seit langer Zeit üblichen Nummernflaggen. Besonders im Berliner Revier, wo die Rennflagge erst Ausgang der achtziger Jahre heimisch wurde, waren die Nummernflaggen schon längst eingeführt. Sie waren ursprünglich kleine quadratische weiße Flaggen mit schwarzer Nummer, die an der Gaffelnock gefahren wurden. ...

Späterhin verpflanzte man diese Flaggen, welche bei Flaute nicht auswehten und deswegen schlecht abzulesen waren, einfach als Nummerntuch auf das Großsegel, und in dieser Form hatten sie schon viele Jahre lang ihre Herrschaft ausgeübt, bevor die Einrichtung auf anderen Segelsportplätzen nachgeahmt wurde. Es war üblich, die Yachten von der größten herab bis zur kleinsten fortlaufend durchzunumerieren, ohne Rücksicht auf die Klasseneinteilung. Bei jeder Regatta wurde immer wieder von neuem mit der Benummerung angefangen. ..."

Einige weitere Flaggen-Gepflogenheiten sind:

Dippen der Flagge: Das Dippen der Flagge, d. h. das kurze Niederholen, ist als Gruß zwischen Seglern nicht mehr üblich, man gebraucht heute vielmehr den Handgruß.
Gedippt (Flaggenstock herausnehmen und Flagge senken) sollte aber beim Passieren eines Kriegsschiffes bzw. eines Kriegsschiffsverbandes werden.
Halbmast flaggen: Das Flaggen auf Halbmast bedeutet Trauer. Auf See ist dies nur üblich, wenn eine Leiche an Bord ist. Im Hafen ist es jedoch auch möglich, wenn man an dem Trauerfall nicht beteiligt ist. Ist ein Setzen auf Halbmast bei einem Flaggenstock nicht möglich, so kann man auch einen Trauerflor an den Flaggenstock binden.
Über die Toppen flaggen: Als Schmuck bei festlichen Anlässen im Hafen oder vor Anker das Ausflaggen des ganzen Flaggen-ABC von der Bugspitze über den Masttopp bis zur Großbaumnock. Wird aber in der Praxis von den wenigsten ausgeführt.

Flaggenparade

Das feierliche Setzen und Einholen aller Flaggen. Auf die Einhaltung dieses Zeremoniells legt man vorwiegend in den nordeuropäischen Gewässern großen Wert. Die Flaggen sollen jeweils wehen von 8 Uhr morgens (1. Mai bis 30. September) bzw. 9 Uhr morgens (in den übrigen Monaten) bis Sonnenuntergang. Die Flaggenparade bestimmen nach der Zeremonie die im Hafen oder vor Anker liegenden Kriegsschiffe. Sind keine anwesend, so richtet man sich nach dem Flaggenmast des heimischen Vereins. Auf einer Yacht, bei der im fremden Hafen zur Zeit der abendlichen Flaggenparade kein Besatzungsmitglied an Bord sein wird, holt man vorher die Flaggen ein. Als Mißachtung der am Platz wehenden Nationalflagge gilt ein Versäumnis bei der Flaggenparade. Beim Beflaggen des Flaggenmastes eines Clubs an Land bzw. im Hafen erfolgt das Setzen und Niederholen aller Flaggen in der Regel gleichzeitig. Im anderen Fall soll die Nationalflagge zuerst gehißt werden, gegebenenfalls gefolgt von der Landesflagge und sonstigen Flaggen. Umgekehrt beim Niederholen.

Flaggensignale

Ein Signal mit Hilfe der Buchstabenflaggen kann oft die letzte Verständigungsmöglichkeit sein. Mit den Signalflaggen, A, C, G, N, O, Q, V und W können im Notfall die wichtigsten Ein- oder Zweiflaggensignale gegeben werden. Beim normalen Segeln sollte man nie eine oder mehrere Buchstabenflaggen zeigen, um jede Verwechslung mit Signalen zu vermeiden. (Über die wichtigsten Signale siehe im Abschnitt »Sicherheit«).

Das Flaggenalphabet

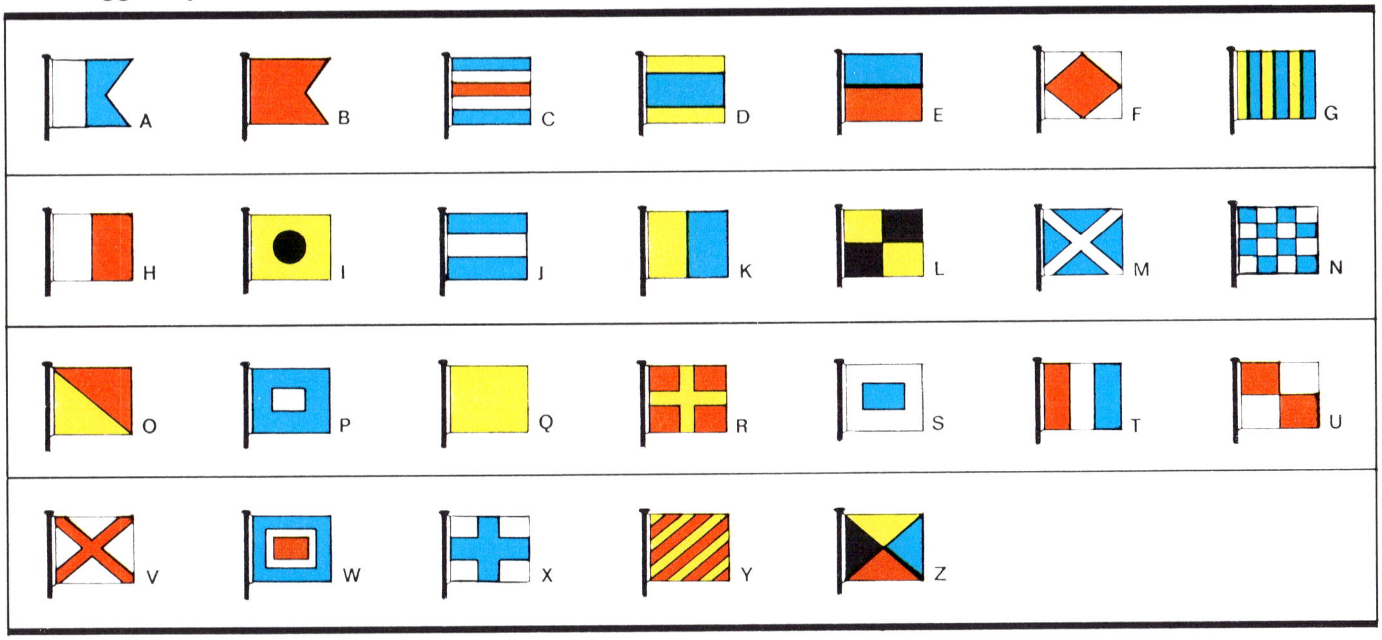

Die Hilfsstander

Zahlenwimpel

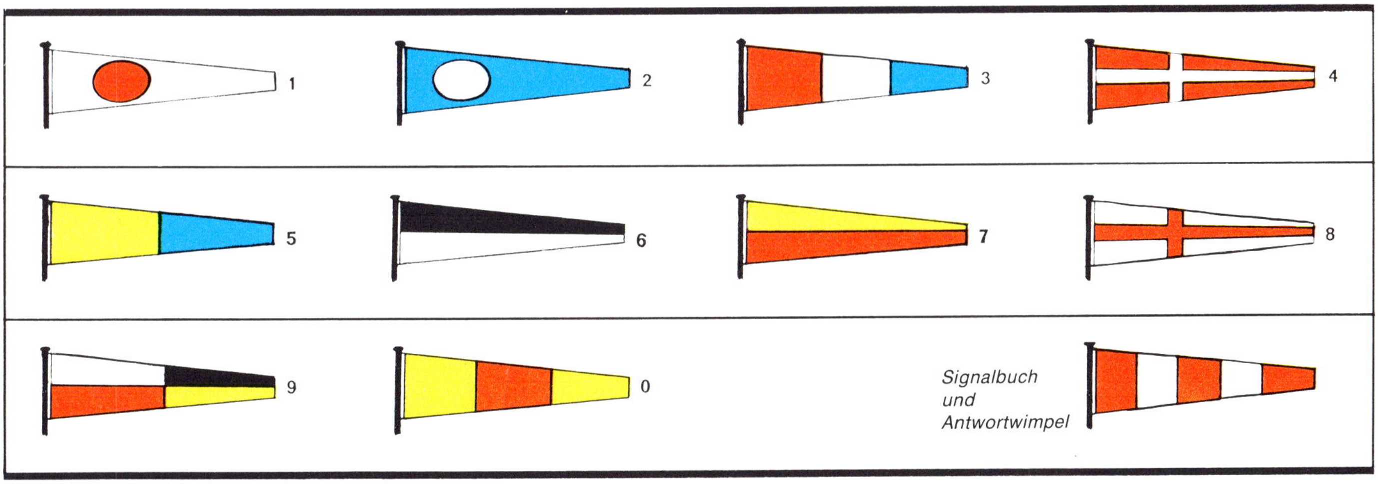

Seglerbekleidung

In der Frage der Seglerbekleidung hat sich im Verlauf der letzten Jahrzehnte bzw. Jahre eine tiefgreifende Wandlung vollzogen. Heute herrschen weniger die Farben weiß und blau, sondern eher mehr die Sicherheitsfragen.

So ist in dem Heftchen »Yachtgebräuche, Flaggenführung« (Ausgabe 1975) der Kreuzer-Abteilung des Deutschen Segler-Verbandes über die Bekleidung zu lesen: »Die Bekleidung an Bord soll ihrem Verwendungszweck entsprechen. Die Farben blau, weiß und grau, ggf. khaki, sind für den Wassersport am besten geeignet. Beim Ein- und Auslaufen ist angemessene Bekleidung selbstverständlich.«

In einer alten Chronik (Jahrbuch 1914 des »Königlich Bayerischen Yacht-Clubs«) fanden wir dagegen folgende Kleiderordnung:

I.
Clubanzug der Mitglieder.

„Die Mitglieder tragen zum Segeln, bei Zusammenkünften und Festlichkeiten innerhalb des Clubs den Clubanzug. Bei feierlichen Veranlassungen tritt an Stelle des Clubanzuges der Gesellschaftsanzug.

A. Clubanzug.

Derselbe ist aus dunkelblauem Satin oder Serge gefertigt und besteht aus einem zweireihigen Sacco, einreihiger Weste, blauem Beinkleid, blauer Mütze, weißem Stehkragen und schwarzer Binde. Statt der blauen Mütze kann an Bord eine weiße und statt des blauen Beinkleides ein weißes von Flanell getragen werden. Das Sacco und die Weste sind mit schwarzen gepreßten Knöpfen versehen, welche die Initialen des Clubs tragen. Auf jedem Vorderteil des Saccos sind 5 große Knöpfe angebracht, von denen der oberste zwischen Klappe und Kragen sichtbar ist. Die Ärmel sind zirka 10 cm hoch abgesteppt und haben einen blinden Schlitz mit je 2 kleinen Knöpfen. Die einreihige Weste schließt auf 5 kleine Knöpfe.

Die Mützen sind von den Firmen Ludwig Fuchs oder Joh. Zehme, München, und die Mützenabzeichen sowie die gepreßten Knöpfe für den Clubanzug von dem Sekretariat des Clubs zu beziehen.

B. Gesellschaftsanzug.

Derselbe ist mit Ausnahme der Weste aus dunkelblauem Satin gefertigt. Das Oberkleid ist ein kurzes Taillen-Jackett ohne Schoßansatz, 2½ cm länger als die Weste, mit zweireihiger Reversfasson, aber nicht zum Knöpfen eingerichtet. Die Fasson ist halblang, bis auf Knopflochbreite auf Seide gedeckt, mit einem Loche auf der Klappe und unterhalb derselben mit drei Knopflöchern im Revers. Auf jedem Vorderteil sind fünf große Knöpfe angebracht; vier davon unten im Teil und einer davon so, daß er in dem Einschnitt zwischen Klappe und Kragen sichtbar ist. Die Vorderteile erhalten je eine Seitentasche mit Leiste. Das Hinterteil ist im Bruche geschnitten, läuft in einer schneppenförmigen Spitze aus und hat nach hinten dieselbe Länge wie das Vorderteil, während das Jackett nach der Seite zu in etwas aufwärts gehender Bogenlinie geschweift ist. Die Ärmel haben einen zwölf Zentimeter hoch abgenähten Aufschlag und einen blinden Schlitz mit je fünf kleinen Knöpfen. Die Knöpfe sind vergoldete Ösenknöpfe von Metall und werden durchgezogen befestigt. Sie tragen wie die gepreßten Knöpfe die Initialen des Clubs und sind von der Firma Deschler & Sohn, München, Maderbräustraße 1, zu beziehen.

Die aus Piqué gefertigte Weste ist doppelreihig mit ovalem tiefen Ausschnitt, und sind auf jeder Seite vier kleine Knöpfe angebracht.

Das Beinkleid ist von moderner Form, im Gesäß glatt anliegend, sitzt fest auf den Hüften und wird ohne Schnallgurts getragen.

Zu dem Gesellschaftsanzug gehört ein Stehkragen und eine kleine schwarze Binde.

II.
Clubanzug der Mannschaft.

Die Mannschaft trägt blaue Beinkleider und wollene, blaue Hemden vom Marineschnitt oder blaue, gestrickte Troyer. Auf der Brust der Hemden sowie Troyer steht der Name der Yacht mit großen lateinischen Buchstaben in roter Stickerei und darunter K. B. YC. Das schwarze Seidenband der Matrosenmütze trägt den Namen der Yacht in lateinischen Lettern und sind diese bei Matrosen, welche auf einer Segelyacht dienen, in Gold, und bei Matrosen, welche auf einer Motoryacht dienen, in Silber aufgedruckt."

Sacco des Club-Anzugs mit schwarzen Knöpfen — **Taillen-Jackett des Gesellschafts-Anzugs** mit vergoldeten Metallknöpfen

1. Sacco — 2. Jackett vorn — 3. Jackett rückwärts

Bootskunde

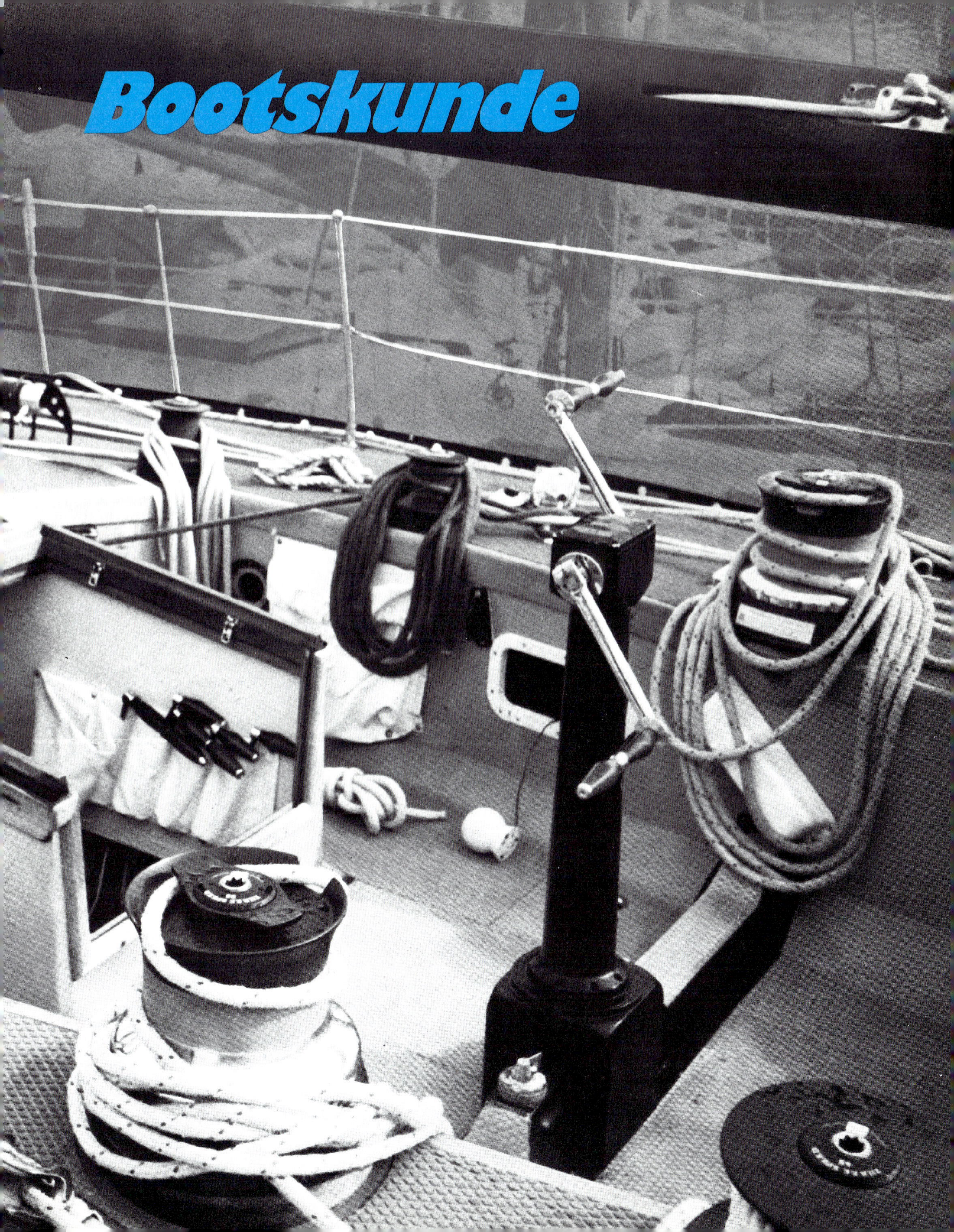

Bootstypen und Bootsformen

Vorteil einer Jolle: Man kann das Schwert beliebig weit hochziehen – hier im Bild ist es etwa zur Hälfte hochgezogen – und dann an jedem Steg auch bei geringerer Wassertiefe anlegen.

Für den Segler-Laien ist die Anzahl der verschiedenen Bootstypen und -formen kaum überschaubar.
Zunächst ist zu unterscheiden zwischen den Einrumpfbooten und den Mehrrumpfbooten, auch »Multihulls« genannt (Katamarane und Trimarane). Wesentlich verbreiteter sind die Einrumpfboote, deren Kennzeichen neben Mast und Segel das ausgeprägte Unterwasserschiff ist. Die sich unter Wasser befindliche Fläche des Längsschnittes eines Schiffes wird *Lateralplan* genannt und dient als seitliche Widerstandsfläche gegen zu starke Abdrift. Daneben spielt sie bei Kielbooten eine Rolle in bezug zur Stabilität. Je nach Ausführung des Lateralplanes als Schwert oder als Kielfloße unterscheidet man bei den Einrumpfbooten wiederum zwischen Schwert- und Kielbooten. Dazu gesellen sich noch einige Misch- und Sonderformen.

Schwertboote

Diese auch als Jollen bezeichneten Boote sind im allgemeinen kleiner und leichter als Kielboote. Sie besitzen ein aufziehbares Schwert mit dem Vorteil, daß man jede flache Stelle passieren und an jedem Steg anlegen kann. Bei vielen kleinen Jollen wird das Schwert einfach in den Schwertkasten hineingesteckt, es wird dann Steckschwert genannt. Ansonsten ist es um einen Bolzen drehbar gelagert – genannt Senkschwert. Aufholbar ist letzteres mittels eines Schwertfalls bzw. durch einen Aufholer, niedergehalten wird es oft durch einen Niederholer. Vorteil des Senkschwertes gegenüber dem Steckschwert: Bei Grundberührung schwenkt es alleine hoch. Bevorzugtes Baumaterial für ein Schwert ist heute nicht mehr Metall, sondern Sperrholz bzw. Kunststoff, wobei die vordere Kante abgerundet sein muß, während die hintere Kante mehr zugeschärft ist. Auf vielen Rennjollentypen benützt man auch strömungsgünstige Profilschwerter. Normalerweise wird das Schwert in der Mittschiffsachse geführt (Mittelschwert), wie sich dies erst zu Beginn des 19. Jahrhunderts in den USA entwickelt hat. Vorher gebrauchte man die seitlich an die Bordwand gehängten Seitenschwerter, die heute noch z. B. in den Niederlanden zu finden sind oder bei manchen segelbaren Schlauchbootkonstruktionen. Vereinzelte Jollenkonstruktionen sind auch mit zwei Kimmschwertern an der Kimmrundung ausgerüstet (z. B. Koralle, Delphin), wodurch der Mittelschwertkasten entfällt. Eine größere Jolle, die mit einer Kajüte versehen ist, nennt man Jollenkreuzer. Die Stabilität einer Jolle ist wegen ihrer verhältnismäßig breiten Form (Formstabilität) zunächst relativ groß, sie nimmt aber bei stärkerer Krängung schnell ab, und es kann zum Kentern kommen, da der Gewichtsschwerpunkt viel höher liegt als bei einem Kielboot.

Größere Jollen mit einer Kajüte: Jollenkreuzer. Das Klassenzeichen »R« besagt, daß es sich um 20 qm-Jollenkreuzer handelt.

Kielboote

Kielboote nennt man auch »Yacht«, sie tragen unter dem Rumpf den festen Ballastkiel. Dadurch liegt der Gewichtsschwerpunkt unter der Wasseroberfläche, wodurch das Boot unkenterbar ist (meist aber sinkbar). Je mehr eine Kielyacht krängt, um so größer wirkt die aufrichtende Kraft, und es ergibt sich eine große Endstabilität. Bei den Lateralplänen einer Yacht gibt es verschiedene Ausführungen: langgezogene, kurze, extrem beschnittene, flache, tiefgezogene. Bisher waren Fahrtenyachten meist mit einem großen langgestreckten Lateralplan versehen (Langkieler), da dieser als kursstabiler galt. Im Laufe der letzten Jahre hat sich aber nun, angeregt durch die erfolgreichen schnellen Hochsee-Rennyachtkonstruktionen, der Trend zur kurzen tiefreichenden Kielflosse (Kurz- oder Flossenkieler) durchgesetzt, wobei das Ruder freisteht oder an einer Ruderhacke hängt.

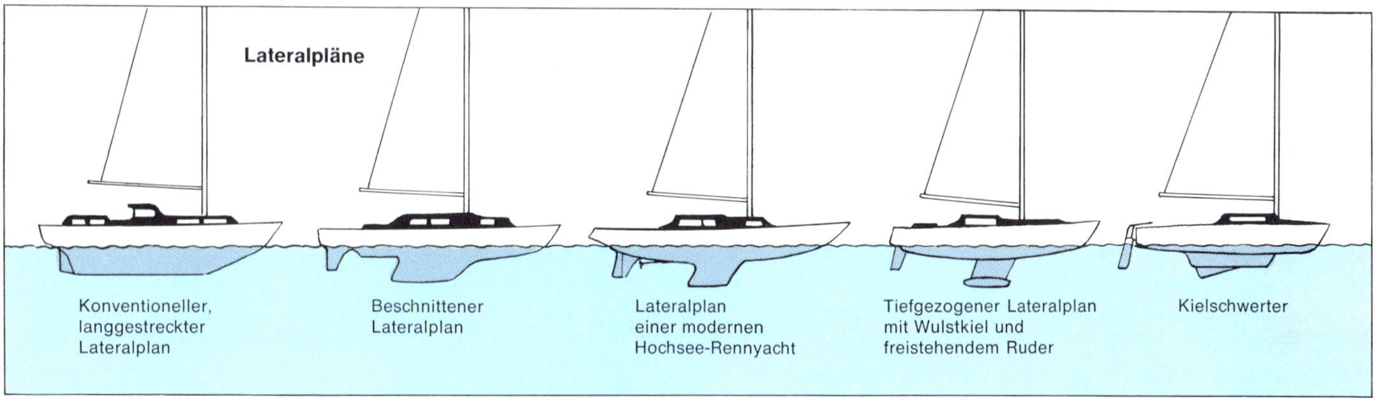

Moderner Lateralplan einer heutigen Rennyacht. Hier handelt es sich um einen Eintonner (oben).

Offene Kielboote (hier Drachen).

Misch- und Sonderformen

Bei den Bootstypen gibt es eine Reihe von Misch- und Sonderformen, die eigentlich zur Kategorie der Kielboote gehören, und die bei richtiger Konstruktion in der Regel auch unkenterbar sind:

Kielschwerter: Das Boot besitzt einen weniger tiefreichenden Kiel, dafür als Zusatz noch ein Schwert. Der Vorteil ist ein geringerer Tiefgang bei aufgeholtem Schwert.

Hubkieler (auch **Schwenkkieler**): Ein Hubkieler vereint die Vorteile von Kiel- und Schwertboot, da der Ballastkiel (meist ein Wulstkiel) hydraulisch oder mechanisch aufgeholt werden kann. Wegen der etwas komplizierten Konstruktion werden nicht viele Hubkieler gebaut. Außerdem ist nach der IOR-Vermessung ein solcher beweglicher Kiel nicht erlaubt.

Ballastschwerter: Es handelt sich um eine neuere Konstruktion für größere Jollen, wobei das Schwert in schwerer Ausführung erstellt ist und dem Schiff eine gewisse Gewichtsstabilität zukommen läßt. In bezug auf Unkenterbarkeit sind diese Boote aber mit Vorsicht zu genießen.

Kimm- und Doppelkieler: Es handelt sich um seltenere Abwandlungen der Kielyacht, wobei ein Trockenfallenlassen in Gezeitenrevieren möglich ist. Kimmkieler besitzen einen nicht tiefreichenden Ballastkiel in der Mitte, dazu an den Seiten bei der Kimmrundung zwei weitere plattenförmige Flossen. Doppelkieler dagegen tragen statt eines Mittelkiels zwei flachere Seitenkiele mit jeweils dem halben Ballast.
Ein markantes Merkmal der Rumpfkonstruktion eines Bootes ist seine **Spantform.** Speziell beim Kielyachtbau haben sich in den letzten Jahren neue Erkenntnisse durchgesetzt, wobei sich auch die Spantform entscheidend veränderte.

Die Entwicklung vom S-Spant zum Trapez-Spant

S-Spant

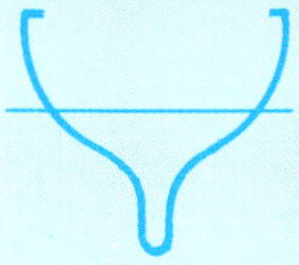

Die klassische, inzwischen veraltete Spantform, insbesondere der Langkieler. Ein Nachteil ist die große benetzte Oberfläche und damit stärkere Reibung. Ungünstig ist auch die tiefe Lage des Verdrängungsschwerpunktes, ferner die starke Ballung des Volumens im Bereich des Mittschiffs. Die Rumpfgeschwindigkeit wird dadurch herabgesetzt.

V-Spant

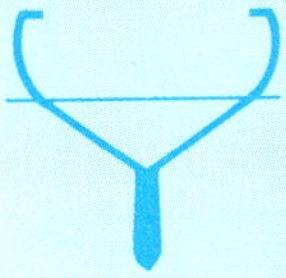

Nachfolger des S-Spant, oft in Verbindung mit einem nicht zu langen Flossenkiel. Geringere benetzte Fläche und höhere Rumpfgeschwindigkeit wegen der gestreckteren Spantflächenkurve. Nur günstig für schmale Formen, möglich auch Knickspantbauweise in V-Form. Neigung zu starker Luvgierigkeit bei Krängung.

U-Spant

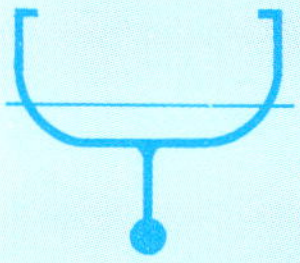

Eine alte Form mit großer Stabilität, insbesondere in Verbindung mit einem Wulstkiel. Gilt als schnellste Spantform, die bei kleineren Yachten das Surfen fördert. Wegen des negativen Seeverhaltens (unangenehmste Bewegungen in harter See) ist sie aber nicht in ausschließlicher U-Form für größere Yachten geeignet.

Radial-Spant

Diese Halbkreisform des Unterwasserschiffes ist in dieser reinen Ausprägung wenig gebräuchlich, sie wird meist kombiniert, z. B. mit dem U-Spant. In Verbindung mit einem Flossenkiel ist beim Radial-Spant die kleinstmögliche benetzte Oberfläche und damit der kleinste Reibungswiderstand zu erreichen.

Doppelknick-Spant

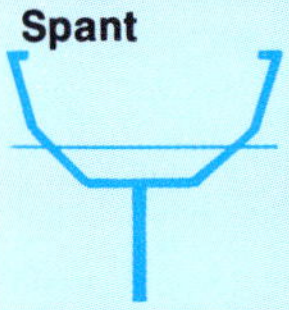

Es handelt sich um eine Abart des Trapez-Spants, wobei durch die eckige Form der Bau einfacher wird. Die Vorteile des Trapez-Spants bleiben im großen und ganzen erhalten.

Trapez-Spant

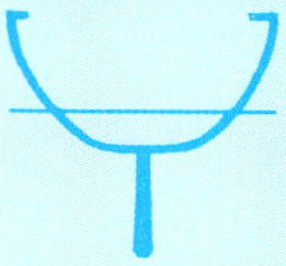

Entstand auf Grund einer Vermessungsart nach der IOR-Formel (Mark II).
Gilt heute als die vorteilhafteste Spantform. Trotz Kleiner benetzter Oberfläche ist der Stabilitätsumfang groß, bei hoher Rumpfgeschwindigkeit ist auch eine gute Seefähigkeit gegeben.
Auch bei einer Krängung bis zu etwa 30° bleibt eine gewisse Rumpfsymmetrie erhalten. Die Konstruktion allerdings ist nicht einfach.

Bei Jollen spricht man allgemein bei abgerundeten Bootskörpern von Rund-Spant und bei geknickten Formen von Knick-Spant. Die meisten modernen Jollen sind als Rund-Spanter gebaut. Typische Knickspanter sind z. B. der Pirat, der Zugvogel oder auch das Kielboot Star.

Typische Knickspantbauweise: Starboote.

Bootsbau-technische Fachausdrücke

Bevor näher auf den eigentlichen Bootsbau eingegangen wird, seien dazu die wichtigsten Grund-Fachausdrücke und Gegebenheiten in Kurzform erläutert:

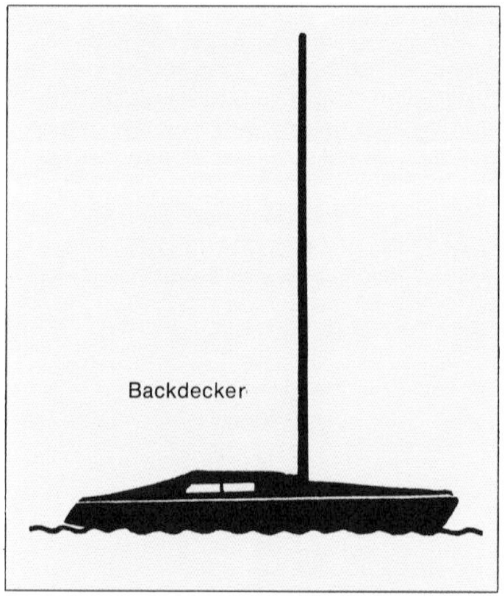

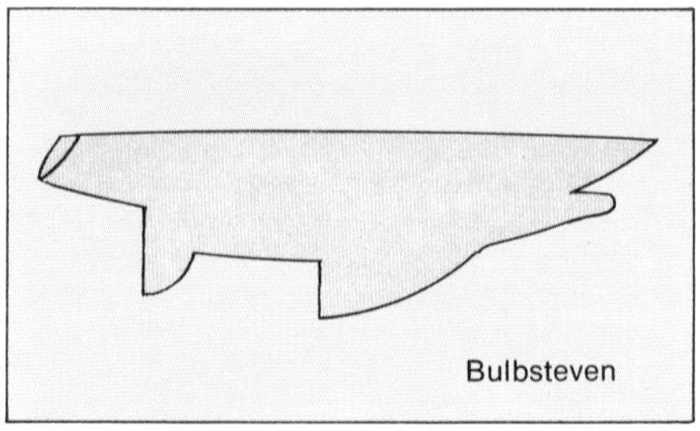

Starker, konventioneller Überhang.

Mäßiger, moderner Überhang einer schnellen Hochseerennyacht.

Achtersteven	Hinterer Begrenzungsbalken eines Bootes. Ist nicht bei jeder Bootskonstruktion vorhanden.
Backdecker	Eine Kreuzeryacht, bei der der Kajütaufbau bis vor zum Bug reicht.
Balkenknie	Winkelförmiger Verbindungsteil zwischen Spanten und Decksbalken.
Balkweger	Ein Holzbalken entlang der inneren Bordwandoberkante, auf dem die Decksbalken bei Holzschiffen ruhen.
Ballastkiel	Nicht zu verwechseln mit dem Kiel! Es handelt sich um einen bei Kielbooten angebrachten Bausatz unter dem Kiel bzw. dem Rumpf. Zum Erreichen der notwendigen seitlichen Widerstandsfläche ist eine Art Flosse angebracht, deren unterster Teil zwecks Stabilitätsvergrößerung mit einem Außenballast (= Ballastkiel) versehen ist. Entweder ist der Außenballast direkt an den Kiel angebolzt oder es befinden sich einige Lagen Holz (bei Holzbooten) dazwischen, genannt Totholz. Der Ballast einer Yacht besteht normalerweise aus Eisen, Beton oder Blei. Neuerdings wurde bei zwei Booten (»Pen Duick VI« von Eric Tabarly und »Club Méditerranée« von Alain Colas) auch Uranium als Kielballast verwendet. Uranium hat ein höheres spezifisches Gewicht als Blei, ist aber nach den IOR-Regeln für IOR-vermessende Yachten nicht zulässig.
Bilge	Tiefster Raum im Boot unter dem Kajüt- oder Cockpitboden, in dem sich Wasser, evtl. Öl und Schmutz sammeln.
Bodenwrangen	Die unteren auf dem Kiel aufsitzenden und mit den Spanten verbundenen Querverbände im Bootsrumpf.
Bug Vorsteven	Der Vorsteven ist der vordere Abschluß des Buges. Die gebräuchlichsten Vorstevenformen sind der gerade Steven (setzt tief in die Wellen ein, da ein zusätzlicher Auftrieb fehlt) und der mehr oder weniger überhängende Yachtsteven (auch Löffelbug genannt). Ein zu starker, konventioneller Überhang setzt zu hart auf die Wellen und neigt zu starkem Spritzen, ein mäßiger, moderner Überhang gibt dem Boot eine Zusatz-Auftriebsreserve und verlängert bei Krängung die Wasserlinie, was von Bedeutung für die erreichbare Rumpfgeschwindigkeit ist. Daneben gibt es noch gelegentlich den Klippersteven und den Prahmsteven. 1975 wurde erstmals eine Rennyacht (der Sechser »Jaws«) konstruiert (von Paul Elvström und Jan Kjaerulf) und gebaut, die mit einem sog. Bulbsteven ausgerüstet ist. Es handelt sich um einen Wulstbug, wie er in der Großschiffahrt üblich ist. Dieser Wulst soll den Wasserablauf entscheidend verbessern, insbesondere auf Vorwindkursen. Sofern die Sechseryacht »Jaws« Erfolg haben wird, dürfte ein Bulbsteven bei großen Yachten häufiger gebaut werden.
Cockpit oder Plicht	Der vertiefte Sitzraum im Boot. Kreuzeryachten sollen eine »selbstlenkende Plicht« haben (was auch die IOR-Richtlinien vorschreiben!), wobei übergespritztes Wasser über ein Rohrsystem von selbst wieder abläuft.
Decksbalkenbucht	Die Wölbung von Deck und Decksbalken in Querschiffsrichtung. Ein stark gerundetes Deck, dessen Wölbung in die Bordwände übergeht, nennt man Waldeck (sehr selten).
Dinghy	Ein kleines Beiboot bzw. auch eine kleine Einhandjolle.
Einhandboot	Ein Einmannboot, das nur von einer Person gesegelt wird.
Freibord	Die Höhe der Bordwand von der Wasserlinie bis zum Deck.
Hilfsmaschine	Die meisten größeren Segelyachten sind mit einem eingebauten Motor ausgerüstet. Kleinere Yachten besitzen in der Regel eine Einrichtung zum Anbringen eines Außenbordmotors. Es handelt sich jeweils aber nur um einen Hilfsmotor, gedacht z. B. für schwierige An- und Ablegemanöver. Selbstverständlich darf der Motor bei Regatten nicht benützt werden.

Yachten mit modernem Yachtheck.

So sehen Motorsegler aus.

Heck/Spiegel	Der hinterste Teil eines Schiffes kann verschiedenartig geformt sein. Man unterscheidet das mehr oder weniger überhängende Yachtheck, das für Jollen typische Plattgatt- oder Spiegelheck, das spitz endende und darunter mit dem Ruder versehene Kanuheck und das ebenfalls spitz endende und Ruder tragende Spitzgattheck. Die senkrecht stehende oder auch geneigte Abschlußplatte wird Spiegel genannt. Das moderne Yachtheck ist abgeschnitten, also nicht mehr weit überhängend, und es ist mit einem kleinen, meist nach einwärts geneigten Spiegel versehen. Sehr wichtig ist der richtige Neigungswinkel des Hecks, damit ein sauberer Wasserströmungsablauf gewährleistet ist. Ein Winkel von rund 20° erscheint zur Zeit als die beste Lösung, die Entwicklung im Yachtbau geht aber mit Riesenschritten weiter (besonders angeregt durch solche Wettbewerbe, wie America's Cup oder Admiral's Cup), so daß in den nächsten Jahren durchaus mit neuen Erkenntnissen gerechnet werden kann.
Jolle	Allgemein: ein kleines Beiboot, das aber etwas größer als ein Dinghy ist. Speziell: ein Schwertboot im Gegensatz zum Kielboot.
Kajüte	Der Wohnraum eines Bootes. Die gebräuchlichen kleineren und mittleren Kreuzer sind mit einer 4–6 Kojen (Schlafstellen) umfassenden Kajüte versehen.
Kiel	Der untere Längsbalken eines Bootes (Rückgrat), an dessen Enden der Vor- und gegebenenfalls Achtersteven aufgesetzt wird. Bei der Kunststoffbauweise entfällt dieser Kiel teilweise.
Kielschwein	Ein gegebenenfalls innen auf dem Kiel liegender Verstärkungsbalken.
Kimm	Die Krümmung des Bootsrumpfes seitlich beim Übergang zwischen Bordwand und Schiffsboden.
Kombüse/ Pantry	Die Kochecke in einer Yacht.
Kreuzer	Eine für Kreuzfahrten geeignete Yacht mit Kajüte.
Länge über alles (Lüa)	Die größte Länge des Schiffes vom Bug bis zum Heck. Sie darf nicht verwechselt werden mit der kürzeren Länge der Wasserlinie (LWL).
Motorsegler	Ein Mittelding zwischen einer Motor- und Segelyacht. Ein moderner seetüchtiger Motorsegler soll mindestens 75:75-Eigenschaften aufweisen: Er soll also zu 75% die Segelfähigkeiten einer reinen Segelyacht mitbringen, dazu zu 75% den Wohnkomfort und die Geschwindigkeit einer Motoryacht.
Ocean Racer	Moderner Ausdruck für eine Hochsee-Rennyacht.
Planken	Bei der Holzbauweise die »Bretter« der Außenhaut, die auf den Spanten sitzen. Man unterscheidet dabei zwischen einer Karweel- und Klinker-Beplankung. Bei der Karweelbauweise stoßen die Planken so gegeneinander, daß die Außenhaut glatt wird, während geklinkerte Planken dachziegelartig überlappen. Bei der Karweelbauweise findet man noch die Abarten: »Diagonal-Karweel« mit einer Doppelbeplankung und »Nahtspant« mit Längsspanten an den inneren Nähten. Die zwischen den einzelnen Planken in Längsrichtung verlaufenden Fugen bzw. Nahtstellen nennt man »Nähte«, die senkrechten Nahtstellen »Stöße«.
rank/steif	Ein Boot mit geringer Anfangsstabilität (zu schmal gebaut oder zu hoch liegender Gewichtsschwerpunkt) und zu starker Krängungstendenz nennt man rank. Das Gegenteil ist ein steifes Boot (große Anfangsstabilität). Ein rankes Boot ist zwar weniger stabil, es verhält sich aber im Seegang weicher als ein steifes Schiff, das hier zu kurzen, harten Bewegungen neigt.

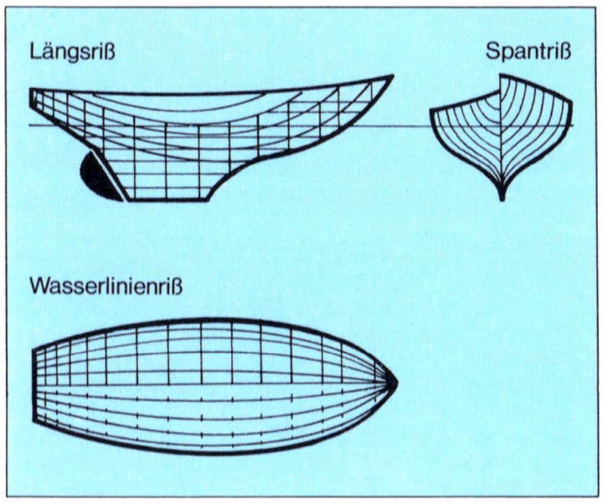

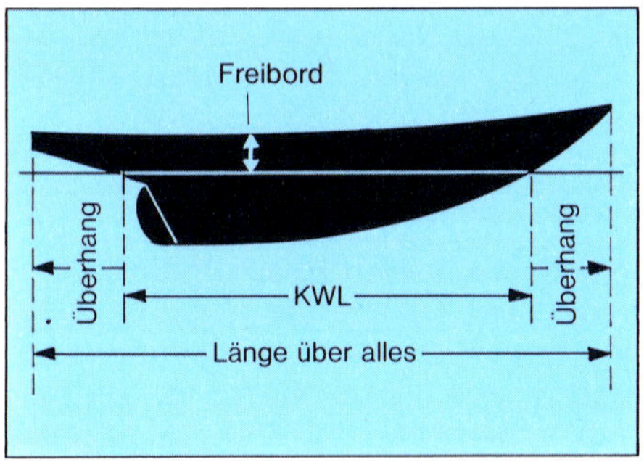

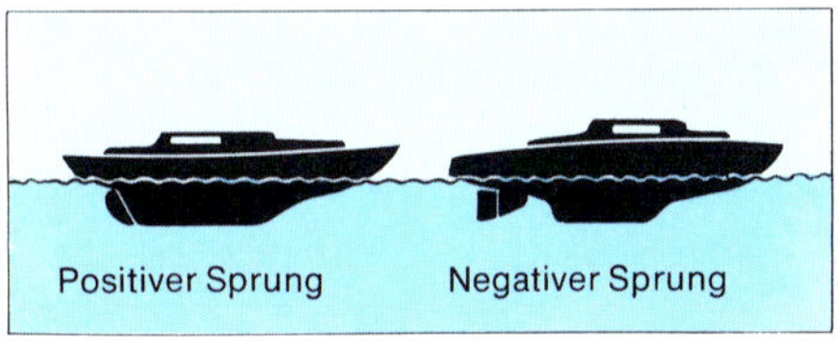

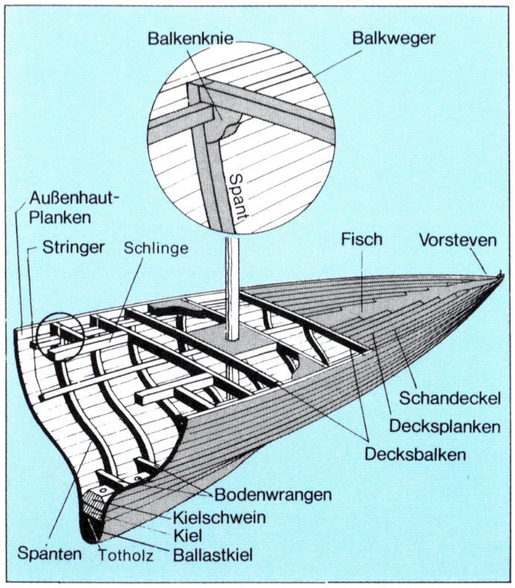

Riß Konstruktionszeichnung, die als Grundlage für den Bau eines Schiffes dient. Es handelt sich in der Regel um drei Zeichnungen (Linienrisse) mit dem Bug nach rechts, wobei eine Reihe von Linien zeigen, wie der Bootsrumpf in Scheiben geschnitten aussehen würde: Längsriß (Schnitte längsschiffs parallel zur Mitschiffsebene), Spantriß (Querschnitte) und Wasserlinienriß (Schnitte parallel zur Wasserlinie). Die untere Hälfte des Wasserlinienrisses heißt Sentenplan (Senten = Längsschnitte in gleichbleibendem Winkel zur Mittschiffsebene). Die Besegelung wird in einem Segelriß dargestellt, die Mastverstagung in einem Takelplan. Bei Yachten zeichnet der Konstrukteur dazu noch einen Decksplan und einen Einrichtungsplan.

Ruder Ein Boot wird mit dem Ruder gesteuert, das entweder am Heck angebracht ist oder sich unter dem Achterschiff befindet, und zwar dort freischwebend als Balance- oder Spatenruder oder an einer Ruderhacke bzw. dem Achtersteven. Die Rudereinrichtung besteht aus dem Ruderblatt, dem Ruderschaft, dem Ruderkopf und der Ruderpinne (großenteils mit Pinnenausleger) bzw. bei größeren Yachten dem Rad, das über einen Quadranten oder einer Spindel und Schnecke die Bewegungen überträgt. Jollen sind häufig mit einem aufholbaren Senkruder ausgerüstet, das durch ein Ruderfall bzw. durch einen Auf- und Niederholer bewegt werden kann.

Schandeck Wird auch Schandeckel genannt. Die äußerste Decksplanke, die über den Spanten abschließt und die Oberkante der Außenhaut abdeckt.

Schotten Trennwände in einem Schiff.

Spanten Die rippenartigen Querverbandsteile, auf denen die Planken sitzen.

Sprung Die Kurve des Decks in Längsrichtung, also von Bug zu Heck. Die meisten Boote sind mit einem positiven Sprung konstruiert, wobei die Kurve zu Bug und Heck ansteigt. Ist das Freibord höher und fällt die Kurve nach vorne und hinten ab, so nennt man das »negativen Sprung«.

Stabilität Die Standfestigkeit eines Bootes, die Fähigkeit, einer krängenden Kraft entgegenzuwirken. In erster Linie ist die Querstabilität gemeint, wobei die Rumpfform und die mehr oder weniger hohe Lage des Gewichtsschwerpunktes entscheidend sind. Eine breite Rumpfform (Formstabilität) bewirkt eine hohe Anfangsstabilität, tiefliegender Ballast (Gewichtsstabilität) sorgt für wachsende Endstabilität.

Stringer Die vom Vorsteven zum Heck verlaufenden innen mit jedem Spant verbundenen Längsleisten.

Süll Um das Cockpit verlaufende Leiste oder Schwelle als Schutz gegen anlaufendes Wasser.

Überhang Die bei einem Bootsrumpf frei nach vorne und achtern über die Wasserlinie ragenden Partien von Bug und Heck.

Wasserlinie Konstruktionswasserlinie Ein Boot schwimmt auf seiner Wasserlinie (WL). Sie wird vom Konstrukteur errechnet als Konstruktionswasserlinie (KWL), bis zu der das Schiff mit normaler Ausrüstung eintauchen soll.

Wasserpaß Farbstreifen an der Außenhaut eines Bootes an der Stelle, an der Überwasser- und Unterwasseranstrich zusammenstoßen, d. h. in der Höhe der Konstruktionswasserlinie.

Yacht Allgemeiner Ausdruck für ein »Sportfahrzeug« (Segelyacht, Motoryacht), aber nicht für ein Ruder- oder Beiboot. Daneben ist beim Segelsport damit ein Kielboot gemeint im Gegensatz zur Jolle.

Bootsbau

Holz

Holz war – bis es vom Kunststoff in den Hintergrund gedrängt wurde – das Bootsbaumaterial Nr. 1. Besonders bekannte Bootsbau-Holzarten sind Mahagoni, Gabun (auch Okoumé genannt), Teak, Eiche, Lärche, Kiefer, Pitchpine und Zypresse. Insbesondere für Masten und Spieren wurden früher auch Tanne und Spruce (= Schwarzfichte) verwendet. Bei der Holzbauweise wird zuerst der Kiel gelegt, an dessen beiden Enden dann der Vor- und Achtersteven angebracht werden. Dann folgen die Querverbände (Spanten, Bodenwrangen, Decksquerbalken) und Längsverbände (Stringer, Balkweger, Deckslängsbalken) als Gerippe, die zuletzt mit den Planken versehen werden. Vollholzboote haben eine lange Lebensdauer zu erwarten, 40 Jahre und mehr bei entsprechender Pflege sind keine Seltenheit. Eine moderne Holzbauweise, insbesondere für Jollen wie z. B. Korsar oder Flying Dutchman, aber vereinzelt auch für hochwertige Rennyachten, ist die mit *formverleimtem Sperrholz*. Hierbei werden Holzfurniere in mehreren Lagen (normalerweise drei- bis fünffach) über eine meist rundspantige Negativform angedrückt und kochfest verleimt.

Stahl

Ein weiteres Bootsbaumaterial ist Stahl, der bei mittleren und größeren Yachten gelegentlich verwendet wird. Stahlyachten zeichnen sich durch große Festigkeit aus, sie sind aber schwer. Als Nachteil erweist sich oft auch eine Kondenswasserbildung im Bootsinneren, außerdem ist der Eigner mit gewissen Korrosionssorgen belastet, besonders bei Wärme und Salzwasser. Eine Stahlyacht für warme Salzgewässer, z. B. fürs Mittelmeer, ist weniger günstig. Zu berücksichtigen bei Stahl ist auch die Elektrolyse, eine durch galvanische Ströme hervorgerufene Korrosion. Folgendes geschieht dabei: Befinden sich zwei verschiedene Metalle unter der Wasseroberfläche (z. B. ein Stahlrumpf und ein Bronzepropeller oder ein Leichtmetall-Ruderblatt und eiserne Nieten), so bildet unter dem Seewassereinfluß das unedlere Metall die Anode, das andere die Kathode. Es fließt nun ein elektrischer Strom, der die Anode – das unedlere Metall – zersetzend angreift. Als Schutzmaßnahme montiert man meist achtern an das Unterwasserschiff ein oder mehrere kleine Plättchen eines besonders unedlen Metalls (Zink) als Anoden. Diese »Zinkmäuse« als »Opferanoden« werden dann im Verlaufe einer Saison zersetzt und schonen die anderen Metalle. Ein Anodenschutz wäre auch mittels elektrischen Stromes möglich, hierfür wird aber die Batterie sehr beansprucht, deshalb ist er ungebräuchlicher.

Aluminium

Ein an sich idealer Bootsbaustoff ist auch Leichtmetall, insbesondere eine halbharte, seewasserbeständige Aluminiumlegierung. Trotzdem wird Aluminium im Sportbootsbau mit Ausnahme von hochwertigen großen Rennyachten seltener verwendet, in erster Linie wegen des hohen Preises. Das Verschweißen von Leichtmetall ist sehr aufwendig, weshalb Leichtmetallboote mehr in der überholteren Nietbauweise hergestellt werden. Wichtig dabei ist, daß die Nieten aus der gleichen Legierung bestehen wie die Profile und Bleche wegen der Gefahr der Elektrolyse.

Beton

Möglich ist ein Yachtbau auch in Beton. Um ein Stahlskelett herum wird dabei mit Ferro-Cement feinbetoniert. Diese Bauweise ist aber noch sehr selten.

Kunststoff

Klar vorherrschend im Sportbootsbau ist heute die Kunststoffbauweise. Sie hat alle anderen Bauweisen eindeutig zurückgedrängt. Die ersten Kunststoffboote wurden 1943 in den USA gebaut, in Deutschland nahm der Kunststoffbau seinen Anfang etwa um die Mitte der fünfziger Jahre. Baustoff Nr. 1 ist das GFK (Abkürzung für »glasfaserverstärkter Kunststoff«). Vorwiegender Grundstoff hierbei ist ein Kunstharz aus der Gruppe der Duroplaste, eingebürgert unter dem Namen Polyesterharz. Es handelt sich um ungesättigte Polyester, einer chemischen Verbindung aus Alkohol und organischer oder anorganischer Säure. Gelöst werden die Polyester in dem ungesättigten Lösungsmittel Styrol. Dabei wird das zähflüssige in das feste Polyesterharz verwandelt – ein Vorgang, der Polymerisation genannt wird. Diese Aushärtung wird ausgelöst durch einen Beschleuniger (z. B. Cobalt in gelöster Form) und durch einen Härter in Form von Peroxyden und zwar als Kalthärtung (Raumtemperatur 10–20°) oder als Heißhärtung (80–140°) ohne Druck. Erst die

Holzbauweise in einer griechischen Werft fotografiert. Deutlich sichtbar die kräftigen Spanten und die Längsverbände.

Verbindung dieser Polyesterharze mit Glasfasern zu einem Laminat (Aufbau in Schichten) ergibt das GFK. Bei den im Bootsbau verwendeten Glasfasern handelt es sich um Glasspinnfäden, gewonnen aus A-Glasseide (Glas mit einem Alkaligehalt von 12–17%) und E-Glasseide (Alkaligehalt 1%).
Meist werden 60 Glasspinnfäden zu einem endlosen, ungedrehten Fadenstrang – aus den USA übernommene Bezeichnung »Roving« – zusammengefaßt. Diese Rovings stellen das Vorprodukt dar für die Herstellung von Glasseidenmatten bzw. Rovinggeweben. Boote aus glasfaserverstärktem Polyesterharz haben hervorragende Eigenschaften: Sie sind seewasserfest, witterungsbeständig, temperaturunempfindlich, rotten und korrodieren nicht, lecken nicht, sie sind fast wartungsfrei und sehr fest. Auch sind Reparaturen meist einfach. Neben dem Polyesterharz gewinnt auch das Epoxidharz immer mehr an Bedeutung, das bereits im Kunststoff-Flugzeugbau und Skibau dominiert. Epoxidharz hat noch bessere mechanische Eigenschaften, ist aber teurer und schwieriger zu verarbeiten und braucht längere Härtezeiten. Die bekannteste und verbreitetste Baumethode mit diesem Verbundwerkstoff GFK ist das sog. *»Handauflegeverfahren«*. Dazu benötigt man zunächst eine Werkstätte mit einer Temperatur von etwa 15°-20° und mit geringer Luftfeuchtigkeit. Dann braucht man eine glatte Negativform. Zur Herstellung dieser Form dient ein Kernmodell (z. B. ein Holzboot), dessen Oberfläche so lange geschliffen, gespachtelt und gespritzt wird, bis eine glatte Oberfläche erreicht ist. Anschließend wird mehrmals gewachst und poliert, wobei das Wachs als Trennmittel dient. Von diesem Kernmodell wird dann die Negativform aus Polyester- oder Epoxidharz abgenommen.

Jetzt beginnt der eigentliche Bau:
Zunächst wird in die Negativform ein Trennmittel aufgetragen, damit das folgende Herz keine Verbindung mit der Form eingeht. Nun folgt mit Hilfe von Pinsel, Flächenstreicher oder Spritzpistole der Auftrag einer Feinschicht (die künftige Außenhaut des Bootes), Gelcoat genannt. Es handelt sich um eine 0,3–0,6 mm starke Polyesterharzschicht, die angereichert ist mit Pigmenten und Farbstoffen, und die einen höheren Katalysator- und Beschleunigeranteil enthält. Das spätere Aussehen des Bootes hängt von diesem Gelcoat ab. Ist diese Schicht genügend ausgehärtet, werden die einzelnen Lagen von zugeschnittenen und mit Polyesterharz getränkten Glasseideneinlagen in aufgetragenes Harz eingebettet, solange bis die gewünschte Dicke des Bootskörpers erreicht ist. Anschließend muß das Laminat aushärten. An Stellen besonderer Beanspruchung, z. B. am Kiel, bei den Püttings der Wanten, werden zusätzliche Lagen aufgetragen. Gegebenenfalls werden auch Aluminium- oder Stahlbleche bzw. Sperrholz einlaminiert oder auch noch Stringer, Spanten und bei größeren Booten spezielle Motorfundamente.
Zur vollständigen Aushärtung des gebauten Bootskörpers ist eine Aushärtung bei Temperaturen von 45°–60° sehr zweckmäßig – Tempern bzw. Nachtempern genannt. Diese Temperung – übrigens von der Klassifikationsgesellschaft »Germanische Lloyd« verlangt – bringt nochmal eine Erhöhung der Festigkeit und läßt eine klebrige Oberfläche und den Polyestergeruch verschwinden.
Nach dieser Temperung wird das Boot entformt, die Kanten werden beschnitten und Ausrüstung bzw. Ausbau beginnen, sobald die Versiegelung mit einem lufttrocknenden Polyesterharz aufgetragen und getrocknet ist. Das getrennt hergestellte Deck wird mit der Bootsschale verklebt. Ein verbessertes Handauflegeverfahren ist das Faser-Harz-Spitzverfahren, bei dem mit speziellen Spritzgeräten Glasseidenstapel gleichzeitig mit Harz in die Form gespritzt werden. Weitere Abarten sind das Vakuumverfahren, das mit Form und Gegenform arbeitet und die Drucksackmethode, bei der mehrere Atü Druck notwendig sind. Daneben gibt es auch Preßverfahren mit Kaltpressen oder den sehr teueren Heißpressen (nur bis zu 6 m Länge möglich).
Weitere Methoden sind die Sandwichbauweise (häufig beim Bau von Decks), das Depotverfahren und neuerdings die in den USA entwickelte C-Flex-Bauweise mit Glasharzstäben.
Bei der *Sandwichbauweise* wird zwischen zwei Deckschichten von großer Festigkeit ein leichter, den Abstand haltender Kern eingebaut. Als Kernwerkstoffe benützt man dabei besonders PVC-Hartschaum (auch Kunststoffhartschäume aus Phenolharz, Polystirol, Polyurethan), Wabenplatten, Balsahirnholzplatten und Sperrholz.
Beim *Depot-Verfahren,* das wegen der hohen Kosten mehr zur industriellen Förderung in hohen Stückzahlen geeignet ist, sind eine Innen- und Außenform erforderlich. Zunächst werden, wie sonst auch üblich, Trennmittel und Gelcoat eingebracht. Nach dem Anhärten der Gelcoat-Schicht werden besonders beanspruchte Stellen durch Glasseiden-Laminate verstärkt. Anschließend wird auf eine aufgetragene Harzschicht die Depotmatte im Vakuumverfahren gelegt. Sie besteht aus drei Schichten: zur Harzschicht hin eine Glasseidenlage, dann die eigentliche Depotschicht und schließlich die Verankerungsschicht für den Schaum, Dorix genannt. Die so erstellten beiden Formhälften werden zusammengeführt und durch sog. Exzenterverspannungen verbunden. In den absichtlich weit gehaltenen Zwischenraum wird nun mittels einer aufwendigen Spritzanlage unter Druck Polyurethanschaum »eingeschossen«. Die sich bei dieser Bauweise ergebenden dicken Bordwände wirken insgesamt als Auftrieb, die Bootsrümpfe sind extrem leicht, aber verwindungsfrei und widerstandsfähig. Das Zweimannkielboot »Dyas« ist z. B. in diesem Verfahren gebaut.
Ein neuer, hochinteressanter Baustoff der Kunststoffverarbeitung ist die *Kohlenstoff-Faser*. Bei manchen Bootstypen ist dieser neue Baustoff bereits erlaubt, ohne Zweifel wird er sich aber wegen seiner überragenden Qualitäten (= große Festigkeit) in der Zukunft ganz durchsetzen – besonders wenn sein noch hoher Preis einmal herabgesetzt werden kann. Die haarfeinen, aus Durchlauföfen herauskommenden Kohlenstoffäden kann man in einem weiteren Prozeß zu Riegeln, Platten oder Blöcken »stapeln«. Zur Biegung eines hocherhitzten Kohlenstoff-Faser-Verbunds ist die mehrfache Kraft nötig wie für einen gleichgestalteten Stahlkörper. Die Kohlenstoff-Fasern sind wie die Glas-Fasern zu feineren Geweben und Rovings und zusammen mit Polyester- und Epoxidharzen zu Laminaten verarbeitbar. Würde man ein Boot mit Kohlenstoff-Matten statt mit Glas-Matten bauen, so wäre die Außenhaut viel dünner und leichter, aber bei gleicher Festigkeit zu erstellen. Da das Material aber heute noch zu teuer ist, begnügen sich Werften zunächst nur mit einer gezielten Verwendung an besonders beanspruchten Stellen.

Beschläge und weiteres Zubehör

Zur Ausrüstung eines Segelbootes gehören die verschiedensten Blöcke, Schäkel und sonstigen Beschläge. Das Wichtigste in folgender Tabelle:

Grundbeschläge und Zubehör

Schäkel Kleine Bügel mit Schraubbolzen aus verzinktem Eisen, Messing oder rostfreiem Stahl in verschiedenen Ausführungsarten und Größen. Man benötigt sie als wichtigstes Verbindungselement an Bord, um alle möglichen Teile miteinander zu verbinden, z. B. die Fallen mit dem Kopf des entsprechenden Segels. Als Patentschäkel bzw. Schlüsselschäkel wird ein Schäkel bezeichnet, dessen Bolzen durch einen Bajonettverschluß (statt Schraubverschluß) gehalten wird. Ein auf Druck aufschnappbarer Schnappschäkel wird häufig für die Verbindung Schot–Vorsegel verwendet, und einen mit einem Drehgelenk versehenen Wirbelschäkel benützt man oft für den Großschotfußblock.

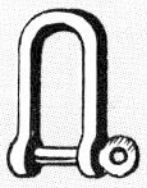
Profilschäkel

gerader Schäkel

geschweifter Schäkel

gedrehter Schäkel

Herzschäkel

Schnapp- bzw. Fockschäkel

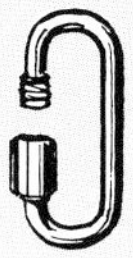
Fockschot-Schäkel

Wirbelschäkel

Blöcke Ein Block besteht aus einem Gehäuse und einer Rolle. Durch ihn läuft eine Leine, um die Zugrichtung zu verändern. Die gebräuchlichsten Blöcke sind Einscheiben- oder Zweischeibenblöcke (auch Doppelblöcke genannt), der Werkstoff ist Holz, Metall oder Kunststoff (Nylon).
Ein Block mit einer Sperrvorrichtung nach einer Seite (oft auch verstellbar) wird Sperr- oder Ratschblock genannt, und ein Block mit hintereinander gelagerten Scheiben von unterschiedlicher Größe heißt Violinblock.

Einscheibiger Block

Doppelblock bzw. zweischeibiger Block

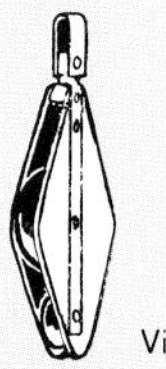
Violinblock

zweischeibiger Rennblock

Clipse Auch »Brummelhaken«, »Spinnakerschäkel« bzw. in Abwandlung »Flaggenschäkel« genannte Schnellverschlüsse, ineinandersteckbar ohne mechanische Teile. Hergestellt aus leichtem Alu, Bronze, V2A.

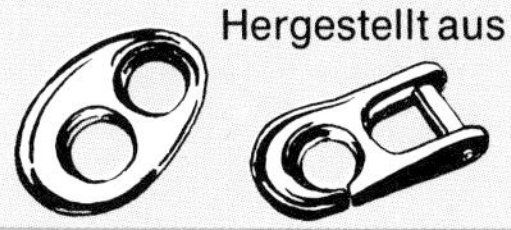

Talje Eine Talje ist ein Flaschenzugsystem, d. h. eine Kombination von Blöcken, durch die Tauwerk läuft. Die auf einem Segelboot vorkommenden Taljen sind z. B. Großschot, Fallen, Baumniederholer, Unterliekstrecker, Cunningham, Schwertfall. Bei einer Talje unterscheidet man: »laufende Part« (auch »Läufer«) = das durch die Blöcke geschorene Ende, »stehende Part« = das an einen festen Punkt angreifende Ende und »holende Part« = woran gezogen wird. Je nach Anzahl der Scheiben und Umlenkungen vergrößert sich die Kraftersparnis, dabei tragen die Taljen verschiedene Namen.

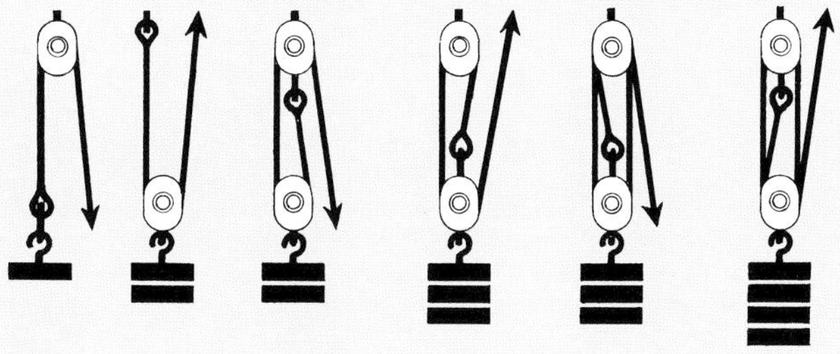
Jolltau 1:1 — Klappläufer 2:1 — Einfache Talje (Handtalje) 2:1 — Umgekehrte Handtalje 3:1 — Arbeitstalje (Dritthandtalje) 3:1 — Umgekehrte Arbeitstalje 4:1

Winschen Winden, je nach Größe mit oder ohne Hebel bzw. Kurbel zum Durchsetzen von Schoten. Die Trommel, um die die betreffende holende Part mit zwei oder mehr Rundtörns herumgeführt wird, ist jeweils einseitig drehbar, ein Zurückdrehen wird durch Sperrklinken verhindert. Während kleinere Boote (insbesondere Jollen) nur gegebenenfalls mit einer Winsch ohne Hebel (oft auch Knarrpoller genannt) für die Fockschot ausgerüstet sind, tragen große Yachten meist ein ganzes Sortiment. Auch die Fallen werden häufig über Winschen (Fallwinden) geführt.

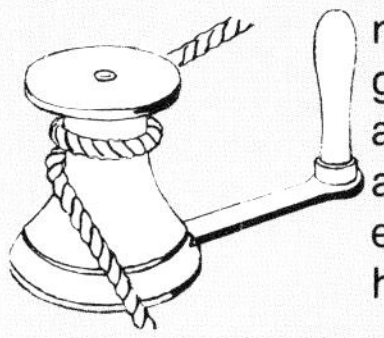

Poller Vorrichtungen zum Festmachen von Leinen an Bord. Entweder als kurzer Pfahl oder als Pfahlpaar ausgebildet oder in klampenähnlicher Form als Kreuz- oder Doppelkreuzpoller.

einfacher Poller

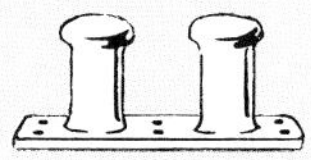
Doppelpoller

einfacher Kreuzpoller

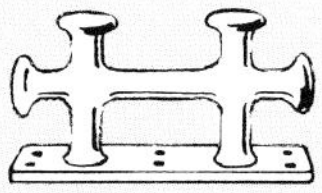
Doppelkreuzpoller

Klampen Ein Beschlag aus den verschiedensten Materialien zum Belegen von Tauwerk. In kräftiger Bauart kann eine Klampe auch als Poller ausgeführt sein. Da auf Klampen sehr großer Zug einwirken kann, müssen sie sehr gut montiert werden (Verstärkung unter Deck).

einfache Holzklampe

geschwungene Klampe

Klampe mit solider Grundplatte

Hebelstrecker Ein Beschlag, der bei manchen Booten durch Hebelwirkung ein stärkeres Strecken (z. B. der gesetzten Fock) ermöglicht.

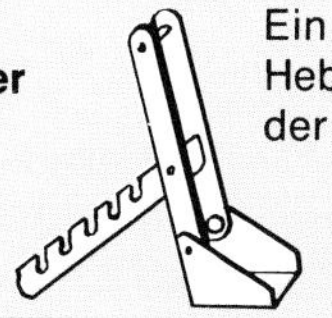

Klemmen Sie dienen zum Festkneifen von Leinen. Man unterscheidet die aus zwei drehbaren Backen bestehenden Curryklemmen, die aus einem geriffelten Spalt bestehenden Kammklemmen und die einen gewinkelten Schlitz aufweisenden Schlitzklemmen (Clamcleats).

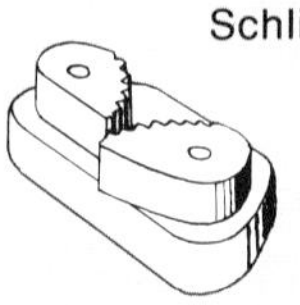
Curryklemme

Kammklemme

Stagreiter Stagreiter sind kleine verschiedenförmige Haken (oft mit einem federnden Bolzen) aus Nirosta, Bronze oder Kunststoff am Vorliek von Vorsegeln bzw. Stagsegeln, um diese damit am betreffenden Stag einzuhaken. Vorsegel kleinerer Boote und nahezu aller Jollen werden fliegend gesetzt und sind deshalb nicht mit Stagreitern versehen. Bei modernen Rennyachten verwendet man heute statt der Stagreiter gerne ein sog. Profilstag.

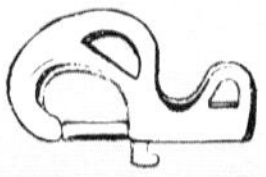
Bronze-Stagreiter mit Federbolzenverschluß

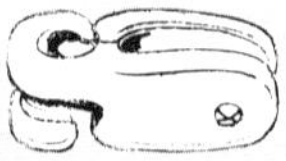
Nylon-Stagreiter

Wantenspanner Bei Wantenspannern handelt es sich um Spannschrauben, womit die Wanten an den Püttings befestigt sind und verstellt werden können. Wantenhänger erfüllen die selbe Funktion, sie sind aber leichter und werden vorwiegend bei leichten Jollen verwendet. Wantenspanner werden entweder aus rostfreiem Stahl oder hochwertigen Bronzelegierungen hergestellt. Dabei unterscheidet man zwei Hauptbauarten: Spanner mit geschlossener und solche mit offener Hülse. Wantenspanner mit geschlossener Hülse werden durch Kontermuttern, die mit der offenen Hülse mit Splinten, Splintringen oder Stopperschrauben gesichert. Sehr einfach und wirkungsvoll ist auch eine Sicherung mit Draht. Bei Kontermuttern ergibt sich eine gewisse Vorspannung auf das Material, das sich bei großer Belastung auch dehnt. Hierbei kann sich ein gewisser Spielraum ergeben, wobei sich bei Vibrationen durch Wind und Seegang die Muttern lösen können. Vorzuziehen ist der Wantenspanner mit offener Hülse: 1. Kann man hier das Gewinde kontrollieren, 2. kann sich kein Seewasser in der Hülse sammeln, 3. ist die Sicherung einfacher zu bewerkstelligen.

Wantenhänger

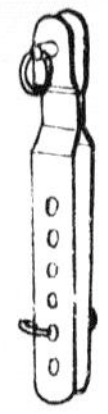

Toggles Gelenkstücke für die Wantenspanner und die Vorstagbefestigung, die ein Verbiegen der Spanner verhindern. Auf größeren Yachten unerläßlich.

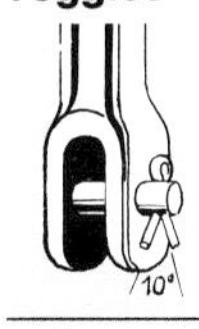

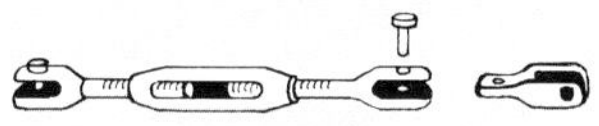

Püttings Am Boot fest montierte Rüsteisen, an denen mittels Spannschrauben (Wantenspanner) und gegebenenfalls Toggles die Wanten und Stage befestigt werden.

Leitschiene Eine Schiene, in der ein mit einem Auge (Leitöse) oder einem Block (Gleitblock) versehener Schlitten läuft, und die das Verstellen z. B. des Vorsegel-Holepunktes erlaubt. In einer Leitschiene läuft auch oft die Großschot (siehe bei »Traveller«), der Großbaumbeschlag (Lümmellager) am Mast oder der Spinnakerbaum-Beschlag am Mast.

Leitwagen Rundstahlbügel, auf dem der Großschotfußblock bei jeder Wende von einer Leeseite zur anderen laufen kann. Beim Gebrauch von Fockbäumen verwendet man meist auch Leitwagen. Ein Leitwagen ist ein veralteter Ausrüstungsteil. Heute benützt man Traveller.

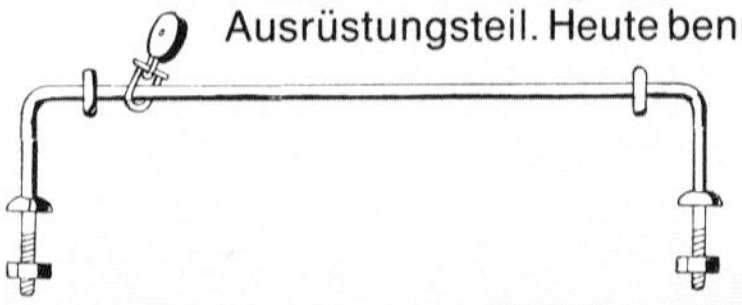

Lenzventile Auch Selbstlenzer genannte kleine, im Cockpitboden kleinerer Boote eingebaute Ventile mit Rückschlagklappe, die geöffnet werden können und bei Fahrt das Wasser im Boot leerlenzen. Am gebräuchlichsten sind die »Elvströmlenzer«.

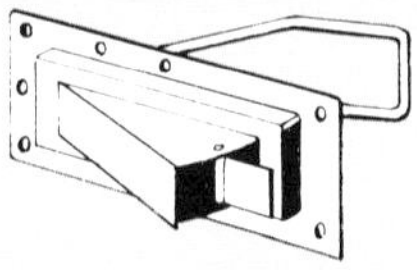

Klüsen/ Lippen Mit Metall ausgekleidete Einschnitte im Schanzkleid am Vorschiff oder Metallbeschläge, die zum Durchführen von Leinen, Anker- und Bojenketten dienen. Der heute übliche Ausdruck für diese Beschläge ist »Klüse«, seltener »Lippe«. Lippen sind im einzelnen die beiden Zapfen, die auch versetzt angeordnet sein können.

Klüse

Klüse mit versetzten Lippen

versenkbare Klüse mit geradem Durchlauf

Pinnenauslegergelenk Ein Pinnenausleger ist mit der Pinne mittels eines speziellen frei schwenkbaren Gelenks verbunden.

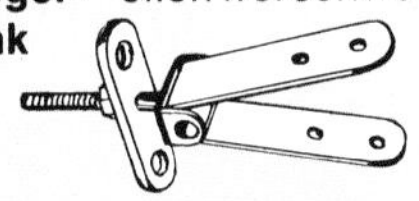

Verklicker Die Drehvorrichtung für einen Stander an der Mastspitze zur Windrichtungsanzeige.

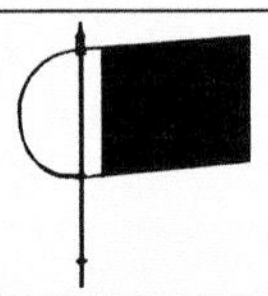

Schotring Hufeisenförmiger Bügel zum Überstreifen an den Großbaum. An ihn wird der Block für die Großschot angeschäkelt. Gebräuchlich eigentlich nur noch bei älteren Bootstypen.

Spezielle Beschläge bei Rennbooten

1. Deck- und Rumpfbeschläge:

Decks-einlässe Einführbuchsen mit oder ohne darunterliegender Umlenkrolle, die die im Deck angebrachten Bohrungen verkleiden. Sie dienen der Ein- oder Umleitung von Regulierleinen, die vom Rigg oder sonstigen Decksbeschlägen kommen und in den Bootsrumpf geführt werden, um unter Deck die entsprechende Verstellmöglichkeit zu geben.

Fock-schot-hole-punkte Möglichkeit, das Vorsegel zu trimmen, d. h. Unter- und Achterliek entsprechend einzustellen und die Düse zwischen Vor- und Großsegel zu verändern. Für die regulierbaren Holepunkte sind Schienen mit Rutschern und daraufgesetzten Blöcken oder Umlenkrollen (meist Kugellagerrollen) verbreitet. In der modernen Rennsegelei wird die Vorschot oft auch zentriert auf einen Block oder eine Öse, dann weitergeleitet auf einen Sperrblock und von da aus auf eine Klemme auf der Luvseite. Die Winsch verliert bei dieser Art an Bedeutung, da man sich durch den Sperrblock auf beiden Bordseiten einen Handgriff z. B. beim Wenden spart, weil man nicht mehr die Leeschot von der Winsch nehmen und die Luvschot darauflegen muß.

Barber Hauler Verstellmöglichkeit des Fockschotholepunktes in Querschiffrichtung, die ein Verschieben des Holepunktes nach außen bei stärkerem Wind und nach innen bei schwächerem Wind erlaubt. Die ersten Barber Hauler-Systeme bestanden aus einem auf der Schot sitzenden Block, der mit einer Leine beigeholt werden konnte. Heute verwendet man Kugellagerläufer auf einer Schiene querschiffs, die mit einem Strecker(Draht-)Seil in Längsrichtung verstellbar sind.

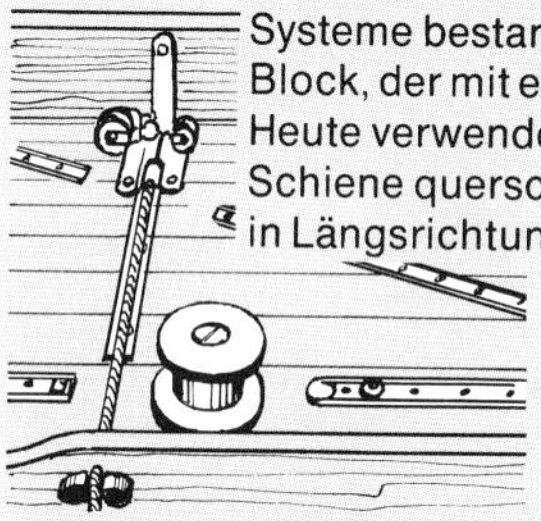

Winschen Die moderne Winsch auf heutigen Rennbooten ist keine Kunststoffwinsch mit dünner Achse mehr, sondern überwiegend aus Bronze oder Aluminium – auf größeren Yachten auch schon aus Nirosta – gefertigt, laufend auf einem Nadel-(Walzen)- oder Teflonlager. Darüberhinaus gibt es die Ein-, Zwei- oder Dreigangswinschen mit einer gewissen Untersetzung. Zur Bedienung von Winschen gebraucht man auf größeren Rennyachten heute auch sog. »Coffeegrinder« oder »Kaffeemühlen«, von zwei Personen gleichzeitig bedienbare Doppelkurbeln, deren Kraft sich durch mechanische Kupplungen auf die verschiedenen Winschen an Bord übertragen läßt.

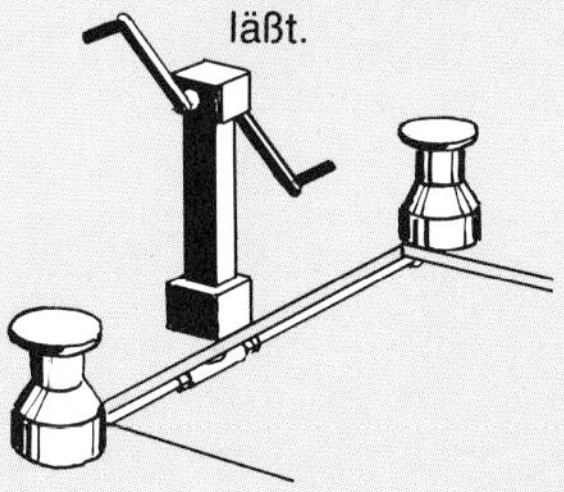

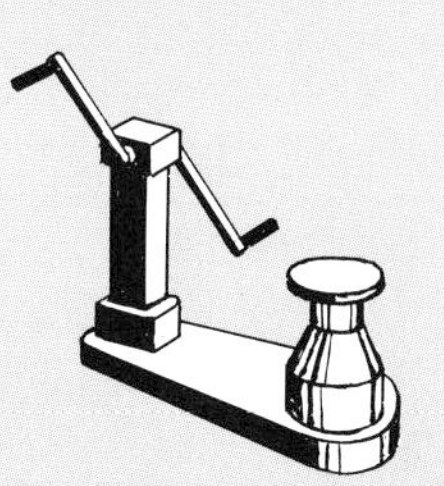

Sperr-blöcke Die ersten Sperrblöcke bestanden aus Tufnolscheiben mit einer aufgerauhten Lauffläche und einem Klemm-Mechanismus. Bei den heutigen Sperrblöcken laufen die Achslager auf Kugellagern zur Herabsetzung der Reibung (eine Entwicklung von Harken) und der Kraftersparnis. Als Weiterentwicklung dienen heute Kugellager aus gehärtetem Kunststoff, der Belastungen stärker aushält als die bisherigen Kunststofflager. Darüberhinaus sind die Rollen mit Einschnitten, ähnlich einem Keilriemenrad, versehen, die auf die Schot eine Klemmwirkung ausüben, dabei aber nicht auf dem Reibungsprinzip arbeiten (Schotenfresser).

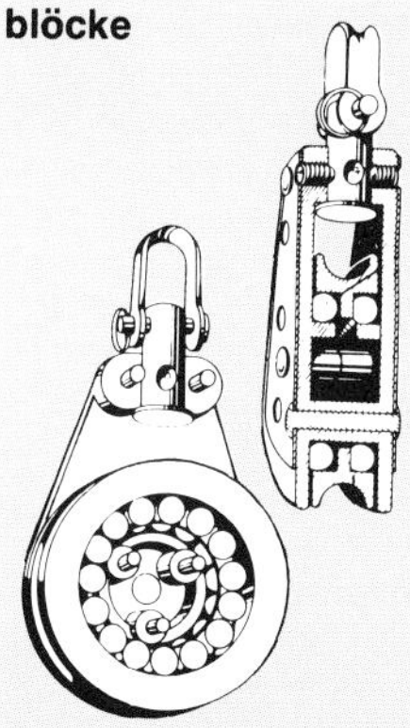

Klemmen Die oben bei den Grundbeschlägen schon erwähnten Curry- und Kamm-Klemmen herrschen auch beim Rennsport vor. Allerdings reichen besonders bei den größeren Rennyachten die herkömmlichen Kunststoff-Curryklemmen nicht mehr ganz aus, da das Problem der Reibungswärme besteht: Kunststofftauwerk schnell durch die Kunststoffbacken gezogen, läßt diese anschmoren und an Haltekraft verlieren. Man verwendet deshalb heute häufig die RONSTAN-Klemme, bei der die Backen einerseits durch leichtgehende Federn problemlos zu öffnen sind, andererseits durch Metallzähne eine starke Haltekraft aufweisen und eine schädliche Reibungswärme ausschließen. Daneben gewinnt auch die Curryklemme aus V2A und mit kräftigen Achsen für stark belastende Teile an Bedeutung.
Beliebt ist auch die in England erfundene Kammklemme, da sie keine mechanischen Teile aufweist und deshalb einen unbedeutenden Verschleiß hat. Da in der Kunststoffausführung hier die Reibungswärme ebenfalls eine Rolle spielt, verwendet man neuerdings dafür auch einen Aluminiumguß, dem man eine gute Zukunft voraussagt. Für Strecker oder Schoten mit starkem Zug ist diese Klemme aber weniger geeignet, da sie in die »Kammriffelung« gezogen und nur mit Kraftaufwand gelöst werden können.

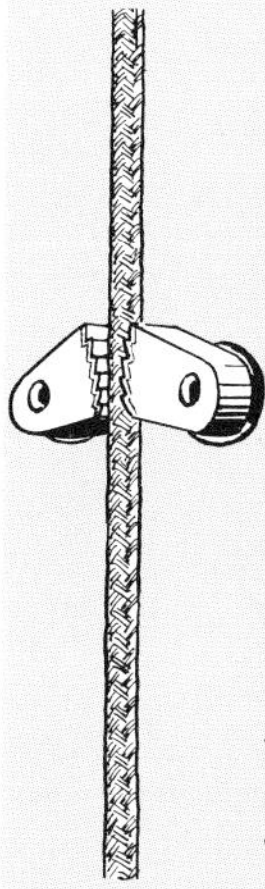

Fall-stopper Bei modernen Rennyachten geht der Trend dahin, alle Fallen, Strecker, usw. ins Cockpit zu verlegen und von dort aus zu bedienen. Mit einer auf das Kajütdach montierten Winsch holt man z. B. das betreffende Fall dicht und fixiert es in einem modernen Fallstopper, einer Art einseitigen Curryklemme mit Stopperhebel. Mit einem solchen Fallstopper kann man nicht nur ein Fall belegen, sondern man kann sich damit auch einige Winschen sparen, da nach dem Dichtholen die Winsch für die nächste Aufgabe frei wird.

Schwert-ver-stellung Einen speziellen Beschlag zur Verstellung des gefierten Schwertes unter Druck gebraucht man nur bei wenigen Jollenklassen (FD und Korsar). Die Schwertverstellung ist hier notwendig, damit man bei verschiedenen Maststellungen wieder die richtige Trimmlage erreicht.

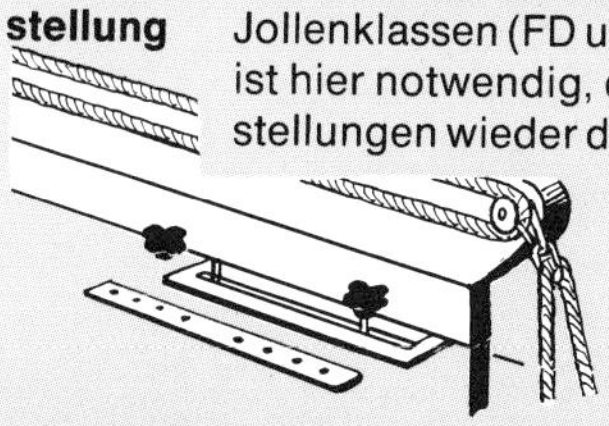

Kompaß Der Sinn eines Kompasses in einem Regattaschiff liegt weniger darin, zu wissen, wo Norden ist oder wo der Kurs verläuft, sondern in erster Linie darin, um eine Anzeige sämtlicher Winddrehungen und Stromversetzungen zu erhalten. Je nach Art des Bootes verwende man verschiedene Kompaß-Modelle: Ein FD z.B., der möglichst aufrecht gesegelt werden soll, begnügt sich mit einer Ausführung, die wenig Krängung verträgt. Andere Boote benötigen einen Kompaß mit halb- oder vollkardanischer Einrichtung. Wesentlich: Eine übersichtliche Kompaß-Rose, die auch möglichst durch ein Spezialglas bzw. eine Spezialkuppe vergrößert wird. Auch in extremer Ausreitposition muß der Kompaß genau abgelesen werden können. Besonders amerikanische Renn-Kompaßmodelle zeichnen sich durch eine zweckmäßige Vergrößerung aus.

Zur Anbringung des Kompasses: Eine zentrale Montage in Schiffsmitte hat sich als weniger geeignet erwiesen, weil er beim Ausreiten kaum mehr eingesehen werden kann. Zumindest bei kleineren Rennbooten bevorzugt man deshalb die Montage je eines Kompasses auf der Stb.- und Bb.-Seite.

Groß-schot-blöcke Sie dienen dazu, die Großsegelstellung schnell und funktionell zu verändern. Vor Jahren waren besonders die großscheibigen Blöcke modern. Sie treten wieder in den Hintergrund, denn das Problem der kleinen Scheiben war geblieben: die große Reibung auf der Achse. Man bevorzugt deshalb heute Kugellagersysteme, wobei sich unmittelbar unter dem Rollendurchmesser ein Kugelkranz befindet – also keine eigentliche Achse mehr. Abgesehen davon, daß große Kugellager die Reibung stark herabsetzen, bewirkt die »Luft« zwischen Gehäuse und Rolle, daß sich weder Salz noch Sand festsetzen können. Besonders gebräuchlich beim Rennsegeln sind für die Großschot Sperrblöcke mit oder ohne anschließende Klemmen.

Pinnen-verlän-gerung Bei den Pinnenauslegern verwendet man in der modernen Rennsegelei gerade in den Klassen, die einen sehr langen Ausleger benötigen (z. B. Contender, A-Katamarane), Teleskopausleger, deren Länge variiert werden kann. Die Qualität der angebotenen Fabrikate ist allerdings noch nicht immer unbedingt ausreichend. Führend sind im Augenblick noch die Teleskopausleger aus den USA.

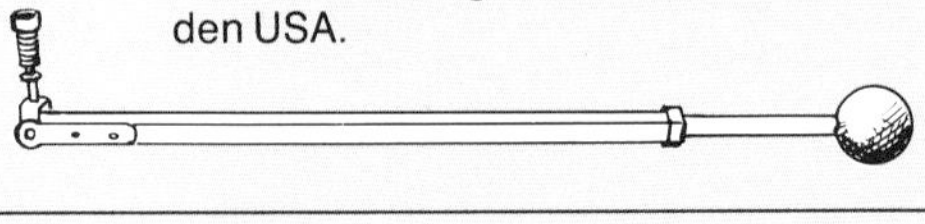

Tank-verschrau-bungen Bei modernen Rennschiffen in Doppelschalen- oder Sandwichbauweise stellen die Hohlkörper bzw. Auftriebstanks unter dem Einfluß von Temperaturschwankungen ein Problem dar: es entwickelt sich Kondenswasser, und das bedeutet Gewichtszunahme. Eine Ausstattung dieser Schiffe mit Ablaß- bzw. Tankverschraubungen zur Lüftungsmöglichkeit ist deshalb geboten. Als beste Ausführung erweist sich im Augenblick der Tankverschluß mit Gewindeverschraubung und Gummiwulst als Dichtung. Wichtig: Die Verschraubung nur an geraden Stellen anbringen, sonst wölbt sich der Deckel und wird undicht.

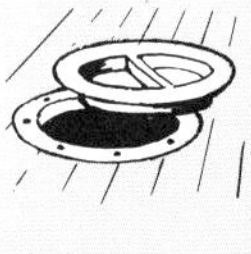

Fockroller Vorrichtung am Vorschiff (Wirbel + Rolle), die das Einrollen eines gesetzten Vorsegels ermöglicht. Im Laufe der Jahre wurden eine Reihe von Systemen auf den Markt gebracht, die zwar von der Funktion her gesehen ihren Zweck des schnellen Vorsegelbergens erfüllten, sich aber aerodynamisch ungünstig auswirkten: Die Vorsegel-Anschnittskante war nicht straff durchsetzbar. Heute hat sich ein System sowohl in der Renn- als auch in der Tourensegelei bei kleineren wie bei größeren Schiffen durchgesetzt: Das Fockrollersystem unabhängig vom Vorstag. Die Hauptbelastung (Druck- und Stauchbelastung des Mastes z. B. bei Wellengang) und die Sicherheit werden vom Vorstag getragen.
Zur Bedienung verwendet man verschiedene Arten, sowohl als Unterdeck- als auch als Überdeckfockroller: »Ruckzuck-Fockroller« basierend auf einem Keilriemensystem und »Schnurtrommelroller«, der durch Abziehen der Leine die Fock aufrollt.

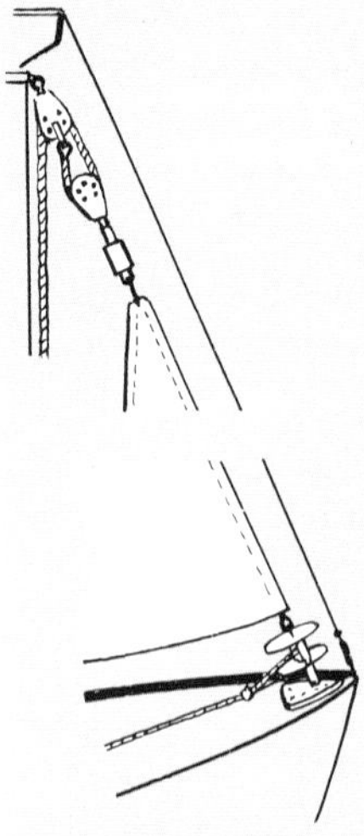

2. Mast-, Baum- und Takelagenbeschläge:

Cunning-ham-Hole Einrichtung zur Regulierung des Großsegel-Vorlieks, um das Segelprofil zu beeinflussen. Besteht aus der Cunningham-Kausch über dem Segelhals, einem Strecker und einer Klemme. Bei großen Segeln verwendet man doppelte und dreifache Taljen unter Deck, bei kleinen Segeln genügt die einfachste Art: die kleinste Talje und eine Schlitzklemme. Das Cunningham darf nicht verwechselt werden mit einer regulierbaren Schiene am Mast für den Großbaum: Ein verschobener Baum verändert die Gesamtsegelfläche, ein Cunningham nur das Vorliek.

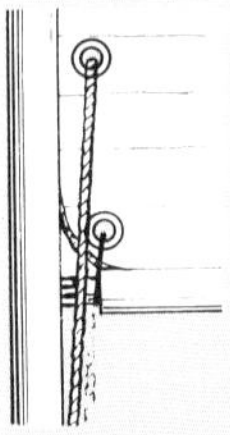

Unterliek-strecker Ähnlich einem Cunningham für das Vorliek, ermöglicht ein Unterliekstrecker ein Regulieren des Großsegel-Unterlieks je nach Wind und Kurs. Er besteht aus einer Talje mit Klemme am Großbaum, wobei diese Talje bei den heutigen Regattaschiffen im Alubaum liegt.

Wanten-spanner Für Rennboote geeignete Wantenspanner sind solche, die einen herausklappbaren Hebel besitzen und somit eine Schnellverstellung ermöglichen. In beigeklapptem Zustand dient dieser Hebel dann als Sicherung bzw. Konterung der Spannschrauben.

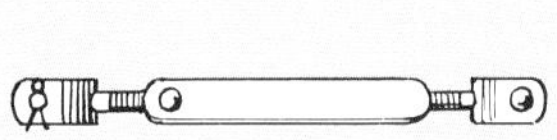

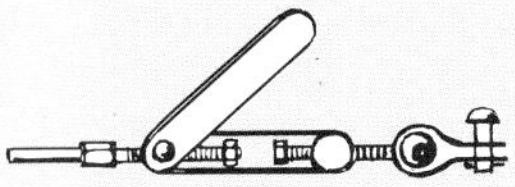

Fall-schlösser Bei Rennbooten mit einem hochflexiblen bzw. verjüngenden Mast (das sind alle kleineren Boote bis zum Drachen oder zur Soling) verwendet man häufig zur Fixierung des gesetzten Großsegels Fallschlösser, auch »Stauchdruckentlaster« genannt. Sie sollen den Stauchdruck, der auf den Mast wirkt und die Biegefunktion beeinträchtigt, herabsetzen. Ein Fallschloß wird unterhalb des Masttopps montiert und läßt nach dem Setzen des Großsegels ein Kugelterminal einrasten.

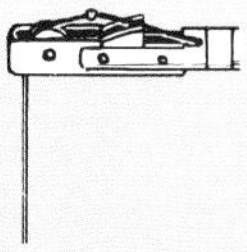

Profilstag

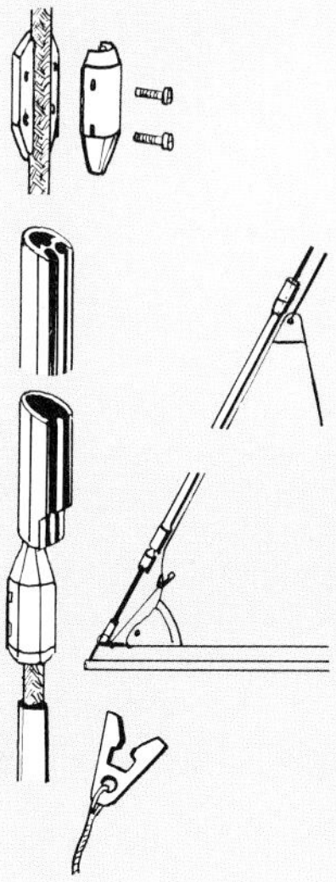

Das in diesem Buch schon erwähnte, am Vorstag der heutigen größeren Rennyachten angebrachte Profilstag, ersetzt die Stagreiter der Vorsegel. Da das Vorsegel nun in eine Nut eingeführt wird, ergeben sich eine saubere Windanströmung und eine zusätzliche Stabilität in der Anschnittskante durch die in sich vorhandene Steifheit des Systems. Bei der modernen Doppelnut-Ausführung ergibt sich außerdem die Möglichkeit, schnell und problemlos die Vorsegel zu wechseln. Bei den Anfängen des Profilstags benutzte man zunächst eine Nut, dann ein gegenüberliegendes Doppelnutsystem, bei dem man Nachteile durch Verwirbelungen in Kauf nehmen mußte. Heute bewährt sich am besten das Profilstag aus Aluminium mit zwei nebeneinanderliegenden Nuten, deren Seitenwände so verstärkt sind, daß ein anschlagender Spinnakerbaum keinen Schaden anrichten kann. Ein Profilstag ist auch für einen Fahrtensegler sehr interessant, und eines Tages werden sicher auch die Jollensegler dessen Vorteile entdecken.

Trimm-Möglichkeiten am Rigg

Zur Regulierung von Vorstag, Fockfall, Wanten und bei größeren Yachten auch des Achterstags dienen heute nicht mehr die bisherigen Flaschenzüge und Hebelstrecker, sondern die Streckerkästen. Es handelt sich hierbei um Taljen in drei- oder vierscheibiger Übersetzung und in verschiedener Hublänge aus Drahtseil oder vorgerecktem Perlon in einem Aluminium-, V2A- oder Plastikgehäuse. Der Vorteil eines Streckerkastens ist sein geringer Umfang und die feste Montage. Bei großen Rennyachten werden die Streckerkästen durch Hydraulik ersetzt, bzw. beim Vor- und Achterstag durch spezielle Spanner – auch »Räder« genannt.

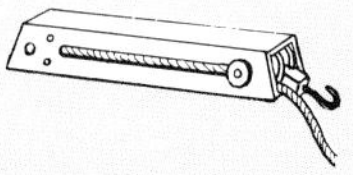

Aufholvorrichtungen

Zur Ordnung der vielen Leinen auf einem Rennschiff verwendet man häufig sog. Aufholtrommeln, die es mit offenem oder geschlossenem Gehäuse gibt. Mit ihrer Hilfe kann man herumliegende Leinen aufwickeln.

Mast-»Puller«

Mastpuller, Mastdrücker, oft auch »Mastkontroller« genannt, sind auf Decksebene gegen den Mast angesetzte Hebel, die einen Masttrimm von der Decksposition aus erlauben. Mit ihrer Hilfe kann man z. B. den Mast auf der Kreuz nach achtern ziehen und auf der Vorwindstrecke nach vorne drücken.

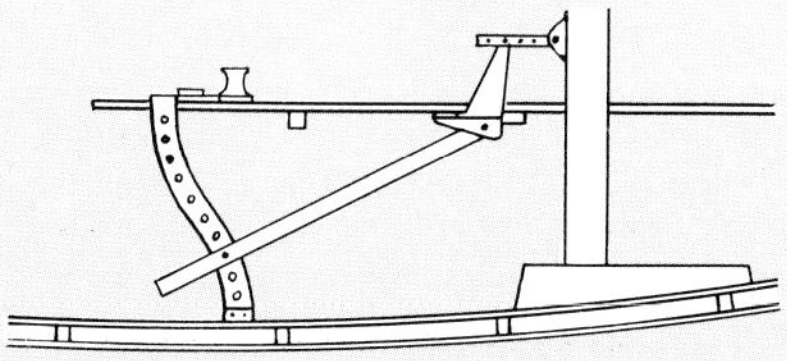

Spinnakerbaumbeschläge

Die Palette der Spinnakerbaumbeschläge ist groß, sie reicht von den einfachen Jollenbeschlägen mit Einklinknase bis zu den Glockenbeschlägen. Am verbreitetsten ist das Prinzip des Zugbolzens, daneben gibt es moderne Beschläge, die eine automatische Ausklinkvorrichtung am Zugbolzen besitzen. Heute benützt man ferner auch automatische Einklinkvorrichtungen, bei denen durch Schotdruck die Spinnakerbaumnase selbständig geschlossen wird. Bei größeren Rennyachten haben sich die sog. Glockenbeschläge gut durchgesetzt, die sowohl in der Horizontalen als auch in der Vertikalen ein Lager besitzen, das sich dann der gewünschten Richtung des Spinnakerbaumes anpassen kann.

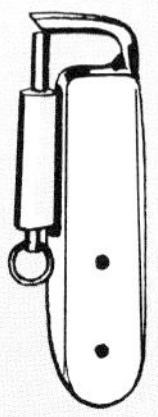

Spinnakerbaumführung am Mast

Die herkömmlichen Augen an der Mastvorderseite haben sich im Rennsport im Laufe der Zeit als unzureichend erwiesen, da das Einstellen verschiedener Höhen für den Spinnakerbaum nicht möglich war. Man entwickelte deshalb die Schiene mit Rutscher und Auge. Heute verwendet man für den Rutscher ein Kugellagersystem, das den großen Druck des Baumes auffängt und ihn verstellen läßt. Zur Verstellung dient dabei bei größeren Yachten ein Kettenumlauf mit Handkurbel. Als eine weitere Version dient als Mastbeschlag auch der Spinnakerbaumkorb, entwickelt von Elvström, wobei ein Korb den ganzen Mast umklammert, während seine auf Teflonbasis gelagerten Auflagen auf- und abgleiten können.

Windanzeiger

Bei größeren Rennyachten genügt ein herkömmlicher Verklicker mit einem Stoffstander nicht mehr den Anforderungen, deshalb wurde hier ein Windanzeiger mit Pfeil und zwei Auslegerarmen entwickelt. Mittels der Auslegerarme als Bezugspunkte ist erkennbar, wie die Yacht auf Bb.- und Stb.-Bug segelt, d. h. ob sie auf jedem Bug gleich gut läuft. Außerdem kann auf der Vorwindstrecke der Winkel zum achterlichen Wind genau abgelesen werden. Dazu gesellen sich geringer Verschleiß und eine leichtgängige, ruhige Funktionsweise. Eine Rolle spielt bei großen Rennyachten auch die elektronische Windrichtungsanzeige (siehe im Kapitel »Elektronik an Bord«).

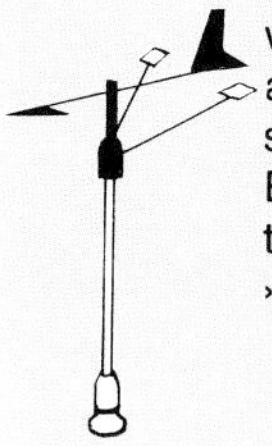

Die Grundelemente zum Bedienen der Segel

Deutlich erkennbar bei diesen FDs die Mastbiegung.

Mast und Großbaum

Der Mast mit seinen Verspannungen und Spreizen bildet zusammen mit dem Großbaum die Takelage. Heute gebraucht man vorwiegend das Wort »Rigg« dafür.
Ursprünglich kannte man nur den Vollholzmast und den Vollholzbaum, hergestellt aus naturgewachsenen Baumstämmen. Als Verfeinerung entdeckte man dabei im Verlauf der Jahrhunderte die besondere Eignung von gerade gewachsenen Tannen. Schon im 16. Jahrhundert war man zum Aufbau von riesigen Masten fähig und konnte auch für die großen Handelssegler Masten aus drei Teilen anfertigen, nämlich Untermast, Toppmast und Stenge. Die zu Beginn des 20. Jahrhunderts durch die Flugzeugindustrie entwikkelten Erkenntnisse bei der Herstellung leichter Holztragwerke und hohler Trägerkonstruktionen durch Verleimung mehrerer Schichten kamen dann auch dem Mastbau zugute, wobei seit Beginn der zwanziger Jahre der viel leichtere verleimte Hohlmast eingeführt werden konnte. Als 1930 die America's-Cup-Yacht »Enterprise« entworfen wurde, wagte man erstmals den Bau eines Aluminiummastes in zweischichtigem Duraluminium. Die »Enterprise« gewann übrigens überlegen gegen den britischen Herausforderer »Shamrock V«. Ursprünglich waren die Masten starr und gerade, bis 1936 der deutsch-brasilianische Starsegler »Pimm« von Hütschler und der deutsche Star-Olympiasieger Bischoff erstmals den biegsamen Mast (flexible Rigg) einführten. Es wurden die Vorteile einer nach Wunsch einstellbaren Mastbiegung erkannt, wobei man nun je nach Wind das Großsegel bauchiger fahren oder abflachen konnte. Der flexible Mast ist nicht zu verwechseln mit dem zwischenzeitlich bei älteren Rennklassen und den Schärenkreuzern aufgekommenen und heute wieder ausgestorbenen nach achtern gebogenen Peitschenmast, der seine Blütezeit etwa zwischen 1925 und 1930 hatte. (Auf dem Foto, Seite 15, sieht man einen solchen Peitschenmast).
Seit dem letzten Jahrzehnt begann der Siegeszug des Aluminiummastes (und des Aluminiumgroßbaumes), der sich 1972 endgültig durchgesetzt hatte, als die vom deutschen Veranstalter gestellten Olympia-Finn-Dinghies auch mit einem Alumast ausgerüstet wurden. Heute erscheint kein Regattasegler mehr mit einem Holzmast zu einer Wettfahrt, und selbstverständlich ist der Mast flexibel. Letzteres gilt allerdings weniger für die großen Masten von Seeyachten – aber auch hier wird die Entwicklung noch weitergehen.
Alumast und Alugroßbaum sind bruchfester als solche aus Holz, auch sind sie in kleinerem Durchmesser und geringerem Gewicht zu erstellen. Zweifellos wird im heutigen Rennsegelsport noch viel mit Masten experimentiert, wobei man die verschiedensten Querschnitte benützt. Es gibt dabei folgende Hauptmöglichkeiten:

- Mast mit großem Durchmesser und dünner Wandung: er ist leicht, aber von großem Querschnitt und damit größerem Windwiderstand.
- Mast mit dünnem Querschnitt, aber dikkerer Wandung: der Windwiderstand wird kleiner, das Gewicht aber größer.
- Mast mit kleinem Querschnitt und dünner Wandung: der Windwiderstand ist klein, ebenso das Gewicht; dafür ist eine ausgeprägtere Verstagung nötig.
- Mast birnenförmig oder rund: ein birnenförmiger Mast ist keinesfalls, wie ursprünglich angenommen, aerodynamisch von Vorteil. Im Gegenteil, es ergibt sich eine größere Anströmbreite.

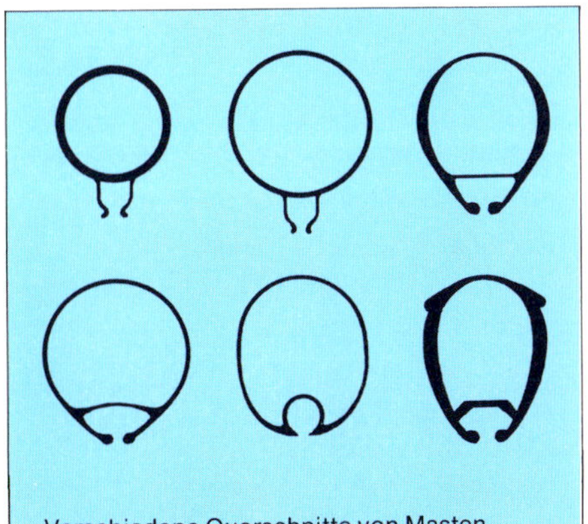

Verschiedene Querschnitte von Masten

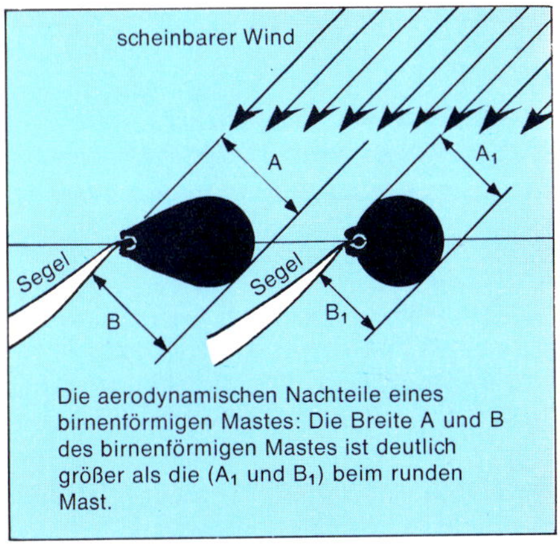

Die aerodynamischen Nachteile eines birnenförmigen Mastes: Die Breite A und B des birnenförmigen Mastes ist deutlich größer als die (A_1 und B_1) beim runden Mast.

Heute neigt man dazu, den ganz dünnen, leichten Mast nicht zu benützen, da er zur Versteifung mehr Widerstand erhöhendes Zuberhör (Diamonds, Jumpstag) benötigt als dickere Masten. Zur Verminderung von Windwiderstand und Verwirbelungen werden auf vielen Rennbooten die Fallen innerhalb des Mastes verlegt.
Beim Großbaum muß nicht auf stromlinienförmige Querschnitte geachtet werden, da die Windströmung nicht quer, sondern längs dazu fließt.
Ein Mast kann gerade aufgestellt sein, oder je nach Trimmabsicht mit einer leichten Neigung, genannt Fall, nach vorne oder achtern. An Bord steht der Mast mit seinem Mastfuß, wobei es verschiedene Aufstellungsmöglichkeiten gibt:

- Ein vierkantiger Zapfen steht in der viereckig vertieften Mastspur des Kielschweines.
- Der Mastfuß ist eingekerbt und lagert versetzbar auf einer Kerbschiene.
- Der Mastfuß läuft auf oder in einer geraden Schiene oder Auskerbung und wird mit Bolzen oder Klötzchen fixiert.
- Der Mast ist drehbar um einen Mastbolzen als Klappmast in auf Deck bzw. Kajütdach stehenden Mastbacken gelagert. Eine solide Verstärkung von Deck bzw. Kajütdach ist hierbei eine notwendige Voraussetzung.

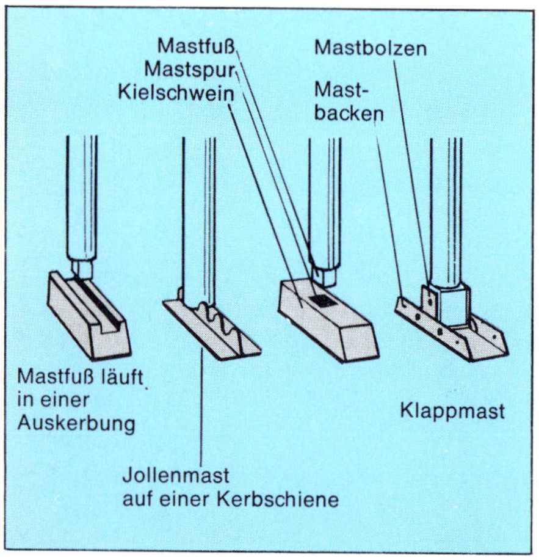

Die Segel werden an Mast und Großbaum heute nur noch mittels einer Hohlkehle (Keep, Nut) oder mittels Rutschern geführt. Bei allen kleineren Booten ist die Hohlkehle üblich, während bei größeren Yachten oft Rutscher verwendet werden. Bei Großbäumen ist prinzipiell das System mit einer Hohlkehle zu bevorzugen, da hier Rutscher nur Nachteile bringen.

Übersicht über die Vor- und Nachteile von Hohlkehle und Rutscher

System	Vorteile	Nachteile
Keep am Mast	Vorliek lagert strömungstechnisch wirksamer. Die Belastung ist gleichmäßiger über die Mastlänge verteilt.	Nach dem Bergen des Segels kann dieses nicht am Mast angeschlagen bleiben.
Rutscher am Mast	Nach dem Bergen des Segels kann dies am Mast angeschlagen bleiben.	Luftströmung gelangt durch den Spalt zwischen Segel und Mast nach Lee und mindert die Druckdifferenz. Die Belastung, die durch den Winddruck entsteht, wird ungleichmäßig auf den Mast verteilt.
Keep am Großbaum	Kein Spalt zwischen Segel und Baum, durch den Wind strömen könnte. Gleichmäßige Belastung. Bei Rollreff gleichmäßigeres Aufrollen.	Keine!
Rutscher am Großbaum	Keine!	Wind strömt durch den Spalt nach Lee. Bei einem Rollreff: ungleichmäßiges Aufrollen (Verdickungen und Ausbeulungen) Gefahr des Durchscheuerns; Verschmutzung, wenn Rutscher geölt.

Bei dieser Hochsee-Rennyacht sind Vor- und Unterliek mittels Rutschern an Mast und Großbaum geführt.

Stehendes und laufendes Gut

Masten von manchen kleinen Einhandjollen (z. B. Finn, Laser, OK-Jolle) stehen drehbar gelagert zwar ohne jegliche Abstützung = Verstagung im Boot, in der Regel ist für den Mast aber eine Abstützung erforderlich. Diese Abstützung aus Drahttauwerk bzw. neuerdings auch aus Stangenmaterial (sog. ROD) nennt man das »stehende Gut«. Stage stehen in der Schiffslängsrichtung (Vorstag, Fockstag, Klüverstag, Achterstag), Wanten in der Querschiffsrichtung. Achterlich von den Wanten stehende Verstagungen nennt man Pardunen: das sind die Backstagen oder Preventer und das Achterstag. Genickstag nennt man die Verbindung zwischen zwei Mastspitzen. Je größer das Boot und je höher der Mast, um so umfangreicher wird die Verstagung. Sie ist überall dort notwendig, wo der Mast unter dem Segeldruck zu unerwünschter Durchbiegung neigt. Damit die Verstagung auch zu voller Geltung kommt, muß zum Mast ein Mindestwinkel gegeben sein. Leicht zu erreichen ist ein solcher Winkel immer bei den Stagen, weniger leicht bei Wanten, bei denen durch einen hohen Mast und die gegebene Breitenbegrenzung Probleme entstehen können. Als Lösung werden für diesen Fall aber die Wanten abgespreizt durch rechtwinklig zum Mast stehende Holz- oder Aluminiumspieren wie Salings, Diamonds oder Jumpstagspreizen. Wanten und Stage dienen nicht nur der Abstützung des Mastes, bei vielen Rennbooten erfüllen sie auch – verstellbar während der Fahrt – eine wichtige Trimmfunktion. Montiert sind die Wanten und Stage am Mast mittels spezieller Mastbeschläge und am Boot mittels der Spannschrauben.

Das bewegliche, über Blöcke oder durch Leitösen laufende Tauwerk an Bord nennt man »laufendes Gut«. Das sind alle Fallen zum Heißen der Segel, die Schoten zum Bedienen der Segel, die Auf- und Niederholer, Halstaljen, Achterholer, Dirken, Bullenstander, Unterliekstrecker, Standerleinen. Fallen dürfen keinesfalls aus elastischem Tauwerk bestehen, da sonst die Segel nachgeben und nicht durchgesetzt bleiben. Deshalb benützt man vorzugsweise für die Fallen auch Drahttauwerk, die wenig »Reck« aufweisen. Sofern das Drahtfall nicht wie bei größeren Yachten mittels einer Fallwinde bedient wird, sondern per Hand, ist ein Drahtvorlauf (Steert) aus Fasertauwerk angebracht.

Großschotführungen

Die Art, wie das Großsegel von der Großschot geführt wird, kann verschieden sein. Trimmtechnisch am zweckmäßigsten ist die *»Mittelschotführung«*, wobei die etwa in der Mitte des Großbaumes angreifende Schot zu einem Fußblock am Cockpitboden bzw. zu einer quer über das Cockpit verlaufenden Travellerschiene zieht. Eine andere Art ist die seltenere *Heckschotführung* (englische Art), für die es verschiedene Anordnungen gibt. Ein Kompromiß zwischen einer Mittel- und Heckschotführung ist die z. B. bei der Laserjolle gebräuchliche Art, wobei die Schot sowohl über die Baumnock als auch über die Großbaummitte verläuft.

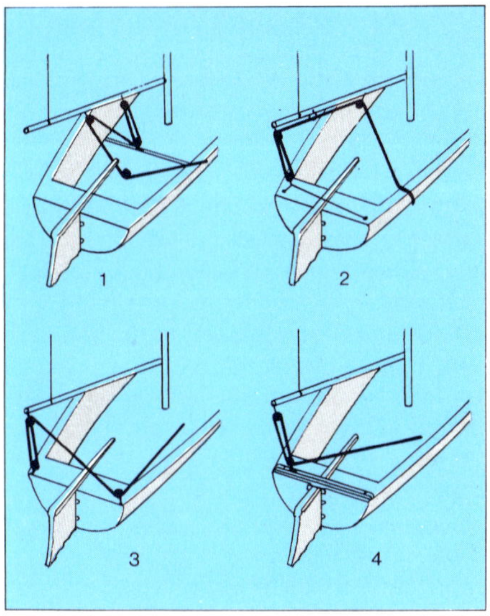

1 Mittelschotführung, 2–4 verschiedene Arten der Heckschotführung.

Verschiedene Verstagungsarten bei verschieden großen Booten.

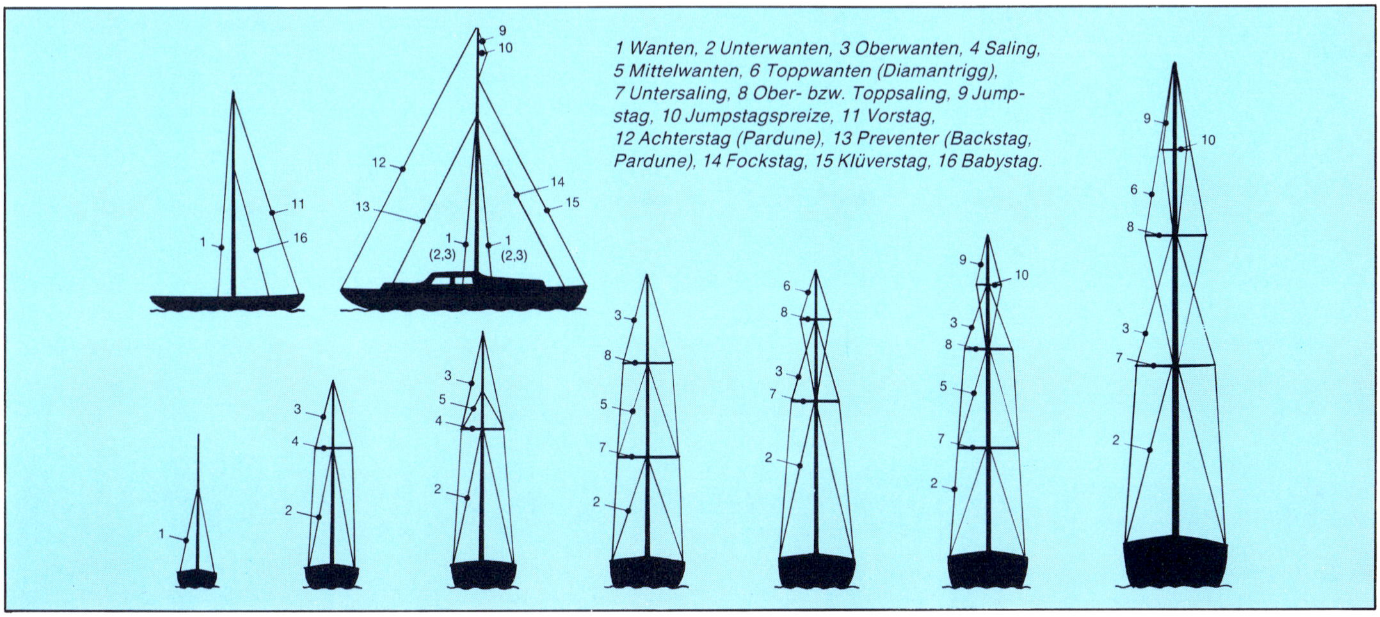

Vorteile der Mittelschotführung

Bei einem flexiblen Großbaum kann dieser bei zunehmender Windstärke auf Amwindkurs durch wachsenden Schotzug nach unten durchgebogen werden; dadurch wird eine erwünschte Abflachung des Großsegels erzielt. Außerdem kann – sofern eine Travellerschiene angebracht ist – auch bei einem weiter aufgefierten Baum ein senkrechter Schotzug zugunsten einer Segelabflachung erfolgen.

Die Biegung des Großbaumes bei den verschiedenen Großschotführungen

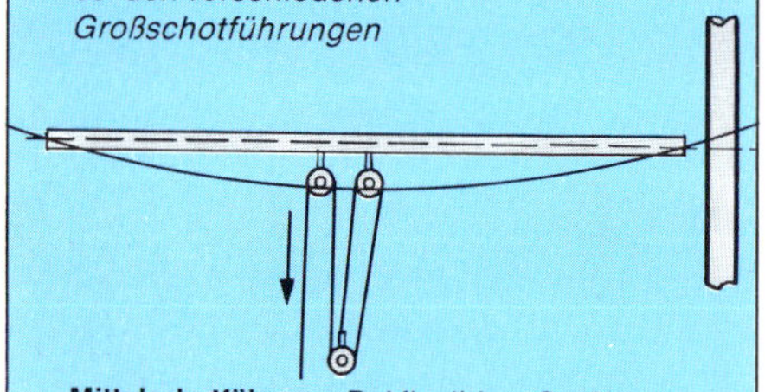

Mittelschotführung: Bei flexiblem Großbaum kann dieser bei zunehmender Windstärke und kräftigerem Schotzug nach unten durchgebogen werden und das Segel abflachen.

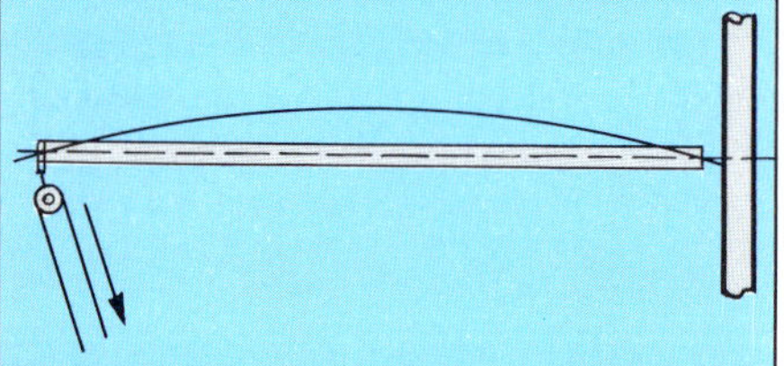

Heckschotführung: Bei stärkerem Schotzug kann sich der Baum nach oben durchbiegen, was eine beim Amwindsegeln unerwünschte Segelwölbung hervorruft.

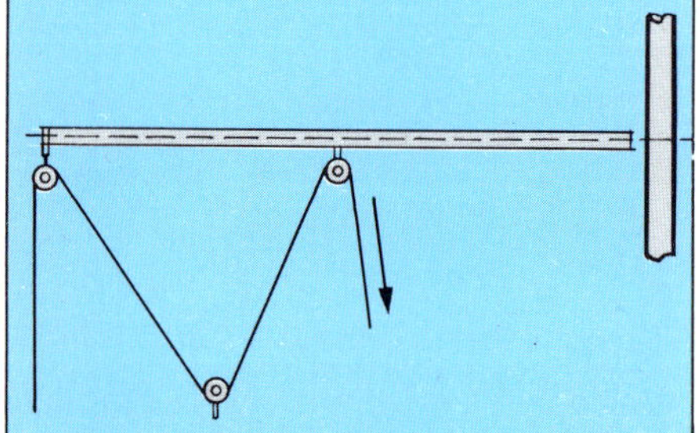

Schotführung über die Baumnock und Großbaum-Mitte: Der Baum bleibt hier bei jedem Kurs und jedem Wind neutral.

Nachteile der Heckschotführung

Bei flexiblem Großbaum und starkem Schotzug kann sich der Baum nach oben durchbiegen und ruft dadurch eine für das Amwindsegeln unerwünschte Segelwölbung hervor. Außerdem ist bei einem weiter aufgefierten Großbaum kein senkrechter Schotzug mehr möglich, was nur durch einen Baumniederholer in gewissem Maße ausgeglichen werden kann.

Vorsegelschotführung

Die Schot der Vorsegel (Fock, Sturmfock, Genua) läuft entweder durch eine feststehende Leitöse (Fockschotleitöse) oder in der Regel durch eine Leitöse bzw. einen Block, die verstellbar in Längs- oder Querrichtung auf einer Schiene laufen. Eine Verstellung des Vorsegelholepunktes in der Querrichtung ist auch möglich durch das »Barber Hauler-System«. (Siehe S. 42)

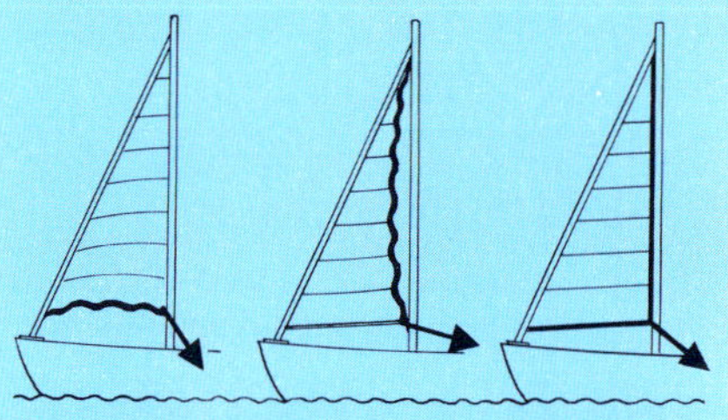

Das Unterliek der Fock killt: Holepunkt mehr nach achtern!

Das Achterliek killt: Holepunkt mehr nach vorne!

Weder Unter- noch Achterliek killen: Holepunkt ist richtig eingestellt!

Wichtig ist zunächst die Holepunkteinstellung in Längsschiffsrichtung, damit weder Unter- noch Achterliek des Vorsegels killen. Killt auf Amwindkurs das Unterliek und läuft das Boot zwar Höhe aber keine Geschwindigkeit, dann zieht die Schot zu weit nach unten, d. h. der Holepunkt muß mehr nach achtern verschoben werden. Killt dagegen das Achterliek, ist dies zu offen, und ist die Düse zu groß, dann zieht die Schot zu weit nach achtern, d. h. Holepunkt mehr nach vorne versetzen.
Bedeutung besitzt auch der Anstellwinkel des Vorsegels, der verändert werden kann, je nachdem, ob der Holepunkt mehr innen- oder außenbords verlegt ist. Hierbei gilt:

starker Wind = Holepunkt außen,
schwacher Wind = Holepunkt innen.

Traveller

Ein Traveller für die Großschot ist bei heutigen Regattaschiffen nicht mehr wegzudenken, da er ein wichtiges Trimmgerät für das Großsegel darstellt. Er besteht aus einer Leitschiene, die bei der Mittelschotführung quer über das Cockpit, bei der Heckschotführung hinten am Heck montiert ist. In dieser Schiene läuft – möglichst kugel- bzw. rollengelagert – auf einem Schlitten ein entsprechender Block. In der Regel wird der Schlitten mittels Leinen verschoben, die Leinen können jeweils z. B. in Curryklemmen belegt werden.
Am verbreitetsten sind gerade Travellerschienen, mit denen folgende Möglichkeit zu erzielen ist: Wird der Schlitten nach Lee verschoben, so wirkt der Schotzug senkrechter, außerdem kommt die Großschot automatisch etwas dichter. Dadurch wird der Großbaum etwas stärker nach unten gezogen, das Großsegel wird somit flacher getrimmt, und der Mast biegt mehr durch.

Traveller in Lee bei diesem Finn.

Der senkrechte Zugpunkt bei der Heck- und Mittelschotführung.
1 Heckschotführung mit Travallerschiene am Spiegel: Bei senkrechtem Zugpunkt reicht die Baumnock bis zum Spiegeleck. – 2 Mittelschotführung mit mittschiffs angebrachter Travellerschiene: Auch bei einem weiter gefierten Großsegel ist noch ein Zug senkrecht nach unten möglich, dadurch wird die Verbindung im Segel geringer gehalten.

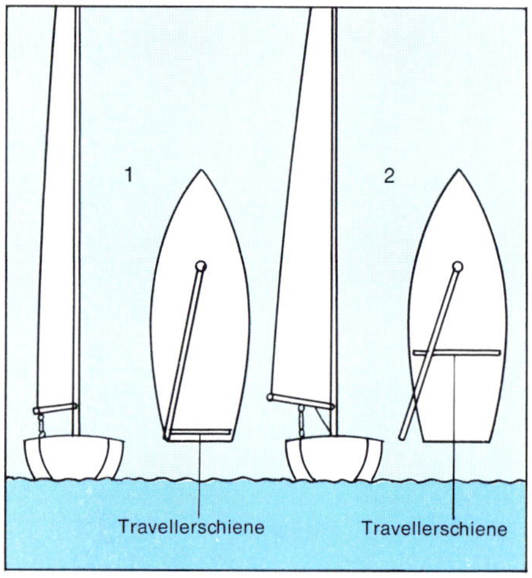

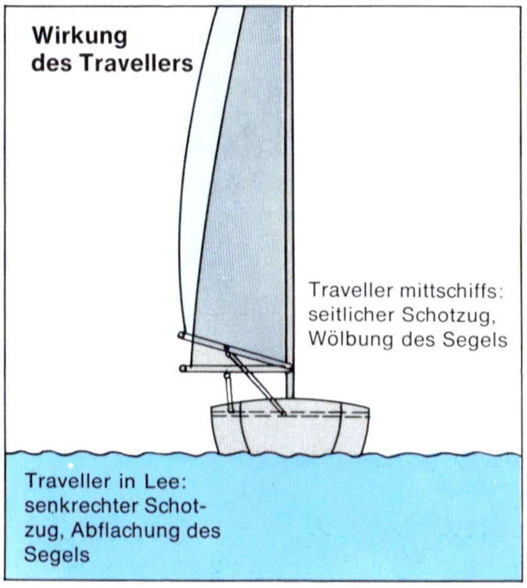

Verschiebt man dagegen den Schlitten mehr nach mittschiffs, so wird die umgekehrte Wirkung erzielt: das Segel wird voller, was für leichtere Winde anzustreben ist. Mit einer konvex gebogenen Schiene ist dieselbe Wirkung zu erzielen, nur noch etwas ausgeprägter. Etwas anders verhält es sich mit einer konkav gebogenen Travellerschiene: Wird der Schlitten hier nach Lee verschoben, so wird die belegte Großschot ebenfalls etwas dichter gezogen, durch die ansteigende Schiene steigt aber gleichzeitig der Großbaum etwas, wobei der Mast gerader und das Achterliek entlasteter werden. Zieht man umgekehrt den Schlitten mehr nach Luv, so wird das Großsegel flacher. Um bei einem konkav gebogenen Traveller dieselbe Wirkung zu erzielen wie bei einem geraden, müßte also gleichzeitig die Schot selber bedient werden, was etwas umständlicher ist.

Sehr zweckmäßig ist besonders beim Regattasegeln das Ausnützen bzw. Abwettern von Böen mit dem Traveller, wobei man nur diesen bedient und die Schot selbst belegt. Fällt die Bö ein, so läßt man den Schlitten nach Lee rutschen, ist die Bö vorbei, zieht man den Schlitten wieder mehr mittschiffs.

Großbaumniederholer

Auch ein Baumniederholer ist beim heutigen Regattasegeln – und auch beim gekonnten Freizeitsegeln – von keinem Boot (Jolle, Yacht, Ozean Racer) mehr wegzudenken. Es handelt sich bei der einfachsten und herkömmlichsten Art um eine kleine Talje, die tief unten am Mast (beim

Einfachste Niederholerart: Talje bei einer Jolle.

Durch Niederholerrad verstellbares Gestänge bei einer Rennyacht.

Oben: Hydraulisches Niederholergestänge einer Rennyacht.

Typisch beim Starboot die gebogene Niederholerschiene. An der Pinne sitzt hier übrigens Tempest-Weltmeister Uwe Mares (mit seinem ehemaligen Star-Vorschoter Kai Krüger).

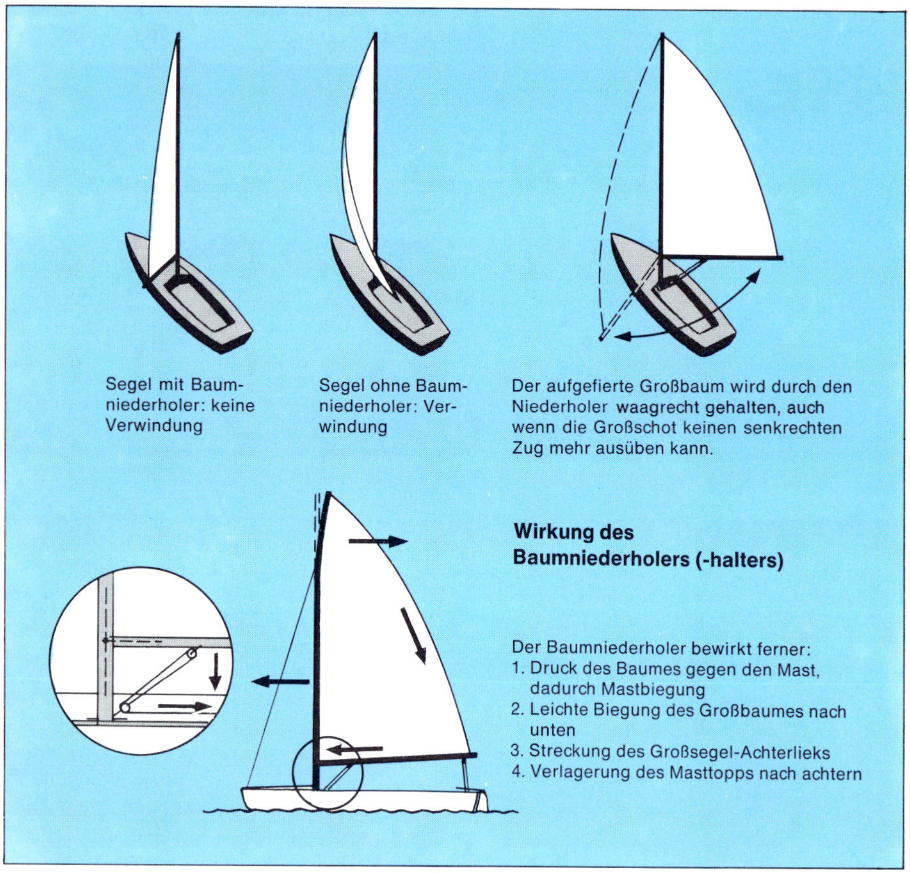

Mastfuß) befestigt ist und in einer etwa 45°-Richtung zum vorderen Viertel des Großbaumes verläuft. Bei größeren Rennyachten benützt man statt einer Talje feste Metallgestänge, die den Vorteil aufweisen, daß der Baum auch ohne eine Dirk gehalten wird. Diese Gestänge sind entweder starr (nur Haltefunktion ohne Reguliermöglichkeit) oder verstellbar durch Kugellagerrutscher, Niederholerrad oder Hydraulik. Daneben kennt man auch Niederholergalgen und -hebel. Ein vorzügliches Niederholersystem – gebräuchlich z.B. beim Star, bei 6er-, 12er- und weiteren Rennyachten – ist das mit einer gebogenen Niederholerschiene. Der Strecker wandert hierbei im Halbkreisbogen mit der Großbaumeinstellung mit, und die große Zugbelastung wird auf das ganze Deck verteilt.

Die Aufgabe des Niederholers ist das Niederhalten des Baumes zur Verringerung einer unerwünschten Verwindung des Segels. Da der Baum dabei weniger »geholt«, sondern mehr »gehalten« wird, sollte man eigentlich besser von »Niederhalter« sprechen. Besonders wichtig ist der Niederhalter bei Raumschots- und Vorwindkursen, bei denen das Steigen des Baumes und damit verbundene Verwinden des Segelprofils nicht durch die Großschot alleine verhindert werden kann. Bei einem flexiblen Mast kann der Baumniederhalter zusätzlich noch die Mastbiegung beeinflussen und somit Trimm-Möglichkeiten eröffnen.

Auch auf großen IOR-Rennyachten findet man gelegentlich die gebogene Niederholerschiene.

Segel

Die Segel nehmen eine zentrale Position beim Segelsport ein, wobei sich auch die Segelmacher in ihrem Bestreben, immer bessere (d. h. für das Boot mehr Vortrieb erzeugende) Segel als ihre Konkurrenten zu schneidern, als gewisse Zentralfiguren erweisen. Bevor wir nun näher auf die Segeltuche, Schnitte und heutigen Segelarten eingehen, sei eine kleine *Segeltypologie* in Tabellenform vorangestellt:

Rahsegel und Schratsegel

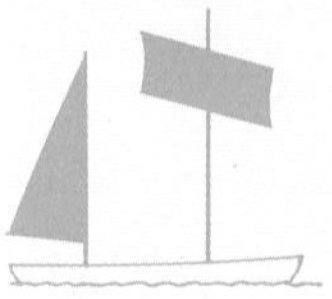

Es handelt sich um zwei grundlegende Hauptarten von Segeln: Die alten auf den Windjammern gebräuchlichen viereckigen Rahsegel waren an quer zu den Masten hängenden Spieren (Rahen) angeschlagen, sie sind heute noch z. B. auf der Gorch Fock, dem Schulschiff der Bundesmarine zu besichtigen. Die heutigen, parallel zum Mast stehenden Segel sind alle Schratsegel. Nachdem es heute nur noch diese eine Segelart gibt, ist dieser Begriff nur noch wenig geläufig.

Haupt- oder Arbeitssegel

Die normal vorgesehene Am-Wind-Besegelung, z. B. bei einer Sluptakelung Großsegel und Fock. Wird in neueren Prospekten häufig auch als »Standardbesegelung« bezeichnet.

Großsegel

Das am Mast – bei mehrmastigen Schiffen am Großmast – gefahrene Segel. Es ist das uneingeschränkt immer gesetzte und im Notfall nie ausgetauschte Segel an Bord, das bei vielen modernen Yachten aber kleiner als ein hochgetakeltes Vorsegel sein kann. Manche Einmannboote (z. B. Finn-Dinghy) fahren als einziges Segel nur ein Großsegel.

Besan(segel)

Bei den zweimastigen Takelungsarten »Ketsch« und »Yawl« das hinterste Segel an dem kleinen Besanmast. Bei den mehrmastigen Windjammern war der Besan das hinterste Schratsegel.

Vorsegel

Die heutigen Standardvorsegel sind Genua, Fock und Sturmfock, von denen je nach Verhältnissen eines am vorderen Stag – das auch ein Profilstag sein kann – gesetzt wird. Ein klassischer Kutter ist mit drei Vorsegeln ausgerüstet: Fock, Klüver, Flieger. Zwei Vorsegel findet man bei der modernen Kuttertakelung bzw. bei modernen Renn-Yachten mit 2 Vorsegeln als »Double Head Rigg«. Die großen Segelschiffe früherer Zeiten fuhren mit vier Vorsegeln: Vorstengestagsegel, Innen- und Außenklüver, Jager.

Beisegel

Sie werden zusätzlich zur Hauptbesegelung oder statt derer gefahren, meist auf Kursen mit raumem oder achterlichem Wind. Es handelt sich um die verschiedenen Spinnaker und Spinnaker-Beisegel, Reacher, Tallboy, Big Boy, Besanstagsegel, Backstagflieger; auch die Vorsegel »Genua« und »Sturmfock« sind Beisegel.

Stagsegel

Früher wurden alle nicht am Mast gefahrenen Segel Stagsegel genannt. Heute versteht man darunter ein zusätzlich zur Standardbesegelung benütztes Segel, das bei gewissen Kursen unter einem der Hauptvorsegel bzw. unter dem Spinnaker als zusätzliches Vorsegel frei gesetzt wird. Bei der Ketsch- oder Yawl-Takelung gibt es auch ein Stagsegel zwischen den beiden Masten.

Sturmsegel

Sturmsegel sind deutlich kleiner und werden im Bedarfsfalle statt der normalen Besegelung gesetzt. Zwar könnte man im Sturm auch ein stark gerefftes Großsegel benützen. Da dies aber ungünstig belastet und bei längerer Sturmfahrt Schaden erleiden wird, soll es ausgetauscht werden, und zwar gegen ein Trysegel oder ein »schwedisches Sturmsegel«. Als Sturmvorsegel benützt man eine entsprechend kleine Fock, genannt Sturmfock.

Spinnaker

Ein sehr leichtes und meist buntes Ballonsegel als Beisegel für Kurse ab halbem Wind bis vor dem Wind. Für verschiedene Kurse und Windstärken gibt es verschieden geschnittene Spinnaker aus mehr oder weniger leichtem Material. Ein typischer flachgeschnittener und bei größeren Rennyachten verbreiteter Halbwindspinnaker ist der Star Cut, deutlich erkennbar an seinem eingeschnittenen Stern, der sich durch die zur Mitte hin ausstrahlenden Tuchbahnen ergibt.
Heute wird der Star Cut sehr oft durch einen Tri-Radial-Spinnaker ersetzt. Bei diesem Schnitt werden die Belastungspunkte des Spinnakers zur besseren Aufnahme der Kräfte in einem Radialschnitt ausgeführt, die Mitte aber in dem üblichen Querschnitt, damit breitere Allroundeigenschaften erreicht werden.

Spinnaker-Beisegel

Segel, die bei (Renn-)Yachten zusätzlich zum gesetzten Spinnaker gefahren werden und dabei wirksam eingesetzt werden können.
Es handelt sich zunächst für spitzere Raumschotskurse um ein Standard-Spinnaker-Stagsegel mit der Unterliekslänge von 110% (10% mehr als das Maß »Vorstag-Mast«). Fällt der Wind achterlicher ein, würde dieses Segel den Spinnaker zu sehr abdecken, weshalb man nun ein hohes, schlankes Stagsegel mit einer auf 85–90% verkürzten Unterlieksländge verwendet, genannt Tallboy. Dieses Segel wird nach Luv gesetzt, damit es nicht in die Großsegel-Abdeckung gerät.
Etwa seit 1973 kennt man auch noch zusätzliche Spinnaker-Beisegel, die im Vorliek lose und in Lee vom Großsegel gesetzt werden, wo sie frei herauswehen: Big Boy bzw. Blooper. Diese Beisegel ähneln leicht einem Spinnaker und sind auch aus dem selben Tuch hergestellt, sie fallen aber unter die Vermessungs-Regel des Vorsegels und nicht des Spinnakers. Zu Big Boy und Blooper noch ein spezieller Hinweis:
Viele Segler vermuten, daß mit einem so weit nach Lee auswehenden Segel und der damit verbundenen vergrößerten Segelfläche bei Vorwindgängen mehr Unruhe ins Schiff kommt. Das Gegenteil ist der Fall: Hat ein Skipper auf Vorwindkurs Probleme mit seiner geigenden Yacht, so stabilisieren ein Blooper oder Big Boy – eine Tatsache, die in Zukunft auch einen Fahrtensegler interessieren wird!

Hochsegel

Die heutigen, allgemein gebräuchlichen Großsegel bezeichnet man als Hochsegel: sie sind dreieckig und mit ihrem gesamten Vorliek am Mast angeschlagen, nur ausgespreizt durch den Großbaum. Die Hochsegelform erweist sich für Am-Wind-Kurse als am günstigsten, bedingt durch die hohe Anschnittskante und durch das sich dadurch ergebende lange Achterliek. Das Hochsegel wird auch »Bermudasegel« genannt, da es schon vor Ende des vorigen Jahrhunderts auf den Bermuda-Inseln bekannt war. Durchgesetzt hat sich dieses Segel dann seit den Olympischen Spielen 1920 in Amsterdam, als bei den »R-Yachten« gaffelgetakelte und hochgetakelte Boote an den Start gingen, wobei die hochgetakelten Yachten eine Überlegenheit zeigten.

Gaffelsegel

Viereckiges Segel, das mit seinem Oberliek an eine Spiere (Gaffel) angeschlagen ist. Es wird mittels zweier Fallen (Piek- und Klaufall) gesetzt. Es übertraf in der Wirkung die früheren alten Segel und war der Vorgänger des Hochsegels. Heute ist es sehr in den Hintergrund getreten.

Steilgaffel- oder Huari-segel

Eine Abwandlung des Gaffelsegels, wobei die Gaffel sehr steil, d. h. nahezu parallel zum Mast geführt wird. Bei kürzerem Mast erreicht man dadurch den Effekt einer Hochtakelung, aber nicht ganz deren Qualität. Auch Gunter-Takelung genannt, nach Edmund Gunter.

Luggersegel

Ein sehr einfach zu handhabendes Segel, das besonders für kleine Boote (Beiboote) geeignet ist. Es ähnelt dem Gaffelsegel, da es auch mit seinem oberen Teil an einer Spiere angeschlagen ist. Diese ragt aber ein kleines Stückchen über den Mast nach vorne, und sie wird nur mit einem Fall gesetzt.

Lateinersegel

Eine am Mittelmeer bei Fischerbooten und Berufsfahrzeugen verbreitete Segelform. Ein kurzer Mast trägt eine lange Spiere (Rah oder auch Rute genannt), die viel weiter nach vorne ragt als die Spiere beim Luggersegel. Das Segel selbst ist dreieckig geschnitten.

Sprietsegel

Viereckiges Segel ohne Baum und Gaffel, das nur durch eine diagonal verlaufende Spiere (Spriet) ausgespreizt wird. Diese heute seltene Besegelung war früher typisch für Kähne auf der Themse und in Ostpreußen. Ein Sprietsegel (aber mit Großbaum) führt heute noch z. B. die Kinderjolle Optimist. Das Wort »Spriet« entstammt der niederdeutschen/niederländischen Sprache und bedeutet »Segelstange«. Es ist wurzelverwandt mit »sprießen«.

Segeltuche

Segeltuche wurden früher aus Flachs und Baumwolle (Mako) hergestellt, bis seit Beginn der fünfziger Jahre der unaufhaltsame Siegeszug der Kunststofftuche begann. Heute näht man nur noch Kunststoffsegel, da sie deutliche Vorteile aufweisen. Diese Vorteile sind: hoher Dehnungs-Modul, große Formbeständigkeit, Zugfestigkeit, Feuchtigkeitsabweisung, Luftundurchlässigkeit, Oberflächenglätte mit vermindertem Reibungswiderstand und chemische Beständigkeit. Gewebt wird das heutige Segeltuch aus Polyesterfasern, die unter verschiedenen Bezeichnungen im Handel sind: Dacron (USA), Trevira und Diolen (Deutschland), Tergal (Frankreich), Terital (Italien), Tetoron (Japan), Lavsan (Rußland), Terylene (Großbritannien). Hergestellt wird das Tuch aus gezwirnten Garnen auf Webstühlen. Dabei laufen die Kettenfäden in Längsrichtung des Tuches, das Schiffchen mit dem Schußfaden wird quer zur Längsrichtung immer zwischen die wechselnden Kettenfäden gezogen und fest gegen das bereits gewebte Tuch geschlagen. Der Flechtvorgang wird dabei so eng wie möglich gestaltet. Das gewebte Tuch wird weiterverarbeitet, indem man es über heiße Zylinder und Walzen laufen läßt (kalandrieren), damit das Tuch glatter und das Gewebe fester werden. Dazu kommt gegebenenfalls noch das »Harzen« der Tuche, was zunächst durch ein Bad, dann durch Walzvorgänge und Trockenzylinder geschieht. Diese nachträgliche Ausrüstung des Tuches mit chemischen Füllstoffen nennt man Appretierung, die nicht nur als Oberflächenbeschichtung möglich ist, sondern auch als Beschichtung für jeden Faden. Die Füllstoffe im Tuch bewirken eine größere Formbeständigkeit, bedingt durch eine verminderte Diagonaldehnung. Das Tuch bekommt dazu noch einen harten Charakter. Tuche ohne Füllstoffe sind dagegen weicher, griffiger und auch elastischer. Je nach Art und Verwendungszweck des Segels wird man also ein Tuch mit oder ohne Füllstoffe wählen. Schwerwettersegel z. B. werden aus weicheren Tuchen gefertigt, da harte Segel mit Füllstoffen bei starkem Wind schwer zu handhaben sind und leichter zerflattern. Übrigens besteht bei einem Segel, das zu oft und zu lange unnötig killt (z.B. Boot am Liegeplatz mit gesetzten Segeln stehen

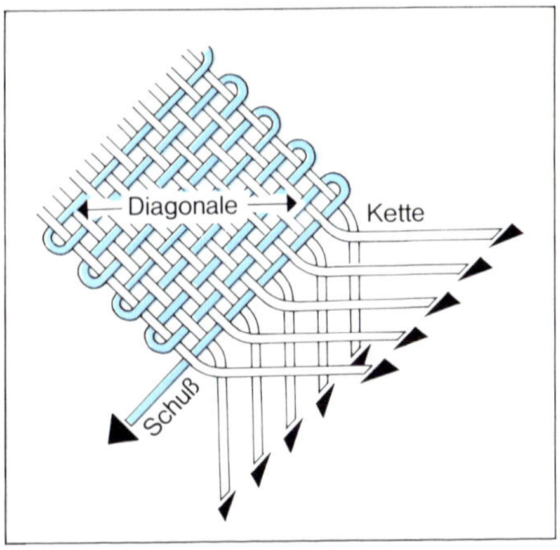

lassen), die Gefahr, daß die Füllstoffe brechen und die ursprüngliche Form verloren geht. Eine klare Auskunft, welches Tuch (mit oder ohne Füllstoffe) besser ist, kann nicht gegeben werden, jeder Segelmacher hat seine eigenen Vorstellungen und Geheimnisse, welches Tuch für welchen Zweck er verarbeitet.

Jeder qualifizierte Segelmacher prüft vor der Verarbeitung die in Frage kommenden Tuche genau. Er ermittelt z. B., welche Dehnungswerte das Tuch in Ketten- und Schußrichtung, vor allem aber in der Diagonalrichtung = der Winkelhalbierenden aus dem Fadenverlauf (sog. 45°-Linie) aufweist. Zu solcher Kontrolle, auch der Haltbarkeit und des Finish dienen bei manchen bekannten Segelmachern Tuchtestmaschinen und Leuchttische. Oft führt man vor der Verarbeitung »Flatterteste« durch, um zu erfahren, welchen Einfluß die »Ausrüstung« auf das Tuch hat, und wie gut ein »Finish« ist.

Zur Herstellung von Spinnakern verwendet man nicht Polyesterfasern sondern Polyamidfasern, bekannt unter dem Namen »Nylon«. Nylontuche sind leichter und weisen eine größere Elastizität auf als die anderen Segeltuche. Eine Dehnung im Tuch ist aber bei Spinnakern erwünscht, da sich dadurch auch die angestrebte Form besser ausbilden läßt. Gelegentlich verwendet man das für Am-Wind-Segel ungeeignete Nylon auch für leichte Raumschotssegel, z. B. Besan- und Spinnakerstagsegel. Ein Nachteil von Nylon ist seine Empfindlichkeit gegen ultraviolette Bestrahlung, deshalb verliert das Tuch unter längerer Einwirkung von Sonne an Festigkeit.

Segelschnitt

Jedes Segel braucht ein Profil. Um die gewünschte Form und Wölbung zu erreichen, hat ein Segelmacher folgende Möglichkeiten:

- Abrundung der Lieken
- Überlappung, Verbreiterung bzw. Verjüngung der Bahnen

Genua im Diagonalschnitt

- Spannung in den Lieken durch ein Band, Faser- oder Drahttauwerk
- Anordnung der Tuchbahnen.

Der gebräuchlichste Segelschnitt – insbesondere für Großsegel – ist der mit horizontal verlaufenden Bahnen. D. h., die Bahnen werden rechtwinklig zum Achterliek ausgelegt. Dadurch verlaufen die 90°-Fäden (von Kette bzw. Schuß) etwa parallel zum Mast, was auch für die Benutzung des Cunninghams von Bedeutung ist. Die Dehnung der 45°-Linie dagegen kommt im Hinblick auf die Wölbungstiefe voll zur Geltung. Ein für Vorsegel auch gebrauchter Schnitt ist der Diagonal- oder Laschenschnitt. Dabei verlaufen die Bahnen jeweils rechtwinklig vom Unter- und Achterliek zu einer diagonalen Mittelnaht. Seltene und wenig gebräuchliche Schnittarten, besonders für Vorsegel, sind noch der Radial- oder Strahlenschnitt und der Spinnweben- oder Mehrfach-Laschenschnitt.

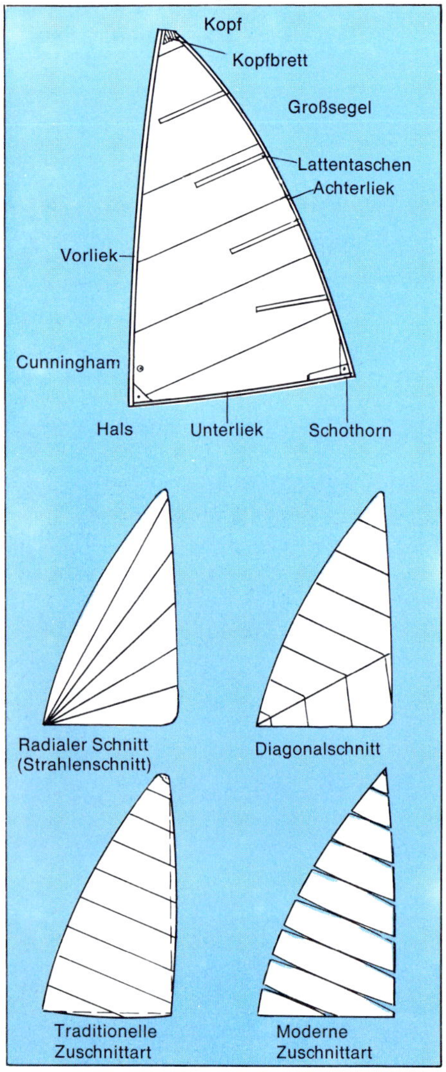

Beim Zuschnitt heutiger Segel unterscheidet man zwischen einer traditionellen und einer modernen Zuschnittart:

Die traditionelle Zuschnittart

Die einzelnen Bahnen werden parallel aneinandergenäht, und die Wölbung wird durch ein rundgeschnittenes Vor- und Unterliek – mehr Rundung als Mast und Baum für ihre Biegung benötigen – erzeugt. Diese Schnittart ist typisch für preisgünstige Seriensegel und auch heute noch die Produktionsart vieler Segelmacher. Einige dieser Segelmachereien wenden auch eine Verfeinerung dieser Schnittart an, indem sie durch Anbringen von Abnähern an einigen Bahnen am Vor- oder Achterliek ein Profil erreichen.

Nachteil dieser Zuschnittart: Die maximale Wölbung des Segels entsteht im vorderen Drittel – somit ist kein flacher Windanschnitt gegeben, und es kann kaum ein Segel mit Allround-Eigenschaften nach dieser Methode hergestellt werden.

Moderne Zuschnittart

Man profiliert beim Zuschnitt bereits jede einzelne Bahn, indem diese gezeichnet und zugeschnitten wird; je nachdem welche Wöbungstiefe an welcher Stelle erforderlich ist. Diese Art der Segelherstellung ist zwar aufwendiger, doch erreicht man besser die ideale Wölbung für das Segel. Voraussetzung für diese Fertigungsweise sind rationelle Produktionsmethoden, teilweise mit Vollschablonen, was bei vielen Segelmachereien noch nicht gegeben ist.

Profil des Großsegels

Entscheidend für das Großsegel ist ein gleichmäßiges Profil, damit es bei allen Kursen und allen Windstärken optimal zieht. Die tiefste Stelle dieses Profils sollte etwa kurz vor der Mitte liegen. Bei wenig

Bei diesem Vorsegel liegt die Wölbung im ersten Drittel.

Gleichmäßige Wölbung mit größter Tiefe in der Mitte bei einem Großsegel. Besonders deutlich zu erkennen ist die flache Anschnittskante im ersten Drittel.

Wind ist entgegen veralteter Ansicht und im Gegensatz zu mittleren Bedingungen ein flacheres Segelprofil anzustreben, das mehr Vortrieb erzeugt. Das Segel soll dabei twisten (öffnen). Bei viel Wind, mit stark angesetzter Schot und Cunningham, mit zu einer Kurve getrimmtem Mast, soll das Segel wohl flacher sein, aber keineswegs in alle Richtungen verzerrt werden. Das Profil muß erhalten bleiben und das Segel darf nicht schließen – obere Latten dürfen nicht nach Luv zeigen. Damit der Segelbauch (Wölbungstiefpunkt) selbst bei starkem Wind nicht nach achtern wandert – was auch bei ausgeleierten Segeln passiert – und bei Flaute nicht vor zum Mast, sind speziell geeignete moderne Segeltuche notwendig.

Moderner Vorsegel-Schnitt

Bei den Vorsegeln hat es in den Schnitten in den letzten Jahren bei vielen Bootsklassen große Veränderungen gegeben. Die Holepunkte liegen nicht mehr ganz außen, sondern zwischen 7,5° und 12° von der Mittschiffslinie. Die Vorsegel haben flachere Windanschnittskanten mit einer Wölbungstiefe ca. 35–50% vom Vorliek entfernt. Mit diesen Vorsegeln kann man höher an den Wind gehen und erreicht bei leichten und mittleren Winden größere Geschwindigkeiten.

Bei der Größe der Vorsegel gibt es für den Segelmacher gewisse Freiheiten, da in der Regel nicht die eigentliche Fläche, sondern das »Vorsegeldreieck« vermessen wird, gebildet aus Vorstag-Mastvorderkante-Deck. Die Kennzeichnung der Vorsegelgröße geschieht heute meist dadurch, daß die Unterlieksänge in Prozentzahlen angegeben wird, bemessen an der Strecke Vorstag-Vorderkante Mast, die als 100% gilt. Eine normale Fock einer Yacht beträgt dann z. B. 110% (= der Unterliekslänge 10% zugegeben).

Für eine Standardausrüstung geht man normalerweise davon aus, daß sich eine Fock mit 110%, eine mittlere Genua mit 130% und eine große Genua mit 150% an Bord befinden sollte.

Segelprofil einer »Zwölferyacht« von hinten gesehen.

Nach der IOR-Vermessung darf die größte Genua ohne »Bestrafung« 150% von »J« (Vorstag-Mastvorderkante) betragen; d. h. die Genua darf den Mast nochmal um die Hälfte der Distanz Mast-Vorstag überlappen. Wird eine größere Überlappung erzielt, z. B. 160%, so gehen diese die Regel übersteigenden 10% in die Bestrafung bei der Berechnung des Rennwertes ein.
Will jemand unabhängig von dieser IOR-Formel seine Yacht schnell machen, so sollte er darauf achten, daß bei den meisten Booten ein Vorsegel von etwa über 180% keine größere Wirkung mehr erzielt. So groß wie möglich erweist sich also nicht immer als richtig!

Spinnakerschnitte

Bei den Spinnakern handelt es sich um symmetrische Segel (unsymmetrische Spinnaker sind in nahezu allen Klassenvorschriften verboten!). Hier wurde und wird von den Segelmachern sehr viel experimentiert, demnach gibt es viele Arten

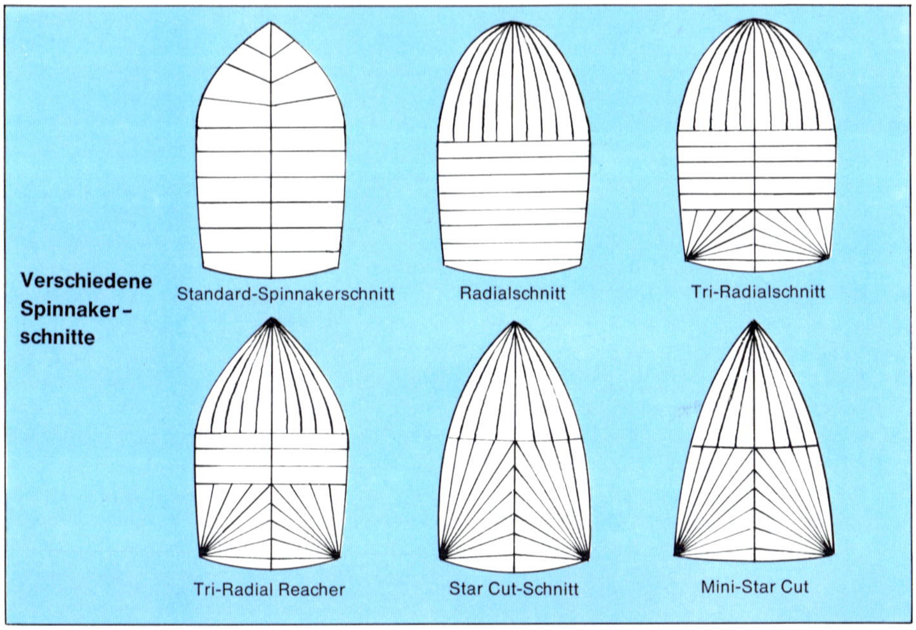

Verschiedene Spinnaker-schnitte

Linke Seite:
Hier erkennt man deutlich die Überlappung einer Genua (oben).

Spalt zwischen Groß- und Vorsegel (unten außen).

Foto aus dem Jahre 1930: Alter Spinnaker in heute ungebräuchlichen Längsbahnen und ohne sphärische Unterlieksrundung (unten innen).

Star Cut

von Schnitten. Je nach Kurs muß ein Spinnaker mehr oder weniger Wölbung aufweisen. Für rein achterlichen Wind hatte man früher den sehr bauchigen Kugelspinnaker im Halbkugelschnitt als ideal angesehen. Heute weiß man aber, daß der Spinnaker auf allen für ihn geeigneten Kursen nicht durch die Schubwirkung zieht, sondern durch die an ihm entstehende Luv-nach-Lee-Strömung. Deshalb sind die heutigen Spinnaker alle flacher geschnitten. Dazu weisen sie auch eine gestrecktere Form auf. Nachdem bei den meisten Klassen die Spinnaker in ihrer Breite begrenzt sind, wäre bei einer Kugelform die für den Wind projezierte Fläche kleiner als bei der gestreckteren Form. Für Halbwindkurse sind Spinnaker mit besonders flacher Wölbung, wie sie z. B. die »Star-Cut«- und »Tri-Radial«-Spinnaker aufweisen, angebracht. Heute versucht man aber, möglichst zweckmäßige Allroundspinnaker zu schneidern, wobei man stark zu sternförmigen Radial- bzw. Tri-Radial-Schnitten neigt.

In bezug auf Größe und Form gibt es für den Spinnaker viel Freiheit. Die Segelfläche kann durchaus mehr als die gesamte übrige Besegelung einer Yacht betragen. Nach der heute für Rennyachten gültigen IOR-Vermessung entsprechen die Seitenlieks der Spinnaker etwa dem Maß »I« (= höchster Ansatzpunkt für das größte Vorsegel), und die Breite darf 180% von »J« betragen (»J« = Maß Vorstag-Vorderkan-

Eine Ketschgetakelte Yacht mit traditionellem Spinnaker (Querbahnen und Mittelnaht).

Tri-Radial-Spinnaker

te/Mast), was der Spinnakerbaum-Länge entspricht. Ein Spinnaker darf also in der größten Breite 80% über »J« liegen.

Moderner Computer-Segelschnitt

Der neueste Schrei beim Segelzuschnitt ist der mittels Computeranalyse, wobei Daten, die aus der genauen Analyse der Bootsform, der Lateralfläche und des Riggs gewonnen werden, vortriebswirksamste Segelprofile entstehen lassen.

Die Computerherstellung geschieht folgendermaßen: Über die Analyse des Lateralplanes und des Bootsrumpfes im Vergleich zur Masthöhe, Flexibilität des Riggs und zur gesamten Segelfläche kann rechnerisch ziemlich genau die optimal möglich zu laufende Höhe eines Bootes zum Wind bestimmt werden. Der erhaltene Wert wird durch praktische Tests des Bootes unter Wellenbedingungen nachkontrolliert. Man mißt dabei die Höhe zum Wind und die Abdrift über eine bestimmte, vorher abgesteckte Strecke. Hieraus erhält man die wichtigen Daten als Inputwerte für den Computer, wobei z. B. folgende Werte in die Computeranalyse eingehen: Lateralfläche, Rumpfform, Wasserlinienlänge, Riggdimension und -flexibilität, Tuchdehnung und -gewicht, Abdrift über eine gewisse Distanz, Wendewinkel und Windanstellwinkel. Mit Hilfe des Computers werden nun diese Werte kombiniert, und es ergeben sich graphisch genaue Profilangaben als Handwerkszeug für den Segelmacher. Diese Computerdaten für das Gesamtprofil werden anschließend mittels einer Schablone zum Fertigen des Segels verwendet. Der Segelmacher legt dabei das entsprechend ausgewählte Segeltuch auf dieser Computerschablone an und erhält mittels der erwähnten Werte Profilbahnen, die nach dem Zusammennähen das passende Segelprofil für die gewünschte Windstärke und das betreffende Boot ergeben.

Die Computermethode erlaubt das Herstellen von maßgeschneiderten »Supersegeln« für ein bestimmtes Boot; zum Zeitpunkt des Erscheinens dieses Buches arbeitet allerdings in Deutschland erst eine Segelmacherei in dieser Weise.

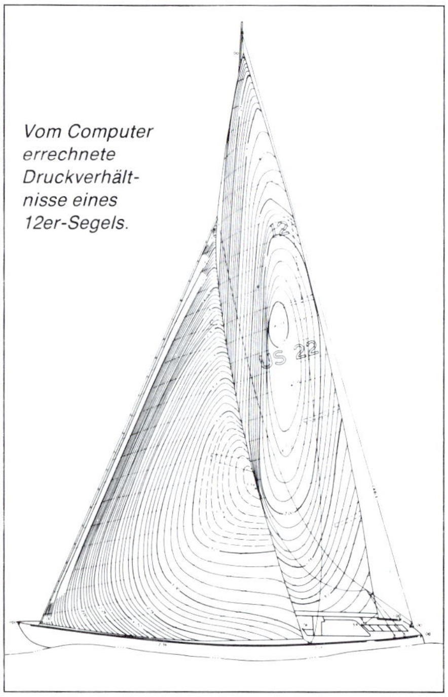

Vom Computer errechnete Druckverhältnisse eines 12er-Segels.

Ausstattung der Segel

Segel, die an einem Mast und mit Großbaum gefahren werden, erhalten am Kopf ein Kopfbrett, das heute aus Aluminium oder Kunststoff hergestellt ist. An Kopf, Hals, Schothorn und für das Cunningham Hole sind Metallkauschen eingepreßt. Sofern das Segel mit einem Bindereff versehen wird, kommen dazu noch die Reffkauschen an Vor- und Achterliek und meist zwei Reihen Reffgatchen. Vor- und Unterliek werden mit dem Liektau versehen, und ins Achterliek werden Lattentaschen eingenäht zur Aufnahme der Segellatten, die aus Holz (Hickory oder Esche) oder Kunststoff (Phenol-Hartgewebe) bestehen. Sofern das betreffende Segel nicht in einer Keep am Mast geführt wird, müssen am Vorliek noch Rutscher angenäht werden.

Stagsegel werden auch mit Kauschen an den Ecken ausgerüstet, statt eines Liektaues ist ins Vorliek in der Regel eine übergezogene Nirosta-Litze bzw. Kunststofftauwerk eingezogen. Soll das betreffende Vorsegel in ein Profilsegel eingezogen werden, so wird das Vorliek mit einem dünnen Tau und einem speziellen Liekband versehen. Häufig wird in ein Segel auch ein Fenster aus durchsichtigem, synthetischem, biegsamem Material eingenäht.

Großsegel von Klassenbooten tragen ein Klassen- und teilweise ein Nationalitätszeichen sowie eine Registriernummer. Diese Buchstaben und Nummern sind aus dünnem Spinnakertuch hergestellt und werden meist aufgeklebt, und zwar auf der Steuerbordseite des Segels höher als auf der Backbordseite. Höhe und Breite der

Blick in die Segelmacherwerkstatt: Arbeiten mit der Spezialschablone zum Fertigen des Segels per Computer.

Ziffern müssen den I. Y. R. U.-Vorschriften entsprechen, wobei sie sich etwa im oberen Drittel befinden sollen.

Die Nationalitätszeichen für die bekanntesten Segelländer:

B	Belgien	K	Großbritannien
BA	Bahamas	KA	Australien
BL	Brasilien	KC	Kanada
CZ	Tschechoslowakei	KH	Hongkong
D	Dänemark	KZ	Neuseeland
E	Spanien	L	Finnland
F	Frankreich	M	Ungarn
G	Bundesrepublik Deutschland	N	Norwegen
GO	DDR	OE	Österreich
GR	Griechenland	PZ	Polen
H	Holland	S	Schweden
I	Italien	SA	Südafrika
IR	Irland	SR	UdSSR
IS	Israel	US	USA
J	Japan	Y	Jugoslawien
		Z	Schweiz

Regattasegel werden neuerdings oft auch – z. B. von der Segelmacherei North – mit angeklebten Wollfäden (z. B. drei Stück in Nähe des Vorlieks) ausgerüstet.

Luvseite Genua

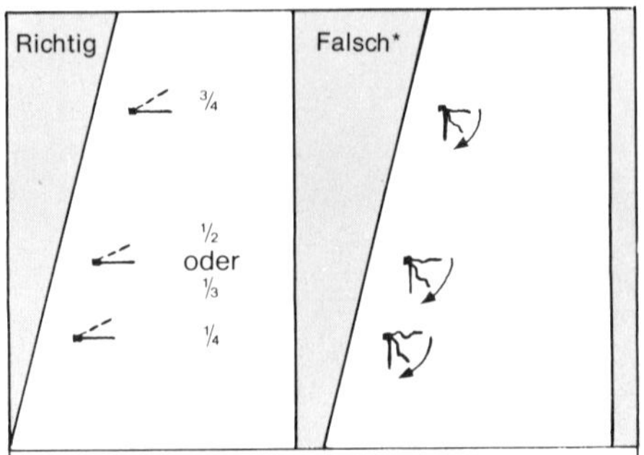

1. Faden am 1. Viertel 2. Faden etwas höher 3. Faden im 3. Viertel, um den Holepunkt zu korrigieren. Leichtes

*Aufsteigen richtig bei Aussegeln von Böen *Kurs zu hoch am Wind. Luvströmung unterbrochen.*

Leeseite Genua

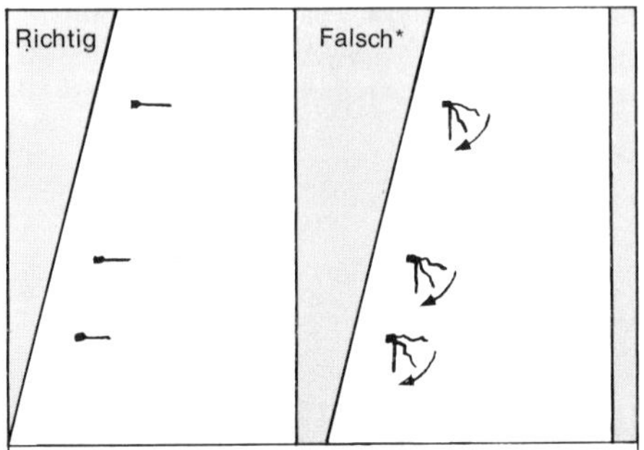

**Zu weit vom Wind abgefallen!*

Übersicht über die heute gebräuchlichen Segel

1. Grundbesegelung

Segelbezeichnung	Merkmale
Großsegel	Wichtigstes Segel an Bord, das bei allen Kursen und Windstärken (gegebenenfalls auch gerefft) gefahren wird. In normalem, durchschnittlichem Tuchgewicht hergestellt.
Besan	Das achterliche kleinere Segel bei den Zweimastern Ketsch und Yawl ist flacher geschnitten als ein Großsegel und wird dichter geholt, da der scheinbare Wind wegen der Großsegel-Abwinde spitzer einfällt. Die Tuchstärke ist etwas geringer als beim Großsegel.
Normale Fock	In relativ flachem Schnitt aus der gleichen Tuchstärke wie ein Großsegel hergestellt. Eine Fock für leichteren Wind weist mehr Wölbung auf.
Baumfock	Auf manchen Kreuzeryachten gebräuchliche Fock, die an einem Baum gefahren wird.
Klüver	Ein Vorsegel, das bei einer Kuttertakelung zusammen mit einer Fock gefahren wird. Durch den zusätzlichen Spalt, der sich durch die beiden Vorsegel ergibt, gewinnt man einen aerodynamischen Vorteil. Ist das Klüver-Schothorn sehr hoch geschnitten, so wird dieses Segel in England »Yankee« genannt. Die Tuchstärke ist geringer als bei Großsegel und Fock.
Normale Genua	Bei Yachten zusammen mit dem Großsegel das wichtigste Segel an Bord aus kräftigem Tuch. Bei der heutigen Segeltechnik wird auch bei größeren Windstärken lieber das Großsegel gerefft und die weit überlappende Genua beibehalten.
Kleinere Genuafock	Rund 25 bis 35% kleiner als die normale Genua für zunehmende Windstärken. Ein Mittel zwischen der normalen Genua und der Fock.
Reffbares Vorsegel	Heute werden bereits auch reffbare Vorsegel angeboten, die z. B. für den Fahrtensegler den Vorteil besitzen, daß er einen Vorsegelwechsel mit nassem Tuch im Schiff vermeiden kann. Er kann z. B. seine Genua II (135%) mit der Fock (110%) in einem Segel kombinieren. Bei modernen Rennyachten ist ein reffbares Vorsegel schon wegen der Vorsegelbeschränkung interessant. Bei den heutigen Vorsegeln mit dem selben Bahnenverlauf wie bei einem Großsegel und bei der heutigen Tuchqualität ist das Reffen möglich, ohne daß sich das Segel verzieht. Beim Reffen selbst wird das Segel durch ein zweites Auge am Vorliek tiefer gesetzt, an einem zweiten Schothorn wird eine zweite Schot angeschlagen, und das lose Tuch am Unterliek wie bei einem Bindereff zu einer Rolle beigebändselt.

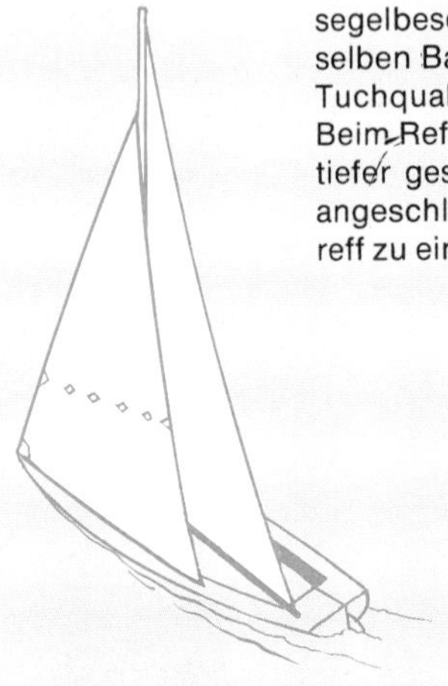

Die Wollfäden zeigen exakt an, wann die Strömung am Segel richtig ist, d. h. wann das Vorsegel und ebenso das Großsegel richtig getrimmt sind, und ob der Skipper maximal zum Wind steuert.
Die Wollfäden, d. h. der Faden auf der Luvseite und der auf der Leeseite des Segels, sollen bei richtig getrimmtem Segel und bei richtig zum Wind gesteuertem Boot waagerecht nach hinten am Segel anliegen. Flattert der Wollfaden auf der Luvseite, bedeutet dies, daß das Boot zu hoch am Wind geführt wird; die Luvseite bekommt durch das zu hohe Segeln keinen richtig einfallenden Wind mehr, d. h. die Luvströmung ist unterbrochen. Auf raumen Kursen bedeutet es meist, daß die Schot nicht genügend fest getrimmt ist. Fällt der Leefaden nach unten, so ist man zu weit vom Wind abgefallen. Der Wind fällt in Lee nicht mehr ein, und damit ist die Leeströmung des Segels unterbrochen oder auf raumen Kursen hat man sein Vorsegel zu hart getrimmt.

Halbtonner-Yacht mit Tri-Radial-Spinnaker.

2. Leichtwettersegel

Segelbezeichnung	Merkmale
Leichtwetter-Großsegel	Segel aus meist leichterem Tuch und mit in die Mitte versetzter Wölbung. Die Wölbungstiefe entscheidet sich je nach Segelrevier (Küste oder Binnenrevier) und Schiffstyp. Sollte aber nur unter drei Windstärken benützt werden, sonst könnte es sein Profil verlieren.
Drifter	Eine sehr leichte Genua, auch »Flauten-Genua« genannt. Aus leichtestem Polyestertuch oder speziellem Spinnakertuch gefertigt und nur verwendbar für Windstärken um 1.

3. Sturmsegel

Trysegel	Ein Sturmsegel, das statt eines Großsegels gesetzt wird, aber ohne Einführung in den Baum. Das Schothorn liegt tiefer als der Hals, Latten fehlen, die Fläche ist kleiner als ein gerefftes Großsegel. In der Tuchstärke ist es keinesfalls kräftiger als ein Großsegel, eher etwas leichter.
Schwedisches Sturm-Großsegel	Weniger als halb so groß wie ein Großsegel, flach geschnitten mit hohler Achterlieksrundung ohne Latten. Entspricht in der Tuchstärke einem Großsegel.
Sturmfock	Sturmvorsegel etwa in gleicher Tuchstärke wie ein Großsegel, mindestens halb so groß wie eine normale Fock und mit höher geschnittenem Schothorn.

4. Raumschotsegel und Spinnaker

Genniker oder Spanker	Ein Genua-Spinnaker aus schwererem Tuch, eine Kreuzung zwischen Genua und Spinnaker. Ein flacher Spinnaker, der fast so hoch am Wind wie eine Genua fahrbar und im Rennen nur mit Spinnakerbaum benützbar ist. Geeignet auch als Schwerwetter-Spinnaker.
Normaler Spinnaker	Für raume Kurse und Vorwindstrecken bis etwa Windstärke 4. Entweder in Standardausführung in konventioneller Schnittart mit Mittelnaht oder als Radial-Spinnaker mit Radialverlauf der Bahnen im oberen Drittel aus dem Kopf heraus.
Tri-Radial-Spinnaker	Eine Kombination aus dem Star Cut und dem Radial-Spinnaker mit konventionellen Bahnen in der Mitte und radial verlaufenden Bahnen aus den Ecken heraus. Dieser 1975 neu entwickelte Spinnaker kann sowohl den Star Cut ersetzen, weist daneben aber auch gute Allroundeigenschaften auf. Eine flachere Ausführung mit spitzerer oberer Form ist der Tri-Radial Reacher.
Sturmspinnaker	Große Sturmspinnaker werden auch aus dem schwereren Polyestertuch (statt Nylon) hergestellt. Bei Jollen weist er die gleichen Abmessungen auf wie ein normaler Spinnaker, er ist aber kräftiger und flacher. Bei Yachten wird die Fläche kleiner gewählt.

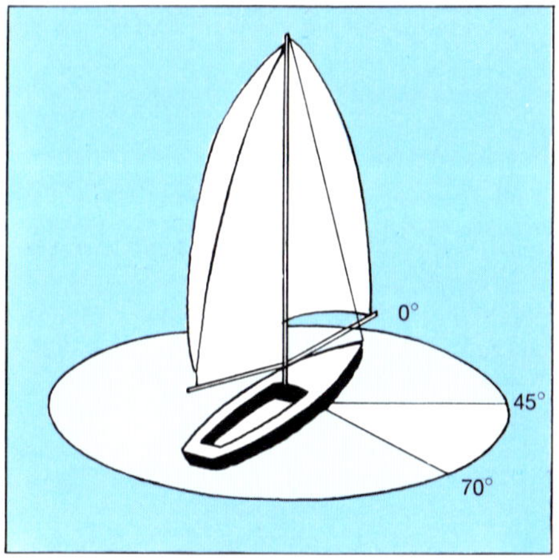

Bereich zum Setzen des Star Cut-Spinnakers

Yacht mit Tri-Radial-Spinnaker und Blooper als Beisegel (links). Radial-Spinnaker (unterer Teil Querbahnen, oben Radialschnitt), dazu Blooper (rechts).

Segelbezeichnung	Merkmale
Leichtwetter-Spinnaker	Hergestellt aus speziellem leichten Nylontuch.
Star Cut	Ein Halbwindspinnaker mit zur Mitte hin von den Ecken aus strahlenden Lastlinien. Die keilförmigen Mittelbahnen bilden einen deutlich sichtbaren Stern. Kann auch noch bei Windrichtungen etwas vorlicher als querab benutzt werden, wobei er ein gleichmäßig gerundetes Profil zeigt.
Big Boy	Ein Zusatz- bzw. Leespinnaker, vermessen als Genua. Rennsegler auf Hochseeyachten benützen ihn auf Vorwindkurs in Lee neben dem eigentlichen Spinnaker, häufig bei gerefftem Großsegel.
Blooper	Ein neuerdings von North Sails entwickelter Leespinnaker, der sehr weit nach Lee fliegt und deshalb ein Reffen des Großsegels überflüssig macht. Kann auch noch raumschots bis zu 150° benutzt werden.

Reacher als Vorsegel, erkennbar am hochgeschnittenen Schothorn.

Segelbezeichnung	Merkmale
Reacher	Genuafock mit hochgezogenem Schothorn und etwas vollerem Schnitt. Dient zwei Zwecken: 1. Als Sturmbesegelung für Raumschotskurse, wenn man keinen Spinnaker mehr benützen kann. Durch das hochgezogene Schothorn liegt der Holepunkt weit achtern, somit bleibt bei gefierter Großschot der Spalt zwischen Vor- und Großsegel möglichst parallel. Bei einer Genua mit einem Holepunkt mittschiffs würde bei gefiertem Großsegel ein Gegenbauch bei geschlossenem Spalt entstehen. IOR-Yachten benützen dabei den Reacher oft auch noch zusätzlich mit einem Stagsegel. 2. Als Leichtwetterbesegelung. Bei dieser häufigeren Verwendungsweise ist er aus leichterem Tuch gefertigt. Diese Art von Segel bezeichnete man früher als »Raumballon«.
Jip Top	Ein Segel ähnlich dem Reacher, wird wie bei der Kuttertakelung zusammen mit einem zweiten Vorsegel, einer Stagfock, gefahren – wenn das Rigg dafür eingerichtet ist – und dann als »Double Head Rig« bezeichnet. Man kann damit auch kreuzen, und es schließt speziell den Bereich zwischen Genua- und Star-Cut-Kurs. Ist also eigentlich kein Raumschotssegel mehr.
Tallboy	Sehr schmales, hohes Vorsegel, besonders wirksam auf größeren Booten bei leichten Winden. Wird immer zusammen mit einer Genua, einem Reacher oder einem Spinnaker gefahren und soll auch auf raumen Kursen einen wirksamen Spalt bilden. Auf Yawl oder Ketsch auch als Besan-Stagsegel geeignet.
Spinnaker-Stagsegel	Oberbegriff für eine Reihe verschiedener Stagsegel, die unter dem Spinnaker statt des Vorsegels gesetzt werden. Vor vielen Jahren gab es nur ein solches Segel, das bis zur halben Masthöhe reichte und so benannt war.
Besan-Stagsegel	Ein großes, vor dem Besan gesetztes Stagsegel. Gehört es zur Grundbesegelung einer Yawl oder Ketsch, so ist es aus stärkerem Tuch geschnitten und mit Stagreitern versehen.
Backstag-Flieger	Ein bei der Ketsch oder Yawl am Achterstag vom Großmast gesetztes dreieckiges Segel nach Art eines Großsegels; die Schot wird dabei zum Besantopp geführt. Wird als Leichtwettersegel benützt und trägt Stagreiter.

Welche Segel an Bord?

Rennsegler der großen Yachten führen heute rund 15 bis 30 Segel unter Deck mit sich, die je nach Verhältnissen gewechselt werden. Zur Standardausrüstung eines Eintonners gehören z. B. (in Klammern die jeweils verwendetete Tuchstärke in oz – 1 oz = 42 g):
1 Großsegel mit 3 Bindereffs (8,0 oz), 1 Genua I = 150% (4,5 oz), 1 Genua I schwer, auch mit 2. Schothorn als Schwerwetter-Reacher verwendbar (6,5 oz), 1 Genua II mit maximalem Vorliek und 130%, gegebenenfalls mit Sondereinrichtung auch als Stagsegel zu verwenden (7,25 oz), 1 Genua III mit maximalem Vorliek und 105%, gegebenenfalls mit 2 Reffs für verkleinerte Focks (8,0 oz), 1 Sturmfock (8,0 oz), 1 Trysegel (8,0 oz), 1 Drifter (0,75 oz), Double-Head-Kombination bestehend aus 1 Jib-Top bzw. Reacher (3,4 oz) und 1 Stagsegel (bzw. Tallboy) reffbar (3,4 oz), 1 Blooper bzw. Big Boy (0,75 oz), 1 Radial-Spinnaker leicht (0,5 oz), 1 Tri-Radial-Spinnaker allround (0,75 oz), 1 Tri-Radial-Spinnaker Schwerwetter (1,5 oz), 1 Tri-Radial-Spinnaker reaching (1,5 oz), 1 Star Cut (1,5 oz).

Ein »normaler« Fahrtensegler braucht selbstverständlich bei weitem keinen solchen Materialaufwand zu betreiben! Er ist gut ausgerüstet, wenn er z. B. bei einer Slup mit sich führt:
Großsegel mit 2 Bindereffs (8,0 oz), 1 Fock (105–110%/8,0 oz), 1 Genua (130–150% / 7,25 bzw. 4,5 oz), 1 Sturmfock (8,0 oz) und 1 Tri-Radial-Spinnaker allround (0,75 oz).
Zu erwägen statt Fock und Genua wäre eine reffbare Genua (130%).
Warum eigentlich als Fahrtensegler nicht auch mal einen Blopper oder Big Boy ausprobieren?

Übersicht zum Setzen der verschiedenen Spinnaker mit Bei- und Vorsegeln für Yachten*

Geschwindigkeit des scheinbaren Windes in Kn	Einfallswinkel des scheinbaren Windes								
	45°–60°	60°–75°	75°–90°	90°–105°	105°–120°	120°–135°	135°–150°	150°–165°	165°–180°
0–5	Drifter		Radial-Spinnaker, bei größeren Yachten Tri-Radial-Spinnaker						
	leichte Genua oder Reacher			Standard-Spinnaker, besser: Radial-Spinnaker					
5–12	Double Head Rigg oder Star Cut mit Spi-Stagsegel	Tri-Radial-Spinnaker, oder Radial-Spinnaker							
		mit Tallboy oder leichter Genua			mit Tallboy			mit Blooper oder Big Boy	
	leichte Genua oder Reacher		Standard- oder Radial-Spinnaker					mit Blooper oder Big Boy	
12–18	Double Head Rigg	Star Cut mit Tallboy	Tri-Radial-Spinnaker (Reacher)		Tri-Radial-Spinnaker				
					mit Tallboy oder Genua/ auch: Double Head Rigg		mit Tallboy	evtl. mit Blooper oder Big Boy	
	Allround-Genua (Genua I)			Radial- bzw. Tri-Radial-Spinnaker				evtl. mit Blooper oder Big Boy	
18–24	Double Head Rigg		Star Cut	Tri-Radial-Spinnaker (Reacher) mit Tallboy		Tri-Radial-Spinnaker			
						mit Tallboy		mit Blooper oder Big Boy	
	Allround-Genua (Genua I)				Tri-Radial-Spinnaker			evtl. mit Blooper oder Big Boy	
24–30	Genua II		Mini-Star Cut oder Double Head Rigg		Star Cut	Tri-Radial-Spinnaker (Reacher)		Tri-Radial-Spinnaker mit Blooper oder Big Boy	
	Genua II		Allround-Genua (Genua I)		Tri-Radial-Spinnaker (bzw. kleiner schwerer Spinnaker)			evtl. mit Blooper oder Big Boy	
30–36	Genua II			Double Head Rigg		Star Cut oder Mini Star Cut		Mini-Star Cut oder Star Cut oder Tri-Radial-Spinnaker (Reacher)	
	Fock (evtl. Sturmfock)		Genua II (evtl. Fock)		bei gerefftem Großsegel evtl. kleiner schwerer Spinnaker				
über 36	Fock				Double Head Rigg oder Genua II bzw. III		Mini-Star-Cut oder Genua II ausgebaumt		
	Sturmfock				Fock		bei gerefftem Großsegel Fock ausgebaumt (bzw. Kreuzen vor dem Wind)		

* Gilt insbesondere für Yachten in der Größe zwischen einem Halb- und Zweitonner. Weiße Spalte = Rennyacht, blaue Spalte = normale Fahrtenyacht.

Behandlung und Pflege der Segel

Die heutigen Kunststoffsegel bedürfen keiner besonderen Pflege. Einige grundlegenden Dinge beachte man aber:

- Ein neues Segel muß nicht mehr wie ein altes Baumwollsegel eingetrimmt werden. Es ist aber trotzdem empfehlenswert, es vor einer vollen Belastung zunächst etwa eine halbe bis dreiviertel Stunde bei leichtem Raumschotswind zu fahren zwecks »Absetzen« der Nähte.
- Ein neues Segel erst nach dem Gebrauch einiger Stunden reffen!
- Das Reffen selbst soll gleichmäßig und ohne Faltenbildung erfolgen, damit sich das Tuch nicht verzieht. Im Hinblick auf die Schonung des Segels sollte man zum Reffen überhaupt kein Rollreff mehr verwenden, sondern nur noch ein Bindereff (siehe Seite 243). Beim Rollreff besteht zu sehr die Gefahr des Verziehens und sogar Platzens von Nähten.
- Beim Bergen des Segels nicht am Achterliek ziehen, sondern am Vorliek.
- Ein Segel, das längere Zeit aufgetucht bleibt, sollte vor Sonnenlicht und Witterungseinflüssen durch eine Segelpersenning geschützt werden.
- Normalerweise wird ein Segel immer in einem reichlich geräumigen Sack verstaut. Beim Zusammenlegen zieht man es zieharmonikaförmig zu einer Bahn zusammen (Latten entfernen!) und rollt diese dann ein (siehe Fotos S. 64). Ein kleineres Vorsegel kann man auch am Liekdraht einrollen. Die sich ergebende »Röhre« wird dann ebenfalls eingerollt. Spinnaker faltet man auch ordentlich

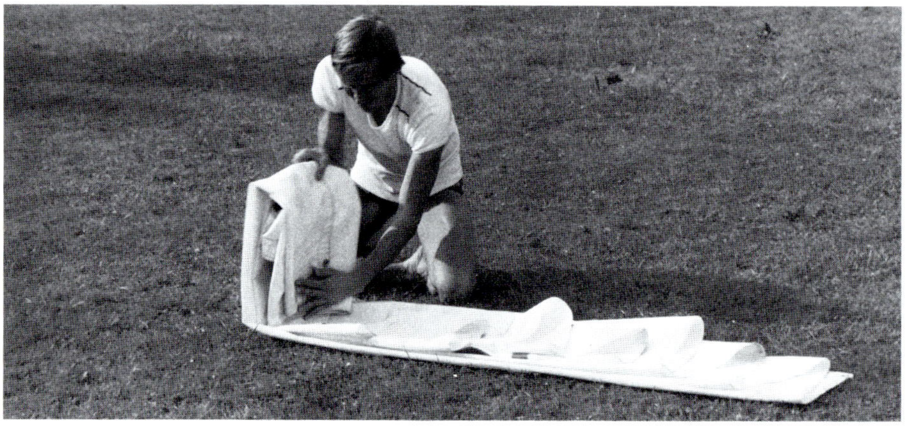

Zusammenlegen eines Segels: Nach Entfernen der Latten wird ein Segel auf diese Weise »ziehharmonikaförmig« in Bahnen gelegt und am Schluß vom Vorliek her eingerollt.

Zusammenlegen eines kleineren Spinnakers nach Gebrauch: Einer nimmt den Kopf, der andere Hals und Schothorn. Dann wird der Spinnaker jeweils der Länge nach gefaltet. Am Schluß wird er zu einem »Päckchen« gerollt und im Sack verstaut.

zusammen (siehe rechte Fotoreihe); sofern sie größer sind, kann man sich zusätzlich mit einem Reißgarn helfen.

- Ein nasses Segel darf man ruhig auch mal für kurze Zeit im Sack verstauen. Normalerweise wird es aber immer zum Trocknen aufgehängt, denn auch Kunststoffsegel spaken (schwarze Flecken).
- Ein Reinigen der Segel wird wohl selten notwendig werden. Im Bedarfsfalle verwende man ein mildes Haushalts-Lösemittel (z. B. Rei). Da die Polyesterfaser widerstandsfähig gegen chemische Produkte ist, darf man bei hartnäckigen Flecken auch spezielle chemische Fleckenreinigungsmittel (z. B. Tri-Chloraethylen) verwenden.
- Auf keinen Fall in die Waschmaschine stecken! Bügeln ist nicht ratsam!
- Schlecht für eine Fock ist, diese längere Zeit auf dem Fockroller aufgerollt zu lassen – insbesondere wenn sie noch feucht ist. Geschieht dies doch aus Bequemlichkeit, so wundern Sie sich nicht, wenn Ihr Vorsegel nach einer Weile krallt. Also: besser bergen! Auch sollte man den Fockroller nach einer Weile andersherum aufwickeln, damit das Vorsegel nicht zum Krallen neigt.
- Achterlieksbändsel nach Gebrauch lösen, insbesondere wenn man einen Fockroller benutzt.
- Bei Verwendung einer Spinnaker-Trompete (auch »Luncher« genannt) zerreißen Spinnaker immer wieder bzw. werden stark strapaziert. Man kann aber etwas beachten: Sprühen Sie Ihren Luncher mit Teflon-Spray ein – vorher bitte überprüfen, ob nicht irgendwo eine Reißstelle ist (Schleifpapier hilft).
- Feuchte Segel im Kofferraum und dazu noch das Auto in der Sonne stehen lassen – eine Todsünde! Diese Prozedur kommt dem Kochen gleich und welches Segel ist dadurch schon besser geworden?
- Zur Winterlagerung sollen die Segel genauestens inspiziert werden, damit fällige Reparaturen erledigt werden können. Lagern sollen sie im Winter möglichst offen und lose in einem sauberen, durchlüftetem Raum. Auf keinem

Fall sollen sie eng zusammengefaltet in einen Sack gepreßt werden, der dann vielleicht sogar noch durch andere Gegenstände zusammengedrückt wird.

- Bringen Sie Ihre reparatur- und überholungsbedürftigen Segel im Herbst und im Winter zum Segelmacher – und nicht erst im Frühjahr. Im Winter haben die Segelmacher mehr Zeit und können die notwendige Sorgfalt aufwenden.

Tauwerk

In der Seglersprache wird ein Tau als »Ende« oder »Leine« bezeichnet. Normalerweise spricht man von »Leine«, wenn das Tauwerk eine Stärke von 3–10 mm aufweist. Ist es dünner, so spricht man von »Bändsel«, ist es dicker, von »Tau«. Über 24 mm spricht man von »Trosse«.

Die beiden Endstücke werden jeweils »Tampen« genannt. Zu unterscheiden ist zwischen Faser- und Drahttauwerk.

Während das Fasertauwerk früher aus Hanf und Baumwolle hergestellt wurde, besteht es heute fast ausschließlich (zu 90–95%) aus Synthetikfasern. Folgende Materialien werden dabei verwendet:

1. Polyester = PES (geringe Dehnung, ideal für Schoten und Fallen).
2. Polyamid = PA (hohe Bruchfestigkeit und Dehnung, gut für Anker- und Festmacherleinen sowie Schlepptrossen).
3. Polypropylen = PP und Polyäthylen = PE (mittlere Dehnung und Schwimmfähigkeit, geeignet für Wurf- und Wasserskileinen sowie Leichtwetterschoten. Im Preis billiger als Polyester und Polyamid.
4. Ganz neu tauchen vereinzelt Leinen (zunächst Schoten und Fallen) aus »Kevlar« auf, die sich in den nächsten Jahren wegen ihrer Bruchfestigkeit vielleicht stärker in den Vordergrund schieben könnten. »Kevlar« ist ein eingetragenes Warenzeichen der Firma Du Pont, das Material (Kohlenfasern) weist eine einem Stahlseil sogar überlegene Bruchfestigkeit auf. Durch die hervorragenden Eigenschaften sind geringere Leinenstärken – dadurch geringeres Gewicht – möglich. Das hochwertige Rohmaterial ist allerdings noch sehr teuer.

Beim Drahttauwerk waren früher verzinkte Stahldrähte in Gebrauch, heute wird für den Yachtsport nahezu ausschließlich nichtrostender sog. austenischer Stahl (Legierungen auf Chrom-Nickel-Basis mit Molybdän-Zusatz nach der DIN-Bezeichnung 4401) verwendet, und zwar in Deutschland z. B. unter der Markenbezeichnung »NIROSTA V2AS« und »NIROSTA V4AS«.

Neuerdings verwendet man für Takelagen (besonders fürs Vorstag) statt der gedrehten Drahtseile auch ein Stangenmaterial, genannt »ROD« (aus engl. rod = Stange, Stab), gefertigt aus rostfreiem, kaltgezogenem Stahl und oft durch Zusätze von Kobalt oder Titan veredelt (kein Schweißen möglich). Die Vorteile sind die aerodynamischen Eigenschaften und der minimale Dehnungsfaktor. »ROD« für Spezial-Vorstage (Profilstag) wird auch insbesondere aus Aluminium gefertigt.

Die kleinste Einheit bei der Herstellung von Fasertauwerk ist die *»Faser«*. Ist diese dünner als 0,1 mm, so spricht man von »Multifilament«; ist diese dicker, so spricht man von »Monofilament«.

Verschieden viele Fasern werden dann zu einem *»Garn«* gesponnen oder gedreht und zwar normalerweise rechts herum (= im Z-Schlag). Ein zur Weiterverarbeitung bestimmtes Garn heißt *»Kabelgarn«*, wobei zwei oder mehrere Kabelgarne zu einer *»Litze«* bzw. einem *»Kardeel«* zusammengedreht werden, diesmal in der Regel in entgegengesetzter Richtung, also links herum (= im S-Schlag).

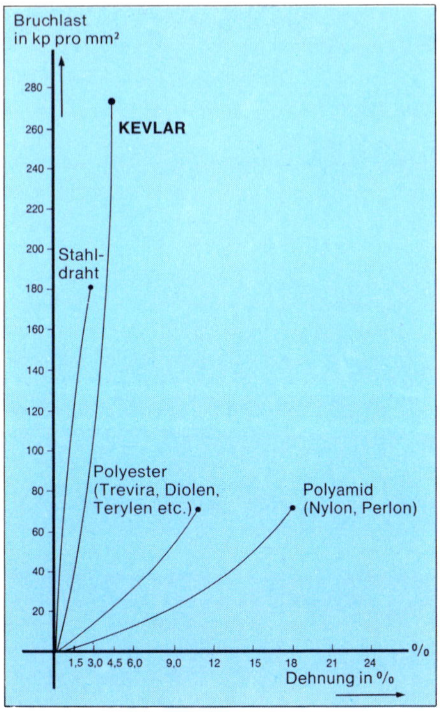

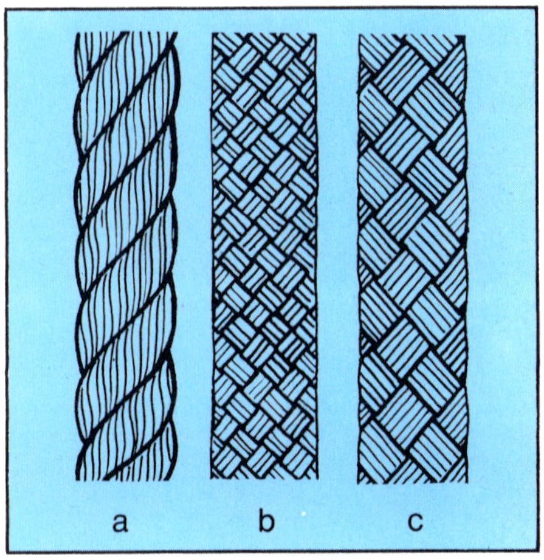

a Geschlagenes Tauwerk, b 16-fach geflochtenes Tauwerk, c 8-fach geflochtenes Tauwerk.

Diese Litzen bzw. Kardeele werden nun zur fertigen Leine gedreht (= geschlagen) oder geflochten. Beim geschlagenen Tauwerk werden meist 3 (seltener auch 4 mit Einlage = mit Seele) Kardeele zu einer dreischäftigen (bzw. vierschäftigen) Leine gedreht und zwar rechts herum (Z-Schlag, auch Trossenschlag genannt).

Beim geflochtenen Tauwerk werden 8 oder 16, je nach Hersteller aber auch 10, 12, 20, 24 und 32 Litzen zu einer Röhre geflochten, und zwar mit oder ohne Einlage (Seele). Die geflochtenen Leinen sind weniger reißfest als die geschlagenen, aber weicher. Sie werden insbesondere für Schoten verwendet.

Faser-Tauwerk wird in folgenden Stärken hergestellt:

a) Flechtschnüre für Takling u. Bändsel: 1–1,5–2–2,5–3–3,5–4–5 mm Durchmesser
b) Leinen und Trossen: 6–8–10–12–14–16–18–20–24 mm Durchmesser.

Am gebräuchlichsten sind die Abmessungen von 8, 10, 12 und 14 mm Durchmesser.

Grundlage zur Herstellung von *Drahttauwerk* sind die Einzeldrähte bzw. Drahtgarne. Mehrere oder viele dieser Drähte werden um einen Mitteldraht (Seele) zu einer

Konstruktion des Drahttauwerkes

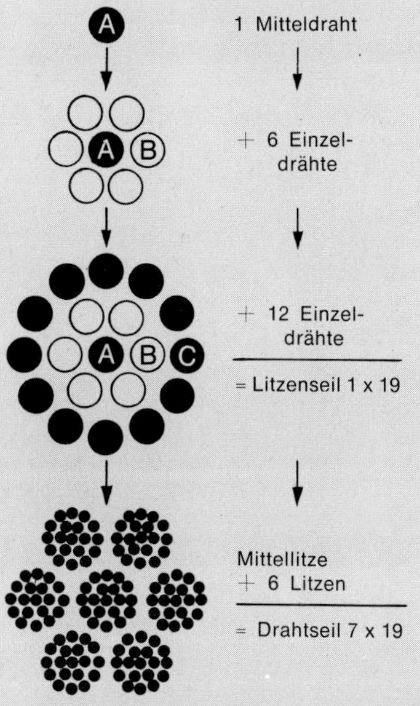

A = Mitteldraht (Seele)
B = Einzeldrähte um Mitteldraht verseilt
C = weitere Einzeldrähte

Litze (Kardeel) gedreht bzw. geschlagen. Je nach Verwendungszweck können nun diese Litzen weiterverarbeitet werden zu einem Drahtseil, wobei mehrere Litzen um eine Mittellitze (Seele) meist rechtsgängig gedreht werden. Bei den alten verzinkten Stahlseilen benützte man eine Seele aus Hanf. Für das stehende Gut benötigt man ein möglichst starres und steifes, aus wenig Einzeldrähten bestehendes Seil. Man verwendet deshalb ein »Litzenseil«, meist in der Machart 1×19.

Was heißt 1×19? Um einen Mitteldraht wird eine Lage von 6 Einzeldrähten verseilt, darüber folgen dann weitere 12 Einzeldrähte. Dieses Litzenseil in der Kombination von 1+6+12 = 19 Einzeldrähten wird in der Kurzsprache 1×19 genannt.

Für Fallen dagegen wird große Flexibilität verlangt. Diese erreicht man, indem man 6 Litzen mit je 19 Einzeldrähten um eine Seele verseilt: es ergibt sich die Konstruktion 7×19.
Drahttauwerk kann auch mit einer Kunststoffummantelung umpreßt werden, wie es z. B. bei der Reling üblich ist.

Was ist beim Kunstfasertauwerk noch zu beachten?

Kunstfasertauwerk zeichnet sich in der Regel aus durch hohe Reißfestigkeit, geringe Dehnung (bei Bedarf ist aber auch hohe Elastizität möglich), gute Griffigkeit, Scheuerfestigkeit, Farbechtheit und Seewasserbeständigkeit. Die Polyäthylen – und Polypropylenleinen allerdings wirken spröde und wenig griffig; sie können in ausgefranstem Zustand unangenehmst in den Händen wirken. Kunstfasertauwerk ist sehr reißfest, wenn es aber reißt, dann ohne knirschende Vorankündigung. So kann z. B. eine sehr lang ausgefahrene elastische Polyamid-Schlepptrosse zunächst beträchtlich gedehnt werden. Zerreißt sie plötzlich, so schnellt sie mit geballter Wucht zurück und könnte jemanden tödlich verletzen. Synthetische Leinen brauchen keine besondere Pflege. Sie sollen aber nicht mit chemischen Mitteln (Lösungsmittel, Verdünner, Säuren, Laugen) in Berührung kommen (besonders Nylon), auch sollte eine längere Lagerung unter direkter Sonneneinstrahlung vermieden werden. (Besonders Polypropylen ist UV-empfindlich!) Dafür darf man es auch mal naß verstauen. Knoten ziehen sich übrigens bei Kunstfasertauwerk weniger gut zusammen.

Noch weitere Tauwerk-Fachausdrücke:

Kabel	Ein Kabel entsteht, wenn 3 Taue links herum zusammengedreht werden. Bei linksgeschlagenem Tauwerk spricht man von Kabelschlag.
Segelgarn	Der dünnste beim Segeln gebrauchte Faden, der zum Segelnähen benützt wird. Technische Bezeichnung: seaming.
Takelgarn	Bindfaden aus 3–4 Kabelgarnen.
Hüsing	Relativ hart geschlagenes Bändselgarn aus geteertem Hand mit 2–3 Kabelgarnen.
Monofilament	Einzelne Faser. Man wendet diese Bezeichnung bei Fasern mit einer Dicke über 0,1 mm an. Tauwerk aus Monofilament ist glatt und meist verhältnismäßig steif.
Multifilament	Viele Fasern. Ausdruck für Fasern unter 0,1 mm. Das Tauwerk wirkt weich und geschmeidig.
Stapelfaser	So bezeichnet man verhältnismäßig kurze Faserlängen. Man stellt daraus (Länge und Dicke sind je nach Zweck verschieden) verschiedenes Garn her.
Vorgerecktes Gut	Fasern (speziell Polyester-Fasern) kann man einen Teil ihrer Dehnungsfähigkeit nehmen, wenn man sie einer Spezialbehandlung unterwirft. Das Tauwerk wird unter Hitzewirkung angefeuchtet, kräftig gereckt und getrocknet. Die einzelnen Fasern, Garne und Kardeele lagern sich dadurch dichter aneinander und schränken die Dehnung stark ein (z. B. statt etwa 15% nun rund 5%). Besonders für Fallen und Fallenvorläufer verwendet man vorgerecktes Gut.
Reißfestigkeit im Garn	In der heutigen Textilindustrie werden die Stärkenangaben für Fasern entweder in Denier (den) oder in Tex (tex) bzw. Decitex (dtex) vorgenommen. Unter Denier versteht man die Grammangabe je 9000 m Faser, unter Decitex die Grammangabe je 10000 m Faser. Die Reißfestigkeit in Gramm per Denier bedeutet, daß Grammfestigkeiten gemessen werden können, wenn der Faden 1 g per 9000 m wiegt, oder sie bedeutet, daß die Festigkeit in Gramm des Garnes und Gramm aus der Denierangabe den Faktor ergibt. Für den Laien ist dies aber eine verwirrende Angabe. Einfacher ist die Angabe der sog. Reißkilometer (Rkm).
Reißkilometer	Den Reißkilometern liegt die Vorstellung zugrunde, daß ein Garn oder Seil senkrecht nach oben gezogen wird. Die Frage lautet dabei nun: wieviel Kilometer des eigenen Garns oder Seiles kann das Tauwerk tragen, bis es sich selber abreißt? Oder: Wann ist das Gewicht der Reißkilometer genau so groß wie die Bruchlast? Der Vorteil dieser Maßangabe ist, daß man alle möglichen Garne, Fasern oder Seile miteinander vergleichen kann.

S- und Z-Schlag Aus der Textilindustrie übernommene Bezeichnungen für links geschlagenes Gut (= S-Schlag) und rechts geschlagenes Gut (= Z-Schlag).
Bei einem links geschlagenen Tauwerk (auch Kabelschlag genannt) laufen die Kardeele von links oben nach rechts unten, wie der mittlere Abstrich des Buchstabens »S«. Beim rechts geschlagenen Tauwerk (auch Trossenschlag genannt) laufen die Kardeele von rechts oben nach links unten, wie der mittlere Abstrich des Buchstabens »Z«.

Bruchdehnung Jedes Tauwerk dehnt sich bei Belastung, bis es schließlich reißt. Bruchdehnung ist der Wert des Längenzuwachses bis zum Reißen, gemessen in Prozent der ursprünglichen Länge.

Reck Auch »elastische Dehnung« genannt. Bei Belastung eines Tauwerks bis zur Sicherheitsgrenze (20% der Bruchbelastung) dehnt es sich elastisch. Die Dehnung geht nach Aufhören dieser Belastung zurück. Diese Art von Dehnung ist das »Reck«.

Tampen So heißen nicht nur die beiden Enden einer Leine, sondern auch ein kurzes Stück Tauwerk.

Plastische Dehnung Eine Dehnung, die eintritt, wenn ein Tauwerk stärker als bis zur Sicherheitsgrenze belastet wird: sie geht nicht mehr bzw. nur teilweise und langsam zurück.

Terminal Endbeschlag beim Drahttauwerk des stehenden Gutes. Die verbreitetste Form ist das Walzterminal, auch »True loc's« genannt, das aus rostfreiem Stahl gefertigt ist und mit Spezialmaschinen auf die Drahttauenden aufgearbeitet wird. Bei einem einwandfrei verarbeiteten Walzterminal bleibt die Bruchlast des Seiles zu 100% erhalten.
Eine andere Endbeschlag-Ausführung sind die »STA-Lock«-Terminals, die von Hand auch von Laien aufgearbeitet werden können, und zwar ausschließlich für 1 × 19 Seile. Die Bruchlast dieses Terminals ist um ca. 50% größer als die des Seiles. Neuerdings erstellt man auch sehr haltbare geklebte Terminals.

Rohmaterial-Vergleichswerte von Kunststoff-Fasertauwerk:

Rohmaterial-Familie	Polyamid = PA	Polyester = PES	Polypropylen = PP	Polyäthylen = PE
Einige Untergruppen bzw. Markennamen	Antron = Du Pont Bayer-Perlon = Bayer Bri-Nylon = ICI England Dederon = DDR Enka-Perlon = Glanzstoff Grilon = Schweiz Nivion = Anic Italien Nylfranc = Rhodia	Dacron = Du Pont Diolen = Glanzstoff Grilen = Schweiz Tergal = Rhodia Terlenka = Enka/Holland Terylene = ICI Trevira = Hoechst Vestan = Hüls	Boltalen P = Bolta Herculon = Hercules USA Hostalen PPN = Hoechst Meraklon = PIC Italien Novolen = BASF Trofil P = Dynamit Nobel Nestron = ICI Vestalen P = Hüls	Boltalen = Bolta Hostalen = Hoechst Lupolen = BASF Trofil = Dynamit Nobel Vestalen = Hüls
Spez. Gewicht	1,14	1,38	0,91	0,95
Reißfestigkeit im Garn	77 Rkm	72 Rkm	Monofil 34–56 Rkm	Monofil 30–50 Rkm
Naß-Reißfestigkeit in % von trocken	ca. 90%	100%	100%	100%
Bruchdehnung je nach Type	23%	12–14%	18–22%	15–38%
Knotenreißfestigkeit in Relation zur normalen Reißfestigkeit	62%	47%	58%	64%
Scheuerfestigkeit	sehr gut	gut	befriedigend	befriedigend
Feuchtigkeitsaufnahme bei 20° C u. 65% rel. Luftfeuchtigkeit	ca. 4%	0,4%	ca. 0,1%	unter 0,1%
Naßaufnahme fertige Schnur getaucht in Wasser	ca. 65%	ca. 45%	ca. 19%	ca. 23%
Schmelzpunkt	215–250° C	260° C	165° C	130° C
Erweichungspunkt	180–235° C	230° C	135° C	100–120° C
Reißfestigkeit nach 2jähriger Bewitterung	ca. 70%	ca. 90%	orange ca. 30% schwarz 90%	ähnlich PP
Chem. Widerstandsfähigkeit	nicht sehr säurebeständig	ausgezeichnete Beständigkeit	hervorragende Beständigkeit	wird kaum angegriffen
Verwendung	Festmacher, Ankerleinen, Schleppleinen, Bändselgut	Schoten, Fallen, Niederholer, Strecker	Wasserskileinen, Wurfleinen Leichtwetter-Spinnakerschoten	

knapp über Deck liegenden Öffnung sind nur als Luftaustrittsöffnungen geeignet.

»Tannoy«-Lüfter: Lüfter von sehr flacher Form, hergestellt aus Kunststoff und gegebenenfalls mit Niroabdeckung. Sie arbeiten nach dem Sauglüfterprinzip und können wasserdicht verschlossen werden.

»Dorade«-Drucklüfter: Der Lüfterkopf sitzt hier auf einem Kasten. Die Luft strömt über das Trennschott, während eingedrungenes Wasser aus Lenzöffnungen abfließt.

Kleine Fensterlüfter: Geeignet für Pantries und WCs.

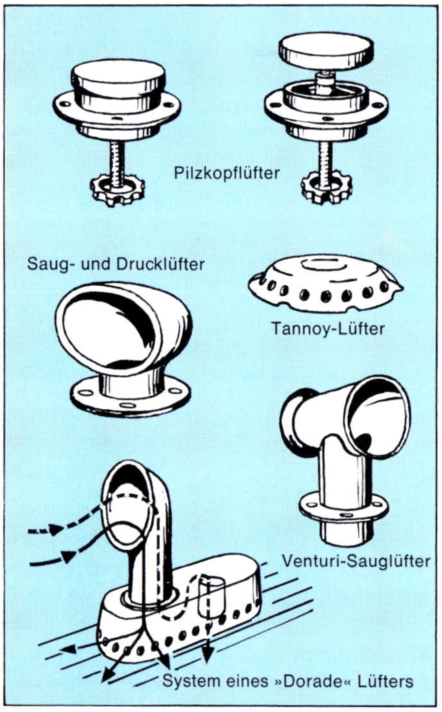

Verschiedene Lüfterarten

Hinweis

Nicht vergessen, bei passender Gelegenheit (z. B. im Hafen) jeweils die Fluchtluke auf Deck zu öffnen. Sie stellt eine ideale Lüfterklappe dar!

Lenzpumpen

Bei jeder Yacht kann immer durch Regen, überkommende Wellen, verschiedene Undichtigkeiten oder durch die Stopfbuchse der Schraubenwelle Wasser in die Bilge gelangen. Deshalb müssen selbstverständlich Lenzpumpen – und zwar mindestens zwei! – an Bord sein. Es gibt ver-

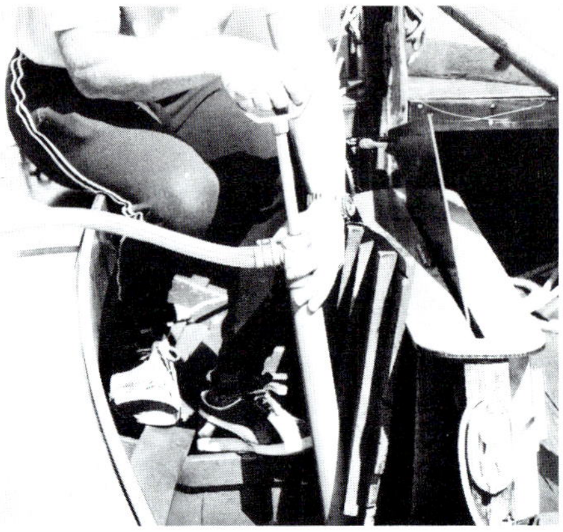

Lenzpumpe

schiedene Pumpensysteme: Membranpumpen, Kolbenpumpen und die Vortex oder Flügelpumpen (im Yachtsport seltener verwendet). Kolbenpumpen bestehen aus einem Zylinder, in dem ein Kolben auf- und abgleitet, wobei das Wasser oben herausläuft. Membranpumpen bestehen aus einem meist runden Gehäuse, in dem eine Membran, meist aus Neoprene, gelagert ist. Diese Pumpen werden in einfacher Ausführung hergestellt, wobei Wasser nur bei einer Hebelbewegung gefördert wird, oder in doppelt wirkender Ausführung, wobei eine Förderung beim Hin- und Rückschlag des Hebels zustande kommt. Die Förderleistungen der normalen für den Yachtsport geeigneten Membranpumpen bewegen sich zwischen etwa 35 und 100 Litern pro Minute. Lenzpumpen können über den Motor, über einen Elektromotor oder per Hand betrieben werden. Sofern bei einer Yacht eine motor- bzw. elektromotorbetriebene Lenzpumpe montiert ist, sollte zusätzlich dazu unbedingt noch eine von Motorstörungen unabhängige Lenzpumpe an Bord sein. Damit keine Fremdkörper angesaugt werden können, die die Pumpe verstopfen, muß am unteren Ende jedes Pumpensaugerrohrs ein schützender Saugkorb angebracht sein.

Spezielle Hinweise

Vor dem Kauf einer elektrischen Lenzpumpe genau über Leistung, Eigenschaften und Einbaumöglichkeiten informieren: einige Pumpen dürfen z. B. nicht trockenlaufen, andere dürfen für kurze Zeit trockenlaufen ohne Schaden zu erleiden, manche Pumpen beginnen erst mit dem Arbeiten, wenn sie im Wasser stehen.

Soll nicht nur Süßwasser, sondern auch Salzwasser mit einer Trinkwasserpumpe befördert werden, vergewissere man sich, ob die Pumpe auch vollkommen aus seewasserbeständigem Material gefertigt ist. Die Pantrypumpe könnte sonst eines Tages auseinanderfallen!

Yacht-Toiletten

Nach den Wohnlichkeitsbestimmungen der IOR-Richtlinien muß bei Fahrtenyachten der Kategorie 1 und 2 (Langstrekkenfahrten fern der Küste und Fahrten längerer Dauer nicht allzuweit von Küsten entfernt) eine Toilette fest eingebaut sein. Auch bei den Yachten, die in den Seegebieten Kategorie 3 und 4 (Fahrten nahe der Küstenlinie und kurze Fahrten in Landnähe in geschützten Gewässern) segeln, sind fest eingebaute Toiletten vorgeschrieben, nur können diese auch von einem »geeigneten Behälter«, der an einem festen Platz eingebaut ist, ersetzt werden. Zu unterscheiden ist zwischen WCs, bei denen die Fäkalien mittels einer Pumpe nach außen befördert werden und zwischen den Chemikalien-Toiletten, bei denen die Fäkalien chemisch zersetzt werden, und die keinen speziellen Einbau erfordern.

Klassisches Pump-WC, eingebaut im Vorschiff einer Delanta.

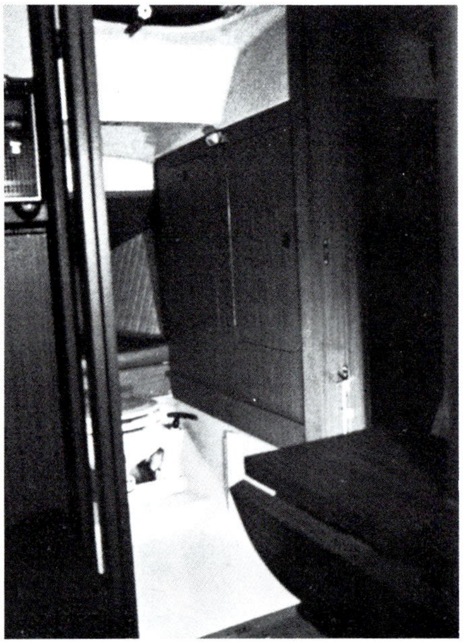

Bei jedem Pump-WC führen zwei Leitungen nach außen, die Ableitung und die kleinere Spülleitung. Die Installation solcher WCs muß aus Sicherheitsgründen sorgfältig erfolgen, ebenso dürfen bei der Bedienung keine Fehler unterlaufen, sonst könnte Wasser in die Yacht eindringen, im Extremfall sogar das Boot versenken. Auf vielen Binnenrevieren sind die außenbords lenzenden WCs neuerdings aus Gründen des Umweltschutzes verboten.

Die heutigen Hochsee-Rennyachten besitzen solche Armaturen für die Bord-Elektronik.

Kombüseneinrichtungen

Nach den IOR-Richtlinien muß eine seegehende Yacht auch mit einer Kombüseneinrichtung versehen sein. Kombüse ist die Küche auf einem Schiff. Auf kleineren Yachten wird die Küche, die in diesem Falle nur aus einer kleinen Kochecke besteht, »Pantry« genannt.

An Kochern gibt es verschiedene Arten mit verschiedenen Energiequellen. Sehr verbreitet sind zweiflammige Petroleumkocher, deren Brennstoff energiereich, aber nicht explosionsgefährlich ist. Auch Spirituskocher werden verwendet, mit Spiritus muß aber sehr sorgfältig umgegangen werden.

Von Benzinkochern ist wegen der Explosionsgefahr abzuraten. Möglich sind auch durch Propan- und Butangas betriebene Kocher, wobei diese Gase in festen Stahlflaschen in Häfen vielfach erhältlich sind. Da diese Gase aber schwerer als Luft sind und bereits in geringer Konzentration (geruchlos!) ein explosives Luft-Gasgemisch erzeugen können, müssen genaue Sicherheitsvorkehrungen beachtet werden: Gasflaschen müssen entweder frei an Deck oder in einem luftdichten Kasten mit einem Ausfluß außenbords gelagert werden. Die Brennstellen müssen mit beim Verlöschen der Flammen die Gaszufuhr stoppenden Sicherheitsbrennern ausgerüstet sein, die Leitungen müssen aus Kupfer bestehen.

Pantry bei einer Fahrtenyacht (Delanta). Oben der Kocher, darunter ein Schubfach für Bestecke.

Zu einer Pantry gehört auch ein Spülbekken, dessen Wasser bei genügend Gefälle direkt nach außenbords geleitet werden kann. Bei nicht genügend Gefälle kann das Wasser mittels einer Membranpumpe über Bord gepumpt werden, oder es kann zuerst in einen Schmutzwassertank geleitet werden (Siphon zwischen Spülbecken und Schmutzwassertank!) und von da per Pumpe außenbords.

Benötigt werden auch Wassertanks, die oft aus Gründen der Stabilität in Kielnähe eingebaut sind, und deren Wasser hochgepumpt werden muß. Sofern bei kleineren Yachten kein Wassertank eingebaut ist, muß für kleinere Fahrten Wasser in geeigneten Behältern mitgeführt werden. Dabei ist ein Tages-Mindestwasserverbrauch pro Person (ohne Wasser für Spül- und Waschzwecke!) von 2,5–3 Litern zu kalkulieren.

Elektronik an Bord

Neben Echolot und Funkpeiler besitzen die meisten heutigen größeren Rennyachten noch eine umfangreiche elektronische Ausrüstung – wie sie bei olympischen Bootsklassen z. B. verboten ist. Diese Elektronik erscheint in der Form von unterschiedlichen Anzeigeinstrumenten, die verschiedene Informationen als Zahlenwert geben. Mehr Anzeigegeräte als bei einem normalen Auto-Armaturenbrett kann man bei Rennyachten entdecken, wobei die Geräte bei den Yachten der IOR-Klasse I und II, die mit mindestens zwei Cockpits ausgerüstet sind, in zwei bis dreifacher Ausfertigung installiert sind. Teilweise kommt unter Deck eine weitere Ausfertigung für den Navigator dazu.

Während sich kleinere Yachten mit Hilfe eines »Windex«-Windrichtungsanzeigers sehr gut steuern lassen, bedeuten die Elektronikinstrumente eine Erleichterung bei großen Yachten. Z. B. kann die Mannschaft mit Hilfe der genauen Meßdaten über die Windrichtung, Windgeschwindigkeit und Bootsgeschwindigkeit während verschiedener Trainingsfahrten einen genauen Segelplan erstellen. Im Rennen ist aus diesem dann sofort zu entnehmen, welche Kombination von Segeln, je nach Wind, den meisten Vortrieb gibt. Im einzelnen gebraucht man folgende Geräte:

Speedometer: Geschwindigkeitsmesser. Als Zusatzgerät benützt man auf großen Yachten noch eine Skalenspreize für das Speedometer, die auch kleine Geschwindigkeitsunterschiede anzeigt.

Windgeschwindigkeitsmesser: Dieses Gerät, dessen Skaleneinteilung in Meter pro Sekunde bzw. in Knoten geeicht ist, ist besonders wichtig für die jeweilige Wahl der Segel. Mit Hilfe von Kompaß und Speedometer ermöglicht das Gerät auch eine Bestimmung des wahren Windes in Richtung und Stärke.

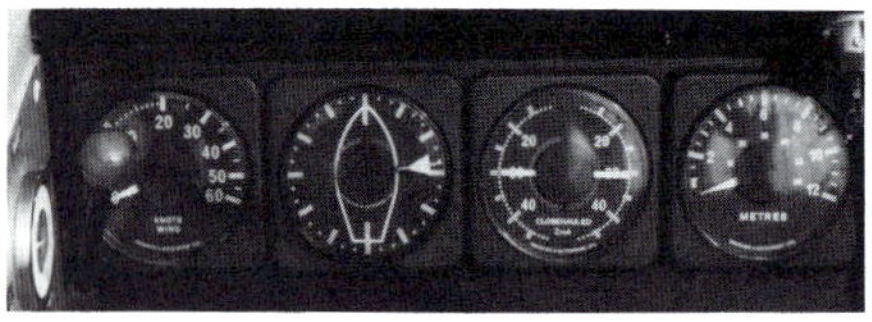

1 2 3 4

1 Windgeschwindigkeitsanzeiger, 2 360°-Windrichtungsanzeiger, 3 Kreuzlupe, 4 Echolot.

Windrichtungsanzeiger: Das mit einer 360°-Skala versehene Gerät zeigt den Einfallswinkel des Windes an. Als Zusatzgerät dazu dient die »Kreuzlupe«, die den Am-Wind-Bereich in mehrfacher Vergrößerung anzeigt.

Segelleistungscomputer: Solche Computer, die alle Daten speichern und verarbeiten, und die beim Am-Wind-Segeln den optimalen Windeinfallswinkel anzeigen, gibt es zwar, sie sind aber beim Rennsegeln verboten.

Anzeigegerät für Geschwindigkeitsänderungen: Solche Geräte gibt es neuerdings auch für Jollen (z. B. »Seapiper«), wobei der sog. Geber nur innen an die Bordwand geklebt wird. Diese Anzeiger sind bei Regatten verboten, stellen aber im Training eine gute Hilfe dar zur Überwachung der Trimmarbeit.
Über Echolot und Funkpeiler bzw. Funkausrüstung wird in den einschlägigen Kapiteln gesprochen.

Takelungsarten moderner Yachten und ihre Merkmale

Je nach Art der Zusammensetzung von Großsegeln und Vorsegeln und je nach Menge und Anordnung der Masten wird zwischen verschiedenen Takelungsarten unterschieden.
Die einfachste einmastige Takelung wird *»Kat«* genannt und besteht nur aus einem Großsegel. Vorwiegend die Einmannboote (Einhandboote) tragen diese Takelung, z. B. Finn-Dinghy, Laser, Contender, A-Katamarane. Gelegentlich findet man auch kleine katgetakelte Kreuzeryachten. Gesellt sich zum Großsegel noch ein Vorsegel, so ergibt sich die *»Slup«-Takelung,* wie sie bei der überwiegenden Zahl der Sportsegelboote gebräuchlich ist. Werden bei der Sluptakelung zwei Vorsegel (Fock und Klüver) benützt, so bezeichnet man dies als *»moderne Kuttertakelung«,* eine für Fahrtensegler sehr interessante Art, da sie praktische Variationsmöglichkeiten je nach Windverhältnissen bietet. Bei zunehmendem Wind ist z. B. die Segelfläche einfach zu verkleinern, indem man zunächst entweder die Fock oder den Klüver birgt. Der herkömmliche Kutter, bezeichnet als *»klassischer Kutter«,* ist beim heutigen Yachtsport nicht mehr gebräuchlich. Er trug drei Vorsegel (Fock, Klüver, Flieger), dazu noch ein Gaffeltoppsegel.
Auf größeren Yachten erweist sich eine zweimastige Takelung als zweckmäßig, weil die Flächen der einzelnen Segel kleiner ausfallen, weshalb diese leichter zu bedienen sind. Die Bezeichnung dieser zweimastigen Takelungen richtet sich nach Größe und Stellung des achteren Mastes. Ist dieser Mast – genannt »Besan« – kleiner, so spricht man auch oft von »Eineinhalbmaster«, und es handelt sich um eine *»Yawl«* oder *»Ketsch«.* Bei einer Yawltakelung ist der Besanmast verhältnismäßig klein (man spricht in diesem Fall auch von

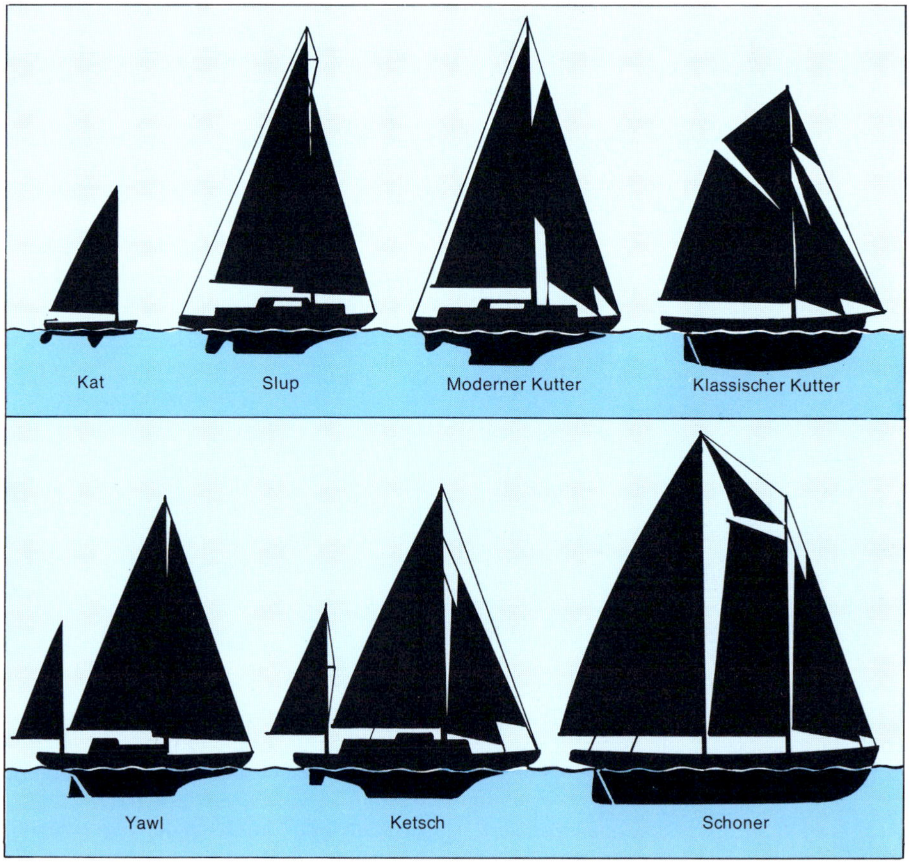

Eine Yawl (rechts)

Ketsch mit geborgenem Besan (rechts unten).

Die Doppelspiere, genannt Wishbone, bei einer Spreizgaffeltakelung. Diese Art tauchte aber nur vereinzelt als Sonderform auf.

»Treibermast« und bezeichnet das dazugehörige Segel auch als »Treiber«) und steht hinter dem Ruder bzw. außerhalb der Konstruktionswasserlinie. Bei einer Ketschtakelung wird der Besanmast etwas größer als bei einer Yawl, und er steht vor dem Ruder bzw. innerhalb der Konstruktionswasserlinie. Als vereinzelte Sonderform bei einer Ketsch tauchte erstmals 1933 eine Spreizgaffeltakelung mit einer Doppelspiere, genannt Wishbone, auf. Die breiteste Stelle des Großsegels, das wie eine umgekehrt gesetzte Fock aussieht, liegt in diesem Falle etwa in zwei Drittel Masthöhe bei der Spreizgaffel. Diese Takelung ist nicht mehr gebräuchlich.

Ist der achtere Mast größer als der vordere – er wird dann Großmast genannt im Gegensatz zum vorderen Fockmast –, so bezeichnet man diesen Yachttyp als *»Schoner«* (auch »Schuner« geschrieben). Die Schonertakelung – auch dreimastig möglich – ist im heutigen Yachtsport selten geworden, da die Bedienung des gewaltigen Großsegels zu umständlich ist. Auch werden die etwas ungünstigen Kreuzeigenschaften nicht durch die günstigen Raumeigenschaften aufgehoben. Dagegen sind die »Eineinhalbmaster« bei Fahrtenseglern durchaus beliebt. Zwar ist in bezug auf die Vortriebsverhältnisse eine einmastige Takelung einer zweimastigen überlegen, dafür bringen die zweimastigen Takelungen andere Vorteile auf die Waagschale: Durch die Unterteilung der Segel wird deren Bedienung vereinfacht, und durch den niedriger liegenden Schwerpunkt wird die Stabilität begünstigt. Dazu kann man bei auffrischendem Wind die Segelfläche auf einfachste Weise durch Bergen einzelner Segel verringern, wie z. B. der geborgene Besan (Foto oben).

Bootsklassen

Besonders im Hinblick auf das Regattasegeln ist eine Einteilung der Boote in Klassen angebracht. Bei der Klassifizierung findet man ein kompliziertes und umfangreiches System von Klassenvorschriften, teilweise mit starken Beschränkungen, teilweise aber auch mit großen Freiheiten. Einige Klassen sind daraufhin angelegt, daß das seglerische Können im Vordergrund steht, indem alles genau festgelegt ist und nichts verändert werden darf (z. B. bei der Laserjolle). Bei einigen anderen Klassen dagegen sind mehr oder weniger große Freiheiten in den Abmessungen, Formen und Segeln gegeben, so daß der Wettkampf hierbei manchmal schon beim Geldbeutel des Bootskäufers, am Reißbrett des Konstrukteurs oder in der Werkstatt des Bootsbauers beginnt und erst in zweiter Linie bei der Segelcrew.

Zunächst einmal gibt es die *klassenlosen Yachten,* die ohne Rücksicht auf irgendwelche Meßvorschriften entworfen und gebaut werden. Der Großteil der Fahrtenyachten ist hier einzuordnen. Sodann besteht eine Klassifizierung nach Bauvorschriften und eine solche nach Verbreitung bzw. Anerkennung. Eine Anerkennung ist jeweils notwendig durch den zuständigen Landes-Segler-Verband (in der Bundesrepublik der Deutsche Segler-Verband) oder durch den internationalen Verband (I.Y.R.U.).

Klassifizierung nach Bauvorschriften

1. Einheitsklassen

Für das Regattasegeln die sportlich wohl einwandfreieste Bootsklasse, bei der alle Abmessungen, Materialien, Ausrüstungsgegenstände, Segelgrößen genauestens festgelegt und vorgeschrieben sind. Von einer Werft kann so ein Boot nur mit spezieller Lizenz gebaut werden. Das zur Zeit kompromißloseste Einheitsboot ist die Laserjolle, bei der jeder einzelne Beschlag genauestens festgelegt ist und nichts verändert werden darf. Andererseits gibt es bei vielen Einheitsklassen – gerade durch eine großzügige »Politik« der betreffenden Klassenvereinigungen – beträchtliche Toleranzen, so daß in der Qualität der Boote und damit der Geschwindigkeit Unterschiede entstehen (z. B. bei der Soling, der Tempest oder beim ursprünglichen »Supereinheitsboot« 470er).

Solingyachten: Sie sind Einheitsklasse, internationale und olympische Klasse.

Laser, die z. Z. kompromißloseste Einheitsklasse.

2. Beschränkte Klassen

Diese Gattung steht noch in der Nähe der Einheitsklassen, es gelten aber gelockerte Vorschriften. So sind zwar in der Regel die Abmessungen, das Mindestgewicht, die Rumpfform und die Segelmaße festgelegt – teilweise mit kleinen Toleranzen –, aber Einzelheiten wie Baustoff, Lenzeinrichtungen, Größe der Plicht, Verstagung des Mastes sind freigestellt. Zu dieser Gruppe gehören z. B. der Flying-Dutchman oder der Korsar.

3. Konstruktionsklassen

Diese Boote sind nicht durch Festmaße begrenzt, und sie haben Möglichkeiten der Abweichung in Länge, Breite, Gewicht, Segelfläche. Die zulässigen Abweichungen in den Maßen werden durch eine Meßformel gegeneinander ausgeglichen. Die Boote der Konstruktionsklasse (man kann auch sagen »Konstruktions-Rennklasse«) segeln direkt gegeneinander, nicht etwa mit Vergütung, wie bei den Konstruktions-Kreuzerklassen. Beispiele: 5,5er-Yacht oder »America's Cup-Yacht« der 12-m-R-Klasse.

Eine spezielle Konstruktionsklassenart sind die »Grenzmaßklassen« des DSV, bei denen meist bestimmte Höchst- und Mindestmaße sowie bestimmte Ausbauvorschriften festgelegt sind. In der Regel sind auch die Segelfläche und das Baumaterial vorgeschrieben. Vertreter dieser Klasse sind z. B. die Jollenkreuzer oder die H-Jollen. Grenzmaßklassen sind gewissermaßen auch die Katamaranklassen, die in vier Divisionen eingeteilt sind (siehe Kapitel »Mehrrumpfboote«).

4. Konstruktions-Kreuzerklassen

Für Kreuzeryachten wurden Ausgleichsformeln geschaffen, d. h. Rennwerte, damit für diese Boote Wettfahrten möglich wurden. Boote von gleichem Rennwert können nun direkt gegeneinander segeln, Boote von unterschiedlichem Rennwert können sich ebenfalls messen, in diesem Falle nach dem System der Vergütung, der berechneten Zeit. Ein Boot mit höherem Rennwert muß dann pro Stunde um eine festgelegte Zeit schneller sein als ein niedriger vermessenes Boot.

Bisher wurde nach der deutschen KR-Formel (Kreuzer-Rennformel), der britischen RORC-Formel (Royal Ocean Racing Club), der schwedischen SHR-Formel (Svenska Havskryssar Regeln) oder der amerikanischen CCA-Formel (Cruising Club of America) gesegelt. Heute hat sich aber klar die internationale IOR- (International Offshore Rule) Formel durchgesetzt. Seit 1970 wird nach dieser internationalen Einheitsformel gesegelt, die auch in diesem Jahr von allen Ländern angenommen wurde, zunächst unter der Bezeichnung IOR Mark II. Leichte Abänderungen ergaben dann die Formel IOR Mark III, die seit 1. 1. 73 gilt. Mit Mark I ist übrigens das Entwicklungsstadium der internationalen IOR-Formel seit 1968 bezeichnet.

Amerikanische Rennyacht der IOR-Klasse III (Eintonner).

FD
07
1219
FD
07
H11
FD
G1308
E35
E28

Olympische Bootsklassen

Oben:
Erstmals 1976 olympisch die Zweimannjolle 470er. Länge 4,70 m, Breite 1,64 m, Tiefgang bis 1,05 m, Gewicht 115 kg, Segelfläche 12,70 qm.

Mitte:
Flying-Dutchman, olympisch seit 1960. Schnellste Zweimannjolle der Welt. Länge 6,05 m, Breite 1,80 m, Tiefgang bis 1,10 m, Gewicht 165 kg, Segelfläche 15 qm.

Unten:
Finn-Dinghy, olympische Einhandjolle seit 1952. Länge 4,50 m, Breite 1,51 m, Tiefgang bis 0,85 m, Gewicht 145 kg, Segelfläche 10 qm.

Nationale Klasse: Kiel-Zugvögel, hier bei einer Wettfahrt auf Kreuzkurs.

Yachten der IOR-Klasse I.

4. Revierklassen

Das sind einzelne Boote, die sich unter den besonderen Bedingungen eines speziellen Reviers entwickelt haben und nicht als offizielle Klasse anerkannt sind. Z. B. auf dem Chiemsee die Schratzjolle oder die Plätte.

Typische Revierklasse auf dem Chiemsee: Schratzjolle (das Boot im Vordergrund mit dem Fisch im Segel als Klassenzeichen).

5. Eintypklassen

Früher verwandte man dafür den Begriff »Werftklassen«. Es handelt sich um Boote, die von einer einzigen Werft konstruiert und gebaut werden, und die nach entsprechender Verbreitung und Begutachtung vom Deutschen Segler-Verband anerkannt werden. Zu einer Anerkennung ist dabei folgende Mindestverbreitung Voraussetzung: Jollen 100 Boote, Jollenkreuzer und Kielboote 80 Boote. Zum Zeitpunkt des Erscheinens dieses Buches gelten folgende Boote als Eintypklasse: Bandholm 24, Carina, Delphin, Fam, Hobie Cat 14, IF-Boot, Koralle, Lis-Jollenkreuzer, Neptun 22, Sailhorse, Trainer, Varianta, Vega, Windy, Windsurfer, Windglider, Youngster. Selbstverständlich sind diese von der zuständigen Werft alle nach den gleichen Formen gebauten und ausgerüsteten Boote auch »Einheitsklasse«.

6. Altersklassen

Es handelt sich um ehemalige nationale Klassen, die technisch überholt sind, und für die vom Deutschen Segler-Verband keine Meßbriefe mehr ausgestellt werden: z. B. 10 qm Rennjolle oder 22 qm Nationale Jolle.

7. Anerkannte ausländische Klassen

Von ausländischen Fachverbänden anerkannte Klassen kann der Deutsche Segler-Verband auf Vorschlag anerkennen, z. B. das Nordische Folkeboot.

Seemännische Arbeiten

Knoten Spleißen Belegen

Zum Sichern eines Tampens vor dem Ausrauschen aus einer Öse, zum Verbinden zweier Leinen und zum Festmachen einer Leine an einem Gegenstand sind die seemännischen Knoten erforderlich.

Ihr Grundprinzip: Sie müssen gut halten, sich aber andererseits auch wieder gut lösen lassen.

Die seemännischen Knoten werden auch »Stek« genannt. Den genauen Unterschied zwischen »Knoten« und »Stek« hat Erich Sondheim in seinem Buch »Knoten-Spleißen-Takeln« (Seite 13) definiert: »Verschlingst du zwei oder mehr Parten eines oder mehrerer Enden so miteinander, daß sie sich gegenseitig bekneifen und nicht von selbst lösen, so entsteht ein Knoten. Verschlingst du zwei oder mehr Parten eines oder mehrerer Enden so um einen Gegenstand (z. B. einen Pfahl, eine Pütz oder auch einen anderen Teil des Endes selbst), daß sie sich nicht zu einem Knoten zusammenziehen können, so entsteht ein Stek.«
Es gibt unzählige seemännische Gebrauchs- und Zierknoten, die ein Sportsegler aber nicht annähernd beherrschen muß. Er kann sich vielmehr mit den wenigen Knoten und Steken begnügen, die wir in folgender Tabelle darstellen.
König der Knoten ist der einfache Palstek, der in sehr vielen Situationen angewendet werden kann. Man kann ihn z. B. zum Festmachen einer Leine an einem Poller, einem Ring oder Querbalken brauchen; man kann sich damit eine Leine um die Brust

Übersicht über die wichtigsten Knoten und Steke

Name	Aussehen	Verwendungszweck	Prakt. Anwendung	Häufigste Verwendungsart
Achtknoten		Verhindert ein Ausrauschen aus einer Öse		Im Tampen einer Schot
Kreuzknoten	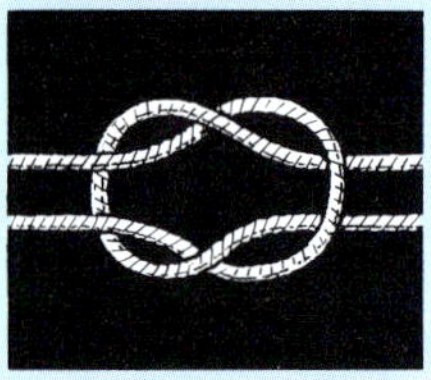	Verbindung zweier gleichstarker Leinen		Verknoten des Bändsels eines Segelhalses oder einer Großbaumgabel
Einfacher Schotstek		Verbindung zweier ungleicher Leinen		Festmachen einer Vorleine an eine zugeworfene Schleppleine
Doppelter Schotstek	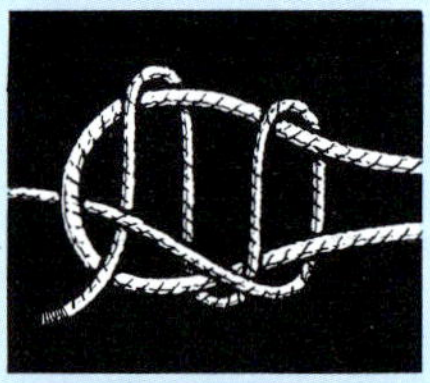	Verbindung zweier ungleicher Leinen – wenn einem der einfache Schotstek zu unsicher erscheint	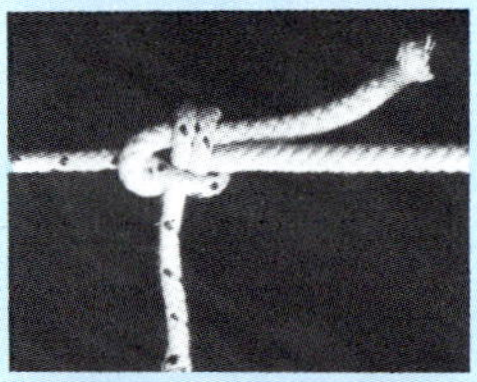	Verlängern einer Ankertrosse
2 Rundtörns mit 2 halben Schlägen		Festmachen für kurze Zeit an einem Balken, einer Spiere oder ähnlichem		Eine Schleppleine wird am Mast befestigt. Ein Beiboot bindet man an einem Pfahl an

Name	Aussehen	Verwendungszweck	Prakt. Anwendung	Häufigste Verwendungsart
Halbe Schläge		Man setzt sie oft auf andere Knoten drauf zur Sicherung oder zur Verhinderung zu festen Zusammenziehens		Bei Rundtörns, bei einem Webeleinstek, bei einem Roringstek – in der Regel immer zwei
Webeleinstek	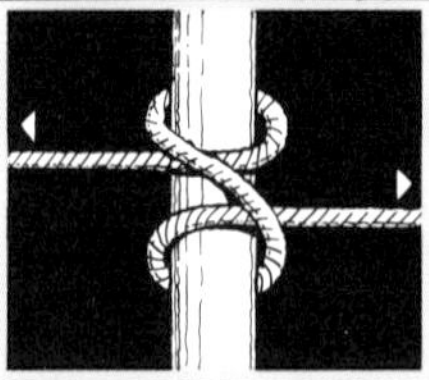	Wird an Spieren, Pfählen und Pollern verwendet, in der Regel mit zusätzlichen 2 halben Schlägen		Belegen einer Vorleine an einem Pfahl (gilt für Jollen, nicht für größere Yachten)
Roringstek		Zum Festmachen an Ringen, aus Sicherheitsgründen mit zusätzlichen 2 halben Schlägen		Anstecken einer Ankerleine an den Roring eines Ankers
Einfacher Palstek	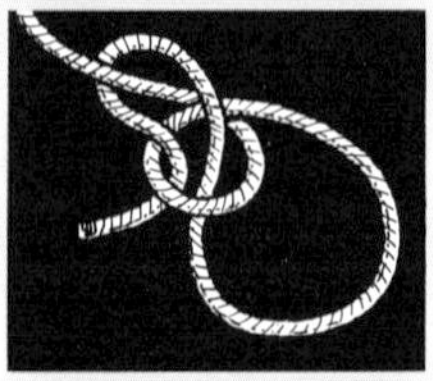	Man erhält in einer Leine ein Auge, das sich nicht zusammenziehen kann	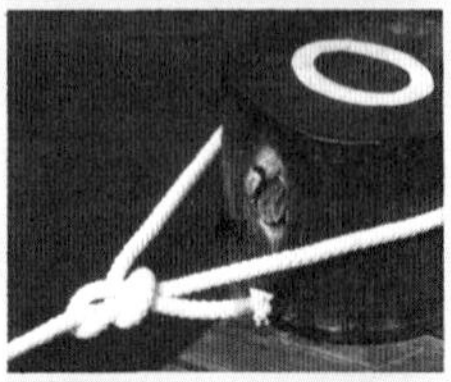	Festmachen einer Vor- oder Achterleine an einem Pfahl. Befestigen einer Sicherheitsleine um die Brust
Doppelter Palstek		Man erhält in einer doppelt gelegten Leine ein Auge, das sich wie beim einfachen Palstek nicht zusammenzieht		Herstellen einer Ersatz-Trittleiter. Ersatz für einen Bootsmannsstuhl
Stopperstek		Anstecken eines Tampens an eine laufende Leine, wobei Kraft auf der holenden Part stehen muß. Entlastet ist er verschiebbar		Anstecken einer Vorleine auf eine Schlepptrosse
Slipstek		Ermöglicht leichtes Lösen (durch einen Zug) des Knotens. In einfachster Form ein mit einer Bucht ausgeführter halber Schlag, in der Regel aber als Abschluß anderer Knoten, die dadurch leichter lösbar werden		Beim Belegen eines Falls an einer Klampe statt eines Kopfschlages. Schotstek mit Slip – dadurch auf einen Zug wieder lösbar.
Kopfschlag		Abschlußschlag beim Belegen einer Leine an einer Klampe. Beim Belegen selbst wird die Leine kreuzweise um die Klampe geführt. Statt eines Kopfschlages ist auch ein Slip möglich	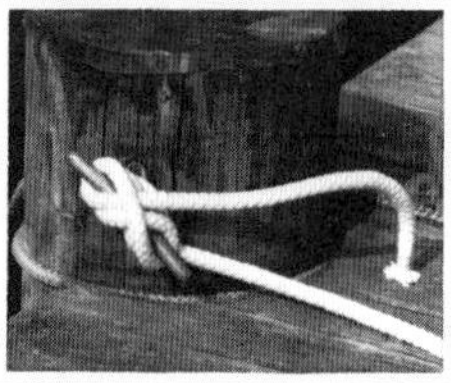	Belegen eines Falls. Belegen einer Festmacherleine an einer Klampe

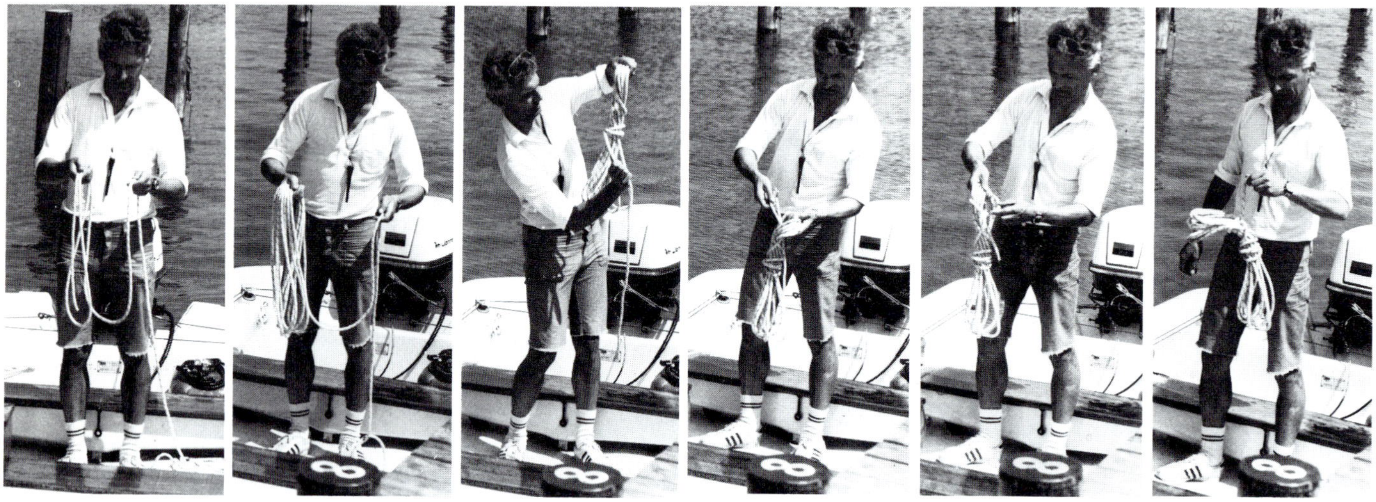

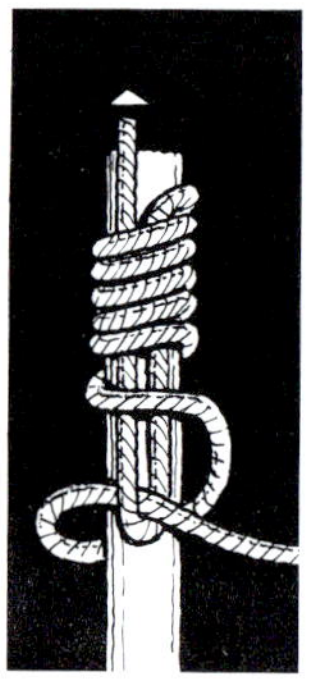

Behelfstakling

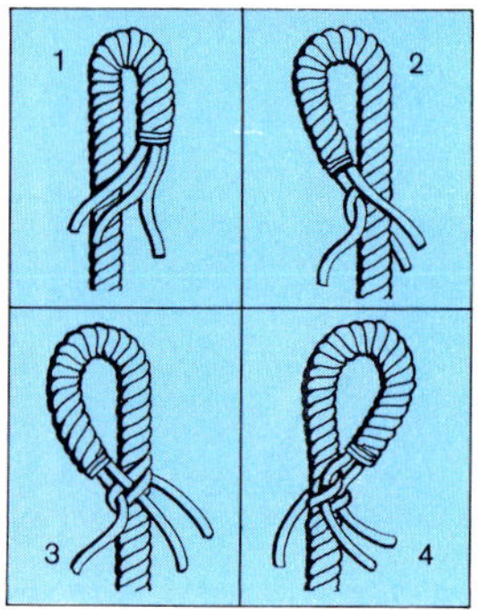

Augspleiß

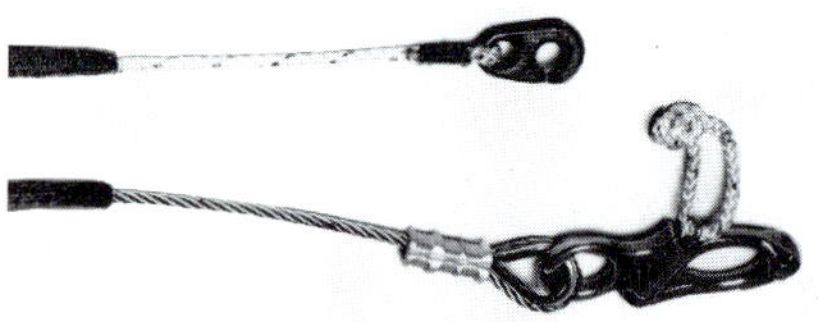

Eine ganz neue Art von Spleiß: Basierend auf dem »Kabel-Ziehstrumpf-System«, ist es heute möglich, ohne einem traditionellen Spleiß und in sanftem Übergang ein verschieden starkes Fasertauwerk bzw. Draht- mit Fasertauwerk ineinanderzufügen. Dabei drückt der Perlonmantel des einen Tauwerks auf das andere bzw. auf den Draht. Vorteil: Die Gefahr der »Fleischhaken« entfällt beim Drahttauwerk, außerdem sind sowohl der Draht als auch das Perlon über eine Rolle führbar. Dieser »Spleiß« ist selbst herstellbar, eine Beratung im Fachhandel ist aber im Hinblick auf die Abstimmung der zu verwendenden Durchmesser anzuraten.

knoten oder sich eine Trittleiter herstellen. Beherrscht man also diesen Palstek wie im Schlaf, so ist man für die meisten »Knotensituationen« gewappnet.

Bei der Prüfung zum Segelführerschein A werden übrigens folgende Knoten verlangt: Achtknoten, Kreuzknoten, Rundtörns und zwei halbe Schläge, einfacher und doppelter Schotstek, Slipstek, Webeleinstek, einfacher Palstek, Stopperstek, dazu einfacher Takling und Augspleiß.

Der Tampen eines Naturfasertauwerks muß mit einem »Takling« versehen werden, damit er nicht ausfranst. Dieser Takling ist leicht selbst herzustellen, man benötigt dazu nur ein dünnes Takelgarn und ein Messer zum Abschneiden. Diesen einfachen Takling nennt man auch »Behelfstakling«. Damit er aber noch haltbarer wird, kann man ihn auch vernähen. Bei Kunststofftauwerk ist diese Taklingart nicht mehr erforderlich, den betreffenden Tampen hält man nur über eine Flamme. Durch das Anschmoren wird er haltbar verschweißt.

Geschlagenes Tauwerk kann man leicht spleißen, d. h. durch Verflechten der einzelnen Kardeele entsprechend miteinander verbinden. Man unterscheidet dabei den Augspleiß, den Lang- und den Kurzspleiß. Mittels Lang- und Kurzspleiß verbindet man zwei Taue ohne Knoten miteinander, wobei sich beim Kurzspleiß an der Verbindungsstelle eine Verdickung, die nicht mehr durch Blöcke läuft, ergibt. Diese beiden Spleißarten sind in der Praxis beim Sportsegler kaum üblich – im Gegensatz zum öfters benötigten Augspleiß, den jeder Segler beherrschen sollte.

Aufschießen einer Leine: Zuerst in Buchten legen, dann einige Rundtörns um die aufgeschossene Leine. Zuletzt eine Bucht einfädeln und drüberschlagen.

Beiboot-bedienung

Beim Kielbootsegeln ist ein Beiboot nötig, um den Verkehr zwischen Land und der vor Anker oder an der Boje liegenden Yacht durchführen zu können. Oft wird ein Beiboot auch zum Ausfahren von Leinen und Ankern verwendet. Die heutigen Beiboote sind aus Kunststoff hergestellt, sie müssen klein und möglichst leicht sein, damit sie bei größeren Yachten auch an Bord – in diesem Falle kieloben – gelagert werden können. Damit sie neben einer Yacht liegend nicht deren Außenhaut verkratzen, sind die Beiboote ringsum mit einer »Wieling« versehen, einer Schutzpolsterung, heute meist in der Ausführung als Hartschaumstoff- oder Gummiprofil. Das meist bis zu fünf Personen fassende Beiboot muß wegen seiner geringen Stabilität vorsichtig bestiegen werden. Man darf dabei nicht mit dem ganzen Gewicht an den Rand treten oder hineinspringen. Unnötiges Herumstehen sollte unbedingt vermieden werden. Zuerst besetzt man beim Besteigen die Ruderducht (Sitzbank zum Pullen), dann im Wechsel Vor- und Achter-

schiff. Zum Bedienen selbst benützt man ein Paar »Riemen«, die drehbar in den »Dollen« gelagert werden. Das Vorwärtsrudern bezeichnet man als »Pullen«, das Rückwärtsrudern als »Streichen«. Das Pullen und Streichen soll mit möglichst wenig Oberkörperbewegung in kleinen Schlägen aus den Armen heraus erfolgen, wobei die Riemenblätter nicht zu tief eingetaucht werden sollen – sonst springen die Riemen aus den Dollen heraus.
Ein Drehen der Riemen um 90° vor dem Eintauchen und nach dem Durchzug – eine Technik der Rennruderer, wie sie auch für das Pullen in einzelnen Büchern beschrieben wird – halten wir für unnötig und wird in der Praxis kaum angewandt.
Das Drehen des Beibootes selbst geschieht durch einseitiges Pullen, das Drehen auf der Stelle durch Pullen auf der einen Seite und Streichen auf der anderen. Ein Beiboot kann man auch durch nur einen Riemen antreiben, dies nennt man »Wriggen«. Hierbei wird der Riemen in einer Dolle, einer Rundsel oder in einem Wriggloch am Heck geführt. Dabei wird der Riemen ein- oder beidhändig hin- und herbewegt und gleichzeitig jeweils um etwa 90° gedreht.
Das Anlaufen einer an der Boje oder vor Anker liegenden Yacht geschieht von achtern, wobei man dann längsseits geht: Bug an Bug und Heck an Heck. Sobald das Beiboot angelegt hat, werden die Riemen aus den Dollen genommen und ins Beiboot gelegt, ebenso werden sofort die Dollen entfernt – damit Riemen oder Dollen die Außenhaut der Yacht nicht beschädigen. Soll das Beiboot eine Zeit bei der Yacht liegen bleiben, so wird es nach achtern verholt und am Heck der Yacht belegt, damit es frei schwojen kann und nicht an der Yachtaußenhaut entlangwetzt.

Beiboot: Deutlich erkennbar die »Wieling« als Schutzpolsterung.

Damit das Beiboot nicht die Außenhaut der Yacht verletzt, wird es beim »Bootklarmachen« an das Achterschiff gehängt.

Bootspflege

Werkzeuge und Materialien

Zur unerläßlichen Bootspflege, die sich in erster Linie während der Winterlagerung abspielt, benötigt man folgende Werkzeuge und Materialien:
Zum Säubern einen Schrubber und ein leichtes Putzmittel (z. B. Pril), zum Entfernen von fettigem Belag einen Spezialreiniger (Cleaner), Ziehklinge und Spachtel zum Abziehen von Holz oder Abkratzen alter Farbe, Schleifpapier in verschiedenen Körnungen (60er–120er bzw. 240er–600er Naßschleifpapier) und einen Schwingschleifer. Zum Imprägnieren von blankem Holz Xylamon, das es in verschiedenen Tönen zu kaufen gibt, zum Verdünnen von Lacken und Farben und auch zum Reinigen ein Lösungsmittel (siehe Farbhersteller-Angaben), zum Ausbessern von Schrammen usw. eine Spachtelmasse (z. B. den Zweikomponenten-Spachtelkitt »Prestolith«, »Seilo 80« oder einen Autospachtel, ferner ein Holzplast). Zum Anstrich benötigt man drei verschiedene Arten von Farben bzw. Lacken:

- Lacke für die über dem Wasser liegenden Bootsteile
- Eine Bilgenfarbe, das ist eine atmende Spezialfarbe für den Innenanstrich, die gegen Benzin und Öl unempfindlich ist.
- Einen Unterwasseranstrich für Boote, die ihren Liegeplatz im Wasser haben.

Für den Überwasseranstrich sind folgende Lacke geeignet: DD-Lack (Abkürzung für »Desmodur« und »Desmophen«, farblos, aber auch mit Farben möglich), Emaille-Lack (besonders hitzebeständige Kunstharzfarbe in vielen Farbtönen), EP-Anstriche (widerstandsfähige, aber weniger Luftfeuchtigkeit vertragende Kunstharzfarbe auf Epoxyd-Basis) und PUR-Anstriche (lufttrocknende Reaktionslacke auf Polyurethan-Basis). Daneben kennt man auch noch Lacke, die auf einer Kombination von Kunstharzen mit pflanzlichen Ölen basieren. Besonders beliebt für Bootslackierungen ist der DD-Lack. Es handelt sich um einen Zweikomponentenlack, bei dem Stammlack und Härter getrennt gelagert und erst kurz vor Gebrauch gemischt werden. Der Vorteil dieses Lacks ist das schnelle Aushärten, seine Abriebs-

festigkeit, Elastizität und Chemikalienbeständigkeit. Zum Unterwasseranstrich benötigt man eine bewuchshemmende Farbe, das sind Kupfer, Antifouling oder Hart-Antifouling.
Hart-Antifouling ist die modernste Unterwasser-Giftfarbe, wobei das Boot nach dem Aufstrich nicht innerhalb von 12 Stunden ins Wasser gebracht werden muß, wie bei der normalen Antifoulingfarbe, sondern erst nach 3–5 Monaten. Gegebenenfalls verwendet man für einen Erstanstrich auf Holz oder Stahl einen zur nachfolgenden Farbe passenden Haftgrund, genannt »Primer«.
Die Pinsel zum Streichen großer Flächen sollen genügend groß sein (rund für Öllacke und breit für DD-Lacke), wobei zum Grundieren und für die Bilgenfarbe billigere Borstenpinsel ausreichen. Zum Lackieren oder Streichen selbst nimmt man dann teuerere Haarpinsel. Bootswerften verwenden zum Lackieren oder Streichen großer Flächen auch Rollen und Spritzpistolen; eine solche Anschaffung lohnt sich aber nur zur Bearbeitung mehrerer Boote.

Vorbereitung eines Bootes für das Winterlager

Das Boot wird aus dem Wasser genommen, alles laufende Gut wird entfernt und ordentlich verstaut, die Segel werden gewaschen, bei Jollen entfernt und säubert man Schwert und Rudereinrichtung und verstaut beides, ebenso werden alle weiteren beweglichen Teile (z. B. Bodenbretter) herausgenommen, gereinigt, geprüft und verstaut. Bevor das Boot trocknet, muß die Außenhaut gründlich gereinigt werden (Schrubber und Pril!). Dann werden das stehende Gut gelöst und der Mast herausgenommen. Wanten, Stagen und Fallen reiht man sauber ein und zurrt sie mit Bändseln (nicht mit Klebeband!) fest. Gelagert wird der Mast waagrecht, aber nicht durchhängend, Nut nach unten. Selbstverständlich wird das Boot nun auch innen sauber ausgewaschen, wobei anschließend für gutes Austrocknen zu sorgen ist. Während der ganzen Einwinterungsarbeiten ist es zweckmäßig, sich jeweils die notwendigen Reparaturen zu notieren, damit bei der Frühjahrsvorbereitung nichts übersehen wird. Gelagert werden sollte das Boot dann möglichst in einem geschützten Raum, ein Kielboot muß dazu gut abgestützt, d. h. aufgepallt werden – wobei unbedingt auch die Kielflosse gut unterbaut werden muß. Steht kein Lagerraum (d. h. Bootshaus oder Schuppen) zur Verfügung, so kann ein Boot auch im Freien, aber sorgfältig mit Plastikplanen abgedeckt, überwintern. Die Planen müssen aber mit einem Gerüst bzw. Dach abgesichert werden, zum Abweisen von Schnee und Regen.

Behandlung eines Bootes für die nächste Saison

Bevor ein Boot im Frühjahr erneut zu Wasser gelassen wird, muß es behandelt werden. Je nach Baumaterial und Gesamtzustand ist diese Pflegearbeit verschieden:

Behandlung eines Kunststoffbootes

Bevor ein solches Boot seinen Winterschlaf antritt, soll es mit einer Bootspolitur (kein Autohartwachs) bearbeitet werden. Vor dem Einsetzen im Frühjahr empfiehlt sich das Abwaschen mit einer Lösung, die zugleich poliert. Dies ist vorzüglich gegeben mit Schmierseife, die sowohl einen Schutzfilm abgibt als auch wie eine Politur wirkt. Mehr ist normalerweise nicht zu tun. Will man aber eine Überholungslackierung anbringen, so geschieht dies mit einem farbigen DD-Lack oder z. B. auch mit einem normalen Glassomax-Lack. Dazu wird die gereinigte Außenhaut mit 400–600er Naßschleifpapier angeschliffen. Die getrocknete Lackierung (1× Grundfarbe, 1× leicht vorgestrichen, 1× darüber) kann dann noch mit einer Wachsschicht überzogen werden. Kunststoffboote, die länger im Wasser liegen, sollen unbedingt mit einem bewuchshemmenden Unterwasseranstrich versehen werden. Dazu auch anschleifen, eine laut Herstellerangabe passende Grundfarbe auftragen und dann den Anti-Bewuchsanstrich, z. B. Hart-Antifouling.

Einwintern der Boote einer Segelschule: An Land slippen der Jollen, zunächst Lagern auf untergelegten Holzbohlen, säubern und abtakeln. Zum Austrocknen werden sie in dieser Weise (S. 87 oben) aufgestellt – aber nur kurzzeitig mit diesen Balken stützen. Man schiebt dann aus Sicherheitsgründen besser einen Bock unter (Mitte).

Behandlung eines gut erhaltenen Vollholzbootes

Vor der Bearbeitung muß das Boot ausgetrocknet sein, zumindest bevor man mit Farben und Lacken arbeitet. Als erstes nimmt man sich das Innere vor, wobei alter Lack losgekratzt und angeschliffen wird. Bei kleineren Booten muß hierbei das Schleifen mit der Hand erfolgen, da man wegen der Spanten und Stringer keinen Schwingschleifer verwenden kann. Aller Staub (auch unter dem Deck!), Schmutz und abgeschliffener Lack werden dann mit einem Staubsauger weggesaugt. Nach der gründlichen Säuberung wird einmal lakkiert. Dieses einmalige Lackieren genügt in der Regel im Bootsinneren, da diese Teile nicht so beansprucht werden. Anschließend wird die Bilge mit einer Spachtel ausgekratzt (die Ecken mit einer Ziehklinge abziehen), geschliffen (keine Stahlwolle verwenden), gereinigt (Staubsauger) und mit Bilgenfarbe einmal gestrichen. Nach dem Trocknen überstreicht man dann besonders beanspruchte Stellen der Bilge nochmals. Jetzt folgen die Arbeiten außen am Boot, eine Jolle wird dazu umgelegt. Zunächst wird die ganze Außenhaut mit 120er Schleifpapier (oder 300er Naßschleifpapier) und Schwingschleifer (keine Rundschleifmaschine!) angeschliffen. Nach dem Abkehren des Lackstaubes empfiehlt sich ein gründliches Reinigen mit einem Verdünnungsmittel (Terpentin). Je nach der Art des Unterwasseranstriches werden dann entweder das Unterwasserschiff oder die Seitenwände zuerst gestrichen bzw. gelackt. Verwendet man für das Unterwasserschiff Kupfer, das – um als Giftfarbe zu wirken – nicht kurz nach dem Auftrag ins Wasser muß, so stellt man zuerst das Unterwasserschiff fertig. Umgekehrt bei einer Giftfarbe (Antifouling z. B.), die nach dem Streichen innerhalb kurzer Zeit ins Wasser muß.

Bei einem gut erhaltenen Boot genügt meistens ein einmaliges Lackieren über den alten angeschliffenen Lack. Sollte eine zweite Lackierung angebracht sein, so wird die erste getrocknete Schicht mit einem 120er Schleifpapier (oder 300er Naßschleifpapier) wiederum angeschliffen. Bevor nun das Unterwasserschiff gestrichen wird (bzw. bei umgekehrtem Vorgang die Seiten), klebt man ringsum ein Abdeckband. Achtung: Das Band aber erst kleben, wenn der Lack getrocknet ist (etwa

24 Stunden warten!), sonst kann man es nicht mehr abziehen. Verwendet man z. B. Kupfer für das Unterwasserschiff, so wird es zunächst einmal gekupfert (Achtung: der Raum muß gut durchlüftet sein, sonst Vergiftungsgefahr!), nach einigen Stunden ein zweitesmal (vorher aber anschleifen). Bei der Kupferfarbe ist im Frühjahr darauf zu achten, daß sie unbedingt angeschliffen wird, bevor das Boot ins Wasser gebracht wird!

Behandlung eines älteren Vollholzbootes mit schlechtem Lack

Ein älteres oder schlecht erhaltenes Holzboot, bei dem außen der Lack abspringt oder viele Blasen wirft, muß ganz neu lackiert oder gestrichen werden. Dazu wird zunächst die alte Farbe (bzw. Lack) bis aufs Holz abgezogen. Zur Erleichterung des Abziehens streicht man die betreffende Fläche am besten mit einem Abbeizmittel ein. Nach 20–30 Minuten zieht man dann mit Ziehklinge und Spachtel den zwischenzeitlich weich gewordenen alten Anstrich herunter. Unter Umständen wird dieser Abbeizvorgang wiederholt. Nach diesem Abziehen wird die Fläche zunächst mit 80er, dann mit 120er Schleifpapier gut nachgeschliffen, um alle Lackreste zu beseitigen. Kleine Risse werden nach der Säuberung mit einem speziellen Holzspachtelkitt passend zur jeweiligen Holzart, verspachtelt (Anschleifen vor dem Streichen). Das blankgelegte Holz wird vor der Lackierung entweder mit Terpentin eingestrichen (aber nur, wenn anschließend ein Öllack und kein DD-Lack verwendet wird) oder besser mit der Holzimprägnierung Xylamon. Für den nach einigen Tagen folgenden Neuanstrich mit Naturlack oder Farbe ist zunächst eine passende Grundierung erforderlich. Hierfür richte man sich genau nach der Angabe des betreffenden Lack- oder Farbherstellers. Auf die angeschliffene Grundierung trägt man dann 3–4 Anstriche auf, wobei aber vorher jedesmal mit feinem Schleifpapier angeschliffen werden muß. Der erste dieser Anstriche soll dabei »halbfett« sein, d. h. mit einem Verdünner zu 50% verdünnt. Auch beim zweiten Anstrich kann man noch – etwa 25% – verdünnen. Der Unterwasseranstrich wird besorgt, wie bereits im Punkt vorher beschrieben. Bei der notwendigen Grundierung beachte man aber auch wieder die Herstellerempfehlung.

Behandlung von formverleimten Sperrholzbooten

Nachdem diese Boote immer an Land gelagert und dadurch im Lack weniger strapaziert werden, ist bei ihnen weniger Arbeitsaufwand zur Pflege erforderlich. Im wesentlichen wird ein solches Boot nur mit Wasser und einem leichten Reinigungsmittel (Prilwasser) gesäubert. Die Außenhaut, das Deck und Stellen im Cockpit brauchen nur alle 2–3 Jahre nach einem Anschliff überlackt werden.
Für das Unterwasserschiff verwendet man hier keine Giftfarben, vielmehr eine der vielen beim Bootshandel angebotenen Gleitfarben, die man jedes Jahr naß anschleift (300–400er Naßschleifpapier) und erneuert. Ganz abziehen muß man ein Sperrholzboot nur selten – es sei denn, man möchte eine andere Farbe haben.

Behandlung von Stahlbooten

Ein Problem bei Stahlbooten sind die Korrosions- und Elektrolyseschäden – besonders, wenn das Boot in Salzwasser gelaufen ist. Kleinere Korrosionsstellen beseitigt man mit einer Drahtbürste und mit Schleifpapier, bei schlechtem Zustand empfiehlt sich ein Sandstrahlen. Auf das blanke Metall wird dann innerhalb von wenigen Minuten eine Grundierung aus epoxidgebundenem Zinkstaub, die eine anodische Schutzhaut bildet, aufgetragen. Es folgen dann die weiteren Anstriche genau nach Herstellerangabe. Besonders die Teer-Epoxid-Farben haben sich bei Stahlschiffen als zweckmäßig erwiesen.
Wichtig bei Stahlschiffen ist, daß sie nie mit kupferhaltigen Antibewuchsfarben gestrichen werden dürfen, da diese die Korrosion fördern. Man erkundige sich für das Unterwasserschiff im einschlägigen Handel nach den für Stahlschiffe geeigneten Giftfarben.

Behandlung von Mast, Großbaum und weiteren Spieren

Im Zeitalter der Aluminiummasten und -großbäume ist eine Pflege unerheblich geworden. Besitzt man aber noch Holzmasten und -bäume, so müssen diese, ähnlich dem Holzboot, bevor sie im Frühjahr zu erneutem Einsatz kommen, angeschliffen und einmal durchlackiert werden. Beschädigte oder stärker beanspruchte Teile werden vorgelackt und dann zweimal lackiert.

Zusammenfassende Tips zum Schleifen und Lackieren

- Vor jedem Lacken die vorhergehende trockene Fläche anschleifen.
- Beim Schleifen mit der Hand einen Schleifblock (Holzblock) verwenden.
- Holz nie quer zur Faser oder entgegen schleifen bzw. abziehen.
- Vor dem Lackieren eine der ausführlichen Gebrauchsanleitungen einer Herstellerfirma besorgen und beachten.
- Niemals verschiedene Lacke mischen oder verschiedene Schichten unterschiedlicher Lacke anbringen.
- Auch Ausbesserungen nur mit dem gleichen Fabrikat.
- Nicht bei direkter Sonneneinstrahlung oder Feuchtigkeit (zu erwartendem Regen oder Tau!) lackieren.
- Grundsätzlich nur bei Windstille bzw. in einem möglichst staubfreien Raum lackieren.
- Von einem Zweikomponentenlack nicht zu viel anmachen und dann ungebraucht stehen lassen.
- Mit sauberem Pinsel arbeiten.
- Bei Stahlschiffen keine Kupferfarbe verwenden.
- Nicht vergessen: Ein gekupfertes Unterwasserschiff vor dem Einsetzen ins Wasser anschleifen.
- Kupferfarbe im Freien oder in einem gut durchlüfteten Raum aufstreichen wegen Vergiftungsgefahr.
- Keinesfalls einen DD-Lack auf einen Lack mit Ölbasis streichen – umgekehrt allerdings ist das möglich.
- Die Bilge eines Holzbootes nicht mit Stahlwolle säubern oder Schleifen. Kleine Stahlteilchen bleiben sonst zu leicht im Holz zurück, rosten und lassen das Holz anfaulen.
- Wenn die Wanten und Stagen an einen Mast beigezurrt werden sollen, so verwende man Bändsel oder Segeltuchstreifen und keine Klebebänder. Die Klebemasse haftet sonst während des langen Winterlagers am Mast zu stark.
- Zum Einwachsen von Kunststoffbooten kein Autohartwachs verwenden!

Kleine Bootsreparaturen selbstgemacht

Als Segler kommt man öfters auch in die Verlegenheit, selbst kleinere Bootsreparaturen vornehmen zu müssen – besonders, wenn das Boot wieder schnell einsatzbereit sein soll. Einige Grundwerkzeuge sollten dazu in einem »Seglerwerkzeugkasten« bereitliegen.

Werkzeuge

Fuchsschwanz, Stich- und Feinsäge, 1–2 Stemmeisen, 1 Bohrmaschine mit einem Satz Spiralbohrer, 1 Satz Schraubenzieher, 1 Beißzange, 1 Kombizange, 1 leichter Hammer, 1 schwerer Hammer, 1 Putzhobel, 1 Ziehklinge, 1 Schleifklotz, 1 Marlspieker, 1 Versenker, 1 scharfes Messer, 1 Holzraspel, 1 Halbrundfeile, mehrere Schraubzwingen verschiedener Größe. Ferner benötigt man natürlich Spachtelkitt einschließlich geeigneter Spachteln, Klebstoff für Kunststoff und wasserfesten Leim, dazu diverse Messingschrauben und verzinkte Nägel bzw. Kupfernägel. Von den Ersatzbeschlägen und Schäkeln soll an dieser Stelle nicht die Rede sein! Damit man gegebenenfalls auch mal eine ausgerissene Kausch in einem Drahtseil (z. B. Fall, Want) selbst erneuern kann, empfiehlt sich eine Nicopreß-Zange bzw. Nautipress-Backen einschließlich der Nicopreß-Hülsen aus verzinktem Kupfer.

Arbeitsvorgänge

Leimen

Voraussetzung ist, daß die zu leimenden Holzteile sauber und nicht zu glatt sind. Gegebenenfalls sind mit einem scharfen Gegenstand einige Rillen anzubringen. Der Leim selbst muß wasserfest sein (z. B. Kauresinleim flüssig), er darf nicht zu fest bzw. zu dickflüssig sein, sondern muß sich weich auftragen lassen. Ohne einen entsprechenden Preßdruck hält eine Verleimung nicht. Deshalb sind die beiden zu verleimenden Teile mittels Schraubzwingen mindestens 5 Stunden zusammenzupressen. Zwischen die zu verleimenden Teile und den Schraubzwingen sind unbedingt Holzklötze einzulegen, dazwischen Papier (am besten Zeitungspapier), damit die Holzklötze nicht mitangeleimt werden. Prinzipiell soll beim Leimen Zimmertemperatur herrschen, keinesfalls Kälte.

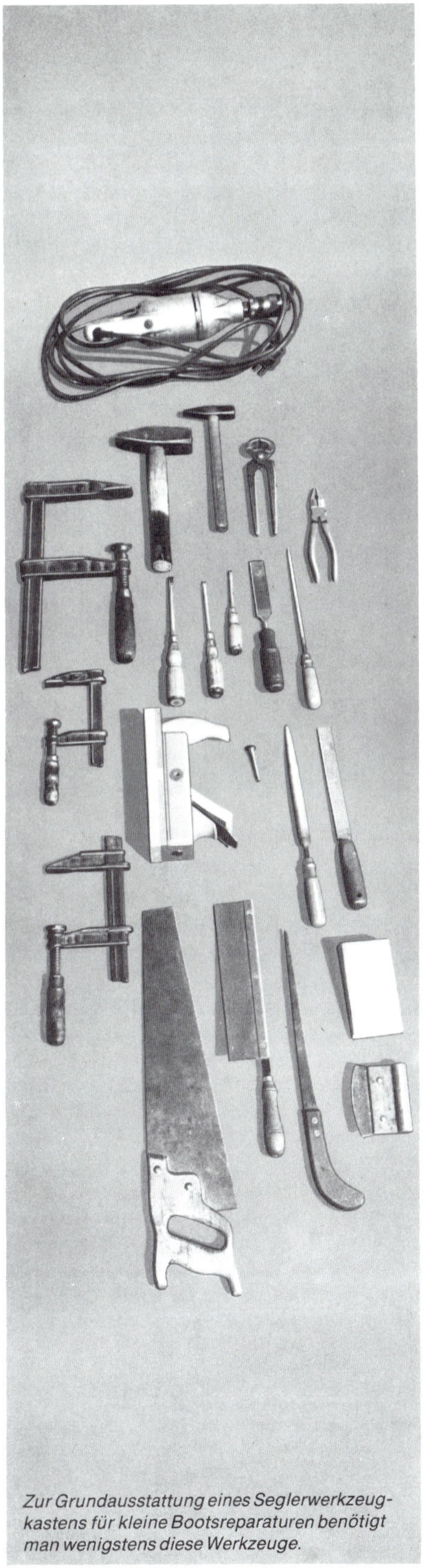

Zur Grundausstattung eines Seglerwerkzeugkastens für kleine Bootsreparaturen benötigt man wenigstens diese Werkzeuge.

Anbringen von Schrauben

Leicht und nicht zu groß mit einem spitzen (möglichst nicht breiten) Bohrer vorbohren. Gegebenenfalls die Kanten des Bohrloches mittels eines Versenkers abrunden. Die Schrauben selbst werden mit Fett versehen, dadurch halten sie besser und lassen sich leichter eindrehen, auch kann kein Wasser nachdringen.

Lackschaden im Holzboot

Die beschädigte Stelle mit feinem Schleifpapier sauber ausschleifen, dann mit einem feinen Pinsel mehrere Male darüberlackieren. Mehrere Schichten Lack – es muß ein dem Boot entsprechender Lack sein! – sind notwendig, damit die Schramme ausgefüllt wird. Damit das Holz nicht angegriffen wird, sollte diese kleine Reparatur nach Möglichkeit immer gleich ausgeführt werden.

Größeres Loch im Holz- oder Kunststoffboot

Auf die schnelle Art hilft hierbei wieder eine Spachtelmasse (»Prestolith« bzw. »Seilo 80«). Zunächst wird von innen ein dünnes Sperrholzbrettchen vor das Loch genagelt (bei Holzbooten) bzw. mit einem passenden Klebstoff geklebt (bei Kunststoffbooten). Dann wird das Loch z. B. mit Prestolith zugespachtelt. Anschließend kann die Fläche nach Schleifen gestrichen werden. Diese Notreparatur hält, bis z. B. im Winter das Boot von einem Fachmann in Ordnung gebracht wird. Bei einem Kunststoffboot kann man den Schaden selbst fachmännisch mit Hilfe von Glasseidenmatten und -geweben sowie Polyesterharz + Härter zulaminieren. Dazu reinigt man die Schadenstelle zunächst, schleift sie aus und rauht sie an. Von außen

Ausrüstung zum Erstellen einer Kausch.

Das aufgespleißte Drahtstück …

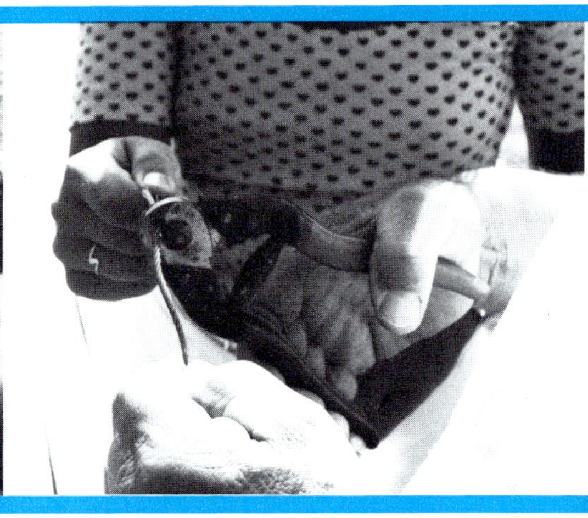

… wird erst einmal sauber abgeschnitten.

wird dann das Loch mittels Folie, Pappe und Klebeband abgedeckt. Bevor man nun das Polyesterharz mit Härter versieht (nur soviel vorbereiten als für jeden Arbeitsgang erforderlich), schneidet man sich mehrere Glasseidenmatten und -gewebe zurecht, und zwar etwas größer als das Loch. Jetzt beginnt man, von innen die Matten und Gewebe in das Loch zu laminieren, wobei sie jeweils gut mit Harz getränkt werden. Mit einem Pinsel oder ähnlichem sind immer die Luftbläschen herauszudrücken. Nach etwa zwei Stunden Aushärtzeit nimmt man außen die Folie und Pappe weg, laminiert gegebenenfalls auch von außen noch drüber oder überzieht die Stelle mit Prestolith. Nach dem Schleifen kann wieder Farbe drübergestrichen werden. Ist das Loch nur von außen zugänglich, so wird das Laminat von außen aufgebaut. Zur Hilfe kann man z. B. eine passende, mit einer Ringschraube versehene Holzplatte in das Loch einbringen. Mit einem Stück Draht kann dann das Holzbrettchen an seiner Stelle gehalten werden, bis das Laminat eingebracht ist.

Haarriß im Gelcoat

Haarrisse können öfters in der Oberflächenschicht der Außenhaut auftreten, ebenso kleine Beschädigungen. Die einfachste Reparatur geschieht durch Zuspachteln mit Prestolith. Die beschädigten Stellen kann man aber auch nach Reinigen und Aufrauhen mit Gelcoat betupfen und mit Hilfe eines Kunststoffplättchens oder einer Rasierklinge glätten. Man muß sich hierfür im Fachhandel eine kleine Dose Gelcoat kaufen, dazu Beschleuniger und Härter (Herstellerangaben beachten).
Nach einer Nacht Trockenzeit wird die Oberfläche vorsichtig naß geschliffen (feines Papier). Neuerdings gibt es für solche Reparaturen auch ein Gelcoat-Ersatz-Spray aus einem dem Polyester ähnlichen Material, das zwar nicht so hart wird wie das Original-Gelcoat, aber die gleichen Freiwitterungseigenschaften aufweist.

Schramme in der Außenhaut

Soll das Boot kurzfristig wieder segelklar sein, so behilft man sich mit einer Spachtelmasse. Bei Holzbooten kann man – sofern die Schramme nicht zu ausgeprägt ist – dabei ein in verschiedenen Holzarten erhältliches »Holzplast« verwenden. Man bestreicht den Schaden damit, schleift die Fläche anschließend glatt und lackt bzw. streicht die Fläche zwei- bis dreimal (Holzplast saugt sehr). Bei einem Kunststoffboot nimmt man eine andere Spachtelmasse (z. B. »Prestolith« oder »Seilo 80«, das auch für Holz verwendbar ist). Auch hier ist eine anschließende Tarnung mit Farbe möglich.

Bolzen ausgerissen

Soll die Reparatur bei einem Holzboot sehr schnell geschehen, so spachtelt man das entstandene Loch mit Prestolith zu und bohrt daneben für den Bolzen ein neues Loch. Ansonsten kann man in das entstandene Loch ein rundes Stück Holz oder einen Holzdübel mit wasserfestem Leim einleimen. Nach zwei bis drei Stunden kann zum Neueinsetzen des Bolzens an gleicher Stelle wieder ein Loch gebohrt werden. Bei Kunststoffbooten behebt man den Schaden, indem man den beschädigten Bereich mit Laminatschichten versieht und den Bereich unter dem Bolzenloch durch einen Holzblock und gegebenenfalls eine Stahlblechscheibe verstärkt. Nach entsprechender Bohrung wird dann der Bolzen wieder eingebracht und mit Mutter und Scheibe befestigt.

Curry-Klemme oder ähnliches anschrauben

Eine Klemme kann nur an einer verstärkten Stelle angebracht werden. Ist an der gewünschten Stelle keine passende Verstärkung vorhanden (z. B. Decksbalken), so besorgt man sich ein Stück wasserverleimtes Sperrholzbrett zum Unterlegen. Bevor dieses Brettchen untergelegt wird, streicht man bei Holzbooten zuerst Bootslack darauf.

Scheuerleiste defekt

Ist die Scheuerleiste beschädigt, so wechselt man das betroffene Stück aus. Mit nach einwärts gerichtetem schrägem Schnitt sägt man den beschädigten Teil heraus und paßt ein neues Stück ein. Ist der neue Teil eingepaßt, so bohrt man alle 10–15 cm Löcher hinein, versieht die Innenseite der neuen Leiste mit einfachem Bootslack und schraubt das ganze fest. Die einzelnen Bohrlöcher sollte man so mittels eines Versenkers vorbereiten, daß die Schraubenköpfe versenkt werden. Die

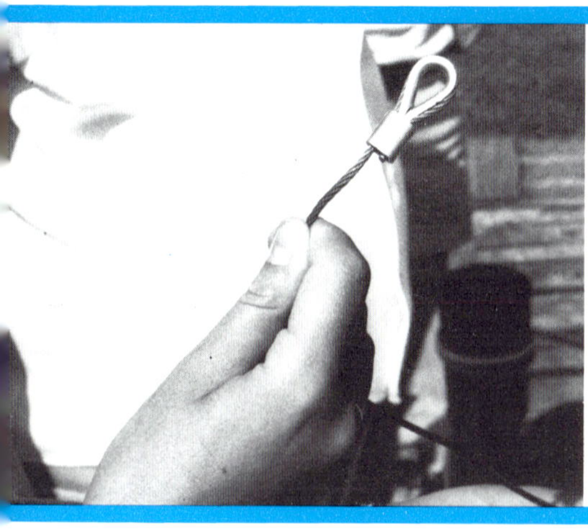

So eine Nicopreß-Hülse einfädeln.

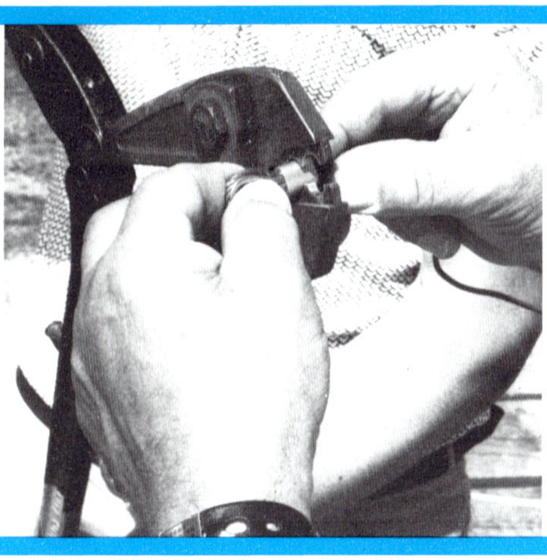

Pressung der Hülse mit der Nicopreß-Zange.

Fast fertige Kausch.

Leiste kann auch angenagelt werden, dazu bohrt man die Leiste ebenfalls an und versenkt die Nagelköpfe.
Vor dem anschließenden Lackieren werden die versenkten Schrauben- bzw. Nagelköpfe zugespachtelt.

Erstellen einer Kausch in einem Drahttauwerk:

Eine neue Kausch in einem Drahttauwerk muß man sich öfters selbst erstellen, wenn z. B. der Trapezdraht oder die Want eines kleineren Bootes gerissen ist. Der Arbeitsvorgang ist aus obiger Bildreihe zu ersehen.

Als letztes Glattfeilen der gepreßten Hülse – und fertig ist die Kausch.

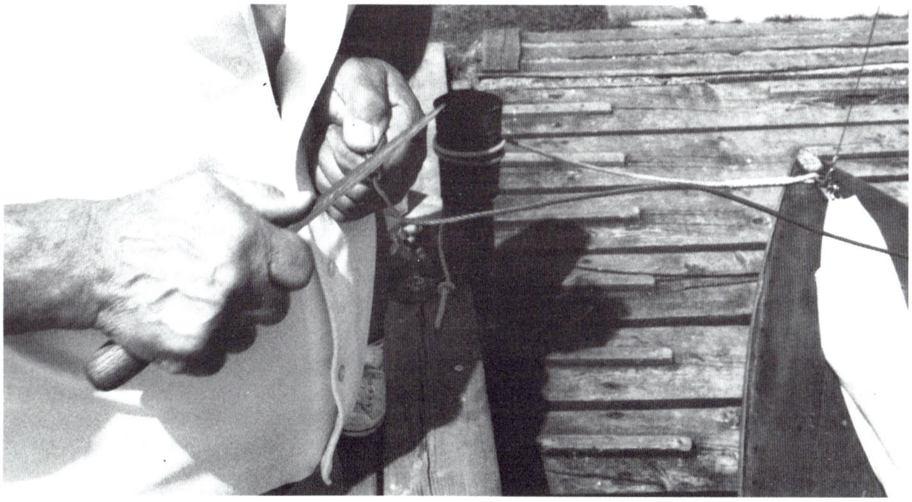

Tips und Tricks zu den Bootsreparaturen

- Beim Bohren von der glatten zur rauhen Fläche aus arbeiten.
- Beim Bohren kann man Beschädigungen durch Ausrutschen vermeiden, indem man zuerst entweder körnert oder ein Klebeband bzw. eine Folie über den Bohrbereich klebt.
- Beim Sägen arbeitet man von der guten zur schlechteren Seite.
- Nicht bei Kälte leimen, sonst erlebt man unangenehme Überraschungen betreff Haltbarkeit.
- Auch beim Nageln vorbohren.
- Bei Kunststoffbooten vorsichtig mit Schleifpapier umgehen: ein Kratzer in der Oberfläche ist eine unangenehme Beschädigung. Also nur mit feinkörnigem Naßschleifpapier naß arbeiten.
- Beim Arbeiten mit Kunststoff besteht Feuergefahr. Wegen der schädlichen Dämpfe ist außerdem für eine gute Durchlüftung zu sorgen.
- Feuchtigkeit schadet bei der Kunststoffverarbeitung.
- Gegen Harzspritzer könnte man eine Schutzbrille tragen.
- Nur immer so viel Polyesterharz mit Härter versehen, als zum darauffolgenden Arbeitsgang gerade benötigt wird.
- Mit Härter vermischtes Harz beginnt schnell zu gelieren und zu härten; es ist dann nicht mehr verarbeitbar.
- Beim Hantieren mit Härter Vorsicht. Er hat ätzende Wirkung und darf nicht in die Augen kommen!
- Härter und Beschleuniger dürfen keinesfalls gleichzeitig in das Harz gegossen oder direkt zusammengebracht werden wegen Explosionsgefahr! Man fügt also zuerst die eine Komponente dem Harz zu und verrührt dann die andere. Übrigens ist dem Polyesterharz in der Regel der Beschleuniger bereits eingemischt.

Der Bootsmotor

Die Arbeitsweise von Verbrennungsmotoren

Der Viertakt-Ottomotor

Fast alle Verbrennungsmotoren werden mit Benzin oder Dieselöl betrieben. Benzingetriebene Motoren nennt man nach ihrem Erfinder – August Otto – Ottomotoren, und Benzin bezeichnet man auch als Ottokraftstoff. Mit Dieselöl betriebene Motoren bezeichnet man als Dieselmotoren, nach ihrem Erfinder Rudolf Diesel. Bei beiden Motorenarten handelt es sich meist um Kolbenmotoren. Eine Ausnahme bildet der nach Wankel benannte Wankelmotor. Dieser hat an Stelle des Kolbens einen umlaufenden Rotationskörper.

Beim Kolbenmotor wird die geradlinige Auf- und Abbewegung eines Kolbens in eine Drehbewegung umgelenkt. Dies geschieht über die Verbindung: Kolben – Pleuel – Kurbelwelle. Beim Viertakt-Ottomotor wird in einem ersten Takt als Folge des Unterdruckes, den der nach unten laufende Kolben hervorruft, über eine Ansaugleitung durch das geöffnete Ansaugventil ein Gemisch aus versprühtem Kraftstoff mit Luft in den Zylinder gesaugt. Dieses Kraftstoff-Luftgemisch wird im Vergaser hergestellt. Ist der Kolben in der untersten Stellung angelangt (= unterer Totpunkt), so schließt das Einlaßventil. Im unteren Totpunkt* sind der Innenraum des Zylinders mit Frischgas gefüllt und der Ansaugtakt beendet.

Das Öffnen und Schließen der Ventile erfolgt über einen Steuerungsmechanismus (Zahnräder, Nockenwelle, Stößel, Stößelstangen oder Steuerkette, Kipphebel) von einem auf der Kurbelwelle sitzenden Zahnrad aus. Wenn sich der Kolben nach oben bewegt, beginnt der zweite Takt, das Verdichten. Da beide Ventile geschlossen sind, wird bei weiterer Aufwärtsbewegung des Kolbens das vorher angesaugte Gemisch auf einen sehr kleinen Raum zusammengedrückt. Unmittelbar bevor der Kolben den oberen Totpunkt erreicht hat, springt an der Zündkerze ein Zündfunke und entzündet das hochverdichtete Kraftstoff-Luftgemisch. Die herkömmliche Zündanlage, die sich aus mechanischen und elektrischen Teilen zusammensetzt, wird ebenfalls von der Kurbelwelle aus gesteuert. Es beginnt der dritte Takt, der Arbeitstakt oder das Verbrennen. Durch das ungeheuere Ausdehnungsbestreben des auf einen kleinen Raum zusammengedrückten und durch den Zündfunken entzündeten Kraftstoff-Luftgemisches (es findet eine explosionsartige Verbrennung statt) wird der Kolben mit größter Kraft nach unten geschleudert. Dabei entstehen neben dem erwünschten Verbrennungsdruck auch Temperaturen, die z. T. über 2000 °C liegen (siehe ›Kühlung des Außenborders‹ S. 97). Ist der Kolben wieder kurz vor dem unteren Totpunkt angelangt, so hat sich das verbrennende Kraftstoff-Luftgemisch weitgehend entspannt. Das Auslaßventil öffnet, der vierte Takt beginnt. Der nach oben laufende Kolben schiebt das verbrannte Kraftstoff-Luftgemisch über das geöffnete Auslaßventil aus dem Zylinder hinaus. Am Ende des vierten Taktes schließt das Auslaßventil, das Einlaßventil öffnet, es beginnt der nächste Takt.

Die vier Takte beim Viertakt-Ottomotor: 1 Vergaser, 2 Einlaßventil, 3 Auslaßventil, 4 Zündkerze, 5 Zylinder, 6 Kolben, 7 Pleuel, 8 Kurbelwelle, 9 Kühlwasser.

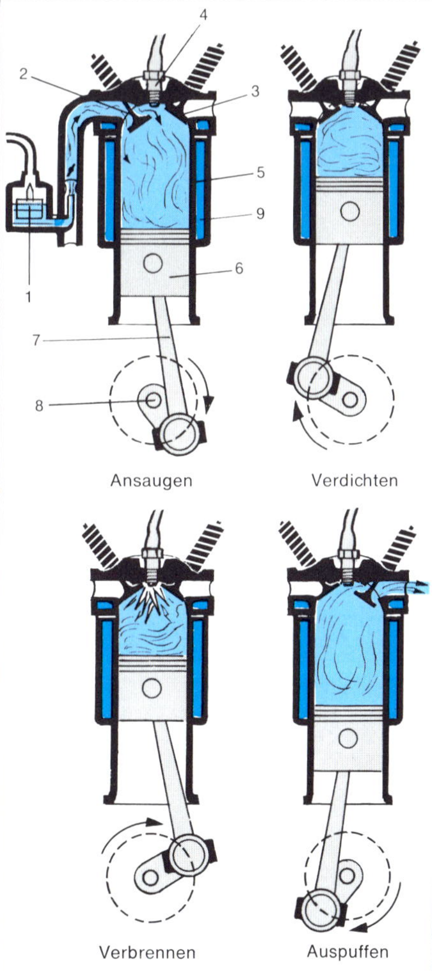

Der Viertakt-Dieselmotor

Dieselmotoren werden mit Dieselkraftstoff betrieben. Dieser Kraftstoff kann nicht – wie das beim Ottomotor verwendete Benzin – in einem Vergaser zu einem Kraftstoff-Luftgemisch »vergast« werden, da Dieselöl im Gegensatz zu Benzin zu den Schwerölen zu zählen ist. An die Stelle des Vergasers tritt deshalb beim Dieselmotor eine Einspritzanlage, die aus den Hauptteilen Einspritzpumpe, Druckleitung und Einspritzdüse besteht. Wenn der Kolben des Dieselmotors die im ersten Takt angesaugte reine Luft (kein Kraftstoff-Luftgemisch!) im zweiten Takt hochverdichtet hat, wird etwa im Augenblick des höchsten Verdichtungsdruckes – also in der Nähe des oberen Totpunktes – von der Einspritzpumpe über Druckleitung und Einspritzdüse eine kleine Kraftstoffmenge unter sehr hohem Druck (ca. 100 Atmosphären) als dünner Strahl fein zerstäubt und direkt in die hochverdichtete Luft eingespritzt. Da der Kolben des Dieselmotors die angesaugte Luft auf einen noch kleineren Raum zusammendrückt, als das beim Ottomotor mit dem Kraftstoff-Luftgemisch geschieht, erhitzt sich die Luft beim Zusammendrükken so stark (ca. 500–700°C), daß sich der eingespritzte Dieselkraftstoff an der heißen Luft von selbst entzündet. Damit ist der dritte Takt, der Arbeitstakt, eingeleitet.

Der Dieselmotor unterscheidet sich demnach funktionell in zwei Punkten vom Ottomotor: Er hat keinen Verga-

---

Hinweis: Der Einfachheit halber werden unsere Erklärungen immer am Beispiel des Einzylindermotors vorgenommen. Die überwiegende Zahl der Motoren sind jedoch Mehrzylindermotoren mit verschiedener Anordnung der Zylinder. Das Arbeitsprinzip bleibt dadurch unberührt.

* Da besonders im Bootsmotorenbau vielfach eine liegende Zylinderanordnung vorherrscht, hier ein Hinweis: Unterer Totpunkt = Umkehrpunkt des Kolbens in Kurbelwellennähe, Oberer Totpunkt = Umkehrpunkt des Kolbens in Zündkerzennähe.

ser, sondern eine Einspritzanlage, und er hat keine elektrische Fremdzündung, sondern eine ohne jegliche Elektrizität funktionierende Eigenzündung.

Bei einigen Dieselfabrikaten sind Glühkerzen eingebaut (nicht zu verwechseln mit Zündkerzen!). Die Glühspiralen der Glühkerzen werden meist mittels des Anlasserschalters über eine dem eigentlichen Anlaßvorgang vorgeschaltete Stellung zum Glühen gebracht. Sie erhitzen dadurch den Raum in unmittelbarer Nähe der Einspritzdüse. Dies wiederum hat zur Folge, daß die beim Verdichten der Luft hervorgerufene Hitze nicht an die (beim Anlassen) kalten Zylinderwandungen abgegeben wird, sondern der eingespritzte Kraftstoff kann sich sofort an der heißen Luft entzünden. Die Glühkerze dient also nur als Anlaßhilfe bei kaltem Motor.

Schmierung von Viertaktmotoren

Damit die Reibung an allen sich bewegenden Teilen des Motors möglichst klein gehalten werden kann, müssen alle Stellen, an denen Reibung auftritt, mit Motoröl geschmiert werden. Das zur Schmierung notwendige Öl befindet sich bei Viertaktmotoren (Otto- und Dieselmotoren) in einer Ölwanne, die unter dem Motorblock angeschraubt ist. Eine Ölpumpe saugt das Öl aus der Ölwanne an und drückt es durch Leitungen an alle Schmierstellen. Von dort aus tropft das Öl nach dem Schmiervorgang wieder in die Ölwanne zurück. Diese Art der Motorschmierung nennt man Druckumlaufschmierung. Auf den Umlauf durch den Motor übt das Öl neben der schmierenden und kühlenden auch eine reinigende Funktion aus, indem es mikroskopisch feine abgeriebene Metallteilchen ausspült und mit in die Ölwanne zurücknimmt. Bevor das Öl erneut in den Schmierkreislauf eintritt, muß es einen Filter durchlaufen. Dadurch wird verhindert, daß die ausgespülten Schmutzteilchen erneut an die zu schmierenden Stellen gelangen und dort in »Schmirgel«-ähnlicher Weise die Oberflächen der Lagermetalle angreifen. Trotz der Filtrierung büßt das Öl seine guten Schmiereigenschaften im Laufe der Zeit weitgehend ein und muß nach einer bestimmten Anzahl von Betriebsstunden gewechselt werden.

Der Zweitakt-Ottomotor

Der Zweitakt-Ottomotor – im folgenden kurz »Zweitakter« genannt – wird wie der Viertakt-Ottomotor mit Vergaserkraftstoff, also mit Benzin, betrieben. Der Begriff Zweitakter ist etwas irreführend, denn auch dieser Motor benötigt, genau wie der Viertakter, zum Lauf die vier Takte: Ansaugen, Verdichten, Verbrennen und Auspuffen. Durch eine besondere Konstruktion ist es jedoch beim Zweitakter möglich, die vier Takte im Verlaufe von nur zwei Kolbenhüben* – also während einer Umdrehung der Kurbelwelle – ablaufen zu lassen. Ermöglicht wird das dadurch, daß man den Raum unterhalb des Kolbens, das Kurbelgehäuse, luftdicht abschließt und ihn als eine Art Ansaug- und Ladepumpe für das im Vergaser hergestellte Kraftstoff-Luftgemisch (über Schmierölbeigabe siehe bei »Schmierung des Zweitakt-Ottomotors«) nützt. Die Frischgase gelangen über das Kurbelgehäuse und den Überströmkanal* in den Arbeitszylinder.

* Als Kolbenhub bezeichnet man die Bewegung des Kolbens vom oberen zum unteren Totpunkt und umgekehrt.

* Durch den Überströmkanal wird eine Verbindung zwischen dem Kurbelgehäuse und dem Arbeitszylinder hergestellt. Moderne Zweitakter haben meist mehrere Überströmkanäle pro Zylinder. Dadurch wird eine verbesserte Art des Gaswechsels möglich.

Was geschieht im Arbeitszylinder?	Der Kolben bewegt sich aufwärts. Die Frischgase werden verdichtet, da die Auslaßöffnung vom Kolben verschlossen wird.	Nahe dem oberen Totpunkt hat der Zündfunke das verdichtete Kraftstoff-Luftgemisch entzündet. Das sich ausdehnende Gas drückt den Kolben kraftvoll nach unten. Der Auslaßkanal ist vom Kolben noch verschlossen.	Der Kolben kehrt in seinem unteren Totpunkt um. Der Auslaßkanal ist vom Kolben freigegeben. Die verbrannten Altgase können ausströmen.
Was geschieht zeitgleich im Kurbelgehäuse?	Durch den nach oben gleitenden Kolben entsteht Unterdruck. Dadurch wird Kraftstoff-Luftgemisch über die Öffnung des Ansaugkanals in das Kurbelgehäuse gesaugt, sobald die Unterkante des Kolbens die Ansaugöffnung freigibt. Der Überströmkanal ist durch den Kolben verschlossen.	Die Ansaugöffnung ist vom Kolben verschlossen, dadurch wird das vorher angesaugte Kraftstoff-Luftgemisch auf ca. 1,5 at vorverdichtet.	Der Kolben hat den Überströmkanal freigegeben. Das vorverdichtete Kraftstoff-Luftgemisch kann (durch die Kolbenfenster) über die Überströmkanäle in den Arbeitszylinder strömen und drückt dabei die verbrannten Altgase vollends aus dem Zylinder.

Zweitaktmotor
1 Kurbelgehäuse
2 Kurbelwelle
3 Pleuel
4 Kolben
5 Zündkerze
6 Ausgangkanal
7 Auslaßkanal
8 Überströmkanal
9 Kolbenfenster
10 Kühlwasser

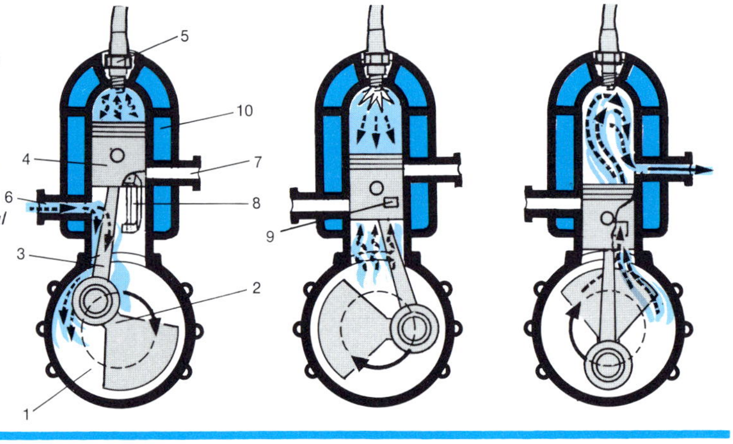

Während beim Viertakter die Steuerung des Kraftstoff-Luftgemisches durch Einlaß- und Auslaßventile erfolgt, übernimmt beim Zweitakter der Kolben diese Aufgabe. Auf seinem Weg zwischen den beiden Totpunkten gleitet er an verschiedenen Öffnungen vorbei: am Einlaßkanal*, am Auslaßkanal und am Überströmkanal.

Im geeigneten Augenblick verschließt der Kolben mit seiner Außenfläche die Öffnungen oder gibt sie frei. Um die Arbeitsweise des Zweitakters verstehen zu können, müssen wir im Verlaufe der Kolbenbewegung immer die Vorgänge in zwei Räumen beobachten:

1. Was geschieht im Raum oberhalb des Kolbens, im Arbeitszylinder?
2. Was passiert zeitgleich im Raum unterhalb des Kolbens, im luftdicht abgeschlossenen Kurbelgehäuse?

Wenn die verbrannten Altgase von den überströmenden Frischgasen aus dem Zylinder gespült werden, kommt es kurzzeitig zu einem direkten Kontakt zwischen verbranntem und frischem Gas. Dieser direkte Kontakt bringt es jedoch mit sich, daß Teile von frischem Gas unverbraucht mit in den Auspuff gerissen werden, was einer Erhöhung des Kraftstoffverbrauches gleichkommt. Ebenso ist es möglich, daß verbrannte Altgasteile nicht restlos aus dem Zylinder ausgespült werden; dies bedeutet eine schlechtere Zylinderfüllung. Beide Fehlerquellen lassen auch den unruhigen Leerlauf von Zweitaktern verständlich werden. Obwohl das Spülverfahren – so nennt man den Gasaustausch beim Zweitakter – durch verschiedene Konstruktionen immer mehr verbessert wurde, ist das »Hinausgespültwerden« der Altgase durch die Frischgase ein Mangel geblieben, der dem Zweitakter anhaftet, und der seinen etwas ungünstigeren Wirkungsgrad dem Viertaktmotor gegenüber z. T. erklärt.

Die Schmierung des Zweitakt-Ottomotors

Die besondere Bau- und Arbeitsweise des Zweitakters verlangt und ermöglicht eine andere Art der Motorschmierung, als das beim Viertakter der Fall ist. Das im Vergaser des Zweitaktmotors hergestellte Gemisch strömt auf seinem Weg durch den Motor an allen sich bewegenden Teilen vorbei; d. h. an allen Teilen, die geschmiert werden müssen. Gibt man also beim Tanken gleich eine bestimmte Menge Öl dazu, so kommt dieses Öl mit dem Kraftstoff-Luftgemisch, das jetzt ein Kraftstoff-Luft-Ölgemisch ist, mit in den Motor und schlägt sich an allen Schmierstellen nieder. Bei richtiger Dosierung der Ölmenge und bei Verwendung des vorgeschriebenen Zweitaktmotoröls ist eine ausreichende Schmierung des Motors gewährleistet (Vorschriften der Motorhersteller beachten!). Da beim Zweitakter das Öl dem Kraftstoff beigemischt wird, nennt man diese Art der Motorschmierung Gemischschmierung oder Mischungsschmierung. Sie ist einfach, zuverlässig, aber nicht besonders umweltfreundlich, da im Kraftstoff-Luftgemisch enthaltene Ölteilchen, wenn sie im Zylinder nicht völlig verbrannt werden, über den Auspuff ausgeschieden werden. (Siehe dazu auch ›Die Vorherrschaft des Zweitakters bei den Außenbordern‹!)

* Bei anderen Konstruktionen wird der Einlaß nicht vom Kolben direkt gesteuert, sondern durch Flatterventile, die sich bei Unterdruck im Kurbelgehäuse öffnen und bei Überdruck schließen.

Das Grundprinzip des Vergasers

Obwohl der Vergaser eines modernen Ottomotors ein ziemlich kompliziertes Gebilde darstellt, kann seine prinzipielle Funktion doch recht einfach erklärt werden. Durch den vom Kolben hervorgerufenen Unterdruck wird durch eine Rohrleitung Luft angesaugt. An der Stelle des kleinsten Rohrquerschnittes ist die Geschwindigkeit der durchströmenden Luft und damit auch der Unterdruck gegenüber dem atmosphärischen Druck am größten (nach dem physikalischen Prinzip von Bernoulli). In diesen verengten Rohrquerschnitt ragt ein dünnes Röhrchen, das mit seinem unteren Ende in Benzin taucht, das unter atmosphärischem Druck steht. Das entstehende Druckgefälle drückt Benzin durch das dünne Röhrchen in die vorbeiströmende Luft. Der Kraftstoff verbindet sich mit der strömenden Luft zu einem nebelartigen Gebilde, dem brennbaren Kraftstoff-Luftgemisch. Ein Vergasen im physikalischen Sinn findet nicht statt. Deshalb trägt der Vergaser eigentlich einen falschen Namen. Die Begriffe Zerstäuber oder Vernebler würden besser zutreffen.

Das Grundprinzip des Vergasers

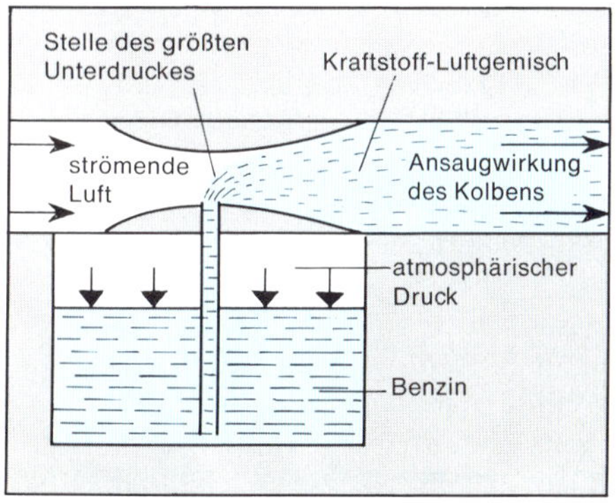

Der Verbrennungsmotor als Bootsmotor

Alle im vorangegangenen Kapitel beschriebenen Verbrennungsmotoren finden auch als Bootsmotoren Verwendung. Dabei ist es zum großen Teil die von der Arbeitsweise der einzelnen Motoren abhängige Bauweise, die den Motor mehr als Außenbordmotor oder zum Einbau als Innenbordmotor geeignet erscheinen lassen.

Der Außenbordmotor

Als Außenbordmotor (auch Außenborder oder Outboarder genannt) bezeichnet man ein Antriebsaggregat, das am Spiegel eines Bootes so befestigt wird, daß sich die komplette Antriebseinheit außerhalb des Bootes befindet. Man spricht hier von einer Antriebseinheit, weil Motor, Getriebe und Antriebspropeller – einschließlich aller Verbindungsteile – zu einer kompakten Einheit zusammengefaßt sind. Die Befestigung erfolgt am Spiegel meist mittels zweier Klemmschrauben.

Die Vorherrschaft des Zweitakters bei den Außenbordern

Weder dem Diesel- noch dem Viertakt-Ottomotor ist es bisher gelungen, auf dem Gebiet der Außenbordmotoren Fuß zu fassen. Fast der gesamte Outboardermarkt wird vom Zweitaktmotor beherrscht. Wie ist das zu erklären? Als Außenborder ist der Motor interessant, der pro Leistungseinheit möglichst wenig wiegt, da solche Motoren meist an verhältnismäßig kleinen, schnellen Gleitbooten oder als Hilfsmotore an Segelbooten angebracht sind. Ein schwerer Motor würde solche Boote stark hecklastig machen. Das Verhältnis

$$\frac{\text{Gewicht des Motors (in kp)}}{\text{Leistung des Motors (in PS)}}$$

bezeichnet man als Leistungsgewicht.

Ein Beispiel: Wenn ein Motor mit einem Gewicht von 68 kp eine Leistung von 50 PS abgibt, so hat er ein Leistungsgewicht von $\frac{68\text{ kp}}{50\text{ PS}} = 1{,}36\text{ kp/PS}$.

Nach diesem Kriterium schneidet der Zweitakter am besten ab, da bei ihm die Ventile und daher auch die gesamte Anlage zur Ventilsteuerung fehlen. Dem Dieselmotor gegenüber wird der Gewichtsvorteil noch deutlicher, denn der Dieselmotor verlangt wegen der wesentlich höheren Drücke eine entsprechend schwerere Bauweise. Aber Erhöhungen der Arbeitsdrücke bei Ottomotoren einerseits und leichtere Bauweise der Dieselmotoren infolge verbesserter Werkstoffe andererseits, haben die Kluft zwischen den Leistungsgewichten heute etwas kleiner werden lassen. Moderne Zweitakt-Außenborder erreichen ein Leistungsgewicht von ca. 1,3 kp/PS. Beim vergleichbaren Viertakt-Außenbordmotor klettert das Leistungsgewicht auf Werte um 1,9 kp/PS, während Dieselmotoren als Außenborder sogar Werte um 3,0 kp/PS aufweisen. Neben der erwähnten Hecklastigkeit wirkt sich ein zu hohes Leistungsgewicht auch beim Transport des Motors ins Winterlager oder zur Service-Werkstätte unangenehm aus.

Umdenken bei Leistungsangaben! Ab 1978 wird die offizielle Maßeinheit für Leistungsangaben nur noch das Kilowatt (kW) sein. Die bisher bei Verbrennungsmotoren übliche »Pferdestärke«, das PS (1 PS = 75 kpm/sec), wird also nach und nach verschwinden. Bei den meisten Prospekten findet man deshalb heute schon – gewissermaßen zum Umgewöhnen – zwei Leistungsangaben: einmal ausgedrückt in PS, zum anderen in Kilowatt.

Die Umrechnung: 1 kW = 1,36 PS,
bzw. 1 PS = 0,736 kW.

Beispiele:

3 PS = 2,20 kW	27 PS = 19,85 kW
4 PS = 2,94 kW	28 PS = 20,59 kW
5 PS = 3,67 kW	29 PS = 21,32 kW
6 PS = 4,41 kW	30 PS = 22,06 kW
7 PS = 5,14 kW	35 PS = 25,74 kW
8 PS = 5,88 kW	40 PS = 29,42 kW
9 PS = 6,61 kW	45 PS = 33,09 kW
10 PS = 7,35 kW	50 PS = 36,77 kW
11 PS = 8,09 kW	55 PS = 40,45 kW
12 PS = 8,82 kW	60 PS = 44,13 kW
13 PS = 9,56 kW	65 PS = 47,80 kW
14 PS = 10,29 kW	70 PS = 51,48 kW
15 PS = 11,03 kW	75 PS = 55,16 kW
16 PS = 11,76 kW	80 PS = 58,84 kW
17 PS = 12,50 kW	85 PS = 62,51 kW
18 PS = 13,23 kW	90 PS = 66,19 kW
19 PS = 13,97 kW	95 PS = 69,87 kW
20 PS = 14,71 kW	100 PS = 73,55 kW
21 PS = 15,44 kW	105 PS = 77,22 kW
22 PS = 16,18 kW	110 PS = 80,90 kW
23 PS = 16,91 kW	115 PS = 84,58 kW
24 PS = 17,65 kW	120 PS = 88,26 kW
25 PS = 18,38 kW	125 PS = 91,93 kW
26 PS = 19,12 kW	130 PS = 95,61 kW

Ein weiterer Pluspunkt des Zweitakters ist seine Robustheit und Anspruchslosigkeit, die letztlich aus der einfachen Bauweise resultiert. Der Zweitaktmotor hat außer Kolben, Pleuel und Kurbelwelle sowie deren Verbindungselemente, keine gleitenden oder reibenden Motorteile, die – besonders in Verbindung mit Spritz- oder Kondenswasser – zu möglichen Störungsfaktoren werden könnten. Ein Zweitakt-Außenborder mit korrekt eingestellter Zündung und immer mit dem richtigen Gemisch gefahren, ist ein äußerst zuverlässiger Antrieb. Den Nachteil des etwas höheren Kraftstoffverbrauchs dem Viertakter gegenüber nimmt man in Kauf, da die Vorteile überwiegen: Geringes Gewicht, Robustheit und Anspruchslosigkeit. Während der Außenborder bis zu einer Leistung von etwa 95 PS klar dominiert (Hilfsmotoren von Fahrtenseglern ausgenommen), tritt dann der Viertakt-Einbaumotor in den Vordergrund. Von dieser Grenze an wird das Gesamtgewicht des Außenborders so groß, daß man trotz der genannten Vorteile i. d. R. dem Viertakt-Einbaumotor mit seinem geringeren Kraftstoffverbrauch den Vorzug gibt.

Im Zuge des immer mehr an Bedeutung gewinnenden Umweltschutzes bereitet der Gesetzgeber derzeit Auflagen vor, die evtl. zu einer Verschiebung der jetzigen Situation auf dem Außenbordermarkt führen können. So sollen demnächst nur noch Außenborder mit Gemischschmierung – also Zweitakter – gefahren werden dürfen, wenn sie mit einem Kraftstoff arbeiten, der nicht mehr als zwei Prozent Öl enthält. Das entspricht einem Mischungsverhältnis von 1:50. Während die Outboarder früherer Jahre mit einem Mischungsverhältnis von 1:20 bis 1:25 fuhren, können die modernen Außenbordmotoren alle schon mit dem vom Gesetzgeber geforderten Mischungsverhältnis von 1:50 betrieben werden, ohne daß der Motor Schaden leidet. Auch an eine Beschränkung der PS-Zahlen für Außenbordantriebe ist vom Gesetzgeber gedacht. Um den Zweitakt-Außenborder vom Vorwurf der mangelnden Umweltfreundlichkeit zu befreien, unternimmt die einschlägige Industrie beachtliche Anstrengungen. Neben der Verbesserung des Mischungsverhältnisses wurden bereits Hochleistungsöle entwickelt, die bei der Verbrennung nur eine sehr geringe Rauchentwicklung verursachen und darüberhinaus biologisch abgebaut werden können. Die Auflagen, die der Gesetzgeber letzten Endes für den Betrieb von Außenbordern machen wird, könnten auf lange Sicht dazu führen, daß der Viertakter, bei dem die Verbrennung ohne Zusatz von Öl vor sich geht, bei den Außenbordern mehr in den Vordergrund tritt.

Die Kraftübertragung beim Außenborder

Da der Motor je nach Höhe des Spiegels deutlich über dem Niveau des Wasserspiegels angebracht ist, der antreibende Propeller jedoch ein Stück unter Wasser sein muß, ist zwischen Motor und Propeller eine durch einen Schaft geschützte Antriebswelle eingebaut, die das Drehmoment des Motors auf den Propeller überträgt. Dort wird dann das vom Motor gelieferte Drehmoment weitgehend in Vortrieb umgesetzt. Die Lage von Motor, Antriebs-

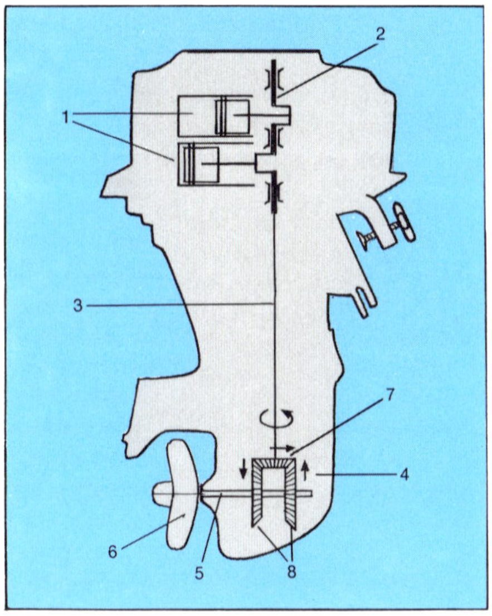

Kraftübertragung beim Außenborder
1 Zweizylindermotor mit liegenden Zylindern, 2 Kurbelwelle, 3 Antriebswelle, 4 Getriebe, 5 Propellerwelle, 6 Propeller, 7 Antriebskegelrad, 8 Kegelräder für Vorwärts- oder Rückwärtsgang.

welle und Propeller zueinander brachte die liegende Zylinderanordnung bei Außenbordern mit sich. Die Richtung von Kurbelwelle und Antriebswelle ist dabei die gleiche, und bei der Kraftübertragung braucht nur einmal eine Umlenkung zu er-

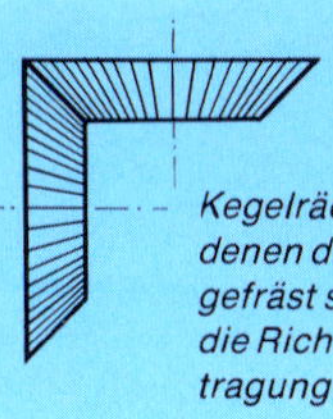

Kegelräder sind Zahnräder, bei denen die Zähne in Kegel eingefräst sind. Man kann damit die Richtung einer Kraftübertragung ändern.

folgen. Diese Umlenkung wird am unteren Ende der senkrechten Antriebswelle über Kegelräder auf die horizontale Propellerwelle vorgenommen. Das System der ineinander greifenden Kegelräder bildet das Getriebe des Außenborders. Je nachdem, welches Kegelrad durch die Gangschaltung über eine Schaltklaue zum Eingriff mit der Propellerwelle gebracht wird, dreht sich der Propeller im Uhrzeigersinn oder gegen den Uhrzeigersinn. Dadurch ergeben sich Vorwärts- und Rückwärtsfahrt. Die Zahnräder des Getriebes laufen in einem Spezial-Getriebeöl für Outboarder, das nach Vorschrift des Motorherstellers zu wechseln und zu kontrollieren ist.

Die Kühlung des Außenborders

Bei jedem Verbrennungsmotor entstehen unmittelbar nach erfolgter Zündung Höchsttemperaturen, die nahe 2000°C liegen. Solche Temperaturen würden die meisten Werkstoffe, die im Motorenbau Verwendung finden, in kürzester Zeit zum Glühen oder sogar zum Schmelzen bringen. Durch die Kühlung wird nun dem Motor soviel überschüssige Wärmeenergie entzogen, daß der noch im Motor verbleibende Rest gerade ausreicht, um den Motor auf einer Temperatur von ca. 80°C zu halten. Der Motor hat dann seine günstigste Betriebstemperatur erreicht, d. h. er arbeitet in einem Wärmebereich, in dem der Verschleiß am geringsten ist. Damit die überschüssige Wärmeenergie abgeführt werden kann, müssen die Motorteile, in deren unmittelbarer Nähe sich der Verbrennungsvorgang abspielt, dauernd von einem relativ kalten Medium umspült werden. Kühlende Medien sind Luft und Wasser. Folglich unterscheidet man luftgekühlte und wassergekühlte Motoren.

Die Wasserkühlung

Für die Kühlung von Bootsmotoren bietet sich die Wasserkühlung an. Eine von der Antriebswelle angetriebene Wasserpum-

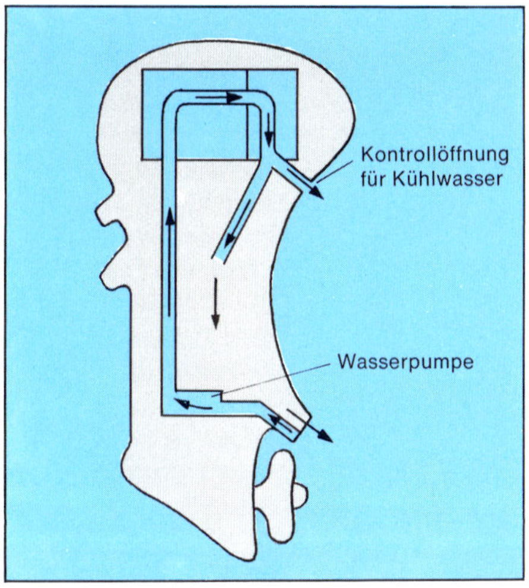

pe, die im Unterwasserteil des Außenborders in der Nähe des Getriebes angebracht ist, saugt Wasser an und drückt es durch Kanäle zu Zylinder und Zylinderkopf. Dort umfließt das kühle Wasser als eine Art »Wassermantel« die heißen Motorteile. Das Wasser erwärmt sich dabei stark, während der Motor sich gleichzeitig abkühlt. Stark erhitzt verläßt das Wasser den Motorblock wieder und fließt über den Unterwasserauspuff ins Fahrwasser zurück. Zur Überprüfung des Kühlwasserkreislaufes dient eine kleine Kontrollöffnung am Schaft, aus der bei laufendem Motor ein kleiner Teil des Kühlwassers sichtbar austreten muß.

Jedes Kühlsystem ist so berechnet, daß es in der Lage ist, den Motor auf einer Temperatur von etwa 80°C zu halten, denn in diesem Temperaturbereich arbeitet der Motor am wirtschaftlichsten. Verschleiß durch Reibung, Kraftstoff- und Ölverbrauch erreichen hier die niedrigsten Werte. Das Wissen um diese Situation verlangt ein möglichst schnelles Erreichen der günstigen Betriebstemperatur. Das bedeutet, daß der Bereich zwischen Kaltstart und Betriebstemperatur möglichst schnell überbrückt werden muß. Aus diesem Grunde empfehlen Motorhersteller heute meist, den Motor nach dem Starten gleich unter mäßiger Belastung warm zu fahren. Ein Warmlaufenlassen des Motors im Stand – wie das früher üblich war – ließe den Motor wesentlich länger im unwirtschaftlichen Temperaturbereich verbleiben. Dem gleichen Ziel, die Betriebstemperatur schnell zu erreichen, dienen die in den meisten Motoren eingebauten Thermostate. Ein Thermostat ist ein temperaturabhängig arbeitendes Ventil, das bei kaltem Motor den Kühlwasserkreislauf solange unterbricht, bis das Wasser, das sich im Bereich von Zylinder und Zylinderkopf befindet, die Betriebstemperatur des Motors erreicht hat. Je nach Absinken oder Ansteigen der Kühlwassertemperatur schließt bzw. öffnet der Thermostat dann wieder. Auch wenn der Kühlwasserkreislauf durch den Thermostat unterbrochen ist, tritt an der Kontrollöffnung der Kontrollstrahl aus. Je nach dem System der thermostatischen Regelung kann die Austrittsmenge jedoch vorübergehend kleiner werden, bis die Betriebstemperatur erreicht ist.

Eine einfachere Art der Wasserkühlung ist die Staudruckkühlung. Der bei Vorwärtsfahrt des Bootes auftretende Staudruck ist so groß, daß Wasser durch eine Steigleitung – ohne Mithilfe einer Wasserpumpe – zum Zylinder hochgedrückt wird. Dort erfolgt der Wärmeaustausch, und das Wasser verläßt über Kontrollöffnung und Unterwasserauspuff wieder den Außenborder. Da der Staudruck nur während der

Der typische Motor bei solchen kleineren Yachten ist der Außenborder.

Vorwärtsfahrt auftritt, ist diese Kühlungsart nur bei Motoren anwendbar, die keine Rückwärts- und keine Leerlaufschaltstellung haben.

Die Luftkühlung

Bei luftgekühlten Motoren streicht kalte Luft an der Außenseite von Zylinder und Zylinderkopf vorbei. Dabei erhitzt sich die Luft, während die heißen Motorteile sich abkühlen. Um den Wärmeaustausch zwischen Motor und Kühlluft intensiver zu gestalten, vergrößert man die Außenflächen von Zylinder und Zylinderkopf durch Kühlrippen. Ist die Konstruktion von Motor oder Fahrzeug so, daß der Fahrtwind nicht ungehindert an den Zylindern vorbeistreichen kann, so wird vom Motor ein Gebläse angetrieben, das dann den Zylindern die nötige Kühlluft zuführt.

Die Luftkühlung spielt bei Bootsmotoren eine untergeordnete Rolle. Sicher ist dabei auch zu berücksichtigen, daß luftgekühlte Motoren lauter laufen als wassergekühlte, da bei ihnen der schalldämmende Kühlwassermantel fehlt, und das ausgezeichnete Kühlmedium Wasser ist ja bei Bootsmotoren reichlich vorhanden. Einige kleinere Außenborder haben kombinierte Luft- und Wasserkühlung. Während an den Kühlrippen von Zylinder und Zylinderkopf Gebläseluft vorbeiströmt, ist der Auspuff im Schaft meist durch Staudruck wassergekühlt.

Die Zündanlage

Die Zündanlage läßt im richtigen Augenblick an der Zündkerze einen Funken springen, der das Kraftstoff-Luftgemisch entzündet. Dabei kann als Stromquelle eine Batterie dienen, man spricht dann von einer Batteriezündung, oder der Strom wird vom Motor selbst durch Induktion erzeugt, dann handelt es sich um eine Magnetzündung. Während beispielsweise Motoren von Kraftwagen immer mit Batteriezündung arbeiten, findet man diese Zündungsart im Bootsmotorenbau vorwiegend bei Einbaumotoren, die, häufig als Industriemotoren gebaut, für den Bootsbetrieb umgerüstet wurden. Solche Motoren werden über Anlasser gestartet; eine Batterie ist also bereits vorhanden. Bei Außenbordern trifft man praktisch nur die Magnetzündung an. Sie hat den Vorteil, daß sie von keiner fremden Stromquelle – die plötzlich mal leer sein kann! – abhängig ist. Diese Motoren werden über einen Rückspul-Handstarter angeworfen.

Schema einer Batteriezündung (Einzylinder)
1 Batterie, 2 Zündschalter mit Zündschlüssel, 3 Unterbrechernocken, 4 Unterbrecherkontakte, 5 Kondensator, 6 Primärwicklung der Zündspule (wenige Windungen, dicker Draht), 7 Sekundärwicklung der Zündspule (viele Windungen, dünner Draht), 8 Weicheisenkern der Zündspule, 9 Hochspannungszündkabel, 10 Zündkerze.

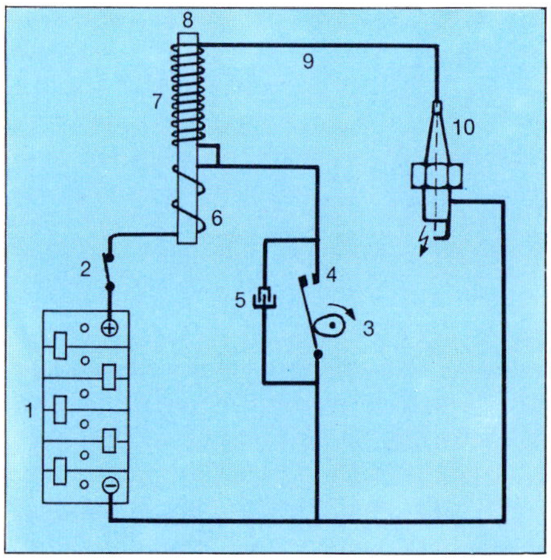

Dabei muß man versuchen, durch rasches Ziehen des Handstarters die Kurbelwelle des Motors in eine verhältnismäßig schnelle Drehung zu versetzen, damit die in der Magnetzündanlage aufgebaute Zündspannung so hoch wird, daß an der Zündkerze ein Funke springen kann. Im Zuge der Verbesserung des Bedienungskomforts ist die Industrie dazu übergegangen, unter Beibehaltung des Magnetzündsystems auch solche Außenborder mit Elektrostartern auszurüsten, die aufgrund ihrer PS-Zahlen noch leicht von Hand anzuwerfen wären. Man vereinigt so die Bequemlichkeit des Elektrostarts mit der Sicherheit, bei leerer Batterie den Motor im Notfall auch von Hand starten zu können. Sobald ein Motor mit einem Elektro-Starter ausgerüstet ist, muß natürlich im Motor eine Lichtmaschine eingebaut werden, die bei laufendem Motor die Batterie wieder auflädt.

Die Batteriezündung

Damit im Zündzeitpunkt zwischen den Elektroden der Zündkerze ein Funke überschlagen kann, muß die niedrige Batteriespannung (meistens 12 Volt) in Hochspannung von ca. 15000 Volt umgewandelt werden. Diese Spannungsumwandlung erfolgt in den verschiedenartigen Wicklungen der Zündspule. Bei geschlossenem Zündschalter und geschlossenen Unterbrecherkontakten fließt Batteriestrom durch die Primärwicklung; der Primärstromkreis (Pluspol der Batterie – Primärwicklung – Unterbrecherkontakte – Minuspol der Batterie) ist geschlossen. Dabei baut sich um den Weicheisenkern der Zündspule ein kräftiges Magnetfeld auf. Sobald der Unterbrechernocken die Unterbrecherkontakte öffnet, wird der Primärstromkreis unterbrochen, und das Magnetfeld bricht zusammen. Dabei schneidet das zusammenbrechende Magnetfeld die Kraftlinien der vielen Windungen der Sekundärspule. Dadurch entsteht in der Sekundärspule ein hochgespannter Strom mit einer Spannung von etwa 15000 Volt. Diese Spannung ist so groß, daß es im Moment des Unterbrechens des Primärstromkreises zum Überschlagen eines Zündfunkens an der Zündkerze kommt,

der das verdichtete Kraftstoff-Luftgemisch zum Entzünden bringt. Damit die beim Unterbrechen des Primärstromkreises auftretende Funkenbildung möglichst klein gehalten wird, ist parallel zu den Unterbrecherkontakten ein Kondensator geschaltet. Dieser »schluckt« den größten Teil des Abreißfunkens. Trotzdem kommt es im Laufe der Zeit zu einem Abbrand der Kontaktflächen, der zu Zündstörungen führt. Je nach Vorschrift des Herstellers sind die Unterbrecherkontakte entsprechend rechtzeitig zu glätten oder zu erneuern. Bei Mehrzylindermotoren fließt der hochgespannte Zündstrom von der Sekundärwicklung zu einem Zündverteiler. Über einen rotierenden Läufer, den »Verteilerfinger«, wird dann der Zündstrom zum jeweils zündenden Zylinder geleitet.
Bis die vom Zündfunken eingeleitete Verbrennung das gesamte Kraftstoff-Luftgemisch erfaßt hat, vergehen Bruchteile von Sekunden. Damit die Verbrennung mit voller Kraft exakt im Moment des oberen Totpunktes auf den Kolben wirken kann, muß der Zündzeitpunkt etwas vor dem oberen Totpunkt liegen. Da der Zeitraum von erfolgter Zündung bis zur völligen Entflammung immer gleich bleibt, muß bei Erhöhung der Drehzahl die Zündung etwas früher erfolgen. Diese Verstellung des Zündzeitpunktes bei Erhöhung oder Erniedrigung der Motordrehzahl geschieht automatisch. Sie kann mechanisch oder in Verbindung mit Unterdruck – der im Vergaser auftritt – erfolgen.
Abstellen des Motors: Bringt man mittels des Zündschlüssels den Zündschalter in die Nullstellung, so bleibt der Primärstromkreis unterbrochen, und der Motor kommt zum Stillstand. Der Vorteil der Batteriezündung ist darin zu sehen, daß sie bereits bei niedrigen (Anlasser)-Drehzahlen einen kräftigen Zündfunken liefert.

Die Magnetzündung

Da die Magnetzündung nicht mit Batteriestrom arbeitet, muß der durch die Primärwicklung fließende Strom durch die Zündanlage selbst mittels Induktion erzeugt werden. Dafür ist ein Dauermagnet in die Schwungscheibe eingebaut. Wenn die Schwungscheibe über den Rückspul-Handstarter in Drehung versetzt wird, schneidet der mitlaufende Dauermagnet mit seinem Magnetfeld die wenigen Windungen dicken Drahtes der um einen Eisenkern gewickelten Primärspule. Da-

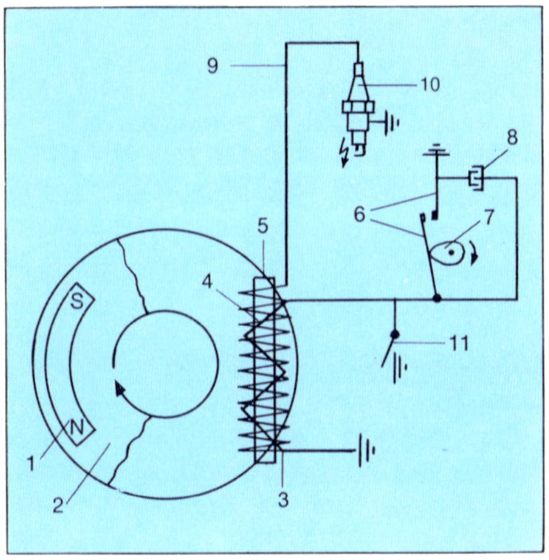

Schema einer Magnetzündung: 1 Dauermagnet mit Nord- u. Südpol, läuft mit der Schwungscheibe um, 2 Schwungscheibe, 3 Primärwicklung der Zündspule (wenige Windungen, dicker Draht), 4 Sekundärwicklung der Zündspule (viele Windungen, dünner Draht), 5 Eisenkern, 6 Unterbrecherkontakte, 7 Unterbrechernocken, 8 Kondensator, 9 Hochspannungs-Zündkabel, 10 Zündkerze, 11 Kurzschlußschalter.

durch wird in der Primärspule ein Induktionsstrom erzeugt, und um den Eisenkern baut sich ein Feld von magnetischen Kraftlinien auf. Sobald der rotierende Unterbrechernocken durch Öffnen der Unterbrecherkontakte den Primärstromkreis unterbricht, fällt das um den Eisenkern aufgebaute magnetische Kraftlinienfeld zusammen. Dabei schneiden die Kraftlinien die vielen Windungen dünnen Drahtes der Sekundärspule, und so entsteht in ihr ein hochgespannter Strom, der über ein Hochspannungskabel zur Zündkerze geleitet wird. Dort kommt es zum Funkenüberschlag. Was im Abschnitt »Batteriezündung« über Kondensator, Zündzeitpunkt und dessen Verstellung gesagt wurde, gilt auch für den Magnetzünder. Soll der Motor abgestellt werden, so wird die Primärwicklung durch Drücken eines Kurzschlußschalters für die Dauer des Knopfdruckes mit Masse* verbunden.
Obwohl die Unterbrecherkontakte vom umlaufenden Nocken noch geöffnet (und geschlossen) werden, kann kein hochgespannter Zündstrom mehr erzeugt werden, da trotz geöffneter Unterbrecherkontakte durch den Kurzschlußschalter die Masseverbindung hergestellt bleibt.

* Masse: So nennt man den Minuspol der Batterie. Über alle Teile, die direkt mit dem Minuspol verbunden sind, kann ebenfalls Massekontakt hergestellt werden.

Die Hochspannungs-Kondensator-Zündung

Die konventionellen Zündanlagen (Magnet- und Batteriezündung) arbeiten sehr zuverlässig. Doch sind ihnen in verschiedener Hinsicht Grenzen gesetzt:

1. Bei Motoren mit sehr hohen Drehzahlen können die Unterbrecherkontakte infolge der Massenträgheit nicht mehr schnell genug schließen.
2. Selbst bei Verwendung von sehr hochwertigen Legierungen für die Kontaktflächen von Hammer und Amboß (so nennt man die beiden Teile der Unterbrecherkontakte) ergeben sich im Laufe der Betriebsstunden Verbrennungserscheinungen. Die Kontaktflächen sind dann nicht mehr sauber und glatt. Zündstörungen sind die Folge. Solche Verbrennungserscheinungen treten umso schneller auf, je höher die Drehzahl der Motoren liegt.
3. Die in der Zündspule erzeugte Zündspannung von ca. 15000 Volt genügt zwar, um an der Zündkerze einen Zündfunken überspringen zu lassen. Doch wenn Unregelmäßigkeiten in den Betriebsbedingungen auftreten (Kälte, Feuchtigkeit, Motor über längere Zeit nicht gelaufen, usw.), so reicht die erzeugte Hochspannung oft nicht mehr aus, das Kraftstoff-Luftgemisch zu entzünden. Verölte Kerzen (schmutzige Hände und Ärger) sind oft die Folge.

Diese Mängel der herkömmlichen Zündanlagen fielen am stärksten bei Rennbooten auf, die mit sehr hochdrehenden Motoren ausgerüstet waren. Von daher hielt eine neuartige, verbesserte Zündanlage Einzug in den Bootsmotorenbau: Die Hochspannungs-Kondensator-Zündung (im folgenden kurz H-K-Z genannt). Die verschiedenen Firmen verwenden dafür unterschiedliche Bezeichnungen (z. B. Electronic-Zündung, Transistor-Zündung, Fire Flash, Magnapower u.s.w.). Diese Zündanlagen arbeiten ohne Unterbrecherkontakte, also praktisch ohne Verschleißteile. In einer wesentlich kürzeren Zeit als bei den herkömmlichen Zündanlagen baut die H-K-Z eine Zündspannung von 25000 bis 35000 Volt auf. Bei dieser deutlich erhöhten Zündspannung gibt es praktisch keine Startprobleme, auch dann nicht, wenn die Startbedingungen für den Motor nicht gerade ideal sind.
Auch der Motordrehzahl ist von der H-K-Z praktisch keine Grenze gesetzt. In Verbin

dung mit H-K-Z-Zündanlagen dürfen nur die vom Hersteller vorgeschriebenen Zündkerzen verwendet werden, die sich von den üblichen Zündkerzen deutlich unterscheiden. Falsche Zündkerzen könnten zur Beschädigung der Zündanlage führen, die dann – und dies ist der Nachteil dieser Anlage! – nur als sehr kostspieliges Gesamtbauteil ausgewechselt werden kann. Während bei den herkömmlichen Zündanlagen kleinere Wartungsarbeiten durchaus auch von interessierten Laien ausgeführt werden konnten, gehört jegliche Arbeit an einer H-K-Z in die Hände der Service-Leute. Dort hat man Spezialwerkzeuge für die elektronische Anlage. Die Verwendung von herkömmlichen elektrischen Meßinstrumenten würde die teuren elektronischen Teile unverzüglich zerstören. Vom finanziellen Schaden bei unsachgemäßer Behandlung einmal abgesehen, könnten die bei einer H-K-Z auftretenden Spannungen (und Ströme) auch zu einer Gefahr für das Leben des Hobby-Bastlers werden.

Der tragbare Kraftstoffbehälter

Im Kaufpreis eines Außenborders ist jeweils ein tragbarer Tank mit einem Fassungsvermögen zwischen 5 und 25 Litern enthalten. Solche Kraftstoffbehälter finden meist bei kleineren Gleitbooten Verwendung und stehen im Achterschiff, nahe dem Motor. Die Sicherheit macht es

Typisch beim Außenborder: Tragbarer Kraftstofftank.

erforderlich, daß tragbare Tanks auf einer Leckunterlage stehen und gegen Verrutschen gesichert sind. Bei der Aufstellung des Tanks ist darauf zu achten, daß der Verbindungsschlauch, der vom Tank zum Motor führt und dort mit einer Steckkupplung (oder Bajonettverschluß) angeflanscht wird, bei Lenkbewegungen des Motors nicht auf Zug oder Knickung beansprucht wird (Kontrolle durch äußerstes Einschlagen des Motors nach beiden Seiten!). Die Tankbelüftung geschieht entweder automatisch durch Aufstecken des Kraftstoffschlauches auf den Tank, oder es muß eine Belüftungsschraube (z. B. im Tankdeckel) geöffnet werden. Mit einer Handpumpe, die als Gummiball ausgebildet, in den Verbindungsschlauch nahe dem Tank eingebaut ist, muß vor dem Start der Vergaser vollgepumpt werden. Während des Betriebes übernimmt dann die im Motor eingebaute Kraftstoffpumpe den Transport des Kraftstoffes vom Tank zum Vergaser. Ein Blick auf ein Anzeigegerät am Tank informiert über den Stand des Tankinhaltes. Das zu befahrende Revier, der Verbrauch des Motors, die Bauart des Bootes und nicht zuletzt Trimmprobleme sind es, die in vielen Fällen die Verwendung eines größeren – oder zweier kleinerer – Einbautanks empfehlenswert erscheinen lassen (siehe Kapitel Innenborder).

Manövrieren mit dem Außenborder

Der Außenbordmotor ist um eine waagrechte und um eine senkrechte Achse drehbar. Durch Drehung um seine waagrechte Achse kann man den Motor in verschiedene Kippstellungen bringen. Dadurch läßt sich der Trimm beeinflussen, Fahrten in sehr flachen Gewässern werden möglich, und am Liegeplatz kann der Motor so weit hochgekippt werden, daß sich auch der Propeller nicht mehr im Wasser befindet. Durch Drehung des Motors um die senkrechte Achse wird das Boot gesteuert (bei Segelbooten steuert man aber beim »Motoren« trotzdem vorwiegend mit dem eigenen Ruder).
Die Steuerung kann über eine am Motor angebrachte Pinne erfolgen. Dabei ist das freie Ende der Pinne meist als Gasdrehgriff ausgebildet. Neben der Pinnensteuerung kann das Boot auch über ein Lenkrad gesteuert werden. Dabei führt ein Umlaufseil

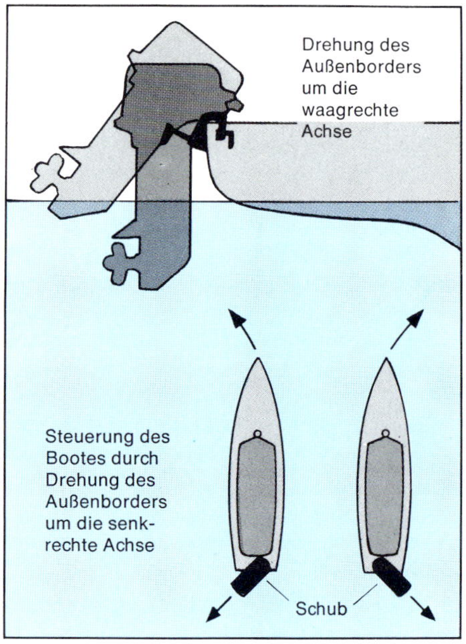

über mehrere Umlenkrollen zum Motor, der dann durch Drehung des Lenkrades so geschwenkt wird, daß die Kurvenfahrt – wie beim Auto – im Drehsinn des Lenkrades erfolgt. Zu einer Fernsteuerung durch Lenkrad gehört dann natürlich auch eine Fernbedienung für Gas und Gangschaltung (Schaltstellungen: Vorwärtsfahrt, Neutral, Rückwärtsfahrt). Sehr kleine Motoren mit angebautem Kraftstofftank haben vom Spiegel des Bootes soviel Abstand, daß sie um die senkrechte Achse voll drehbar sind. Die für die Rückwärtsfahrt notwendige Umkehrung der Propeller-Drehrichtung wird bei ihnen nicht durch eine Gangschaltung erreicht, sondern durch Drehen des Motors von 180° um seine senkrechte Drehachse.
Die Motorenhersteller sind z. T. dazu übergegangen, Anlaßsicherungen einzubauen. Man kann dann den Motor nur starten, wenn der Schalthebel auf Leerlauf (= Neutral) steht. Dadurch soll verhindert werden, daß das Boot mit dem Anspringen des Motors – bei versehentlich eingelegtem Gang – sofort Fahrt aufnimmt. Es ist auch schon des öfteren passiert, daß Fahrer durch das unerwartete Anziehen des Bootes über Bord gestürzt sind, besonders dann, wenn die Fahrer zwecks Betätigung des Handstarters in der Nähe des Fahrzeughecks standen. Falls anschließend nur eine Kollision mit fremden Booten oder Stegen folgte, so war dies das kleinere Übel. Zu lebensbedrohenden Gefahren

werden solche führerlosen Boote, wenn Schwimmer in ihren Bereich gelangen. Neben der Startsicherung gibt es für schnelle Motorboote noch spezielle Schalter, die über ein Bändsel mit dem Hand- oder Fußgelenk des Fahrers zu verbinden sind. Sollte der Fahrer beim Manövrieren mit dem Boot über Bord gehen, so betätigt das Bändsel den Schalter. Dadurch wird ein Kontakt geöffnet oder geschlossen (je nach Zündungsart), und der Motor bleibt sofort stehen. Wenn Außenborder über Fernbedienung gefahren werden, sollten am Armaturenbrett auch ein Drehzahlmesser und ein Fernthermometer zur Kontrolle der Motortemperatur angebracht sein.

Praktische Außenborder-Tips

1. Wartung nicht vergessen!

Außenbordmotoren sind heute technisch so ausgereift, daß sie ziemlich anspruchslos und äußerst zuverlässig über lange Zeit ihren Dienst tun. Gerade diese Anspruchslosigkeit und Zuverlässigkeit aber führt dazu, daß man dem Bootsmotor sehr wenig Aufmerksamkeit schenkt. Dabei bleiben die hier genannten guten Eigenschaften aber nur dann erhalten, wenn den Motoren das Minimum an Wartung und Pflege zukommt, das vom Hersteller empfohlen wird. Bestimmt wird Ihnen Ihr Außenborder noch mehr Freude machen, wenn Sie ihn etwas genauer kennenlernen. Das aufmerksame Lesen der beim Kauf eines Motors mitgelieferten Wartungs- und Bedienungsanleitung ist dazu ein erster, wichtiger Schritt. Darüberhinaus ist es empfehlenswert, sich zusätzlich noch Material zu verschaffen, das dazu angetan ist, Ihr Verständnis für das Innenleben Ihres Motors zu fördern. Das soll nicht dazu führen, daß Sie Ihr eigener Mechaniker werden. In den Wartungsanleitungen sind meist Hinweise auf kleinere Reparaturen gegeben. Alles was darüber hinausgeht, sollten Sie jedoch Ihrer Service-Werkstätte überlassen.

2. Das Kraftstoff-Öl-Gemisch

Achten Sie beim Zusammenmischen von Kraftstoff und Öl auf peinliche Sauberkeit. Kleine Schmutzteilchen können die Öffnungen der Vergaserdüsen verstopfen; Vergaserstörungen sind die Folge. Mischen Sie das vom Hersteller empfohlene Außenborderöl im richtigen Mischungsverhältnis. Mischen Sie im Freien und – sofern Sie einen transportablen Tank verwenden – möglichst außerhalb des Bootes, wo weder Feuer noch glimmende Zigaretten oder elektrische Funken die Kraftstoffdämpfe zur Explosion bringen können. Im Boot verschütteter Kraftstoff erhöht außerdem die Rutschgefahr. Benutzen Sie immer frisches Benzin. Bleibt z. B. Benzin den Winter über im Tank, so können sich Ablagerungen bilden, die zu Vergaser- und Zündkerzenstörungen führen.

3. Vorsicht beim Starten!

Ziehen Sie den Handstarter zuerst langsam, bis Sie fühlen, daß der Mitnehmer eingerastet ist, dann erst zügig-kraftvoll anziehen; anschließend das Starterseil zurückführen, damit sich das Seil richtig aufwickeln kann. Achten Sie auch darauf, daß beim Starten niemand unmittelbar hinter Ihnen steht. Ihr kraftvoller Armzug beim Anwerfen des Motors könnte sonst zu einem K.o.-Schlag für den Mitfahrer werden. Benutzen Sie die Luftklappe (Choke) nur bei Kaltstart und öffnen Sie die Luftklappe wieder, wenn der Motor angesprungen ist. Falls Sie einen Elektro-Starter haben, betätigen Sie ihn nie länger als höchstens 20 Sekunden. Der Anlaßstrom entspricht einem Kurzschlußstrom, bei dem Anlasser und Batterie sehr stark belastet werden. Gönnen Sie Ihrem Anlasser nach einem mißglückten Startversuch eine Pause von ca. zwei Minuten. Suchen Sie eine Werkstätte auf, denn es kommt nicht von ungefähr, daß ein Motor so lange nicht anspringt. Wenn Sie ablegen, vergewissern Sie sich, daß nichts über Bord hängt, was anschließend in den Propeller kommen könnte (Festmacher z. B.).

4. Kontrolle des Kühlwasserkreislaufs

Überprüfen Sie gleich nach dem Anspringen, ob aus der Kontrollöffnung Wasser (oder je nach Bauart, Wasserdampf über den Hilfsauspuff) austritt, und wiederholen Sie diese Kontrolle im Fahrbetrieb etwa alle 10 Minuten. Fehlt der Kontrollstrahl, so sehen Sie nach, ob der Wassereinlaß verstopft ist. Schlingpflanzen u. a. m. verlegen oft die Eintrittsöffnung. In den meisten Fällen wird hier die Ursache der Störung liegen. Ist dies nicht der Fall, so sollte der Motor zu einer Spezial-Werkstätte gebracht werden. Würde der Motor trotz eines Defektes am Kühlsystem auch nur für kurze Zeit in Betrieb genommen, so könnte das zu größeren, sehr teueren Schäden an Wasserpumpe und Motor führen.

5. Über das Schalten

Achten Sie stets darauf, daß beim Einlegen eines Ganges und beim Schalten von Vorwärts- auf Rückwärtsfahrt oder umgekehrt der Motor mit Leerlaufdrehzahl läuft. Eine Gefahrensituation kann es durchaus mal erforderlich machen, bei noch deutlich erhöhter Drehzahl zu schalten. Häufiges Wiederholen führt jedoch unweigerlich zu Getriebeschäden.

6. Abstellen des Motors

Wenn Sie den Motor abstellen wollen, so genügt es, den Kurzschlußschalter zu drücken oder die Zündung über den Zündschlüssel auszuschalten. Der Motor bleibt dann stehen. Trotzdem sollten Sie sich angewöhnen, vor dem Abstellen des Motors (für längere Zeit!) die Schlauchkupplung der Kraftstoffleitung zu lösen und den Motor mit Leerlaufdrehzahl solange laufen zu lassen, bis er infolge Kraftstoffmangels von selbst stehen bleibt. »Spezialisten« lösen die Schlauchkupplung schon so rechtzeitig vor dem Anlegen, daß sie mit den letzten Umdrehungen gerade noch ihren Liegeplatz erreichen. Aber Vorsicht: Solche Kunststückchen bitte nur dann machen, wenn auch bei Fehleinschätzung der noch zu fahrenden Strecke – also bei vorzeitigem Stehenbleiben des Motors – keine gefährliche Situation auftreten kann.

Das Leerlaufenlassen des Vergasers hat verschiedene Gründe:

1. Da sich im Vergaser praktisch kein Kraftstoff mehr befindet, können Sie den Motor bedenkenlos hochkippen, ohne daß die Gefahr des Auslaufens von Kraftstoff besteht. Bei der Schräglage eines gekippten Motors ist diese Möglichkeit gegeben. Im ungünstigsten Falle könnte sich sogar der Tank über den Vergaser entleeren.
2. Bei längerem Stillstand des Motors ist es möglich, daß spezifisch schwerere Teilchen des Gemisches die feinen Kanäle, Ventile oder Düsenöffnungen des Vergasers verkleben. Während das Benzin im Laufe der Zeit verdunstet, bleiben Teile des Schmieröls zurück. Bei einem erneuten Start kommt es dann zu einem relativen Ölüberschuß. Das würde die Startfreudigkeit des Motors ungünstig beeinflussen.

7. Arbeiten am Propeller
Wenn Sie irgendwelche Arbeiten am Propeller vornehmen, so sichern Sie sich unbedingt vor ungewolltem Anspringen des Motors und damit vor schweren Verletzungen. Klemmen Sie z. B. ein Stück Holz zwischen Propeller und Kavitationsplatte. Noch sicherer ist es, wenn Sie vor Beginn der Arbeit die Zündkerzenstecker abziehen.

8. Transport des Motors
Soll der Motor einmal transportiert werden, sei es zur Werkstätte oder ins Winterlager, so stellen Sie ihn vor dem Transport senkrecht auf den Sporn und lassen alles Wasser ablaufen. Zusätzlich sollte der Handstarter ein paarmal durchgezogen werden. Aber Vorsicht: Vorher Leerlauf einschalten und Zündkerzenstecker abziehen, damit der Motor nicht anspringen kann! Ist das Wasser abgelaufen, so haben Sie die Gewähr, daß kein Wasser über die Auspuffkanäle in die Zylinder eindringen kann, wenn Sie den Motor anschließend z. B. im Kofferraum Ihres Wagens transportieren. Doch auch dann sollten Sie darauf achten, daß der Motor selbst nicht tiefer zu liegen kommt als das Getriebe.

9. Winterlager
Die meisten Motorenhersteller empfehlen, die Motoren nach der Saison zu einer Winterinspektion zu bringen. Dabei werden der Kühlwassermantel mit Leitungswasser durchgespült, der Motor außen gereinigt und überprüft, auftretende Unregelmäßigkeiten behoben. Zu schmierende Teile werden nach Plan abgeschmiert. Nach einem abschließenden Probelauf wird der Motor für die Zeit der Winterlagerung konserviert. Dabei wird bei laufendem Motor durch den Vergaser ein spezielles Konservierungsmittel für Außenbordmotoren eingespritzt. Zusammen mit dem Kraftstoff-Luftgemisch durchläuft es über Kurbelgehäuse – Überströmkanäle – Arbeitszylinder – Auspuff den Motor und schlägt sich als Konservierungsfilm im Inneren nieder. Der Motor sollte dann den Winter über an einem Brett oder Bock, möglichst senkrecht montiert, in einem temperierten Raum gelagert werden. Wenn Sie ganz sicher gehen wollen, so drehen Sie im Winter alle zwei bis drei Wochen den Motor von Hand etwas weiter. Sie haben dann die Gewißheit, daß evtl. im Inneren des Motors auftretendes Kondenswasser nicht immer auf die gleiche Stelle einwirken kann. Ein Motorschaden durch innere Korrosion wird dadurch verhindert. Wenn es sich einigermaßen ermöglichen läßt, so sollten Motoren, die längere Zeit in Salzwasser gelaufen sind, vor dem Einwintern noch einige Zeit in Süßwasser gefahren werden. Vergessen Sie während der langen Winterszeit die Batterie nicht ganz. Batterien, die längere Zeit nicht in Betrieb sind, entladen sich selbständig. Bei kräftigem Frost könnten entladene Batterien zerstört werden. Deshalb ist es ratsam, die Batterie vor dem Einwintern äußerlich zu reinigen und aufladen zu lassen. Bestehen Sie darauf, daß die Batterie nicht »schnell geladen« wird. Eine Schnelladung würde sich ungünstig auf die Lebensdauer Ihrer Batterie auswirken. Nachdem die Pole mit Polfett etwas eingefettet wurden, kommt die Batterie an einen kühlen, trockenen Platz. Alle sechs bis acht Wochen sollte sie während der Zeit des »Winterschlafes« unbedingt nachgeladen werden.

Umlenkgetriebe

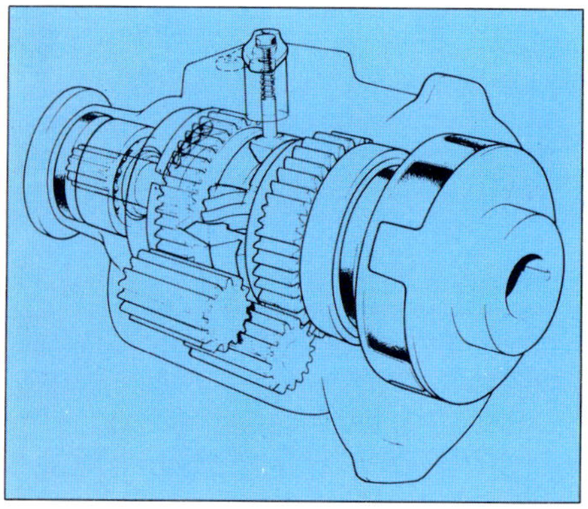

Der Innenborder

Beim Innenborder – auch Einbaumotor genannt – befinden sich Motor und Wendegetriebe innerhalb des Bootsrumpfes. Während bei den Außenbordern der Zweitaktmotor klar dominiert, werden als Innenborder hauptsächlich Viertakt-Otto- und Viertakt-Dieselmotoren verwendet. Beide Motoren haben die exakte Steuerung des Gaswechsels durch Ventile. Das bedeutet zwar etwas erhöhtes Gewicht, aber auch einen verbesserten Wirkungsgrad*) dem Zweitakter gegenüber.

Allerdings stellt der Verbrennungsmotor auch mit verbessertem Wirkungsgrad immer noch den Typ eines sehr unwirtschaftlich arbeitenden Motors dar. Das liegt in der Hauptsache daran, daß wir die bei der Verbrennung entstehenden hohen Temperaturen nur zu einem kleinen Teil nutzen können. Nicht genug damit, daß wir einen Teil der entstehenden Wärme ungenutzt durch Temperaturstrahlung und durch den Auspuff abziehen lassen, wir müssen auch noch wertvolle Motorleistung für den Betrieb eines Kühlsystems aufbringen, das weitere überschüssige Wärme »vernichtet« bzw. an die Umwelt abführt.

Innenbordmotoren haben meist Wasserkühlung, die nach dem gleichen Funktionsprinzip arbeitet, wie es beim Außenborder beschrieben wurde. Bei Innenbordern, die vorwiegend im Salzwasser gefahren werden, findet man heute schon sehr oft die Zweikreis-Wasserkühlung. Dabei ist der innere Kühlwasserkreislauf mit Süßwasser gefüllt und in sich geschlossen. Das Süßwasser wird von einer Pumpe im Umlauf gehalten. Um diesen inneren Kühlwasserkreislauf ist noch eine zweite Ummantelung gebaut, durch die über eine zweite Pumpe dauernd kaltes Seewasser gepumpt wird, das vom inneren Kühlwassersystem soviel Wärme abführt, daß der Motor ständig im Bereich seiner günstigsten Betriebstemperatur von etwa 80 Grad Celsius läuft. Bei der Einkreis-Wasserkühlung ist dies im Salzwasserbetrieb nicht so gut möglich, da im erhitzten Salzwasser bereits ab ca. 65 Grad Celsius Salz und Kalk abgeschieden werden. Das würde das Kühlsystem im Laufe der Zeit verengen oder verstopfen.

Die Kraftübertragung beim Innenborder

Damit die Antriebskraft des im Bootsinneren befestigten Motors zum Antriebspropeller geleitet werden kann, muß der Bootsrumpf durchbohrt werden. Durch diese Bohrung wird die Propellerwelle über ein Rohr (Stevenrohr) geführt. Eine

* Als Wirkungsgrad bezeichnet man das Verhältnis der von einer Maschine verrichteten Nutzarbeit zu der in die Maschine hineingesteckten Energie.

$$\text{Wirkungsgrad} = \frac{\text{von der Maschine verrichtete Nutzarbeit}}{\text{der Maschine zugeführte Energie}}$$

Stopfbuchse verhindert das Eindringen von Wasser in das Schiffsinnere. Meistens ist mit der Stopfbuchse eine Fettpresse gekoppelt. Nach jedem Abstellen des Motors sollte die Fettpresse – meist mittels einer Flügelschraube – etwas betätigt werden, damit das Innere der Stopfbuchse (die Stopfbuchsenpackung) immer gut mit Fett getränkt ist. Wenn durch die Stopfbuchse Wasser ins Bootsinnere läuft, muß die Packung durch Nachstellen wieder etwas fester gegen die Welle gedrückt werden. Ist ein Nachstellen nicht mehr möglich, so muß die Stopfbuchsenpackung ausgewechselt werden.

Zwischen Antriebswelle des Motors und Propellerwelle ist das Wendegetriebe eingebaut, mit dessen Hilfe der Propeller das Boot in Vorwärts- und Rückwärtsfahrt bringen kann. Außerdem wird i. d. R. durch eine Untersetzung im Wendegetriebe die verhältnismäßig hohe Motordrehzahl in eine niedrigere Drehzahl der Propellerwelle umgewandelt. Dadurch kann an der Propellerwelle ein entsprechend größeres Drehmoment entwickelt werden. Werden im Wendegetriebe der Ölstand regelmäßig überprüft, die vorgeschriebenen Ölwechsel durchgeführt und das Getriebe nur bei niedrigen Motordrehzahlen geschaltet, so treten kaum Schäden am Wendegetriebe auf.

Je nach Lage des Einbaumotors gibt es verschiedene Möglichkeiten, die Kraft des Motors über das Wendegetriebe zum Propeller zu übertragen. Bei Segelbooten findet man vorwiegend den konventionellen Antrieb, bei dem die Kurbelwelle des Motors, das Wendegetriebe und die Propellerwelle hintereinander in der gleichen Richtung liegen, daneben auch den V-Trieb, bei dem die Antriebswelle des Motors und die Propellerwelle einen spitzen Winkel bilden. Neben den genannten Antriebsarten tritt bei Motorbooten immer häufiger der Z-Trieb auf. Dabei ist die Propellerwelle etwa z-förmig gegen die Kurbelwelle des Motors versetzt. Diese Antriebsart ist auch unter dem Namen »Aquamatic« bekannt. Dabei sind Elemente des Innenborders mit solchen des Außenborders vereinigt, da der Motor im Bootsinneren eingebaut ist, während sich der hinter dem Heck außenbords liegende Teil des Antriebs um eine senkrechte und eine waagrechte Achse bewegen läßt. Die Drehung um die senkrechte Achse geschieht über das Lenkrad. Das Steuern eines z-ge-

Konventionelle Wellenanlage, der Normalfall bei Segelyachten

V-Trieb, seltener bei Segelyachten

triebenen Bootes erfolgt also genau wie beim Außenborder durch Veränderung der Lage der Propellerwelle in bezug auf die Schiffslängsachse. Durch Drehung des Antriebs um seine waagrechte Achse – meist mittels Knopfdruck – kann man den Propeller anheben oder absenken. Da-

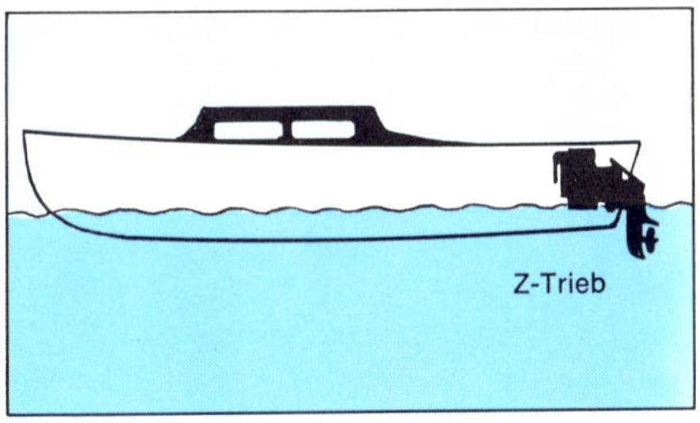

Z-Trieb

durch ergeben sich gewisse Trimm-Möglichkeiten, und in flacheren Gewässern kann manövriert werden. Wird der Antrieb so weit wie möglich angehoben, so kann man das Boot an Land ziehen oder zu Wasser bringen, ohne daß die Gefahr einer Beschädigung des Antriebs besteht.

Der Radeffekt beim Innenborder

Bei Booten, die durch ein Ruderblatt gesteuert werden, findet man die konventionelle Wellenanlage oder den V-Trieb. Dabei ist der Propeller vor dem Ruderblatt so angebracht, daß der Propellerstrom das Ruderblatt umströmt. Wird das Ruderblatt mittels Pinne oder Steuerrad aus der Richtung der Schiffslängsachse geschwenkt, so entsteht auf einer Seite des Ruderblattes Überdruck, auf der anderen Seite Unterdruck. Dadurch wird das Heck des Bootes seitlich weggedrückt, und es erfolgt – im Zusammenspiel mit dem Lateralplan des Bootes – die Kurvenfahrt.

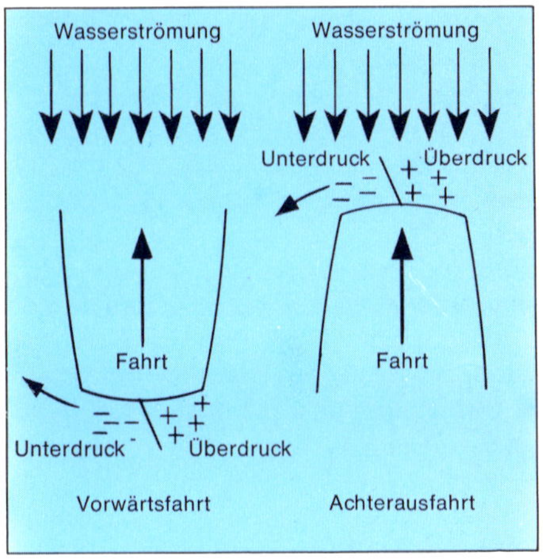

Die in einen Antriebspropeller hineingesteckte Kraft wird durch Form und Drehsinn des Propellers in zwei Komponenten zerlegt. Die eine davon ergibt den erwünschten Vortrieb, während die zweite Komponente das Heck des Bootes seitlich versetzen möchte. Man bezeichnet diese Erscheinung als Radeffekt. Die Richtung, in die der Propeller das Bootsheck schieben möchte, ist abhängig vom Drehsinn des Propellers. So würde z. B. ein Boot mit rechtsdrehendem Propeller (= Drehung bei Vorwärtsfahrt im Uhrzeigersinn, gesehen von hinten) so versetzt werden, als ob der Propeller auf Grund liefe und dort –

Versatz des Hecks je nach Propellerdrehung.

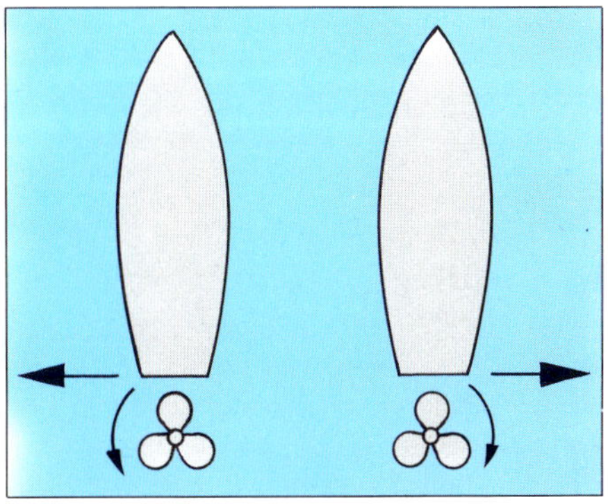

vergleichbar dem Antriebsrad eines Autos – das Heck bewegen möchte. In diesem Falle ergibt sich ein Versatz des Bootshecks nach steuerbord.
Besonders stark tritt der Radeffekt bei beginnender Rückwärtsfahrt auf, da der vom Propeller erzeugte Wasserstrom vom Heck zum Bug gerichtet ist und das Ruderblatt deshalb nicht angeströmt werden kann. Erst wenn das Boot Fahrt aufgenommen hat, reagiert es merklich auf das Gegenruder, da das Ruderblatt dann in der Größe der Fahrtgeschwindigkeit angeströmt wird. Bei z-getriebenen Booten und bei Motorbooten mit Außenbordern ist der Radeffekt prinzipiell auch vorhanden, jedoch tritt er praktisch kaum (unangenehm) in Erscheinung, da diese Boote ja durch den Propeller selbst – nicht durch ein Ruderblatt! – gesteuert werden. Man kann daher jederzeit den Radeffekt durch entsprechendes Ruderlegen kompensieren.

Das Kraftstoffsystem des Innenborders

Im Prinzip unterscheidet sich das Kraftstoffsystem eines Bootes nicht von dem eines Kraftfahrzeugs. Aus einem Einbautank wird Kraftstoff durch eine Kraftstoffpumpe über die Kraftstoffleitung zum Innenbordmotor gefördert. Je nach Größe und Bauart des Bootes kann es aus Raum- und Trimmgründen angezeigt sein, an Stelle eines großen Einbautanks zwei kleinere zu verwenden. Dennoch kommt der einwandfreien Funktion und Beschaffenheit des Kraftstoffsystems beim Boot noch mehr Bedeutung zu, als dies beim Kraftfahrzeug der Fall ist. Wird z. B. die Kraftstoffleitung eines Autos undicht, so tropft der Kraftstoff in den meisten Fällen auf die Fahrbahn, während er beim Boot in jedem Fall in das Bootsinnere tropft. Handelt es sich dann noch um leicht verdunstendes Benzin, so entstehen hochexplosive Dämpfe im Boot, die durch eine Zigarette oder einen Funken zur Explosion gebracht werden können.

Der Kraftstoffbehälter

Eine einwandfreie Tankanlage ist eine der wesentlichsten Voraussetzungen, um die Brand- und Explosionsgefahr an Bord so klein wie möglich zu halten. Folgendes ist dabei zu beachten:

Tanks für Dieselkraftstoff: Für Dieselöl sind Kraftstoffbehälter aus Kupfer, Kupferlegierungen oder verzinktem Stahlblech ungeeignet. Dieselkraftstoff in Kupfertanks führt zur Absonderung einer gummiartigen Masse. Diese würde Verstopfungen insbesondere der Kraftstoffilter hervorrufen. Für Dieselöltanks geeignet sind Bleche aus einfachen Baustählen und Glasharztanks aus selbstlöschenden Harzen.

Tanks für Ottokraftstoff: Geeignet sind Behälter aus verzinkten oder galvanisierten Stahlblechen, aus Kupferlegierungen (z. B. Monel = Legierung aus Nickel + Kupfer) oder aus einem rostfreien Stahl (nicht alle rostfreien Stähle sind geeignet. Gut verwendbar ist z. B. Stahl mit der Bezeichnung X 5 CrNiMo 1713. Er besteht aus Chrom, Nickel und Molybdän). Die Mindeststärke von Kupferblech darf 1,5 mm, die von Stahlblech 2 mm nicht unterschreiten. In größeren Kraftstoffbehältern (auch in Tanks für Dieselkraftstoff) müssen Schwallwände (= Bleche, die den Kraftstoffbehälter in mehrere, miteinander in Verbindung stehende Kammern teilen) eingebaut sein, damit der Kraftstoff nicht so stark schlingern kann. Er würde sonst die Schiffsbewegungen noch verstärken.

Das Fülloch muß auf dem Deck liegen (nicht unter einer Luke oder im Plichtboden!), an einer Stelle, von der überlaufender Kraftstoff nicht zu tiefer gelegenen Stellen innerhalb des Bootes abfließen kann.

Das Füllrohr muß am Fülloch mit einem dichtschließenden Kragen versehen sein, damit weder Kraftstoff noch schwere Kraftstoffdämpfe an der Rohraußenseite in den Bootsrumpf fließen können. Das Rohr muß gasdicht bis knapp über den Tankboden geführt werden, zur Sicherung gegen Explosion.

Ein Atemrohr muß gasdicht vom Tank durch die Bordwand nach außen geführt werden. Dieser Atmer darf nicht verschließbar sein und muß außen mit einem Flammenschutzsieb versehen sein. Der Atmer dient gleichzeitig als Überlaufrohr.

Kraftstoffleitung und Entlüftung

»Kraftstoffleitungen, Vergaser und alle anderen kraftstofführenden Teile sind so anzuordnen, daß abtropfender oder verdunstender Kraftstoff sich weder an heißen Teilen noch an elektrischen Geräten entzünden kann. Als Kraftstoffleitungen sind in der Regel nahtlose Kupfer- oder Stahlrohre zu verwenden. Geschweißte Gasrohre sind auf jeden Fall ausgeschlossen, doch können fugenlose und elastische Metallschläuche oder andere kraftstoffeste Schläuche aus schwer entflammbaren Stoffen eingebaut werden.« – So schreibt es der Gesetzgeber vor (hier § 12 der Landesverordnung für die Schiffahrt auf den bayerischen Gewässern).

Die Kraftstoffleitung muß oben aus dem Tank herausgeführt werden, außerdem muß unmittelbar am Tank ein Absperrventil eingebaut sein. Sofern die Kraftstoffleitung zwischen Tank und Motor so verlegt ist, daß sie unter den höchsten Tankpegel führt, muß dazu noch ein automatisches Rohrbruchventil angebracht sein zur Verhinderung des Tankauslaufens durch Heberwirkung.

Da sich am Boden des Kraftstoffbehälters im Laufe der Zeit immer etwas Schmutz und Kondenswasser absetzen wird, sollte die zum Motor führende Kraftstoffleitung erst ein Stückchen oberhalb des Tankbodens beginnen. Dadurch wird ein Ansaugen von Schmutz nicht so leicht möglich. Allerdings kann bei einer solchen Anordnung der Tank niemals ganz leer gefahren werden. Insbesondere bei Dieselmotoren sollte der Tankpegel nie soweit absinken, daß in die Kraftstoffleitung Luft angesaugt werden kann. Angesaugte Luft wird in Form von Luftbläschen mit dem Kraftstoff zum Motor transportiert. Sie gelangt dann in die Einspritzleitungen (= die Leitungen zwischen Einspritzpumpe und Einspritzdüsen) und bildet dort kleine, federnde Luftpolster. Das Einspritzsystem beruht aber auf der Tatsache, daß sich Dieselkraftstoff praktisch nicht zusammendrükken läßt, er behält im Gegensatz zu Luft auch unter Druck sein Volumen bei. Übt nun die Einspritzpumpe einen bestimmten Druck aus, so gibt eine federbelastete Nadel eine Öffnung in der Einspritzdüse frei, und Dieselkraftstoff wird durch die Einspritzdüse in den Verbrennungsraum des Zylinders gespritzt. Dieser zum Einspritzen nötige Druck kann sich jedoch durch die Einlagerung von federnden Luftpolstern nicht mehr aufbauen, und der Motor bleibt stehen. Das ganze Kraftstoffsystem muß nun von Hand entlüftet werden. Diese Arbeit kann zwar von jedem Laien nach der Bedienungsanleitung durchgeführt werden, doch bedeutet Entlüften in jedem Falle Zeitverlust, und der unfreiwillige Mechaniker duftet einige Zeit nach Dieselkraftstoff – nicht unbedingt zur Freude der übrigen Bootsinsassen. Von diesen zwar unangenehmen, aber letztlich doch harmlosen Folgen abgesehen, kann es auch gefährlich werden, wenn der Motor genau in dem Moment streikt, in dem man ihn zum Manövrieren dringend bräuchte. Deshalb: Dieselkraftstoff immer frühzeitig nachtanken, damit dieser Störungsfaktor ausgeschaltet wird. Beim Ottomotor entfällt zwar das Entlüften, doch sollte auch hier aus Gründen der Sicherheit immer rechtzeitig nachgetankt werden.

Sicherheitsmaßnahmen

Um die Gefahren möglichst klein zu halten, die Kraftstoff (besonders Ottokraftstoff!) und Elektrizität an Bord mit sich bringen, gilt es, eine Reihe von Sicherheitsmaßnahmen gewissenhaft durchzuführen. Einige der wichtigsten seien angeführt.

Äußerste Sorgfalt beim Tanken!

- Alle offenen Feuer löschen.
- Rauchen einstellen.
- Alle Luken und Fenster schließen, damit evtl. beim Tanken entstehende Kraftstoffdämpfe nicht ins Bootsinnere eindringen können.
- Fußgängerverkehr zwischen Bord und Land oder Bord und Bunkerboot ist während des Tankens zu vermeiden, und zwischen Tankschlauch und Füllloch, bzw. zwischen Bunkerboot und Fülloch ist ein metallischer Kontakt zu schaffen. Grund: Bereits bestehende oder sich während des Tankens bildende elektrische Potentialunterschiede könnten sonst zu einer Funkenbildung führen. Dadurch würden Kraftstoffdämpfe zur Explosion gebracht.
- Falls ein saugendes Lüftergebläse vorhanden ist, das durch einen explosionsgeschützten Elektromotor angetrieben wird, soll dieses bereits während des Tankens laufen, damit gefährliche Dämpfe abgesaugt werden.
- Nach dem Tanken Luken und Fenster weit auf, Motorraum gut durchlüften.

Allgemeine Sicherheitsmaßnahmen

- Der Einbau eines Gerätes, das gefährliche Gaskonzentrationen anzeigt (auch »Gasschnüffler« genannt), ist für Benzininnenborder empfehlenswert. Jedoch muß die Gewähr gegeben sein, daß beim Ein- und Ausschalten kein Funke entstehen kann, der evtl. vorhandene Benzindämpfe explodieren ließe, noch ehe das Gerät warnen konnte.
- Die Kraftstoffleitungen sollten auf ihrem Verlauf vom Tank zum Motor regelmäßig auf Dichtigkeit geprüft werden.
- Vor dem Anlassen eines Benzininnenborders muß der Motorraum immer gut durchgelüftet werden. Benzindämpfe, die sich tief in der Bilge angesammelt haben können, sollten von einem explosionsgeschützten Lüftergebläse abgesaugt werden.
- Die Auspuffanlage ist regelmäßig auf Dichtigkeit zu überprüfen.
- Im Motorraum dürfen keine losen Teile herumliegen.
- Ölige Lappen im Motorraum, in Backskisten oder Schubkästen herumliegen zu lassen, ist verboten. Sie müssen in eigens dafür vorgesehenen abschließbaren Blechbehältern aufbewahrt werden.
- An Bord sind ständig Feuerlöscher in ausreichender Zahl mitzuführen. Sie müssen jederzeit leicht erreichbar sein. Am zweckmäßigsten sind mit ABCE-Pulver gefüllte Universal-Trockenlöscher, die sich zum Löschen aller Brände eignen, während der herkömmliche Schaumlöscher bei elektrischen Bränden nicht verwendet werden darf.

Der Gesetzgeber hat Bestimmungen erlassen – die beiden »feindlichen Brüder« Elektrizität und Kraftstoff betreffend –, die darauf abzielen, ein großes Maß von Sicherheit an Bord zu erreichen. Die hier angeführten Sicherheitsmaßnahmen sind letztlich praktische Konsequenzen aus gesetzlichen Bestimmungen. In diesem Zusammenhang müssen die zahlreichen Bastler unter den Seglern und Motorbootfahrern eindringlich davor gewarnt werden, die Installation von elektrischen Anlagen oder den Einbau des Innenborders und der Antriebsaggregate selbst vorzunehmen. Besonders sei auf die Gefährlichkeit der Verwendung von Kraftfahrzeugmotoren als Innenborder hingewiesen. Erst nach einer Reihe von Umbauten, die Sicherheit betreffend, sind Automotoren als Bootsmotoren brauchbar. Die elektrische Anlage muß so umgerüstet werden, daß davon keine Explosionsgefahr durch Funkenbildung ausgeht. Die behördlichen Bestimmungen über das Kraftstoffsystem (Verlegen von Leitungen, Materialvorschriften, Sicherheitsventile usw.) sind zu beachten. Der Auspuffanlage kommt bei einem Boot wesentlich größere Bedeutung zu als bei einem Kraftfahrzeug. Während eine Undichtigkeit in der Auspuffleitung eines Kraftwagens meist keine Gefährdung für die Insassen darstellt, weil die Leitung außerhalb des Fahrgastraumes verläuft, wird die innenbords verlegte, undichte Auspuffanlage eines Einbaumotors zur Lebensgefahr für die Mannschaft. Da die Auspuffgase (geruchlos und schwerer als Luft) im Bootsinneren bleiben, wird das in den Gasen enthaltene gefährliche Kohlenmonoxyd von der Besatzung eingeatmet. Der Sauerstofftransport durch das Blut wird dadurch gestört bzw. verhindert. Kohlenmonoxydvergiftungen können in kurzer Zeit zum Tode führen. Die Auspuffleitung eines Bootsmotors muß – anders als beim Kraftfahrzeug – auch gekühlt werden, damit Brände durch Überhitzung ausgeschlossen werden. Arbeiten dieser Art sollten grundsätzlich nur von Fachleuten durchgeführt werden.

Die Wahl des Bootsmotors

Innenborder oder Außenborder? Ottomotor oder Dieselmotor? Zweitakter oder Viertakter? Um auf diese Fragen die richtigen Antworten zu finden, muß man sich darüber klar werden, was man von Boot und Motor erwartet.

Innenborder oder Außenborder?

Vieles spricht für den Außenborder: Die problemlose Anbringung, die kompakte Antriebseinheit, eine relativ große Sicherheit im Betrieb, leichtes Manövrieren auch in flacheren Gewässern.
Hauptargumente gegen den Außenbordmotor:
Er ist zwar durch seine Motorhaube gegen Spritzwasser geschützt; würde er jedoch von Brechern oder einer über's Heck »einsteigenden« Welle überspült, so fände das Wasser mit ziemlicher Sicherheit den Weg zur elektrischen Zündanlage, und der Motor würde stehenbleiben bzw. nicht mehr anspringen. Wird ein Außenborder in schwerer See gefahren, wo sich das Boot rollend und stampfend vorwärts kämpft, so kann es vorkommen, daß der Propeller vorübergehend ganz aus dem Wasser ge-

hoben wird. Dadurch entfällt der Gegendruck des Wassers und es kommt kurzzeitig zu einem Überdrehen des Motors und zu sehr starken Lagerbelastungen. Geschähe das forlaufend – wie das bei schwerer See durchaus möglich ist – so könnte das zu Schäden am Triebwerk des Motors führen. Durch die Verwendung von Außenbordmotoren mit Langschaft taucht zwar die Propellerwelle tiefer ein, jedoch ist die Möglichkeit des Auftauchens immer noch deutlich größer, als dies beim Einbaumotor mit konventioneller Wellenanlage oder mit V-Trieb der Fall ist, wo sich der Antriebspropeller direkt unter dem Boot befindet.

Je nach Konstruktion des Ruderapparates können Außenborder an Segelyachten häufig nur deutlich außerhalb der Mitte des Spiegels auf der Steuerbord- oder der Backbordseite befestigt werden. Soll eine solche Yacht gegen starken Wind unter Segel und mit Motorhilfe aufkreuzen, so wird eine stärkere Krängung kaum zu vermeiden sein. In diesem Falle kann das Boot nur über den Bug gesegelt werden, bei dem der Außenbordmotor angebracht ist, da sonst der Propeller größtenteils vom Wasser freikommt.

Zwar gibt es noch eine Reihe von Argumenten pro und contra dieses oder jenes Motortyps, doch zeigen die soeben ausgesprochenen Fakten deutlich den Bereich auf, der den einzelnen Motoren zukommt. Eine seegehende Segelyacht muß unbedingt mit einem kräftigen Einbaumotor ausgerüstet sein, auf den auch unter extremen Bedingungen Verlaß ist. Soll ein Motor jedoch ausschließlich dazu dienen, ein Segelboot bei Flaute wieder zum nahe gelegenen Liegeplatz zu bringen, so ist dafür ein Außenborder die geeignete Maschine. In vielen Fällen müssen notgedrungen Außenbordmotoren Verwendung finden, denn in der Regel bieten erst Boote ab ca. sieben Metern Länge die räumlichen Voraussetzungen, um einen Innenbordmotor mit seiner Wellenanlage unterzubringen. Wer in seine Yacht einen möglichst kleinen Flautenschieber einbaut, muß sich jedoch darüber klar sein, daß er damit tatsächlich nur bei »reiner« Flaute eine Hilfe hat. Jeder weitere zusätzliche Störungsfaktor – und sei es nur eine Strömung oder die Tide bei Flaute! – stellt für den PS-schwachen Flautenschieber ein unüberwindliches Hindernis dar. Wird der Motor als Hilfe angesehen, auf die man auch bei ungünstigen Witterungsbedingungen oder Strömungen bauen kann, so sollte ein Hilfsmotor eine Leistung von 4–5 PS/Tonne Verdrängung haben. Außenbordmotoren weisen von ihrer Konzeption her in eine ganz bestimmte Richtung: Antrieb für schnelle, gleitende Motorboote. Dafür ist der Outboarder ein idealer Antrieb. Dort wo der Außenbordmotor auf Segelbooten Verwendung finden muß, stellt er sicher nicht den Idealfall des Hilfsantriebs dar.

Otto- oder Dieselmotor?

Beim Innenborder hat man zwischen Otto- und Dieselmotor zu wählen. Wenn hier die Sicherheit zum bestimmenden Faktor gewählt wird, so liegen die meisten Pluspunkte auf der Seite des Dieselmotors. Da Dieselkraftstoff – im Gegensatz zu Benzin – bei den üblichen Temperaturen praktisch nicht verdunstet, können sich kaum explosive Kraftstoffdämpfe entwickeln. Die Gefahr einer Explosion wird noch gemindert durch die dem Dieselmotor eigene Arbeitsweise, bei der er ohne jegliche Elektrizität auskommt. Dieser Motor ist daher auch gegen Wasser unempfindlich. Bei der Wahl eines Bootsmotors sollte auch dieser Überlegung einige Aufmerksamkeit gewidmet werden.

Die Schwächen des Dieselmotors haben keinen Einfluß auf die Sicherheit. So ist z.B. seine Laufruhe nicht so gut wie die des Ottomotors; auch sein Leistungsgewicht liegt über dem des Benzinmotors.

Beim Ottomotor liegen die Verhältnisse umgekehrt. Er besticht durch seine Startfreudigkeit (unter normalen Bedingungen), seine Laufruhe, sein Anzugsvermögen und durch sein geringes Gewicht. Das sind lauter angenehme Eigenschaften, jedoch stehen sie in zweiter Linie hinter den möglichen Gefahren, die ein Otto-Innenborder in sich birgt: Brand- und Explosionsgefahr, gegeben durch das mögliche Zusammentreffen von verdunstendem Ottokraftstoff mit Funkenbildung durch Bordelektrizität (Zündung, elektrische Anlagen an Bord) oder durch unglückliches Hantieren mit offenem Feuer (Kochstelle, Zigaretten). Die elektrische Fremdzündung ist gegen Wasser störanfällig. Aber die Technik kennt heute Mittel, um diesen möglichen Störungsfaktor in seiner Bedeutung deutlich zu reduzieren.

Yachten fahren unter Motor aus einem Hafen.

Segeltheorie und Trimm von Segel und Boot

Kraftwirkungen durch das Segel – physikalische Grundlagen

Durch das Segel wird der Wind – für unsere Betrachtungen eine gleichförmig bewegte Luftmasse – aus seiner natürlichen geraden Bahn einerseits abgelenkt und andererseits in Luv des Segels gebremst und in Lee des Segels beschleunigt.

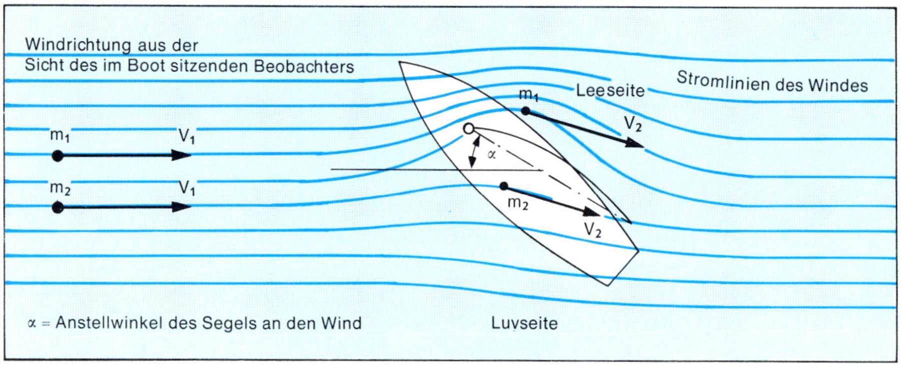

Betrachtet man eine bestimmte kleine Menge m (z. B. 1 Gramm) dieser Luftmasse beim Vorbeistreichen am Segel, so ändert sie innerhalb einer kleinen Zeit Δt ihre Geschwindigkeit v_1 sowohl im Betrag als auch in der Richtung um den Geschwindigkeitsvektor Δv zu einer zweiten Geschwindigkeit v_2.

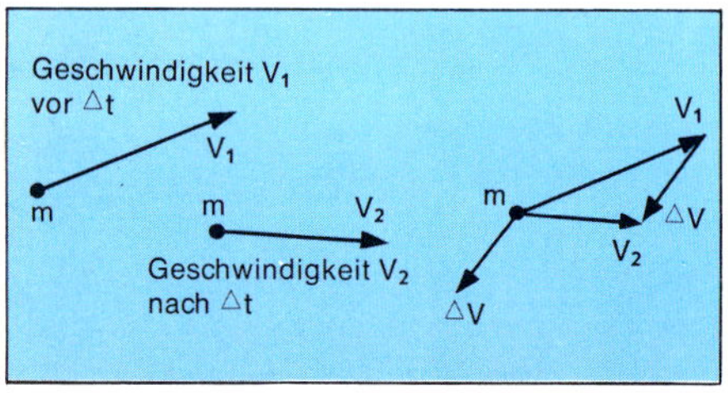

Δ (= griech. Delta) bedeutet in Verbindung mit einer Größe (z. B. Geschwindigkeit v, Zeit t) eine Differenz.
Z. B.: $\Delta v = v_1 - v_2$

Diese Geschwindigkeitsänderung pro Zeitintervall $\frac{\Delta v}{\Delta t}$ wird in der Physik für kleine Zeitintervalle Δt als Beschleunigung a bezeichnet. Diese Beschleunigung a hat nach dem Newtonschen Grundgesetz der Mechanik immer eine Kraft $F = m\,a$ zur Ursache, die in Richtung von Δv wirkt.

Ergebnis dieser Überlegung:
Auf jede kleinste Teilmenge der vorbeistreichenden Luftmasse wirkt in der Umgebung des Segels eine Kraft, die senkrecht zu den sogenannten Stromlinien (Bahn der Luftteilchen) verläuft (siehe obige Abb.).
Für den Segler von Bedeutung ist aber nicht diese Kraft, sondern die dazu vorhandene Gegenkraft gleicher Größe, jedoch entgegengesetzter Richtung, die auf das Segel wirkt.

Auf jedes kleine Flächenstück aus der Segelfläche wirkt eine Schubkraft F_{Luv} von Luv her senkrecht zum Flächenstück. (Sie ist die Gegenkraft zu den in Luv an diesem Flächenstück vorbeistreichenden Luftmassen.) Außerdem wirkt auf das Flächenstück eine im allgemeinen *größere* Zugkraft F_{Lee} nach Lee hin, die ebenfalls senkrecht zur Segeloberfläche angenommen werden kann und Gegenkraft für die in Lee vorbeistreichenden Luftmassen ist.

Beide Kräfte addieren sich zu einer Gesamtkraft $F = F_{Luv} + F_{Lee}$, die auf das Flächenstück wirkt.
Diese Kräfte kann man für bestimmte Segelprofile und bestimmte Anstellwinkel im Windkanal messen. Die Ergebnisse dieser

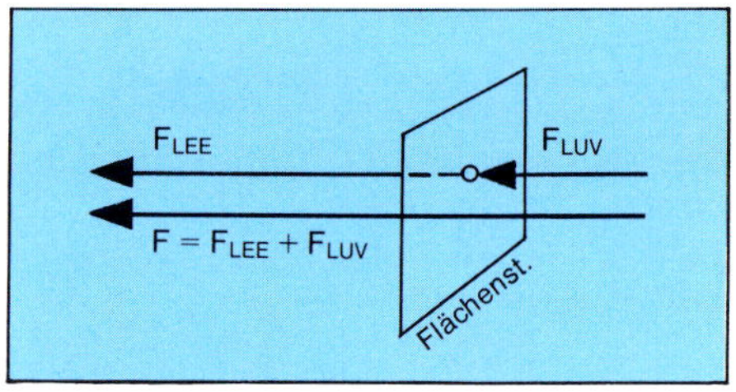

Die Kräfte F_{LUV} und F_{LEE} addieren sich zu einer Gesamtkraft F.

Messungen, welche hauptsächlich für die Flugzeugindustrie und die damit verbundene Forschung ausgeführt wurden, werden in sogenannten Druckverteilungsdiagrammen verdeutlicht. Daß man hier von Druck spricht, wird leicht klar, wenn man bedenkt, daß Kraft pro Fläche als Druck bezeichnet wird.
Eine typische Druckverteilung für ein Segel am Wind zeigt folgendes Diagramm:

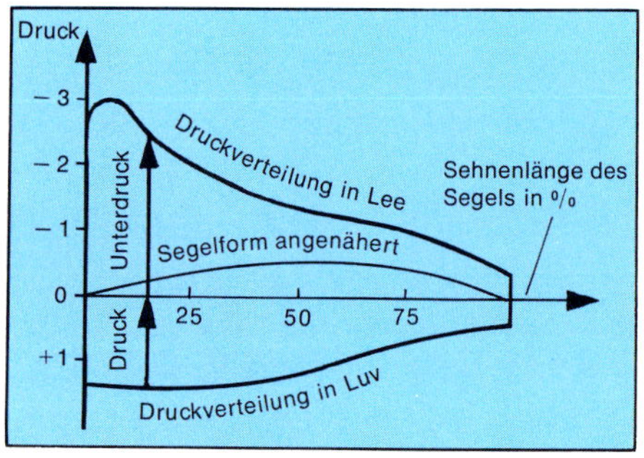

Solch ein Diagramm gibt aber nur Aufschluß über den Betrag der einzelnen Kräfte, nicht aber über deren Richtung, die ja senkrecht zur Segelfläche ist. Nimmt man wie in nebenstehender Skizze vier solche Kräfte F_1 bis F_4 heraus, die charakteristisch für die am Segel vorkommenden

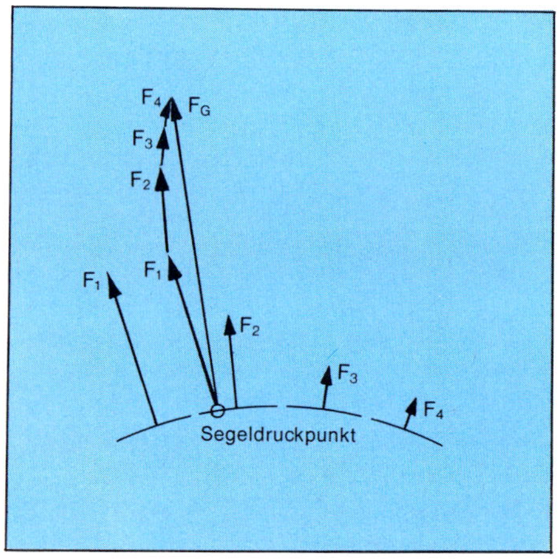

Teilkräfte sind, so sieht man, daß diese sowohl vom Ansatzpunkt als auch von Größe und Richtung wesentlich unterschiedlich sind. Man kann diese Kräfte aber zu einer einzigen Kraft vektoriell addieren und im danach genannten Segeldruckpunkt angreifen lassen, dadurch erreicht man, daß all diese Teilkräfte durch eine äquivalente Gesamtkraft F_G ersetzt werden.

Wahrer Wind – scheinbarer Wind

In folgenden Abschnitten wird öfters von der Windrichtung W_B die Rede sein. Es handelt sich um die Windrichtung des im Boot mitbewegten Beobachters, meist bezeichnet als »scheinbarer Wind«. Es ist der Wind, mit dem wirklich gesegelt wird, im Gegensatz zu W_R, dem »wahren Wind«, dem Wind des ruhenden Beobachters. Woraus ergibt sich W_B, also der »scheinbare Wind«?

Auf einem Boot ohne Fahrt, d. h. auf einem Boot vor Anker, an der Boje, am Steg, nimmt man den Wind wahr genau aus der Richtung, von der er bläst. Dies ist W_R = der »wahre Wind«.

Auf einem Motorboot, das mit hoher Geschwindigkeit bei völliger Flaute dahinbraust, spürt man den Fahrtwind. Der »scheinbare Wind« (W_B) nun, der für das Segelboot ausschlaggebend ist, ergibt sich als Kombination von Fahrtwind und »wahrem Wind«, errechnet als Resultierende aus dem Parallelogramm der Geschwindigkeiten.

Folgende Regeln gelten übrigens für W_B, den scheinbaren Wind:

- W_R und W_B können nie gleich sein, solange das Boot fährt.
- Vom fahrenden Boot aus sind Stärke und Richtung von W_R nicht exakt zu messen.
- W_B fällt immer vorlicher (mehr von vorne) ein als W_R. Nur beim Vorwindkurs behält er die gleiche Richtung bei.
- Am Wind segelnd, ist W_B bedeutend stärker als der W_R.
- Am Wind segelnd, benachteiligt W_B, da er mit spitzerem Winkel von vorne einfällt. Je größer die Geschwindigkeit des Bootes, um so nachteiliger.
- Auf Vorwindkurs ist W_B ebenfalls ein Nachteil, da er um so geringer wird, je schneller das Boot segeln kann. Der Fahrtwind ist hier nämlich dem W_R genau entgegengesetzt und von ihm abzuziehen.

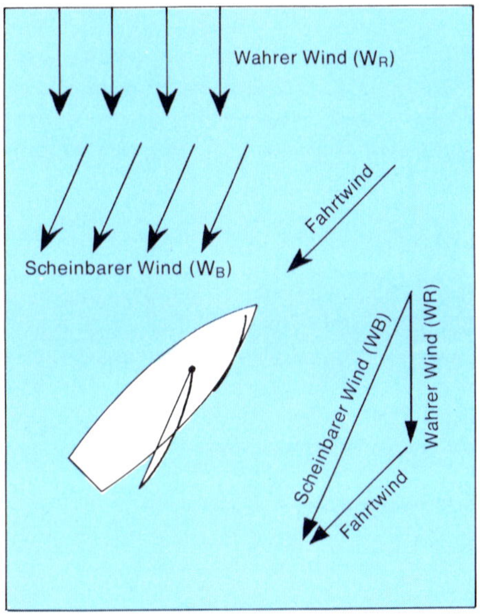

Vortrieb, Querkraft und Abdrift

Die durch das Segel beziehungsweise durch die Summe aller Segel erzeugte Gesamtkraft F_G ist äußerst nützlich, wenn man die Fahrtleistung einer Yacht betrachten will. Zerlegt man nach dem Parallelogramm der Kräfte diese Gesamtkraft F_G in eine in Mittschiffsrichtung wirkende Kraft F_V, die Vortriebskraft, und eine senkrecht zur Mittschiffslinie wirkende Querkraft F_Q, so bewirkt jede dieser Kräfte eine Teilgeschwindigkeit der Yacht.

Die vorantreibende Kraft F_V bewirkt die Fahrtgeschwindigkeit v_v in Schiffsrichtung, die so groß wird, bis die hauptsächlich durch den Bootsrumpf hervorgerufene Widerstandskraft F_W (die in einem späteren Abschnitt detailiert untersucht wird) gleichgroß wie F_V ist. Diese vorantreibende Kraft möchte der Segler natürlich so groß wie möglich machen. Die Querkraft F_Q bewirkt einerseits die Abdrift v_L, also eine unerwünschte seitliche Bewegung. Wegen des großen seitlichen Widerstandes des Bootsrumpfes im Wasser entsteht aber schon bei geringen seitlichen Abdriftgeschwindigkeiten v_L eine seitliche Widerstandskraft F_L in der Größe von F_Q.

Die vektorielle Summe von v_V und v_L gibt dann die wahre Bootsgeschwindigkeit v sowohl vom Betrag als auch von der Rich-

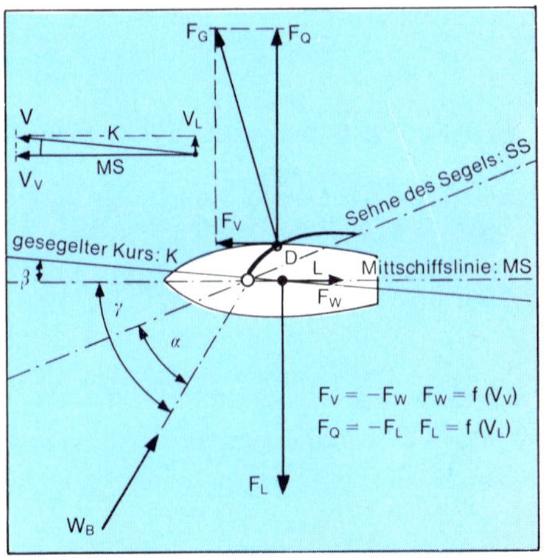

tung her an. Da bei guten Rennyachten der Driftwinkel β zwischen v_V und v nicht wesentlich größer als 5° ist, genügt diese vereinfachte Darstellung, die den hydrodynamischen Auftrieb des Schiffsrumpfes (einschließlich Kiel, Schwert und Ruder) nicht berücksichtigt, zumindest für unsere weiteren aerodynamischen Überlegungen.

Die Querkraft F_Q hat aber, da sie weit oberhalb der Wasserlinie im Segeldruckpunkt D angreift, die Widerstandskraft F_L aber im unterhalb der Wasserlinie gelegenen »Lateralschwerpunkt« L angreift, noch das sehr nachteilige Krängungsdrehmoment D_K zur Folge. Dabei kann man vereinfachend sagen: $D_K = h \cdot F_Q$, wobei h der senkrechte Abstand von D und L ist.

Das ebenfalls auftretende seitliche Drehmoment, das die Luv- bzw. Leegierigkeit bewirkt, wollen wir hier nicht behandeln, da es durch einfache Trimmöglichkeiten abzustellen ist.

Da jeder Segler möglichst schnell segeln möchte, will er vor allem v_V möglichst groß machen. Dies erreicht er einerseits, indem er F_V so groß wie irgend möglich macht.

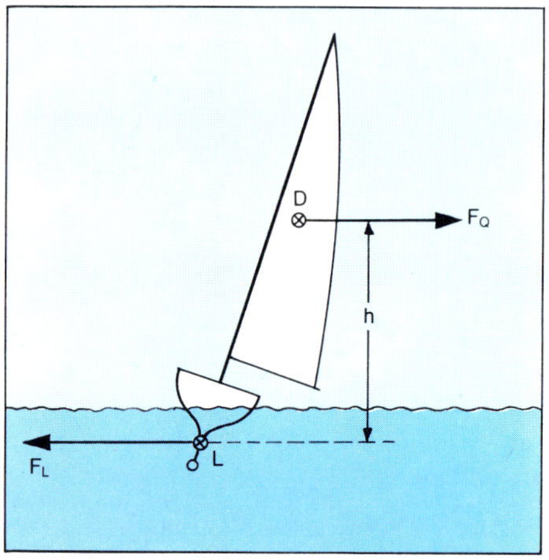

Die Querkraft F_Q greift im Segeldruckpunkt D an.

Dabei darf wegen des großen seitlichen Widerstandes ruhig auch F_Q mit größer werden, solange nicht das Krängungsdrehmoment D_K einen bestimmten Wert D_A (die Stabilitätsgrenze bei Jollen – eine Krängungsgrenze bei Yachten, oberhalb der der Fahrtwiderstand enorm zunimmt) übersteigt. Andererseits erreicht er eine große Geschwindigkeit v_V auch durch Senken des Fahrtwiderstandes.

Auswertung von Profilmessungen

In den Theoriebüchern über aerodynamische Profile wird im allgemeinen die Gesamtkraft F_G nicht in die Kraft F_Q und F_V

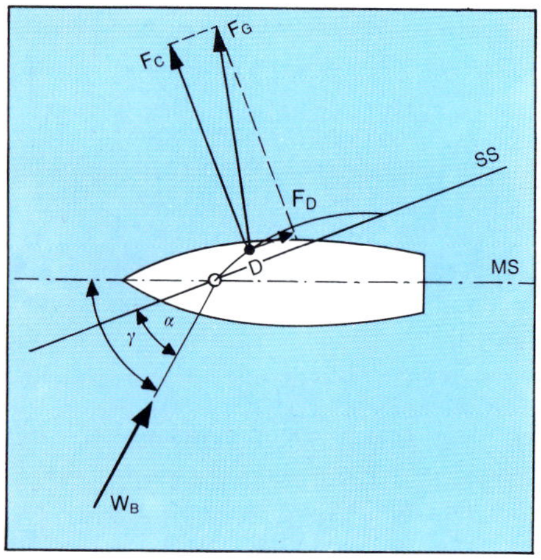

zerlegt, sondern aus Gründen der praktischen Meßtechnik in eine sogenannte Auftriebskomponente F_c und eine Widerstandskomponente F_D (siehe Abb.). Dabei hat die Widerstandskomponente die Richtung des Winddes W_B, die Auftriebskomponente ist senkrecht dazu. Im übrigen sind all diese Darstellungen so normiert, daß sie nur für eine bestimmte Windgeschwindigkeit gelten. Doch kann man hier sehr leicht auf alle anderen Windgeschwindigkeiten zurückfinden, wenn man bedenkt, daß bei gleichen geometrischen Verhältnissen F_G und damit auch sämtliche Komponenten von F_G direkt proportional zum Quadrat der Windgeschwindigkeit sind.

$$F_G = c \cdot W_B^2 \quad !!$$

Diese Darstellung ist für theoretische Versuchsauswertungen die einfachste, zumal sie die Ergebnisse an Flügelprofilen übertragbar und vergleichbar macht. Für den Segler ist es aber oft schwierig, aus diesen Kurven *sein* Segelprofil zu finden. Der Segler braucht nämlich für Hart-am-Wind-Kurse hauptsächlich die Auftriebskomponente, für Vorwindkurse dafür nur die Widerstandskomponente.

Zum zweiten fehlt in den meisten dieser Diagramme auch eine Angabe über den Anstellwinkel α. Für eine ordentliche Analyse dieser Diagramme muß man aber sowohl den Anstellwinkel α als auch den Winkel des Windes zur Mitschiffslinie γ noch berücksichtigen.

An Hand des untenstehenden Diagramms wollen wir aber doch einige wesentliche Ergebnisse der Profilmessung herauslesen:

1. Die Gesamtkraft F_G ist für das gewölbte Profil in allen gezeigten Anstellbereichen größer als bei der geraden Platte.
2. Das gewölbte Profil hat im Gegensatz zum geraden Profil ein sehr stark ausgeprägtes Kraftmaximum von F_G bei einem Anstellwinkel von α = 15°.

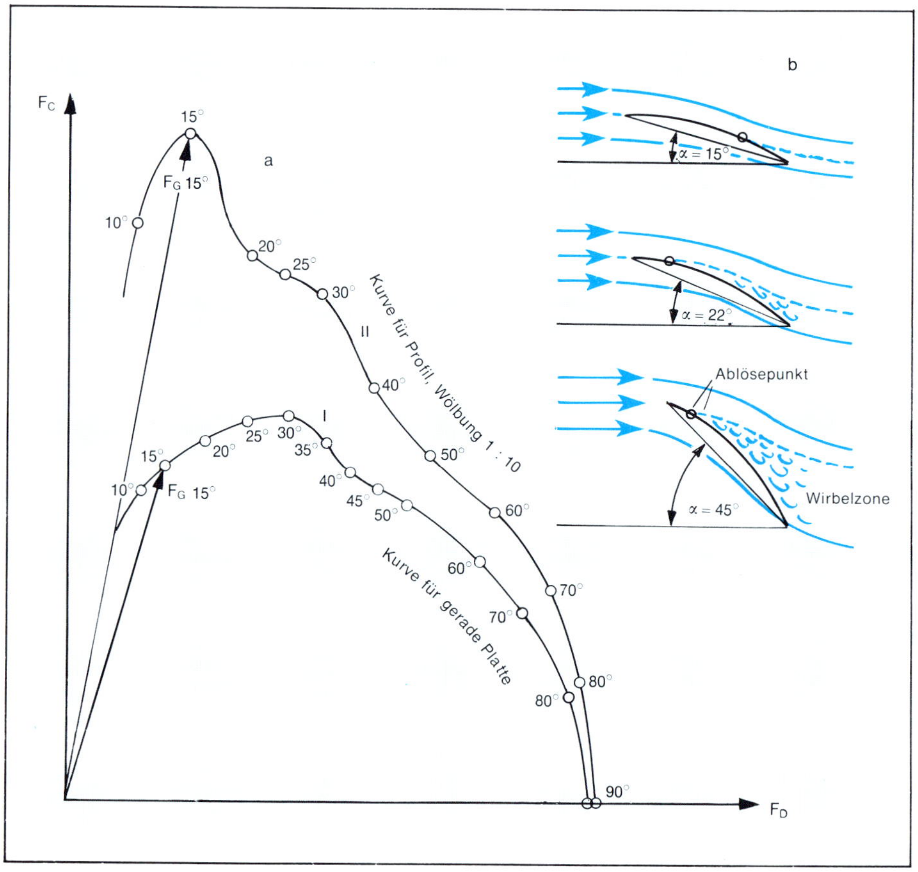

3. Für einen Anstellwinkel von z. B. α = 15° zeigt sich, daß für die gewölbte Platte die Kraftrichtung von F_G mehr vorlich wirkt als bei der geraden Platte. Dies ändert sich erst bei kleinen Anstellwinkeln unter 10°.

Diese Auswertung zeigt zwar den klaren Vorteil des gewölbten Profils gegenüber dem ebenen; um aber die günstigste Lage der Profiltiefe und die richtige Profiltiefe zu finden, wollen wir nicht diesen Weg über Auswertung von Messungen gehen, was den Rahmen jedes Theoriebuches sprengen würde, sondern ein paar einfache Überlegungen anstellen.

Richtiges Profil und richtiger Anstellwinkel

Versuche mit geraden Platten haben gezeigt, daß der Quotient aus Kraft F_G und Projektion der Plattenfläche $\frac{A : F_G}{A}$ bei sehr kleinen Anstellwinkeln α am größten ist (3°–5°). Dies ist dadurch zu erklären, daß die in folgender Abb. links noch laminare Luftströmung (laminar = wirbelfrei) bei größeren Anstellwinkeln abreißt und sich in Luv eine Stauzone, in Lee eine Wirbelzone (Turbulenz) bildet (Abb. Mitte). Insgesamt wird die Luftströmung in Abb. links jedoch weiter abgelenkt als in der Abb. Mitte.

Ein Segel kann man nun in grober Näherung als viele um einen kleinen Winkel gedrehte Platten betrachten, die jede für sich den Windstrom ohne Wirbelbildung um einen kleinen Winkel ablenken. Dadurch wird der Luftstrom insgesamt um einen großen Winkel abgelenkt, ohne daß die Strömung abreißt (obere Abb. rechts). Daß dies für das im vorausgehenden Abschnitt untersuchte Profil gerade bei α = 15° optimal erreicht ist, geht mit dieser Überlegung konform, da gerade für den Winkel α = 15° die Vorderkante des Segels, auch Anschnittkante genannt, mit dem Wind W_B den oben genannten günstigsten Winkel von etwa 3° einschließt. Für größere Anstellwinkel reißt dann (siehe nebenstehende Abb.) die Strömung ab, und zwar je größer der Winkel um so früher. Deshalb ist auch die Gesamtkraft F_G dann kleiner.

Daraus ergeben sich folgende Grundforderungen für ein Segel:

1. Die Anschnittkante des Segels sollte in seiner ganzen Länge den selben Anstellwinkel α_A zur Windrichtung W_B haben und es sollte α_A möglichst klein sein (0°–4°)
2. Das Segel sollte überall gewölbt sein, denn flache Segelteile bringen keine zusätzliche Windablenkung, also kaum Vortrieb.
3. Das Segel sollte an keiner Stelle zumachen, also einen negativen Winkel mit der Mittschiffslinie bilden, da diese Segelkomponente nach der Abb. auf Seite 110 lediglich die Querkraft F_Q vergrößern und die Vortriebskraft F_V sogar verkleinern würde.

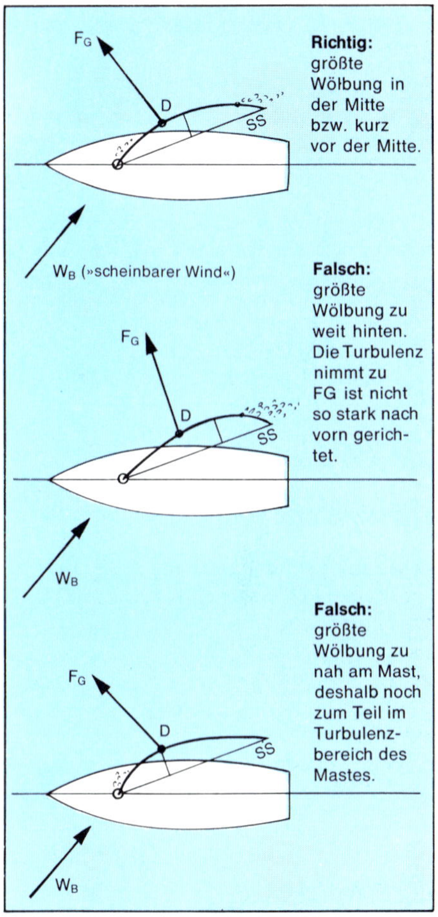

Wölbung im Segel.

4. Die größte Wölbungstiefe sollte etwa in der Mitte des Segels liegen, bei Segeln ohne Maststörung etwas davor. Siehe dazu unsere Abb.!

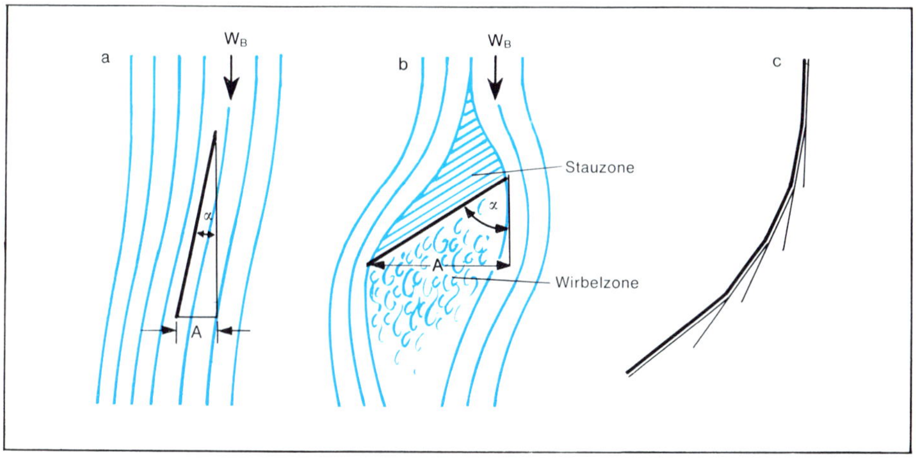

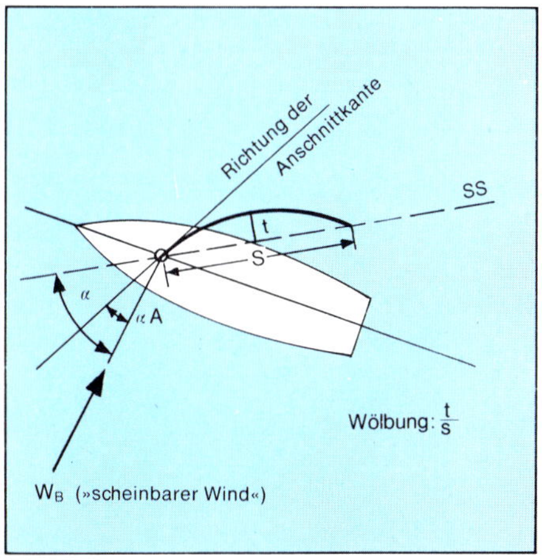

5. Will man F_G sehr groß haben, muß das Segel stark gewölbt sein (Spinaker etc.). Will man sehr große Höhe fahren, darf das Segel nicht zu viel Wölbungstiefe besitzen, da man sonst die Bedingungen 1 und 3 nicht gleichzeitig erfüllen kann.
6. Das Unterliek sollte den Druckausgleich zwischen Luv und Lee möglichst verhindern.

Doch eine Segelform genügt nicht!

In dem vorherigen Kapitel wurden einige Grundvoraussetzungen an das Segel gestellt, doch schon sieht man, daß für verschiedene Bedingungen eigentlich verschiedene Segel gebraucht werden. Ebenso kann man Punkt 4 soweit variieren, daß man sagt:

a) Beim Allroundsegel soll die größte Wölbung in der Mitte bzw. kurz vor ihr sitzen.
b) Beim Vorwindsegel sollte die größte Wölbung hinter der Mitte sitzen.
c) Beim Sturmsegel auf Amwindkursen sollte die größte Wölbung vor der Mitte sitzen.

Natürlich ist dauernder Segelwechsel unrealistisch und z. B. bei Regatten meist gar nicht erlaubt. Deshalb kommt nur ein Allroundsegel (wie bei Punkt a), das man durch entsprechende Trimm-Maßnahmen auch den Bedingungen b und c angleichen kann, in Frage.

Wesentlich problematischer ist die Frage der Wölbungstiefe, wenn man bedenkt, daß für eine gute Rennyacht, etwa eine Soling, der Winkel zwischen Mittschiffslinie und Windrichtung W_B kleiner als 20° werden kann, wenn das Boot optimal kreuzt, was ein verhältnismäßig flaches Segel erforderlich macht (höchstens 1:20), andererseits aber so ein flaches Segel auf raumen Kursen einem Segel von einer Wölbungstiefe von 1:6 weit unterlegen ist.

Gegen dieses Dilemma, vor dem jeder Regattasegler steht, gibt es die verschiedensten Abhilfen. Die gedanklich einfachste, aber am schwierigsten schnell durchführbare ist der Segelwechsel. Einfacher durchzuführen, aber oft sehr komplex sind die vielen Trimmöglichkeiten am Segel wie Cunningham, Mastbiegung, Unterliek.

Doch ehe wir diese Möglichkeiten näher untersuchen, wollen wir noch einige Dinge betrachten, die mit dem Segel selbst nichts zu tun haben, aber dafür mit der Fahrtleistung des Schiffes.

Der Widerstand des Segelbootes

Sämtliche durch das Segel aufgebrachten Kräfte werden durch den Widerstand des Bootes wieder aufgebraucht.

Dieser Widerstand setzt sich aus mehreren Komponenten zusammen, die mehr oder weniger leicht beeinflußbar sind:

- Reibungswiderstand der Unterwasserteile am Boot
- Formwiderstand des Bootes
- Krängungswiderstand des Bootes
- Durch Abdrift induzierter Widerstand des Bootes
- Luftwiderstand von Rumpf und Takelung
- Widerstand durch unruhiges Wasser

All diese Widerstände haben eines gemeinsam:

Jeder Teilwiderstand nimmt allein für sich mit der Bootsgeschwindigkeit zu.

Der Reibungswiderstand

Der Reibungswiderstand des Unterwasserteils des Bootes ist nicht etwa eine direkte Reibung zwischen den Wasserteilchen und der Bootswandung, wie es bei einem Holzklotz der Fall ist, der auf einer Tischplatte verrutscht wird, sondern es ist dies die Reibung der Flüssigkeitsteilchen untereinander in der Nähe der Bootswandung. Mit anderen Worten: Direkt an der Bootswandung hat eine ganz dünne Schicht (Größenordnung einige Molekulardurchmesser) die gleiche Geschwindigkeit wie das Boot, und diese »Wasserschicht« reibt sich an den weniger stark mitbewegten Wasserschichten in größerer Entfernung vom Boot. In der Umgebung der Bootsschale nimmt also die Geschwindigkeit der Wasserschichten mit wachsendem Abstand von der Bootshaut ab, und zwar hat die Wasserschicht direkt an der Bootsschale die Bootsgeschwindigkeit, und Wasserschichten außerhalb dieses Übergangsbereiches, der in der Größenordnung von mm bis cm liegt, weisen die Geschwindigkeit Null auf. Was ist zu tun, um diesen Reibungswiderstand, der im übrigen direkt proportional mit der Bootsgeschwindigkeit zunimmt, so gering wie möglich zu halten?

Die einleuchtendste Methode wäre es, die Reibung zwischen den Flüssigkeitsschichten zu verringern, was z. B. durch den Zusatz polymerer Mittel in das Wasser möglich wäre. Sicher wird die Industrie einmal Farben entwickeln, die solche Polymere für natürlich nur beschränkte Zeit an das Wasser abgeben und dadurch den Übergangsbereich verkleinern, was gleichbedeutend mit einer Verringerung der Reibung ist. Rein theoretisch kann man dabei den Reibungswiderstand bis zu 50% reduzieren, doch werden hier sicher auch bald Regeln einen Riegel vorschieben, sobald das Problem aktuell wird.

Die zweite Möglichkeit, den Reibungswiderstand gering zu halten, ist, die Oberfläche so klein wie möglich zu machen, ohne dabei andere nachteilige Komponenten in Kauf zu nehmen. So sollte man bei Vorwindkursen, wo ja die Abdrift unwesentlich ist, das Schwert hochnehmen. Auch kann man bei leichten Winden, bei denen der Widerstand hauptsächlich aus dem Reibungswiderstand besteht, das Schiff leicht krängen oder auf die Nase (Bug) legen, wodurch man bei vielen Schiffen (vor allem Jollen) die vom Wasser benetzte Oberfläche reduziert. Sehr wesentlich ist auch, daß die Bootsoberfläche absolut glatt ist, daß sie also zum Beispiel mit einem 500er Schleifpapier poliert wurde und nicht die groben Riefen eines 60er Papiers hat, die aus der Sicht der molekularen Wasserschichten wie Schluchten ausschauen. Eine Hochglanzlackierung (oder das Einreiben mit Steig und Gleitwachs bei großen Wellenbergen) sind dagegen nicht vonnöten.

Der Formwiderstand des Rumpfes

Der Formwiderstand (auch dynamischer Widerstand genannt) ist diejenige Kraft, die zum wesentlichen Teil für die Wellenbildung des Bootes an der Wasseroberfläche benötigt wird, und dadurch natürlich zum reinen Vortrieb verloren geht. Ein anderer Teil trägt bei zur Wirbelbildung an Bug, Heck, Kiel und Ruder, da diese Unterwasserteile nicht ideale Stromlinienformen aufweisen.
Der Formwiderstand hängt also ab von der Unterwasserform des Segelbootes, die zwar vor dem Bau entscheidend, hinterher aber nur noch an Kleinigkeiten, wie Profilierung von Schwert und Ruder und richtiger Gewichtstrimmung beeinflußt werden kann. Andererseits nimmt der Formwiderstand direkt proportional mit dem Bootsgewicht zu, so daß in allen graphischen Darstellungen der sogenannte spezifische Formwiderstand verwendet wird, also der Formwiderstand pro kg Verdrängung. Am interessantesten ist aber, daß der Formwiderstand bei den sogenannten Verdrängungsbooten schneller als das Quadrat der Bootsgeschwindigkeit ansteigt und damit ab einer bestimmten Geschwindigkeit eine unüberwindbare Grenze setzt, die Rumpfgeschwindigkeit. Diese Rumpfgeschwindigkeit nimmt mit der Wurzel aus der Wasserlinienlänge zu. Bei Gleitbooten hingegen zeigt die Formwiderstandskurve ab der kritischen Phase, in der das Boot zum Gleiten kommt, ein ganz anderes Verhalten: Sie nimmt ab diesem kritischen Punkt nicht mehr wesentlich zu.
Dies ist dadurch zu erklären, daß bei einer Gleitgeschwindigkeit mit dem »Herausheben des Bootes« durch seine Bugwelle die Wellenbildung insgesamt abnimmt, insbesondere dadurch, daß die Heckwelle mehr oder weniger entfällt.
Vom Formwiderstand leben die Konstrukteure und einige Bootshersteller, die die Bauvorschriften maximal ausnutzen,

Die Geschwindigkeit eines Bootes hängt auch vom richtigen Trimm ab.

selbst können wir aber nur wenig gut machen mit drei Ausnahmen:
1. Schwert und Ruder richtig profilieren (eigenes Kapitel) und das Schwert eventuell hochnehmen.
2. Das Boot richtig längstrimmen, wobei der wesentlichste und am häufigsten gemachte Fehler ist, daß das Boot achtern saugt. Das Heck muß vor allem bei Geschwindigkeiten unterhalb der Gleitphase so weit aus dem Wasser heraus, daß dieses glatt und ohne Wirbel nach hinten abströmt.
3. So wenig Gewicht wie möglich an Bord mitführen.

Der Krängungswiderstand des Bootes

Der Krängungswiderstand des Bootes ist eigentlich Teil des Formwiderstandes, nämlich die Zunahme des Formwiderstandes sobald das Boot krängt. Wie groß diese Zunahme ist, zeigt die folgende Abbildung:

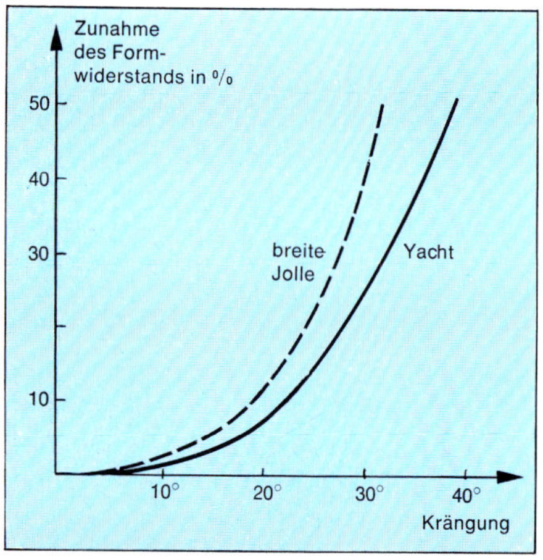

Hieraus sieht man, daß bei Yachten oberhalb eines Krängungswinkels von 15°–20° der Krängungswiderstand beachtlich wächst, bei Jollen solche Krängungswinkel schon zu erheblichen Fahrtverlusten führen. Fazit: Bei Jollen aufrecht, bei Yachten so aufrecht wie möglich segeln.

Der durch Abdrift induzierte Widerstand des Bootes

Ist Abdrift bei einem Boot festzustellen, so erkennt man dies auch durch erhöhte Wellen und Wirbelbildung – der Formwiderstand nimmt also mit der Abdrift zu – wie stark er zunimmt, zeigt folgende Abbildung:

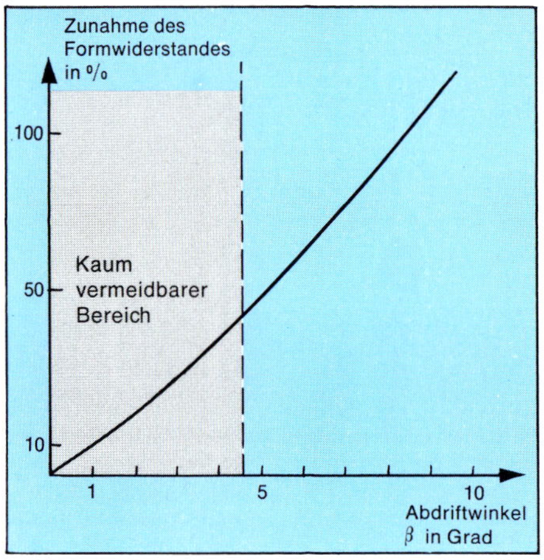

Natürlich ist die Abdrift am Wind nicht ganz zu vermeiden, aber man sollte doch sein möglichstes dazu tun, um sie gering zu halten, also nie am Wind mit zu wenig Schwert oder mit Überbesegelung!

Der Luftwiderstand von Rumpf und Takelung

Schon die vorausgenannten beiden Widerstände sind hauptsächlich auf Hart-am-Wind-Kursen zu beachten. Ebenso stark schlägt aber auch auf diesen Kursen der Luftwiderstand zu Buche. Wie groß dieser ist, sieht man am besten, wenn man die Segel wegnimmt und sich treiben läßt, wodurch das Boot doch erheblich Fahrt nach achtern macht. Unter Segeln nimmt die Bootsgeschwindigkeit und damit der Luftwiderstand noch zu. Doch kann man auch diesen Luftwiderstand gering halten:
- Sämtliches über Deck befindliche laufende und stehende Gut sollte so dünn wie möglich dimensioniert sein (also Draht statt Tau).
- Es sollten möglichst wenig Fallen, Wanten und dergl. außerhalb des Mastes verlaufen.
- Das Deck sollte flach sein, möglichst ohne Aufbau und andere Gegenständen, an denen sich Wind oder auch Wasser fangen könnten.
- Die Mannschaft sollte so dicht wie möglich zusammensitzen und der Trapezmann auf Jollen keine flatternde Kleidung anhaben.

Der Widerstand durch unruhiges Wasser

Jedem Segler ist bekannt, daß sein Boot bei ruhigem Wasser schneller segelt als bei starker Wellenbildung. Diesen Teil des Widerstandes kann man natürlich nur indirekt mindern durch:
- Gutes Aussteuern der Wellen (hier ist der richtige Rhythmus, den ein Steuermann finden muß, meist ausschlaggebend für den Sieg in einer Regatta – mehr oft als alles andere!).
- Indem man ruhigeres Wasser aufsucht, was in küstennahen Gewässern sehr oft möglich ist.

Addition der Widerstände

Diese 6 verschiedenen Widerstände treten meistens gleichzeitig auf, doch ist das Verhältnis der Widerstände natürlich von vielen Faktoren abhängig, von
- Bootsgeschwindigkeit
- Kurs zum Wind
- Art des Wassers (Wellenwiderstand) und des Windes (böig oder nicht).

Insgesamt kann man sagen, daß der Krängungswiderstand und der durch Abdrift induzierte Widerstand des Bootes, der Luftwiderstand von Rumpf und Takelung und der Widerstand durch unruhiges Wasser auf raumen Kursen unbedeutend sind, dagegen zusammen auf Hart-am-Wind-Kursen annähernd 50% des Gesamtwiderstandes ausmachen.
Interessant ist vielleicht das Verhältnis von all diesen Widerständen auf einem Amwindkurs in Abhängigkeit von der Boots-

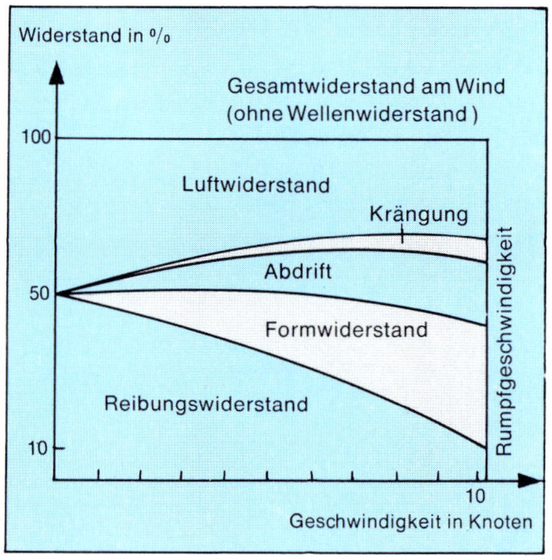

geschwindigkeit, die in folgender Abbildung dargestellt ist. Auffällig dabei ist vor allem das gewaltige Zunehmen des Formwiderstandes und der damit verbundene, immer geringer werdende Anteil des zu Beginn dominierenden Reibungswiderstandes.

Merke: Man muß den Widerstand durch viele kleine Beiträge so klein wie irgend möglich halten, dann kann man mit dem gleichen Segel viel schneller fahren.

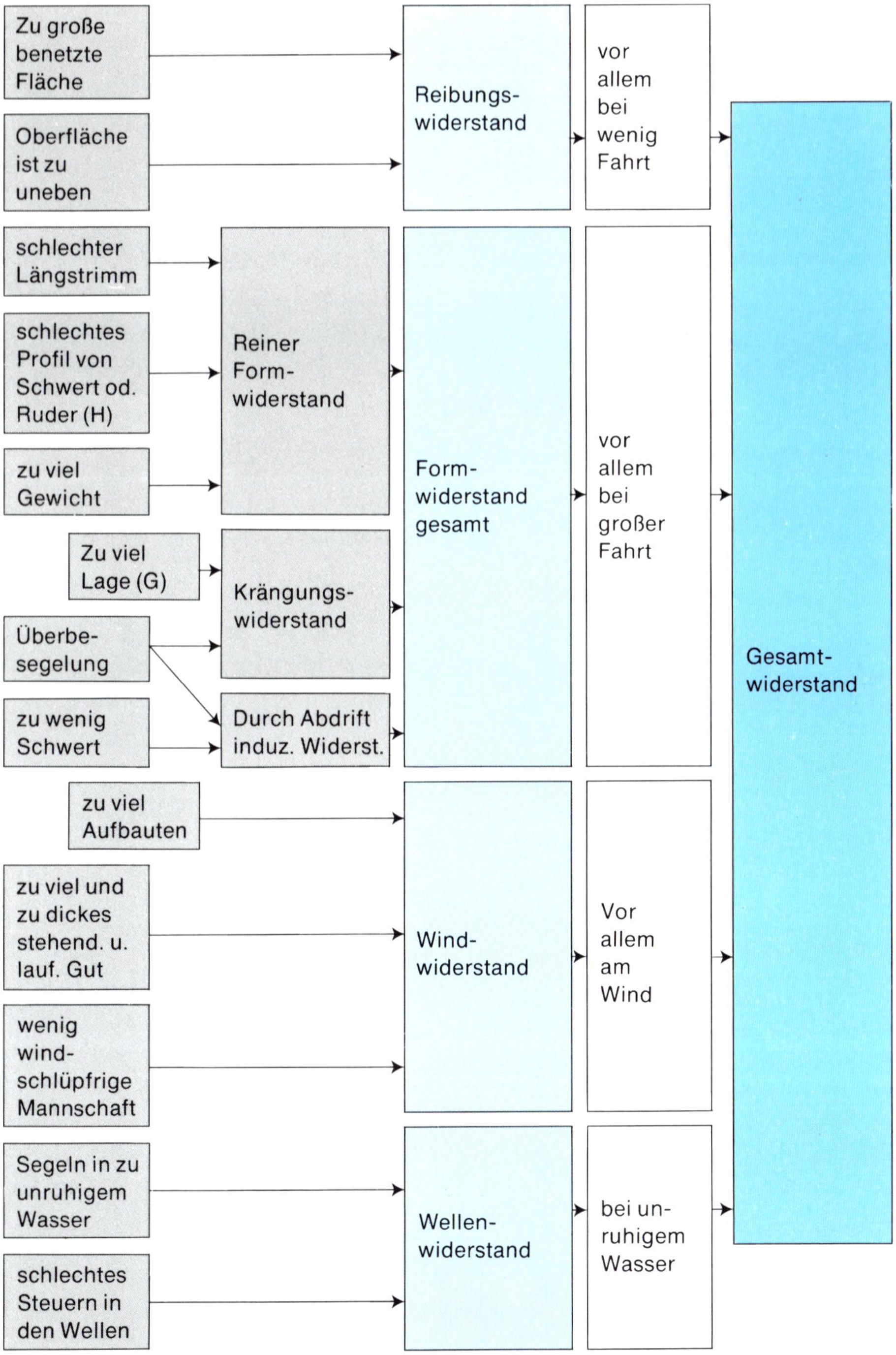

Krängung – das Gleichgewicht der Drehmomente

Jedes Boot, ob Yacht oder Jolle, soll so aufrecht wie irgend möglich gesegelt werden. Doch wie schon in Kapitel auf Seite 109 angedeutet, bewirkt die Querkraft F_Q ein krängendes Drehmoment $D_k = h \cdot F_Q$. Dieses Drehmoment hängt also einerseits direkt ab von der Größe der Querkraft F_Q und andererseits vom Abstand des »Kraftansatzpunktes« D zum »Drehpunkt« L, den wir mit h bezeichnet haben. Dabei ist D der Segeldruckpunkt und L der Lateralschwerpunkt (siehe Abb.)

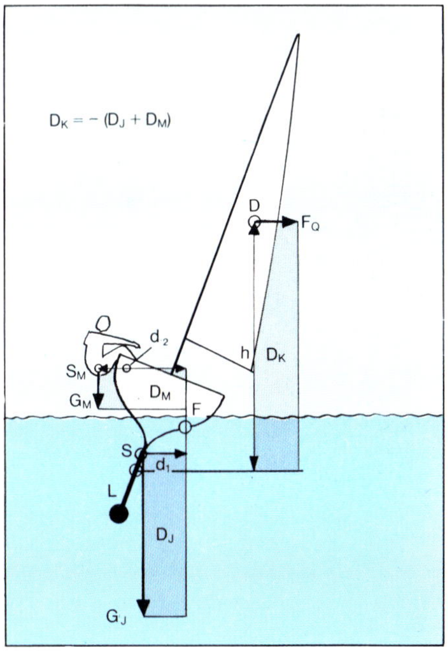

Es gilt $D_A = D_J + D_M$

$D_A = - D_k$

$D_J = G_J \cdot d_1$

$D_M = G_M \cdot d_2$

$D_k = F_Q \cdot h$

nach dem Gesetz: Drehmoment ist gleich Kraft mal Kraftarm

Diesem krängenden Drehmoment D_k wirkt das aufrichtende Drehmoment D_A entgegen, das sich zusammensetzt aus dem auf-

richtenden Drehmoment des Bootes D_J und dem aufrichtenden Drehmoment der Mannschaft D_M.
Für die Bezeichnungen siehe unsere Abbildung.
Dabei ist G_J die Gewichtskraft des gesamten Bootes (Bootsgewicht), G_M die Gewichtskraft der Mannschaft (Mannschaftsgewicht), d_1 der waagerechte Abstand des Gewichtsschwerpunkts S vom Formschwerpunkt F und d_2 der waagerechte Abstand des Mannschaftsgewichtsschwerpunkts S_M vom Formschwerpunkt F. Der Gewichtsschwerpunkt S ist dabei der Punkt, in dem man sich das Gesamtgewicht des Bootes vereinigt denken könnte. Er liegt bei Kielyachten durch den Ballastkiel verhältnismäßig tief, bei Jollen wesentlich höher. Der Formschwerpunkt oder auch Auftriebsschwerpunkt ist, der Schwerpunkt aller durch den Wasserauftrieb bedingten Kräfte oder mit anderen Worten der Schwerpunkt aller unter dem Wasser befindlichen Bootsteile; er wandert bei breiten Booten mit zunehmender Krängung schneller nach Lee als bei schmalen Booten.
Um nun die Krängung möglichst gering zu halten, muß der Segler die sechs Größen G_J, G_M, F_Q, d_1, d_2 und h zu seinen Gunsten beeinflussen. Dabei ist G_J eine vorgegebene Größe, und d_1 wird bei Jollen bei einer geringen Krängung bereits groß genug sein, um D_J optimal wirken zu lassen; bei Yachten dagegen wird d_1 mit wachsender Krängung größer, wobei ja gerade diese Krängung unerwünscht ist. Hier muß man durch Versuche herausfinden, wo der günstigste Krängungswinkel liegt, der bei breiten Yachten (Tempest, Zugvogel) unterhalb 25° liegen wird, bei schmalen Yachten mit viel Ballast (Drachen, Hochseeyachten) etwas oberhalb 25°. Bei Jollen wird er bei 10–15° und bei Katamaranen dann erreicht, wenn ein Schwimmer gerade aus dem Wasser taucht.
Wesentlich einfacher läßt sich dagegen G_M erhöhen, indem man Ballastkleidung anzieht. Doch sollte dieser Punkt nicht überschätzt werden, da man einerseits dieses Zusatzgewicht mitbewegen muß, und es andererseits natürlich eine Frage der körperlichen Kondition ist. Also bei wirklich harten Regatten ist dies aus Sicherheits- und Konzentrationsgründen nicht zu empfehlen. Hingegen ist das Vergrößern von d_2, sofern nicht durch Bauvorschriften eingeschränkt, durch Außenbordshängen, Trapez oder Ausreitbretter heute schon bis an die möglichen Grenzen auszunutzen. Der gute Segler wird also vor allem an den beiden letzten Faktoren, an F_Q und h arbeiten, da hier noch der meiste Spielraum liegt. So kann er, indem er das Segel in den obersten Partien flach macht, F_Q dort sehr gering halten, da dann einerseits F_G kleiner wird und sich andererseits bei richtigem flachen Anstellwinkel α_A (Abb. Seite 111) das Verhältnis von F_Q zu F_V zu Gunsten von F_V verändert. Außerdem geht dadurch auch der Segeldruckpunkt D mehr Richtung Wasserlinie, es wird also h kleiner.
Auf Jollen kann man dann noch zusätzlich, sofern die Fahrtgeschwindigkeit so groß ist, daß die Abdrift gering gehalten wird, auch das Schwert etwas hochnehmen, wodurch L sich nach oben verschiebt und ebenfalls h geringer wird.
Hier das richtige Maß zu finden, verlangt viel seglerisches Feingefühl, zeigt aber gerade die Überlegenheit der guten Segler bei viel Wind, bei welchem Klasseunterschiede erst richtig auftreten.
Um den Begriff des Drehmoments klarer zu machen, kann man ihn auch als Rechtecksfläche auffassen (siehe Abb.).

Kentern

Bei Jollen nimmt ab einem bestimmten Krängungswinkel das Drehmoment D_J nicht mehr zu, sondern ab und wird bei einem noch größeren Krängungswinkel sogar gleichgerichtet wie das Krängungsdrehmoment. Diese Krängungswinkel sind also sorgsam zu meiden, sonst »liegt man im Bach«. Die Abhängigkeit von D_J von der Krängung kann man sehr deutlich in folgendem Diagramm sehen:

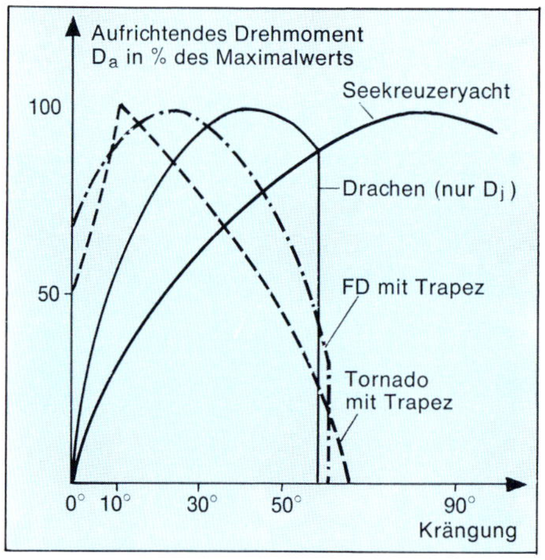

Profil von Schwert bzw. Kiel und Ruder

Drei Dinge sind bei einem Profil von wesentlicher Bedeutung:

1. Der Nasenradius
2. Das Verhältnis von Profillänge l zu Profilstärke t
3. Die Lage der größten Profildicke (Angegeben in % Profillänge von vorne)

Strömungstechnische Versuchsanstalten liefern vor allem für den Flugzeug- und Modellflugzeugbau die verschiedensten Profile mit den unterschiedlichsten Eigenschaften. Der Segler, der als Schwert oder Ruder schon längst keine geraden Platten mehr verwendet, hat also das Richtige auszuwählen. Dabei fällt die Wahl durch die teilweise sehr schwer zu verstehenden Meßergebnisse der Theoretiker gar nicht so leicht. Hier die wichtigsten Anhaltspunkte:

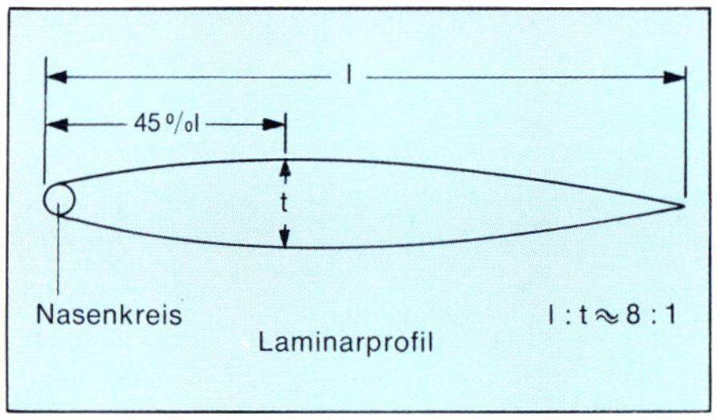

Das Verhältnis von Länge zu Stärke (l : t) (siehe Abb.) ist im wesentlichen abhängig von der Geschwindigkeit, wobei das Reynold'sche Gesetz zu beachten ist. Für Segelboote, die in der Größenordnung von 3–7 Knoten segeln, hat sich ein Verhältnis zwischen 5 : 1 und 8 : 1 als recht wirkungsvoll erwiesen. Dabei sind natürlich oft die Bauvorschriften im Wege, um das Optimale zu erreichen.
Was den Nasenradius, also die Form der Vorderkante, und die Lage der größten Dicke angeht, so muß man hier zwischen Schwert und Ruder unterscheiden, denn diese beiden Größen hängen hauptsächlich davon ab, unter welchem Winkel das Profil am meisten angeströmt wird. Für kleine Anströmwinkel, wie sie beim

Schwert oder Kiel vorkommen, ist ein sogenanntes Laminarprofil mit der größten Dicke bei etwa 50% und verhältnismäßig kleinem Nasenradius (etwa $^1/_6$t) am günstigsten, da es dann den geringsten Widerstand und guten Auftrieb zeigt. Für Anströmwinkel von 5°–15°, wie sie beim Ruder wegen der vielen Korrekturen häufig sind, gibt man einem Profil mit größerem Nasenradius (etwa $^1/_5$t) und der größten Dicke bei etwa 35% den Vorzug, da es mehr Auftrieb und weniger Widerstand bei solchen Anströmwinkeln besitzt als das Laminarprofil.
Bei beiden Profilen sollte die Nase parabolisch verlaufen, wobei die hintere Kante des Profils weniger wichtig ist, da sie bereits im turbulenten Bereich liegt und sich deshalb eine scharfe Kante, wie sie oft gefordert wird, wenig auswirkt.
Die Form des Schwerts oder Ruders sollte möglichst schmal sein und, was meist wenig beachtet wird, nicht senkrecht aus dem Bootsboden herausragen. Hier hat es sich gezeigt, daß der Widerstand bei einem Winkel von 60°–75° zwischen Bootsboden und Vorderkante Schwert wesentlich geringer ist als bei einem Winkel von 90°. Durch leichtes Hochnehmen des Schwerts kann man also gewinnen!

Die Werkzeuge zum Segeltrimm

Das Großsegel

Selbstverständlich kann man das Großsegel nicht betrachten, ohne es in Verbindung zum Mast zu sehen, deshalb sind auch der Mast und die Form, die man ihm geben kann, das Haupttrimmittel für das Großsegel. Verändern kann man mit einem flexiblen Rigg bei einem guten Segel die Lage der tiefsten Wölbung, die Tiefe der Wölbung insgesamt und beides unterschiedlich für den oberen und unteren Segelbereich; auch den Anstellwinkel kann man variieren und das Segel hinten mehr schließen oder öffnen.

Die Mastbiegung

Die Wölbung im Segel wird durch verschiedene »Kunstgriffe« des Segelmachers, die im Kapitel ›Segel‹, Seite 51 dargestellt sind, erreicht. Folgendes kann man nun sagen:
Bei geradem Mast hat das Segel die größte Wölbungstiefe, und die Wölbung liegt wegen der Vorliekszugabe kurz hinter dem Mast. Man kann also durch Biegen des Mastes das Segel abflachen und gleichzeitig damit die Wölbungstiefe nach achtern (also mehr zur Segelmitte) verschieben. Werkzeuge dazu sind:

- Das Achterstag, evtl. in Verbindung mit dem Babystag
- Salingwinkel und Salinglänge
- Die Spannung der Wanten insbesondere bei Ober- und Unterwanten
- Der Mastkontroller oder Mastdrücker
- Der Großbaumniederholer und evtl. die Zugrichtung (Traveller) der Großschot
- Der Winddruck

Dabei muß man grundsätzlich zwei Arten der Mastbiegung unterscheiden: Mastbiegung in Schiffslängsrichtung bedeutet Verflachung im gesamten Segelbereich und Verschiebung der Wölbungstiefe nach hinten. Mastbiegung in Schiffsquer-

Die Wirkung der Trimm-Möglichkeiten auf das Großsegel

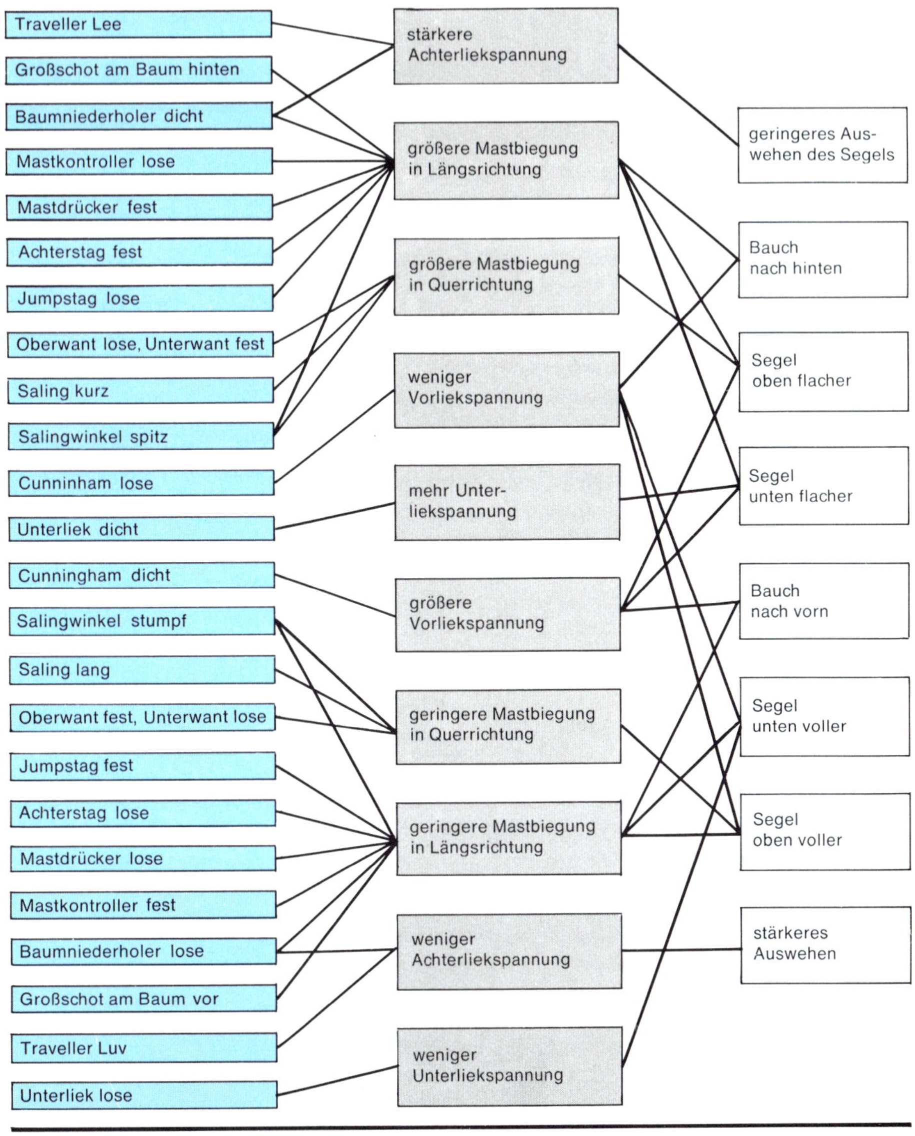

richtung bedeutet Verflachung des oberen Segelbereiches mehr als des unteren Segelbereichs, wobei zu beachten ist, daß das Topp nach Lee biegt und nicht umgekehrt. Für diese letztere Biegung sind vor allem der richtige Salingwinkel und die richtige Salinglänge sowie das Verhältnis der Spannung von Ober- und Unterwant verantwortlich. Mit den anderen Instrumenten reguliert man die Mastkurve hauptsächlich in Längsschiffrichtung. Hier ein für alle Klassen allgemeingültiges Rezept aufzustellen, ist aber wegen der Unterschiedlichkeit der Riggs nicht möglich, zumal bei manchen Bootstypen einige dieser Möglichkeiten nicht genutzt werden können. Man sollte sich also, wenn man in einem neuen Boot sitzt, all diese Möglichkeiten unter Windbelastung z. B. vor einer Regatta gut ansehen und auf die Auswirkungen auf den Mast achten.

Vorliek- und Unterliekspannung

Zur Vorliekspannung bedient man sich des Cunninghams, wofür im Großsegel über dem Hals eine zweite Kausch angebracht ist, durch die eine Streckertalje läuft. Dabei bedeutet eine Vergrößerung der Vorliekspannung, daß das Segel insgesamt flacher und der Bauch mehr nach vorne verlagert wird. Eine stärkere Unterliekspannung, die man mit dem Unterliekstrecker reguliert, bedeutet hingegen eine Verflachung des Segels im unteren Bereich.

Achterliekspannung und -öffnung

Mit der Achterliekspannung ist nicht eine Streckung durch das oft in Achterliek eingenähte Liekband gemeint, das man nur mit äußerster Skepsis benutzen sollte, sondern der Druck auf das Achterliek durch Herunterziehen des Großbaumendes.
Hierzu hat man als erste Möglichkeit den Zugwinkel der Großschot, den man durch den Traveller verändern kann und als zweite den Baumniederholer, sofern er gut genug übersetzt ist.
Durch große Achterliekspannung erreicht man das meist unerwünschte Auswehen der hinteren Segelteile und leider auch meist eine Verschiebung der Wölbung nach hinten. Diesem zweiten Dilemma geht man durch richtige Wahl der Segellatten aus dem Weg. Zum Großschotwinkel beachten Sie die Zeichnung.

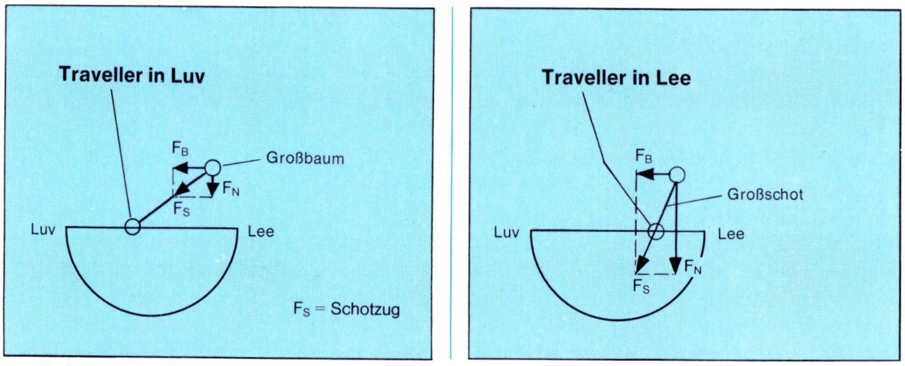

Das Verhältnis von Beiholkraft F_B (die den Baum nach innen holt) und Niederholkraft F_N (die den Baum nach unten zieht) beim Traveller.

Das Vorsegel

Das Vorsegel ist meist noch viel wichtiger als das Großsegel, vor allem deshalb, weil hier die Trimmöglichkeiten wesentlich eingeschränkter sind als beim Großsegel. Ein schlechtes Vorsegel kann man deshalb getrost ausscheiden. Außer der Vorliekspannung durch ein Cunningham kann man nämlich lediglich die drei Ecken (Kopf – Hals – Schothorn) ändern, wobei das wesentliche beim Schothorn liegt, nämlich in der Wahl des richtigen Holepunkts und in der richtigen Schotspannung.
Grundsätzlich aber sollte das Vorstag nicht zu stark durchhängen, mit Ausnahme von raumen Kursen. Wie der richtige Schotwinkel gefunden werden kann, ist einerseits aus unserem Diagramm zu ersehen, andererseits gilt die Faustregel:

Dreht man ganz langsam mit dem Boot in den Wind, so muß die Fock auf der gesamten Vorlieksläng auf einmal zu killen beginnen.

Der Spinnaker

Der Spinnaker ist zwar am schwierigsten zu segeln, weil er am meisten Konzentration verlangt, doch die Theorie erweist sich als ganz einfach. Man beachte, daß:
1. der Spinnaker in Lee so weit wie möglich von den Segeln entfernt steht
2. er an seiner Luvkante etwa in $^1/_3$ der Vorlieksläng von oben immer kurz vor dem Einfallen steht
3. Luvschot (Achterholer) und Leeschot etwa in gleicher Höhe liegen
4. der Baum weder steigt noch fällt.

Die Wirkung der Trimm-Möglichkeiten auf das Vorsegel

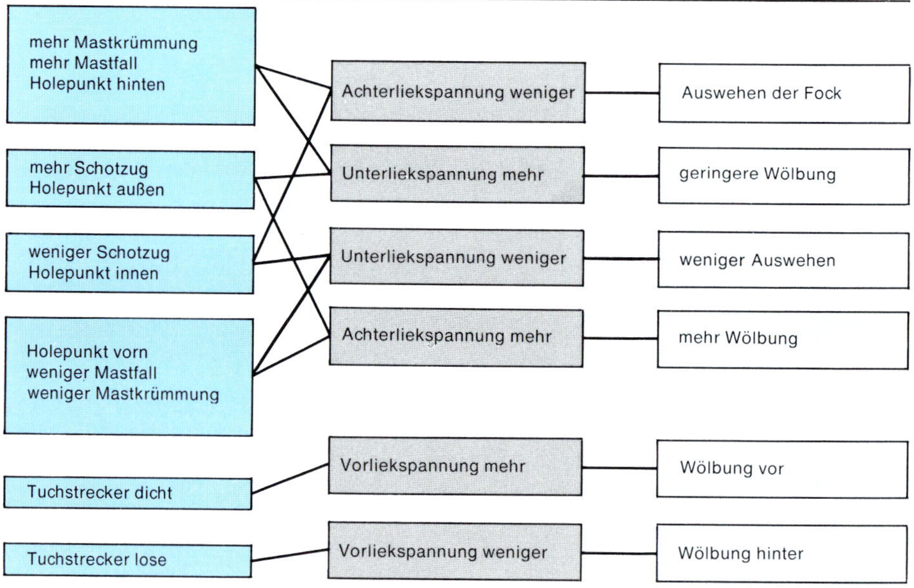

Der Blick fürs Segel

Das Segel muß für jeden Kurs und für jede Windstärke optimal eingestellt werden. Wie man die Form des Segels verändern kann, zeigte das vorhergehende Kapitel. Wohin man es aber ändern muß, sei jetzt kurz dargestellt. Die wesentlichsten Punkte wurden im Abschnitt »Richtiges Profil und richtiger Anstellwinkel für jeden« aufgezählt:

- Die Anschnittkante sollte in seiner ganzen Länge den selben Anstellwinkel zur Windrichtung W_B haben. Das sieht man, wenn man ganz langsam in den Wind geht, dann muß das Segel möglichst auf seiner ganzen Länge gleichzeitig vorne einfallen.
- Die Wölbung sollte überall etwa in der Mitte des Segels liegen, lediglich bei sehr viel Wind oder sehr unruhigem Wasser ist ein Segelprofil mit der Wölbung bei 35% (analog Kapitel »Profil von Schwert bzw. – Kiel und Ruder«) von Vorteil, da dann durch die Schaukelbewegungen des Botes die Windrichtung W_B stark schwankt.
  Erkennen kann man die Wölbungstiefe und den Wölbungsverlauf am besten an den Nähten des Segels, die ja in Schiffsrichtung verlaufen.
- Das Segel sollte an keiner Stelle zumachen. Dazu vergleicht man am besten die Richtung der Latten mit der Richtung des Großbaums.
- Wird der Wind so stark, daß die Krängung nicht mehr nur durch das Mannschaftsgewicht ausgeglichen werden kann, so muß man die oberen Segelteile zuerst flacher machen.

Wie das Segel aussehen sollte
- bei leichtem Wind
- bei schwerem Wind

das zeigt untenstehende Abbildung.

In der Praxis ist das aber nicht so leicht zu verwirklichen, da einem hier die Windkraft, die gerne den Segelbauch nach hinten verschiebt und ihn auch gerne vergrößert, oft einen Strich durch diese Rechnung macht. Trotzdem muß man versuchen, diesen Idealwerten so nahe wie möglich zu kommen.

Das Zusammenspiel der Segel

Über dieses Thema wurde vieles, auch viel Falsches wie Düseneffekt usw., geschrieben. Sicher ist nur, daß sich die Segel bei richtigem Zusammenspiel in ihrer Wirkung verstärken. Die wenigen Erkenntnisse, die man darüber hat, kann man folgendermaßen zusammenfassen:

1. Der Spalt zwischen Großsegel und Vorsegel sollte überall gleich breit sein (siehe auch Abb. Seite 130). Dazu gilt: bei wenig Wind (weniger turbulente Strömung) enger und bei viel Wind (große Querkraft) weiter.
2. Die Fock sollte im Überlappungsbereich nicht zu rund sein. Dies also ist die Ausnahme, bei der ein Segel auch mal flache Teile haben darf.
3. Man sollte erst die Fock einstellen, und dann das Großsegel nach der Fock trimmen.

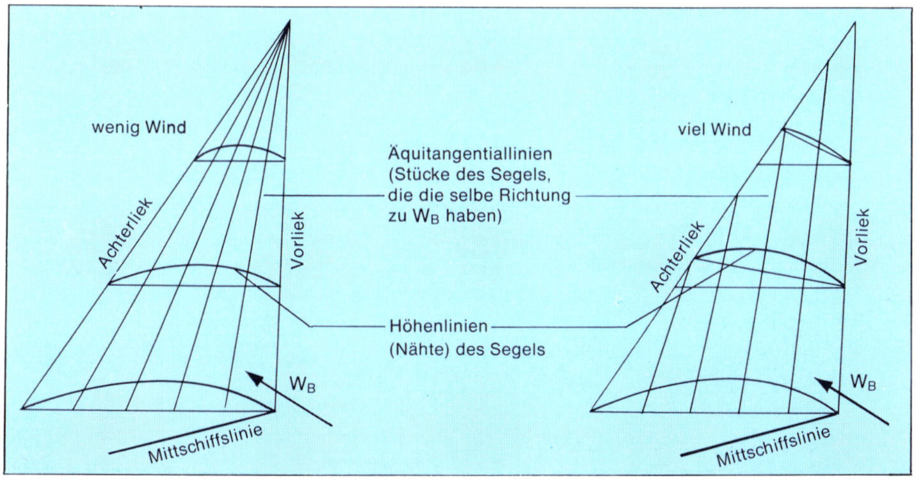

Schwingungen – erwünscht oder nicht?

Jedes Boot ist, bedingt durch die Wellenbewegung des Wassers einerseits und durch die Ungleichmäßigkeit des Windes andererseits, verschiedenen Schwingungen ausgesetzt, insbesondere einem Geigen bzw. Rollen oder einem Gieren. Diese Bewegungen wirken, da sie natürlich das Ergebnis irgendwelcher Kräfte sind, meistens geschwindigkeitshemmend, vor allem dann, wenn diese Bewegung nicht rhythmisch zur Wellenbewegung erfolgt. Besonders intensiv zeigt sich die Wirkung, wenn diese Bewegungen sich durch Patschen oder Stampfen äußern, das Schiff also regelrechte Schläge versetzt bekommt. Wie kann man nun diese Schwingungen auf das erträglichste Maß reduzieren?

Der einfachste Weg wäre natürlich gekonntes Steuern! Doch gibt es hier auch noch andere Möglichkeiten:

- Möglichst alles Gewicht des Bootes sollte in die Nähe des Schiffsschwerpunktes gebracht werden, da dadurch die für diese Schwingungen besonders ungünstigen Trägheitsmomente* reduziert werden.
- Der Mast sollte nicht zu steif gefahren werden, damit dieser lange Hebelarm nicht zusätzlich die Schwingung unterstützt. Ein weich gefahrener Mast verbraucht lang nicht so viel Energie. Bei Welle also das Rigg nicht verspannen!
- Der Großbaum sollte festgezurrt werden (Baumniederholer), um nicht durch dauerndes Ändern des Segelprofils eine Rollbewegung durch den Wind zu provozieren.
- Da zu volle Vor- und Achterschiffe die Mitbewegung einer Yacht bei jeder Welle begünstigen, hat der Konstrukteur bei der Formgebung verschiedene Einflüsse.

* Trägheitsmoment = Masse eines Körperteils mal sein Abstand vom Schwerpunkt.

Segeltechnische Vorbereitung des Regattaseglers

Will man Erfolg haben, so kann dieser nur Ergebnis gründlicher Vorbereitung sein. Diese Vorbereitung beschränkt sich nicht, wie z.B. in der Leichtathletik, auf reines körperliches Training, sondern zielt beim Segler insbesondere auch auf eine gründliche Vorbereitung des Materials.
Diese Vorbereitung besteht aus drei Phasen, die man allerdings nicht unbedingt ganz so scharf trennen kann, wie dies hier versucht sei:

1. Auswahl von Boot, Mast, Segeln und Beschlägen, sowie deren Optimierung.
2. Kennenlernen des Bootes auf dem Wasser, Registrieren der Grundeinstellungen und Anbringen von Trimmarken.
3. Einüben aller Handgriffe und Manöver – Vergleich mit anderen und Feineinstellung.

Nach diesen drei Vorbereitungsphasen und entsprechender segeltaktischer und konditioneller Vorarbeit kann man getrost in eine Regatta gehen. Doch dazu wollen wir die einzelnen Phasen genauer untersuchen:

Phase 1

Soweit es in der 1. Phase um Anschaffung von Boot, Segel oder Mast geht, ist dies zwar die entscheidende Frage, die aber nie befriedigend für die Allgemeinheit beantwortet werden kann. Hier spielen so viele Dinge (vor allem nichtseglerische) mit, daß die Orientierung der meisten Neulinge am Material der Besten verständlich ist. Doch diese Vorbereitung umfaßt nicht nur den Kauf neuer Segel und dergl., hierbei kommt es auch darauf an, das vorhandene Material auf den Bestzustand zu bringen.
Hierzu einige wesentliche Punkte:

- Die Bootsoberfläche muß jeglicher kritischen Prüfung standhalten.
- Schwert und Ruder müssen richtig profiliert sein.
- Sämtliche Einrichtungen zum Bootstrimm müssen leicht zu handhaben und funktionsgerecht, dabei aber auch so einfach und so leicht wie möglich sein.
- Alle Schrauben müssen gesichert und alle Beschläge genügend dimensioniert sein.
- Unnötige Einrichtungen müssen entfernt werden.
- Das Rigg und die Deckseinrichtungen müssen so konzipiert sein, daß der Windwiderstand möglichst gering ist.
- Das Bootsgewicht muß sein Minimun haben.

Durch diese erste Phase soll vor allem gewährleistet sein, daß der Segler während der Regatta nicht improvisieren muß, und daß ihm keine Schwäche bekannt ist, auf die er dann (meist unbegründet) alle anderen Fehler mitabwälzt.
Der Regattasegler muß ins Rennen gehen mit dem beruhigenden Gefühl bei ihm ist alles in Ordnung.

Phase 2

Diese Phase wird von den meisten zu wenig beachtet, dabei ist es gerade diese Phase, die einem vom Start weg die nötige Sicherheit geben kann, die notwendig ist, um schon bald in der vordersten Reihe mitkämpfen zu können.
Zu dieser Phase gehört es vor allem, daß man sämtliche Möglichkeiten seines Bootes bis ins kleinste Detail kennt, z. B.:

- genaues Wissen, bei welchen Kursen und Windstärken der Spinnaker oder ein anderes Hilfssegel den optimalen Nutzen bringen.
- Exaktes Wissen, welcher Kurs zum scheinbaren Wind einem bei der vorherrschenden Wind- und Wellensituation am meisten Luvgewinn bringt.
- Dazu gehört auch, daß man bei jedem Kurs- oder Windwechsel ohne langes Herumprobieren sämtliche Trimmeinrichtungen so einstellen kann, daß das Schiff optimal läuft.
- Dazu gehört auch, daß man weiß, ob einem, etwas vom direkten Kurs abzufallen, auch genügend Fahrtzuwachs bringt, um schneller als auf dem direkten Weg am Ziel anzukommen.

Diese Aufzählung soll nur Beispiel, nicht vollzählig sein, doch ist sicher, daß es nicht mehr lange genügt, nur mit viel Segelgefühl all diese Voraussetzungen zu erfüllen. Es ist deshalb von großem Nutzen für jeden, wenn er nicht nur Buch führt über Trimmeinstellungen, sondern diese auch auswertet und seine Trimmeinrichtungen so übersichtlich angeordnet hat, daß er einen einmal erprobten Trimm in kürzester Zeit durch Festhalten weniger Daten speichern und jederzeit wieder reproduzieren kann.
Sehr von Nutzen sind hierfür Trimmarken an den wesentlichen Beschlägen, die allerdings fein genug ablesbar sein müssen. All diese Ergebnisse, die man durch Geschwindigkeitsmessungen bei den verschiedensten Wind- und Wetterbedingungen zusammentragen kann, sollte man für die verschiedenen Windbedingungen auch einmal graphisch für sein Boot aufzeichnen. Hierzu empfiehlt sich die Polardiagrammdarstellung, bei der Kurswinkel zum »wahren Wind« W_R als Polarwinkel und die Schiffsgeschwindigkeit als Polarbetrag in das Diagramm eingehen (siehe nächste Abb.). Der Vorteil dieses Polardiagramms sei dabei an zwei typischen Beispielen aufgezeigt, die einem seine taktischen Möglichkeiten oder Unmöglichkeiten erst richtig darstellen.

1. Beispiel des Geschwindigkeits-Kursdiagramms

(Korsar bei ruhigem und bei sehr unruhigem Wasser)

Trotz gleicher Windstärke sieht man hier, daß auf Kreuzkursen bei ruhigem Wasser schon bei verhältnismäßig kleinen Winkeln das Boot zum Gleiten kommt und deshalb bei einer Gleitgeschwindigkeit v_2 und einem Winkel α_2 das Boot den meisten Luvgewinn erzielen kann. Bei unruhigem Wasser hingegen verhindert der Wellenwiderstand auf Hart-am-Wind-Kursen das echte Gleiten, so daß hier der meiste Luvgewinn bei einem wesentlich kleineren Kurswinkel α_1 und der Geschwindigkeit v_2 erzielt wird, wobei v_1 keine Gleitgeschwindigkeit und wesentlich kleiner als v_2 ist. Dieses theoretische Beispiel kann einem durchaus in der Praxis helfen, wie ich an einer Episode erläutern will.
Anläßlich der Europameisterschaft 1974 in Kiel stand einmal bei Windbedingungen, wie sie in den Diagrammen gezeigt wur-

Polardiagramm zur Bootsgeschwindigkeit

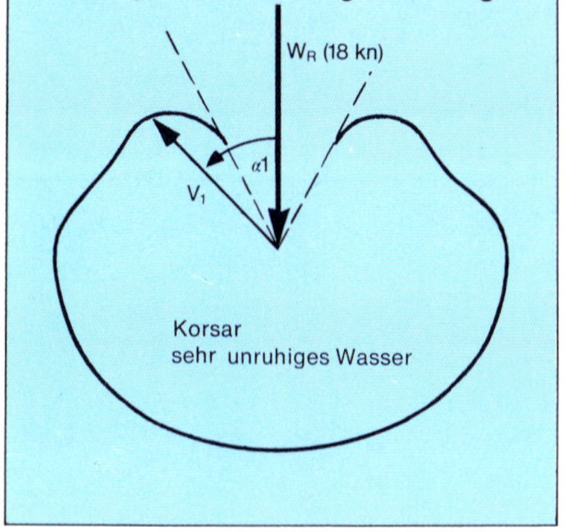

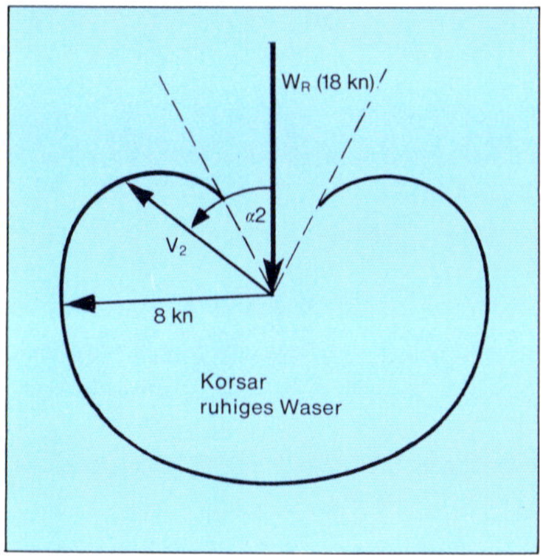

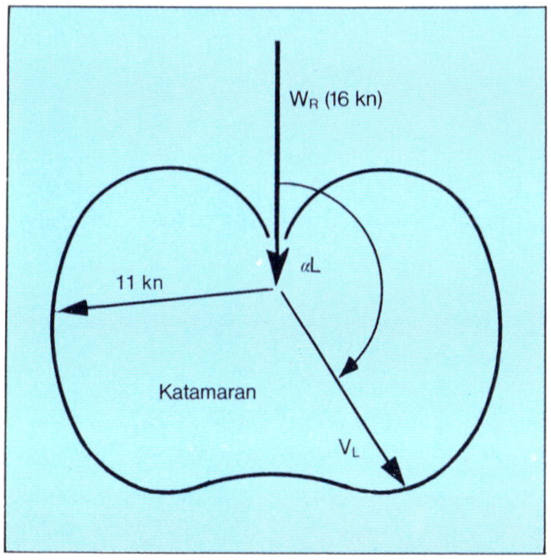

den, eine unangenehme Welle, die aber 30° anders kam als der Wind. So herrschten auf Backbordbug die Bedingungen eines ruhigen Wassers (quer zu den Wellen) auf Steuerbordbug machte hingegen ein »Gegenanknüppeln« gegen die Wellen jedes Gleiten auf der Kreuz unmöglich. Hier bewies sich dann die Taktik als absolut erfolgreich, wenn man auf Backbordbug das Boot rennen ließ, ohne Höhe zu schinden und auf Steuerbordbug sich in jeder Welle nach Luv verholte, indem man jede nur mögliche Höhe fuhr. Bis die Konkurrenz diese recht logische Taktik auch erkannte, war sie bereits ohne Chance.

2. Beispiel

(Warum Katamarane vor dem Wind kreuzen)

Aus dem Diagram sieht man sofort, daß die Geschwindigkeitszunahme, die ein Katamaran beim Anluven aus dem direkten Vorwindkurs erzielt so groß ist, daß man sogar mehr Weg nach Lee macht als auf direktem Vorwindkurs. Die Gefahr hierbei ist es, zu merken, wann diese Geschwindigkeitszunahme noch Lee-Gewinn bringt, denn auch hier gibt es ein ganz klares Maximum, und derjenige Segler, der auf Vorwindkurs über den Winkel α_L in der Graphik luvt oder abfällt, muß verlieren.

Sicher wird der eine oder andere »Regattafuchs« sagen, dies sei alles Theorie, und in der Praxis muß man sich doch auf sein Gefühl verlassen. Doch ist dies nicht ganz richtig, denn erstens ist nicht immer der Kurs, der direkt zum Ziel führt, der schnellste; und genausowenig ist die schnellste Bootsgeschwindigkeit allein erfolgsbringend. Hier nutzt einem nur exakte Kenntnis aller Fakten, und wohl alle Spitzensegler führen Buch darüber, wie sie ihr Boot einstellen müssen, um Optimales zu erreichen. Andererseits bringen manche schon so viel Erfahrung auf einem Bootstyp mit, daß sie diese Werte auswendig kennen.

Wie kommt man nun zu diesen Werten?

Auf großen Schiffen wird diese Frage sicher belächelt, denn dort ist der Gebrauch von Speedometer, Windrichtungsanzeiger und Kompaß schon seit eh und je üblich. Auf kleinen Booten hingegen begnügt man sich meist mit dem Windrichtungsanzeiger, und der ist nur als Windfahne auf dem Masttopp ausgeführt. Man sollte aber, um zu guten Daten zu kommen, bei Testfahrten diese oben genannten Hilfsinstrumente benutzen, wenngleich sie natürlich nicht alleinseligmachend sind.

Ob man mit seinen Ergebnissen richtig liegt, stellt sich dann in der 3. Phase heraus:

Phase 3

Hier beginnt eigentlich die richtige Arbeit zu Saisonanfang. Neben einem entsprechenden Manövertraining (siehe ›Kleines Regatta-Wassertraining‹ im Kapitel ›Wettsegeln‹) ist besonders auch das Finden der Feineinstellung wichtig, wozu man einen verläßlichen Trainingspartner braucht. Dieser segelt auf gleichem Kurs ohne Trimmveränderung solange mit einem, bis man durch Ausprobieren all seiner sinnvollen Möglichkeiten sein Schiff schneller gemacht hat als das des Partners. Dann dient man selbst als Trainingspartner usw., bis beide Schiffe ein Optimum auf diesem Kurs an Bootsgeschwindigkeit erreicht haben. Wichtig dabei ist auch wieder eine genaue Registrierung aller gefundenen Einstellungen, da man dann auch noch am Land in der Diskussion mit Trainer oder Trainingspartner Verbesserungsmöglichkeiten finden und später ausprobieren kann.

Für diese Phase, die natürlich nie ganz aufhört, ist es sinnvoll, sich ein gut übersichtliches Trimmbüchlein anzulegen, in dem die wenigen Einstellungen durch kurze Notizen (analog dem Beispiel) festgehalten werden können.

Beispiel eines Trimmblattes

Grobeinstellung

Mastfuß
(in cm von Vorderkante Mastfußschiene)
Mastfall
(gemessen als Abstand eines Lotes vom Masttopp (Großfall) in normaler Schwimmlage in Höhe des Großbaums in cm)
Wanteneinstellung
(in mm von Markierung)

Achtung: 1 mm Längenänderung der Wanten bewirkt eine Seitbewegung im Masttopp von 2–4 cm!
Schwertstellung:

Benutztes Material

Fock, Spinnaker, Großsegel, Großbaum etc.

Äußere Bedingungen
Windstärke, Windart (böig, gleichmäßig), Wasser, Kurs zum Wind

Feineinstellung
Fockholepunkt (Schiffslänge und Querrichtung)
Großschotstellung
Travellerstellung
Achterstagstellung
Unterliek, Cunningham, Mastkontroller etc.
Segellatten

Geschwindigkeit:
a) gefühlsmäßig
b) gemessen

Besonderheiten:
Luvgierigkeit?
Falten im Segel?
Seltsame Bootsbewegungen? usw.

Wo sind am ehesten Möglichkeiten zur Verbesserung?

Beispiel für einen Trimmbericht

Anlaß:
Datum:

Wind
Stärke:
Richtung:
Böig oder konsant:
Wellen:

Trimmdaten
Mastfall:
Schwert:
Wantenspannung:
Besonderheiten:

Vorsegel
Falten:
Killpunkt:
Holepunkt:
Achterliek:
Besonderheiten:

Großsegel
Falten:
Gegenbauch:
Killpunkt:
Cunningham:
Unterliek:
Traveller:
Mastkontroller:
Latten:
Wölbung:
Besonderheiten:

Spinnaker
Falten:
Raumeigenschaften:
Vorwindeigenschaften:
Stellung des Spibaums:
Besonderheiten:

Geschwindigkeit
Höhe:
Luvgierigkeit:
Besonderheiten:
Plazierung:
Verbesserungsideen:

Segelpraxis

Das Boot am Liegeplatz

Leinen und Knoten

Zum Festmachen des Bootes dienen Leinen, sog. Festmacher. Dies sind Vor- und Achterleinen und gegebenenfalls eine Spring. In bestimmten Situationen kann auch das Ankergeschirr erforderlich werden. Je nach Art des Liegeplatzes sind Fender zum Schutz obligatorisch. Häufig ist in den Tampen einer Festmacherleine ein größeres Auge eingespleißt, um die Leine gleich über einen Poller werfen zu können. Ist ein solches Auge nicht eingespleißt, so benützt man einen der typischen Festmacherknoten. Üblich ist am Pfahl bei kleineren Booten (Jollen) ein Webeleinstek, der aber zusätzlich noch mit zwei halben Schlägen versehen werden soll. Die Leinen größerer Boote befestigt man am Pfahl mit einem Palstek. Bieten sich zum Festmachen Ringe an, so ist wiederum ein Palstek zu verwenden oder auch ein Roringstek mit zwei zusätzlichen halben Schlägen.

Spezieller Hinweis: Sind über einen Poller auch Leinen anderer Boote geworfen, so verhält man sich in seemännisch höflicher Weise wie folgt: Man fährt mit dem eingespleißten oder durch einen Palstek erreichten Auge seiner Leine von unten durch das Auge der anderen Leine(n) und legt es dann über den Poller. Jeder kann dann seinen Festmacher abnehmen, ohne behindert zu sein.

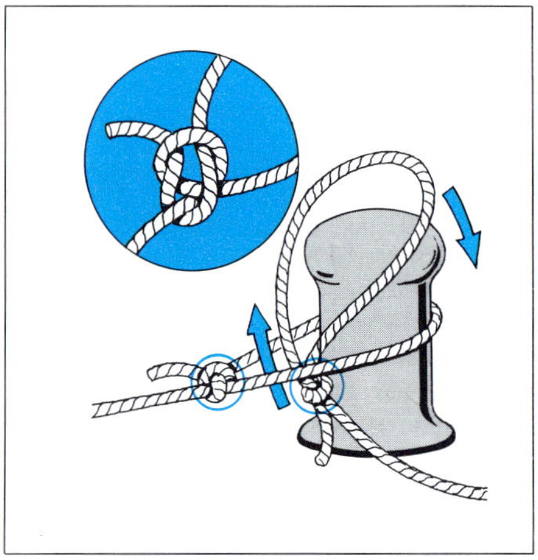

Fachausdrücke:

Vorleine	Vom Vorschiff aus nach vorne führende Leine
Achterleine	Die vom Heck nach achteraus zeigende Leine
Spring	Eine die Vor- und Achterleinen ergänzende Leine, deren Zug jeweils in entgegengesetzte Richtung wirkt
Vorspring	Der Teil einer Spring, der vom Vorschiff nach achtern zieht
Achterspring	Der Teil einer Spring, der vom Achterschiff nach vorn zieht
Querleine	Leine, die im Gegensatz zu Vor-bzw. Achterleine und zur Spring etwa senkrecht zur Pier oder zu einem Nachbarschiff ausgebracht wird. Auch oft Brustleine genannt.
Ausbringen	Eine Leine zu einem bestimmten Ort (z. B. Poller) führen
Ausfahren	Eine Leine ausbringen, dabei ist aber der Einsatz z. B. eines Beibootes notwendig
Holen	Eine Leine an Bord zurückholen. Das Holen erfolgt Hand über Hand, bzw. auf größeren Booten durch Längsgehen an Deck. Gegebenenfalls benötigt man Winschen zur Hilfe
Über	Leine an Land z. B. werfen
Festmachen	Leine an Klampe oder Poller bzw. Ring befestigen
Auffieren	Leine lockerer machen
Wegfieren	Leine völlig loswerfen und verstauen
Nachsetzen	Spannung der Leine verändern z. B. bei sich neu ergebenden Verhältnissen (etwa bei Tidengewässern)
Durchsetzen	Eine Leine, die zu viel Lose aufweist, wieder zur entsprechenden Funktion bringen
Anstecken	Eine Leine an eine andere anbinden, z. B. eine Vorleine an eine Wurfleine anstecken
Auf Slip	Eine an Bord belegte Leine wird an Land um einen Poller oder durch einen Ring geführt und an Bord zurückgebracht. Sie kann dann vom Boot aus gefiert oder angeholt werden

Die verschiedenen Liegeplatzarten

Das Boot an der Boje

Kielboote liegen häufig – insbesondere im Binnenbereich – an einer Boje. Das Festmachen daran erfolgt mit der Vorleine, z. B. mittels eines Palsteks. Bei kurzzeitigem Festmachen empfiehlt sich auch, die Leine auf Slip zu nehmen. Häufig bringt man auch die Boje an Bord (bei kleineren Bojen) und belegt die Bojenkette am Vorschiff.

Das Boot an Land

Die heutigen Gleitjollen (z. B. FD, Finn, Korsar, 470er, 420er, Laser), aber auch beispielsweise das kleinere Kielboot Star, werden immer zum Lagern an Land gebracht, wozu ein kleiner Slipwagen dient (bzw. beim Star ein Kran). Nur zu kurzzeitigem Liegenlassen an einem Steg bleiben diese Jollen im Wasser. Bei entsprechenden Stegverhältnissen bewährt sich hierbei oft eine »Kurzparkermethode«: Man legt die Jolle an eine so kurze Vorleine, daß der Bug einige cm aus dem Wasser gehoben wird. Dadurch wird die Jolle fixiert, weder schwoit ihr Heck, noch schiebt sich ihr Bug unter den Steg.

Das Boot in der Box

Viele Boote haben als ständigen Liegeplatz eine Box in einem Hafen. Das ist ein Platz an einer Mole, der mit Pfählen versehen ist, so daß das mit dem Bug zur Mole zeigende Boot mit zwei Achterleinen an den Pollern fixiert werden kann. Man kann ein Boot auch umgekehrt hinlegen, d. h. mit dem Heck zur Mole zeigend – hier herrscht aber gegebenenfalls eine gewisse Gefahr für das Ruder, wenn das Heck einmal zu nah an die Mole treibt. Die beiden zu den Pollern führenden Achterleinen (bzw. bei umgekehrter Lage zwei Vorleinen) sollen gleich lang sein, um das Boot in der Mitte zu halten. Zum Steg bzw. zur Mole selber soll insbesondere bei größeren Booten eine doppelte Vorleine ausgebracht werden, befestigt im Abstand von wenigstens einem Meter.

Hinweis: Die Vorleinen nicht straff spannen, sondern leicht lose geben, damit das Boot etwas Spielraum hat.

Das Boot mit dem Bug oder Heck an der Pier

Diese Liegeart muß beim Fahrtensegeln laufend angewendet werden, insbesondere im gesamten Mittelmeer. In der Regel sind kaum geeignete Festmachetonnen vorhanden, deshalb benötigt man zu dieser Methode einen Anker. Sofern das Boot Bug voraus an die Pier gelegt wird, muß rechtzeitig und in genügendem Abstand der Heckanker geworfen werden. Zeigt dagegen das Heck zur Pier (»italienische Art«), so wird der schwerere und damit zuverlässigere Buganker benützt. An der Pier wird das Boot wie beim Liegen in der Box mit zwei Leinen in nicht zu starker Spreizung festgemacht. Bei entsprechenden Verhältnissen bringt man auch noch eine Spring an, bei schlechtem Wetter und seitlichem Wind dazu eine Querleine von Boot zu Boot bzw. von Boot zur Pier. *Wichtig:* Fender. Außerdem Boot so hinlegen, daß Mast nicht mit Nachbarmast kollidiert!

Yachten mit Bug bzw. Heck an der Pier.

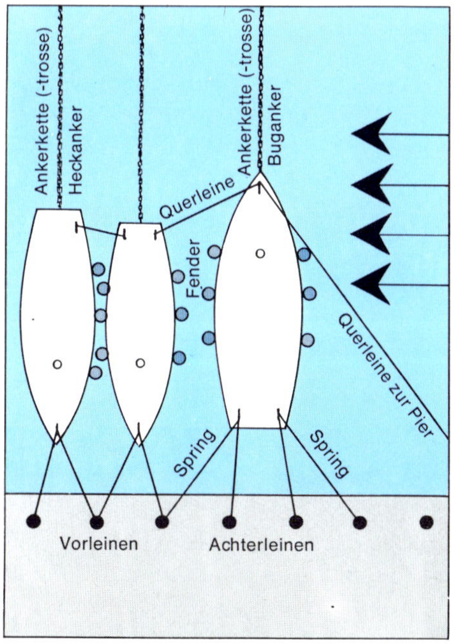

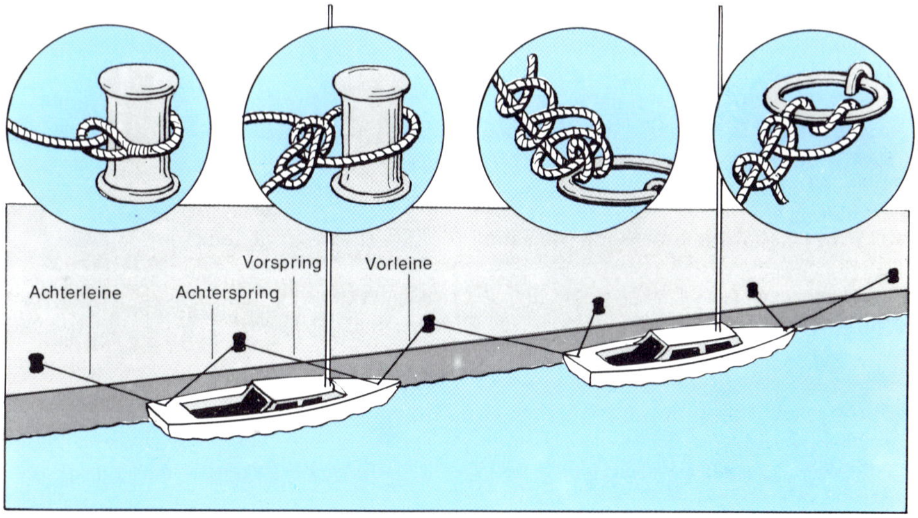

Beim Längsseitsliegen genügt keinesfalls ein Festmachen mit Vor- und Achterleine alleine: Wichtig ist hier vielmehr das Ausbringen von zusätzlichen Leinen, genannt Spring.

Das Boot längsseits an der Pier

Das Längsseitsliegen ist insbesondere im Bereich von Nord- und Ostsee üblich. Als günstig erweist sich dabei, wenn sich der Liegeplatz in Lee einer Pier befindet. Das Längsseitsliegen ist aber auch bei auflandigem Wind, also auf einer Luvseite möglich, sofern genügend Fender ausgebracht werden. Wird der Druck auf die Fender durch Wind und Welle zu stark, muß etwas unternommen werden, das Boot von der Pier freizuhalten. Sofern es dazu keine Bojen oder Pfähle gibt, zu denen man Leinen ausbringen kann, müssen Bug- und Heckanker nach Luv ausgefahren werden. Bei zu starkem auflandigem Seegang sollte allerdings die Anlegestelle verlassen werden! Beim Längsseitsliegen genügt es keinesfalls, das Boot nur mit Vor- und Achterleine festzumachen, da es sonst mit seiner Längsseite an der Pier vor und zurück rollen würde. Man bringt also zusätzlich eine Spring aus und fixiert dadurch das Boot auf der Stelle.

Boote im Päckchen

In Gegenden, in denen Längsseitsliegen üblich ist, ergibt sich aus Gründen der Platznot immer wieder die Notwendigkeit des Liegens im Päckchen. Hierbei liegen immer mehrere Boote längsseits nebeneinander, aber so versetzt, daß die Masten nicht zusammenschlagen können! Man beachte dabei: Größere Boote sollen innen liegen, die kleineren außen. Wenn möglich, werden Vor- und Achterleine an einem Poller an Land belegt, ansonsten

Ohne die Fixierung einer Yacht auf der Stelle durch eine Spring würde das Boot in dieser Weise hin- und herpendeln.

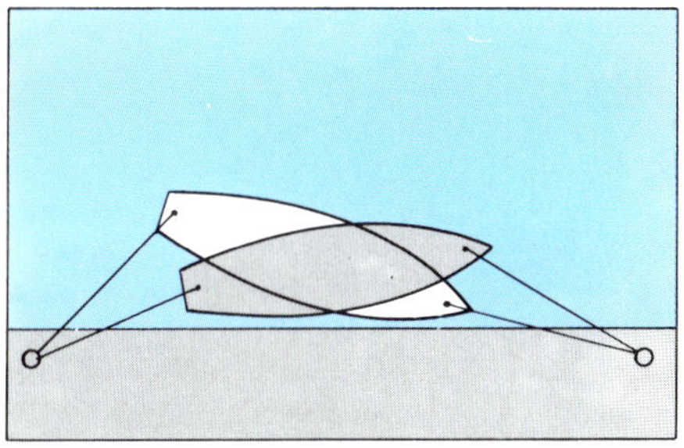

Links: Bei diesen Yachten im Päckchen deutlich sichtbar die an Land gebrachten Leinen.

Ganz unten: Die Mannschaft der bekannten Admiral's Cup-Yacht »Rubin« hat hier das Großsegel vorbildlich aufgetucht.

In dieser Weise wird ein Großsegel aufgetucht und dann mit einer Segelpersenning versehen.

am innen liegenden Nachbarschiff, wo auf alle Fälle eine Spring angebracht ist. Bei seitlichem Windeinfall muß wenigstens vom äußeren Boot eine Leine an Land (zum Wind hin) gebracht werden. Die obligatorischen Fender werden von jedem Boot landseitig ausgebracht. Übrige Fender hängt man sodann auch an die Außenseite.

Spezieller Hinweis: Das Liegen im Päckchen ergibt sich oft als Notwendigkeit und darf selbstverständlich von niemandem verwehrt werden. Selbstverständlich wird man auch – um an Land gehen zu können – die anderen Boote betreten müssen. Segelsportliche Höflichkeit sollte

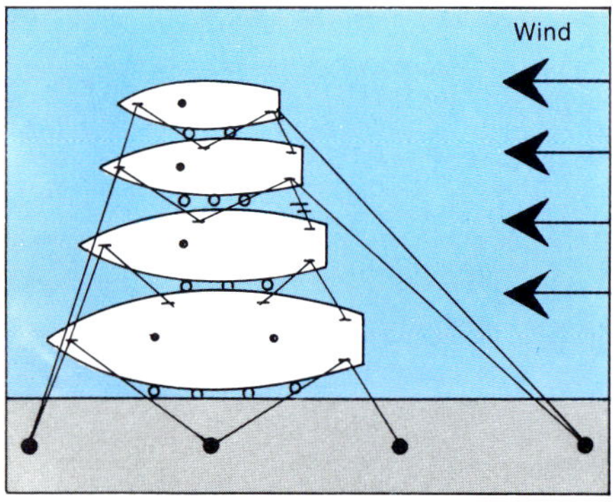

Wichtig beim Liegen im Päckchen: Die Leinen vom äußeren Boot zum Land.

hierbei aber groß geschrieben sein: Man könnte so z. B. beim ersten Betreten eines anderen Bootes um Erlaubnis fragen, man könnte unnötig lautes Herumtrampeln vermeiden und seinen Weg jeweils über das Vorschiff wählen – und selbstverständlich immer mit sauberen Bootsschuhen!

Zu beachten noch am Liegeplatz

In Tidengewässern müssen die Festmacher kontrolliert und die Gezeiten entsprechend nachgesetzt werden. Nach dem Festmachen wird das Großsegel sauber aufgetucht (gegebenenfalls auch abgeschlagen) und mit einer Segelpersenning versehen. Vorsegel wird im Sack verstaut. Bei Jollen wird grundsätzlich immer das Schwert ganz hochgezogen. Ein feststehendes Ruder wird ausgehängt, ein bewegliches Senkruder holt man hoch und bindet die Pinne mittschiffs fest. Wird längere Zeit nicht gesegelt: Persenning!

Segelsetzen + Segelbergen

Grundsätzliches

Die heutigen Großsegel von Yachten und Jollen sind in der Regel Hochsegel. Das durch ein Liektau verstärkte Vorliek wird entweder in eine Keep (Nut) des Mastes eingeführt oder es läuft mittels Rutschern auf einer Schiene am Mast. Das Unterliek läuft in der Regel in einer Keep am Großbaum. Der Großbaum hängt auf Yachten meist an einer Dirk, das ist eine Leine, die von der Baumnock zur Mastspitze führt und beim Segelsetzen oder -bergen den Baum hält. Auf Jollen mit einer fehlenden Dirk behilft man sich mit einer Baumstütze bzw. hebt den Baum mit der Hand. Da das Vorliek der Großsegel am Mast geführt wird, muß das Boot zum Setzen und Bergen dieser Segel prinzipiell im Wind liegen. Liegt das Boot nicht im Wind, sondern z. B. im Hafen an einer Luvseite, dann gibt es zum Großsegelsetzen nur folgende Möglichkeiten:

- Das Boot an eine Leeseite verholen.
- An eine Boje paddeln bzw. mit der Fock alleine dort hinsegeln.
- Aus dem Hafen paddeln (bzw. mit der Fock alleine segeln), bei freiem Wasser in den Wind stellen und dann Segel setzen.
- Gegebenenfalls mit dem Motor aus dem Hafen fahren.

Hier wird ein Vorsegel in ein Profilstag eingeführt. (Zu Profilstag siehe auch im Kapitel »Beschläge und weiteres Zubehör«).

Ein Vorsegel das in keine Nut eingeführt wird, bei größeren Booten allenfalls Stagreiter trägt, kann auf jedem Kurs gesetzt und geborgen werden. Andere Gegebenheiten herrschen allerdings, wenn das Vorliek des Vorsegels in ein Profilstag eingeführt wird, das auf modernen Hochseerennyachten heute gebräuchlich geworden ist, und das sicherlich bald auch auf Fahrtenyachten eine Rolle spielen wird. Nach dem Setzen eines Groß- oder Vorsegels wird das betreffende Fall an einer Klampe belegt. Bei großen Yachten laufen die Fallen meist über Fallwinden, bei Rennjollen wird das Fall in einen Haken eingehängt und teilweise mit einem Hebelstrecker nachgespannt. Manchmal wird das Segel auch mittels eines modernen Fallhakens an der Mastspitze fixiert. Bevor die jeweiligen Segel gesetzt werden, heißt es Segel klarmachen:

- Großsegelunterliek in Großbaumkeep einführen (sofern das Segel noch nicht angeschlagen ist)
- Kopf an Großfall anschäkeln
- Großschot klarlegen
- Hals und Kopf des Vorsegels anschäkeln
- Kontrollieren, ob die Fallen nicht vertörnt sind und frei laufen.
- Fockschot klarlegen bzw. anschäkeln
- Segellatten nicht vergessen.

Nach dem Bergen der Segel wird das Vorsegel, sobald das Boot am Liegeplatz festgemacht hat, im Sack verstaut (sofern es trocken ist!). Das Großsegel wird aufgetucht und bei Yachten mit einer Segelpersenning bedeckt. Wird das Boot länger nicht gesegelt, wird das Großsegel auch abgeschlagen und im Segelsack verstaut.

Tips und Tricks

1. Hals und Schothorn beim Anschlagen eines Großsegels gut befestigen, erst Hals, dann Schothorn.

Bei diesem Drachen sind deutlich die in das Vorstag eingepickten Stagreiter des Vorsegels erkennbar. Noch herrschen bei solchen Booten wie Drachen oder Soling und bei Fahrtenyachten diese Stagreiter vor. Es dürfte aber nur noch eine Frage der Zeit sein, und auch bei diesen Booten wird das Profilstag seinen Einzug halten.

2. Beim Großsegelsetzen auf kleineren Booten ohne Dirk hebt der Steuermann den Baum zur Unterstützung hoch.

3. Vor dem Segelsetzen zieht man das Vorliek gut nach vorne, damit es besser in die Nut einläuft.

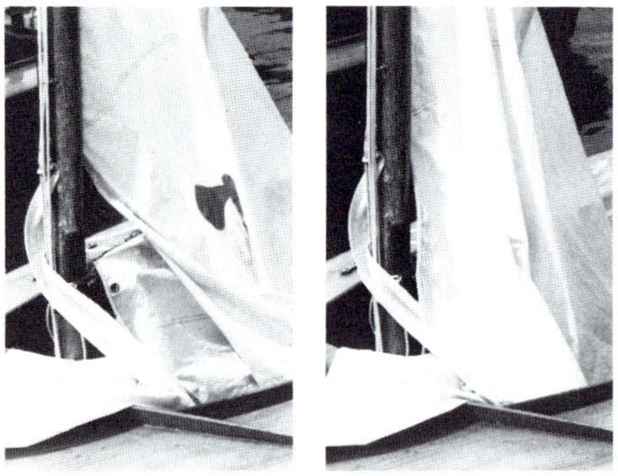

4. Eine Fock kann man auf kleineren Booten gut durchsetzen, indem man am Vorstag zieht.

5. Das herumliegende Tauwerk gesetzter Segel empfehlen wir nur aufzuschießen und z. B. hinter die auf Zug stehenden Fallen zu klemmen; ein ordentliches »Päckchen« machen und an die Klampe hängen, erweist sich meist als schlecht: bei einem eiligen Segelbergen saust zu leicht alles nach oben- und der Ärger ist da!

6. Beim Segelbergen fängt der Steuermann – sofern keine Dirk vorhanden ist – den Großbaum auf und legt ihn z. B. in die Baumstütze.
7. Die ein Großsegel bergende Mannschaft zieht am Vorliek an und greift nicht irgendwie ins Tuch.
8. Ist der Großbaum mit einem Patentreff ausgerüstet, dann wird nach dem Abschlagen die Nut nach unten gedreht, damit sich dort kein Regenwasser ansammeln kann.

Grundsegeltrimm

Je nach Windverhältnissen muß mehr oder weniger Bauch in das Großsegel getrimmt werden. Damit das Segel flacher wird (= bei stärkerem Wind und auf Amwindkurs) müssen Vor- und Unterliek stärker bis ganz stark gespannt werden. Bei leichtem Wind und besonders auf Raumschots- und Vorwindkursen werden die Lieken loser geführt, damit sich ein stärkerer Bauch ergibt. Killt das Achterliek der Fock, so muß der Holepunkt der Schoten nach vorne verschoben werden; killt das Unterliek,

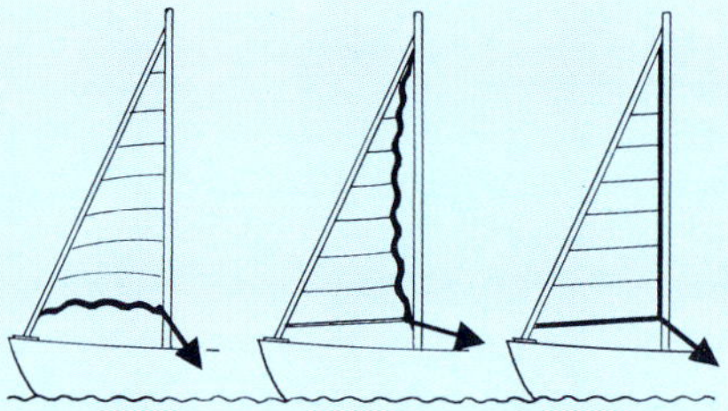

Das Unterliek der Fock killt: Holepunkt mehr nach achtern! | Das Achterliek killt: Holepunkt mehr nach vorne! | Weder Unter- noch Achterliek killen: Holepunkt ist richtig eingestellt!

muß der Holepunkt nach achtern. Ist der Holepunkt nicht verstellbar, so kann man durch Höher- und Tiefersetzen des Fockhalses ähnliche Wirkungen erzielen. Näheres über den Segeltrimm siehe im einschlägigen Kapitel (Seite 108)!

Kommandotafel:

Großsegel setzen	»Klar zum Setzen des Großsegels!« (auch: »Klar bei Großfall!«); Rückmeldung: »Ist klar!«; Heiß (auf) Großsegel!«
Fock (Vorsegel) setzen	»Klar zum Setzen der Fock (des Vorsegels)!« (auch: »Klar bei Fockfall!«); Rückmeldung: »Ist klar!«; Heiß (auf) Fock (Vorsegel)!«
Großsegel bergen	»Klar zum Bergen des Großsegels!« (auch: »Klar bei Großfall!«); Rm: »Ist klar!« »Hol nieder Großsegel!«
Fock (Vorsegel) bergen	»Klar zum Bergen der Fock (des Vorsegels)!« (auch: Klar bei Fockfall!«); Rm: »Ist klar!« »Hol nieder Fock (Vorsegel)!«

Segeln auf verschiedenen Kursen

Bezeichnung der Kurse

Man unterscheidet Amwindkurs, Raumschotskurs und Vorwindkurs. Segelt man so hoch als möglich am Wind, so bezeichnet man dies als »hart am Wind«. Dreht ein Boot noch weiter zum Wind hin, so daß der Bug gegen den Wind sieht, so steht das Boot »im Wind«.
Der Kurs zwischen Amwind- und Raumschotskurs, bei welchem der wahre Wind genau seitlich einfällt, wird Halbwindkurs genannt. Bei einem Amwindkurs kann ein Segelboot im Durchschnitt bis zu einem 45° Winkel an den wahren Wind herangehen. Moderne Rennyachten und -jollen erreichen aber einen kleineren Winkel, etwa bis zu 35°. Beim Raumschotskurs fällt der Wind von schräg achtern ein, früher wurde dieser Kurs auch als »Backstagbrise« bezeichnet. Beim Vorwindkurs segelt das Boot vorm Wind, er fällt also genau von achtern ein.

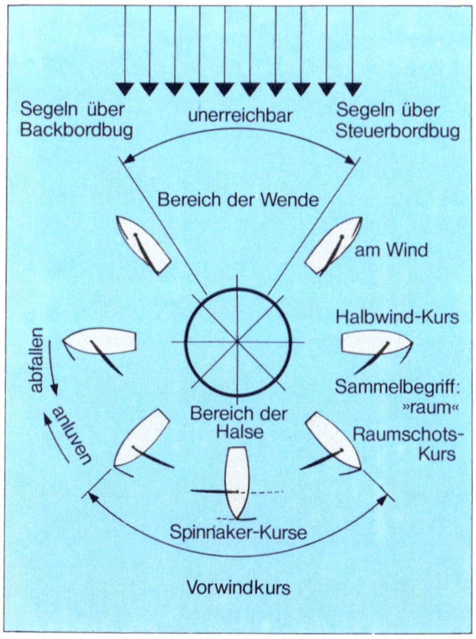

Ausdrücke und Vorgänge:

Backbordbug	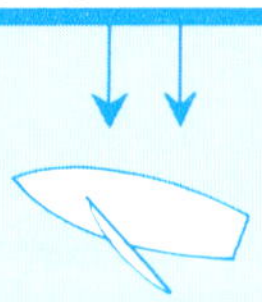	Der Wind fällt von der Steuerbordseite ein, die Segel stehen auf der Backbordseite
Steuerbordbug	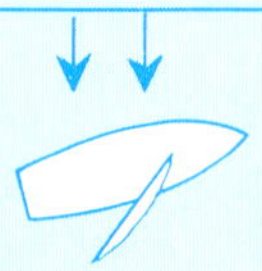	Der Wind fällt von der Backbordseite ein, die Segel stehen auf der Steuerbordseite
Lee und Luv		Die Seite eines Bootes, von der der Wind einfällt, ist die Luvseite. Die Seite, auf der dann die Segel stehen, ist die Leeseite. In der Regel sitzt der Steuermann dem Segel gegenüber, also Luv
anluven	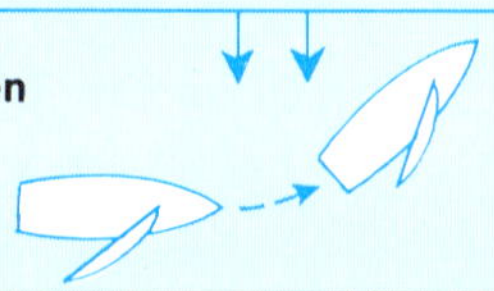	Drehen des Bootes zum Wind hin, z. B. bei Kursänderung von raumschots zu Amwindkurs
abfallen	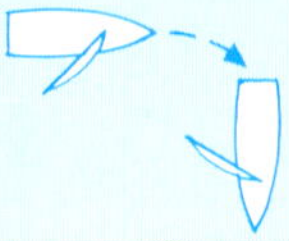	Drehen des Bootes vom Wind weg, also z. B. eine Kursänderung von Amwindkurs zu Vorwindkurs
fieren, auffieren		Die Schoten loser geben. Beim Abfallen müssen gleichzeitig die Segel gefiert werden
holen (dichtholen)		Gegenteil von fieren. Also an den Schoten ziehen
raumen	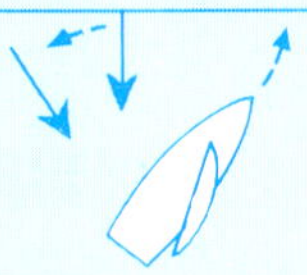	Winddrehung zum Vorteil des Bootes: der Wind fällt mehr von achtern ein, das Boot kann anluven
schralen	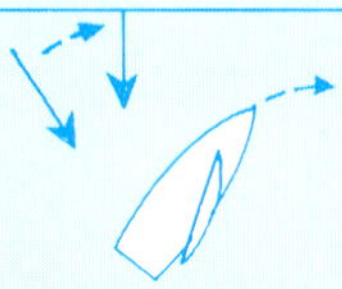	Unvorteilhafte Winddrehung: der Wind fällt mehr von vorne ein; bei einem Amwindkurs muß das Boot abfallen
Wenden	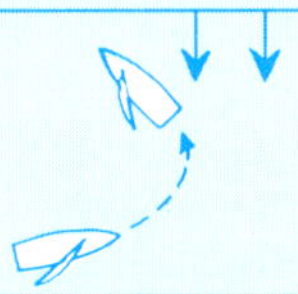	Manöver beim Amwindkurs, wenn das Boot durch den Wind auf den anderen Bug dreht
Halsen	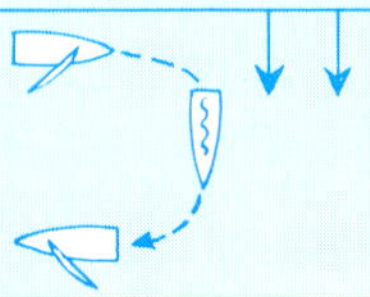	Manöver beim Vorwindkurs, wenn das Heck durch den Wind dreht und die aufgefierten Segel auf die andere Seite genommen werden

Drei verschiedene Kurse: links Vorwindkurs, Mitte raumschots, rechts Amwindkurs.

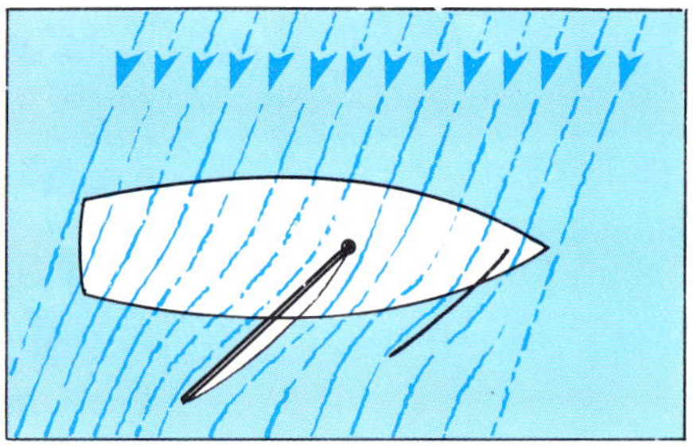

Beide Segel richtig zueinander getrimmt

Falsch! Die Fock steht im Verhältnis zum Großsegel zu dicht: die Strömung drückt in die Leeseite des Großsegels. Die Strömung bei der Fock neigt zur Wirbelbildung

Einstellung der Segel

Beim Segeln ist anzustreben, immer die günstigste Segelstellung zum Wind zu erreichen: die Segel dicht beim Amwindkurs und um so weiter aufgefiert, je weiter das Boot vom Wind abfällt. Als allgemeine Faustregel, wie dicht oder wie weit gefiert die Segel sein müssen, könnte man sagen: Die Stellung des Großbaumes soll auf allen Kursen (mit Ausnahme des Vorwindkurses) ungefähr die Winkelhalbierende zwischen der Schiffslängsachse und der Windrichtung (scheinbarer Wind) sein.

Ein genauerer Tip: Beim Vorwindkurs die Schoten soweit auffieren als es die Takelage erlaubt, ohne allerdings den Großbaum gegen die Wanten liegen zu lassen. Bei allen anderen Kursen die Segel soweit auffieren, daß sie gerade nicht killen, bzw. daß nicht das Vorliek einfällt. Wichtig ist auch, daß Großsegel und Vorsegel ungefähr gleich eingestellt werden, damit die Luftströmung am Großsegel nicht gestört wird und auf der Luv- und Leeseite glatt anliegen kann.

Je nach Kurs besteht ein Unterschied im Verhalten der Mannschaft in Bezug auf die Segelstellung: Am Wind sind die Schoten dicht, und es ist die Kunst des Steuermanns so zu steuern, daß die Segel immer vollstehen. Raumschots hält der Steuermann dagegen Kurs, die Segelstellung wird jeweils den Windverhältnissen angepaßt. Auf Vorwindkurs bleiben die Segel weit gefiert, der Steuermann achtet durch Kurskorrekturen auf den ordnungsgemäßen Stand der Segel, wobei es zunächst keine Rolle spielt, ob die Segel auf der

Fotos der rechten Seite: Piratenjollen auf Vorwindkurs, die Fock ist auf der anderen Seite ausgebaumt (oben).

Raumschotskurs: Bei dieser Laserjolle erkennt man das über die Hälfte hochgezogene Schwert.

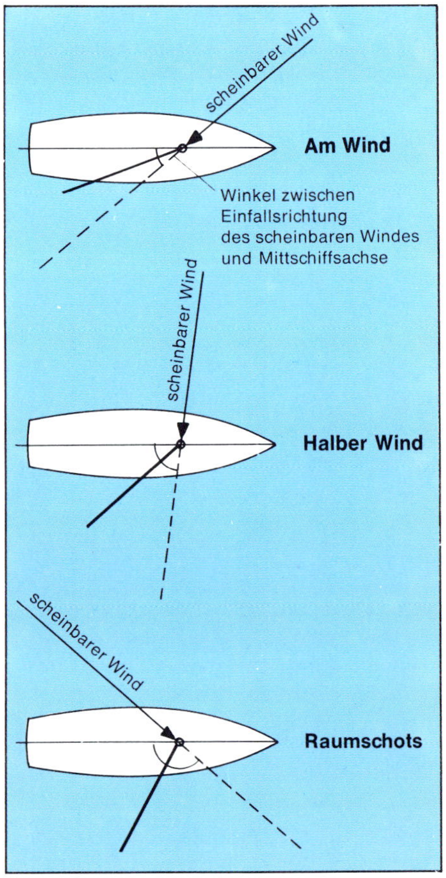

Steuer- oder Backbordseite stehen. Befindet sich die Fock vorm Wind in der Großsegelabdeckung, ist sie wirkungslos. Man zieht sie besser (sofern kein Spinnaker gesetzt ist) auf die andere Seite und fährt »Schmetterling« möglichst mit Hilfe eines Fockbaumes (Bootshaken). Spinnakern (siehe einschlägiges Kapitel) kann man übrigens bereits ab halbem Wind. Segelt man auf einer Jolle, so wird man das Schwert um so weiter hochziehen, um so weiter man sich von einem Amwindkurs entfernt.

Tips und Tricks

Amwindkurs

1. Wichtig ist die Arbeit mit dem Traveller (siehe dort!); dabei gilt der Grundsatz: bei starkem Wind Travellerschlitten nach Lee schieben, bei schwachem Wind mehr mittschiffs bzw. nach Luv.
2. Baumniederholer fest durchsetzen bei starkem Wind.
3. Beim Einfallen einer starken Bö und sich ergebender heftiger Krängung wirkt am problemlosesten das kontrollierte Fieren der Segel. Bei leichteren Böen luvt man an und kann dadurch Höhe gewinnen (aber nicht vergessen, wieder rechtzeitig abzufallen!). Bei sehr starkem Wind erleichtert einem beim Jollensegeln ein geringes Hochholen des Schwertes die Arbeit.

Raumschots

1. Bei Jollen zieht man das Schwert etwa zur Hälfte hoch.
2. Sofern es nicht ganz stark weht, bringt eine stärkere Segelwölbung, erreicht durch Lockern der Lieken, mehr Geschwindigkeit.
3. Man sollte jetzt auch unbedingt versuchen, bei entsprechenden Windverhältnissen ins Gleiten oder Surfen zu kommen: es macht außerordentlich Spaß bzw. bringt bei Regatten große Geschwindigkeit!

Vorwindkurs

Wichtig ist ein aufmerksames Steuern und Kurshalten, sonst besteht Gefahr einer unfreiwilligen Halse, wenn das Boot zu weit nach Lee dreht. Bei entsprechendem Wind können hierbei Schäden in der Takelage verursacht werden, außerdem sind eine Kenterung bei Jollen und im Extremfall sogar tödliche Gefahr für die Mannschaft nicht ausgeschlossen. Sicher vermeidet man eine solche unfreiwillige »Patenthalse«, indem man bei starkem Wind und Wellengang nicht vor dem Wind segelt, sondern raumschots mit dazwischenliegender Halse und Kuhwende (= Kreuzen vor dem Wind). Oder man schert einen Bullenstander bei Yachten (eine den Baum haltende Leine, die von der Baumnock zum Bug führt).

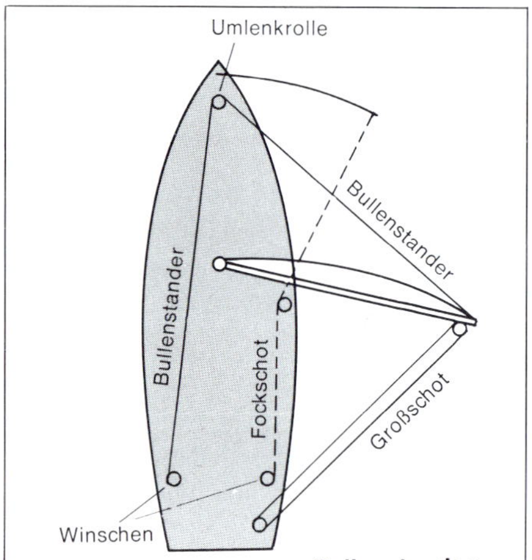

Bullenstander

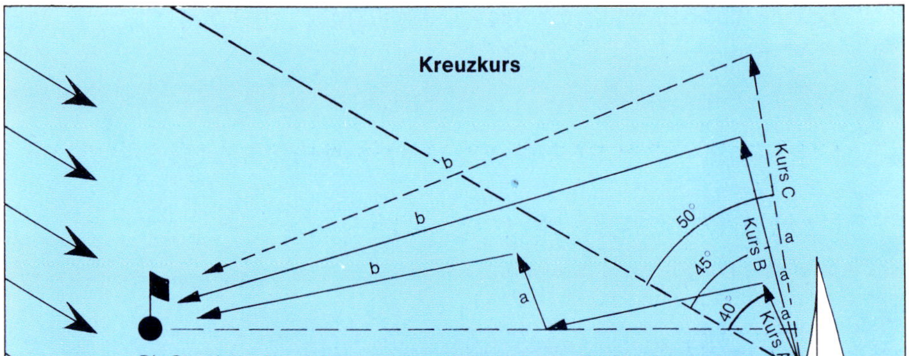

Die Strecken a bezeichnet man jeweils als Holebug, die Strecken b als Streckbug. Bei Kurs A läuft das Boot sehr viel Höhe, es macht außerdem kleinere Kreuzschläge. Bei Kurs B macht das Boot größere Kreuzschläge, es segelt nicht mehr optimale Höhe. Bei Kurs C fällt das Boot noch weiter ab und fährt dafür eine höhere Geschwindigkeit.

Kreuzkurs

Soll ein genau in Windrichtung liegendes Ziel angelaufen werden, so muß man »Kreuzen«. Dabei segelt man mit verschiedenen »Schlägen« – jeweils einen Amwindkurs im Wechsel auf Steuerbord- und Backbordbug – einen Zickzackkurs = einen Kreuzkurs oder »die Kreuz«. Unterschieden wird dabei (wenn der Wind nicht genau von vorne einfällt, sondern etwas schräg) zwischen »Holebug«, bei dem man Höhe zum Wind heraussegelt, sich dem Ziel aber weniger nähert und zwischen »Streckbug«, bei dem man weniger Höhe gewinnt, sich aber dem Ziel nähert. Ob man durch lange oder kurze Kreuzschläge, durch maximales Höheschinden oder durch volleres Segeln am schnellsten zum Ziel gelangt, hängt jeweils ab von den Verhältnissen und vom Bootstyp. Dazu allgemeine Hinweise: Viele kurze Kreuzschläge können einen Fahrtverlust ergeben wegen der häufigen Wenden, was natürlich mehr Bedeutung hat für schwerer

Rennyachten auf Kreuzkurs. 4 Yachten segeln dabei gerade auf Backbordbug, die Yacht G 15 segelt auf Steuerbordbug.

anspringende Kielboote und große Yachten als für leichte Jollen. Lange Kreuzschläge können andererseits nachteilig sein, wenn der Wind ungünstig dreht. Regattasegler bevorzugen häufig kürzere Kreuzschläge (beim Jollensegeln ist das sogar die Regel) – es sei denn sie spekulieren bei einem langen Schlag auf eine vorteilhafte Winddrehung. Bei nachteiliger Winddrehung mißlingt diese Spekulation allerdings voll! Segelt man nicht »hart am Wind« sondern etwas voller, d. h. etwas raumer (oft günstig bei sehr starkem Wind und Wellengang), so wird zwar der Weg länger, man kann aber wegen der höheren Geschwindigkeit und geringeren Abdrift das Ziel durchaus schneller erreichen.

Gleiten und Surfen

Ein Boot bewegt sich normalerweise in einer Verdrängerfahrt vorwärts, wobei das Wasser bei Fahrt auf die »Seite geschoben« wird. Entsprechend leicht gebaute Boote mit flacher Rumpfform (besonders im Bereich des Hecks) können dagegen bei passendem Wind und Kurs ihrer natürlichen Eigenwelle davonsegeln, wobei sie mit herausgehobenem Bug auf die eigene Bugwelle klettern und gleiten. Schwere Boote mit einigem Tiefgang erreichen selten oder nie eine Gleitfahrt, sie sind also zur Verdrängerfahrt verurteilt. Dagegen sind die modernen Leichtbaujollen, man bezeichnet sie oft auch als Gleitjollen, zu dieser schnellen Gleitfahrt prädestiniert. Solche Jollen wie z. B. FDs, Korsare, 470er, Finns gleiten schon ab etwa drei Windstärken, und »Supergleiter« wie z. B. die Laser sogar noch früher. Aber auch konventionelle schwere Jollen wie die Piraten und leichtere Kielboote wie die Stare können bei sehr starkem Wind einen Gleitzustand erreichen.

Zwei Jollen in voller Gleitfahrt, wobei die Mannschaft durch entsprechendes Ausreiten (Vorschoter im Trapez) versucht, das Boot aufrecht zu halten. Oben ein 470er, unten ein FD.

Die typischen Gleitkurse sind der Halbwind- und der Raumschotskurs. Aber sogar auf einem nicht ganz extrem gefahrenen Amwindkurs ist mit modernen Jollen ein Gleiten möglich, in diesem Fall Halbgleiten genannt. Das typische Erscheinungsbild des Gleitens ist der aus der Welle gehobene Bug, wodurch die vom Wasser benetzte Fläche am Unterwasserschiff und damit die Reibung deutlich kleiner wird.

Die **Gleittechnik** ist nicht sehr schwer. Zu beachten ist:

1. Schwert bei Jollen etwa zwei Drittel hochholen.
2. Baumniederholer dichtsetzen, damit sich das Segel nicht verwindet.
3. Die Mannschaft setzt sich nach achtern, um ein Steigen des Buges zu fördern.
4. Den Bug nicht in eine Welle bohren lassen.
5. Das Boot möglichst aufrecht halten.

Verdrängerfahrt

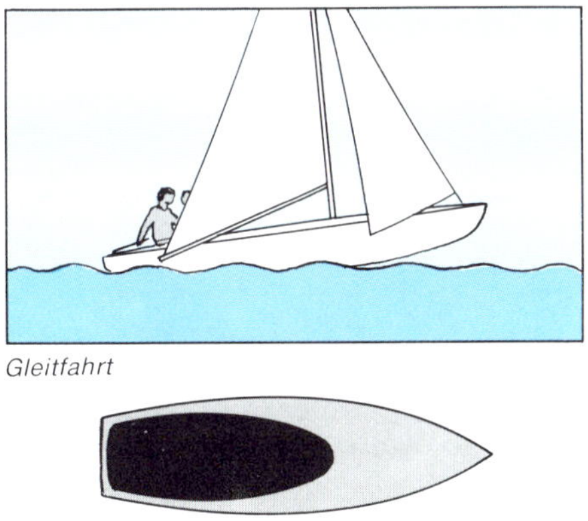

Gleitfahrt

Das Gleiten ist am besten bei einer einfallenden Bö einzuleiten: Man fällt etwas ab (dabei Segel entsprechend einstellen), und sobald die Bö nachzulassen beginnt, luvt man etwas hoch und nimmt die Schoten vorsichtig dichter, um die Gleitphase länger fortzusetzen. Für eine lange Gleitfahrt ist also ein Spiel mit den Schoten notwendig. Auch bei länger anhaltendem Gleitwind müssen die Schoten nach der ersten Geschwindigkeitssteigerung zunächst dichter geholt werden, da der scheinbare Wind wegen der höheren Geschwindigkeit schralt. Eine gewisse Verwandschaft zum Gleiten hat das **Surfen**, das Reiten auf der Welle, das nicht nur Gleitjollen vorbehalten ist. Surfen ist auf Raumschots- und Vorwindkurs möglich. Grundprinzip ist das Segeln auf der Welle, wobei sich beim Hinabfahren ins Wellental durch die hier herrschende Oberflächenströmung eine Beschleunigung ergibt. Diese Zusatzgeschwindigkeit ist abhängig von der Wellenhöhe, Wellensteilheit und der Lage des Bootes zur Welle. Im Wellental trifft das Boot auf eine die Fahrt wieder hemmende entgegenlaufende Oberflächenströmung. Beim »Vorwindsurfen« ist zunächst so zu steuern, daß sich das Boot mit seinem Heck auf den Kamm einer von achtern auflaufenden Welle setzt. Jetzt rutscht die Besatzung nach achtern, luvt unter entsprechendem Anholen der Schoten an und segelt schrägwinklig die beschleunigende Wellenvorderseite hinunter. Ist die Welle durchgelaufen, versucht man das Spiel von neuem zunächst wieder mit Abfallen. Beim »Raumschotssurfen« wird man auf dem Wellenberg sitzend zunächst etwas abfallen zum Wellental und wieder anluven zum nächsten Wellenberg.

Ruderführung und Mannschaft

Auf kleineren Kielbooten und besonders auf Jollen bedient der Steuermann (Rudergänger) neben der Pinne auch die Großschot. In der Regel wird dabei die Schot nicht mehr – wie früher üblich – immer aus der Hand gefahren, sondern meistens in einer modernen Schotklemme (z. B. Curryklemme) belegt. Die Feineinstellung geschieht (wenn vorhanden) mit dem Travellerschlitten.

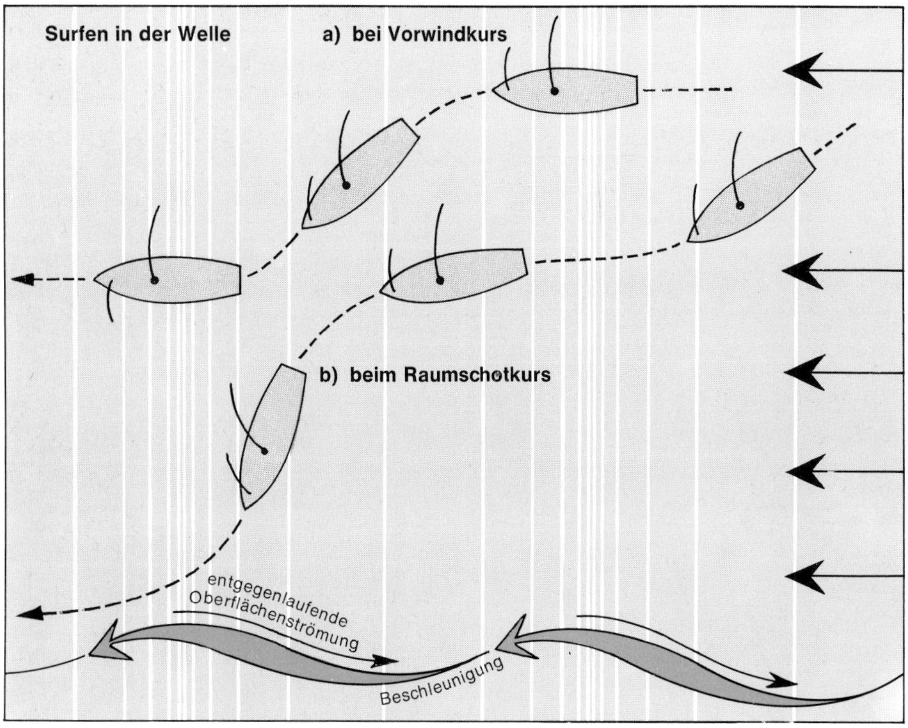

Die wichtigsten Fachausdrücke:

Steuermann	Ursprünglich war bei der alten Segelschiffahrt der höchste Offizier nach dem Kapitän der Erste Steuermann. Beim Sportsegeln wird oft der, der steuert so genannt
Rudergänger	Derjenige, der das Schiff im Augenblick steuert
»Mann am Rohr«	Scherzhafte Bezeichnung für den Rudergänger
Skipper	Beim Sportsegeln, insbesondere im Küsten- und Hochseebereich, der verantwortliche Schiffsführer
Vorschotmann, Vorschoter	Bei Zweimannbooten derjenige, der nicht steuert, der die Vorschot = Fockschot bedient, den Spinnaker fährt und gegebenenfalls ins Trapez steigt
Vorschiffmann	Bei einem Dreimannboot (z. B. Drachen, Soling) derjenige, der vorne sitzt
Mittschiffmann	Bei einem Dreimannboot der, der in der Mitte sitzt
Crew	Seemännischer Ausdruck für die Besatzung
Navigator	Der für die Navigation beim Törn- oder Hochseerennsegeln zuständig ist
Ruder legen	Das Ruderblatt mit Hilfe von Pinne oder Radsteuerung aus der Mittschiffslage in eine Richtung drehen, sodaß eine Kursänderung hervorgerufen wird
Wache	Beim Törnsegeln werden die Crewmitglieder meist in Wachen eingeteilt, wobei dann jede Wache unter der Leitung eines Wachführers für einige Stunden »Dienst hat« und das Schiff führt. Man unterscheidet zwischen einer Steuerbord- und einer Backbordwache. Die jeweils freihabenden Mitglieder werden als »Freiwache« bezeichnet.
Bootsmann	Der zweite Mann nach dem Skipper wird oft so bezeichnet.

Bei Rennyachten dieser Größe ist eine Radsteuerung üblich.

Pinne und Radsteuerung

Viele der heutigen modernen Hochseeyachten werden mit einer Radsteuerung auf Kurs gehalten. Das Ruderblatt wird hierbei nicht mit einer Pinne bedient, sondern mit einem großen Steuerrad, dessen Kraft mechanisch (über einen Schneckentrieb mittels Gestänge bzw. Seilzug) oder durch Hydraulik auf das Ruderblatt übertragen wird. Bei den Steuerrädern unterscheidet man in der Bauart drei Ausführungen:

1. Speichenrad mit oder ohne Schutzreifen (diese Speichen nennt man auch »Handspaken«)
2. »Destroyer« – Reifenrad
3. »Fastnet« – Reifenrad, bei dem die Speichen nicht vertikal sondern etwas schräg zur Nabe laufen, wodurch der Reifen leicht zurückgesetzt wird und einen größeren Abstand zur Steuersäule gewinnt.

1 Jolle mit einer heute nicht mehr gebräuchlichen Gabelpinne.

2 Stockpinne ohne Pinnenausleger. Der Steuermann kann bei einer solchen Pinne nicht ausreiten.

3 Für das sportliche Segeln auf kleineren Booten unerläßlich: Pinnenausleger.

4 Auf Einhandbooten, die mit Trapez gesegelt werden – im Bild ein A-Katamaran – benützt man sehr lange Pinnenausleger.

1

2

3

4

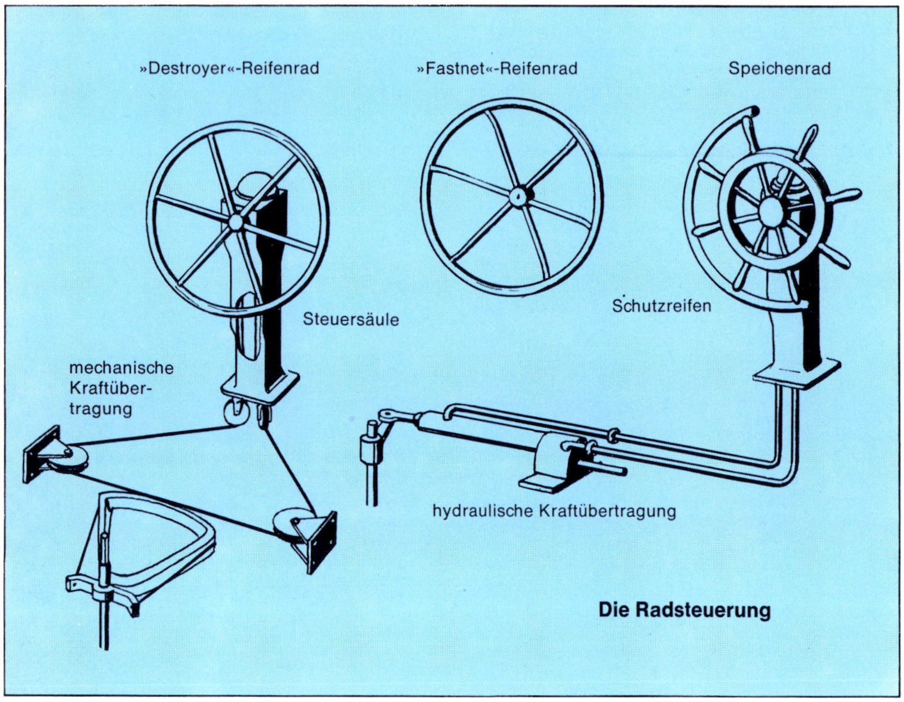

Die Radsteuerung

Bei guten Seglern immer zu beobachten: das Greifen des Auslegers von unten her (links und Mitte).

Bei diesem »laienhafteren« Obendraufgreifen des Auslegers erkennt man deutlich eine gewisse Verkrampfung im Arm (rechts).

Die Vorteile der Radsteuerung: Der Rudergänger sitzt besser und geschützter und kann dabei optimal den Kompaß beobachten.
Nachteil: Größere Störanfälligkeit als bei Pinnensteuerung, und bei Bruch sind Reparaturen komplizierter.
Weitere Vor- und Nachteile sind von Boot zu Boot verschieden, sie werden auch von einzelnen Skippern individuell betrachtet. Obwohl heute bereits auch auf kleineren Yachten eine Radsteuerung praktiziert wird, überwiegt dort noch immer die Ausrüstung mit einer Pinne, einer sog. Stockpinne. Bei allen gut ausgerüsteten Jollen und kleineren Sportkielbooten (wie Tempest, Dyas, Trias oder Soling) ist an der Stockpinne ein schwenkbarer Pinnenausleger angebracht. Nur mit Hilfe eines solchen Auslegers, der normalerweise etwa einen Meter lang ist (wesentlich länger bei Einmannbooten, die mit Trapez gesegelt werden, wie z. B. die A-Katamarane oder die Contender-Jollen!), ist eine angemessene sportliche Segeltechnik möglich. Die früher üblichen Gabelpinnen sind heute absolut unmodern geworden und damit eigentlich ausgestorben. Sie wurden klar von den Pinnenauslegern überflügelt, die eine bessere Segeltechnik erlauben.

Technik und Tips

Eine spezielle Technik erfordert der Umgang mit einem Pinnenausleger. Am besten greift man in einer Art »Bleistifthaltung« von unten her an den Ausleger und faßt mit lockerer Hand bei schwächerem Wind etwa in der Mitte, bei stärkerem Wind und entsprechendem Ausreiten mehr am Ende. Das Obendraufgreifen, wie es beim wenig geübten Segler eigentlich immer und beim Rennsegler seltener zu beobachten ist, kann zwar bei wenig Wind durchaus akzeptiert werden, es erweist sich aber beim Ausreiten als sehr unzweckmäßig: der Arm verkrampft dabei zu sehr wegen der unnatürlichen, angespannten Haltung. Der Ausleger soll auch möglichst neben dem Körper gehalten werden, nicht vor dem Bauch oder gar in Verlängerung der Pinne.

Hauptfehler beim Segeln mit Pinnenausleger

- Ausleger überhaupt nicht benützen.
- Ausleger in Verlängerung der Pinne halten.
- Beim Abfallen statt Zurückziehen des Armes ein Umlegen des Auslegers auf die andere Seite und ein Wegdrücken.
- Abwärtsdrücken des Auslegers, dadurch Gefahr der Beschädigung des Gelenkes zwischen Pinne und Ausleger.

Die Feinarbeit der Ruderführung

Soll man beim Kurssteuern das Ruder ruhig halten, leicht oder fest bewegen? Die beste Antwort kann hier ein Könner wie Willy Kuhweide geben: »Normalerweise soll man das Ruder so wenig wie möglich bewegen! Das Ruder steuert zwar, aber jede Steuerung bedeutet einen Eingriff und damit einen Widerstand. Wer nun dauernd mit dem Ruder arbeitet, der erzeugt sich selbst laufend einen Widerstand. Natürlich läßt sich gegebenenfalls eine gewisse Ruderbewegung manchmal nicht vermeiden, da man ja einen bestimmten Kurs einschlagen möchte und deshalb einen gewissen Zwang auf das Ruder ausüben muß. Dieser Zwang sollte aber gerade nur so groß sein, wie es erforderlich ist. Die meisten Segler bewegen ihre Pinne zu viel! Trotzdem bedeutet Ruderführung nicht starres Pinnehalten, sondern sie besteht aus einer unmerklichen permanenten Bewegung, synchron zur Welle. Diese Bewegung neutralisiert aber lediglich die verschiedene Anströmung, hervorgerufen durch die Welle. Würde man nämlich beim Segeln in der Welle die Pinne festhalten, dann ergäbe sich genauso ein Steueref-

Von oben nach unten
Richtig: Auch bei schwachem Wind benützt ein guter Segler den Ausleger. Er bildet einen Winkel zur Pinne und wird neben dem Körper gehalten.

Falsch: Segeln ohne Ausleger und damit zu achterliche Sitzposition.

Falsch: Ausleger in Verlängerung der Pinne halten.

Richtig: Beim Abfallen Arm zurückziehen.

Falsch: Beim Abfallen Ausleger nach der anderen Bordseite umlegen und damit die Pinne wegdrücken.

fekt, denn es spielt im Grunde keine Rolle, ob ich etwas mit dem Wasser mache oder das Wasser etwas mit mir. Und wenn eine Welle vorhanden ist, dann macht das Wasser etwas mit mir, d. h. es muß durch synchrone Bewegung neutralisiert werden.«

Sitzposition

Die richtige Sitzposition von Steuermann und Crew in einem Segelboot spielt eine nicht zu unterschätzende Rolle für die Geschwindigkeit! Zunächst aber ist zu sagen, daß der Steuermann normalerweise dem Segel gegenüber sitzt, also auf der Luvseite (Ausnahme: bei einer Radsteuerung, bei der der Rudergänger in der Mittschiffslängsachse sitzt mit Blick nach vorne). Die übrige Mannschaft sitzt dann je nach Kurs und Windverhältnissen so, daß sich das Boot in der richtigen Längs- und Seittrimmlage befindet.

Längs- und Seittrimm

Je nachdem, ob Rudergänger und Mannschaft weiter vorne oder weiter achtern sitzen, ergibt sich eine starke Beeinflussung auf die Längsschwimmlage (= Längstrimm) des Bootes und damit auf die Geschwindigkeit. Hierbei ist zu beachten: Taucht das Heck bedingt durch eine zu achterliche Sitzposition zu weit ins Wasser, so wird die Wasserströmung gestört, es bilden sich Wirbel, die beträchtlich bremsend wirken. Dies gilt besonders stark für alle Jollen und Kielboote mit einem jollenähnlichen Heck. Das heißt also: Mannschaft mehr nach vorne rutschen, Steuermann weg von der Pinne und (wenn vorhanden) Pinnenausleger in die Hand nehmen. Andererseits muß die Crew mehr nach achtern, wenn bei Raumschots- und Vorwindkurs und bei entsprechendem Wellengang die Gefahr eines Bohrens des Buges besteht. Auch beim Gleiten und Surfen muß – wie bereits im dortigen Kapitel erwähnt – das Mannschaftsgewicht nach achtern verlagert werden.
Die Längstrimmlage nimmt auch einen Einfluß auf die Kursstabilität des Bootes. Bei einem Amwindkurs z. B. kann man

Oben: Schlechte Längstrimmlage: Der Steuermann sitzt viel zu weit achtern.

Mitte: Hier hat der Steuermann das Heck deutlich entlastet: Die Längstrimmlage stimmt wieder.

Bei schwachem Wind soll eine Mannschaft sogar extrem weit vorne sitzen. Bei dieser 470er-Jolle erkennt man deutlich das vollkommen freie Heck.

Oben:
Beim sportlichen Segeln und entsprechendem Wind sitzt eine gute Crew kaum mehr im Boot selbst, sie hängt vielmehr außenbords.

Unten:
Typisches Ausreiten des Steuermanns auf einem Finn-Dinghy demonstriert: Die Füße hängen in den hoch eingestellten Gurten, das Gesäß befindet sich weit außenbords, der Rücken ist rund. Beachten Sie auch das typische Greifen des Pinnenauslegers – übrigens auch oben zu sehen.

ESV
SCW

durch ein Verschieben des Mannschaftsgewichtes in der Längsrichtung ein Anluven oder Abfallen erreichen. Dabei fördert ein Verschieben des Gewichts nach achtern eine Leegierigkeit, ein Verschieben nach vorne eine Luvgierigkeit. Die Sitzposition von Rudergänger und Crew beeinflußt auch wesentlich die Seittrimmlage, d. h. die mehr oder weniger starke Krängung. Krängung bei guten Windverhältnissen verändert die Luftströmung am Segel negativ, bewirkt eine unerwünschte Luvgierigkeit, fördert die Abdrift und die Tendenz des Bootes, weniger Höhe zu laufen. Starke Krängung bedeutet also Verlust an Geschwindigkeit und Höhe. Folge: Bei stärkerem Wind muß das Mannschaftsgewicht so nach außen auf die Luvseite versetzt werden, daß das Boot nahezu aufrecht segelt. Selbstverständlich spielt dieses Ausreiten nach Luv bei Jollen und leichten Kielbooten eine wesentlich gewichtigere Rolle als bei größeren Yachten, die ein beträchtliches Gewicht im Ballastkiel mit sich führen. Bei sehr schwachem Wind allerdings ist im allgemeinen eine leichte Krängung nach Lee zu bevorzugen:

Die Segel stehen in diesem Falle besser, und sie erhalten wieder ein Profil. Diese Krängung nach Lee wird durch eine entsprechende Sitzposition erreicht. Steuermann und Mannschaft sitzen also nicht mehr außenbords in Luv, sondern im Boot selbst oder bei extrem schwachem Wind sogar auf der Leeseite.

Oben links:
Typisches Ausreiten bei heutigen Hochseerennyachten: Die Beine »baumeln« außenbords.

Oben rechts:
Ausreiten beim Dreimann-Kielboot Soling. Der Steuermann ist übrigens Erich Hirt, Deutscher Meister 1975.

Unten links:
Ausreiten bei einem FD. Beachten Sie auch wieder den typischen Griff an den Pinnenausleger.

Unten rechts:
Hier stimmt einiges nicht!
1. *Die Ausreitgurte sind zu wenig hoch eingestellt, dadurch kann sich der Steuermann zu wenig weit hinaussetzen, er muß durch eine unzweckmäßige Streckung nach rückwärts ausgleichen.*
2. *Der Steuermann faßt den Pinnenausleger von oben, der Arm befindet sich dadurch in einer verkrampften Haltung.*
3. *Der Trapezdraht ist zu kurz, der Vorschoter muß deshalb in einer unzweckmäßigen und unangenehmen Hohlkreuzhaltung versuchen, auszugleichen.*
4. *Der Traveller wird bei diesem stärkeren Wind zu weit mittschiffs gefahren und nicht in Lee – das Segel verwindet deshalb zu stark, und die krängende Kraft ist größer.*

Laserjolle bei leichtem Wind: der Steuermann sitzt nicht mehr außen, er bevorzugt eine Krängung nach Lee.

Damit dieser 470er die gewünschte Krängung erhält, sitzt der Vorschoter in Lee und der Steuermann nicht mehr auf dem Seitendeck, sondern im Boot.

Oft wird die gewünschte Krängung bei schwachem Wind nur dadurch erreicht, indem sich der Steuermann nach Lee setzt.

Die heute nicht mehr gebräuchliche Liege-Ausreittechnik, wie sie früher bei den Drachen und Staren zu beobachten war.

Ausreitarten

Das extreme Außenbordssitzen in Luv nennt man Ausreiten. Dabei sind je nach Bootstyp verschiedene Arten zu beobachten:
Der für Jollen und kleinere Sportkielboote (z. B. Tempest, Dyas) übliche »Jollensitz« insbesondere des Steuermanns, der »extreme Jollensitz«, z. B. beim Star-Vorschoter oder bei Vorschiff- und Mittschiffmann der Soling, dazu die moderne »Hochseetechnik« bei den heutigen Hochseerennyachten, wobei die Crew mit Blick nach außen und über Bord hängenden Beinen in Luv sitzt. Die Liegetechnik, wie sie vor Jahren z. B. bei Drachen und Star besonders verbreitet war, ist heute nicht mehr üblich, seit Gurte erlaubt sind. Sofern eine Trapezeinrichtung vorhanden ist, ist eine extreme Ausreithaltung für den betreffenden Vorschotmann (bei Einmanntrapezbooten wie z. B. Contenderjolle oder A-Katamaran auch für den Steuermann!) überflüssig, da er im Bedarfsfalle wesentlich wirkungsvoller sein Gewicht zur Geltung bringen kann.

Jollen-Ausreittechnik

Am ausgeprägtesten ist die Ausreittechnik bei den Einhandseglern (z. B. Finn, Laser, OK-Jolle) zu beobachten, die in Ermangelung der Unterstützung eines Vorschoters ausschließlich ihr eigenes Gewicht bei Bedarf mit aller Zweckmäßigkeit zur Geltung bringen müssen. Vorraussetzung zu einer guten Technik sind:

a) Vorhandensein von Ausreitgurten im Boot in richtiger Länge;
b) Vorhandensein eines genügend langen Pinnenauslegers.

Die Ausreitgurte, unter die die Füße geschoben werden, müssen so lang sein, daß der betreffende Steuermann klar außenbords hängen kann (Gesäß weit außen). Damit die Bauchmuskeln nicht überbeansprucht werden, macht man dazu einen runden Rücken. Ein Zurückstrecken des Oberkörpers soll nur kurzfristig erfolgen, z. B. zum Abwettern einer stärkeren Bö. Ebenso schnell, wie ein guter Regattasegler bei entsprechendem Wind oder nach einer Wende sich in die Ausreitposition begeben muß, so schnell muß er auch wieder ins Boot zurückgleiten können bei nachlassendem Wind oder beim Ansatz einer Wende.

Hauptfehler bei der Sitzposition

- So neben der Pinne sitzen, daß diese nur zu einer Seite bewegt werden kann.
- Zu weit achtern sitzen bei Amwindkurs.
- Zu weit vorne sitzen bei Gleitversuchen.
- Falsche Einstellung der Ausreitgurte
- Mannschaft sitzt so, daß das Boot bei »Nahezuflaute« zu aufrecht segelt oder gar nach Luv krängt.

Dieser Jollenkreuzer krängt bei dem herrschenden Wind zu stark: Der Steuermann sollte den Pinnenausleger benutzen und mehr Gewicht nach außen bringen!

Falsch: So weit achtern zu sitzen, dazu so neben der Pinne, daß diese nur zu einer Seite bewegt werden kann.

Auch diese Jolle krängt zu stark und verliert an Fahrt, weil der Steuermann keinen Ausleger benützt und sehr »brav« im Boot sitzt (rechts).

Wenden

Wenden ist das »klassische« Manöver beim Kreuzen, wenn man die Windseite wechseln muß, d. h. wenn der Bug so durch den entgegenkommenden Wind dreht, daß dieser von der anderen Seite einfällt. Ein Boot, das auf Backbordbug segelt, liegt dann nach dem Wenden auf Steuerbordbug. Das Wenden geschieht immer aus einem Amwindkurs mit entsprechender Segelstellung. Segelt man raumschots und will wenden, so luvt man erst unter Dichternehmen der Schoten an. Werden die Segel nicht angeholt, so kann es durch den sich dadurch ergebenden Fahrtverlust und den großen Drehweg Schwierigkeiten geben, durch den Wind zu drehen.

Das Wenden ist ein einfaches Manöver, das gilt besonders für langsamere Boote, also schwere Verdrängerjollen und plum-

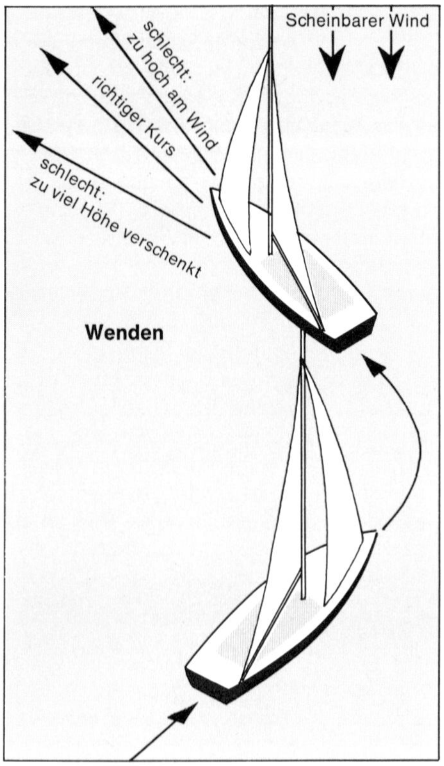

Platzwechsel der Mannschaft beim Wenden.

Der verschieden große Drehwinkel beim Wenden je nach Bootsgeschwindigkeit.

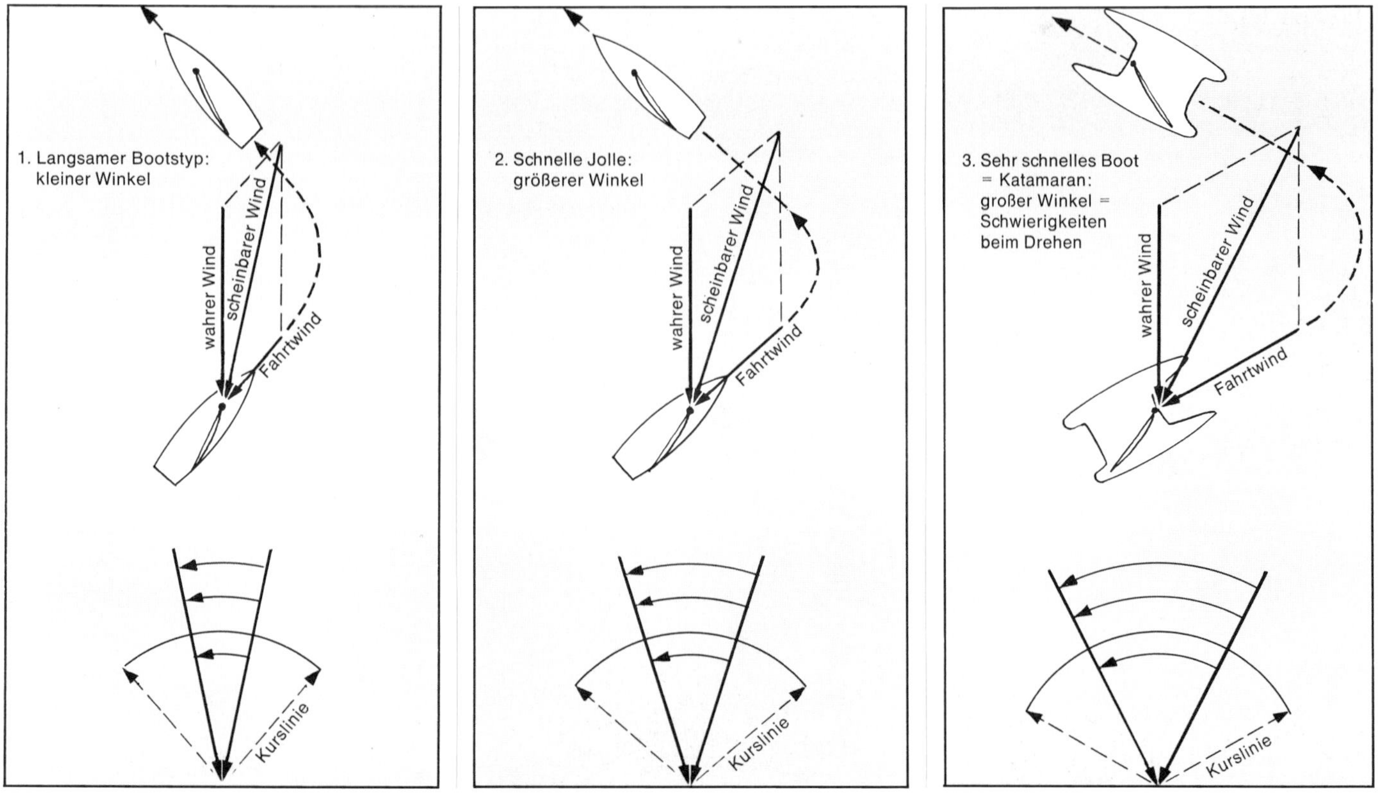

pere Kielboote. Je schneller aber nun ein Boot segelt, um so mehr Schwierigkeiten sind möglich: denn je schneller ein Boot, um so vorlicher fällt der scheinbare Wind ein und um so größer wird damit der Gegenwindbereich, durch den gedreht werden muß. Ein langsames Boot kann höher zum Wind anliegen, der beim Wenden zu überwindende Winkel ist nicht zu groß. Das Manöver wirft dadurch normalerweise überhaupt keine Probleme auf. Bei einer schnellen Gleitjolle wird der Winkel bereits größer, damit ist bei einem Fahrfehler z. B. schon eher die Möglichkeit gegeben, nicht durch den Wind zu kommen. Die Katamarane als sehr schnelle Boote haben einen großen Winkel und damit Drehkreis zu überwinden, entsprechend langsam fallen demnach bekanntlicherweise ihre Wenden aus – bis zum völligen Stehenbleiben.

Ausführung

Beim schulmäßigen Segeln gibt der Rudergänger als Auftakt zu diesem Manöver das Kommando »Klar zum Wenden!« Der Vorschotmann legt nun die Lee-Fockschot klar und meldet zurück »Ist klar!« Der Rudergänger gibt hierauf das Ausführungskommando »Rhe!«, legt Ruder = luvt an und dreht durch den Wind auf den neuen Bug. Währenddessen läßt der Vorschoter die Fock rechtzeitig lose, um sie

Wendemanöver mit einer Rennyacht. Es handelt sich hier um die »Admiral's Cup-Yacht« Christine, fotografiert bei Windstärke 7 (deshalb das gereffte Großsegel) vor Helgoland, kurz vor dem »Rund-um-Skagen-Rennen« 1975, das für die deutschen Yachten als Ausscheidungswettfahrt zur Teilnahme am Admiral's Cup diente.

Unser Titelbild:
Solingyachten während einer Wettfahrt unter Spinnaker auf Raumschotskurs auf dem Weg zur Tonne 1.

G 124
G 87

Wendemanöver auf einem Laser. Der Steuermann sollte hier die Schot aber besser von unten fahren, nicht von oben.

auf der anderen Seite – wohin sie geweht wurde – wieder dichtzuholen. Das Großsegel bleibt im großen und ganzen dicht, bei größeren Booten bleibt die Schot belegt. Bei größeren Yachten mit einem großen Vorsegel (bzw. mit mehreren) muß mit dem Dichtholen des betreffenden Vorsegels bereits begonnen werden, wenn die Yacht beim Wenden gerade durch den Wind dreht. Wartet man zu lange, gibt es Schwierigkeiten, das bereits vollstehende Segel dichtzubekommen. Werden auf einer Yacht noch bewegliche Backstagen gefahren, so ist darauf zu achten, daß mit dem Kommando »Rhe!« das Luvbackstag losgeworfen und auf dem neuen Bug das andere Backstag dichtgesetzt wird. Beim Durchdrehen durch den Wind wechselt die Mannschaft die Seite.

Technik

Bei allen Jollen und jollenähnlichen offenen Kielbooten – die ja normalerweise alle mit einem Pinnenausleger ausgerüstet sind – sollte man bei genügend Wind eine saubere Wendetechnik anwenden:

1. Der Steuermann setzt seinen »achterlichen« Fuß auf die andere Seite, drückt die Pinne weg und »taucht« unter den mittschiffs schwingenden Großbaum durch. Hat das Boot einen sehr tiefreichenden Großbaum (z. B. Finn-Dinghy), so gewinnt man durch leichtes Fieren der Großschot mehr Spielraum.
2. Sobald der Großbaum passiert ist, steht der Steuermann voll auf, wozu er den Pinnenausleger hochstellt. Im Stand vollzieht er eine halbe Drehung (Blick nach vorne), wobei die Hand, die die Schot gehalten hat, hinter dem Rücken den hochgestellten Ausleger zur Schot

Wendetechnik auf einer Piratenjolle (von oben nach unten): Der Steuermann luvt aus Amwindkurs in den Wind, . . .

»taucht« unter den Großbaum durch und richtet sich auf. Der Pinnenausleger wird dabei hochgestellt.

Im Stand erfolgt die notwendige Drehung, während hinter dem Rücken die »Schothand« den Ausleger ergriffen hat.

Die freigewordene rechte Hand hat jetzt die Schot übernommen, der Steuermann wird sich wieder hinsetzen und gegebenenfalls entsprechend ausreiten.

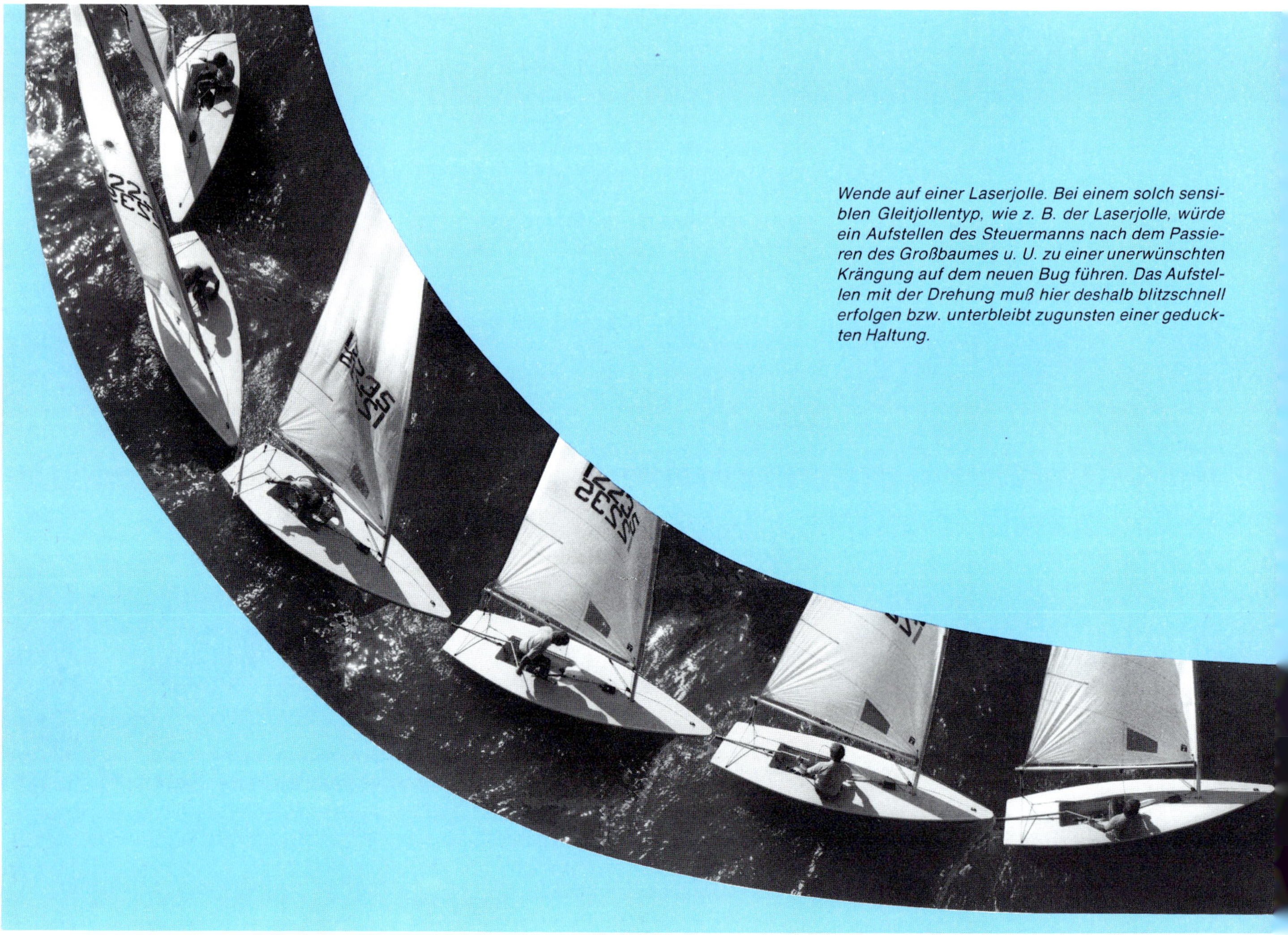

Wende auf einer Laserjolle. Bei einem solch sensiblen Gleitjollentyp, wie z. B. der Laserjolle, würde ein Aufstellen des Steuermanns nach dem Passieren des Großbaumes u. U. zu einer unerwünschten Krängung auf dem neuen Bug führen. Das Aufstellen mit der Drehung muß hier deshalb blitzschnell erfolgen bzw. unterbleibt zugunsten einer geduckten Haltung.

dazu ergreift. Die frei gewordene Hand übernimmt nun die Schot, gleichzeitig setzt sich der Steuermann zum erneuten Ausreiten.

3. Der Vorschotmann wird den Seitenwechsel meist mit dem Rücken zum Mast vollziehen, da er auf diese Weise weniger vom Baumniederholer gestört wird.

Der zeitliche Ablauf dieser Handgriffe kann bei schwächeren Winden durchaus lang dauern bei einer ausgeprägten »Standphase« nach dem Passieren des Großbaumes. Bei stärkerem oder starkem Wind muß der Platzwechsel beim Wenden sehr schnell erfolgen, wobei das Hinstellen des Steuermanns sehr kurz wird bzw. bei empfindlichen Jollentypen (Laser z. B.) sogar entfallen kann. Ein Loslassen des Auslegers sollte dabei aber nicht erfolgen.

Tips und Tricks

1. Erst wenden, wenn das Boot gute Fahrt macht.
2. Nicht zu stürmisch das Ruder legen, das bremst zu sehr.
3. Ein günstiger Wendeaugenblick ist gegeben, wenn das Boot luvt und von selbst »über Stag gehen« will.
4. Ein Boot luvt von selbst, wenn es stärker nach Lee krängt: Man könnte deshalb kurz vor der Wende durch weniger Ausreiten absichtlich eine Krängung hervorrufen, dadurch das Boot ohne Ruderdruck anluven lassen und dann erst mit Ruderhilfe das Manöver beenden.
5. Ist man wegen eines Fehlers bzw. mit einer plumpen Yacht bei Wellengang in Schwierigkeiten, durch den Wind zu drehen, so läßt man das Vorsegel back stehen zur Drehungsunterstützung. Ergibt sich eine kurzzeitige Rückwärtsfahrt, so achte man auf eine richtige Ruderlage entsprechend der Rückwärtsfahrt.
6. Mit einem trägeren Boot könnte man nach der Wende auf dem neuen Bug zunächst etwas raumer segeln zum Fahrtaufnehmen.
7. Willy Kuhweide empfiehlt: »Bei der Wendedrehung ist jedes Extrem von Übel. Deshalb muß für jeden Bootstyp und für jede Windstärke die passende Drehgeschwindigkeit herausgefunden werden. Man darf weder blitzartig drehen, sonst steht man ohne Geschwindigkeit da, noch darf man zu langsam drehen, sonst ist trotz eines gewissen Höhegewinns die Geschwindigkeit auch wieder verloren. Beim Drehen also

so wenig Fahrt wie möglich aus dem Boot bringen – dies gilt besonders stark für schwerere Boote, wie z. B. Soling oder Drachen. Ich selbst fahre die Wende in folgender Art:
Ich wende mit der entsprechenden Drehgeschwindigkeit. Auf dem neuen Bug segle ich nicht sofort meinen normalen Amwindkurs weiter, sondern falle mit gefiertem Traveller etwas ab, um Geschwindigkeit herauszuholen. Sobald auf dem neuen Bug eine Stabilisierung eingetreten ist, d. h. sobald ich meine anfängliche Geschwindigkeit wieder erreicht habe, luve ich wieder unter der richtigen Travellereinstellung in meine normale Position, um optimale Höhe und Speed zu segeln.«

Hauptfehler

1. Boot dreht nicht richtig durch den Wind, und die Segel killen zu lange.
2. Nach der Wende wird zu stark abgefallen (z. B. auf Halbwindkurs), so daß kostbare Höhe verloren geht.
3. Das Vorsegel wird zu früh losgeworfen und killt ohne Vortrieb zu erzeugen.
4. Vorsegel wird back gehalten, obwohl dies zu einer Drehungsunterstützung gerade nicht nötig ist.
5. Vorsegel killt zu lange auf dem neuen Bug.
6. Das Ruder wird zu schwunghaft gelegt und bremst dadurch.
7. Schlechtes Platzwechseln der Mannschaft.
8. Wendeversuch ohne Fahrt und dabei starke Ruderlage.

Typischer Fehler beim Wenden: Dieses Boot hat noch keine Fahrt, trotzdem möchte der Steuermann wenden und legt dazu hart das Ruder. Ergebnis: Das Boot treibt nur seitlich ab und dreht nicht durch den Wind. Richtig wäre hier, zur Fahrtaufnahme zuerst abzufallen.

Halsen und Schiften

Das Halsemanöver spielt sich auf Vorwindkurs ab. Das Heck dreht durch den Wind, dabei muß das aufgefierte Großsegel auf die andere Bordseite geholt werden. Die Schwierigkeit des Halsens ist, daß das Manöver normalerweise bei voller Fahrt durchgeführt wird, wobei das Großsegel unter Beschleunigung einen großen Weg zurücklegen muß. In der Regel wird das Halsen in der Literatur als schwieriges Manöver hingestellt, und sogar der beste Segler aller Zeiten, der bekannte Paul Elvström schrieb in seinem Buch (»Jollen- und Kielboot-Segeln«): »Halsen bei starkem Wind ist das schwerste Manöver mit einer Jolle«. Je schneller ein Boot segelt, um so leichter wird das Halsemanöver; denn bei schneller Fahrt auf Vorwindkurs wird der an Bord spürbare scheinbare Wind klein, und damit wird das Überholen der Segel nicht so schwierig. Man kann also sagen: Eine leichte Gleitjolle halst problemloser als eine schwere Verdrängerjolle oder ein träges Kielboot. Dies gilt allerdings nur, sofern die Halse richtig durchgeführt wird. Halsen ist immer mit einer Kursänderung verbunden, wobei man abfällt über einen Vorwindkurs hinaus und auf der anderen Seite wieder anluvt. Bei Regatten auf Dreieckskurs wird immer an der Boje 2 gehalst. Behält man aber nun einen Vorwindkurs bei und holt nur die Segel auf die andere Seite, z. B. wegen einer kleinen Winddrehung oder bei einer Wettfahrt aus taktischen Gründen, so nennt man diesen Vorgang »schiften«. Das Manöver geht genau wie das Halsen vor sich, nur entfällt nach dem Schiften das Anluven zu einem neuen Kurs. (Schiften des Spinnakers siehe beim Kapitel »Spinnakersegeln«!).

Ausführung

Der Rudergänger gibt das Kommando »Klar zum Halsen!«, woraufhin sich Besatzung bzw. Vorschotmann vorbereiten und rückmelden: »Ist klar!« Dann folgt das Kommando »Fier auf die Schoten!«, und durch Abfallen und Fieren dreht das Boot vor den Wind – und bleibt dort zunächst. Auf das Kommando hin »Hol dicht die Großschot!« wird der Großbaum zügig mittschiffs gezogen, und auf sein Kommando »Rund achtern!« übersteuert der Rudergänger vorsichtig und so weit, daß der Großbaum von selbst auf die andere Seite möchte. Daraufhin wird sofort und schnell das Großsegel ganz aufgefiert. In dieser Phase des Rundachterns und Auffierens liegt nun der eigentliche Gefahrenpunkt der Halse: Das Boot bekommt eine Drehtendenz nach der neuen Luvseite; dazu ergibt sich eine starke krängende Komponente, wenn die Segel nicht bzw. nicht schnell genug aufgefiert werden. Dies wird beim Jollensegeln bei starkem

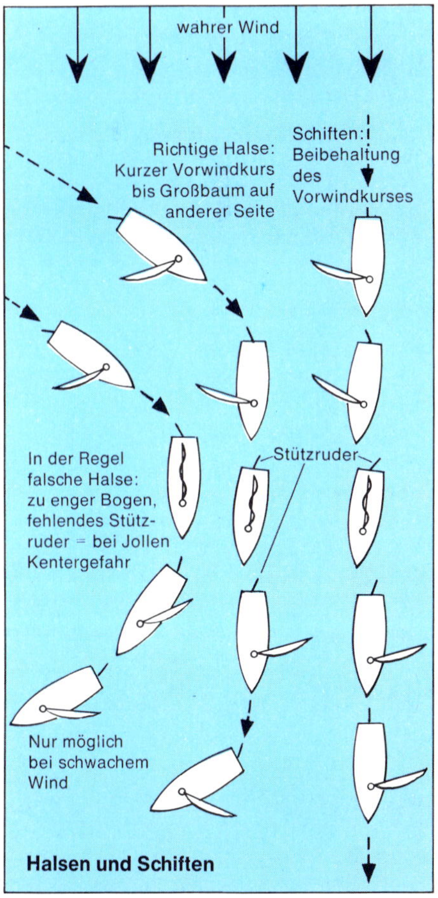

Halsen und Schiften

Richtiges Halsen: Deutlich erkennbar der gehaltene Vorwindkurs und das »Gegenruder« beim dritten Bild!

Wind eigentlich immer zum Kentern führen. Man vermeidet aber Drehtendenz und Kentergefahr, indem man in der kritischen Phase kurz »Stützruder« oder »Gegenruder« gibt, das Boot somit noch einen Augenblick bis zum Ende der Gefahr auf Vorwindkurs hält. Dann erst erfolgt ein Anluven zum neuen gewünschten Kurs. Die ausführlichen Kommandos sind notwendig beim Segeln mit solchen Yachten, bei denen der Rudergänger die Schoten nicht selbst bedient. Beim Jollensegeln dagegen, wo der Steuermann ja die Großschot neben der Pinne normalerweise selbst bedient, genügen abgekürzte Kommandos: »Klar zum Halsen!« (bzw. »Klar zum Schiften!«) . . . »Rund achtern!«

Technik

Beim Halsen (bzw. Schiften) wird die Großschot möglichst schnell durch die Blöcke dichtgezogen und dann aufgefiert. Diesen Vorgang könnte man auch als »Blockhalse« bezeichnen. Bei Booten mit einem nicht zu großen Großsegel (allen Jollen) ist es dagegen üblich (wenigstens bei allen Regattaseglern!), daß der Steuermann in die ganze Talje der Schot greift und mit einem Schwung das Segel überholt. Diese Art könnte man »Regattahalse« nennen.
Die »Regattahalse« auf der Jolle erfordert nun eine genaue Technik:

1. Der Steuermann steht breitbeinig in der Jolle oder er kniet, wobei ein Fuß aufgestellt ist.

Richtige Ausgangsstellung bei der typischen »Jollenhalse« bzw. »Regattahalse«: Die näherliegende Hand greift an die Schot, wobei der Steuermann entweder kniet oder – wie hier – steht. Dagegen im Bild daneben: falsches Hingreifen, dadurch Krängung des Bootes.

Eine falsche Halse kann auf einer Jolle zum Kentern führen!

Oben links:
Bis jetzt stimmt noch alles: Das Boot segelt auf Vorwindkurs, der Rudergänger übersteuert etwas . . .

Unten links:
. . . jetzt beginnt der Baum überzukommen, das Boot dreht aber weiter, weil kein Gegenruder gegeben wird.

Oben rechts:
Das Großsegel ist auf der anderen Seite noch nicht weit genug aufgefiert, dazu luvt das Boot (kein Gegenruder) an . . .

Unten rechts:
. . . und das ist bei stärkerem Wind das Ergebnis!

12235

G 1388
2

G 1709

G 1709

G 1709

2. Die Hand, die näher zum aufgefierten Großbaum zeigt, greift an die Schot (also bei Steuerbordbug die rechte Hand) und holt den Baum mit Schwung über. Dabei nicht vergessen: Stützruder. Vorteil dieses Hingreifens: Natürlichere Körperhaltung ohne Verwindung und seitlicher Gewichtsverlagerung, außerdem hat der Steuermann nach dem Halsen, wenn er sich auf die neue Luvseite setzt, Pinnenausleger und Großschot bereits in der richtigen Hand.

Übrigens: Das Bedienen der Fock beim Halsen bereitet keinerlei Schwierigkeiten. Man sollte nur darauf achten, daß die aufgefierte Fock nicht zu lange in der Abdekkung des Großsegels nutzlos herumhängt.

Tips und Tricks

1. Bei der Jolle das Schwert etwa $^{2}/_{3}$ hochziehen. Dadurch rutscht bei starkem Wind und bei fehlerhafter Ausführung das Boot seitlich weg, die krängende Kraft und Kentergefahr werden abgeschwächt.
2. Bei starkem Wind immer nur dann halsen, wenn das Boot seine beste Geschwindigkeit läuft: Der scheinbare Wind an Bord ist in diesem Falle ziemlich klein.
3. Nicht gerade bei einer einfallenden Bö halsen oder dann, wenn das Boot durch eine Welle gebremst wird; der scheinbare Wind an Bord ist in diesem Falle stärker.
4. Baumniederholer dichtsetzen, damit sich das Segel nicht verwindet.

Hauptfehler

1. Dichtholenwollen des Großsegels, bevor das Boot auf Vorwindkurs; dies fördert die Tendenz des »Geigens«.
2. Fehlendes Stützruder nach »Rund achtern« oder absichtliches Anluven; das Boot bekommt eine Drehtendenz mit starker Krängung.
3. Anluven, während das Großsegel noch dicht ist; starke Krängung und Kentergefahr.

Typische »Jollenhalse« bzw. »Regattahalse«, demonstriert auf einem 470er im Knien (von unten nach oben).

Oben:
Halsemanöver an der Boje 2 während einer Wettfahrt. Der Korsar G 1388 hat richtig gehalst und hat keine Probleme. Der Steuermann der anderen Jolle halst dagegen schlecht: durch das fehlende Stützruder ergibt sich eine zu starke Krängung, außerdem erkennt man an der kräftigen Welle an der Steuerbordseite die beträchtliche Abdrift zur Seite.

Unten:
Diese Halse führte zur Kenterung und zu einem »Vollbad« der Mannschaft. Wegen fehlenden Gegenruders und damit unkontrollierten Anluvens passierte dieses Mißgeschick – auch bei einer Wettfahrt an der Boje 2.

Wie üben?
Bevor man sich an eine Halse wagt, die übrigens richtig ausgeführt gar nicht schwer und bei weniger Wind sogar harmlos ist, muß man das sichere Kurshalten vor dem Wind beherrschen. Am besten übt man dann zuerst das Schiften: man segelt einen langen Kurs vor dem Wind und führt dabei möglichst oft das Schiften aus. Sofern man die »Regattaausführung« übt, wird vor jedem Schiften jeweils die richtige Ausgangsstellung eingenommen. Ist das Schiften perfekt, segelt man seine erste Halse um eine Boje.

Das Halsen im Spiegel der Literatur

Informiert man sich über das Halsemanöver in der einschlägigen Literatur seit 1950 (siehe Tabelle), so ergeben sich recht interessante Beobachtungen. Zunächst beschreiben die meisten Autoren die Halse so, wie sie auch hier dargestellt wurde (Vorwindkurs und Gegenruder), wobei klar auf das Gegen- bzw. Stützruder verwiesen wird. Einige Autoren geben eine so ungenaue Beschreibung, daß die entscheidenden Faktoren des Manövers nicht klargestellt sind. Auf die fürs Jollensegeln so entscheidende Information des Schwerthochziehens verweisen nur wenige. Ein Autor vieler Bücher beschreibt auf mehreren Seiten in einem seiner Bücher (mit genauer Begründung) für Gleitjollen und schnelle Kielyachten ein Halsemanöver mit schneller Drehung, nicht ganz aufgefierten Segeln und fehlendem Gegenruder und bezeichnet die richtige Alternative dazu als »altmodisch«. Diese Halseauffassung fand dann auch noch ihren Einzug in ein von diesem Autor mitverfaßtes Anfängerlehrbuch! Die Darstellung einer solchen Halseart, die einem wenig Geübten nicht anzuraten ist, und die sogar auch ein Spitzensegler wegen der Kentergefahr bei Jollen und der Gefahr für das Rigg bei Yachten normalerweise nicht ausführen wird (siehe Tabelle im Kapitel »Kuhwende«), ist zumindest problematisch.

Einschlägige Fachbücher zwischen 1950 und 1975	»Klassische Art«: Vorwindkurs bis Manöver beendet (mit Gegenruder)	»Neumodische Art«: Halsen im Bogen ohne Gegenruder	Gegenruder ausdrücklich erwähnt	Information gegeben zum Schwerthochziehen bei Jollen	Keine detaillierte Beschreibung
Autorenkollektiv (DDR): ABC des Segelns (5. Aufl. 1971)				■	■
Claviez: Seemännisches Wörterbuch (1973)					■
Denk: Segeln: Klar zum A-Schein (3. Aufl. 1975)	■		■	■	
Denk: Segelsportlexikon (1974)	■		■	■	
DHH: Seemannschaft (15. Aufl. 1974)	■		■		
Eichler: Vom Bug zum Heck (4. Aufl. 1964)					■
Elvström: Jollen- und Kielboot-Segeln (1968)	■		■	■	
Grell: Heut' geht es an Bord (13. Aufl. 1973)			■		■
Gutsch: Unterricht im Segeln (3. Aufl. 1950)	■		■		
Henderson: Klar zum Wenden (1972)	■		■		
Kressbach: Ausbildungs-Lehrgang für Bodensee-Segler (ohne Jahr)					■
Kulenkampf (Heilmann): Segeln lernen mit H. J. Kulenkampf (1974)			■		■
Lohse: Praktisches Regattasegeln (1974)	■		■	■	
Merkle: Sonntags segeln (1974)	■		■		
Overschmidt: Führerschein A für Segler (10. Aufl. 1973)	■		■		
Pinaud: Praxis des Segelns (2. Aufl. 1970)	■		■	■	

Einschlägige Fachbücher zwischen 1950 und 1975	»Klassische Art«: Vorwindkurs bis Manöver beendet (mit Gegenruder)	»Neumodische Art«: Halsen im Bogen ohne Gegenruder	Gegenruder ausdrücklich erwähnt	Information gegeben zum Schwerthochziehen bei Jollen	Keine detaillierte Beschreibung
Schult/Creagh-Osborne: Das ist Segeln (2. Aufl. 1972)		■			
Schult: Manöver mit Jollen (1974)		■			
Sleightholme: Seemannschaft von A–Z (1970)					■
Sondheim: Handbüchlein der Seemannschaft auf Binnenseen (1950)	■		■		
v. Thielmann: Taschenbuch des Segelsports (ohne Jahr)					■
Tidick: Segeln – das 1 × 1 von Pinne und Schot (3. Aufl. 1974)			■		■
Werckmeister: Frischauf zum Segeln (1956)	■		■		

Kuhwende

Eine Kuhwende ist nichts anderes als eine Wende, die statt einer Halse gefahren wird. Das Manöver findet Anwendung bei sehr starkem Wind, wenn sich jemand keine Halse mehr zutraut und diese durch eine Wende umgehen will. Eine Rolle spielt die Kuhwende auch bei Boje- (bzw. Mann-) -über-Bord-Manöver (siehe dort). Über die Herkunft des Wortes – gelegentlich wird es auch mit dem Buchstaben »Q« geschrieben, also Q-Wende – ist aus der Literatur keine klare Auskunft zu erhalten. Es herrschen nur unbeweisbare Meinungen: z. B. wird gelegentlich ein Bezug zur Schwerfälligkeit einer Kuh hergestellt (z. B. bei Werckmeister – siehe Tabelle –: »Schon der Name besagt, daß es schwerfällig und unelegant ist«), oder man vermutet den Buchstaben »Q« als Namensgeber (z. B. Merkle – siehe Tabelle –: ». . . denn ein Q ist es, das hier auf dem Wasser beschrieben wird . . .«). Regattasegler wenden die Kuhwende statt einer Halse an der Boje 2 nie oder nur sehr selten und nur bei Sonderfällen an; sie riskieren bei hartem Wetter meist eine Halse, denn z. B. bei einer eingespielten Jollenmannschaft kann eine Kenterung und das Wiederaufrichten durchaus schneller sein (oder wenigstens gleichschnell) als der Umweg bei einer Kuhwende (siehe aber auch am Ende des Kapitels stehende Tabelle!).

Ausführung

Aus einem Raumschotskurs heraus erfolgt statt eines Abfallens ein Anluven bis zu einer Wende, nach der wieder abzufallen ist. Ganz einfach ist dies Manöver in Extremverhältnissen nicht. Zwei Gefahrenpunkte sind dabei zu beachten:

1. Man verläßt den Raumschotskurs und luvt zu einem Kurs, bei dem der scheinbare Wind an Bord stärker wird und die krängende Kraft zunimmt.
2. Bei dem großen Wendedrehkreis ergibt sich leicht die Möglichkeit, daß das Boot – gerade wenn dazu noch die Schoteinstellung nicht korrekt war – Fahrt verliert, sich in den Wellen feststampft und im Wind stehen bleibt.

Damit diese beiden Möglichkeiten vermieden werden können, ist bei der Ausführung zu beachten, daß die Wende nicht aus einem Raumschotskurs heraus mit den entsprechend gefierten Segeln angesetzt

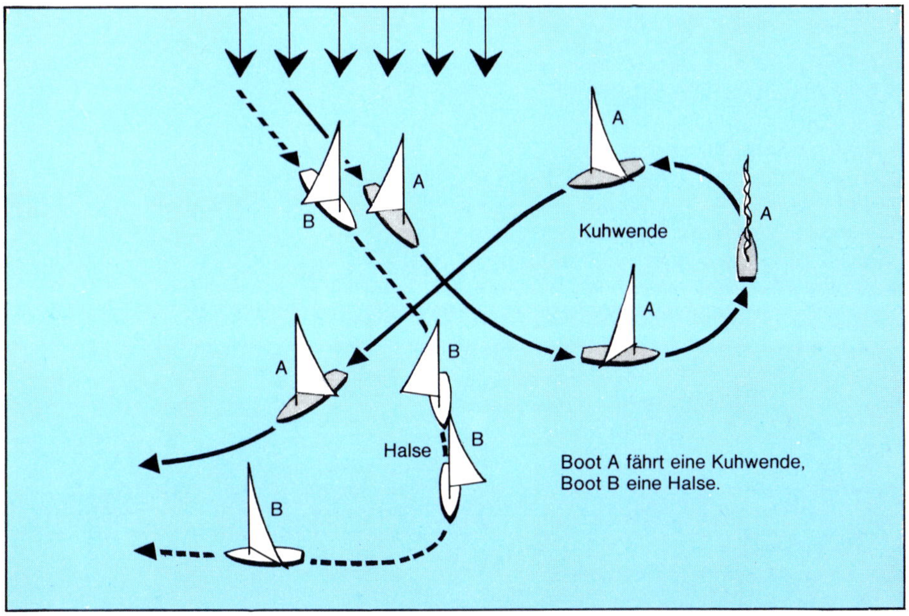

Boot A fährt eine Kuhwende,
Boot B eine Halse.

wird. Beim Hochluven müssen vielmehr auch die Schoten soweit als möglich angeholt werden. Ist man im Wind stehengeblieben, so behilft man sich mit Backhalten der Fock und legt bei der sich nun ergebenden Rückwärtsfahrt das Ruder so (siehe Kapitel »Rückwärtssegeln«), daß das Boot auf einen Amwindkurs dreht.

Die Kuhwende im Spiegel der Literatur

Auch im Hinblick auf die Kuhwende ergeben sich beim Studium der einschlägigen Literatur interessante Aspekte (siehe Tabelle). Die meisten Autoren verwenden die Schreibweise »Kuhwende«, die sich wohl allgemein durchgesetzt hat. Nur bei zwei Autoren konnten wir die Schreibweise mit »Q« finden. Bei einigen ist das Manöver überhaupt nicht erwähnt. Am interessantesten ist aber die Tatsache, daß der Autor, der bereits bei der Halse aufgefallen ist, die Kuhwende nun genau gegenteilig interpretiert (angeregt von Eichler). Seine Meinung in dem Buch »Manöver mit Jollen«:

1. Die Kuhwende sei ein falsch gewählter Begriff und nichts anderes als »ein binnenländischer Ausdruck für eine Halse«.
2. »In schwerem Wetter mit einer (leichten) Jolle zur Vermeidung des Halsens einen Q-förmigen Kurs zu segeln und dabei über Stag zu gehen oder zu wenden, ist eine gefährliche Aufforderung zum Selbstmord«. Das Gefahrenmanöver sei vielmehr Halsen statt Wenden.

Dagegen ist nun einiges zu sagen!

Zu 1: Der Autor beruft sich bei seiner Interpretation auf das Buch »Vom Bug zum Heck« von Eichler und auf eine alte Auflage der »Seemannschaft« und behauptet dazu: »Bis ca. zum Jahre 1960 war eine Kuhwende (nach Eichler, 3. Auflage, 1954) »ein binnenländischer Ausdruck für eine Halse, d. h. eine ›Wende verkehrt herum‹.« Kein bis zu dieser Zeit erschienenes deutsches Fachbuch benutzte dieses »binnenländische« Wort ... kein Leitfaden, kein kleines und kein großes Segelbuch, die bis zum Jahre 1957 erschienen waren.« Diese zitierte Behauptung ist nicht ganz haltbar, denn wir haben drei Lehrbücher vor 1957 gefunden (zwei davon aus dem Jahre 1950,

Einschlägige Fachbücher zwischen 1950 und 1975	Schreibweise »Kuhwende«	Schreibweise »Q-Wende«	Interpretiert als Wende statt einer Halse	Interpretiert als anderer Ausdruck für Halse	Überhaupt nicht erwähnt
Autorenkollektiv (DDR): ABC des Segelns 5. Aufl. 1971	■		■		
Bark: Segelführerschein BR (2. Aufl. 1974)	■		■		
Claviez: Seemännisches Wörterbuch (1973)	■ (Hinweis auf Q)		■		
Denk: Segeln: Klar zum A-Schein (3. Aufl. 1975)	■		■		
Denk: Segelsportlexikon (1974)	■ (Hinweis auf Q)		■		
DHH: Seemannschaft (15. Aufl. 1974)	■		■		
Eichler: Vom Bug zum Heck (4. Aufl. 1964)	■			■	
Grell: Heut' geht es an Bord (13. Aufl. 1973)					■
Gutsch: Unterricht im Segeln (3. Aufl. 1950)	■		■		
Henderson: Klar zum Wenden (1972)					■
Kressbach: Ausbildungs-Lehrgang für Bodensee-Segler (ohne Jahr)		■	■		
Kulenkampf (Heilmann): Segeln lernen mit H. J. Kulenkampf (1974)					■
Lohse: Praktisches Regattasegeln (1974)		■	■		
Merkle: Sonntags segeln (1974)	■ (Hinweis auf Q)		■		
Overschmidt: Führerschein A für Segler (10. Aufl. 1973)		■	■		
Pinaud: Praxis des Segelns (2. Aufl. 1970)					■

Einschlägige Fachbücher zwischen 1950 und 1975	Schreibweise »Kuhwende«	Schreibweise »Q-Wende«	Interpretiert als Wende statt einer Halse	Interpretiert als anderer Ausdruck für Halse	Überhaupt nicht erwähnt
Schult/Creagh-Osborne: Das ist Segeln (2. Aufl. 1972)	■		■		
Schult: Manöver mit Jollen (1974)	■			■	
Sleightholme: Seemannschaft von A–Z (1970)	■		■		
Sondheim: Handbüchlein der Seemannschaft auf Binnenseen (1950)	■		■		
v. Thielmann: Taschenbuch des Segelsports (ohne Jahr)	■		■		
Tidick: Segeln – das 1 × 1 von Pinne und Schot (3. Aufl. 1974)					■
Werckmeister: Frischauf zum Segeln (1956)	■		■		

eines von 1956 – siehe Tabelle –), damals sogar recht bekannte Lehrbücher, die die Kuhwende als Wende in unserem Sinne beschreiben. Im übrigen ist es keineswegs sinnvoll, einen allgemein eingebürgerten Begriff plötzlich ins Gegenteil verwandeln zu wollen, selbst wenn er früher einmal vielleicht eine andere Bedeutung gehabt haben sollte!

Zu 2: Die Meinung, daß beim Jollensegeln eine Kuhwende gefährlicher als eine Halse sei, können wir nicht teilen, und wir glauben sie entspricht nicht der Praxis. Selbst Spitzensegler würden (nach einer Umfrage, siehe unten) bei stürmischen Verhältnissen lieber eine Kuhwende als eine Halse segeln – sofern sie nicht umfallen wollen. Bei einer Wettfahrt halsen sie allerdings in der Regel immer (an der Boje 2) aus den schon erwähnten Zeitgründen. Und der bekannte polnische Segelwissenschaftler C.A. Marchaj schrieb in seinem Buch (»Segeltheorie und -praxis« Seite 391): »Bei starkem Wind vermeiden auch die erfahrensten Skipper das Halsen, insbesondere bei kleinen Jollen, die zu starken Rollbewegungen neigen.«

Fahrtenyacht auf Amwindkurs. Segelt eine solche Yacht mit stark gerefften Segeln, so kann ein Halsen leichter sein als eine Kuhwende.

Die Meinung von Spitzenseglern zum Thema »Halse oder Kuhwende«

Zur Untermauerung unserer Meinung haben wir neun bekannte Spitzensegler befragt. Diese neun Segler wurden nach zwei Gesichtspunkten ausgewählt:

1. Sie sollten Erfahrungen in mehreren Bootsklassen und natürlich auch in Gleitjollen aufweisen.
2. Sie sollten alle dem Olympiakader 1975/76 angehören.

Es handelte sich um folgende Segler (in alphabethischer Reihenfolge):

Fritz Geis, Junioreneuropameister 1960 im Finn, Deutscher Meister im Drachen 1972 und im Star 1973, Olympiakader 75/76 Soling,

Lothar Gertler, Deutscher Meister 1970 im Korsar, Europameister 1972 und 1973 im Korsar, Olympiakader 75/76 470er,

Erich Hirt, Weltmeisterschaftsvierter 1956 im FD, Europameister 1974 im Drachen, Deutscher Meister 1975 in der Soling, Olympiakader 75/76 Soling,

Willy Kuhweide, Olympiasieger 1964 und dreifacher Weltmeister im Finn, Weltmeister und Olympiadritter 1972 im Star, Europameister 1974 in der Soling, Olympiateilnehmer 1976 Soling,

Stefan Kurys-Römer, Olympiakader 75/76 470er,

Horst Nebel, Schweizer Meister 1964, 1965 und 1969 im Korsar, Deutscher Vizemeister 1973 im 470er, Olympiakader 75/76 Tempest,

Ernst-Otto Selge, Bestenlistendritter 1974 FD, Olympiakader 75/76 FD,

Heinz Tremer, Deutscher Vizemeister 1971 im Korsar, Olympiakader 75/76 470er,

Eckart Wagner (berühmt als Starbootsegler), vierfacher Olympiateilnehmer, Weltmeister 1974 im Halbtonner, Olympiakader 75/76 Tempest.

Name	Halten Sie die Behauptung, bei sehr starkem Wind sei mit schnellen Jollen eine Halse leichter (sicherer) als eine Kuhwende für richtig oder für falsch?	Was würden sie selbst bei stürmischem Wind außerhalb einer Wettfahrt für risikoloser halten, eine Halse oder eine Kuhwende?	Würden Sie u. U. in einer Wettfahrt an der Boje 2 statt einer Halse auch mal eine Kuhwende fahren, ja oder nein?	Halten Sie die Ausführung der Halse mit einer Gleitjolle in engem Bogen und ohne Gegenruder für richtig oder falsch?
Geis	richtig	Kuhwende	nein	falsch
Gertler	falsch	Kuhwende	nein***	richtig
Hirt	falsch	Kuhwende	nein	falsch
Kuhweide	falsch	Kuhwende	ja**	falsch****
Kurys-Römer	falsch	Kuhwende	ja**	falsch
Nebel	falsch	Kuhwende	ja**	falsch
Selge	falsch	Kuhwende	nein	falsch
Tremer	falsch	Kuhwende	nein***	falsch
Wagner	richtig*	Kuhwende	ja**	falsch

* gilt nur für einen Könner und wenn die Jolle schneller als die Welle segelt

** gilt jeweils für extreme Bedingungen und bei klarer Führung, wenn kein Risiko eingegangen werden soll

*** bei extremen Bedingungen u. klarem Vorsprung ist zur Vermeidung eines Risikos eine Kuhwende nicht ausgeschlossen

**** kann unter speziellen Bedingungen (z. B. wie bei*) richtig sein

Rückwärtssegeln

Zur Beherrschung der Segeltechnik gehört auch die Fähigkeit, in bestimmten Situationen achteraus segeln zu können. Wann treten z. B. solche Situationen ein? Oft kommt es beim Ablegen von der Leeseite eines Steges oder einer Hafenmole vor, daß man sich aus einer Lücke nach achtern herausmanövrieren muß. Mit größeren Booten wird man sich in diesem Falle zwar mit dem Motor helfen oder durch Verholen. Ein guter Rudergänger auf kleineren Booten segelt aber rückwärts raus. Regattasegler benützen das Achteraussegeln auch oft vor dem Start, um sich durch Rückwärtstreiben und wieder Vorsegeln auf der Linie zu halten. Gegebenenfalls lassen sie sich auch mal vor dem Start aus einer beengten Lage rückwärts heraustreiben bzw. segeln rückwärts heraus.

Ausführung

Entscheidend für das Rückwärtssegeln – oft ist es nur ein Rückwärtstreiben – ist die richtige Ruderlage.

Dabei gilt:
Wo das Ruderblatt hinzeigt, da dreht das Heck hin.

Dieses Prinzip wirkt allerdings nur, wenn das Boot auch wirklich bereits Rückwärtsbewegung hat. Eine Rückwärtsbewegung kann man beschleunigen durch:

1. weit nach vorne Backhalten des Vorsegels,
2. Backdrücken des Großsegels,
3. mit schwächerer Wirkung auch Andirken des Großsegels.

Selbstverständlich muß das Boot jeweils im Wind »stehen«, d. h. der Wind fällt genau von vorne ein! Zur Technik des Rückwärtssegelns gehört auch die Fähigkeit, bei Bedarf das Boot sofort drehen zu können, um Vorwärtsfahrt aufzunehmen. Die schnelle Drehung wird in erster Linie durch die richtige Ruderlage bewirkt (soll z. B. das Heck nach Steuerbord drehen, wird das Ruderblatt nach steuerbord gelegt), zur Unterstützung kann dazu noch die Fock normal backgesetzt werden – aber auf der richtigen Seite (bei unserem Beispiel auch auf steuerbord). Damit das Boot schnell zum Stehen kommt und Vorwärtsfahrt aufnimmt, ist schon während der Drehung die Großschot dichtzunehmen.

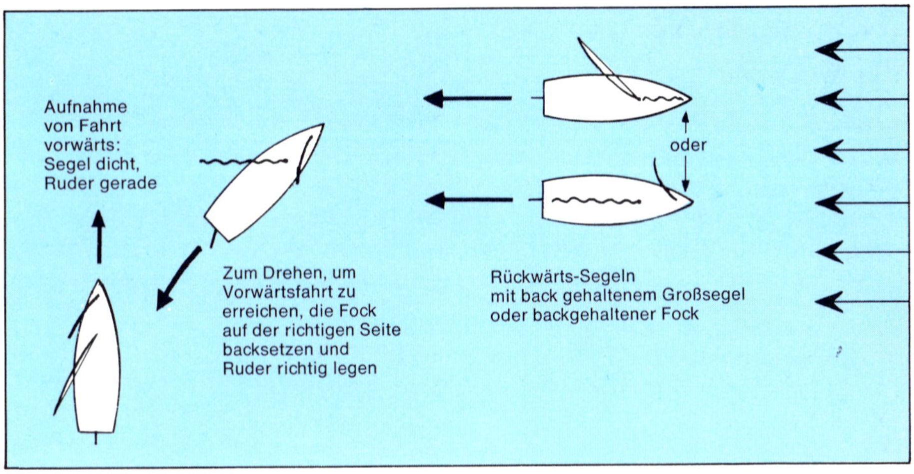

Tips und Tricks

1. Bevor das Boot Rückwärtsfahrt aufnimmt, Ruder mittschiffs halten.
2. Beim Backsetzen der Fock diese nicht wie beim Beidrehen an der Schot backziehen, sondern am Schothorn weit nach vorne halten.
3. Das Backdrücken des Großbaumes kann auf der Jolle der Steuermann gut selbst ausführen, indem er sich hinstellt und mit dem hochgeklappten Pinnenausleger steuert.
4. Um schnellstens Vorwärtsfahrt aufnehmen zu können, schon während der Drehung Großschot dichtholen.
5. Bei einer Radsteuerung schlägt man das Steuerrad genau so ein, wie beim Rückwärtsfahren mit dem Auto.

Rückwärtssegeln mit backgedrücktem Großsegel.

Hauptfehler

1. Boot treibt bzw. segelt bereits achteraus, Steuermann legt aber das Ruder so, als ob es noch Vorwärtsfahrt hätte.
2. Während der Rückwärtsfahrt starke Ruderbewegungen (»Schlenkern mit der Pinne«).
3. Fock wird zu wenig weit nach vorne gehalten, dadurch ergibt sich ein Drehen des Buges zur Seite.
4. Großbaum wird backgedrückt, obwohl das Boot gar nicht richtig im Wind steht.
5. Bei der Drehung auf Vorwärtsfahrt legt der Steuermann das Ruder bereits auf Vorwärtsfahrt, obwohl das Boot noch rückwärts treibt.

Rückwärtssegeln mit backgehaltener Fock.

Wie üben?

1. Die erste Übung für Rückwärtsfahrt, um das richtige Ruderlegen zu erfühlen, absolviert man am besten auf einer Jolle, indem man zunächst ohne Segel von einem Vorschoter rückwärts paddeln läßt.
2. Aufschießer an einen Steg mit genügend Leeraum, dann Boot genau nach achtern kräftig wegdrücken lassen und möglichst viele Bootslängen mittels Fockbackhalten oder Großbaumbackhalten rückwärts segeln. Dazu gleich eine richtige Drehung – selbstverständlich Bug seewärts!
3. Übung wie bei Punkt 2, aber ohne Wegdrücken vom Steg.
4. Aufschießer im freien Wasser, Boot möglichst lange mit killenden Segeln im Wind halten; sobald es steht bzw. achteraus treibt, die Rückwärtsfahrt absolvieren.
5. Rückwärts mit einer Jolle auf ein Hindernis zutreiben, kurz davor schnelle Drehung nach der freien Seite und wegsegeln.

Rückwärtssegeln im Spiegel der Literatur

Das Rückwärtssegeln wird in der bisherigen Literatur praktisch nicht behandelt. Von den geprüften 21 einschlägigen Fachbüchern beschreiben nur zwei Bücher dieses Manöver – und das sind Bücher des Autors dieser Zeilen. 14 Bücher kennen das Rückwärtssegeln überhaupt nicht und 5 erwähnen es in aller Kürze im Rahmen des Ablegens.

Dieser 470er hat beigedreht und liegt bei.

Beidrehen – Beiliegen

Soll ein Segelboot unter Segel zum Stehen gebracht werden und sich dabei auch in relativ ruhiger Lage nahezu auf der Stelle halten, so ist das durch das Beidrehen zu erreichen. In diesem Falle legt sich das Boot annähernd quer zu den Wellen bei einem Windeinfall von etwas vorlicher als querab. Je nach Windstärke driftet das beiliegende Boot zwischen 1,5 und 3,5 Knoten (diese Zahlen gelten für stürmische Verhältnisse!) nach Lee, und je nach Einstellung des Großsegels ergibt sich eine minimale Fahrt voraus. Gegebenenfalls starke Brecher werden durch eine Wirbelzone in Luv abgemildert, weswegen das Beidrehen auch als Methode zum Abwettern eines Sturmes dienen kann. Beidrehen und Beiliegen bedeuten übrigens das gleiche; ganz streng genommen ist Beidrehen der Vorgang des Manövers und das Beiliegen der Dauerzustand. Segelboote zeigen durchaus verschiedenes Verhalten beim Beiliegen, je nach Art des Lateralplanes. Allgemein kann man sagen, daß Yachten mit einem großen Lateralplan sehr gut zum Beiliegen gebracht werden können. Das Manöver muß unbedingt von jedem guten Segler beherrscht werden, da es einen sehr breiten Anwendungsbereich hat. Man kann es z. B. brauchen, um:

- Einen Sturm abzuwettern
- Eine Reparatur an Bord in Ruhe ausführen zu können
- Um in Ruhe reffen zu können
- Um das Längsseitskommen anderer Boote in Ruhe zu erwarten
- Um einen Überbordgefallenen wieder an Bord zu ziehen
- Um sich beim Regattasegeln vor dem Start in Nähe der Linie legen zu können

Ausführung

Die Ausführung des Manövers ist einfach. *Grundprinzip:* Fock backsetzen, Großsegel je nach Bootstyp mehr oder weniger dicht bis aufgefiert, Ruderblatt nach Luv. Zu unterscheiden ist aber jetzt, zu welchem Zweck das Manöver ausgeführt werden soll – zum Abwettern eines Sturmes oder nur zum Durchführen einer Reparatur – und mit welchem Bootstyp: Kielyacht oder Jolle:

Jollen

Das Beiliegen zum Abwettern eines Sturmes ist für eine Jolle unbrauchbar! Zum Beidrehen für die anderen Anwendungsmöglichkeiten werden die Fock backgesetzt und das Großsegel aufgefiert. Damit das Groß aber nicht dauernd killt, sollte man es ganz leicht anholen, daß das für das Segeltuch schädliche Killen gerade verschwindet. Je nachdem, wie viel Abdrift nach Lee erwünscht ist, kann das Schwert ein Stück hochgezogen werden. Einmannjollen ohne Fock können auch beidrehen! In diesem Falle muß nur das Großsegel weit aufgefiert werden, dazu wie sonst auch: Luvruder. Jollen mit einer großen Fock (z. B. FD, Korsar) sollten beim Beidrehen wie Einhandjollen behandelt werden (also Fock nicht backsetzen, sondern einrollen!), da bei entsprechendem Wind eine backgesetzte große Fock eine Kentergefahr darstellt.

Yachten

Das Beidrehen mit Yachten bei schwächerem Wind, um z. B. eine Reparatur auszuführen, kann auch in »Jollenmanier« ge-

Beidrehen – Beiliegen

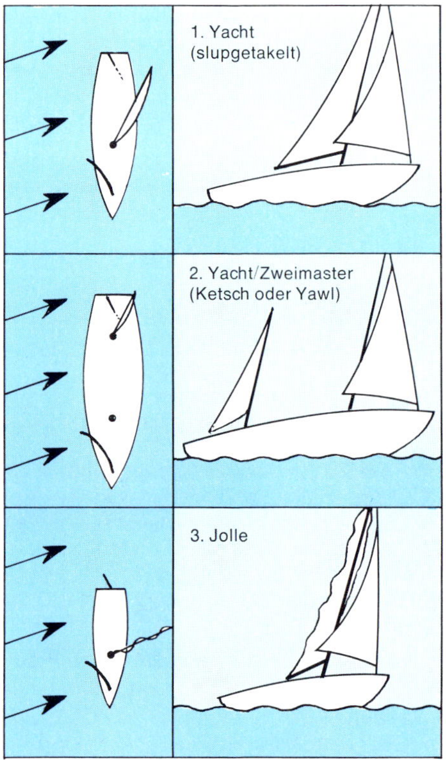

schehen. Bei starkem Wind bzw. zum Sturmabwettern gilt aber:

1. Es muß eine Sturmfock gesetzt sein und backgesetzt werden.
2. Das Großsegel muß entsprechend gerefft bzw. durch ein Sturmsegel (Trysegel) ersetzt sein. Das gereffte Großsegel bzw. das Sturmsegel wird mehr oder weniger stark dichtgesetzt.
3. Zweimaster setzen auch ihre Sturmfock back, bergen aber das Großsegel und fahren nur ein Sturmsegel am Besanmast.
4. Das Ruder wird jeweils selbstverständlich auch nach Luv gelegt.

Tips und Tricks

Das Beidrehmanöver gelingt sehr gut aus der Wende heraus: Man segelt eine Wende, wobei man aber

a) die Fock stehen läßt,
b) das Großsegel lose gibt,
c) weiter dreht als auf einen Amwindkurs,
d) erst Luvruder gibt, wenn das Boot viel Fahrt verloren hat.

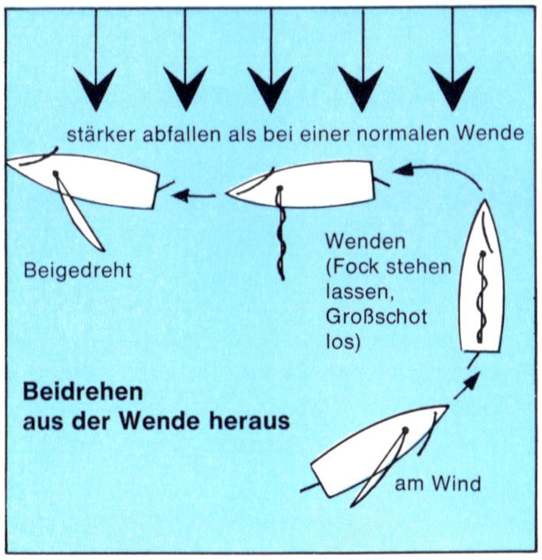

Beidrehen aus der Wende heraus

Hauptfehler

1. Beim Beidrehen aus der Wende heraus zu früh Luvruder (Boot dreht dadurch wieder zurück in den Wind).
2. Nicht genügend Luvruder beim Beiliegen.
3. Fock schlampig backgesetzt bzw. Fock mit der Hand statt mit der Luvschot gehalten.
4. Großsegel bei Jollen zu dicht.

Beidrehen im Spiegel der Literatur

Obwohl das Beidrehen ein wichtiges Manöver ist, das jeder Segler wie im Schlaf beherrschen sollte, wird es in der einschlägigen Literatur sehr stiefmütterlich behandelt. Von 22 geprüften Büchern gingen 9 überhaupt nicht auf das Manöver ein, mehrere beschrieben es sehr unbefriedigend. Der Unterschied im Verhalten zwischen einer Yacht oder Jolle existierte in überhaupt keinem Buch.

Boje-über-Bord-Manöver

(Mann-über-Bord-Manöver)

Beim Segelsport kann es vorkommen, daß eine Person oder ein Gegenstand über Bord fallen und möglichst schnell wieder geborgen werden müssen. Damit das »Auffischen« schnell und sicher vor sich geht, fährt man – sofern man im Ernstfall nicht als erstes beidreht (siehe Seite 240) – ein entsprechendes Manöver: das »Mann-über-Bord-Manöver«. Zum Üben dieses Manövers (es ist auch Prüfungsstoff bei A-Schein-Prüfungen) benützt man einen schwimmenden Gegenstand, den man über Bord wirft, z. B. eine Boje oder einen Rettungskörper. Deshalb nennt man die Übungsform dieses Manövers »Boje-über-Bord-Manöver«. Achtung: Beim Üben den Gegenstand niemals als »Mann« bezeichnen; dies sollte nur im Ernstfall geschehen!
An dieser Stelle soll jetzt nur auf das Manöver selbst eingegangen werden; was im Ernstfall zu geschehen hat, und wie man eine Person an Bord bringen kann, wird im Kapitel »Sicherheit« (Seite. 240) genau behandelt!
Grundprinzip des Manövers: Umkehren durch Kuhwende oder Halse und Aufschießer.

Ausführung mit Halse

Bei einem Amwindkurs als Ausgangspunkt ist das Manöver mit der Halse am schnellsten und zweckmäßigsten auszuführen – sofern gegen eine Halse wegen der herrschenden Windstärke keine Bedenken geschehen. Nach Überbordwerfen einer Boje segelt man noch etwa drei Bootslängen weiter auf Amwindkurs, fällt dann ab vor den Wind, halst und luvt wieder soweit an, daß ein sicherer Aufschießer gelingt.

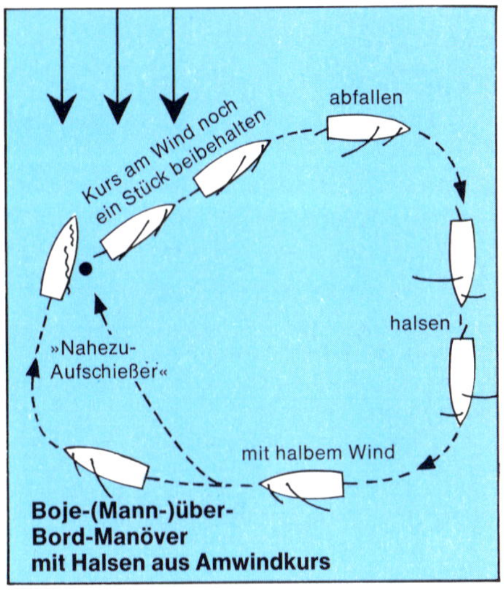

Boje-(Mann-)über-Bord-Manöver mit Halsen aus Amwindkurs

Ausführung mit Kuhwende

- Ausgangspunkt Amwindkurs/Halbwindkurs:
  Sofort nach Überbordwerfen der Übungsboje wird abgefallen zu einem Halbwind- bis Raumschotskurs, nach einigen Bootslängen erfolgt ein Anluven mit anschließender Wende. Danach fällt man wieder so weit ab, daß man zum »Aufschießerpunkt« segeln kann.

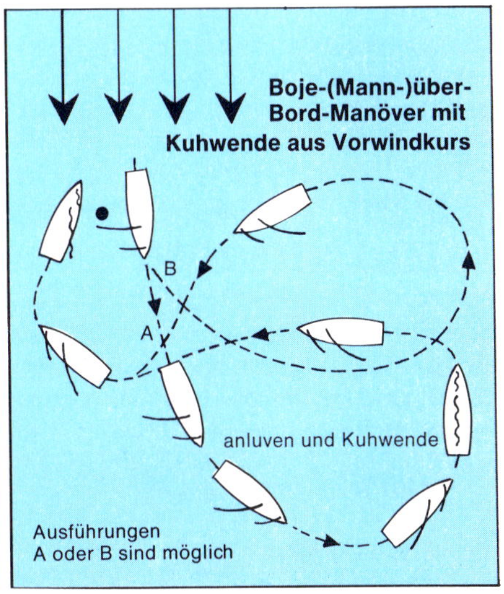

Boje-(Mann-)über-Bord-Manöver mit Kuhwende aus Vorwindkurs

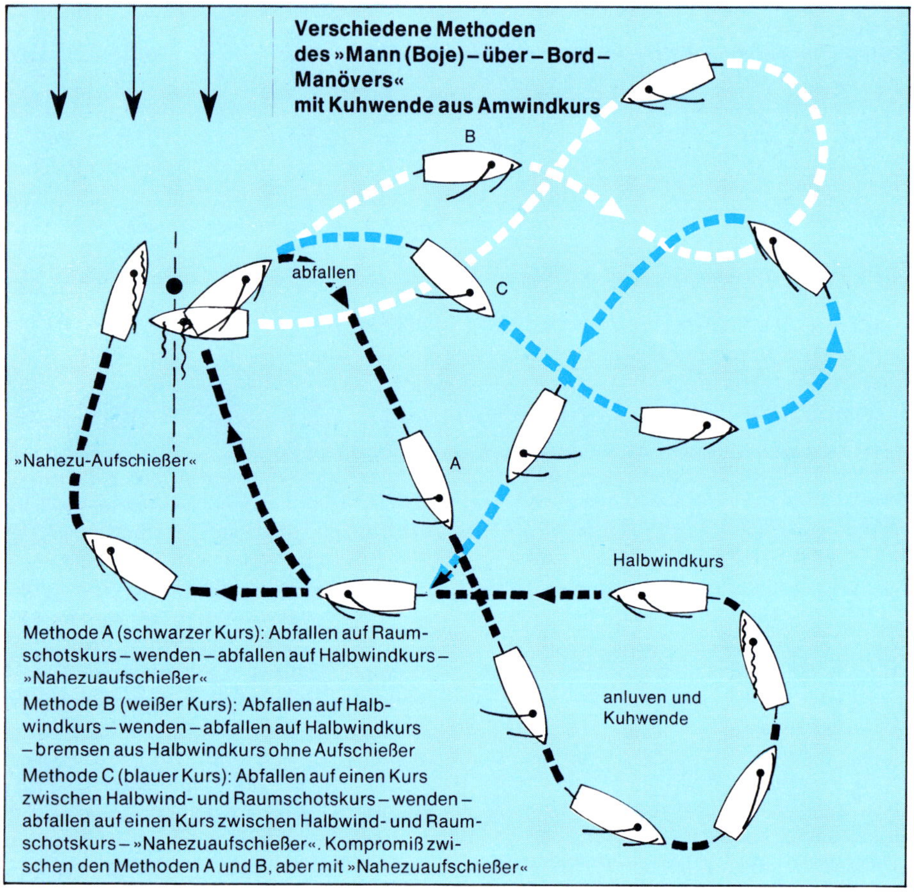

Methode A (schwarzer Kurs): Abfallen auf Raumschotskurs – wenden – abfallen auf Halbwindkurs – »Nahezuaufschießer«
Methode B (weißer Kurs): Abfallen auf Halbwindkurs – wenden – abfallen auf Halbwindkurs – bremsen aus Halbwindkurs ohne Aufschießer
Methode C (blauer Kurs): Abfallen auf einen Kurs zwischen Halbwind- und Raumschotskurs – wenden – abfallen auf einen Kurs zwischen Halbwind- und Raumschotskurs – »Nahezuaufschießer«. Kompromiß zwischen den Methoden A und B, aber mit »Nahezuaufschießer«

- Ausgangspunkt Raumschotskurs/Vorwindkurs:
  Es erfolgt ein langsames Anluven mit anschließender Kuhwende. Dann wieder abfallen und Aufschießer in Richtung »Boje«.

Aufschießer

Der Aufschießer zu dem über Bord gefallenen Gegenstand soll in der Regel kein gerader Aufschießer sein (wie z. B. beim Anlegemanöver in Lee), sondern ein etwas schräger Aufschießer, genannt »Nahezu-Aufschießer« oder auch »Beinaheaufschießer«. Man steuert also nicht von einem angepeilten Punkt aus genau gegen den Wind, sondern macht den Aufschießer ein bis zwei Bootslängen vor oder nach diesem Punkt. Die killenden Segel stehen dabei nicht mehr mittschiffs sondern etwas an der Seite.

Vorteil des »Nahezu-Aufschießers«:

1. Durch kurzes Anholen und Fieren der Großschot, verbunden mit aufmerksamer Ruderführung, kann das Austreiben gut reguliert werden. Insbesondere kann man bei vorzeitigem ungewollten Stehenbleiben nur durch kurzzeitiges Dichtholen der Großschot wieder die nötige Fahrt aufnehmen. Bei einer schweren Yacht in entsprechendem Wellengang treffen diese Gegebenheiten allerdings nicht unbedingt mehr zu!

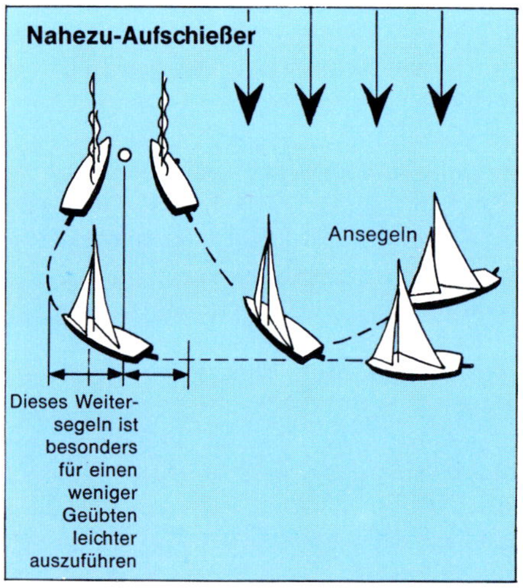

Dieses Weitersegeln ist besonders für einen weniger Geübten leichter auszuführen

2. Man kann den Gegenstand so ansteuern, daß er auf der Luv- oder Leeseite (siehe unten) zu liegen kommt. Gleichzeitig ist die Gefahr geringer, daß man mit dem Bug (gefährlich bei einem stampfenden Boot) den Gegenstand (= im Ernstfall die Person) berührt und damit verletzt.
3. Sofern man zum Bergen des Gegenstandes beidrehen möchte, ist dies nur durch Backsetzen der Fock und Luvruderlage sofort möglich.

Luv oder Lee?

Der aufzunehmende Gegenstand bzw. der Überbordgefallene sind jeweils so anzusteuern, daß das Boot mit der Seite daneben zum Stehen kommt, nicht mit Bug oder Heck. Die Frage ist nun: Sollen Gegenstand oder Person auf der Leeseite des Bootes schwimmen oder auf der Luvseite? Diese Frage ist umstritten, und statt einer eindeutigen Antwort sollen die Vor- und Nachteile beider Möglichkeiten gegenübergestellt werden.

1. Boje (Mann) in Lee:

Vorteile:

- Man erreicht den Gegenstand (Mann) normalerweise immer, da man nicht weggetrieben wird, eher hingetrieben.
- Man kann beidrehen und wird dabei nicht weggetrieben, sondern hingetrieben.
- Bei einer Yacht kann man eine Person sofort an Bord nehmen, ohne sie vorher verholen zu müssen. In Lee geht das nämlich leichter, da wegen der Krängung die Freibordhöhe geringer ist.

Nachteile:

- Bei starkem Wellengang kann die Gefahr herrschen, daß das Boot zu heftig auf den – vielleicht Bewußtlosen zutreibt.
- Bei Jollen ist ein Hereinziehen an Bord oder Einsteigen auf der Leeseite nicht möglich. Eine Person muß also erst zum Heck oder auf die Luvseite verholt werden.

2. Boje (Mann) in Luv

Vorteile:

- Sofern es sich um eine Jolle handelt, ist Einsteigen/Hereinziehen sofort möglich.

- Es besteht keinerlei Gefahr eines zu heftigen Hintreibens mit Verletzungsmöglichkeit.

Nachteile:

- Die Möglichkeit des Wegtreibens von dem zu Rettenden beim geringsten Manöverfehler ist groß.
- Das Einsteigen oder Hereinziehen in Luv ist bei einer hochbordigen Yacht kaum möglich. Die betreffende Person muß also erst nach Lee verholt werden.

Nach Abwägung der einzelnen Vor- und Nachteile haben sowohl die Luv – als auch die Leeseite ihre Berechtigung, und jeder Segler sollte vielleicht selbst beide Möglichkeiten durchüben, damit er sich im Ernstfall je nach Lage der Gegebenheiten und je nach Bootstyp für die gerade bessere Seite entscheidet. Diese Entscheidungsfreiheit je nach Verhältnissen ist aber durchaus problematisch: es wäre besser, im Ernstfall die *eine* Möglichkeit anzuwenden, die man geübt hat und beherrscht, um jeglichen Fehler auszuschalten. Auf der Suche nach der *einen* richtigen Möglichkeit (Luv oder Lee) hat der Autor dieser Zeilen an der Segelschule des Sportzentrums der Technischen Universität München eine Versuchsserie gestartet. Die ersten Zwischenergebnisse zeigten dabei folgende Tendenz:
Das Manöver gelingt praktisch immer, wenn der Übungsgegenstand in Lee liegend angesteuert wird. Das Hintreiben ist in der Regel als positiv zu bewerten (denn man kommt auch wirklich hin!), und nur in Extremfällen und bei großen Yachten kann sich eine Gefahr ergeben, und auch dann nur, wenn sich nicht genügend Hände zum Zugreifen an Bord befinden! Bei der Luvseite dagegen genügt ein kleiner Fahrfehler, und man wird vom Gegenstand weggetrieben, erreicht ihn also nicht – im Ernstfall eine sehr »unangenehme« Tatsache.

Tips und Tricks

1. Als Jollensegler sollte man das Manöver unbedingt auch alleine üben! Jollen werden nämlich sehr häufig zu zweit gesegelt, und wenn der Steuermann oder Vorschotmann über Bord fallen, ist man alleine!
2. Beim Jollensegeln kann man sich gegebenenfalls auch das bisher geschilderte Manöver sparen und eine schnellere Methode anwenden – wenn man schnell genug reagiert: Sofort stoppen mittels eines Aufschießers. Der Abstand zu dem Überbordgefallenen beträgt dann u. U. nur wenige Meter, die der Betreffende schwimmend überwinden kann.
3. Zum Bergen eines Überbordgefallenen empfiehlt sich das Beidrehen, das Boot nimmt dadurch eine stabile Lage ein.

Hauptfehler

1. Ein zu großer Bogen bei dem Manöver, dadurch zu viel Zeitverlust.
2. Zu schnelles Abfallen bei der Ausführung des Manövers mit Halsen: man gerät dadurch zu weit nach Lee und muß gegebenenfalls wieder hochkreuzen.

Boje-über-Bord-Manöver (Mann-über-Bord-Manöver) im Spiegel der Literatur

Beim Studium von 24 einschlägigen Segelbüchern ergeben sich in Bezug auf unser Manöver sehr interessante Unterschiede in der Auffassung, so daß wir wieder eine Tabelle anfügen. Am extremsten ist die Auffassung von dem Autor des interessanten Buches »Mann über Bord – was tun?« Er beschreibt das Manöver so, daß der Aufschießer (Nahezu-Aufschießer) entfällt; aus verschiedenen Gründen sei er zu schwierig. Der Überbordgefallene wird vielmehr jeweils direkt mit einem Halbwindkurs angesteuert, wobei dann aus diesem Halbwindkurs heraus ein Stoppen durch Auffieren der Segel erfolgen soll (siehe auch in unserer Abbildung Seite 162 die Methode B). Im Rahmen der Darstellung seiner Methode schreibt der Autor zu diesem Stoppen u. a. (1. Auflage, Seite 52):

Einschlägige Fachbücher zwischen 1950 und 1975	Mann (Boje) in Lee	Mann (Boje) in Luv	Gerader Aufschießer	Mann (Boje) in Luv oder in Lee je nach Verhältnissen	Keine Äußerung wie anzusteuern	Keine detaillierte Beschreibung des Manövers	Manöver nicht beschrieben	kein normaler Aufschießer, »bremsen« aus »Halbwindkurs«
Autorenkollektiv (DDR): ABC des Segelns (5. Aufl. 1971)		■				■		
Bark: Segelführerschein BR (2. Aufl. 1974)	■							
Claviez: Seemännisches Wörterbuch (1973)					■	■		
Denk: Segeln – klar zum A-Schein (3. Aufl. 1975)	■							
Denk: Segelsportlexikon (1974)	■							

Einschlägige Fachbücher zwischen 1950 und 1975	Mann (Boje) in Lee	Mann (Boje) in Luv	Gerader Aufschießer	Mann (Boje) in Luv oder in Lee je nach Verhältnissen	Keine Äußerung wie anzusteuern	Keine detaillierte Beschreibung des Manövers	Manöver nicht beschrieben	kein normaler Aufschießer, »bremsen« aus »Halbwindkurs«
DHH: Seemannschaft (15. Aufl. 1974)			■					
Eichler: Vom Bug zum Heck (4. Aufl. 1964)					■	■		
Grell: Heut' geht es an Bord (13. Aufl. 1973)					■	■		
Gutsch: Unterricht im Segeln (3. Aufl. 1950)			■					
Henderson: Klar zum Wenden (1972)	■					■		
Hiscock: Segeln in Küstengewässern (5. Aufl. 1974)			■			■		
Kressbach: Ausbildungs-Lehrgang für Bodensee-Segler (ohne Jahr)	■							
Kulenkampf (Heilmann): Segeln lernern mit H. J. Kulenkampf (1974)					■			
Merkle: Sonntags segeln (1974)					■			
Overschmidt: Führerschein A für Segler (10. Aufl. 1975)	■							
Pinaud: Praxis des Segelns (10. Aufl. 1975)							■	
Schult/Creagh-Osborne: Das ist Segeln (2. Aufl. 1972)		■						■
Schult: Mann über Bord was tun? (1975)		■						■
Sex: Segeln mit kleinen Kreuzern (3. Aufl. 1974)					■	■		
Sleightholme: Seemannschaft von A–Z (1970)			■			■		
Sondheim: Handbüchlein der Seemannschaft auf Binnenseen (1950)	■							

Einschlägige Fachbücher zwischen 1950 und 1975	Mann (Boje) in Lee	Mann (Boje) in Luv	Gerader Aufschießer	Mann (Boje) in Luv oder in Lee je nach Verhältnissen	Keine Äußerung, wie anzusteuern	Keine detaillierte Beschreibung des Manövers	Manöver nicht beschrieben	Kein normaler Aufschießer, »bremsen« aus »Halbwindkurs«
v. Thielmann: Taschenbuch des Segelsports (ohne Jahr)				■				
Tidick: Segeln – das 1 × 1 von Pinne und Schot (3. Aufl. 1974)			■			■		
Werckmeister: Frischauf zum Segeln (1956)				■		■		

»Nur auf diesem Kurs [Anmerkung: er meint einen Halbwindkurs] ist es einem Boot bekanntlich auch möglich, seine Fahrt zu verlangsamen und nicht nur nach und nach durch »Bremsen« zum Stehen zu kommen, . . . Dies geschieht durch einfaches Fieren der Schoten (Abb. 22) in guter Sichtweite von dem Mann im Wasser und so simpel, daß auch ein junger und unerfahrener Segler, der jetzt ungewollt mit unserem Windmotor operieren muß, keinen Fehler macht.« Hierzu ist in der genannten Abb. 22 ein Boot auf Halbwindkurs bei Windeinfall von der Seite dargestellt, wobei die Segel genau querab stehen und killen!

Andererseits schreibt er allerdings auf Seite 65: »Dieses Abstoppen und Segelbergen ist jedoch nur in Position 2 [Anmerkung: gemeint ist in der Abb. 31 etwa eine Amwindposition] zu erreichen, wenn man das Boot etwas anluvt und in den Wind bringt. Es wird aber unmöglich sein, den Wind aus den Segeln zu schütteln, wenn man eine Art Halbwindkurs (Pos. 2a) beibehält, auf dem auch das bis an die Wanten aufgefierte Großsegel immer noch Wind fängt.«

Trotz dieses Widerspruchs sieht auf dem Papier diese Methode gar nicht schlecht aus und sie wirkt zunächst einleuchtend. Die Praxis zeigt aber anderes:

1. Ein Aufschießer ist das sicherste Mittel zum Stoppen an einer gewünschten Stelle. Das lernt schon frühzeitig jeder Segelschüler; und bei jedem erfahreneren Segler (wer sich bei kritischen Windverhältnissen mit »Mann-über-Bord-Gefahr« aufs Wasser wagt ist wohl erfahren?) gehört ein Aufschießer, der in jeder Situation gelingt, zum Grundrepertoire!
2. Das Bremsen aus einem Halbwindkurs ist äußerst problematisch und besitzt eine hohe Fehlerquote – wie in der bereits erwähnten Versuchsreihe festgestellt wurde. Auch die Zeitschrift »Yacht« (Nr. 14/76) meinte dazu in einem einschlägigen Test: »Die Testfahrten zeigten eindeutig, daß bei halbem Wind das Boot nicht sicher zum Stillstand zu bringen ist. Nur bei leichten Jollen wird die Fahrt abgestoppt, wenn der Mann im Wasser sich am Boot festhält.« (Seite 37).

Ablegen

Vor dem Ablegen ist darauf zu achten, daß am Boot alles klargelegt ist, insbesondere die Fallen und Schoten. Bei Jollen darf keinesfalls vergessen werden, das Schwert richtig einzustellen, bei einem Senkruder ebenfalls das Ruderblatt. Die Art des Ablegens hängt ab von der Art des Bootes, des Liegeplatzes, der Windrichtung und von dem zur Verfügung stehenden Leeraum. Je nach Verhältnissen gibt es verschiedene Möglichkeiten:

Ablegen von der Boje

Dies Manöver ist einfach! Man gibt nach dem Segelsetzen die Boje los (auf der Luvseite, damit sie nicht übersegelt wird!) läßt sich auf einen Amwindkurs treiben und segelt weg. Herrscht jedoch auflandiger Wind, so darf die Boje erst losgeworfen werden, wenn das Boot mit Hilfe des Backhaltens der Fock so auf einen Amwindkurs gedreht wurde, daß es sofort wegsegeln kann, ohne zu weit nach achtern in Richtung Land zu treiben. Die Kommandos in der richtigen Reihenfolge:

- »Klar bei Boje!«, Rückmeldung: »Boje ist klar!«
- »Fock back an . . . bord!«
- »Boje los!«, Rückmeldung: »Boje ist los!«
- »Über die Fock!«, usw.

Ablegen vom Steg oder Liegeplatz in Lee

In diesem Falle können die Segel gesetzt werden. Liegt das Boot aber längsseits an einer Leeseite, so müssen zuerst Spring und Achterleine lose gegeben werden, daß sich das Boot zum Segelsetzen nur an der Vorleine hängend in den Wind dreht. Liegt das Boot nun an einer Stegspitze bei freiem Raum wasserwärts, so ist einfach der Bug vom Steg wegzudrücken, und unter Anholen der Schoten kann man bequem wegsegeln. Fehlt aber dieser freie Raum seewärts, z. B. weil ein Schiff nebenan festgemacht hat oder weil Pfähle geschlagen sind, so muß man erst nach achtern hinaus. Dies geschieht entweder durch Verholen mittels der Achterleinen oder durch Rückwärtssegeln. Dabei ist zu achten: Zuerst gerade aus der Lücke hin-

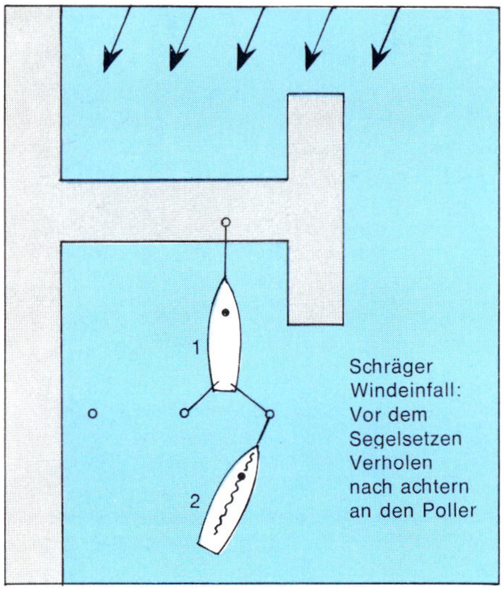

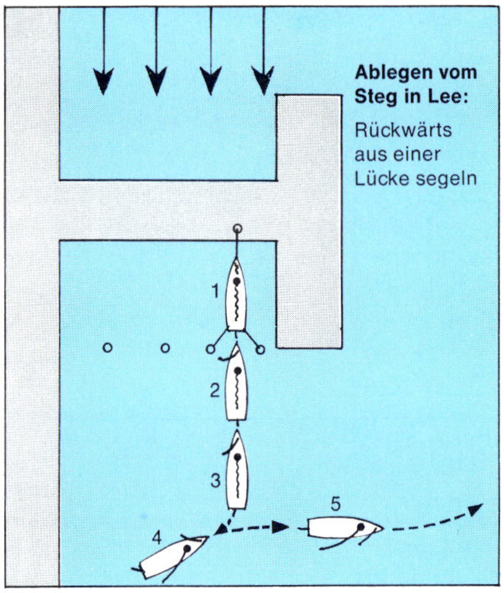

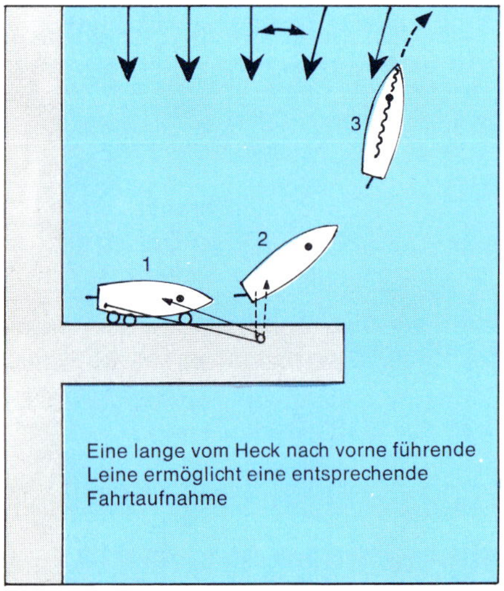

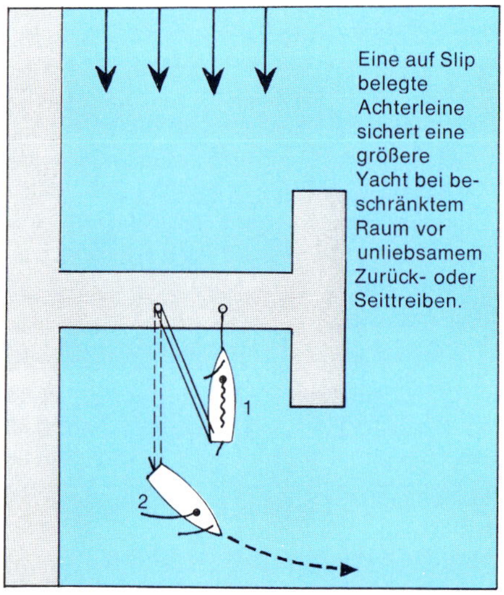

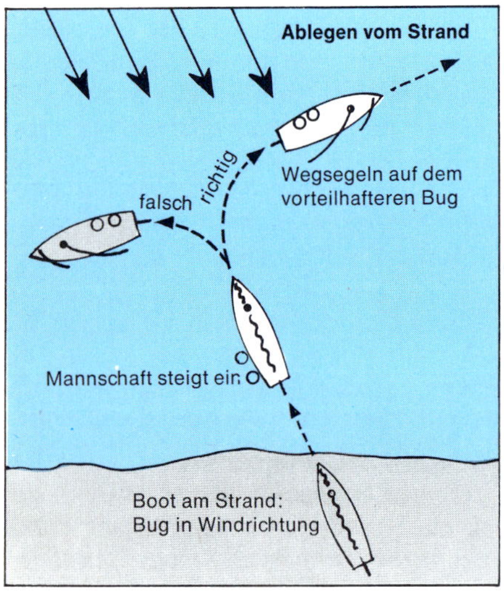

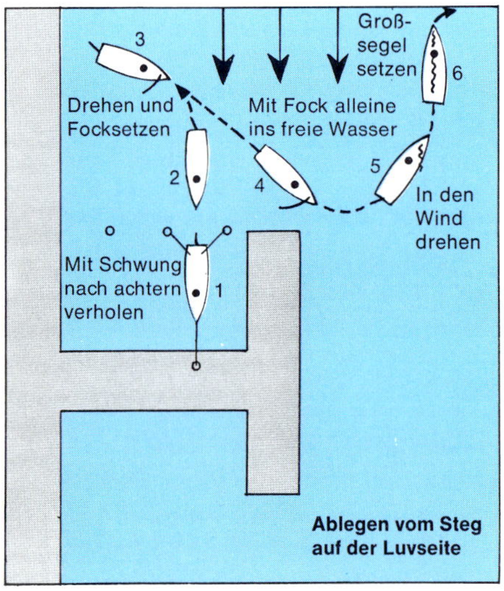

aus und dann durch richtige Ruderlage und Backhalten der Fock (siehe Abb. und Kapitel Rückwärtssegeln) mit dem Bug in Richtung freies Wasser drehen. Liegt das Boot mit Achterleinen an Pollern befestigt in einem Hafen und weht der Wind nicht genau von vorne, sondern etwas seitlicher, so verholt man sich vor dem Segelsetzen zuerst nach achtern und macht mit der Vorleine an einem Pfahl fest! Das Boot kann sich hier in den Wind stellen, und man vermeidet ein Hängenbleiben des Großbaumes am Pfahl oder ein unfreiwilliges Wegdrehen. Ist beim Ablegen der Raum sehr beschränkt, und handelt es sich um eine größere Yacht, so kann man das Schiff durch eine zum Steg führende, auf Slip belegte Achterleine vor unliebsamem Zurück- oder Seittreiben sichern.

Ablegen auf der Luvseite

Bei einem Luvliegeplatz mit dem Bug zur Mole verholt man sich mit Hilfe der Achterleinen und viel Schwung (natürlich ohne gesetzte Segel!) nach rückwärts. Hat man genügend Raum gewonnen, erfolgt durch richtige Ruderlage ein Drehen in Richtung freies Wasser, gleichzeitig wird die Fock gesetzt. Mit Fock alleine (notfalls auch mit Paddelhilfe) segelt man ins freie Wasser, und sofern genügend Leeraum gewonnen ist, schießt man in den Wind zum Großsegelsetzen. Tip: Zum Aufschießen Fock lose geben, sonst dreht das Boot kaum in den Wind. Bei größeren Yachten benötigt man Motorhilfe!

Ablegen bei Längsseitslage und auflandigem Wind

Sofern kein Motor benützt werden kann, ist das Boot ohne Segel so weit von einer Pier abzusetzen, daß dann bei genügend Leeraum die Segel gesetzt werden können. Die erste Fahrt ohne Segel erreicht man mit Hilfe einer Leine, deren feste Part am Achterschiff belegt wird. Die Leine wird nun weit nach vorne an der Pier auf Slip ausgebracht und zurück aufs Vorschiff geführt. Der Zug an dieser Leine (Längsdeckgehen vom Vor- zum Achterschiff!) gibt der Yacht genügend Fahrt voraus. Die Festmacher werden rechtzeitig in folgender Reihenfolge gelöst: Vorspring, Achterspring, Achterleine, Vorleine. Zu beachten bei diesem Manöver ist:

Ablegen von einer Leeseite mit einer Jolle (von rechts nach links!):
Schon während der Drehung werden die Schoten dichtgeholt (nicht vergessen das Kommando »Über die Fock!«), das Boot nimmt Vorwärtsfahrt auf – und ab geht's auf Steuerbordbug.

Die Fock wird backgesetzt, und das Ruder wird bei dieser Rückwärtsfahrt nach Backbord gelegt. Das Boot dreht nun weg nach Steuerbord.

Es lag aber ein Hindernis im Wege, deshalb drückte der Vorschoter das Boot nach achtern, der Steuermann hält das Ruder zunächst mittschiffs und gibt das Kommando: »Fock back an Backbord!«

Kommando: »Vorleine los!« Sofern sich auf der Steuerbordseite kein Hindernis befindet, könnte der Vorschoter einfach den Bug von dem Pfahl wegdrücken.

a) Die lange Leine nach der Fahrtaufnahme rechtzeitig wegfieren, damit die Fahrt nicht wieder gebremst wird.
b) Vorsichtig Ruder legen wegen der Gefahr einer Heckkollision. Heck besonders durch Fender schützen.

Bei sehr starkem auflandigem Wind ist bei diesem Ablegen u. U. Ankerhilfe erforderlich. Dazu muß mindestens fünf Bootslängen von der Pier weg ein Anker ausgefahren werden. Nach dem »Anker auf« muß bei dieser nicht ungefährlichen Lage der Anker solange klar zum Fallen gehalten werden, bis sich die Yacht mit Sicherheit freisegeln kann.

Ablegen bei Längsseitslage unter Motor

Beim Ablegen von einer Pier ist bei größeren Yachten Motorhilfe meist unerläßlich, zumindest bei auflandigem Wind. Zu beachten dabei ist, daß keinesfalls hart Ruder gelegt werden darf, sonst kollidieren das Heck bzw. bei Rückwärtsfahrt der Bug mit der Pier. Die Yacht muß also durch geeignete Maßnahmen zuerst so weit abgesetzt werden, daß sie eine Drehung durchführen kann. Das Absetzen bei ablandigem Wind ist überhaupt kein Problem, denn hier erledigt alles der Wind, der das Boot wegtreibt. Bei nicht ablandigem Wind bzw. bei Flaute kann man sich zum Absetzen den jeweiligen sog. Radeffekt seines Propellers zunutze machen (deshalb sollte die Drehungsrichtung – ob rechts – oder linksdrehend bekannt sein!).

Was ist der Radeffekt? Jeder Propeller zeigt eine Nebenwirkung in Form einer seitlichen Versetzung des Hecks. Und zwar wird das Heck so versetzt, als ob der Propeller wie ein Rad über Grund laufen würde. Bei den vorherrschenden linksdrehenden Propellern wird also das Heck bei Vorwärtsfahrt nach backbord versetzt, bei rechtsdrehenden Propellern nach steuerbord.

Der Trick mit dem Radeffekt sieht dann z. B. bei einer linksdrehenden Schraube (bei rechtsdrehender Schraube gegengleich!) folgendermaßen aus:

Fall Nr. 1: Linksdrehende Schraube und Pier an der Steuerbordseite:

1. Die auf Slip gelegten Leinen werden losgeworfen, Fender sind bereit, Motor läuft, die Mannschaft versucht mit Bootshaken, die Yacht etwas abzusetzen.
2. Die Maschine wird auf langsame Fahrt voraus gestellt, gleichzeitig werden am Bug die Fender bereitgehalten. Der sich ergebende Radeffekt setzt nun das Heck von der Pier ab.
3. Hat die Yacht nun genügend Abstand zur Pier erreicht, so gibt man mehr Gas, um Fahrt voraus aufzunehmen. Dabei darf keinesfalls hart Ruder gelegt werden, sonst ergibt sich ein zu kleiner Drehkreis mit Gefahr einer Heckkollision.

Fall Nr. 2: Linksdrehende Schraube und Pier an der Backbordseite:

1. Wieder Leinen loswerfen und versuchen, die Yacht ein Stück mit Bootshaken abzusetzen.
2. Bei linksdrehender Schraube ergibt sich im Rückwärtsgang ein Dreheffekt des Hecks nach rechts. Deshalb stellt man die Maschine auf langsame Fahrt zurück, bei leichter Ruderlage Steuerbord. Gleichzeitig werden am Bug die Fender bereitgehalten, da bei Absetzen des Hecks der Bug zur Pier dreht.

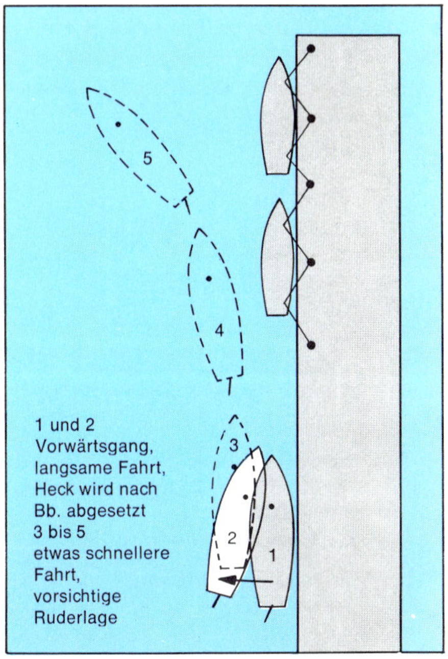

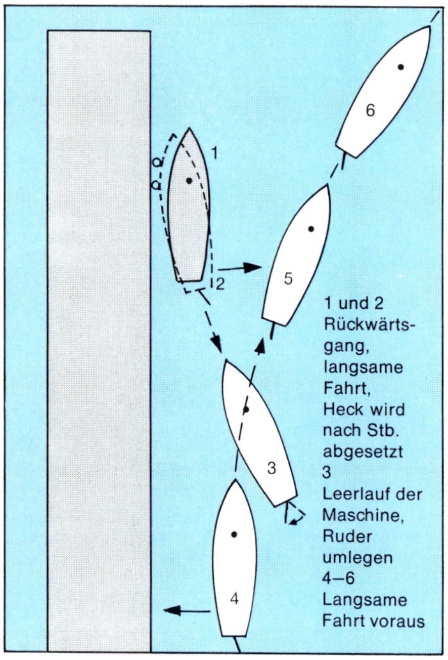

3. Nach zwei bis drei Bootslängen wird die Maschine gestoppt, und durch gleichzeitige Gegenruderlage wird die bisherige Drehung beendet. Mit langsamer Fahrt voraus und vorsichtiger Ruderlage wieder nach Steuerbord entfernt man sich von der Pier.

Ablegen vom Strand

Bei vielen Küstenrevieren mit Sandstrand und fehlender Pier ist mit Jollen das Ablegen vom Strand direkt aus üblich, wobei dieses Strandmanöver sehr einfach ist:

a) Die am Strand stehende Jolle zum Segelsetzen so drehen, daß der Bug zum Wind schaut. Sofern das Boot mit einem beweglichen Ruder ausgerüstet ist, wird dieses eingehängt – Ruderblatt aber ganz hochgezogen.

b) Mit dem Bug in Windrichtung (ablandiger Wind = Bug in Richtung Land, auflandiger Wind = Bug in Richtung Wasser) wird das Boot ins Wasser gezogen. Da die Mannschaft dabei nasse Füße bekommt, empfiehlt es sich, zunächst die Schuhe oder Stiefel ins Boot zu legen.

c) Einsteigen und dabei möglichst dem Boot noch etwas Schwung geben. Der Steuermann läßt sofort das Ruderblatt entsprechend herunter, bei einem feststehenden Ruder wird dies eingehängt. Tip: Reicht die Wassertiefe noch nicht aus, so geht der Vorschotmann so weit nach vorne, daß das Heck stark entlastet wird und dadurch das Ruder eingehängt werden kann.

d) Das Wegsegeln bei ablandigem Wind ist überhaupt kein Problem. Bei auflandigem Wind gibt man der Jolle beim Einsteigen möglichst viel Schwung und achtet streng darauf, daß man auf dem besseren Bug den ersten Schlag wegsegelt. Das Schwert muß sofort so weit als möglich weggefiert werden (Vorsicht aber bei starkem Wellengang vor unsanfter Grundberührung!).

Ablegen vom Strand.

Anlegen

Grundlage für jedes Anlegemanöver ist eine schnelle und richtige Leinenbedienung. Dabei sind folgende Punkte zu beachten:

1. Die Festmacherleinen müssen rechtzeitig klargelegt und dann zum gegebenen Zeitpunkt an Land ausgebracht werden.
2. Zum Festmachen der Leinen steigt man aus. Ist bei großen Yachten ein Hinausspringen nicht möglich und befinden sich keine Helfer auf der Pier, so muß zunächst ein Crewmitglied mit dem Beiboot an Land übersetzen.
3. Die Leinen werden an Land mit ihren Tampen z. B. an Pollern festgemacht, geholt werden sie dann von Bord aus.
4. Das Abstoppen eines Bootes darf nur mit der Leine geschehen, die der Fahrtrichtung entgegen wirkt: also z. B. bei Fahrt voraus nur mit der Achterleine abstoppen. Stoppt man in diesem Falle mit der Vorleine, ergibt sich ein zu starkes Drehmoment in Pierrichtung mit einer unangenehmen Bugkollision.

Zum Anlegen selbst gibt es je nach Windrichtung zwei Grundformen:

a) Anlegen an einer Leeseite durch Aufschießen
b) Anlegen an einer Luvseite durch Auslaufenlassen des Bootes ohne Segel.

Gar nicht so einfach: Das Überwerfen einer Festmacherleine!

Anlegen an einer Leeseite

Grundprinzip ist der Aufschießer. Dabei wird das Boot so in den Wind hineingeluvt, daß es mit killenden Segeln von dem vorne einfallenden Wind gebremst wird und zum Stand kommt. Zu diesem Aufschießer sucht man sich vor dem Liegeplatz einen entsprechenden Punkt aus, von dem das Drehen in den Wind erfolgen soll. Man orientiere sich hierfür durch Beobachten von Flaggen oder Standern stehender Boote, woher der wahre Wind kommt, gegen den man dann austreibt. Die Länge der Aufschießerstrecke hängt ab vom Bootstyp (Gewicht), vom Wind und Wellengang.

Dabei gilt: Ein schweres Segelboot treibt länger aus – also längere Aufschießerstrecke einplanen. Eine leichte Gleitjolle steht fast sofort – also nur einen sehr kurzen Aufschießer machen. Je stärker Wind und Wellengang, um so größer ist die Bremswirkung – also Aufschießer kurz! Je leichter der Wind und je glatter das Wasser, um so länger treibt ein Boot aus – also lange Aufschießerstrecke.

Bei Beachtung dieser Tatsachen und auf Grund einiger Erfahrung wird einem Rudergänger in der Regel jeder Aufschießer gelingen, zumal er mit einigen *Tricks* arbeiten kann: Zu viel Fahrt vor dem Aufschießer bei zu kurz einkalkulierter Aufschießerstrecke kann man mildern durch schnelle Ruderlage und damit Herumreißen des Bootes. Umgekehrt kann man bei wenig Fahrt und zu lang einkalkulierter Strecke durch vorsichtiges Ruderlegen lange Fahrt behalten. Verstärktes Bremsen während des Aufschießers ist möglich durch Andirken oder Backdrücken des Großsegels. Umgekehrt kann man bei Gefahr des »Verhungerns« sich doch noch hinretten durch etwas Abfallen und kurzzeitiges Dichtziehen der Großschot; dieses »Hinschwindeln« gelingt leichter, sofern man einen »Nahezu-Aufschießer« gemacht hat.

Anlegen an der Leeseite eines Steges: Ansegeln mit halbem Wind – Aufschießer genau gegen den Wind. Bei einem guten Segler steht das Boot 3 cm vor dem Steg!

Die Stelle, von der aus der Aufschießer erfolgen soll, segelt man am zweckmäßigsten mit halbem Wind an, da sich von diesem Kurs aus die meisten Korrekturmöglichkeiten anbieten: Je nach Bedarf sind Anluven oder Abfallen gut möglich. Beim schulmäßigen Leeanlegemanöver kann man vor dem Aufschießer bereits die Fock bergen. Dies gilt auf alle Fälle für große Yachten. Grund: Man vermeidet dadurch unnötiges und für das Tuch schädliches Killen, für die am Vorschiff arbeitenden Mannschaftsmitglieder gefährliches Schlangen des Schothorns, Hängenbleiben und damit vielleicht Backkommen des Vorsegels. Außerdem ergibt sich am Vorschiff zum Bedienen der Vorleine mehr Platz.

Bei kleineren Yachten und bei allen Jollen lassen aber die meisten Segler die Fock stehen! Grund: Bei einer nicht zu großen Fock fallen die oben genannten Punkte nicht mehr so ins Gewicht. Außerdem, mißlingt der Aufschießer, so fällt das Wegsegeln mit Hilfe der Fock (»Fock back an . . . bord!«) leichter.

Am einfachsten ist das Leemanöver beim *Anlegen an der Boje*. Bei zu viel Fahrt aber bitte nicht die Boje fassen, sonst gibt es eine unschöne Pirouette. Bei hochbordigen Yachten darf man auch nicht vergessen, zum Bojefassen einen Bootshaken klarzulegen. Beim Anlegen an einen Steg oder an eine Pier treibt man nicht immer direkt Bug voraus hin. Bei großen Yachten erweist es sich oft als risikoloser – wenn genügend Platz vorhanden – wenn man im Aufschießen auch das Großsegel (bzw. weitere Segel) birgt und dann längsseits geht; unsanftes Anstoßen mit dem Bug wird dadurch vermieden. Das letzte Abbremsen geschieht dann mit Hilfe von Festmacherleinen.

Wichtiger Tip für Jollensegler beim Anlegen an einer Leeseite: Das Schwert muß weggefiert sein, bzw. bei nicht genügender Wassertiefe soll das Schwert wenigstens so weit wie möglich gefiert sein! Bei der linken Bildreihe wird ein Aufschießer mit hochgezogenem Schwert demonstriert. Deutlich kann man beobachten, wie das Boot während des Aufschießens quertreibt, sich den Pfählen nähert und dadurch das angestrebte Ziel nicht erreicht. Bei der rechten Bildreihe segelt die Jolle mit weggefiertem Schwert, die Abdrift zur Seite ist deutlich reduziert, die Jolle erreicht leicht ihr Ziel!

Anlegen an einer Luvseite

Grundprinzip: Die Segel werden vorher geborgen, das Boot treibt ohne »Tuch« zum Steg oder zur Pier hin.

Ausführung:

1. Man segelt mit halbem Wind in die Nähe der Anlegestelle. Der Steuermann gibt das Kommando: »Klar bei Großfall!« und wartet auf die Rückmeldung: »Großfall ist klar!« Je nach Wassertiefe muß bei Jollen evtl. auch das Kommando zum Schwertanholen gegeben werden!
2. Kommandos: »Klar zum Aufschießen!« und »Schoten los!« Der nun folgende Aufschießer muß an einer Stelle vor dem Anlegeplatz erfolgen (von ihm weg!), daß das Boot nachher genau mit achterlichem Wind hintreiben kann!
3. Sobald das Boot in den Wind geschossen ist, wird auf das Kommando »Hol nieder Großsegel!« das Großsegel geborgen. Der Steuermann ergreift dabei – sofern es keine Yacht ist, bei der man andirken kann – den Großbaum und legt ihn – nicht hinknallen lassen! – an Deck oder in die Baumstütze.
4. Sobald das Großsegel weggefiert ist, nützt der Steuermann den letzten Schwung, den er vielleicht noch hat, aus und dreht das Boot. Die Drehung kann unterstützt werden durch Backhalten der Fock (Kommando »Fock back an . . . bord!«).
5. Mit aufgefierter Fock vor dem Wind geht's nun in Richtung Liegeplatz, und es erfolgt rechtzeitig das Kommando: »Klar bei Fockfall!« (Rückmeldung: »Fockfall ist klar!«)
6. Je nach Windverhältnissen muß die Fock mehr oder weniger früh geborgen werden. Kommando: »Hol nieder die Fock!«
7. Vorleine bzw. Achterleine(n) müssen klargelegt werden.
8. Sind am Steg Pfähle, so werden Achterleinen ausgebracht. Fehlen solche Pfähle, so kann ein Heckanker helfen, ansonsten geht man längsseits an die Pier bzw. den Steg und bringt Fender aus.

Soll die Yacht mit dem Heck an der Pier liegen, so wird nach dem Aufschießer, sobald die Yacht steht, der Buganker geworfen; durch Fieren der Ankerleine treibt dann das Boot nach achtern in die Lücke.

Diese Boote segeln bei achterlichem Wind nur mit dem Vorsegel alleine in den Hafen.

Ein solches »Kleben« unter Segeln an einer Luvseite ist keine seglerische Meisterleistung!

Eine Jolle legt vorschriftsmäßig an der Luvseite eines Steges an.

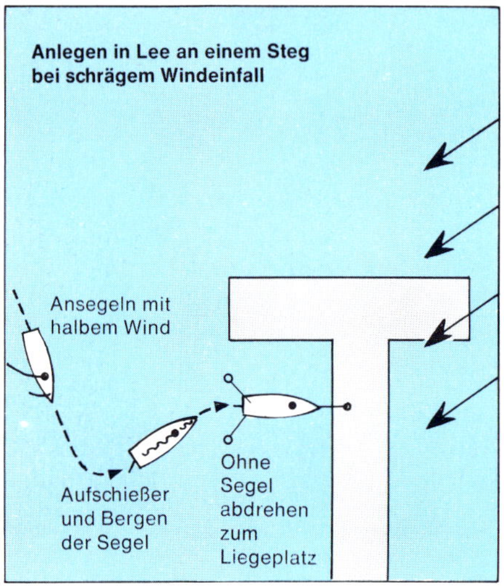

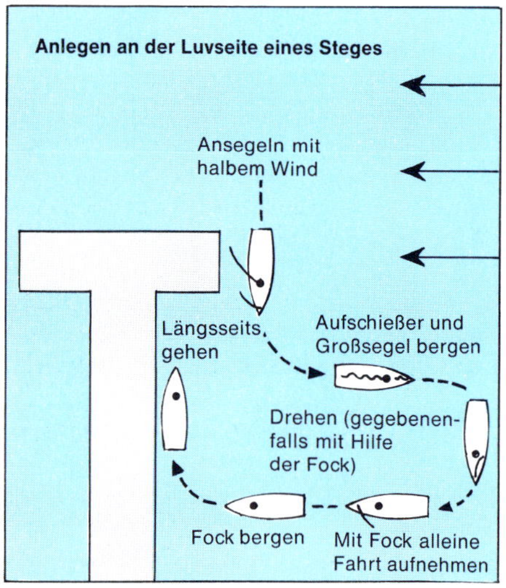

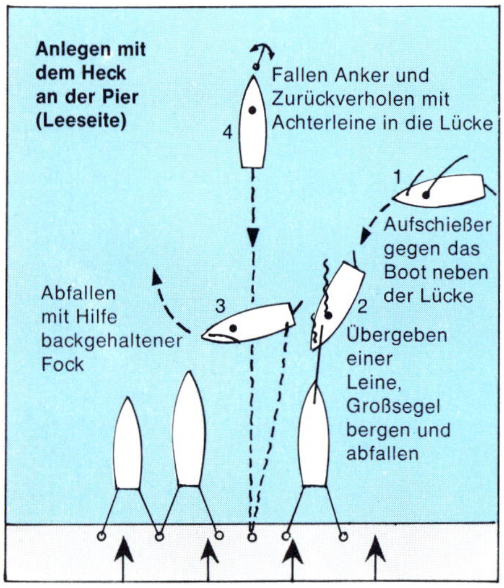

Anlegen am Strand

Das Anlegen am Strand erweist sich als notwendig bei Küstenrevieren mit Sandstrand und fehlenden Stegen oder Molen – natürlich nur mit Jollen. Das Anlegen ist sehr einfach und kann immer unter vollen Segeln geschehen.

Grundprinzip: Sobald es seicht wird, Schwert hochziehen oder ganz herausnehmen und Ruderblatt hochziehen. Dann erfolgt ein Aufschießer (bei ablandigem Wind = Bug in Landrichtung, bei auflandigem Wind = Bug wasserwärts) und das Aussteigen der Mannschaft. Ist die Jolle mit einem festen Ruder ausgerüstet, so muß dieses jetzt ausgehängt werden. Nun wird die Jolle, mit ihrem Bug in Windrichtung blickend, an Land gezogen, wo dann die Segel sofort geborgen werden.

Ein Tip: Das Boot auf keinen Fall mit killenden Segeln länger an Land stehen lassen, dies schadet sehr dem Segeltuch!

Anlegen längsseits unter Motor

Mit einer größeren Yacht wird man sehr häufig das Anlegemanöver ohne Segel und unter Motor ausführen. Normalerweise stellt dies kein besonderes Problem dar, man muß nur den Radeffekt des Propellers (siehe Seite 167) beachten, bzw. diesen kann man wiederum ausnützen. Ebenso wie beim Ablegen von einer Pier gibt es auch beim Anlegen zwei Hauptfälle:

Fall Nr. 1: Linksdrehende Schraube und Pier an der Backbordseite

1. Die Festmacherleinen und Fender werden klargelegt zum Ausbringen bzw. Aushängen an der Backbordseite.
2. Etwa in einem 30° Winkel steuert man mit geringer Fahrt die Pier an und nimmt rechtzeitig den Vorwärtsgang heraus.
3. Wenn der Bug in Nähe der Pier liegt, sollte das Boot im Idealfall fast stehen. Hat es noch zu viel Fahrt, dann steuert man so, daß die Yacht nach kurzem Parallelkurs zur Pier mit dem Bug wieder wegzeigt. Jetzt legt man zum Bremsen den Rückwärtsgang ein, fährt mit halber Kraft zurück (Ruder Steuerbord) und schaltet kurz darauf nach Bedarf wieder auf Leerlauf. Durch diese Rückwärtsdrehung des Propellers und den damit verbundenen Radeffekt nach rechts, wird das Heck leicht von der Pier weggedreht – und der Bug zu ihr hin.

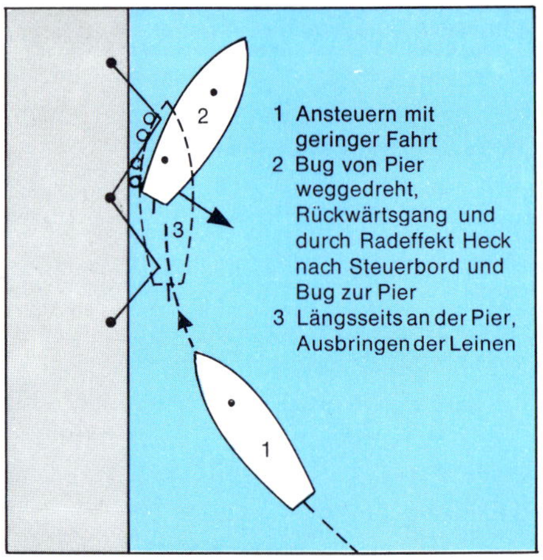

Fall Nr. 2: Linksdrehende Schraube und Pier an der Steuerbordseite

1. Festmacherleinen und Fender für Steuerbordseite klarlegen.
2. Ansteuern in langsamster Fahrt etwa in einem 30° Winkel, rechtzeitig auf Leerlauf schalten.

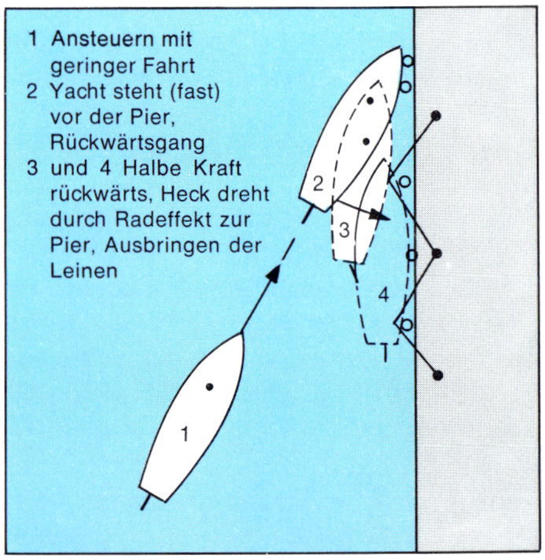

3. Befindet sich der Bug nahe an der Pier, so sollte die Yacht nahezu stehen. Jetzt fährt man mit halber Kraft zurück, wobei durch den Radeffekt nach rechts das Heck parallel in Richtung zur Pier gebracht wird.
4. Die Fender werden auf der Steuerbordseite in folgender Reihenfolge ausgehängt: Erst am Bug, dann am Heck und zuletzt mittschiffs.

Ankermanöver

Für das Jollensegeln spielt das Ankermanöver eine unbedeutende Rolle, da es selten angewandt wird (obwohl die meisten Klassenvereinigungen bei Jollen für Regatten das Mitführen eines kleinen Ankers vorschreiben) und außerdem im Bedarfsfalle sehr einfach ist.
Für den Yachtsegler – gerade wenn er auf Törn geht – ist das Ankern dagegen um so aktueller!
Maßgebend für den so wichtigen Halt des Ankers ist die Grundbeschaffenheit. Gute Haltefähigkeit weisen Sand-, Schlick-, Lehm- und Tonböden auf. Schlecht sind bewachsene, steinige und schlammige Böden. Felsen und Korallen geben zwar oft einen sicheren Halt, aber es besteht die Gefahr, daß man den Anker sehr schwer ausbrechen kann oder ihn gar verliert. Übrigens sind gute Ankerplätze auf Seekarten gekennzeichnet durch ein Ankersymbol. Ein halber Anker besagt, daß der Ankergrund nur stellenweise günstig ist.

Ankern

Vorüberlegungen

Unabhängig von der Beschaffenheit des Ankergrundes im Hinblick auf die Haltefähigkeit sollte man vor der Ausführung eines Ankermanövers einige Punkte beachten, d. h. einige Vorüberlegungen anstellen:

- Stimmt beim vorgesehenen Ankerplatz die Wassertiefe? D. h. es muß genügend Wasser unter dem Kiel sein, andererseits soll es nicht zu tief sein (etwa 4–7 m).
- Der Ankerplatz muß weitgehend gegen Wind und Seegang geschützt sein.
- Möglichst versuchen, die Situation des Liegens »auf Legerwall«, d. h. des gefährlichen Liegens vor einer Küste mit auflandigem Wind, zu vermeiden.
- Bei Anwesenheit mehrerer Nachbarboote den Anker so fallen lassen, daß er sich nicht mit einer fremden Kette vertörnt.
- Der Abstand zu anderen ankernden Yachten muß so bemessen sein, daß alle Boote in einem Kreis um ihren Anker frei schwojen können

Ausführung

1. Zunächst wird die Fock eingerollt oder geborgen, damit am Vorschiff Platz für die Vorbereitungsarbeiten geschaffen wird. Dazu Wassertiefe loten.
2. Kommando: »Klarmachen zum Ankern!« Die Ankerkette wird in Buchten geordnet an Deck gelegt und belegt. Wird statt einer Kette eine Ankertrosse benutzt, so sollte zwischen Anker und Trosse ein Kettenvorlauf in der Länge zwischen etwa 6 und 15 Metern angeschäkelt werden. Bei Jollen genügt eine Trosse. Der Anker wird an Deck gebracht, klariert und an die Kette angesteckt. Rückmeldung: »Anker ist klar!«
3. Kommando: »Klar zum Ankern!« Der Anker wird über Bord gehalten bzw. außenbords in die Lippe am Vorschiff gehängt. Rückmeldung: »Anker ist klar zum Fallen!«
4. Währenddessen macht der Steuermann einen Aufschießer zum vorgesehenen Ankerplatz hin. Sobald die Yacht achteraus treibt, gibt er das Kommando: »Fallen Anker!«, und dieser wird an der Kette langsam zum Grund geführt. Meldung: »Anker faßt«. Die Kette nicht ausrauschen lassen oder einfach über Bord werfen! Niemals den Anker fallenlassen, solange das Boot noch steht, die Kette könnte sonst ein gefährliches Durcheinander herbeizaubern. Eine geringe Vorwärtsfahrt wäre eher möglich, ist aber im allgemeinen nicht so zweckmäßig wie ein Achteraustreiben oder gegebenenfalls sogar mit Motorhilfe ein Achterausfahren.
5. Je nach Windverhältnissen, Wellengang und Ufernähe wird nun zunächst die 3-fache Kettenlänge gesteckt und die Kette gut an der Klampe oder am Poller des Vorschiffs belegt. Hält der Anker, dann steckt man die restliche notwendige Kettenlänge.
6. Jetzt werden das Großsegel geborgen, und das Schiff entsprechend klariert.

Der Anker ist klar.

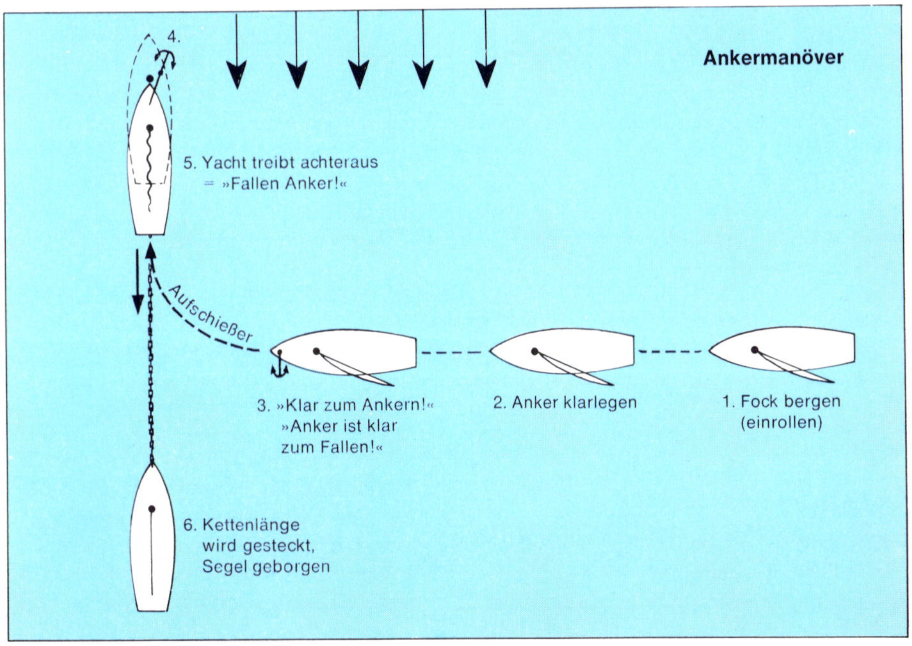

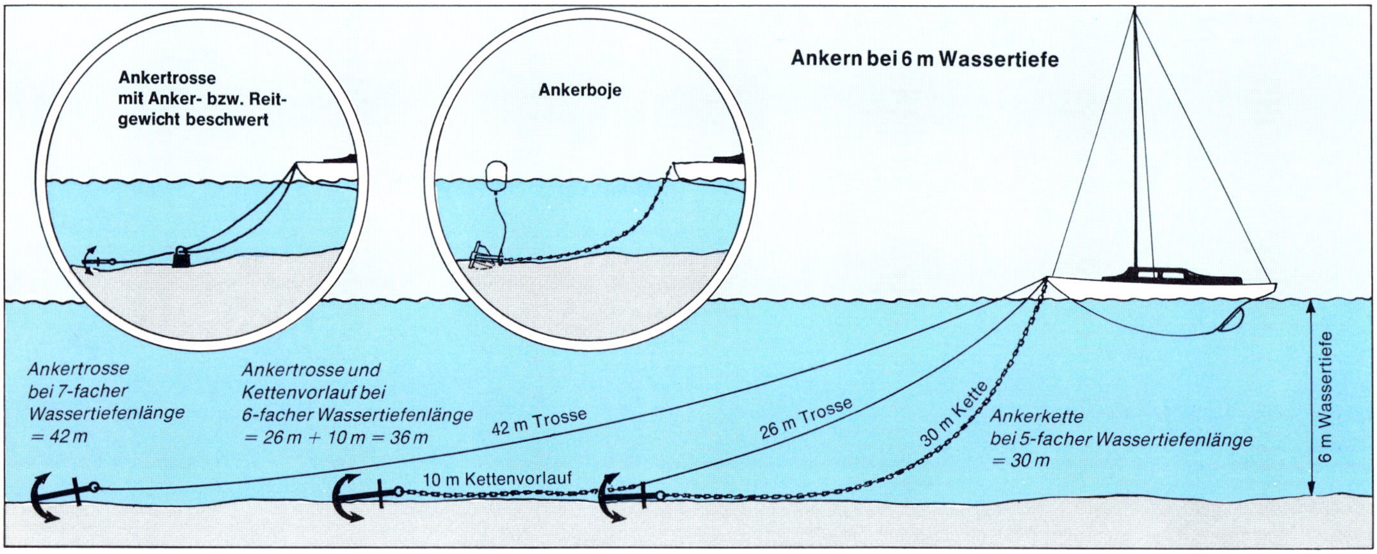

Tips und Tricks

1. Das an den Anker anzusteckende Ende von Kette oder Trosse zuerst unter dem Bugkorb nach außen führen und dann oben drüber zurück an Deck – sonst laufen Trosse oder Kette am Schluß über den Bugkorb, und es gibt Schwierigkeiten.
2. Bevor der Anker fällt, müssen natürlich Trosse oder Kette bereits belegt sein – wobei zunächst etwa die dreifache zu erwartende Wassertiefe einkalkuliert werden soll.
3. Steht zum Ankern nur eine Trosse zur Verfügung, so kann man mit Hilfe eines Ankergewichts, eines sog. Reitgewichts, trotzdem den Zugpunkt einigermaßen waagrecht halten, weil der Winkel zwischen Ankertrosse und Boden dadurch klein gehalten wird. Als Reitgewicht ist jedes z. B. Eisenteil geeignet, das möglichst schwer sein sollte. Mit Hilfe eines Gleitschäkels und einer Fangleine wird es entlang der Ankertrosse hinabgelassen und drückt die Trosse zum Grund. Ein Reitgewicht kann man natürlich auch bei einer Kette benützen, es wird hier allerdings nur bei schwerem Wetter nötig sein.

Liegen am Ankerplatz

Hat der Anker gefaßt, so muß die je nach Verhältnissen entsprechend lange Kette gesteckt werden, d. h. 3–10mal die Wassertiefe. Im Durchschnitt und bei normalen Verhältnissen wird man bei einer Kette die 5-fache Wassertiefenlänge wählen, bei einer Trosse mindestens die siebenfache Länge. Benützt man zur Trosse einen Kettenvorlauf oder ein Ankergewicht, so ist etwa ein Mittelwert zwischen einer Ketten- oder Trossenlänge zu wählen. Sobald die richtige Länge gesteckt ist, werden Ankerball, bzw. bei Dunkelheit das Ankerlicht (weißes Rundumlicht) gesetzt. Mittels Peilungen und Lotungen muß gegebenenfalls auch festgestellt werden, ob das Boot treibt. Je nach Verhältnissen muß eine Ankerwache eingeteilt werden, die weitere Peilungen zur Kontrolle vornimmt und das Wetter beobachtet. Gerät eine Yacht ins Treiben, kann dies manchmal bereits durch Nachstecken der Kette abgestellt werden. Hilft dies nichts, dann ist am besten ein neues Ankermanöver zu fahren, gegebenenfalls muß auch ein zweiter Anker ausgebracht werden.

Ankerlichten

Vorüberlegungen

- Müssen Nachbarboote berücksichtigt werden?
- Ist genügend Leerraum vorhanden, um nach kurzem Rückwärtstreiben unverzüglich Vorwärtsfahrt aufnehmen zu können?
- Weht gefährlicher auflandiger Wind, so daß spezielle Sondermaßnahmen nötig sind?

Ausführung

1. Setzen der Segel, wobei die Fock dann eingerollt wird.
2. Kommando: »Klar zum Ankerlichten!« Rückmeldung: »Ist klar!«
3. Kommando: »Anker kurzstag holen!« Die Kette wird daraufhin so angeholt, daß sie nahezu senkrecht ins Wasser läuft, aber den Anker noch nicht ausbricht. Rückmeldung: »Anker ist kurzstag!« (bzw. »Anker auf und nieder!«).
4. Herrschen ungünstige Winde, muß der Steuermann jetzt warten, bzw. mit dem Ruder nachhelfen, bis das Boot zur Seite schwojt, um sofort Fahrt aufzunehmen. Kommando: »Anker auf!«

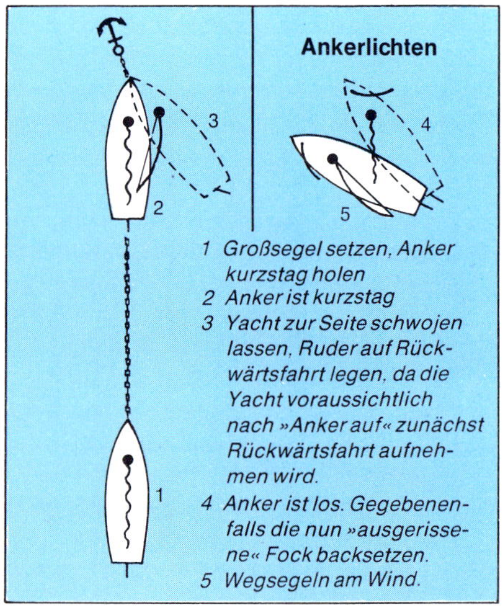

Rückmeldung: »Anker ist los!« Liegt die Yacht jetzt nicht so am Wind, daß sie wegsegeln kann, so drückt man das Großsegel back, nimmt dadurch Fahrt nach achtern auf und dreht dann durch richtige Ruderlage so nach einer gewünschten Seite, daß man Fahrt nach vorwärts aufnehmen kann.

5. Sobald der Anker los ist, wird die Fock ausgerollt (Kommando: »Reiß aus die Fock!«), gegebenenfalls backgehalten, um so schnell wie möglich – wie beim Ablegen von der Boje – Fahrt zu gewinnen.
6. Wird der Anker an Deck gehoben, reinigt man ihn vorher und verkratzt natürlich möglichst das Schiff nicht. Dann wird er einschließlich Kette verstaut.

Tips und Tricks

1. Sofern es sich nicht um eine große Yacht handelt, die mit einem Ankerspill (Winde zum Hochhieven der Kette) ausgerüstet ist, kann das Hochziehen eines Ankers einige Mühe bereiten. Damit keine Überdehnungen im Wirbelsäulenbereich oder gar Bandscheibenschäden vorkommen, sollte man nicht mit vorgebeugtem Oberkörper und Rückenmuskelkraft ziehen! Besser: Oberkörper aufrecht halten, Beine entsprechend beugen und die Beinmuskeln miteinsetzen.
2. Bereitet das Ankerausbrechen Schwierigkeiten, so hilft manchmal folgendes Rezept: Die gesamte Crew versammelt sich am Vorschiff, und Kette bzw. Trosse werden so steif wie möglich geholt und belegt. Nun belastet die Mannschaft das Achterschiff – das Ausbrechen ist vielleicht geschafft.
3. Es kann vorkommen, daß sich ein Anker durch ein Hindernis (fremde Kette) oder bei felsigem Grund so verhakt, daß er mit seiner Kette oder Trosse nicht mehr auszubrechen ist. In diesem Falle hilft eine Trippleine (auch Bojereep genannt) mit Ankerboje, die schon beim Ankern angebracht wurde. Dabei wird eine der Wassertiefenlänge angepaßte Fangleine am Kreuz (beim Stockanker) bzw. an der Krone (beim Patentanker) befestigt und an der Wasseroberfläche durch eine kleine Boje gekennzeichnet. Die Zugrichtung in einem anderen Winkel als bei Kette oder Trosse ermöglicht das Bergen eines unklaren Ankers.
4. Hat sich der Anker unter einer fremden Kette verhakt und fehlt eine Trippleine, so kann man die fremde Kette vielleicht mit Hilfe eines kleinen Draggenankers ein Stück anheben. Oder man versucht folgendes: Man zieht seinen Anker mit der fremden Kette möglichst weit an die Oberfläche, führt eine Leine unter die Fremdkette durch und belegt beide Tampen an Bord, die Kette in der Bucht hängend. Durch Fieren der eigenen Ankerkette kann jetzt der Anker klarkommen.

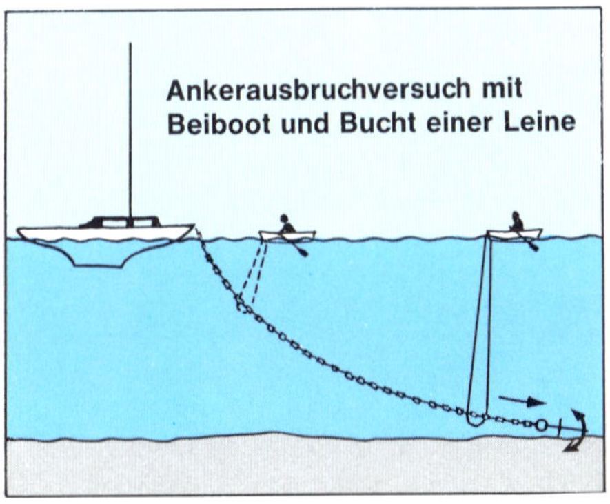

5. Einen unklaren Anker ohne Trippleine kann man auch auf folgende Weise zu bergen versuchen: Vom Bug der Yacht aus pullt man mit dem Beiboot in Richtung Anker und zieht eine in einer Bucht um die Kette gelegte Leine nach, versucht diese unter den Anker zu führen und zieht dann, um den Anker auszubrechen.

Ankern bei Strom und Starkwind

Bei Strom oder bei entsprechend starkem Wind und Wellengang kann es vorkommen – besonders wenn der Ankergrund nicht ganz »lupenrein« war –, daß der Anker nicht hält, und somit kann es erforderlich werden, zwei Anker zu verwenden. Man unterscheidet dabei das Vermuren, das Verkatten und das Ausbringen eines zweiten Ankers neben dem ersten.

Vermuren

In strömenden Gewässern vermurt man ein Boot, d. h. man legt es zwischen zwei Anker, ausgebracht stromauf und stromab. Die Ketten oder Trossen beider

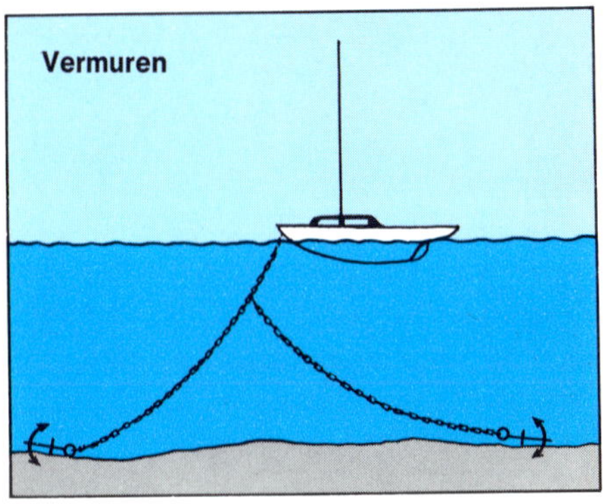

Anker laufen am Vorschiff zusammen, besser aber steckt man eine Kette oder Trosse in etwa 1,5–2 m Tiefe an die andere an. Zum Ankern selbst kann man zuerst den Luvanker werfen, dann läßt man sich einige Bootslängen weit zurücktreiben und wirft den Leeanker. Durch Einhieven der Luvankerkette legt man sich sodann in die Mitte. Bei geringerer Strömung kann man sich auch zwischen Bug- und Heckanker legen.

Verkatten

Bei auflandigem Wind oder schlechtem Ankergrund kann man die Haltekraft seines Ankers durch Verkatten erhöhen, d. h. durch Ausbringen eines zweiten Ankers auf derselben Kette. Dabei steckt man an das Kreuz des Ankers einen zweiten (in der Regel ist es der kleinere) an, den man auch zuerst fallen läßt. Abstand: etwas mehr als die Wassertiefe. Diese Methode ist allerdings weniger gebräuchlich.

Ausbringen eines zweiten Ankers neben dem ersten

Hält der Anker nicht oder ist dies zu befürchten, so kann man sich Absichern durch Ausbringen eines zweiten Ankers, wobei die Belastung dann auf beide Anker verteilt wird. Die Anker sind so zu setzen, daß zwischen Bug und den beiden Ankerpunkten ein Dreieck gebildet wird. Der zweite Anker wird entweder mit einem Beiboot ausgefahren oder man läßt ihn fallen, wenn die Yacht beim Schwojen weit zur Seite gependelt ist. Eine andere Möglichkeit: Setzen der Segel, aufkreuzen zum Anker, dann Abfallen zur Seite und nach genügend Querabstand ausbringen des zweiten Ankers, bergen der Segel und wieder zurücksacken lassen.

Die besprochenen grundlegenden Manöver auf einen Blick

Manöver	Grundprinzip	Technik/ Ausführung	Tips und Tricks	Hauptfehler	Kommandos (in Klammern: Rückmeldung)	Anwendung
Wenden 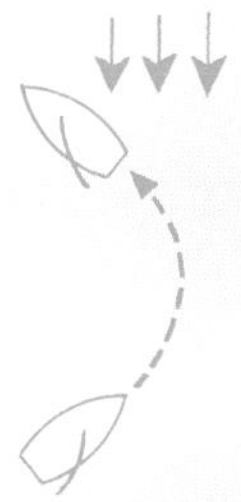	Aus Amwindkurs mit dem Bug durch den Wind drehen zum Amwindkurs auf dem anderen Bug	Großsegel bleibt dicht, Fock wird übergeholt. Mannschaft wechselt die Seite. Bei Jollen: Ausleger hochstellen, Steuermann dreht meist im Stand (siehe auch Seite 147)	Nicht zu hart Ruder legen. Nur bei guter Fahrt wenden. Segel nicht unnötig killen lassen.	Zu starkes Abfallen nach dem Wenden. Boot stampft sich wegen mangelnder Fahrt in den Wellen fest und bleibt im Wind stehen. Großschot zu stark gefiert	»Klar zum Wenden!«; (»Ist klar!«); »Rhe!«	Vorwiegend auf Kreuzkurs. Als »Kuhwende« statt der Halse.
Halsen 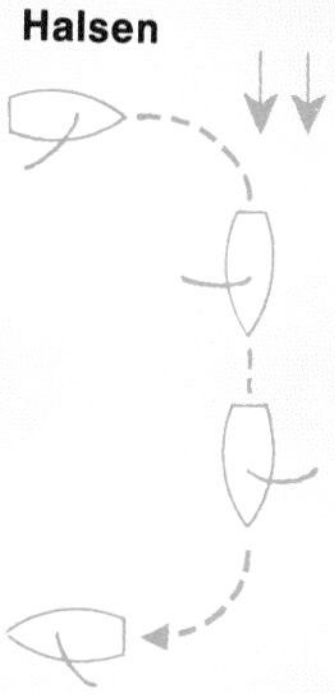	Auf Vorwindkurs drehen mit dem Heck durch den Wind, überholen des Großbaumes auf die andere Seite	Zu unterscheiden zwischen »Blockhalse« (größere Boote) und »Regattahalse« (Jollen und kleinere Kielboote). Auf Vorwindkurs bleiben bis Baum übergekommen ist, dabei leicht übersteuern und dann Gegenruder geben (siehe auch Seite 150)	Nicht bei einfallender Bö halsen. Bei Jollen Schwert etwa $^{2}/_{3}$ hoch. Baumniederholer dichtsetzen. Bei guter Geschwindigkeit halsen, wenn scheinb. Wind am kleinsten.	Zu enger Bogen, d. h. anluven bevor überkommender Großbaum ganz gefiert wurde. Fehlendes Gegenruder nach »Rund achtern.«	»Klar zum Halsen!« (»Ist klar!«); »Hol dicht die Großschot!«; »Rund achtern!«	Auf Raumschots- und Vorwindkursen bei entsprechender Kursänderung. Bei Regatten an der Boje 2.
Kuhwende 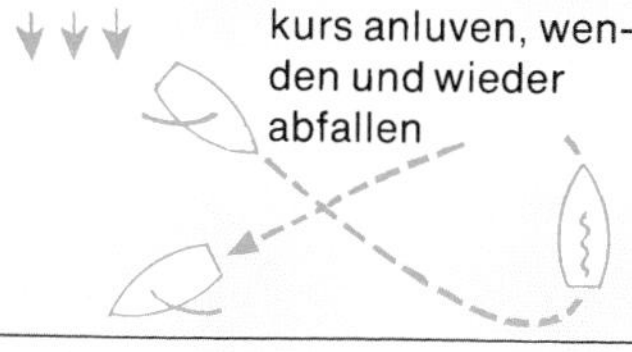	Aus Raumschotskurs anluven, wenden und wieder abfallen	Beim Hochluven die Schoten entsprechend einstellen.	Ist man im Wind stehengeblieben, dann Fock »back« bzw. rückwärts treiben lassen und entsprechend Ruder legen.	Beim Hochluven und Wenden die Schoten gefiert lassen.	wie beim Wenden.	Wenn man eine Halse vermeiden möchte. Beim Mann-(Boje)-über-Bord-Manöver.
Rückwärtssegeln 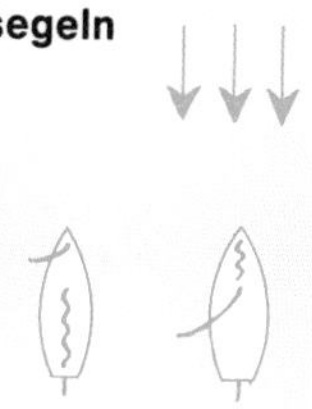	Richtiges Ruder legen bei Rückwärtsfahrt: Wo das Ruderblatt hinzeigt, dreht das Heck hin.	Fock weit nach vorne backsetzen oder Großsegel backdrücken.	Bei Beginn der Rückwärtsfahrt Pinne mittschiffs halten. Bei der Drehung auf Vorwärtsfahrt Großschot schnell dichtnehmen.	Falsches Ruderlegen, zu starkes Bewegen des Ruders.	»Klar zum Rückwärtssegeln!«; (»Ist klar!«); »Fock weit nach vorne back an . . . bord!« bzw. »Großbaum back an . . . bord!«	Beim Ablegen in Lee rückwärts aus einer Lücke segeln. Vor dem Regattastart: Vorwärts- und Rückwärtsbewegen an der Startlinie.
Beidrehen 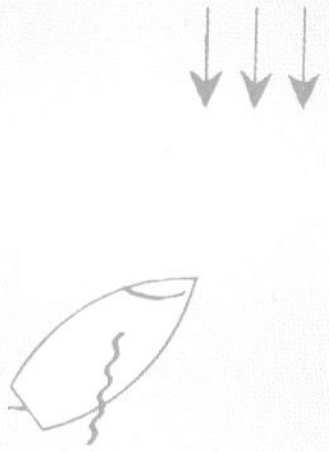	Boot bleibt quer zu Wind und Wellen relativ ruhig liegen.	Großsegel aufgefiert, Fock back Ruder in Luv.	Manöver ist sehr gut aus der Wende zu fahren: Wenden mit starkem Abfallen, Fock stehen lassen, Großschot los und spät Luvruder geben. (Großschot ganz leicht anholen, damit Segel nicht unnötig killt.)	Nicht genügend Luvruder, Fock schlampig backgesetzt, Großsegel zu dicht bei Jollen.	»Fock back an . . . bord!«; Zum Beenden des Beidrehens: »Über die Fock!«	Zum Abwettern eines Sturms. Durchführung einer Reparatur. Beim Bergen der Überbordgefallenen. Bei einer Regatta vor dem Start.

Manöver	Grundprinzip	Technik/ Ausführung	Tips und Tricks	Hauptfehler	Kommandos (in Klammern: Rückmeldung)	Anwendung
Boje (Mann)-über-Bord-Manöver mit Kuhwende aus Amwindkurs 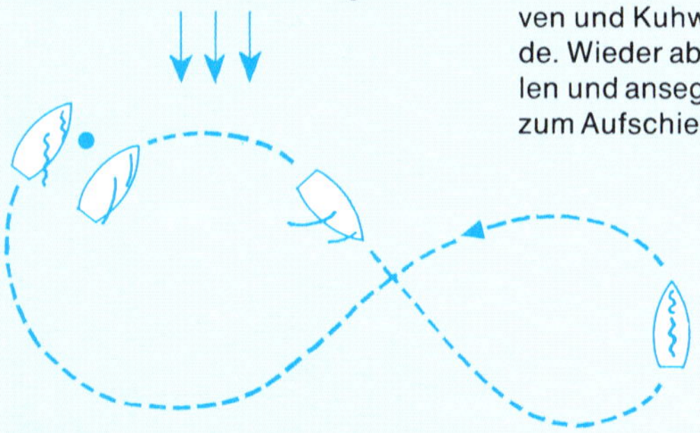	Umkehren durch Kuhwende und (Nahezu)-Aufschießer neben dem Gegenstand.	Sofort abfallen auf Halbwind- bis Raumschotskurs, nach einigen Bootslängen anluven und Kuhwende. Wieder abfallen und ansegeln zum Aufschießer.	Wenn Boot neben dem Gegenstand zum Halten kommt: beidrehen (siehe auch Tricks bei Aufschießer = Anlegen lee).	Zu großer Bogen und Zeitaufwand über 90 Sekunden. Schlechter Aufschießer.	»Boje (Mann) über Bord!«; »Fier auf die Schoten auf Raumschotskurs!«; »Klar zum Wenden!«; (»ist klar!«); »Rhe!«; »Fier auf die Schoten auf halben Wind!«; »Klar zum Aufschießer!«; »Schoten los!«; (»Boje (Mann) ist gefaßt!«).	Bei Überbordfall einer Person oder eines Gegenstandes. Bei starkem Wind ist die Ausführung mit Kuhwender mit der Halse vorzuziehen!
Boje (Mann)-über-Bord-Manöver mit Halse aus Amwindkurs 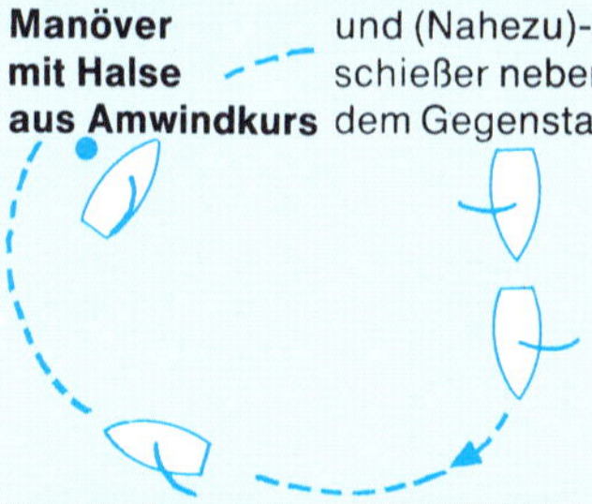	Umkehren durch Fahren einer Halse und (Nahezu)-Aufschießer neben dem Gegenstand.	Noch etwa 3 Bootslängen weitersegeln, dann abfallen auf Vorwindkurs, halsen, anluven zu einem Halbwindkurs und Aufschießer.			»Boje (Mann) über Bord!«; »Fier auf die Schoten!«; »Klar zum Halsen!«; (»Ist klar!«); »Hol dicht die Großschot!«; »Rund achtern!«; »Klar zum Aufschießer!« usw.	
Anlegen auf der Leeseite eines Steges bzw. Liegeplatzes 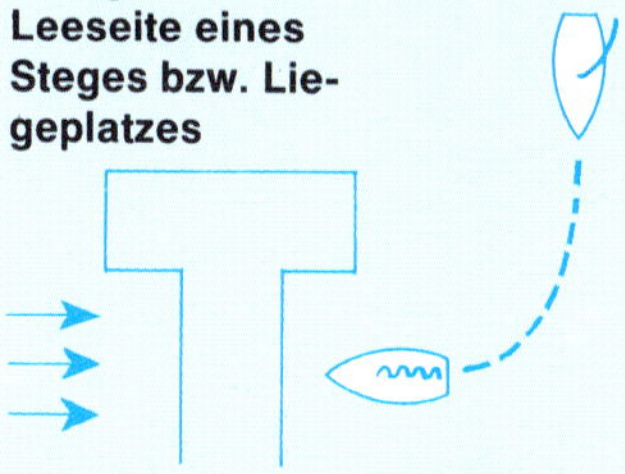	Aufschießer	Ansegeln möglichst mit halbem Wind, genau gegen den wahren Wind aufschießen. Schoten gut los geben (in der Regel schon vor dem in den Wind Luven).	Bei zu viel Fahrt: Andirken oder hinausdrücken des Großbaumes. Beim »Verhungern« abfallen u. Großschot kurz dichtziehen.	Auschießerstrecke falsch bemessen (meist zu viel Fahrt); »Anbumsen« an den Steg.	»Klar zum Aufschießer!«; (»Ist klar!«); »Schoten los!«	Anlegen an einer Leeseite eines Steges bzw. Hafenliegeplatzes.
Anlegen an einer Luvseite 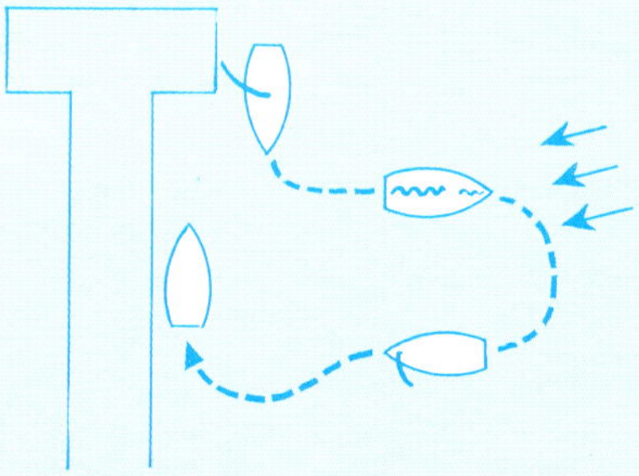	Vorher Segel bergen und zum Liegeplatz hintreiben	Aufschießer in den Wind, Großsegel bergen, Drehen und mit Fock alleine Richtung Liegeplatz; Fock bergen, dann anlegen.	Bei fehlenden Pollern für Achterleinen längsseits gehen! Bei Jollen vor der Drehung zum Längsseitsgehen Schwert hoch – dadurch treibt das Boot besser seitlich zum Steg	Großfall nicht klar, wenn Boot im Wind steht; Großsegel wird geborgen obwohl Boot noch nicht bzw. nicht mehr im Wind steht; Fock wird nicht geborgen	»Klar bei Großfall! (»Ist klar!«); »Klar zum Aufschießen!«; »Schoten los!«; »Hol nieder Großsegel!« Gegebenenfalls: »Fock back an . . . bord!« und »über die Fock!«; »Klar bei Fockfall!«; (»ist klar!«); »Hol nieder Fock!«; »Klar bei Vorleine!«; (»Ist klar!«; »Poller gefaßt!«); »Vorleine fest«!«	Wenn sich der Liegeplatz an einer Luvseite befindet

Manöver	Grundprinzip	Technik/ Ausführung	Tips und Tricks	Hauptfehler	Kommandos (in Klammern: Rückmeldung)	Anwendung
Ablegen von der Leeseite eines Steges bzw. Liegeplatzes 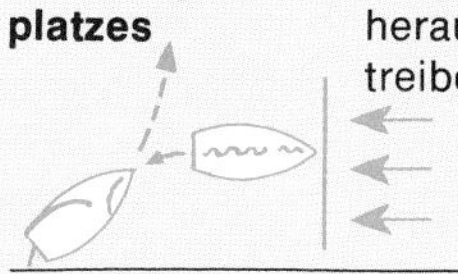	Segel setzen u. Boot wegdrücken bzw. rückwärts aus einer Lücke heraussegeln bzw. treiben lassen.	Raussegeln rückwärts aus einer Lücke: Ruder so legen u. Fock so backsetzen, daß der Bug in Richtung freies Wasser dreht.	Zunächst Ruder mittschiffs lassen, bis das Boot aus der Lücke. In der Drehung dann schon Großsegel dicht.	Vorleine zum falschen Zeitpunkt losgegeben; Boot dreht zu früh und berührt Nachbarboot; Boot dreht falsch = landwärts	»Klar bei Vorleine«; (»Ist klar!«); »Vorleine los!«; (»Vorleine ist los!«); »Fock back an . . . bord!«; »Über die Fock!«; »Schoten dicht!«	Wegsegeln von einer Leeseite
Ablegen von der Luvseite eines Steges oder Liegeplatzes 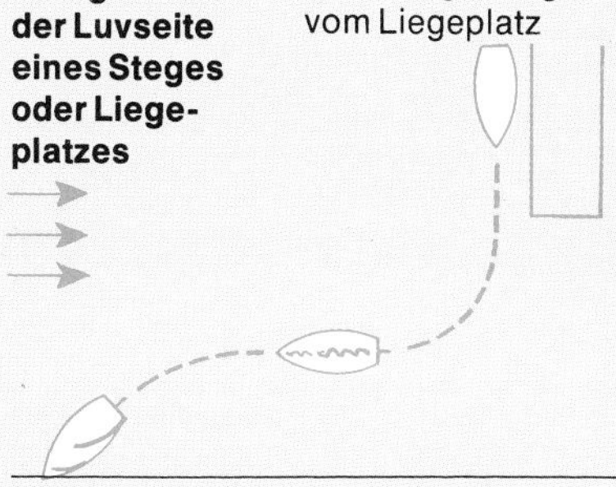	Ohne Segel weg vom Liegeplatz	Ohne gesetzte Segel vom Liegeplatz weg oder auch mit der Fock alleine wegsegeln. Leeseite oder Boje suchen. Oder bei genügend Leerraum in den Wind stellen und Segel setzen.	Steht man im Wind zum Segelsetzen (ohne Boje oder Leeseite eines Steges), dann mit dem Segelsetzen warten bis das Boot rückwärts treibt: Man kann es so besser im Wind halten. Großsegel zuerst setzen.	Boot wird zum Segelsetzen nicht im Wind gehalten	»Klar bei Großfall!«; (»Ist klar!«); »Heiß auf Großsegel!«; »Klar bei Fockfall!«; (»Ist klar!«); »Heiß auf Fock!«; »Fock back an . . . bord!«; »Über die Fock!«	Wegsegeln von einer Luvseite
Ankern 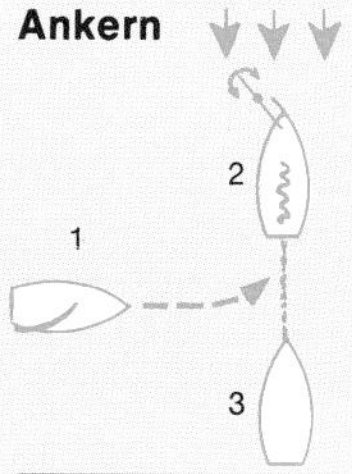	Aufschießer, Anker fallen lassen.	Anker vorbereiten; Kette in Buchten klarlegen; Fock bergen; Aufschießer; Anker fallen lassen – wenn Boot rückwärts treibt; Kette stekken; Segel bergen	Kette erst unter Bugkorb nach außen. Kette vor Fallen des A. belegen. Bei Trosse evtl. Ankergewicht verwenden.	Anker fällt bei stehendem Boot und Kette vertörnt sich um den A.	»Klarmachen zum A.!«; (»A. ist klar!«); »Klar zum Ankern!«; (»A. ist klar zum Fallen!«); »Fallen A.!«; (»A. faßt!«)	Wenn kein Liegeplatz an einer Pier vorhanden ist.
Ankerlichten 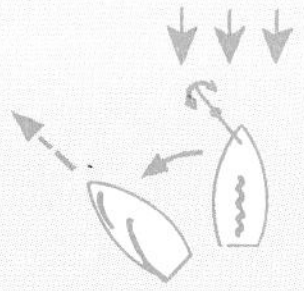	Anker aufholen und wegsegeln	Segel setzen, aber Fock einrollen; Anker kurzstag holen; Anker hochhieven und gleichzeitig Fahrt aufnehmen, dazu Fock ausrollen.	Nicht mit vorgebeugtem Oberkörper ziehen. Trippleine hilft beim Ausbrechen. Auch Mannschaft, die vom Vor- auf das Achterschiff wechselt.	Beim Kommando »A. kurzstag holen!« den Anker bereits ausbrechen.	»Klar zum Ankerlichten!«; (»Ist klar!«); »A. kurzstag holen!«; (»A. ist kurzstag!« bzw. A. auf und nieder!«); »A. auf!«; (»A. ist los!«); »Reiß aus die Fock!« . . .	Verlassen eines Ankerplatzes

Schleppen – geschleppt werden

Will man mit einem Segelboot ein anderes Boot abschleppen, so läuft man am Wind segelnd von Lee vor den Bug des zu schleppenden Bootes und übernimmt (bzw. übergibt) beim Passieren die Schleppleine. Dann fällt man ab und bleibt auf dem gleichen Bug. Motorboote laufen zum Schleppen von achtern oder auch von Lee an, gehen dann aber am besten in Luv vorbei und stoppen gegebenenfalls vor dem Bug des Havaristen.
Beim abgeschleppten Boot werden die Segel geborgen, bei Jollen wird auch das Schwert hochgezogen. Die Schleppleine kann man entweder an die Vorleine anstecken (bzw. beim Schleppen mehrerer Boote wird meist die Vorleine an eine Schlepptrosse mittels Stopperstek festgemacht) oder an eine Bugklampe (sofern eine stabile vorhanden). Besser aber belegt man die Schleppleine am Mast (Rundtörn und halbe Schläge). Man sollte möglichst eine eigene Schleppleine benützen, die man zum Überwerfen in kleine Buchten aufschießt und dann in beide Hände teilt.
Durch Mitsteuern hält man sich im Kielwasser des Schleppers. Bei Fahrtaufnah-

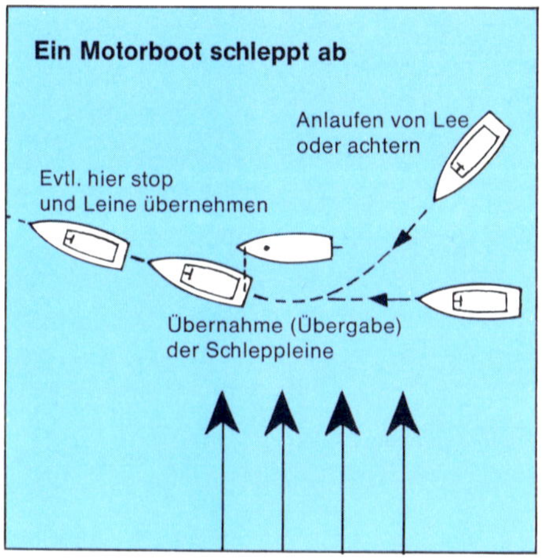

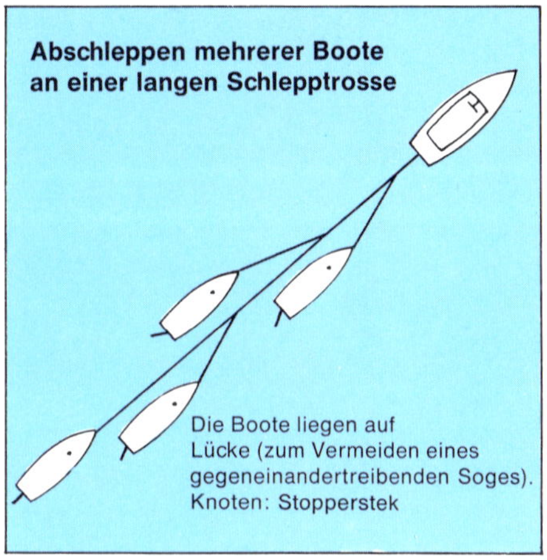

me die Schleppleine nicht anrucken, sondern allmählich auf Zug kommen lassen. Normalerweise wird gut Leine gegeben, ist das Boot aber voll Wasser, so muß es kurz angehängt werden, damit der Bug hochsteigt (Gewicht der Mannschaft nach achtern). Bei Schleppen im Seegang muß die Schlepptrosse so lang gesteckt werden, daß sich beide Boote immer gleichzeitig auf einem Wellental oder Wellenkamm befinden. Beim Abschleppen in schwierigen Situationen befestigt man die Schleppleine an der Ankerkette und steckt so viel Kette, daß ein tiefer Durchhang der Leine gegeben ist. Beim Abschleppen durch unbekannte Boote sollte vorher unbedingt die Frage eines Schlepplohnes geklärt werden, sonst könnte man plötzlich unangenehmen Ansprüchen ausgesetzt sein.

Eine Jolle (FD) wird abgeschleppt.

Verhalten in Schleusen

Die Größen und technischen Merkmale von Schleusen – den Einrichtungen, die Wasserflächen verschiedener Höhe trennen, aber den Höhenunterschied für Schiffe überwindbar machen – sind nicht immer gleich. Auch sind jeweils Gegebenheiten, wie Schiffsverkehr, Windrichtung und eigene Bootsgröße verschieden, so daß man sich in Bezug auf das Verhalten beim Schleusen nicht auf ein einziges Patentrezept festlegen kann. Allgemein ist aber zu beachten:

- Bei roten Lichtern ist die Ein- und Ausfahrt verboten. Also warten bis grüne Lichter aufleuchten. Erscheinen Grün und Rot zusammen, so bedeutet dies: Ein- oder Ausfahrt ist in Kürze frei.
- Im Schleusenbereich nur langsam fahren und nicht mit schleifenden Ankern, Ketten oder Trossen. Geankert darf natürlich auch nicht werden.
- Zum Einfahren überprüfen, daß nichts (außer Fender) außenbords hängt, Festmacherleinen klarlegen und Fender bereithalten.
- Mit geringer Fahrt (möglichst nur unter Fock, besser aber ganz ohne Segel und mit Motor!) zunächst die Mitte der Schleusenkammer ansteuern und dann Platz zum Festmachen suchen.
- Fender bedienen, Vor- und Achterleine an Land geben (oder zum Nachbarschiff, an dem man längsseits liegt).
- Während des Schleusens müssen die Leinen bei Wasserstandsänderung bedient werden, die Lage der Fender muß angepaßt werden.

Tips und Tricks

1. Schon rechtzeitig vorher in einem einschlägigen Handbuch über die zu passierende Schleuse informieren (Schleusenzeiten, Gebühren usw.).
2. Breite oder dicke Fender sind bei den gerammten Schleusenspundwänden meist wirkungsvoller als längliche.
3. Wegen des starken Schmutzes in Schleusen wäre eine zweite Garnitur alter (aber mit voller Haltekraft) Leinen zum Festmachen günstig: Die normalen Festmacherleinen werden dann nicht schmutzig.
4. Sofern nicht entsprechende Rücksicht (auch Vorsicht!) auf Berufsschiffahrt zu nehmen ist, sollte der erste so weit wie möglich nach vorne durchfahren. Dadurch blockiert er nicht die Einfahrt für Nachfolgende, außerdem ist er dann bei der Ausfahrt wieder der erste.
5. Den Bootshaken bereithalten.
6. Festmacherleinen auf Slip legen. Es darf aber kein Knoten dazwischenliegen, damit sich die Leine beim Durchziehen nicht festklemmen kann. Beim Absinken des Wasserspiegels könnte so im Extremfall das Boot aufgehängt werden.
7. Beim Ablegen darauf achten, daß zuerst der Motor läuft, bevor die Leinen losgeworfen werden.

Segeln im Trapez

Das Trapez ist ein wichtiges Hilfsmittel, um ein Boot auch bei stärkerem Wind aufrecht segeln zu können. Dadurch verhilft es den Booten, die mit diesem Gerät ausgerüstet sind, zur optimalen Geschwindigkeit. Der Flying Dutchman – 1951 konstruiert – war die erste serienmäßig mit einem Trapez ausgerüstete Jolle. Und heute, rund 25 Jahre später ist es nicht nur bei allen modernen Zweimann-Gleitjollen (wie z. B. 470er, 420er, Korsar, Jeton, 505er) eine Selbstverständlichkeit, es ist auch schon für kleinere sportliche Kielboote entdeckt worden (z. B. Tempest, Dyas). Ja sogar schon einzelne Einhandboote werden mit Trapez gesegelt, z. B. die Contenderjolle oder die A-Katamarane.

Die Trapezeinrichtung

Drei Dinge gehören zu einer Trapezeinrichtung:

1. Auf jeder Seite ein Trapezdraht, der jeweils an den oberen Mastbeschlägen befestigt ist. Am unteren Drahtende ist ein bequem zu fassender Haltegriff angebracht, darunter, meist an einem Kunststoffende, befindet sich der Trapezring. Ein Gummistropp zieht den Trapezdraht nach Gebrauch wieder an seine richtige Stelle.
2. Ein Trapezgürtel, der straff sitzen, aber auch so bequem wie möglich gestaltet sein soll, weil er über einen längeren Zeitraum das ganze Gewicht des Vorschoters zu tragen hat. Die heutigen Trapezgürtel sind alle mit verstellbaren Hosenträger-Riemen zur Rücken- und Schulterunterstützung versehen. An einem Schritt- und an einem Hüftgurt sitzt auf einer Platte montiert der Trapezha-

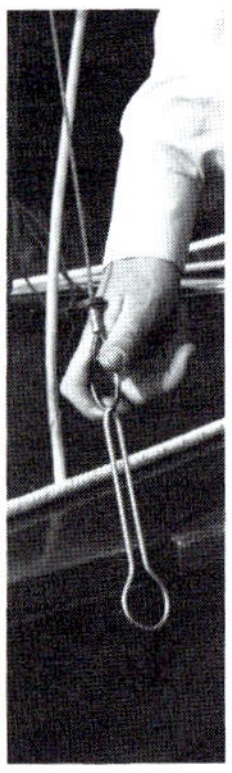

So tief sollte der Trapezring eingestellt sein. Moderner Trapezgürtel (rechts).

Das Zurückhalten eines Armes bringt beim Trapezsegeln ein zusätzliches Gewicht nach außen.

Endlos-Trapez bei einem FD. Bei stärkerem Ausreiten des Steuermanns würde das Boot aufrechter segeln.

ken, der so gestaltet sein muß, daß sich der Trapezdraht leicht aushaken läßt, sich aber nicht von selbst aushakt.

3. Eine entsprechend ausgestaltete Standfläche an der Scheuerleiste: Diese Standfläche des Vorschoters muß durch Einkerbungen, Gummiauflagen oder irgendwelchen Antirutschstreifen so griffig gestaltet sein, daß ausreichender Halt gewährleistet ist.

Neuerdings gibt es auch ein »Endlos-Trapez«, das besonders bei FD-Seglern zu beobachten ist. Der Vorschotmann braucht sich bei diesem Trapezsystem nicht mehr beim Wenden aus- und einhaken. Dieses System besteht aus zwei etwa 30 cm langen, an einem Ende zu einem Haken gebogenen Rohrstücken, die jeweils am Trapezdraht hängen und mit einem fingerdikken Gummistropp miteinander verbunden sind. Über die Rohre und Stropp läuft eine Rolle, an der die Verstelleinrichtung des Trapezes mit einem Ring zum Einhängen in den Trapezgürtel befestigt ist. Nur einmal eingehängt, bleibt der Vorschotmann über die Rolle mit dem Trapez ständig verbunden. Die Rolle rutscht während des Wendens von einem Haken über den Stropp auf den anderen Haken.

Tips für die Höheneinstellung

Auf normalem Raumschotskurs genügt wegen der geringeren Krängungstendenz ein Einhaken in den oberen Ring. Beim Gleiten allerdings muß unten eingehakt werden, damit der Vorschotmann sich weiter nach achtern stellen kann. Auf Kreuzkurs wird oben oder unten eingehakt, je nachdem wie weit der Haken am Trapezgürtel wegsteht. Bei einem gut sitzenden Gürtel, bei dem der Haken nahe am Körper sitzt, wird in der Regel der untere Haken zu bevorzugen sein.

Technik des Hinaussteigens

- Der Vorschotmann rutscht mit dem Gesäß weit nach außenbords und bringt durch Sichhängenlassen den Trapezdraht auf Zug.
- Der vordere Fuß wird auf die Scheuerleiste gestellt (schwächere Vorschoter stemmen hierbei ihren Fuß gerne gegen die Want), die vordere Hand hält den Trapezgriff, die hintere die Fockschot.
- Durch Strecken des vorderen Beines, gegebenenfalls auch mittels eines Nachdruckes durch die Hände, schwingt der Vorschoter nach außen und stellt den anderen Fuß in einigem Abstand auch an die Scheuerleiste.
- Je nach Bedarf erfolgt nun eine mehr oder weniger starke Streckung – oder ein Zurückgleiten ins Boot.

Zu beachten ist, daß das vordere Bein einer besonders starken Zugkraft ausgesetzt ist. Der vordere Fuß muß deshalb auch etwas vor der gedachten Verbindungslinie »Körper-Mast« an die Scheuerleiste gestellt

Oben:
Vorbildliche Trapeztechnik: »Gestreckte« Haltung, aber locker in den Beinen; dazu Stand mit den Fußballen an der Bordkante.

Obere Reihe links:
Endlos-Trapez – eine häufige Einrichtung bei Flying-Dutchman-Seglern.

Obere Reihe Mitte:
Auch hier vorbildlicher Trapezstand auf den Fußballen.

Obere Reihe rechts:
Wichtig beim Trapezsegeln: Rechtzeitiges Anhocken, um das Boot im Trimm zu halten.

Untere Reihe links:
Oft genügt schon diese Haltung, um das Boot aufrecht zu halten.

Untere Reihe Mitte:
Trapezsegeln beim Tornado-Katamaran.

Untere Reihe rechts:
Bei den A-Katamaranen segelt der Steuermann selbst im Trapez.

3. Der Vorschotmann hängt zu wenig beim Raussteigen oder Zurückschwingen und arbeitet zuviel mit Armkraft.
4. Der Oberkörper ist beim Hinaussteigen oder Zurückgleiten viel zu aufrecht und verhindert richtiges Hängen.
5. Zu ausgeprägte und langdauernde Hohlkreuzhaltung, sie ermüdet zu schnell und kann zu Rückenschmerzen führen.
6. Zu steife Knie, insbesondere bei Wellengang.
7. Stand zu wenig auf Fußballen oder Zehen.
8. Barfuß Trapezsegeln.
9. Zu spätes Zurückgleiten ins Boot bei nachlassender Bö, dadurch unfreiwilliges und bremsendes Bad des Vorschoters und Gefahr einer Luvkenterung.

Der Vorschoter hängt beim Hinaussteigen zu wenig und hat deshalb Schwierigkeiten.

Hier hockt der Trapezmann zu spät an.

Spinnakersegeln

Das Spinnakern ist heute ein fester Bestandteil der Segeltechnik geworden. Nicht nur bei Regattabooten, sondern auch auf Fahrtenyachten wird der Spinnaker als das wichtigste Beisegel für alle Kurse mit Ausnahme des Amwindkurses benützt. Beträchtliche Geschwindigkeitssteigerungen sind möglich, zumal auf den heutigen Hochseerennyachten dazu noch weitere Beisegel benützt werden. Viele Segler haben eine gewisse Scheu vor dem Spinnakern, so schwierig ist es aber gar nicht, vor allem macht es – richtig beherrscht – einen riesigen Spaß.

Oben:
Hochseerennyacht mit einem Radial-Spinnaker.

Mitte:
Flying-Dutchman-Jollen auf Spinnakerkurs.

Unten:
Schon von weitem an dem Stern erkennbar: Star Cut-Spinnaker.

G 247

G 1344

55
36

F FD
G 1251
FD
M 14

1251
M 14

FD
IS 28
F
G 1251
FD
M 14

Spinnakergeschirr

Was man alles zum Spinnakern braucht, sei einschließlich der wichtigsten Fachausdrücke in folgender Tabelle zusammengefaßt:

Spinnakerfall	Wird zum Setzen des Spinnakers benötigt. Es läuft oberhalb des Vorstags über den Spinnakerfall-Block. Am Mastfuß befindet sich ein zweiter Block, der das Fall umlenkt, entweder zum Cockpit oder zu einer Klampe am Mast.
Spinnakerschot und Achterholer	Dienen zum Bedienen des Spinnakers. Die jeweilige Leeschot wird »Spinnakerschot« genannt, die Luvschot »Achterholer«. Die Begriffe wechseln beim Schiften des Spinnakers!
Spinnakerbaum	Damit der Spinnaker nicht unruhig steht, wird ein Spinnakerbaum benötigt, der immer in Luv gefahren wird. Er ist meist aus Holz oder Aluminium und trägt an den Enden Beschläge zum Einklinken. Der Baum kleinerer Boote hat auch in der Mitte einen Beschlag für Auf- und Niederholer.
Mastbeschlag für den Spinnakerbaum	An der Mastvorderseite wird der Spinnakerbaum an einem speziellen Beschlag eingehakt. Im einfachsten Fall genügt dazu eine Öse. Bei großen Rennyachten findet man verstellbare Systeme verschiedenster Arten.
Toppnant und Niederholer	Der Spinnakerbaum würde bei wenig Wind durch sein Eigengewicht den Spinnaker nach unten ziehen. Dies verhindert ein Aufholer, genannt Toppnant, der von der Spitze des Spi-Baumes nach oben in etwa dreiviertel der Masthöhe zieht. Damit andererseits starker Wind den Spinnakerbaum nicht nach oben zieht, wird er unten durch den Niederholer gehalten. Niederholer und Toppnant können auch kombiniert sein (bei kleineren Booten) und den Spi-Baum in der Mitte halten.
Kopf, Hals, Schothorn	Die drei Ecken eines Spinnakers werden wie ein Hochsegel bezeichnet. Zu beachten ist aber, daß der Hals beim Spinnaker immer auf der Luvseite beim Spinnakerbaum liegt, das Schothorn auf der Leeseite. Die Bezeichnungen wechseln also.
Vor-, Achter-, Unterliek	Auch die drei Seiten werden wie bei einem Hochsegel benannt. Vor- und Achterliek wechseln aber die Bezeichnung je nach Windeinfall: das Vorliek befindet sich auf der Luvseite.
Spinnakertrompete	Bei manchen kleineren Booten üblich: ein röhrenförmiger Plastikbehälter am Vorschiff, in den der Spinnaker beim Bergen hineingezogen wird. Zu diesem Zweck ist außen am Spinnaker in dessen Mitte eine leichte Einholeleine an einem Stückchen Segeltuch befestigt, sie läuft durch den Behälter ins Cockpit.

Spinnakermanöver bei einer Wettfahrt.

Oben:
Flying-Dutchman-Jollen segeln die Tonne 2 an, wegen des zu spitz einfallenden Windes schiften die Mannschaften den Spinnaker (wie normal üblich) aber nicht, sondern bergen ihn.

Mitte:
Das rote Boot (1251) liegt hier ungünstiger als M 14, hat aber den Spinnaker bereits geborgen und kann sich auf das Runden der Boje konzentrieren.

Unten:
G 1251 hat sich gegenüber M 14 die bessere Position erkämpft, während IS 28 mit dem Bergen des Spinnakers zu spät dran ist.

Spinnakersetzen

Beim Spinnakersetzen gibt es je nach Bootstyp bzw. -größe verschiedene Abarten. Im allgemeinen aber gilt: Die Schoten des Spinnakers müssen außerhalb alles stehenden und laufenden Gutes geführt sein, und der Spinnaker selbst muß so im Boot verstaut sein (oft in einem speziellen Behälter), daß er sich nicht verdrehen kann (z. B. beide Ecken schauen auf jeder Seite eines Behälters heraus, der Kopf liegt in der Mitte). Zum Setzen selbst müssen dann das Fall und die Spinnakerschoten bedient und der Spinnakerbaum am Mastbeschlag und am Hals (bzw. Achterholer) außerdem an Niederholer und Toppnant eingehakt werden. Am leichtesten geht das Spinnakersetzen genau vor dem Wind, wobei das bunte Segel am besten nach Lee unter dem Vorsegel durch nach außen geführt wird. Sofern man es in Luv setzt, muß es vor das Vorstag gebracht werden. Das Setzen auf Raumschotskurs kann nur in Lee geschehen, es muß schnell und exakt vor sich gehen, da sich eine starke krängende Kraft ergibt, die sich

Spinnakerbergen

Am besten ist das Bergen genau vor dem Wind möglich, wobei der Spinnaker entweder in »Lee« unter dem Vorsegel hindurch ins Cockpit gezogen wird oder in »Luv« durch Ziehen am Achterholer und Zusammenraffen des Unterlieks zunächst an den Mast gebracht und dann auch ins Cockpit gezogen wird. Segelt man mehr raumschots, dann ist das Bergen nur in Lee zweckmäßig. Bevor das Fall gefiert wird, muß durch Losegeben der Spinnakerschoten zunächst der Wind aus dem Tuch gebracht werden, so daß der Spinnaker ausweht. Bei Zweimannbooten übergibt zum Bergen der Vorschotmann die Spinnakerschoten an den Rudergänger, der auch gleichzeitig das Fall bedient. Der Vorschoter hakt den Baum aus und verstaut das bunte Segel.

Segeln mit dem Spinnaker

Im allgemeinen ist zu beachten:

- Bei Zweimannbooten sitzt auf Vorwindkurs der Rudergänger auf der Leeseite, der Vorschoter auf der Luvseite. Raumschots sitzen beide in Luv, bei Trapezbooten fährt der Vorschoter gegebenenfalls den Spinnaker aus dem Trapez.
- Das Stehen des Spinnakers wird durch Schot und Achterholer so reguliert, daß der Spinnakerbaum etwa in einem

noch verstärkt und unangenehm werden kann, wenn schon beim Setzen der Wind unkontrolliert ins Tuch faßt. Bei Zweimannbooten bedient der Rudergänger das Fall und zunächst die Schoten, während der Vorschoter den Spinnakerbaum sowohl am Hals bzw. Achterholer des gesetzten Spinnakers einpikt als auch am Mastbeschlag einhakt.

Zwei Weltklasse FD-Mannschaften im Vergleich beim Spinnakersetzen an der Bahnmarke 1! Oben die bekannten Engländer Keith Musto/Peter Sweetman, unten die zweifachen Medaillengewinner Ulli Libor/Peter Naumann: Der Steuermann bedient jeweils das Spinnakerfall und zunächst die Spinnakerschoten, der Vorschoter kümmert sich um den Spinnakerbaum. Deutlich ist zu erkennen, um wieviel früher die Engländer den Spinnaker nach dem Setzen zum Stehen und damit Ziehen bringen.

rechten Winkel zum scheinbaren Wind steht. Genauer: Achterholer so einstellen, daß das Vorliek gerade nicht einfällt.

- Hals und Schothorn sollen in gleicher Höhe gefahren werden.
- Der Spinnaker wird laufend reguliert durch die Schot. Der Achterholer kann auch belegt werden.
- Der Spinnakerbaum soll möglichst waagrecht gehalten werden (nicht höher als etwa 80° zum Mast). Liegt der Baum am Vorstag an, so befindet man sich bereits in einem Grenzbereich und muß sich die Frage stellen, ob der Spinnaker überhaupt noch zieht.
- Zum Anluven holt man die Schot dichter und fiert den Achterholer. Umgekehrt beim Abfallen.
- Vor dem Wind ist eine Fock wirkungslos bzw. sie stört sogar. Deshalb kann man sie entweder hängen lassen oder besser – wenn möglich – aufrollen. Raumschots läßt man die Fock natürlich mitziehen. Die heutigen Hochseerennyachten setzen beim Spinnakern teilweise spezielle Beisegel oder Zusatzspinnaker (siehe im Kapitel »Segel«).
- Bei einer Bö fiert man zunächst die Spinnakerschot etwas (scheinbarer Wind raumt), holt sie dann wieder dichter (scheinbarer Wind schralt) bis sie wieder bei Abnahme der Fahrt etwas gefiert wird. Bei ganz starken Böen kann man notfalls die Schot so weit fieren, daß der Spinnaker ausweht.

Schiften des Spinnakers

Fährt das Boot eine Halse (bei Regatten z. B. an der Boje 2), so muß auch der Spinnaker geschiftet werden, d. h. der Spinnakerbaum muß auf die andere Seite. Dieses Schiften ist möglich, ohne daß der Spinnaker einfällt. Beste Methode auf kleineren Booten: Der Vorschoter hakt den Spinnaker am Mastbeschlag los und pickt ihn in das bisherige Schothorn (wird jetzt Hals!) ein. Dann pickt er das andere Ende am bisherigen Hals (= neuen Schothorn) aus und hakt es am Mast ein.

Tips und Tricks

1. Bei leichtem Wind sacken Hals und Schothorn nach unten: deshalb fährt man den Baum etwas tiefer als sonst. Bei stärkerem Wind steigen Hals und Schothorn: den Baum kann man in diesem Fall etwas mitwandern lassen.
2. Meistens lohnt es sich, den Spinnaker ab etwa 2–3 Windstärken nicht ganz zu Blocks zu holen (Abstand 10–30 cm bei Jollen und bis zu 2 m bei großen Yachten), die Turbulenzen sind dann weniger schädlich. Bei sehr schwachem Wind sollte man das Fall aber durchsetzen, sonst hängt das Tuch noch tiefer herunter.
3. Normalerweise laufen die Spinnakerschoten zum Heck zurück, dadurch ist der Zug auf die beiden Seitenlieken geringer. Bei sehr starkem Wind ist es aber besser, die Schotenzugpunkte weiter nach vorne zu bringen. Dadurch pendelt der Spinnaker weniger, auch ist er besser zu kontrollieren.
4. Bei spitzen Raumschotkursen ist es günstig, die Spinnakerschot möglichst weit achtern und außen zu führen, damit das Achterliek vom Großsegel frei kommt und sich öffnen kann. Ist das Liek dagegen geschlossen, dann wird die Krängung stärker, außerdem drükken zu viel Abwinde ins Großsegel.

Bei Rennyachten dieser Art in den USA schon lange üblich: Doppelte Spinnakerschotführung. Sie erleichtert sehr das Schiften des Spinnakers (rechts).

Jeweils von links nach rechts: Schiften des Spinnakers.

8515
8515
8515
IMPROBABLE
SAN FRANCISCO

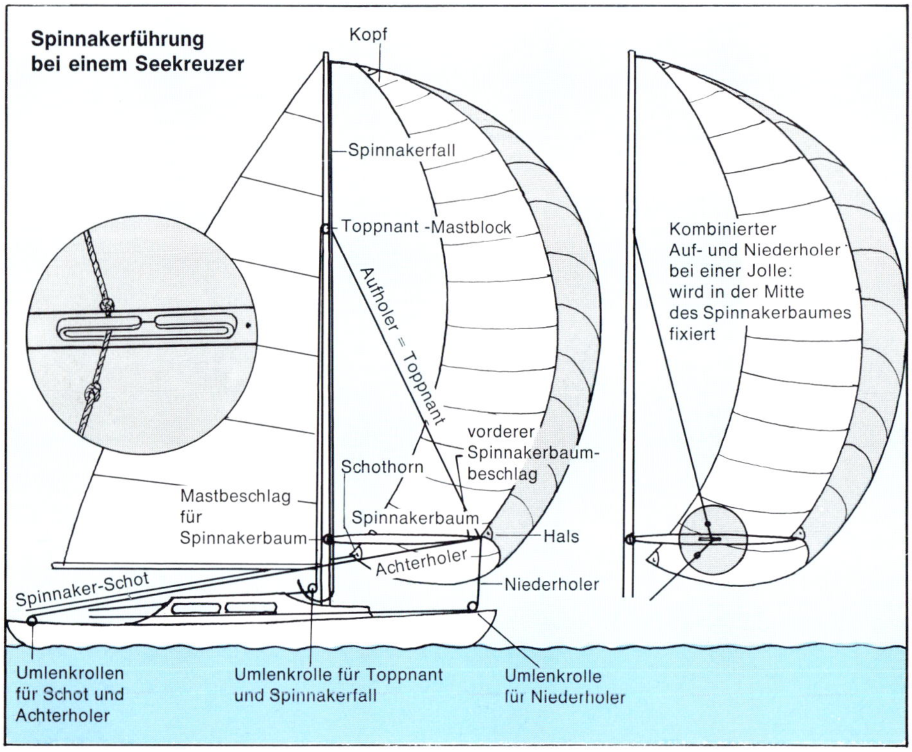

5. Spinnakerschoten sollen möglichst leicht sein, deswegen sind sie normalerweise so dünn (insbesondere bei kleineren Booten), daß sie bei starkem Wind unangenehm zu bedienen sind und die Hände stark beanspruchen. Handschuhe können hier helfen.
6. Die Spinnakerschoten könnte man mit Markierungen versehen. Dadurch könnte man sie z. B. schon vor einer Halse richtig belegen. Viele Segler fahren auch eine »Endlosschot« und vermeiden so eine dauernde Suche nach den Tampen, die nun zusammengeführt sind.
7. Muß das Großsegel wegen der Spinnakerabwinde ganz dichtgenommen werden, so ist es wohl Zeit, den Spinnaker zu bergen.
8. Um den Spinnaker voll ausnützen zu können, spielt man ständig mit Schot und Achterholer und bemüht sich, das Ballonsegel immer »auf der Kippe« zu fahren (so, daß das Vorliek gerade nicht einfällt).

Kentern und Wiederaufrichten

Kentern ist heute nur noch bei älteren Jollentypen, die zu wenig Auftriebskörper besitzen und voll Wasser laufen, als kleiner »Unfall« zu betrachten (siehe »Kentern« im Kapitel »Sicherheit«). Bei den modernen Gleitjollen gehört dagegen das Kentern und Wiederaufrichten zur normalen Segeltechnik, es kommt nur darauf an, wie schnell das Boot wieder flott ist. Das Aufrichten nach einer Kenterung ist mit den meisten Gleitjollentypen ziemlich problemlos zu bewerkstelligen. Es sollte aber unbedingt bei wenig Wind oder Flaute geübt werden – was übrigens großen Spaß macht – damit es im Ernstfall auch wirklich gelingt.
Bedingt durch verschiedene Ursachen kann eine Jolle nach Luv oder nach Lee umfallen, normalerweise aber nur bei stärkerem Wind.

Hauptursachen einer Leekenterung

- Boot läuft aus dem Ruder beim Raumschotsspinnakern.
- Fehlerhaftes Halsen.
- Fehlendes oder zu spät erfolgtes Gegenruder beim Abwettern einer Bö raumschots.
- Zu viel Höhe kneifen auf Amwindkurs bei starkem Wind, dadurch Fahrt- und Stabilitätsverlust.

Ausgangsstellung für die »Schwertmethode«

Hauptursachen einer Luvkenterung

- Zu spitz einfallende Bö auf Amwindkurs, wobei die Mannschaft nicht schnell genug reagiert.
- Starkes Geigen auf Vorwindkurs.
- Mannschaft geht aus dem vollen Ausreiten (bzw. aus Trapezstand) bei Nachlassen einer Bö nicht schnell genug in Normalposition zurück.
- Der Vorschotmann steht im Trapez und die Schot reißt bzw. wird unkontrolliert gefiert.

Eine Luvkenterung kommt seltener vor, sie ist aber unangenehmer, weil die Mannschaft meist ins Wasser geschleudert wird. Auch besteht hierbei eine gewisse Gefahr, daß einer unters Großsegel gerät.

Fotoreihe: Laser 12235 gekentert und schnell wieder aufgerichtet.

Technik des Wiederaufrichtens

Damit das Aufrichten auch bei harten Bedingungen ohne großen Zeitverlust gelingt, muß die Mannschaft unbedingt schnell reagieren! Je nach Gegebenheiten und Art der Jolle ist dann zwischen drei Methoden zu unterscheiden.

Die »Schwertmethode«

Es handelt sich mit Abstand um die gebräuchlichste Methode, die bei allen Jollen mit genügender Auftriebskraft angewendet wird. Sofort nach der Kenterung muß die Scheuerleiste entlastet werden, dazu steigt einer (oder auch zwei) nach außen aufs Schwert. Mit Griff aufs Schandeck versucht man dann, das Boot durch Gewichtsverlagerung nach rückwärts und evtl. durch leichtes »Schaukeln« hochzuziehen. Sobald das Segel aus dem Wasser taucht und das Boot beginnt sich aufzurichten, muß die Mannschaft wieder ins Boot steigen. Dieses Einsteigen ist problemlos bei Einmannjollen. Stehen aber zwei Personen auf dem Schwert, so kann das Einsteigen – sofern es nicht geübt ist – wegen der gegenseitigen Behinderung zu Schwierigkeiten führen.

Die »Mastmethode«

Für Jollen, die wenig Auftrieb besitzen und deshalb durch das Steigen auf das Schwert so ins Wasser gedrückt werden, daß das Cockpit zu viel Wasser aufnimmt, ist diese Methode besser geeignet. Auch für manche Luvkenterung, wenn die Mannschaft neben den Mast geschleudert wurde, bietet sie sich an. Die Mannschaft steigt dabei nicht aufs Schwert, sondern schwimmt zum oberen Drittel des Mastes und drückt diesen hoch. Liegt das Boot im Wind, so wird dieser unters Segel greifen und die Arbeit erleichtern. Zeigt das Segel nach Luv (immer bei einer Luvkenterung), so wird das Boot vom Wind nach dem Anheben so schwunghaft aufgestellt, daß eine Kenterung nach der anderen Seite drohen kann. Die Mannschaft muß also dabei gewappnet sein! Einsteigen dann von der Luvseite her oder über das Heck. Nachteil der Methode: man wird naß!

Aufrichten nach der »Mastmethode«, die auch für die Crew ganz unten besser gewesen wäre, die den Rumpf zu stark ins Wasser drückt.

Die »Mischmethode«

Bei manchen Zweimannjollen und bei sehr harten Wetterbedingungen wird oft auch eine Kombination der beiden ersten Methoden zum Erfolg führen. Einer steigt aufs Schwert, der andere drückt den Mast hoch (neben dem er vielleicht sogar gelandet ist).
Jollen mit hohem Auftrieb an den Seitentanks (z. B. 470er) oder solche mit hohem Auftrieb und kleinem Cockpit (z. B. Laser) bleiben nach dem Aufrichten leer. Bootstypen, die etwas Wasser übernehmen (je nach Schnelligkeit des Aufrichtens und der angewandten Technik ist es mehr oder weniger), müssen erst leergesegelt werden. Dazu heißt es: Lenzklappen und -ventile auf. Gegebenenfalls kann oder muß man auch mit einer Pütz (wenn vorhanden) nachhelfen.

Aufrichten nach dem Durchkentern

Jollen mit hohem Auftrieb neigen zum Durchkentern (weiterdrehen Mast nach abwärts), weil durch das hohe Aufschwimmen der Mast bereits leicht nach abwärts geneigt ist (z. B. beim 470er). Durchkentern ergibt sich auch, wenn die Mannschaft nach einer Kenterung zu langsam reagiert, wenn sich einer am Schwertkasten festhält oder gar daran hochsteigen will. Das Aufrichten einer durchgekenterten Jolle ist folgendermaßen zu schaffen:

1. Die Mannschaft stellt sich auf die Scheuerleiste und zieht am Schwert, bis das Boot langsam hochkommt und sich seitlich hinlegt. Wenn dies geschickt angestellt wird, kann wenigstens einer trocken bleiben.
2. Ist das Schwert nicht ganz ausgefiert gewesen oder genügt ein Ziehen am Schwert nicht, so ist ein zusätzlicher Hebel erforderlich. Dazu dient eine Leine (Vorleine, Schot), die man am gegenüberliegenden Pütting befestigt, dann zu sich holt und zieht. Das Ziehen an der Großschot wird zwar häufig mit Erfolg angewandt, aber durch das damit verbundene Dichtholen des Großsegels vergrößert sich der Widerstand unter Wasser – und der Erfolg kann somit auch ausbleiben.
3. Sobald das Boot seitlich daliegt (das Schwert wird gegebenenfalls noch ganz herausgezogen), geht's weiter wie nach einer »normalen« Kenterung.

Tips und Tricks

1. Möglichst schnell handeln, damit wenig Wasser ins Cockpit läuft.
2. Leersegeln kann man ein Boot am besten raumschots wegen der besseren Fahrt.
3. Sofern viel Wasser im Cockpit ist, soll man zum Leersegeln oder Leerschleppen das Heck mehr belasten, damit sich der Bug nicht in eine Welle bohrt.
4. Das Aufrichten mit gesetztem Spinnaker gelingt in wenigen Fällen. Also: gegebenenfalls vorher Spinnaker bergen.

Oben: So kann man eine durchgekenterte Jolle wieder aufrichten.

Ein solches Hochklettern beim gekenterten Boot wie bei beiden Fotos links führt immer zu einem Durchkentern.

Das Aufrichten eines durchgekenterten Jollenkreuzers bereitet beträchtliche Mühe und ist ohne Motorboothilfe nicht möglich.

Das Aufrichten, ohne vorher den Spinnaker zu bergen, gelingt in den seltensten Fällen.

5. Vor dem Aufrichten, spätestens aber gleich danach, Schoten loswerfen, sonst könnte das Boot erneut kentern.
6. Sofern man nicht auf dem Schwert steht, sondern ins Wasser gefallen oder gesprungen ist, muß man zum Aufrichten unbedingt eine Leine halten, sonst könnte das Boot alleine davonschwimmen.
7. Ist man unter das Großsegel geraten, so hilft nur ein Heraustauchen bzw. Herausverholen in Richtung Achterliek.
8. Zum Aufrichten nach dem Durchkentern kann man auch gut an der Fockschot ziehen – und zwar umgekehrt. Man holt sie so weit durch, bis sie mit ihrem Achtknoten am Tampen in der Leitöse hängen bleibt.

Das Kentern im Spiegel der Literatur

In der Literatur (nicht nur in der alten!) wird das Kentern fast ausschließlich noch als »Unfall« betrachtet, und nur wenige Bücher gehen auch auf das Aufrichten ein. Sofern die Bücher das Aufrichten behandeln, spürt man oft einige Praxisferne. Z. B. kann man lesen:

»Es ist unerläßlich für das vollständige Aufrichten, daß die Jolle zunächst mit dem Bug im Wind liegt. Ein Besatzungsmitglied schwimmt zum Vorsteven, hält sich dort fest und versucht in Windrichtung zu schwimmen. Das Heck wird dann durch den Wind herumgedrückt.« (DHH: »Seemannschaft«, 15. Aufl., Seite 173) oder »Wenn der Rumpf in Lee des Riggs liegt, muß man zuerst das gekenterte Boot im Wasser drehen und versuchen, den Rumpf nach Luv und die Takelage nach Lee zu bringen.«

Nun, dies klingt auf dem Papier recht logisch und ist auch nicht falsch.

Aber kein guter Regattasegler dreht normalerweise nach einer Kenterung sein Boot zuerst! Das würde viel zu viel Zeit (bei einer Wettfahrt kostbare Zeit!) beanspruchen, außerdem ist es bei hartem Wetter schwer zu bewerkstelligen. Viel schneller ist ein Aufrichten bei jeder Lage des Bootes, notfalls kentert es nochmal nach der anderen Seite, und wenn das Boot vorher ungünstig dalag, dann liegt es jetzt richtig! Ein guter Segler übrigens kann sein Boot sogar aufrichten, ohne dabei naß zu werden.

Sehr wichtig beim Aufrichten: Eine Leine in der Hand behalten, sonst schwimmt das aufgerichtete Boot – wie auf diesem Foto – davon.

Der berühmte schnelle Katamaran »British Oxygen« (heute mit dem neuen Namen »Kriter III«), von dem im folgenden Kapitel auch die Rede sein wird.

Mehrrumpfboote und Katamaran segeln

Das Bootsmaterial

Mehrrumpfboote können auf eine alte Tradition zurückblicken, die ihren Ursprung bei den Pazifik-Insulanern hat. Ihren großen Aufschwung erlebten Mehrrumpfboote aber erst in der zweiten Hälfte dieses Jahrhunderts. Moderne Bauweisen, neue Materialien und ein schnell wachsender Bootsmarkt verhalfen ihnen zu ihrem heutigen Entwicklungsstand. Die logisch einleuchtenden Gründe, die für Mehrrumpfboote und z. B. gegen Kiel-Yachten sprechen, haben in den Anfangsjahren Wassersporttreibende dazu gebracht, Mehrrumpfboote zu entwerfen und zu bauen. Die Ergebnisse waren zunächst nicht immer glücklich, so daß auch heute noch viel Mißtrauen gegenüber diesen Schiffen besteht.

Ein Schiff zu bauen und dieses mit viel Blei zu beladen, damit man es aufrecht halten und segeln kann, scheint ein nicht sehr glücklicher Gedanke zu sein. Dieses Prinzip muß aber bei allen Kielbooten angewendet werden, um die zum Segeln notwendige Stabilität zu erreichen. Bei Yachten bewegt sich der Ballastanteil zwischen 30 und 60% des Gesamtgewichts. Mehrrumpfboote hingegen erhalten ihre Stabilität durch die Bauart. Mehrere Rümpfe sorgen auf Grund ihres Auftriebs, ihres Gewichts, und vor allem auf Grund ihrer im Verhältnis zu konventionellen Schiffen größeren Formstabilität, die durch die größere Breite hervorgerufen wird, für ein Moment, welches der krängenden Kraft des Windes entgegenwirkt. Im Gegensatz zu einer Yacht erreicht ein Mehrrumpfboot sein größtes aufrichtendes Moment bei kleiner Krängung von ca 5°, welches dann schnell abnimmt. Yachten erreichen ihr größtes aufrichtendes Moment bei größter Krängung, da dann das im Kiel mitgeführte Blei die größte Auslenkung und damit die größte Wirkung erreicht.

Drei Gruppen von Mehrrumpfbooten unterscheidet man:

1. Proa
2. Katamaran
3. Trimaran

Katamarane und Trimarane stellen die beiden großen Gruppen dar, während es die Proa bei uns in Europa fast nicht gibt.

Die Proa

Eine Proa besteht aus einem Hauptrumpf und einem Ausleger mit einem weiteren kleinen Rumpf. Dieser kleinere Rumpf muß immer in Luv gefahren werden, da das aufrichtende Moment durch den Hebelarm und das Gewicht an diesem bestimmt wird. Der Auslegerrumpf ist nicht dafür gebaut, in Lee durch Wasserverdrängung Auftrieb zu erzeugen. Der Auslegerrumpf ist daher auch sehr klein. Zum Kreuzen ist es notwendig, die Segel immer so zu stellen, daß der Ausleger seine Lage zum Wind beibehält. Das Schiff kennt daher von seiner Bauart weder Heck noch Bug, da diese in jeder Wende wechseln. Die in England gebaute Proa »Crossbow« wurde zur Erkämpfung von Geschwindigkeitsrekorden entwickelt. Dieses Schiff kann nur eine Kursrichtung ohne Bugwechsel segeln, da ihr die Fähigkeit fehlt, den Stand der Segel bei einer Wende entsprechend zu ändern. Die »Crossbow« hält zur Zeit den Geschwindigkeitsweltrekord von über 31 kn für Schiffe unter Segeln.

Der Katamaran

Katamarane sind Zweirumpfboote mit identischen Rümpfen, die durch ein Brückendeck verbunden sind, welches aus einem Trampolindeck oder einer festen Plattform bestehen kann. Der Leerumpf muß in der Lage sein, den gesamten Auftrieb für das Boot zu liefern. Der Luvschwimmer kann bei leichten Sportkata-

Division-B-Katamaran »Tornado«.

Die Proa »Crossbow«, die z. Z. den Geschwindigkeitsweltrekord für Segelboote hält mit über 31 kn.

maranen abheben, bei Hochseekatamaranen wird dies aus Sicherheitsgründen vermieden, indem die Segelfläche entsprechend dimensioniert wird. Kajütkatamarane bieten ein sehr großes Angebot an Platz und Lebensraum, verbunden mit einem relativ hohen Geschwindigkeitspotential. Beispielhaft auf der Seite der Sportkatamarane sind z. B. der olympische Tornado oder die A-Cats (Einmann-Katamarane), die sich wegen ihrer Allroundfähigkeiten durchgesetzt haben. Ein Extrem stellt die »British Oxygen« (neuer Name: »Kriter III«) dar, die genau so wie die »Crossbow« nur für Rennen gebaut wurde. (Foto S. 199!).

Die Katamarane werden in vier große Gruppen, genannt Divisionen, eingeteilt: in die Divisionen A, B, C und D. Diese Gruppen legen maximale Werte für Bootslänge und Breite sowie für die Segelfläche fest. Die A-Division umfaßt Einmannkatamarane mit knapp 14 qm Segelfläche. Die B-Division, zu der der Tornado zählt, kann bis zu 21,8 qm Segel tragen. C-Division Katamarane tragen bis zu 28 qm.

Division	Crew	Segelfl.	Länge	Breite
A	1	13,94 m^2	5,49 m	2,30 m
B	2	21,83 m^2	6,10 m	3,05 m
C	2	27,88 m^2	7,62 m	4,27 m
D	3	92,90 m^2	frei	frei

In der C-Division wird auch der sog. »Kleine America-Pokal« ausgesegelt, der viele wertvolle Erfahrungen gebracht hat. Hier wurden auch zum ersten Male drehbare Profilmasten und das sog. Una-Rigg (Großsegel alleine ohne Fock) eingesetzt.

Was ist der »Kleine America-Pokal«?

Es handelt sich um Herausforderungsregatten für Rennkatamarane der C-Division, die als die schnellsten und aufregendsten Boote der Welt bezeichnet werden. Die erste Serie dieser jährlich veranstalteten Regatten fand im September 1961 auf dem Long Island Sound vor Sea Cliff, New York, statt. Damals schlug die englische 7,30 m lange »Hellcat II« die kleinere »Wildcat« aus Kalifornien, und die Regatten erhielten den Spitznamen »Kleiner America-Pokal« bzw. »Little America's Cup« (nach dem Vorbild des großen »America's Cup« der Zwölferyachten – siehe Seite 281). Die Engländer verteidigten ihren Pokal dann jährlich wechselnd gegen USA und Australien bis 1969, als der dänische Katamaran »Opus III« gewann.

Der Trimaran

Trimarane bestehen aus einem Hauptrumpf und zwei weiteren Schwimmern, von denen der Leeschwimmer im Gegensatz zur Proa durch seinen Auftrieb im Wasser die Stabilität liefert. Der Trimaran steht dem Katamaran im Platzangebot nach, da die beiden Außenschwimmer meist klein ausgelegt sind und höchstens als Stauräume verwendet werden können. Der Lebensraum beschränkt sich damit auf den Hauptrumpf.
In Deutschland wurde mit der Sigma ein sehr interessanter Trimaran von Prof. Dr. F. Wortmann, dem Leiter des Instituts für Aerodynamik der Universität Stuttgart, konstruiert und entwickelt, wobei der Prototyp 1972 auf den Markt kam. Dieser Typ kann im Hafen die Ausleger beiklappen, um kein Platzproblem aufzuwerfen. Ein speziell entwickeltes Rigg vermeidet die gefürchtete Überbelastung und damit die Gefahr des Kenterns.
Mehrrumpfboote können auf Grund des fehlenden Ballastes leichter und mit weniger Tiefgang gebaut werden. Ihr Verhalten in der schweren See ist meist problemloser, da sie mehr auf der Oberfläche schwimmen wie Kielboote. Probleme ergeben sich aus der meist großen Windangriffsfläche und den konstruktiv klein ausgelegten Lateralflächen, die Schwierigkeiten beim Manövrieren bei kleinen Geschwindigkeiten bringen. Die hohe Anfangsstabilität, der kleine Wasserwiderstand und große Segelflächen verleihen Mehrrumpfbooten hohe Geschwindigkeiten, die weit über der Rumpfgeschwindigkeit liegen.

Hier erkennt man die durch die Schiffsbreite bedingte breitere Travellerschiene.

Trimaran vom Typ »Sigma«, der im Hafen die Ausleger beiklappen kann.

Katamaransegeln auf den verschiedenen Kursen

Schotführung

Oft wird vermutet, daß die Einstellung der Schoten bei einem Katamaran anders gehandhabt wird wie bei einem Einrumpfboot. Dies ist falsch, und im großen und ganzen entspricht die Schoteinstellung der auf den Einrumpfbooten. Eine Besonderheit ist nur die durch die größere Schiffsbreite bedingte breitere Travellerschiene. Als grobe Anhaltspunkte für den Gebrauch des Travellers kann man sich folgende Punkte merken:

1. Im Gegensatz zum Segeln mit Einrumpfbooten fährt man auf einem Katamaran nicht laufend mit dem Traveller, sondern stellt diesen nur den Gegebenheiten entsprechend ein.
2. Bei großen Geschwindigkeiten wird der Traveller mehr mittschiffs eingestellt.
3. Bei Vorwindkurs schiebt man den Traveller ganz nach Lee.
4. Auf Halbwind- und Raumschotskurs bei ruhigem Wasser und konstantem Wind ist ein gerades Achterliek anzustreben, der Traveller wird mehr nach Lee geschoben.
5. Bei Welle und welchselndem Wind dagegen ist ein verwundenes Segel besser, der Traveller wird weiter mittschiffs eingestellt.

Am Wind

Die heutigen modernen Mehrrumpfboote mit drehbarem aerodynamisch gut geformtem Mast und Lattensegel gehören zu den modernsten Entwicklungen. Sie sind daher theoretisch in der Lage, genau so hoch und dabei schneller als Einrumpfboote am Wind zu segeln. Durch die hohe Geschwindigkeit fällt allerdings der scheinbare Wind vorlicher ein, so daß meist nicht die absolute Höhe gelaufen wird, sondern wegen der erreichbaren höheren Geschwindigkeit ein etwas vollerer Kurs, im Durchschnitt etwa 40° bis 45° zum wahren Wind.

Es gilt: Je schneller ein Mehrrumpfboot segelt, um so größer wird der scheinbare Wind und um so vorlicher fällt dieser ein. Je größer also die Geschwindigkeit, um so weniger hoch am (wahren) Wind kann ein Mehrrumpfboot segeln.

Lattensegel eines Tornado-Katamarans. Es handelt sich hier um das Großsegel der Weltmeister Spengler/Schmall.

Bei starkem Wellengang hängt die maximal zu erreichende Geschwindigkeit meist von der Rumpflänge ab, die allein in der Lage ist, Wellentäler zu überbrücken. Die Eigenbewegungen des Schiffes werden bestimmend für die zu laufende Geschwindigkeit. Mit dem Tornado z. B. ist es bei schwerem Wetter möglich, über Wellenkämme hinüberzuschießen, um dann mit beträchtlicher Gewalt in das Wellental zu fallen. Hier stellt sich nicht mehr die Frage nach der absoluten Geschwindigkeit, sondern die Frage nach der Strapazierfähigkeit des Materials. Übrigens trägt man auf der »British Oxygen« Helme, um gegen Spritzwasser geschützt zu sein. Die Spannung zu beschreiben, die hier sowohl Mannschaft als auch das ganze Schiff einschließt, ist nicht möglich.

Den richtigen Kurs in den Wellen zu finden ist ausschlaggebend bei Regatten. Das leichte Anluven beim Hinauffahren einer Welle und das relativ starke Abfallen auf dem Wellenkamm vermeidet zu große Sprünge und beschleunigt das Schiff stark, wobei die hohe Anfangsstabilität ausgenützt wird.

Bei ruhigerem Wasser zeigen Mehrrumpfboote durch ihre langen schmalen Schwimmer sehr gute Kursstabilität.

Schwierig ist es, an einem Lattensegel zu erkennen, ob der Windeinfallswinkel richtig gewählt wurde, da im Gegensatz zum normalen Segel ein Lattensegel nicht zu killen anfängt, wenn man zu hoch am Wind segelt. Das zu volle Segeln relativ zum Wind ist auf der anderen Seite auch nicht leicht festzustellen, da die Krängung durch die hohe Anfangsstabilität sehr gering ist. Gute Steuerleute haben daher ein besonders ausgeprägtes Gefühl für die mögliche Geschwindigkeit, wobei es das Beobachten des Leeschwimmers gestattet, die Geschwindigkeit abzuschätzen.

1

2

3

4

5

1 und 2 Gewichtstrimm auf der Kreuz. Steuermann sitzt neben der Want, Vorschoter steht eine Körperbreite weiter vorn. Bei viel Wind und Welle wird sich der Vorschoter hinter den Steuermann stellen, um eine Massenkonzentration zu erreichen, damit die Nickbewegungen des Schiffes möglichst gering sind. Der Luvschwimmer hebt gerade ab, d. h. größte Stabilität bei kleinstem Wasserwiderstand.

3 Ohne Geschwindigkeitsverlust kann der Tornado bis zu dieser Höhe des Luvschwimmers gefahren werden. Mast etwa 60° angestellt, Großsegel leicht verwunden, um Druck aus dem Topp des Segels zu nehmen. Die Welle hat etwa eine Höhe von 50 cm. Der Steuermann sollte etwas weiter vorne sitzen, um am Heck des Leeschwimmers einen besseren Wasserablauf zu haben.

4 Das Gewicht der Mannschaft ist zu weit vorne. Der unterschneidende Leeschwimmer wirft viel Wasser auf und das Boot wird so abgebremst, daß der Wind raumer einfällt und das Boot schnell zu steigen anfängt. In diesem Fall zuerst die Fock fieren, um die Spitze des Leeschwimmers zu entlasten, dann erst mit dem Großsegel mitgehen.

5 Sauberer Tornado-Trimm von vorne gesehen.

Fäden im Segel können über die Strömung Auskunft geben. Die meisten Tornadosegler z. B. haben im Großsegel etwa 5 und in der Fock etwa 3 solche Strömungsfäden angebracht. Die Zahl der Fäden variiert aber je nach »Geschmack« des Seglers, wobei manche zum Experimentieren durchaus auch bis zu 10 Fäden auf jeder Segelseite ankleben. Ein Faden, der sich in einem Bereich guter Strömung befindet, zeigt waagrecht nach hinten. Ändert er seine stabile Lage zu einer unstabilen, dann kippt er um, d. h. er flattert, zeigt nach unten, oben oder vorne. Ein Irrtum ist es aber, mit viel Theorie die Fäden sicher deuten zu wollen. Die Strömung in Luv des Segels ist in der Praxis sehr schwierig zu beschreiben. Diese Seite des Segels kann aber meist nur beobachtet werden. Viel sicherer ist es mit einem anderen Schiff zu trimmen, um sich dann beim optimalen Kurs und Geschwindigkeit einen Faden auszusuchen, der gerade am Umkippen ist. Dieser Faden allein sollte dann für die Zukunft richtungsweisend sein. Auf Hochseekatamaranen haben sich elektrische Meßinstrumente für Windeinfallswinkel und Stärke bewährt.

Der Gewichtstrimm unterscheidet sich von einer Jolle nicht viel. Maßgebend sollte der gute Wasserablauf am Heck sein. Die Rumpfspitzen sollten in harten Böen möglichst nicht unterschneiden, um das Schiff nicht zu stark abzubremsen.

Bei viel Wind wird manchmal empfohlen, Böen durch Abfallen auszufahren. Dieser Rat geht etwas an der Praxis vorbei. Denn man beschwört bei Mehrrumpfbooten die Gefahr herauf, durch solch eine Kursänderung den Leeschwimmer zum Unterschneiden zu zwingen, welches eine starke Geschwindigkeitsverminderung und damit durch das Nachlassen des Fahrtwindes ein starkes Raumen nach sich zieht. Beides sollte vermieden werden. Das kontrollierte Anluven und im Notfall das Fieren des Segels sind auf Amwindkurs genau wie beim konventionellen Segeln der sicherste Weg, das Schiff unter Kontrolle zu halten. Im Gegensatz zu Einrumpfbooten gestattet es die hohe Anfangsstabilität von Mehrrumpfbooten mit einem starken krängenden Moment zu fahren, ohne daß das Boot sehr viel überlegt. Der Wasserwiderstand bleibt fast gleich. Es ist daher möglich, mit einem sogenannten überzogenen Profil zu segeln, welches die höchsten Auftriebswerte und damit die größten Geschwindigkeiten liefert. Die Gefahr liegt im Abreißen der Strömung, welches ein vollständiges Auffieren verlangt, um die Strömung wieder zum Anliegen zu bekommen. Mehrrumpfboote haben daher einen breiteren optimalen Winkel, in dem sie vorteilhaft aufkreuzen können. Das Anwachsen des scheinbaren Windes mit zunehmender Bootsgeschwindigkeit spielt in diesem Sinn eine große Rolle.

Katamarane erreichen ihre höchste Stabilität in dem Moment, in dem der Luvschwimmer allen Auftrieb verloren hat und nur noch als Gewicht wirkt. Dieser Fall wird erreicht, wenn der Schwimmer gerade vom Wasser abhebt. In diesem Moment verschwindet auch der ganze Wasserwiderstand des Luvschwimmers. Jede weitere Krängung führt zu einer Verminderung des aufrichtenden Moments, dazu zu einer nachteiligen Verkleinerung der wirksamen Segelfläche. Hier ist der oft zitierte Unsicherheitsfaktor von Mehrrumpfbooten im Gegensatz zu Einrumpfkielbooten zu suchen, die ihr maximales aufrichtendes Moment bei maximaler Krängung erreichen.

Beim Trimaran »Sigma« sind die Wanten an Federelementen aufgehängt: bei einer Bö neigt sich dadurch – wie auf dem Foto zu erkennen – die Segelfläche nach Lee und verliert einen Teil ihrer krängenden Kraft.

Bei dem Trimaran Sigma wurde dieses Sicherheitsrisiko dadurch vermieden, daß der Mast und damit das ganze Rigg elastisch über die Wanten abgespannt wird. Sobald der Druck des Windes einen bestimmten Wert überschreitet, geben die Wanten nach, die an Federelementen aufgehängt sind. Dadurch neigt sich die Segelfläche nach Lee und verliert einen Teil ihrer krängenden Kraft. Das Sicherheitsverhalten ist damit gleich dem einer Yacht, bei der auch mit zunehmender Krängung der Winddruck nachläßt. Vorteilhaft bei der Sigma ist jedoch der konstante Seitentrimm, der durch die Ausleger bestimmt ist. Der Wasserwiderstand kann dadurch gering gehalten werden und führt damit zu hohen Geschwindigkeiten. Natürlich ist dieses Konzept aus der Sicht eines Regattaseglers nicht immer günstig, da ein Teil der Windkräfte wirkungslos verpufft. In diesem Schiff wurde aber ein maximaler Sicherheitsfaktor, verbunden mit den Vorteilen eines Mehrrumpfbootes, verwirklicht.

Raumschots

Auf Raumschotskursen zeigen Mehrrumpfboote ihre überlegenen Geschwindigkeiten gegenüber Jollen oder Yachten. Jollen können im Gleitzustand ähnlich hohe Geschwindigkeiten erreichen.

Beim Katamaran entwickelt sich aber im Gegensatz zur Jolle, die sich im Gleiten mit dem ganzen vorderen Teil des Schiffes aus dem Wasser hebt und sich auf die Bugwelle setzt, kein Gleitzustand. Die langen schmalen Schwimmer bleiben in einem Verdrängerzustand. Der Katamaran wechselt damit nicht zwischen zwei vollkommen verschiedenen Schwimmzuständen, sondern erreicht kontinuierlich seine Höchstgeschwindigkeit, die er auf langen Strecken beibehalten kann. Jollen können dagegen den Gleitzustand meist nur für relativ kurze Zeit aufrechterhalten.

Raumschotskurse auf Mehrrumpfbooten können wegen ihrer imponierenden Geschwindigkeit u. U. auch gar nicht so un-

Von oben nach unten: Tornado-Katamarane segeln bei einer Wettfahrt auf Amwindkurs die Bahnmarke 1 an . . . runden sie (Mitte) . . . und fallen ab auf Raumschotskurs.

gefährlich sein. Die großen nach vorne gerichteten treibenden Windkräfte, verbunden mit einem halb aufgefierten Segel, erzeugen auf die Leespitze des Schwimmers eine hohe Kraft. Diese Kraft ist in der Lage, den Schwimmer unter die Wasseroberfläche zu drücken. In diesem Unterschneiden liegen die großen Gefahren. Das Boot wird meist beim Unterschneiden stark abgebremst, wobei die krängenden Kräfte überproportional zunehmen und das Boot über den Leerumpf kentern lassen. Es vollführt eine Rolle oder Überschlag. Die Mannschaft kann dieser Gefahr durch einen entsprechenden Trimm und Segelstellung entgegenwirken. Das Mannschaftsgewicht sollte so weit wie möglich nach hinten verlagert werden. Der Vorschoter sollte im Trapez am hintersten Ende des Schwimmers stehen. Die nach vorn gerichteten Kräfte der Vorschot und des Trapezdrahtes, verbunden mit dem plötzlichen Abbremsen beim Unterschneiden, machen aber diesen Platz zu einem halben »Himmelfahrtskommando« für den Vorschoter. Es geschieht sehr leicht, daß er sich in dieser Position nicht mehr halten kann und nach vorne geschleudert wird, was in kritischen Situationen das Schiff endgültig zum Kentern bringt.

Fußschlaufe bei einem Tornado.

Für diese Kurse sind z. B. für alle B-Katamarane Fußschlaufen entwickelt worden, in die der Vorschoter seine Füße stellen kann, um sich zu sichern. Weitere Hilfen sind spezielle Leinen, die am Heck des Rumpfes befestigt sind. Sie werden mit einem Haken bzw. Schlaufe versehen, die der Vorschoter in seinen Trapezgurt einhakt bzw. die er über den Arm streift und die ihm nach vorne seinen Halt geben. Beliebt sind diese Vorrichtungen aber nicht, da sie den Vorschoter im Fall einer Kenterung zu stark und zu lange festhalten.
Das Unterschneiden kann durch das rechtzeitige Fieren in erster Linie der Fock und in zweiter Linie des Großsegels ver-

Sehr schnelle Raumschotstrecke (es handelt sich um die Exweltmeister Jessenig/Polaschegg). Beide Schwerter sind oben, um das Boot in Böen driften zu lassen. Der Traveller bleibt weiter in der Mitte, um das Segel verwunden zu fahren. Steuermann und Vorschoter am Ende des Bootes und hintereinander.

Gewichtsverteilung auf der Raumschotstrecke. Steuermann und Vorschoter ganz hinten am Boot und hintereinander, um die Spitze des Leeschwimmers zu entlasten.

Falsche Gewichtsverteilung auf Raumschotstrekke. Am Leeschwimmer sieht man, daß der Steuermann weiter zurück muß (links außen).

schneiden beider Rümpfe unter Wasser weitersegeln. Die vollkommen abgeschotteten Rümpfe und die heute verwendeten wasserdurchlässigen Trampolindecks befreien das Boot schnell von überkommendem Wasser.

Vor dem Wind

Kajütmehrrumpfboote sind meist mit Spinnakern ausgerüstet, da ihr Rigg aus Sicherheitsgründen nicht zu groß gewählt wird. Eine besondere Technik gegenüber Yachten ist nicht nötig. In kritischen Situationen, d. h. beim möglichen Unterschneiden, muß aber der Spinnaker sofort gefiert werden können.
Anders ist es bei leichten Sportkatamaranen, die ohne Spinnaker segeln. Drehbare Masten und Lattensegel mit einem gut stehenden Profil erzeugen größere Vortriebskräfte wenn die Segel aerodynamisch richtig angeströmt und nicht nur von hinten angeblasen werden. Diese richtige Strömung kann nur erreicht werden, wenn

Die Weltmeister von 1975 Spengler/Schmall in schneller Fahrt bei glänzendem Trimm.

mindert werden. Hier sollte auf das plötzliche Anluven verzichtet werden, da der Leeschwimmer sonst zusätzlich belastet wird.
Starke Böen wettert man auch auf Raumschotskursen ab wie beim Segeln mit Einrumpfbooten: man vermeidet ein Anluven durch Gegenruder geben, dazu fiert man den Traveller auf.
Die konstruktiven Anforderungen sprechen bei Raumschotkursen für volle Schwimmer im vorderen Teil. Dies widerspricht jedoch den Anforderungen für die Kreuz, auf der ein scharf geschnittener Bug von Vorteil ist. Der Tornado z. B. war in diesem Sinne eine geglückte Konstruktion, die innerhalb eines Jahres ein vollkommenes Umschwenken der B-Division-Regattasegler in diese Klasse bewirkte. Der Tornado ist, obwohl er sicher ein sensibles Regattaboot darstellt, in seinem Verhalten gutmütig. Das gefürchtete Unterschneiden führt in der Regel bei ihm zu keiner Kenterung, sondern nur zu einer sehr nassen Angelegenheit für die Besatzung. Mit ihm kann man im wahrsten Sinne des Wortes nach dem vollständigen Unter-

man nicht platt vor dem Wind segelt, sondern vor dem Wind kreuzt. Der längere Weg, um ein Ziel in Lee zu erreichen, wird meist durch bedeutend höhere Geschwindigkeiten beim Abkreuzen ausgeglichen. Den richtigen Kurs zu finden, ist eine Übungssache, welche Erfahrung verlangt und am besten mit anderen Booten im Vergleich geübt wird. In Böen wird durch kurzzeitiges Anluven eine bedeutende Geschwindigkeitszunahme erzielt, mit der man dann wieder entsprechend weit abfallen kann. Bei sehr starkem Wind allerdings, bei dem das Boot bereits die maximale Geschwindigkeit zum Wellenbild läuft, wird man auf jede Geschwindigkeitserhöhung durch Anluven verzichten, um nicht umzufallen. Bei der Tornado-Weltmeisterschaft 1976 in Australien z. B. wurden während einer Wettfahrt rund 8 Windstärken gemessen. Dazu kam eine kurze steile See. Die einzige Möglichkeit, hier zu »überleben«, war eine möglichst große Fahrtverminderung, die durch plattes Segeln vor dem Wind – Fock in Schmetterlingstellung – erreicht wurde.
Windstärke und Wellenhöhe nehmen Einfluß auf den richtigen Kurs. Bewährt hat sich beim Kreuzen vor dem Wind ein Winkel von ca. 45°. Der Gewichtstrimm der Mannschaft sollte dahin zielen, auf der einen Seite ein Saugen der Schwimmerhecks, auf der anderen Seite das Unterschneiden zu verhindern.

Manöver

Bei allen Manövern sollte beachtet werden, daß Mehrrumpfboote leicht gebaut sind, große Windwiderstandsflächen, kleine Lateralflächen und kleine Ruder besitzen.

Wenden

Wenden sollten mit einem großen Drehkreis begonnen werden, der sich mit abnehmender Geschwindigkeit verengt. Die Fock soll bis zum Einfallen dicht stehen. Das zu starke Ruderlegen bremst nur und führt dazu, daß das Schiff Geschwindigkeit verliert und nicht durch den Wind gebracht wird, sondern stehen bleibt und rückwärts treibt. Das richtige Ruderlegen

Ein Regattafeld von schnellen Tornados auf der Raumschotstrecke kann das Wasser ganz schön aufwirbeln!

beim Rückwärtstreiben kann das Schiff zwar dann auf den neuen Bug bringen, stellt aber nicht gerade eine »Spitzentechnik« dar. Gut gefahrene Wenden gehen auf einem Mehrrumpfboot kaum schlechter als auf einer Jolle. Das leichte Auffieren des Großsegels beim durch den Wind Drehen unterstützt das notwendige Weiterdrehen und gestattet es, beim Dichtholen sofort weiterzufahren. Das Umschlagen der Latten im Großsegel kann durch einen Zug am Großbaum nach unten und Luv bei wenig Wind herbeigeführt werden. Dabei ruft man bei offener Großschot mit den Händen eine entsprechende Wellenbewegung im Großsegel hervor, indem man den Großbaum leicht anhebt und nach Lee drückt. Mit einer dann folgenden schnellen Bewegung, unterstützt durch das Gewicht des Oberkörpers, erzwingt man somit dieses Umschlagen der Latten.
Die Mannschaft selbst sollte beim Wenden möglichst lange auf dem kurveninneren Schwimmer bleiben, um das Drehen des kurvenäußeren Schwimmers durch ihr zusätzliches Gewicht nicht zu bremsen. Dann wird zuerst der Vorschoter auf die neue Luvseite »hechten«, um genügend Zeit für die Einstellung von Fock und Trapez zu gewinnen. Diese Platzwechselbewegungen sollten bei wenig Wind möglichst vorsichtig durchgeführt werden, um das Schiff in seiner Fahrt nicht zu bremsen!

Halsen

Das Halsen stellt keine besondere Schwierigkeit dar. Mehrrumpfboote kommen wegen ihrer großen Breite nicht ins Geigen, so daß dieses Manöver in aller Ruhe durchgeführt werden kann – ohne Kentergefahr.

Wendemanöver der englischen Weltmeister und Olympiasieger 1976 Reg White/John Osborn mit Bewegungsablauf von Steuermann und Vorschoter. Dieser Bewegungsablauf ist gut bei mittlerem bis starkem Wind.

Die Halsetechnik selbst entspricht genau der der Einrumpfboote: also Vorwindkurs – Übernehmen des Großsegels auf die andere Seite – dabei gegebenenfalls Gegenruder geben zur Verhinderung unkontrollierten Anluvens.

An- und Ablegen

Das An- und Ablegen mit einem Mehrrumpfboot geschieht genau nach den gleichen Grundsätzen der Einrumpfboote, die im Kapitel »Segelpraxis« eingehend erläutert sind. Als Besonderheit gilt aber:
Das An- und Ablegen in Häfen bei wenig freier Wasserfläche sollte unbedingt den großen Wendekreis berücksichtigen. Das Abfallen von einem Kurs hoch am Wind vor den Wind bringt immer eine bedeutende Geschwindigkeitserhöhung, die sich in einem großen Drehkreis bemerkbar macht. Liegt man mit seinem Schiff im Wind an einem Steg und muß vor dem Wind aus dem Hafen segeln, so sollte man sich mit weit aufgefierten Segeln an einer Heckleine herumtreiben lassen, um erst bei fast beendeter Drehung loszulassen. Dies kann manchmal der einzigste Weg sein, in engem Fahrwasser zu manövrieren.
Ein Aufschießer beim Anlegen an einer Leeseite muß ähnlich wie bei einer Gleitjolle sehr kurz angesetzt werden, da ein Mehrrumpfboot sehr schnell zum Stehen kommt.

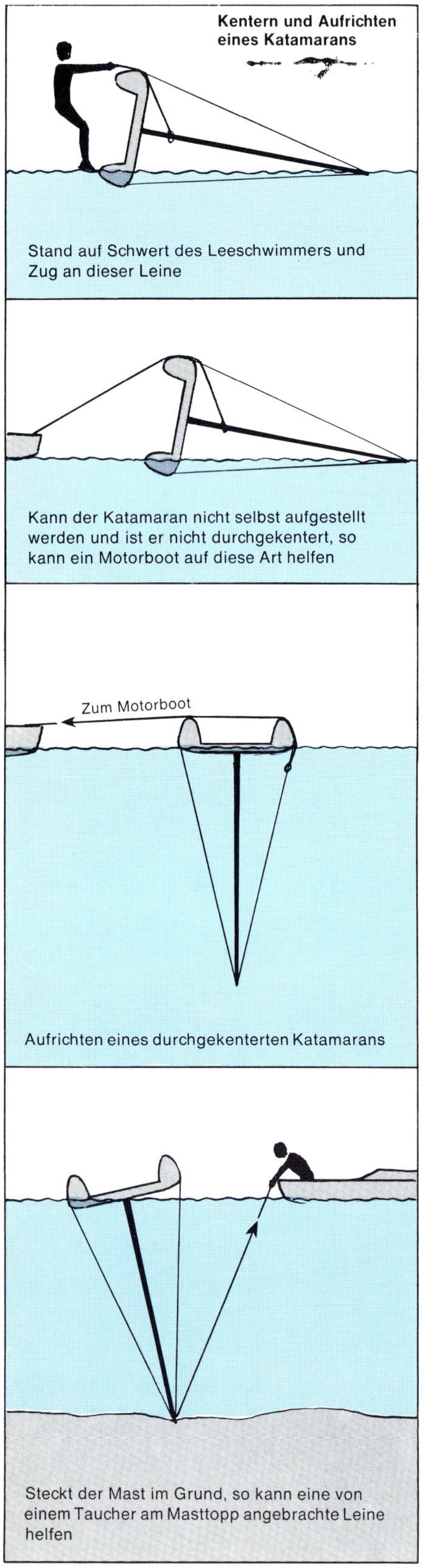

Kentern und Aufrichten eines Katamarans

Stand auf Schwert des Leeschwimmers und Zug an dieser Leine

Kann der Katamaran nicht selbst aufgestellt werden und ist er nicht durchgekentert, so kann ein Motorboot auf diese Art helfen

Aufrichten eines durchgekenterten Katamarans

Steckt der Mast im Grund, so kann eine von einem Taucher am Masttopp angebrachte Leine helfen

Kentern

Das Verhalten nach einer Kenterung – die im übrigen bei Mehrrumpfbooten normalerweise seltener vorkommt – hängt sehr vom Bootstyp ab.

Ist ein Mehrrumpfboot gekentert, so zeigt es wegen seiner großen Breite (Mast zeigt schräg nach abwärts) die Tendenz durchzukentern. Einem Durchkentern wirkt ein wasserdichter bzw. ausgeschäumter Profilmast entgegen, außerdem ein Schwimmkörper im Masttopp. Dieser Schwimmkörper ist allerdings wegen seines Luftwiderstandes bei Mehrrumpfseglern nicht beliebt. Übrigens vermeidet man auf Kreuzerkatamaranen und -trimaranen das Kentern überhaupt z. B. durch einen automatischen Schotauslöser, der die Schot ab einer bestimmten Krängung selbständig freigibt.

Leichte Sportkatamarane können oft durchaus von ihrer Mannschaft bzw. ihren Steuerleuten wieder aufgerichtet werden, was besonders zutrifft für den Wing-A-Katamaran, der durch seinen Profilmast genügend Auftrieb besitzt. Der B-Katamaran Tornado kann nur in selteneren Fällen mit Unterstützung von größeren Wellen und dem helfenden Wind unter dem Trampolindeck wieder aufgestellt werden. Bei den vorolympischen Regatten 1975 in Kingston praktizierten dies mehrere Mannschaften. Zum Aufrichten nach einer Kenterung stellt sich die Mannschaft auf den Leeschwimmer und unterstützt das aufrichtende Moment durch Zug am Trampolindeck und an den Traversen. Als Zughilfe führt man eine Leine vom Mast über den Luvschwimmer. Kann man das Boot so drehen, daß der Wind helfend unter das Trampolindeck fassen kann, so wird die Arbeit erleichtert, bzw. das Durchkentern wird bei ausreichend starkem Wind verhindert. Helfende Boote können die Mastspitze anheben und mit Hilfe der Mannschaft das Boot aufrichten. Durchgekenterte Boote sollten am Mast eine Leine befestigen, um diese dann über beide Rümpfe zu führen und einem Motorboot zu übergeben. Durch den Zug an dieser Leine kann das Boot wieder aufgerichtet werden. Nicht durchgekenterte Boote können mit bis zu 4 kn vor dem Wind treiben. Es ist daher absolut notwendig, daß die Mannschaft sich am Boot oder an einer Leine festhält, da ein Nachschwimmen nicht mehr möglich ist.

Tornado-Katamaran im Schlepp.

Windsurfing

Was ist Windsurfing?

Segeln in seiner elementarsten Form, surfen mit und ohne Welle, sich mit Wind und Wogen messen, das ist Windsurfing. Dieser neue Sport wurde 1969 in Californien geboren. Dort, wo abertausende Surfboards dazu verwendet werden, meterhohe Wellenberge hinunterzusurfen, hatte Hol Schweizer, der Erfinder des Windsurfings die Idee, die Welle als Antrieb für Surfer durch den Wind zu ersetzen.
Besonders in unseren Breitengraden, wo die Möglichkeit des Surfens wegen der fehlenden Wellen nicht gegeben ist, hat sich der Windsurfingsport rasant entwikkelt. Durch 18 Gründungsmitglieder wurde 1973 die Deutsche Windsurfer-Klassenvereinigung gegründet. Sie zählt heute schon mehrere hundert aktive Mitglieder. Windsurfing-Clubs mit 100 und mehr Surfern in einem Jahr sind an allen Segelrevieren zu finden und mehrere verschiedene Fabrikate, alles Kopien des ursprünglichen Windsurfers, tragen zu einer raschen Verbreitung bei. Heute finden in vielen ost- und westeuropäischen Ländern nationale Meisterschaften statt. In Deutschland hat es der Deutsche Segler-Verband übernommen, Wettkämpfe für die Windsurfer-Klassenvereinigung zu organisieren. Die bunten Dreiecksegel sind überall zum gewohnten Bild aktiven Wassersports geworden.
Windsurfing kommt besonders überfüllten Gewässern und dem Mangel an geeigneten Anlege- und Uferplätzen entgegen, denn das Sportgerät braucht keinen Hafen oder Liegeplatz, es wird einfach unter dem Arm wieder nach Hause mitgenommen. Windsurfing ist für Tausende der gesunde Ausgleichssport geworden, egal, ob auf der Regattabahn, in der Brandungswelle oder beim sportlichen Spiel als Urlaubs- und Badegerät.
Besonders aber ist Windsurfing den Landratten zu empfehlen, die schon lange nach einer geeigneten Möglichkeit suchten, sich mit dem nassen Element anzufreunden.
An allen größeren Seen und an den Küsten sowie an vielen südlichen Urlaubsorten haben es Surfschulen übernommen, Interessenten in die neue Sportart einzuführen. In Deutschland arbeiten fast alle Schulen unter Aufsicht des VDWS (Verband der Deutschen Windsurfingschulen). Die dem Verband angeschlossenen Schulen verleihen den Surf-Grundschein. Angestrebt wird jedoch ein dem Surfsport angemessener A-Schein der sogenannte Surfsegelschein. Die Richtlinien dazu befinden sich in Ausarbeitung.

Das Gerät

Am Markt wird bereits eine ganze Reihe von Boards angeboten. Sie gleichen sich alle vom Prinzip des Windsurfings her und unterscheiden sich lediglich durch abweichende Formen, Bauweisen und Materialien. Hauptsächlich dient GFK als Werkstoff für das Board, in einem Fall auch Polyäthylen, und neuerdings finden vielversprechende Versuche mit Polyurethanschaum statt.

Die grundlegendsten Bretter

Der Windsurfer

Das Gerät, das dem Sport seinen Namen gab, zugleich das meistverbreitete Board (weltweit 20000 Stück). Seit 1969 im Einsatz. Dieses Segelbrett, vom Erfinder und zwei Lizenznehmern (Holland und Japan) gebaut, besteht aus einer geschäumten Polyäthylenhülle. Diese Bauweise gewährleistet ein hervorragendes Gewicht-Stärke-Verhältnis. Mit seinen 18 kg ist der Windsurfer das leichteste und wohl auch handlichste Surfbrett. Zudem hat Polyäthylen den geringst möglichen Wasserwiderstand, worauf die hervorragenden Gleiteigenschaften des Windsurfers zurückzuführen sind. Das Board ist besonders für extreme Bedingungen wie Starkwind oder Brandungssurfen zu empfehlen. Die Polyäthylenhülle führt zu einem flexiblen Fahrverhalten, bietet rutschfesten Stand und ist ausgesprochen stoßfest. Einziger Nachteil: das Brett läßt sich nur vom Fachmann reparieren. Der schwere Gabelbaum aus Holz und der Mastfuß, ebenfalls aus Holz, verteuern das Gerät unnötig und hinken dem neuesten Stand der Surftechnik etwas nach. Der Windsurfer ist besonders Regattasurfern zu empfehlen, trotz kleiner Mängel dürfte dieses Board das reifste Produkt sein.

Der Windglider

Robust und dafür auch etwas schwerer sind die Boards der Fa. Ostermann. Alle aus GFK gebaut und schaumgefüllt kommen sie durchaus den Anforderungen nach. Zu empfehlen für Anfänger und Schulung, weniger für Regatta und Surfen in der Brandung. Hier zeigt sich deutlich der Nachteil eines starren Brettes aus GFK. Boards dieser Art »schwingen« nicht in der Welle, sie »stampfen« und haben auch nicht die Gleiteigenschaften von Polyäthylen. Leider sind die Boards aus der Serie Windglider auch sehr anfällig gegen harte Stöße. Dafür lassen sich alle Ostermann-Bretter schnell und billig reparieren. Hervorzuheben sind die gut geschnittenen Segel und der Aluminium-Gabelbaum, der mit seinem geringen Gewicht ausgesprochen handlich ist.

Der Surfsailer

Die Boards der Fa. Pertramer & Adamek werden ebenfalls aus GFK gefertigt. Der Typ R mit einer Doppelflosse am Heck ist eine interessante Variante für Geschwindigkeitsenthusiasten. Der Sailsurfer ist außerdem mit einer Trimmeinrichtung für den Mast ausgerüstet. Ähnlich wie bei Segelbooten kann der Mast in einer Gleitschiene versetzt werden.
Während der Windsurfer und Windglider mit Glasfibermasten ausgerüstet sind, die sich bestens bewährt haben, verwendet die Fa. Bertramer & Adamek Aluminiummasten. Diese Masten können sich bei starkem Wind verformen und einmal überdehnt, wird das Material spröde, und es besteht Bruchgefahr. Für den Anfänger sind Alu-Masten aber durchaus zu empfehlen.

Techn. Daten	Windsurfer	Windglider	Surfsailer	Windrider	Shark-Surfer
Länge (cm)	365	392	378	380	360 zerlegbar
Breite (cm)	65	68	64	67	65
Tiefgang mit Schwert (cm)	60	65	55	50	60
Masthöhe (m)	4	4	4	4,5	4
Segel (qm)	5,5	5,8	5,6	5,62	5,7
Gewicht (Board) (kg)	18	21	20	22	23
Gewicht (komplett)	28	28	30	30	30

Der Windrider

Mit interessanten Ausrüstungsdetails bietet die Fa. Scobalit ein in der Schweiz gefertigtes Surfboard an. Das Brett ist im sogenannten Monocoque-Verfahren aus GFK hergestellt. Es ist außer dem Windsurfer das einzige Brett ohne Klebekanten. Der Schaumkern wird bei diesem Verfahren nicht wie bei den anderen Boards zum Schluß eingespritzt, sondern als Block, der dem Board die Form gibt, vorgefertigt. Anschließend wird naß um den Schaumkern laminiert. Das Board ist ausgesprochen robust, hat gute Gleiteigenschaften und liegt sehr stabil im Wasser. Es ist hauptsächlich den schwergewichtigen Surfern zu empfehlen, da es mit über 200 l Rauminhalt genügend Reserveauftrieb hat.
Der Mast aus Alu weist die bekannten Nachteile auf, ebenso der Gabelbaum, und die Beschläge lassen zu wünschen übrig.

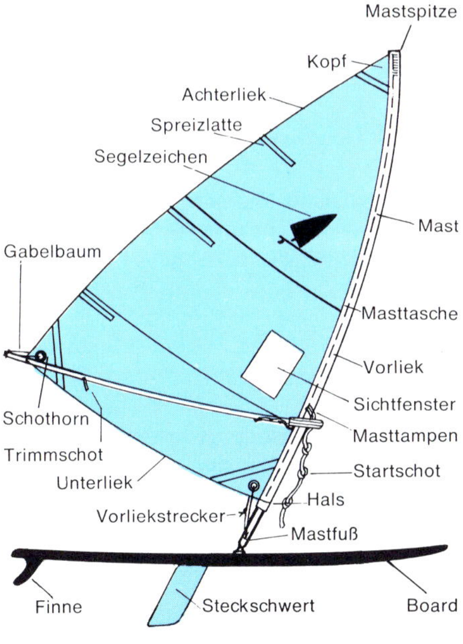

Der Shark-Surfer

Ein dreiteiliges Brett vertreibt die Fa. Shark Wassersportgeräte. Zerlegt findet dieses Board im Kofferraum Platz. Ebenso handlich läßt es sich in größeren Kajüten verstauen. Das Board wird deshalb gerne von Bootseignern gekauft. Nachteilig ist der Mastfuß aus Kunststoff und der geteilte Aluminium-Mast. Das Board ist mit dieser Ausstattung für das Fortgeschrittenen-Surfen nicht geeignet.

Kleidung und Ausrüstung

So wie der Skisport nach einer funktionellen und wärmeschützenden Kleidung verlangt, so ist auch beim Surfsport – nicht anders als auch beim Segeln – das Tragen entsprechender Sportkleidung notwendig. In unseren Breitengraden empfiehlt sich zumindest für den Anfang ein Neopren-Anzug. Diese Wärmeschutzkleidung hat mehrere Vorteile: Zum einen versieht sie die Funktion einer Schwimmweste und zum anderen wärmt sie und ermöglicht das Surfen selbst bei niedrigen Wasser- und Lufttemperaturen. Zum Anzug gehören auf jeden Fall rutschfeste »Füßlinge«, wie sie auch von Tauchern verwendet werden. Noch besseren Halt findet man, hauptsächlich auf den spiegelblanken Polyesterbrettern, mit Turnschuhen, möglichst solchen mit weicher Gummiprofilsohle. Und das ist schon alles, was man an Ausrüstung zum Surfen benötigt. Eine Schwimmweste kann entfallen, wenn man den Neopren-Anzug trägt. Da das Surfbrett das ideale Rettungsgerät ist – es kann ja nicht kentern oder mit Wasser voll laufen, es ist also unsinkbar – sind zur Ausübung des Sportes keine weiteren Sicherheitsmaßnahmen notwendig.

Das Grundprinzip des Windsurfers

Wie beim Segeln, so ist auch beim Windsurfen das Segel der Motor, der mit Hilfe des Windes das Brett vorantreibt. Der grundlegende Unterschied zum Segeln ist die fehlende Ruderanlage. Einen Windsurfer steuert man nämlich mit dem Segel.

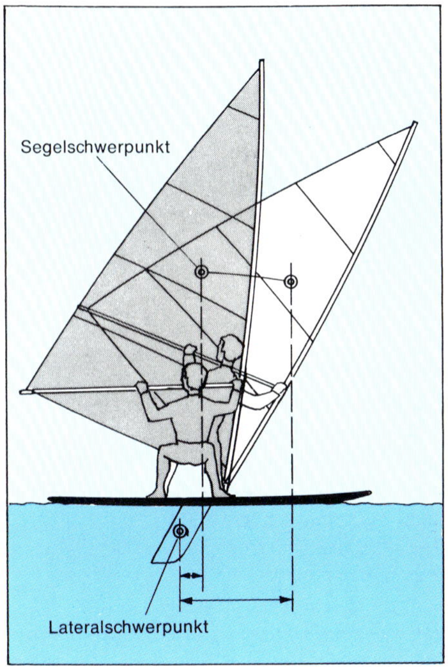

Der Mast eines Windsurfers ist rundum beweglich. Er wird mit dem Gabelbaum in den Händen gehalten und kann so zum Steuern vor und zurück und zur Verringerung der Segelfläche auch seitlich geneigt werden.

Die Steuerung beruht auf dem bekannten Verfahren des Trimmens, wie es mit dem Mast bei Segelbooten üblich ist, nämlich durch Verschiebung von Segelschwerpunkt und Lateralplan. Je weiter man den Mast während des Surfens zur Bugspitze vorneigt, desto weiter fällt das Board vom Wind ab. Umgekehrt luvt es an, wenn der Segeldruckpunkt durch ein Zurückneigen des Mastes zum Heck hinter dem Flächenschwerpunkt zu liegen kommt.

Windsurfer zählen zu den wendigsten Wasserfahrzeugen – während ein Segelboot in den Wind schießen muß, um zu »halten«, kann ein Windsurfer durch geschickte Manöver – wie die Stopphalse – auf der Stelle drehen, auf engstem Raum manövrieren und in Notfällen mit Hilfe des Segels als Treibanker sofort stoppen.

Ein Surfboard hat fast keine Wasserverdrängung. Durch das geringe Eigengewicht (ca. 20 kg) liegt es nur 6 bis 10 cm tief im Wasser. Ein Gleitzustand ist deshalb schnell erreicht, und mit Wellen hat man doppeltes Vergnügen, wenn man mit dem Wind in den Händen einen Wellenberg hinuntersurfen kann. Windsurfing kann man deshalb als geglückte Kombination zwischen Surfen und Segeln bezeichnen. Das Brett ist aber auch zum Wasserskilauf geeignet (siehe Bootsurfing).

Tips und Tricks zum Lernen

Am besten lernt man Windsurfing in einer der zahlreichen Schulen. In der Gruppe und mit Anleitung erfahrener Instruktoren findet man sich in abgegrenzten Übungsrevieren schnell auf dem wackligen Brett zurecht. Auf jeden Fall sollte man sich in der Schule einen Einblick in den Sport verschaffen und an Ort und Stelle zumindest eine Übungsstunde unter Aufsicht absolvieren.

Der Simulator

In fast allen Surfschulen stehen Simulatoren zur Verfügung, mit denen man bereits an Land die wichtigsten Handgriffe und die Steuerung kennenlernt. Das Wichtigste aber, was der Simulator vermittelt, ist die Einwirkung des Windes auf das Segel. Wenn man schnell und sicher Windsurfing lernen will, trennt man am besten zunächst die beiden Teile Segel und Board, befaßt sich also am sicheren Land mit Wind und Segel und im seichten Wasser mit dem Board.

Mit Hilfe eines Simulators können bereits an Land die wichtigsten Grundlagen erfühlt werden.

Der Wind

Steht kein Simulator zur Verfügung, so werden die Übungen nur mit dem Rigg, also Mast- und Gabelbaum, und dem damit gespannten Segel durchgeführt. Zuerst stellt man die Windrichtung fest. Das gilt auch für alle Übungen auf dem Wasser. Der rundum bewegliche Mast darf immer nur mit dem Rücken zum Wind hochgezogen werden. Das Segel liegt also in Lee. Damit man bereits an Land ein Gefühl für den Wind bekommt und seine Kraft, mit der er auf das Segel wirkt, richtig einzuschätzen lernt, stellt man sich mit dem gespannten Segel gegen den Wind. Zunächst hält man das Segel an der Startschot, das so freischwingende Segel zeigt die Windrichtung an. Jetzt faßt die »Masthand« an den Gabelbaum, also die Hand, die den Gabelbaum in der Nähe des Mastes hält. Die andere Hand nennen wir »Segelhand«. Mit ihr holt man vorsichtig das Segel dicht und lehnt sich so gegen den Wind. Durch die Kraft des Windes wird sich später unser Board im Wasser vorwärtsbewegen. Gleichzeitig aber stabilisiert der Wind das Rigg. Durch geschickte Segelmanöver findet man auf dem wackligen Brett ständig Halt am Gabelbaum.
Auch das Wendemanöver kann man schon an Land üben. Aus einer Am-Wind-Position greift zuerst die Segelhand an die Startschot. Nachdem auch die Masthand die Schot hält, schwingt das Segel frei im Wind, und man rundet mit kleinen Schritten den Mast, um erneut mit der Masthand die andere Seite des Gabelbaums zu greifen. Der Mastfuß muß dazu entweder in einem Surfbrett stecken oder in einem Loch im Boden Halt finden.
Die Übungen an Land sollten auch das Fieren des Segels beinhalten. Die Segelhand gibt dazu einfach dem Winddruck nach, und man streckt den Arm so weit, bis man wieder Herr der Lage ist und den Wind mit der so verringerten Segelfläche beherrscht.

Vorübung an Land mit Hilfe des Riggs.

Balanceübungen

Bei der ersten Übung im Wasser geht es darum, sich mit dem schmalen Board anzufreunden. Nachdem man im ausreichend tiefen Wasser das Schwert eingesteckt hat, versucht man erst einmal auf dem schwankenden Gefährt zu knien. In der Nähe des Schwertkastens – dort ist das Board am stabilsten – richtet man sich dann langsam auf. Breitbeinig, die Arme ausgestreckt, beginnt man nun zu schaukeln. Hat man zusätzlich mit Wellen zu kämpfen, so gleicht man diese – ähnlich wie beim Skilauf die Bodenwellen – federnd mit den Beinen aus. Die Krönung der Balanceübung ist eine 360-Grad-Drehung mit kleinen Schritten nach beiden Seiten.

Segel und Board im Wasser

Sobald man einigermaßen standfest auf dem Board steht, nimmt man das Segel dazu. Mit dem Rücken zum Wind holt man es an der Startschot ziehend aus dem Wasser, so wie es auf obigem Foto von dem Mädchen demonstriert wird. Einige kleine Löcher, am besten mit einer Zigarette ca. 20 cm unter der Mastspitze in die Masttasche des Segels gebrannt, erleichtern stark das Hochziehen des Segels. Aus diesen Löchern schießt nämlich das in die Masttasche eingedrungene Wasser.
Die richtige Fußstellung beim Hochziehen des Segels ist sehr wichtig. Ein Fuß steht vor dem Mast, der andere auf dem Schwertkasten. Der Mast befindet sich im rechten Winkel zum Board. Um die Startschot zu fassen, geht man tief in die Hocke. Durch Strecken der Beine und Anwinkeln der Arme holt man mit der ganzen Kraft des Körpers das Segel aus dem Wasser. Am Anfang zieht man langsam, bis das Wasser vom Segel abgelaufen ist; das spart Kraft. Mit beiden Händen und gestreckten Armen hält man nun die Startschot dicht unterhalb des Gabelbaums. Das Segel weht im Wind. Nun drückt man das Segel mit der Startschot nach links und rechts, automatisch dreht sich dann das Board in die entgegengesetzte Richtung. Mit kleinen Schritten wird der Mast umrundet. Diese Drehübung kann man nach links und rechts mehrmals ausführen. Das Brett beschreibt dabei einen Kreis von 10 bis 20 m Durchmesser.

Der Start

Der Start mit einem Windsurfer kann nur dann gelingen, wenn man den bis jetzt geübten Bewegungsablauf beherrscht und wie folgt der Reihe nach vorgeht:
1. Das Brett liegt im rechten Winkel zum Segel und damit zur Windrichtung.
2. Mit gestreckten Armen halten beide Hände die Startschot dicht unter dem Gabelbaum.

Start

1 Das Segel wird im rechten Winkel zum Board mit gestreckten Armen an der Startschot gehalten.
2 Die Masthand greift über die Segelhand an den Gabelbaum . . .
3 die Segelhand löst sich von der Startschot . . .
4 der Oberkörper dreht sich in Fahrtrichtung, die Masthand führt dabei das Segel schräg nach vorne und etwas nach Luv . . .
5 jetzt greift die Segelhand ca. 50 cm hinter der Masthand an den Gabelbaum, der Oberkörper bleibt dabei aufrecht . . .
6 und durch leichtes Dichtholen der Segelhand beginnt die Fahrt.

3. Zuerst faßt die Masthand an den Gabelbaum und zieht diesen am Oberkörper vorbei in Richtung Bug und etwas nach Luv, bis die Masthand sich fast neben der Schulter befindet.
   Erst jetzt greift die Segelhand etwa 50 cm hinter der Masthand an den Gabelbaum.
4. Der Oberkörper bleibt dabei gerade, keinesfalls darf man sich vorneigen, um mit der Segelhand den Gabelbaum zu erwischen. Ist dieser noch zu weit weg, so führt ihn die Masthand näher an den Körper.
5. Die Segelhand holt das Segel langsam dicht. Der Windsurfer nimmt jetzt aus der Halbwindposition Fahrt auf. Achtung, meist luvt man, ohne es zu merken, an. Dem begegnet man mit Vorneigen des Mastes zum Bug, wobei man dadurch das Boot zum Abfallen bringt.

Die Steuerung

Wie schon erläutert, steuert man einen Windsurfer durch Vor- und Zurückneigen des Mastes. Die Windkraft wird dabei über Arme und Beine auf das Board weitergeleitet. Durch Verlagerung des Gewichtes kann man diese Kraft auf den vorderen oder hinteren Fuß lenken und so zur Steuerung nutzen.

Anluven:
Segel zum Heck neigen, hinteren Fuß belasten.
Abfallen:
Segel zum Bug neigen, vorderen Fuß belasten.

Nun ist man von den beiden wichtigen Manövern Wende und Halse nicht mehr weit entfernt.

Die Wende

Eingeleitet wird sie durch Neigen des Gabelbaums bis sein Ende das Wasser berührt. Darauf holt die Segelhand dicht. Der Bug des Boards dreht jetzt in den Wind. Sobald der Druck im Segel nachläßt, wechselt man mit kleinen Schritten – wie bei den Drehübungen gelernt – die Windseite und rundet den Mast auf die neue Luvseite. Das Segel hält man dabei an der Startschot. Nachdem zwischen Segel und Bord der notwendige rechte Winkel entstanden ist, startet man wieder.

1 Aus einer am-Wind-Position . . .
2 wird das Segel nach hinten geneigt . . .
3 die Segelhand greift an die Startschot, man rundet den Mast mit kleinen Schritten . . .
4 und mit gestreckten Armen an der Startschot wird das Boot in einen rechten Winkel zum Segel manövriert . . .
5 die Masthand greift an den Gabelbaum . . .
6 und der neue Start erfolgt.

Wende

Die Halse

Wenn der Winddruck im Segel nachläßt, faßt man mit beiden Händen die Startschot und läßt das Segel frei über den Bug auswehen. Diesmal bleibt man mit den Beinen hinter dem Mast stehen und schwingt das Segel über den Bug von der einen auf die andere Seite. Die Masthand wird wieder zuerst an den Gabelbaum genommen, anschließend holt die Segelhand dicht, wobei man gleichzeitig anluvt.

1

2 3 4 5 6

1 Der Mast wird nach Luv und nach vorne geneigt . . .
2 Beide Beine stehen hinter dem Mast, man hält das Segel vor sich und fährt platt vor dem Wind . . .
3 die Segelhand löst sich vom Gabelbaum, das Segel wird geschiftet . . .
4 die Segelhand greift als neue Masthand auf die andere Seite des Gabelbaumes . . .
5 nun folgt auch die Segelhand, die Beine wechseln in eine seitliche Stellung neben den Mast . . .
6 und das Segel wird langsam dichtgeholt.

Stopphalse

1 Aus einer Fahrt am Wind . . .
2 plötzlich das Segel back halten, gegen den Wind pressen . . .
3 Die Boardspitze unter dem Segel durchdrücken.
4 Die Fußstellung wechseln und Segel langsam dichtholen.

1 2 3 4

Die verschiedenen Kurse

Am Anfang kreuzt man mit dem Windsurfer am einfachsten hoch am Wind. Man sollte aber gleich versuchen, die etwas schwierigeren Kurse, also Raum- und Vorwind zu trainieren. Besonders schwer fällt dem Anfänger das Abfallen. Deshalb kann man auch versuchen, auf Vorwindkurs zu starten. Der Startvorgang bleibt derselbe, nur der rechte Winkel zwischen Board und Segel wechselt in eine Position, daß das Segel über den Bug weht, also das Brett schon auf Vorwindkurs liegt. Echten Surfgenuß erlebt man raumschots! Weit zurückgelehnt stemmt man sich mit Körper und Segel gegen den schräg von hinten einfallenden Wind. Wellental und Wellenberg werden schräg überquert und das Brett steigt bei günstigem Wind bis zum Schwertansatz aus dem Wasser. Auf diesem Kurs sollte man später, wenn man dem Wind gewachsen ist und Maximalgeschwindigkeiten erreicht, unbedingt das Schwert halb hochziehen. Gefürchtete Kenterstürze, bei denen sich das Board blitzschnell umdreht, werden so vermieden.

Der Vorwindkurs wird am besten durch ein Neigen des Segels nach hinten gemeistert. Breitbeinig, die Füße versetzt, versucht man das in der Welle stampfende Board auszubalancieren. Könner knien sich auch auf diesem Kurs mit einem Bein neben den Schwertkasten. So ist der Schwerpunkt nahe am Brett, man wird von einer plötzlich einfallenden Bö nicht gleich umgerissen.

Fußstellung auf den verschiedenen Kursen

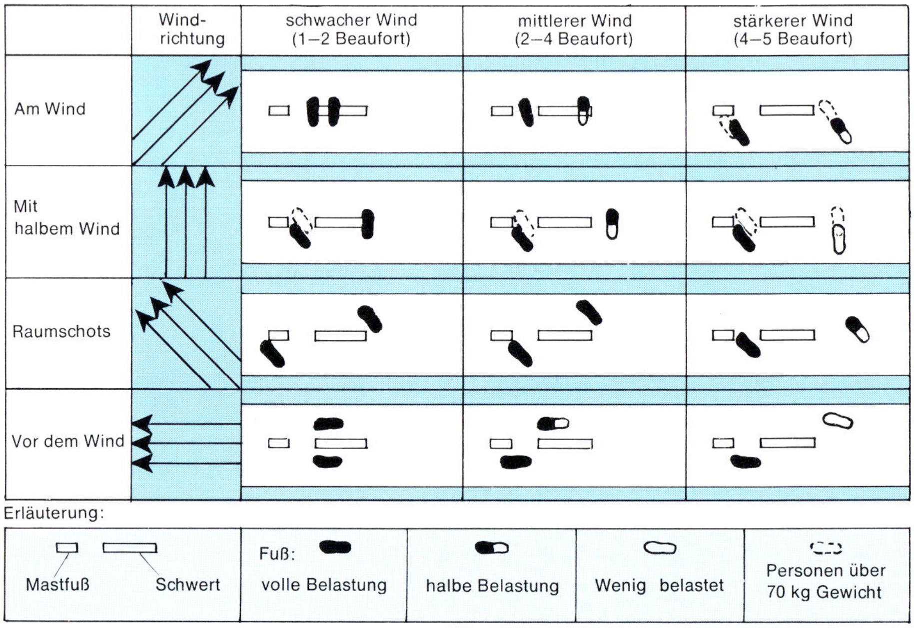

Die Fußstellung

Der konzentrierte Umgang mit dem Segel erfordert eine sichere Fußstellung. Diese muß immer synchron mit den Segelmanövern geändert werden. Am stabilsten liegt das Board im Wasser, wenn man den Bereich um den Mastfuß und das Schwert nicht verläßt.

Die obenstehende Tabelle zeigt die richtige Fußstellung.

Es fällt auf, daß die Belastung mit zunehmendem Wind zum vorderen Fuß wandert und die Fußstellung dabei offener wird.

Der exakte Stand hängt natürlich auch vom Körpergewicht ab. Leichtgewichte können sich bis an den Rand des Brettes wagen, während sich schwerere Surfer mehr an die Mittschiffslinie halten und möglichst den vorderen Fuß hinter dem Mast placieren, damit der Bug des Brettes nicht zu sehr in die Wellen taucht.

Surfen bei starkem Wind

Die schönsten Seiten des Windsurfens leben erst bei starkem Wind und hoher Welle auf. Dieser Sport hat sich deshalb besonders an windreichen Küsten schnell entwickelt. Dort trainieren auch Starkwind-Experten für eine neue Disziplin, den Brandungskurs. Ein Wettkampf, der den traditionellen olympischen Kurs beim Surfen ergänzen wird.

Starker Wind erlaubt dem Surfer fast akrobatische Leistungen, denn je stärker die Windkraft im Segel wirkt, desto mehr hängt man mit dem eigenen Körpergewicht am Gabelbaum.

Vorwindkurs: Könner knien sich mit einem Bein neben den Schwertkasten.

Der Head- und Body-Dip

Das Segel weit nach Luv gezogen, die Arme gestreckt und den Oberkörper weit zurückgelehnt, surft man Zentimeter über dem Wasser raumschots, und wenn der Wind stabil scheint, taucht man mit dem Körper oder nur mit dem Kopf ins Wasser. Ein Dichtholen der Segelhand bringt dem Wind genügend Angriffsfläche im Segel, um den Surfer wieder hochzuziehen. Das Wichtige beim Starkwindsurfen ist der weit nach Luv geneigte Mast, die Segelfläche wird so verringert, und es entsteht eine horizontal wirkende Tragfläche, die Auftrieb für das Gewicht des darunterhängenden Surfers entwickelt.

Body-Dip . . . und das wird ein Head-Dip (rechts).

Der Schleudersturz

Fällt man weit über das Wasser hängend ab, so hat man darauf zu achten, daß analog der Kurve, die das Board im Wasser beschreibt, die Segelhand das Segel fiert, d. h. das Segel auf Vorwindstellung bringt. Hält man das Segel nämlich beim Abfallen zu dicht, so geht man schnell durch den sogenannten Schleudersturz »baden«. Das Rigg hat sich in Sekunden in eine Schleuder verwandelt, die den Surfer durch das frontal im Wind stehende Segel mehrere Meter durch die Luft schleudern kann. Der Schleudersturz wird deshalb oft zum Vergnügen produziert.

Schleudersturz

Surfen mit der Welle

Wer das Glück hat, bei viel Wind auch noch in den Genuß von hohen Wellen zu kommen, der verdoppelt den Antrieb seines Windsurfers, der jetzt auch noch neben dem Wind durch die Talfahrt von einem Wellenberg beschleunigt. Man sollte sich aber dazu nicht gleich in Brandungswellen wagen, sondern erst einmal mit langen Dünungswellen Vorlieb nehmen. Wenn es sich um Windwellen handelt, so ist zum Surfen wieder der raume Kurs zu empfehlen. Oben auf dem Wellenberg holt man etwas dichter, verlagert das Gewicht mehr zum Heck, damit der Bug hochsteigt und keine Gefahr des Unterschneidens besteht und surft zurückgelehnt ins Wellental.
Brandungswellen sind schwieriger zu meistern, weil sie sich abrupt aufbäumen und brechen. Beim Hinaussegeln gilt es mit voller Geschwindigkeit auf die Welle zu halten und diese möglichst mit dem Bug zu begegnen. Das Board bäumt sich dabei hoch auf; und ähnlich einem Reiter, der mit seinem Pferd ein Hindernis nimmt, muß man im nächsten Moment den Sturz nach unten, wenn man hinter dem Wellenkamm ins Tal fällt, mit einem Federn in den Beinen, abfangen. Und schon heißt es wieder dichtholen, Geschwindigkeit aufnehmen und die nächste Welle überwinden! Hinter der Brandung ruht man sich aus, beobachtet die Wellen, und steuert dann raumschots zwischen zwei solchen in sicherem Abstand. Man reguliert nun mit der Segelhand seine Geschwindigkeit, daß die achterliche Welle langsam aufholt und sich das Heck des Boards hebt. Achtung! Nun beginnt die Fahrt mit doppeltem Antrieb. Sie wird oft so rasant, daß durch die Geschwindigkeit der Welle, auf der jetzt das Brett gleitet, das Segel zu killen beginnt und damit keinen Halt mehr bietet. Jetzt zeigt sich, wer gut balancieren kann. Mit dem killenden Segel surft man, das Gewicht zum Heck verlagernd, den Wasserberg entlang. Möglichst schräg, niemals direkt von oben nach unten. Ein Windsurfer ist dafür zu lang und würde sich mit seinem Bug sofort ins Wasser bohren und überschlagen. Derartige Stürze sind nicht ungefährlich.

Sturmsegel + Sturmschwert

Der technische Aufbau eines Windsurfers ist auf das einfachste reduziert, weshalb Extras, wie z. B. Reffeinrichtungen, fehlen. Für das Surfen an Küsten, wo meist starker Wind vorherrscht, empfiehlt sich daher, ein Sturmsegel und Sturmschwert zu verwenden: beides, wie die Bezeichnung schon verrät, für starken Wind kleiner konzipiert. Mit dem Sturmsegel (etwa 3,2 qm) kann man dann durchaus 7 bis 8 Beaufort vertragen.

Windsurfing-Wettkampf

Windsurfing reizt natürlich auch zum Wettkampf, besonders weil die Technik des Sportgerätes im Hintergrund steht. Entscheidend ist ausschließlich der Einsatz des Surfers.
In Deutschland sind der Windsurfer seit 1974 und der Windglider seit 1976 als Eintypklasse vom Deutschen Segler-Verband anerkannt. Für diese Windsurfer-Klassen werden offizielle Meisterschaften, wie den einschlägigen Regatta-Kalendern zu entnehmen ist, veranstaltet.

Kurs und wichtige Grundregeln

Brettsegler, wie man Surfer auch bezeichnet, segeln mit geringen Abweichungen nach den internationalen Wettsegel-Bestimmungen der I.Y.R.U. Üblicherweise werden in einer Regatta an zwei Tagen 4 bis 6 Wettfahrten veranstaltet. Lediglich die Deutsche Meisterschaft sieht dazu fünf Tage vor. Die Surfer runden dabei den traditionellen olympischen Kurs, aber mit einer geringeren vorgeschriebenen Bojenschenkellänge von 800 m.
Voraussetzung zur Teilnahme an einer Windsurfing-Regatta ist natürlich die Be-

Segeln in seiner elementarsten Form, surfen mit und ohne Welle, sich mit Wind und Wogen messen, das ist Windsurfing.

herrschung der Wettfahrtregeln. (Siehe »Wettsegeln«, Seite 254f.). Wer sich beim Regatta-Surfen Hoffnung ausrechnet, muß vor allem sein Brett beherrschen. Der geringste Haltungsfehler oder eine Fehleinschätzung von Wind und Welle – und schon kann ein unfreiwilliges Bad den Sieg zunichtemachen. Das sichere Manövrieren hängt weitgehend von einer guten Balance ab. Man kann durch einfache Übungen, hauptsächlich unter Beachtung der richtigen Fußstellung optimale Standfestigkeit erlangen. Am besten übt man mit Hilfe zweier ausgelegter Bojen.

Die Regatta-Wende

Ein Windsurfer ist ein leichtfüßiges Wassergefährt. Die Theorie, auf dem Kreuzkurs mit möglichst wenig Wendemanövern auszukommen, kann man deshalb beim Surfen vergessen. Im Gegenteil, mit dem schmalen Brett, das nur wenige Zentimeter Tiefgang hat, lassen sich jeder Windstrich und jede auch noch so geringe Winddrehung ausnutzen. Dazu gehört aber eine ausgefeilte Wendetechnik. Während man bei schwachem Wind die hochgezogene Wende fährt, bei der es darum geht, in den Wind zu schießen, um dadurch viel Höhe zu laufen, versucht man starken Wind mit besonders schnellen, sogenannten überzogenen Wenden, zu parieren.
Die hochgezogene Wende wird durch Neigen des Gabelbaums zum Wasser eingeleitet. Das Dichtholen der Segelhand erfolgt synchron. Das Board soll einen Bogen von minimal 3 m Radius beschreiben und ohne anzuhalten die Windseite wechseln. Das Runden des Mastes erfolgt mit kleinen Schritten, immer darauf bedacht, die Kurve des Boards durch die Segelsteuerung zu stabilisieren.
Bei der überzogenen Wende, auch Sprungwende genannt, verzichtet man auf ein Höhelaufen während des Wendevorgangs, versucht vielmehr mit einem

Bildreihe von oben nach unten:

1 Den Mast nach hinten neigen . . .
2 der Gabelbaum berührt dabei das Wasser . . .
3 Segel über die Mitte des Bootes überziehen . . .
4 mit beiden Beinen abspringen . . .
5 auf der neuen Luvseite landen . . .
6 und mit der Masthand den Start einleiten.

Oben:
Spaß macht das Surfen auch in der Gruppe.

Unten:
Schneller Raumschotskurs mit Body-Dip.

Sprung den Mast zu runden und ohne Zeitverlust auf neuem Bug weiterzusurfen. Diese Wendetechnik hat sich besonders bei kabbeliger Welle und viel Wind bewährt. Beide Wenden übt man am besten um eine Boje, man versucht diese auf Zentimeter anzusteuern. Somit lernt man auch gleich eine genaue Steuerung.

Die Regatta-Halse

Während man bei der Wende noch durch den Kreuzkurs die Chance hat, sich möglichst frei um die Boje zu manöverieren, entsteht meist bei Tonne 2 der gefürchtete Pulk, innerhalb dessen man auf engstem Raum, wenn möglich unter Ausnutzung der Innenposition, zu halsen hat. Die Halse ist auf einem Windsurfer wesentlich schwieriger durchzuführen als die Wende. Nicht weil sie etwa gefährlicher wäre als beim Segelboot, wo der Großbaum mit Wucht auf die andere Seite schwingen kann, sondern weil der Steuermechanismus, nämlich das Segel, schwer zu handhaben ist und das Board während dieses Manövers am unstabilsten im Wasser liegt.
Die Übungen beginnen damit, raumschots oder vor dem Wind auf die Boje zu steuern und in Höhe der Boje die Halse einzuleiten. Auch noch so gekonnt ausgeführt, wird man einen Bogen von mehreren Metern Radius nicht vermeiden können. Im Verlauf der Übung versucht man nun, diesen Radius verlorener Meter miteinzukalkulieren und entsprechend früher mit der Halse anzusetzen, um die Boje mit bereits geschiftetem Segel zu runden. Bei ausreichend starkem Wind schleudert die Masthand das Segel nach Luv flach über das Wasser, der Wind dreht es dann selbständig über den Bug; wenn man dieses darauf wieder geschickt auffängt und dichtholt, kann eine Halse zu einem eleganten, schnellen Manöver werden und bei einer Regatta zu einigem Raumgewinn beitragen.

Boot-Surfing

Das Surfboard ersetzt hinter dem Motorboot den Wasserski. Wer einmal auf dem überdimensionalen »Monoski« stand, ist begeistert von dieser Art zu surfen. In sicherem Abstand vom Motorboot steht man auf dem Board in Höhe des Schwertkastens. Segel und Schwert werden nicht benötigt und deshalb entfernt. Die Technik ist die des Wasserskilaufs, nur daß der etwas schwierige Start entfällt, denn das Surfboard setzt sich, nachdem sich die Leine gespannt hat, sofort in Bewegung. Durch seitliche Gewichtsverlagerung wird gesteuert. Schon bei geringer Geschwindigkeit steigt die Spitze des Brettes fast einen Meter hoch aus dem Wasser. Dann heißt es Gewicht nach vorne.
Schwere Motorboote mit entsprechend hoher Heckwelle ermöglichen sogar den Originalsurf. Die Surftechnik sollte aber nur versucht werden, wenn man einwandfrei gelernt hat, stehend das Board zu steuern. Mittels der Wasserskileine zieht man sich seitlich neben das Boot vor die Heckwelle und läßt die Leine los. Sobald die Welle das Board anhebt, verlagert man das Gewicht nach vorne und surft nun an der Welle in der Geschwindigkeit des Motorbootes.

Tandemsurfen

Wer gerne im Team segelt, gemeinsam das Board steuern und mit dem Wind kämpfen will und dazu noch optimales Surf-Vergnügen sucht, der sollte sich dem Tandemsurfen zuwenden. Diese Variante des Surfsportes wurde 1973 in Deutschland entwickelt. Fred Ostermann experimentierte mit zuerst 2 Segeln, daraus entstand ein 7 m langes Surfboard mit 2 Dreiecksegeln. Das Tandem liegt stabil im Wasser und ist nur schwer zu kentern. Man steht also wesentlich sicherer als beim Einer. Das Interessante an dem schnellen Board ist seine Steuerung. Beide Surfer steuern gemeinsam. Ausschlaggebend ist wieder die Verschiebung von Lateral- und Segeldruckpunkt.

So trägt man am zweckmäßigsten das Rigg.

Auf diese Weise können mehrere Windsurfer von einem Motorboot abgeschleppt werden (rechts).

Bei Flaute kann man in dieser Weise mit Hilfe des Mastes nach Hause paddeln.

◀ Bootsurfing in Wasserskilauf-Technik.

Das Board luvt also an, wenn der hintere Surfer dichtholt und der vordere fiert. Bei umgekehrter Aktion der Surfer fällt es ab. Tandems erreichen erstaunliche Geschwindigkeiten.
In der Regatta muß das Team allerdings gut eingespielt sein. Besonders der Abwind des eigenen vorderen Segels oder auch andere Segel erschweren das Tandemsurfen, da der in das Windloch geratene Surfer plötzlich keinen Druck mehr im Segel hat und buchstäblich umfallen kann.

Ein Surfer schleppt einen havarierten »Kollegen« ab.

Sicherheit

Der Segelsport bedient sich eines mehr oder weniger kostspieligen und großen Sportgerätes, auf dem man sich bewegt und mit dem man etwas anfängt: Man kann sich je nach Umständen darauf mehr oder weniger stark verletzen oder seiner Gesundheit schaden, man kann anderen damit Schaden zufügen, kann das Gerät selbst beschädigen oder vernichten – im Extremfall kann man sogar ertrinken!
Jährlich wird auch leider von Unglücken und Unfällen obiger Art berichtet – aber in der Regel handelte es sich immer um vermeidbare Unfälle: Mangelnde seglerische Kenntnisse, ungenügendes Bootsmaterial, unzureichende Ausrüstung und Sicherheitsausrüstung, leichtsinniges, gutgläubiges und unwissendes Verhalten – Dinge, die unglaublich oft anzutreffen sind! – waren meist die Ursache. Mit anderen Worten: Bei Beherrschung der grundlegenden Segeltechnik einschließlich der dazugehörigen Kenntnisse, bei brauchbarem Bootsmaterial mit funktionsgerechter Ausrüstung und erforderlicher Sicherheitsausrüstung und bei verantwortungsbewußtem Verhalten sind normalerweise während der Ausübung des Segelsports keine erwähnenswerten Unfälle möglich. Segeln ist also ein Sport, der verhältnismäßig gefahrlos betrieben werden könnte! Damit sich trotz der weiteren Ausbreitung des Segelsports die Unfälle nicht häufen, sondern im Gegenteil verringern und bedeutungslos bleiben – was ja so leicht möglich wäre! – widmet der Schreiber dieser Zeilen allen Seglern in diesem Buch ein eigenes Kapitel »Sicherheit«.

Kleidung und Schwimmweste

Schon mit der Kleidung fängt es an! Ja, dieses Thema ist in diesem Kapitel keineswegs fehl am Platze (obwohl es durchaus auch zur »Ausrüstung« gestellt werden könnte), denn eine zweckmäßige Seglerkleidung dient in erster Linie der Gesundheit und der Sicherheit. Zieht man nämlich z. B. rechtzeitig bei Wetterverschlechterung oder auffrischendem Wind ein Ölzeug über oder einen von Rennseglern bevorzugten Overall und tauscht seine Bootsschuhe gegen Bootsstiefel aus, so ist die Erkältungsgefahr bereits deutlich reduziert. Segelt man bei warmem Sommerwetter nicht barfuß, sondern in Boots-, Tennis- oder Turnschuhen mit rutschhemmender Sohle, so wird man nicht so leicht ausrutschen und sich Rücken oder Hinterkopf verletzen, wenigstens wird man sich die Zehen nicht wundschlagen, wenn man wieder einmal über einen Block stolpert. Trägt man statt einer Badehose z. B. strapazierfähige Jeans, dann schürft man sich nicht die Haut an den Beinen auf, wenn man etwa am Süllbord oder Schwert-

Diese Mannschaft verhält sich korrekt in bezug auf die Sicherheit: Starker Wind hat sie veranlaßt, zu reffen und die Sicherheitsgürtel anzulegen. Ein Rettungskörper hängt griffbereit am Heckkorb.

Mit einer so sportlichen Einhandjolle (Laser), die noch dazu ein ziemlich rauhes Deck besitzt, im Badeanzug zu segeln – auch wenn der Anblick für Außenstehende sehr reizvoll sein mag – sollte man vermeiden: die Verletzungsgefahr ist zu groß!

kastentisch entlangwetzt. Und stellt man keinen nackten Oberkörper zur Schau (gemeint ist beim Segeln und nicht beim Flauten-Badeschippern!), so kann man sich keinen Sonnenbrand holen, keine Unterkühlung durch den Wind und auch weniger leicht eine Schramme, wenn man sich anstößt.
Wer also richtig segeln will, der sollte sich auch richtig anziehen, zumal die Textilbranche endlich auch die Segler entdeckt hat. Dazu wird benötigt:

- Lange, strapazierfähige Hose, entsprechendes Sporthemd (bzw. Bluse), warme Pullover.
- Bootschuhe.
- Für schlechtes Wetter oder Windtage: Ölzeug oder Renn-Overall, dazu Bootsstiefel.
- Für kaltes Wetter beim Jollensegeln: Naßbiber (Tauchanzug).
- Geheimtip für kaltes Wetter: Faserpelzanzug unter das Ölzeug oder den Overall.
- Geheimtip für heißes Wetter: Bermudashorts und T-Shirt. Warum Bermudas? Man trägt zwar eine luftige, kurze, dem heißen Wetter angepaßte Hose, trotzdem bleiben die Oberschenkel geschützt. Beim Sitzen und Ausreiten befindet sich also ein Stück Stoff zwischen Haut und harter Kante, ein Vorteil, den Rennsegler schon lange kennen.

Nun noch etwas sehr Wichtiges

So wie ein Taschentuch zur Hosentasche gehört, so gehört eine Schwimmweste zur Seglerkleidung. Ohne eine vorhandene Schwimmweste sollte sich niemand an Bord begeben bzw. umgekehrt gesprochen: für jede Person muß eine solche Weste an Bord lagern. Selbstverständlich muß sie auch jeweils rechtzeitig angelegt werden! Auf dem Bootszubehörmarkt wird eine große Zahl verschiedener Schwimmwestenfabrikate angeboten, aufblasbare Westen mit Automatik, Handauslösung oder Mundaufblasung, harte und weiche Feststoffwesten mit oder ohne Kragen, Schwimmwesten in Kombination mit einer Wetterjacke. Aufblasbare Schwimmwesten geben eine große Bewegungsfreiheit, ein Versagen (auch nach Beschädigung) ist nicht ausgeschlossen; außerdem sind eine sorgfältige Behandlung und regelmäßige Wartung notwendig.

Eine Feststoffweste schränkt zwar die Bewegungsfreiheit u. U. etwas ein, bei richtiger Konstruktion ist sie aber absolut funktionssicher. Schwimmwesten in Wetterjackenform können praktisch und schick sein, eine Ohnmachtssicherheit ist aber nicht immer gegeben.
Welche Ansprüche müssen an eine Schwimmweste gestellt werden? Der Hauptanspruch ist die Ohnmachtssicherheit, und dies gilt prinzipiell insbesondere für das gesamte Fahrtensegeln und Hochseerennsegeln. Die Weste muß dabei so konstruiert sein (Hauptauftrieb vor der Brust), daß sie einen Außenbordsgefallenen innerhalb kurzer Frist aus jeder Lage in die ohnmachtssichere Rücken-Schwimmlage bringt. Der Kopf ist dabei durch einen Kragen so eingefaßt, daß das Gesicht über Wasser gehalten und ein seitliches Wegkippen unmöglich gemacht wird. Ein Schrittgurt verhindert ein Herausrutschen des Körpers. Solche ohnmachtssicheren Schwimmwesten werden häufig auch als »Rettungswesten« bezeichnet im Gegensatz zu den kragenlosen, nicht ohnmachtssicheren Westen, die nur eine Schwimmhilfe (»Schwimmweste«) darstellen. Aufblasbare Automatikwesten sind für das sportliche Jollensegeln gänzlich ungeeignet, da bereits bei einer normalen Kenterung, die durch ein Wiederaufrichten in kurzer Zeit wieder korrigiert werden kann, der Aufblasvorgang unerwünscht einsetzt (sofern die Weste naß wurde). Jollensegler lieben im allgemeinen auch nicht die ohnmachtssicheren Westen mit Kragen, da die Bewegungsfreiheit stärker eingeschränkt wird als durch eine kragenlose Jollenweste.
Übrigens soll an den in Küsten- und Hochseerevieren verwendeten Westen eine Doppeltonsignalpfeife angebändelt sein. Warum Doppelton? Er verhindert eine Verwechslung mit einem Mövengeschrei.

Rettungsmittel

Nachstehend aufgeführte Gegenstände gehören zur Sicherheitsausrüstung einer seegehenden Yacht. Sofern man sich auf Törn begibt, sollen diese unbedingt mitgeführt werden.

Rettungsring bzw. Schwimmkörper

Verbreitet, aber veraltet sind die bekannten runden Rettungsringe, bestehend aus Styropor mit Stoffüberzug und umlaufender Leine. Besser und empfehlenswerter sind die modernen U-förmigen Rettungskörper aus Kunstschaumstoff (Polyvinylchlorid) in geschlossenzelliger Struktur z. B. vom Typ »Secumar«. Mindestens ein solcher Rettungsring bzw. besser Rettungskörper muß an Bord mitgeführt werden, wobei er immer in Griffweite beim Cockpit gehalten werden soll. Der Rudergänger muß den Rettungskörper ohne große Vorbereitung aus der Halterung entnehmen und über Bord werfen können. Zur Erhöhung der Sicherheit soll der Rettungskörper noch mit folgenden Gegenständen ausgerüstet sein: kleiner Treibanker zur Verhinderung zu schneller Abdrift, Nachtrettungslicht (Blinkleuchte selbstzündend), Doppeltonpfeife, Farbbeutel zur Markierung der See (vorteilhaft besonders beim Einsatz von Suchflugzeugen) und Markierungsboje. Diese Boje besteht aus einem um 3 m langen Fiberglasstab oder Alu-Rohr mit einem Schwimmkörper, Kontergewicht und einer gelben oder orangefarbenen Flagge. Oft ist am Topp dazu auch eine Blinkleuchte angebracht für den Nachteinsatz. Diese Boje erleichtert das Auffinden eines Überbordgefallenen bei bewegter See. Als Vorteil erweist sich auch, wenn an dem Rettungskörper noch eine ca. 20 m lange, schwimmfähige Wurf- bzw. Griffleine befestigt ist, die allerdings

Ein solcher Rettungsring ist zwar dekorativ – besonders für Fotozwecke – er ist aber veraltet und sollte durch einen modernen Rettungskörper ersetzt werden.

Erkennbar am Achtersteg dieser Yacht: Rettungsboje. Daneben am Heckkorb zwei Rettungskörper.

nicht an Bord belegt werden darf, da sonst im Einsatzfalle der Rettungskörper (oder -ring) mitgeschleppt wird. Wem seine Sicherheit viel wert ist, der könnte noch etwas am Rettungskörper befestigen: eine automatische »Mayday«-Boje, die im Wasser einen Peilstrahl aussendet, der mit den Peilgeräten an Bord aufgefangen werden kann und sofort die Position des Schwimmers ermitteln läßt. Dieses Gerät ist natürlich nur bei entsprechender Ausrüstung einer Yacht sinnvoll.

Rettungsinsel

Diese Inseln sind aus dem heutigen Yachtsport nicht mehr wegzudenken, da sie das sicherste Rettungsgerät im Falle eines Totalverlustes einer Yacht darstellen. Die Inseln, eine Art Schlauchboot mit Schutzverdeck, werden entweder in Trage- oder Packtaschen oder in Kunststoff-Containern gelagert. Durch eine Reißleine kann im Notfall der Aufblasmechanismus ausgelöst werden, wobei die Inseln in Sekunden einsatzbereit sind. Die für den Yachtsport geeigneten Inseln fassen 4, 6 oder 8 Personen, sie sind praktisch unkenterbar,

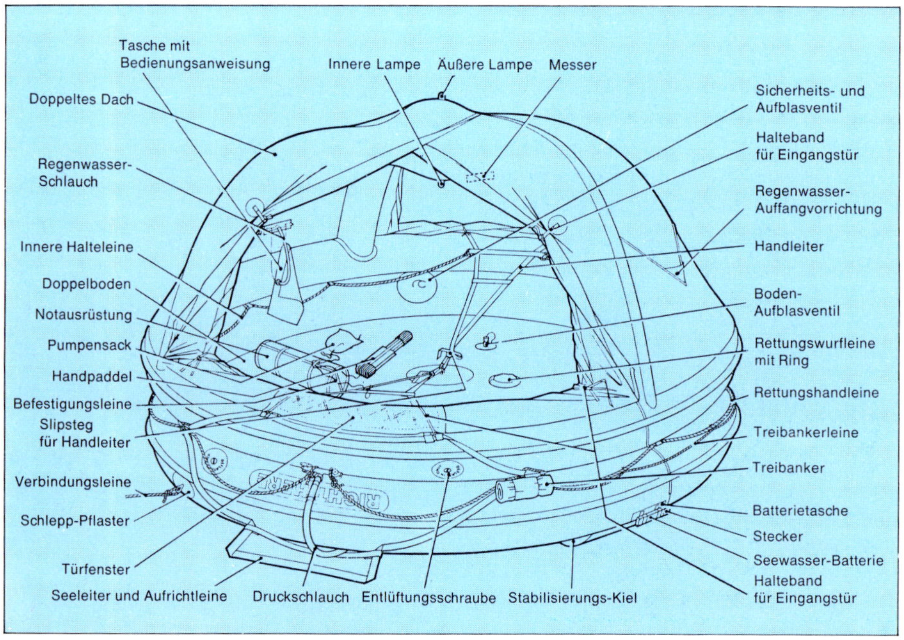

Oben:
Das ist die Admiral's Cup-Yacht »Duva«, die am Heckkorb moderne Rettungskörper trägt. Deutlich erkennbar auch die der Sicherheit dienende Seereling.

Unten:
Rennyacht bei Windstärke 7 mit gerefftem Segel. Selbstverständlich trägt die Crew – wie deutlich zu erkennen ist – Sicherheitsgürtel.

DUVA
R.O.R.C

55
G
36

G

Oben:
Nett diese Mädchen. Aber der Vorschot-»Mann« verhält sich in bezug auf Sicherheit leichtsinnig: »Er« steht barfuß im Trapez – eine »seglerische Todsünde«!

Unten:
Selbstverständlich bei diesem Wind: Segeln mit Schwimmwesten!

Rettungsinsel im Einsatz.

aus Sicherheitsgründen und zwecks Wärmeisolierung teilweise mit Doppelboden versehen, dazu mit Sicherheitseinrichtungen wie doppelten Trageschläuchen, Treibanker, Einstiegsleiter, usw. Serienmäßig beinhalten diese Inseln eine Notausrüstung, wie Schwämme, Kappmesser, Seenotbeleutung, Schöpfbecher, Blasebalg, Paddel, natürlich auch Notproviant und Notsignale. Rettungsinseln dürfen nie unter Deck verstaut werden, und alle zwei Jahre sollen sie einer Inspektion unterzogen werden.

Sicherheitsgürtel

Ebenso selbstverständlich wie eine Schwimmweste muß beim Fahrtensegeln oder Hochseerennsegeln für jedes Besatzungsmitglied ein Sicherheitsgürtel – auch »life belt« genannt – mitgeführt werden. Bei entsprechend schlechten Wetterbedingungen wird dieser um die Brust angelegt, und mit Hilfe einer 1,70–3 m langen Sorgleine kann man sich dann am jeweiligen Arbeitsplatz mittels eines Karabinerhakens festhaken, um ein Überbordfallen zu verhindern. Befestigungspunkte sind z. B. Wanten, Stage, Bug- und Heckkorb, Reling, gegebenenfalls Kreuzpoller und Handläufe. Ein Sicherheitsgürtel ist noch wichtiger als eine Schwimmweste!

So wird die Sorgleine am Sicherheitsgürtel eingehakt.

Notsignalmittel

Pyrotechnische (feuerwerkstechnische) Mittel stellen für den Segler eine unersetzliche Hilfe dar, um im Notfall auf sich aufmerksam machen zu können. Die Farbe für den Notfall ist jeweils rot! Man kennt folgende Möglichkeiten:

Fallschirm-Signalraketen
Steighöhe bis zu 300 m, Brenndauer bis zu 40 Sek., Abschuß aus der Hand.

Leuchtpistole
Steighöhe z. B. mit Fallschirm-Signalpatronen Kaliber 4 etwa 300 m, Brenndauer etwa 30 Sek. Es handelt sich hier wohl um das funktionsfähigste Signalmittel, aber mit dem Nachteil, daß es nicht ohne weiteres gekauft werden kann (Waffenbesitzkarte und Munitionserwerbsschein).

Signalstift
Ähnlich einem Kugelschreiber mit einschraubbarer Munition. Der mittels einer Feder spannbare Stift war zwischenzeitlich verboten, ist aber nun in neuer Ausführung (mit Reservemagazin) wieder erlaubt und kann ohne Formalitäten von Personen über 18 Jahre erworben werden. Dabei aber PTB-Prüfnummer (PTB = Physikalische Technische Bundesanstalt, Braunschweig) beachten! Steighöhe rund 70 m, Brenndauer rund 5 Sek. Dieser Stift ist sehr brauchbar, besonders für Binnenreviere und fürs Jollensegeln (jeder Segler könnte ihn in der Ölzeugtasche tragen!) oder beim Fahrtensegeln als Zusatz.

Rauchsignale
Eine schwimmfähige Dose wird über Bord geworfen und entwickelt etwa 5 Minuten lang eine beträchtliche Menge orangefarbenen Rauches. Es handelt sich hierbei um ein wichtiges Tagsignal.

Handrotfackel
Die heutigen Fackeln sind tropffrei und werden entweder mittels Abreißzünder oder mitgelieferter Reibfläche gezündet. Sie dienen zum Schwenken bei Dunkelheit.
Von oben aufgezählten Signalmitteln sollen eine Auswahl in ausreichender Anzahl an Bord sein.

Einige Tips dazu:

- Die Signalmittel gut erreichbar, in wasserdichten Behältern verstaut, an Bord lagern.
- Jeweils die Bedienungsanleitung vor Antritt eines Segeltörns genau studieren.
- Verfallsdatum beachten, Markierungen (z. B. geriffelter Rand roter Patronen) einprägen.
- Bei stark unsichtigem Wetter und bei Küstenferne nicht sinnlos die Munition verschießen, sondern warten, bis Hilfe in der Nähe vermutet oder wahrgenommen wird.
- Immer in Windrichtung abschießen.
- Immer zwei Schüsse verhältnismäßig kurz hintereinander abgeben. Ein Beobachter könnte durch das erste Signal nur halb aufmerksam gemacht werden, das zweite dann aber als Notsignal erkennen.
- Immer nur bei echter Not rote Signale geben! Andernfalls weiße Munition abschießen.

Weitere Sicherheitsmittel an Bord

Zur Erhöhung der allgemeinen Sicherheit dienen noch folgende Dinge an Bord: Seereling (einschl. Bug- und Heckkorb), Feuerlöscher, Bilge-Pumpen, Handlampen, Nebelhorn, Radar-Reflektor, Notruderpinne, Werkzeug und selbstverständlich eine Bordapotheke (siehe Seite 247). Genauen Aufschluß über die Sicherheitseinrichtungen gibt die sehr empfehlenswerte Broschüre »Internationale und nationale Richtlinien für die Ausrüstung und Sicherheit seegehender Segelyachten« herausgegeben von der Kreuzer-Abteilung des Deutschen Segler-Verbandes!

Die Sicherheitsausrüstung einer Jolle

Beim Jollensegeln ist natürlich nicht die umfangreiche Sicherheitsausrüstung erforderlich, wie bei einer seegehenden Yacht, die zu einem Törn ausläuft. Wenn man nicht gerade ein Regattatraining vor der »Haustüre« absolviert, sondern einen ausgedehnten Tagesausflug unternimmt, dann gehört folgendes zur Sicherheitsausrüstung der Jolle:

- Feste Auftriebskörper, die nicht schadhaft sind und die Jolle auch in vollgelaufenem Zustand über Wasser halten
- Für jeden eine Schwimmweste an Bord
- Ein Ösfaß bzw. eine Pütz, auch wenn Lenzventile eingebaut sind
- Ein Bootshaken
- Ein bis zwei Paddel
- Ein kleiner Anker mit einer mindestens 20 m langen Leine
- Eine Schleppleine (sie kann mit einer Ankerleine identisch sein)
- Einen Signalstift mit roter Munition
- Einige Fender.

Notsignale

Nach der Seestraßenordnung gelten folgende internalionale Notsignale:
Kanonenschüsse oder andere Knallsignale. Anhaltendes Ertönen eines Nebelsignalgeräts. Raketen oder Leuchtkugeln mit roten Sternen einzeln in kurzen Zwischenräumen. Das Morsesignal SOS (· · · – – – · · ·). Das Wort »Mayday« durch Sprechfunk. Das internationale Flaggensignal NC (aus dem internationalen Signalbuch). Ein Signal aus einer viereckigen Flagge, darüber oder darunter ein Ball oder ballähnlicher Gegenstand. Flammensignale. Eine rote Fallschirm-Leuchtrakete oder rote Handfackel. Ein orangefarbenes Rauchsignal.
Langsames und wiederholtes Schwenken der seitlich ausgestreckten Arme.
Nach der Binnenschiffahrtsstraßenordnung kennt man auch noch folgende Signale: Kreisförmiges Schwenken einer Flagge oder eines Lichtes, wiederholte Abgabe von Tönen oder Läufen mit der Glocke. Manövrierunfähige Fahrzeuge machen aufmerksam durch Schwenken einer roten Flagge oder eines roten Lichtes bzw. durch das Schallsignal – · · · ·

Havarien

Havarien sind Schäden am Boot, die durch Sturm, Kollision, Abnützung bzw. schlechten Zustand oder durch eigenes Verschulden entstehen. Die meisten Havarien ereignen sich bei schwerem Wetter. Prinzipiell das beste vorbeugende Mittel gegen Havarien ist die vorausgehende Materialkontrolle. Vor Antritt jeder Fahrt soll alles durchgecheckt werden, z. B. die richtige Wantenspannung, die Funktionstüchtigkeit von Wanten, Stagen und Schoten, usw.
Eine Havarie kann eine Crew in Nöte bringen. Gelingt es aber der Mannschaft, die Situation an Bord in den Griff zu bekommen durch entsprechende Gegenmaßnahmen, so wird normalerweise nicht gleich ein Seenotfall entstehen. Der Skipper muß natürlich jeweils entscheiden können, ob die Lage kritisch wird und ob die Crew gefährdet wird. Eines gilt jedoch dabei: Eine Yacht verträgt mehr als man zunächst glaubt. Man sollte deshalb das Boot nicht vorschnell verlassen, zumal eine noch schwimmfähige Yacht die beste Seenotausrüstung darstellt.
Normalerweise hat man es öfters mit kleineren Schäden zu tun, die mit einfachen Mitteln notdürftig behoben werden können. Aber auch bei gefährlichen Schäden muß man entsprechende Rettungsversuche unternehmen können. So verhält man sich z. B. bei folgenden Havarien:

Schaden beim stehenden Gut

Wanten und Stage können sich z. B. an der Pütting lösen durch verlorene Schrauben bzw. Bolzen, sie können brechen wegen Materialschwäche, falschem Masttrimm, schlechter Halse, Wantenspanner könnten sich aufdrehen. Damit wegen der nun feh-

lenden Abstützung der Mast nicht bricht, muß die Yacht unverzüglich so zum Wind gelegt werden, daß dieser dem betroffenen Bruch entgegen wirkt und den beschädigten Teil entlastet.
Beim Bruch eines Luvwant geschieht dies durch ein Wenden auf den anderen Bug. Sofern es sich um ein (kleineres) Boot mit nur einer Want auf jeder Bordseite handelt, ist ein sofortiges Fieren des Großsegels vor der Wende angeraten, damit der Mast auf diese Weise schnell entlastet wird.
Bei einem Vorstagbruch geht man sofort vor den Wind und läßt dabei das Vorsegel (dessen Vorliek ersetzt das Vorstag) stehen. Sofern ein Achterstag bricht (in der Regel auf Vorwindkurs), muß man unverzüglich in den Wind gehen, Vorsegel und vor allem Spinnaker bergen. Die Gefahr für den Mast ist bei frischer Brise und gesetztem Spinnaker hier besonders groß! Das gebrochene Drahttauwerk kann man natürlich auf dem Wasser nicht austauschen, deshalb versucht man als Notreparatur an das herabhängende Ende ein Stück Tauwerk oder besser eine Talje anzubringen. Sofern man zwei Klemmschrauben in der Werkzeugkiste an Bord hat, könnte man dazu leicht ein Behelfsauge in das Drahtende basteln. Als eine unkomplizierte vorübergehende Notabstützung kann auch ein in das Pütting eingeschäkeltes Vorsegelfall fungieren.

Großbaumbruch

Unterliek des Großsegels abschlagen und ohne Baum – Schot am Schothorn befestigt – behelfsmäßig weitersegeln. Sofern das Segel mit Reffgatchen versehen ist, könnte man es auf die zum Spinnakerbaum passende Unterlieksländge einreffen und den Spinnakerbaum als Großbaum verwenden.

Mastbruch

Bedingt durch die heutigen Alumasten und die haltbare Niro-Verstagung ist ein Mastbruch heute seltener als früher geworden. Sofern ein Mast – wegen eines Schadens in der Verstagung – bricht, bricht er häufig im oberen Drittel. Herunterhängende Teile zieht man zur Verhinderung von Herumschlagen an Bord bzw. zurrt sie fest. Außenbords liegende Teile des Mastes oder der Verstagung müssen ebenfalls sofort an Bord genommen werden, damit die Außenhaut nicht beschädigt wird. Stehendes und laufendes Gut werden vom gebrochenen Teil entfernt, notfalls durch Kappen. Als Notmast könnte man an den verbliebenen Mastrest z. B. den Spinnaker- oder Großbaum festlaschen und notdürftig verstagen.

Ruderhavarie

Ist die Pinne gebrochen, und kann der Pinnenrest nicht angelascht werden, so können z. B. Paddel, Bootshaken oder ähnliches als Ersatz dienen. Bei radgesteuerten

Mit Hilfe der zwei Spinnakerbäume wurde bei dieser Yacht nach Mastbruch ein Notrigg errichtet.

Yachten kann bei Radbruch in der Regel eine Notpinne am Ruderkopf angebracht werden. Bei Bruch oder Verlust des Ruderblattes selbst bleibt nur der Versuch, ein Notruder anzubringen: z. B. über Heck ausgebrachtes Paddel, an dessen Blatt zur Vergrößerung der Fläche ein Brett aufgeschraubt bzw. -genagelt werden könnte. Notfalls muß eine Crew auch nur mit den Segeln alleine steuern. Das Grundprinzip dazu: anluven = Großsegel dichter nehmen und Vorsegel fieren, abfallen = Vorsegel dichter nehmen bzw. normal fahren und Großsegel fieren. Im übrigen sei darauf hingewiesen, daß in den oben bereits zitierten internationalen und nationalen Sicherheitsrichtlinien das Mitführen eines Reserverudergeschirrs gefordert wird. Bei großen Hochseerennen für IOR-Yachten wird das Vorhandensein einer Notruderpinne an Bord von der Wettfahrtleitung auch kontrolliert!

Leck

Kleine Lecks mit geringem Wassereinbruch sind weniger gefährlich und gehören mehr in den Bereich »Instandhaltung« des Bootes. Größere Lecks dagegen, die durch Kollision, Grundberührung oder heftiges Stampfen in schwerer See entstehen können, können eine Yacht in ernsthafte Gefahr bringen. Bevor man aber nach der Rettungsinsel greift, spielt man zunächst die verschiedenen Rettungsmöglichkeiten für das Boot durch. Hierfür gilt zunächst: Ruhe bewahren, Pumpen betätigen, beschädigte Stelle genau lokalisieren. Je nach Umständen unternimmt man dann folgendes:

1. Kleineres Leck zustopfen mit Taschentuch, Segelsack und ähnlichem.
2. Bei einem Leck, das nicht zu tief unter der Wasserlinie liegt, versucht man die Yacht so zu krängen, daß das Leck über Wasser gehalten wird.
3. Bei einem größeren Leck Abdichtung von innen mit einem Kojenpolster aus Schaumstoff. Darauf wird ein Brett (Bodenbrett, Schranktüre oder ähnliches) mit Stützen angepreßt.
4. Eine gute Möglichkeit kann auch eine in ein Leck gepreßte, aufblasbare Schwimmweste bedeuten. Im Leck z. B. durch eine CO_2-Patrone aufgeblasen, gibt sie eine wirkungsvolle Abdichtung.
5. Befindet sich das Leck hinter einem Schrank bzw. Stauraum, diesen vollstopfen.
6. Den Wasserdruck von außen kann man durch ein Lecksegel mindern. Dazu zieht man z. B. eine Fock vom Bug her unter das Boot und befestigt sie an beiden Bordseiten so, daß das Tuch auf das Leck gepreßt wird.

Helfen alle Abdichtungsmaßnehmen nichts, so muß man rechtzeitig die entsprechenden Notsignale abgeben und die Rettungsinsel klarlegen. Natürlich versucht man das nächste geeignete Ufer zu erreichen oder wenigstens flaches Wasser, damit die Yacht gegebenenfalls wieder geborgen werden kann. Bei Jollen ergibt sich eine ähnliche Situation wie nach dem Kentern (siehe Seite 239).

Grundberührung

Eine Grundberührung ist beim Yachtsegeln immer möglich. Auf Binnenrevieren oder bei Stellen ohne gefährliche Klippen und Legerwallgefahr kann sie harmlos sein, wobei ein Freimanövrieren leicht zu bewerkstelligen ist. Ein Auflaufen bei ungünstigen Verhältnissen (Wetterverschlechterung, schweres Wetter, gefährlicher Untergrund, vor einer Leeküste, bei ablaufendem Wasser) kann aber zu einer völligen Strandung und zum Verlust des Bootes führen. Der gefährlichste und unter allen Umständen zu vermeidende Zustand sind auflandiger Wind und Seegang. Eine auf Grund gelaufene Yacht wird hierbei mit jeder Welle ein Stück weiter auf Land gesetzt und allmählich zerschlagen. Meist bleibt hier nur noch ein rechtzeitiges Rotschießen und Hoffen auf Hilfe. Zur Vermeidung solcher Situationen muß deshalb beim Fahrtensegeln jeweils sorgfältig die betreffende Seekarte im Hinblick auf die Tiefenangaben beachtet werden. Zum Freikommen aus eigener Hilfe wendet man folgende **Grundprinzipien** an:

- Ausfahren eines Ankers (mit Beiboot, notfalls mit Hilfe von Schwimmweste oder leerem Kanister schwimmend) und Boot verholen.
- Verringerung des Tiefganges durch Krängung.
- Verringerung des Tiefganges durch Gewichtsverlagerung nach vorne oder achtern.
- Verringerung des Tiefganges durch Gewichtsverminderung.
- Absicherung durch Ankerwerfen.
- Je nachdem ob es schadet oder nützt, die Segel bergen oder stehenlassen.
- Durch Staken mit Paddel oder Bootshaken, gegebenenfalls auch durch Backsetzen des Vorsegels versuchen, den Bug zum freien Wasser zu drehen.
- Krängung und Motorhilfe.

Gestrandet! Auf diese Weise kann eine Yacht ganz zu Bruche gehen.

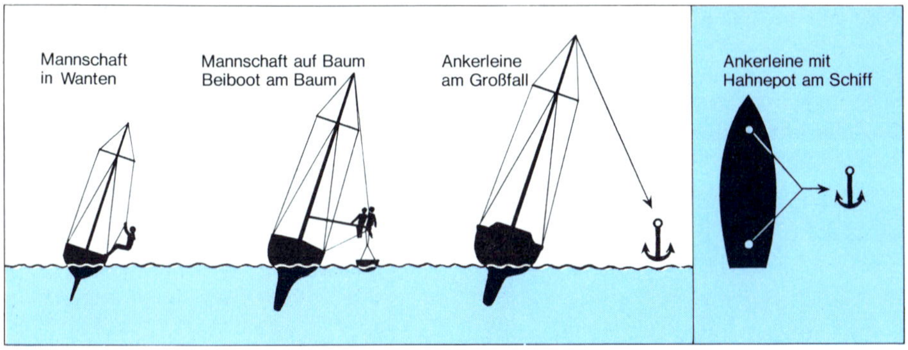

Eine Krängung zur Verminderung des Tiefganges kann man auf folgende Arten hervorrufen:

1. Mannschaft hängt sich an die Wanten. Diese Methode, verbunden mit entsprechendem Dichtnehmen der Segel, bringt in leichteren Fällen meist schon Erfolg.
2. Zu einer erforderlichen stärkeren Krängung hängt sich die Crew an den angedirkten, aufgefierten und an den Wanten befestigten Großbaum. Zur Unterstützung der Dirk kann man zusätzlich auch das Großfall an der Baumnock anschäkeln.
3. Das mit Wasser gefüllte Beiboot mit der Großschot zum Baum gehievt, bringt weiteren Krängungsballast.
4. Leine des ausgefahrenen Ankers an das Großfall anstecken und dieses durch die Fallwinde dichtholen.

Kollision

Eine Kollision zwischen zwei Booten ist meist mit einem mehr oder weniger großen Leck verbunden, das behandelt werden muß, wie oben beschrieben. Sind beide Boote ineinander verkeilt, dann sollen die Boote zunächst nicht auseinandergebracht, sondern im Gegenteil festgebunden werden, da ein Bug im Leck für den ersten Augenblick die beste Abdichtung darstellt. Erst wenn alle Vorbereitungen zu einer Abdichtung getroffen sind, kann an eine Trennung gedacht werden. Dann müssen aber beide solange zusammenbleiben und sich Hilfe leisten, bis klar ist, daß keine Gefahr mehr droht. Achtung: Jeder Schiffsführer ist einem internationalen Übereinkommen gemäß verpflichtet, Personen, die in Lebensgefahr geraten sind, Hilfe zu leisten! Bevor sich beide Schiffsführer trennen, sind die Namen, Adressen, Heimathafen (und Zielhafen), evtl. Club anzugeben, damit eine Schadensregulierung ohne Schwierigkeiten ermöglicht ist. Ist ein Logbuch an Bord, dann soll ein genauer Eintrag der Kollision erfolgen.

Feuer an Bord

Die beste Vorbeugung gegen Feuergefahr an Bord ist die Beachtung einiger Regeln:

1. Berücksichtige alle Sicherheitsmaßnahmen im Zusammenhang mit dem Motor und Treibstofftank (siehe im dortigen Kapitel!).
2. Überwache sorgfältig alle elektrischen Leitungen und Geräte.
3. Halte dich streng an die Sicherheitsvorschriften und Gebrauchsanweisungen beim Umgang mit den verschiedenen Arten von Kochern.
4. Hantiere nur sorgfältig mit Petroleumlampen.
5. Vermeide den Gebrauch von Gasheizsonnen an Bord, da sie mit ihrer Strahlungshitze z. B. Textilien entzünden können.
6. Rauchen in der Kajüte oder im Maschinenraum ist problematisch.

Sofern Feuer an Bord ausgebrochen ist, dient ein Feuerlöscher als wirkungsvollstes Bekämpfungsmittel. Zur Frage der Feuerlöscher meint die Kreuzerabteilung des Deutschen Segler-Verbandes in der Broschüre »Internationale und nationale Richtlinien für die Ausrüstung und Sicherheit seegehender Segelyachten«:

»Zwei Handfeuerlöscher, amtlich geprüft und von der Seeberufsgenossenschaft (SBG) zugelassen, müssen mindestens an Bord sein. Sie müssen jährlich durch die Herstellerfirma gewartet werden.
Die Löscher sind getrennt voneinander, davon einer von außen zugänglich zu halten und müssen für die Brandklassen A B C E geeignet sein. Nur für Yachten, auf denen sich keine Flüssiggasanlagen und keine elektrisch angetriebenen Geräte und Maschinen befinden, genügen Löscher, die für die Brandklassen A B geeignet sind.«

Brandklassen-Einteilung

- A Brennbare, feste Stoffe (flammen- und glutbildend)
- B Brennbare, flüssige Stoffe (flammenbildend)
- C Brennbare, unter Druck austretende Gase (flammenbildend)
- E Brände der Klassen A und B in Gegenwart elektrischer Spannung.

Die Brandklasse D umfaßt brennbare Leichtmetalle, ausgenommen Alkalimetalle, die normalerweise im Yachtbau keine Verwendung finden.

Zur weiteren Brandbekämpfung sollen zwecks Verhinderung eines die Flammen entfachenden Durchzuges alle Fenster, Luken und Niedergänge geschlossen werden. Ein zusätzliches Verstopfen der Lüfter fördert das Ersticken der Flammen. Den Löschstrahl des Feuerlöschers soll man immer auf den brennenden Gegenstand bzw. die Basis des Feuers halten, nicht in den Rauch oder die Flammen. Günstig sind beim Löschvorgang nasse Kleider, und eine nasse Decke stellt ein gutes Mittel dar zum Ersticken von Flammen. Sofern man auch mit Wasser löscht, vergesse man nicht, gegebenenfalls die Pumpen zu betätigen – das Löschwasser kann ja nicht im Boot bleiben. Übrigens eignet sich Wasser nicht zum Löschen von Öl-, Benzin- und Petroleumbränden. Vorsicht ist geboten beim Öffnen von Schotten (langsam öffnen und in geduckter Haltung – Flammen schlagen oben heraus) oder Decksluken (auf die Scharnierseite stellen). Brennende Polster sind schwierig zu löschen, sie werfe man umgehend nach kurzem Ablöschen über Bord. Auf brennende Personen kann man nicht mit dem Feuerlöscher draufhalten. Hier hilft nur ein Überbordspringen (Rettungskörper hinterher) oder ein Ersticken der Flammen mittels einer nassen Decke. Am besten wirft man sich als Helfender mit der vorgehaltenen Decke vom Kopf der brennenden Person aus über sie in Richtung Füße. Der Retter drängt auf diese Weise die Flammen als erstes vom Gesicht des Betroffenen weg.

Abwettern von Böen

Bei Böen handelt es sich um ein kurzzeitiges Verstärken des wahren Windes, vorwiegend bei einer unstabilen Wetterlage. Herannahende Böen sind leicht als über das Wasser huschende, dunklere Kräuselung der Oberfläche erkennbar. Der seglerische Warnruf lautet: »Wahrschau Bö!«. Nimmt durch eine Bö die Krängung des Bootes so zu, daß bei Jollen Kentergefahr, bei Yachten Gefahr für das Rigg entstehen, so muß zur Abwetterung etwas unternommen werden. Hierbei ist zu unterscheiden, ob man einen Amwindkurs oder einen Raumschots- bzw. Vorwindkurs segelt. Ein Vorwindkurs ist übrigens bei hartem, böigem Wetter wegen der Gefahr des Geigens und des unfreiwilligen Halsens weniger zu empfehlen – es sei denn, man hat gerefft und fährt einen Bullenstander.

Abwettern von Böen auf Amwindkurs
Zur Abwehr gibt es drei Möglichkeiten:

- Anluven
- Auffieren der Schoten.
- Verstärktes Ausreiten der Mannschaft.

Sofern man durch Anluven abwettert, ist zu beachten, daß es rechtzeitig erfolgen muß, sonst verstärkt sich die Krängung noch mehr. Können wenden dabei einen Trick an: sie segeln gewissermaßen auf der »Windkante«, wobei sie rechtzeitig so stark hochluven und so übertrieben hart am Wind segeln, daß das Boot mit zur Hälfte killenden Segeln aufrecht gehalten werden kann.
Beim Abwettern durch Fieren der Schoten darf man die Großschot nicht einfach ausrauschen lassen, sonst bleibt das Boot in nun unstabiler Lage stehen. Man gibt vielmehr nur »einen Schrick in die Schot« (d.h. fiert nur ein wenig) und holt sie anschließend nach der Bö sofort wieder dicht mit dem Ziel, die so wichtige Fahrt zu behalten. Könner fieren beim Regattasegeln statt der Großschot selber nur den Travellerschlitten.

Ein Tip noch für Jollensegler: Bei akuter Kentergefahr das Schwert ein Stück hochholen, das krängende Moment und die Kentergefahr werden dadurch gemindert.

Abwettern von Böen auf Raumschots – bzw. Vorwindkurs
Ein Fieren der Schoten und ein verstärktes Ausreiten erweisen sich zwar raumschots auch als richtig, entscheidend ist aber jetzt, daß man unter allen Umständen ein Anluven vermeiden muß. Mit Einfall der Bö gibt man jetzt im Gegenteil rechtzeitig Gegenruder, um mindestens auf Kurs zu bleiben. Teilweise besteht speziell auf Raumschotskurs auch die Notwendigkeit, sogar leicht abzufallen. Es gilt also: Ausreiten, fieren und Gegenruder!

Yacht bei starken Böen auf Amwindkurs.

Abwettern einer Bö auf Raumschotskurs: Fieren des Segels und Gegenruder.

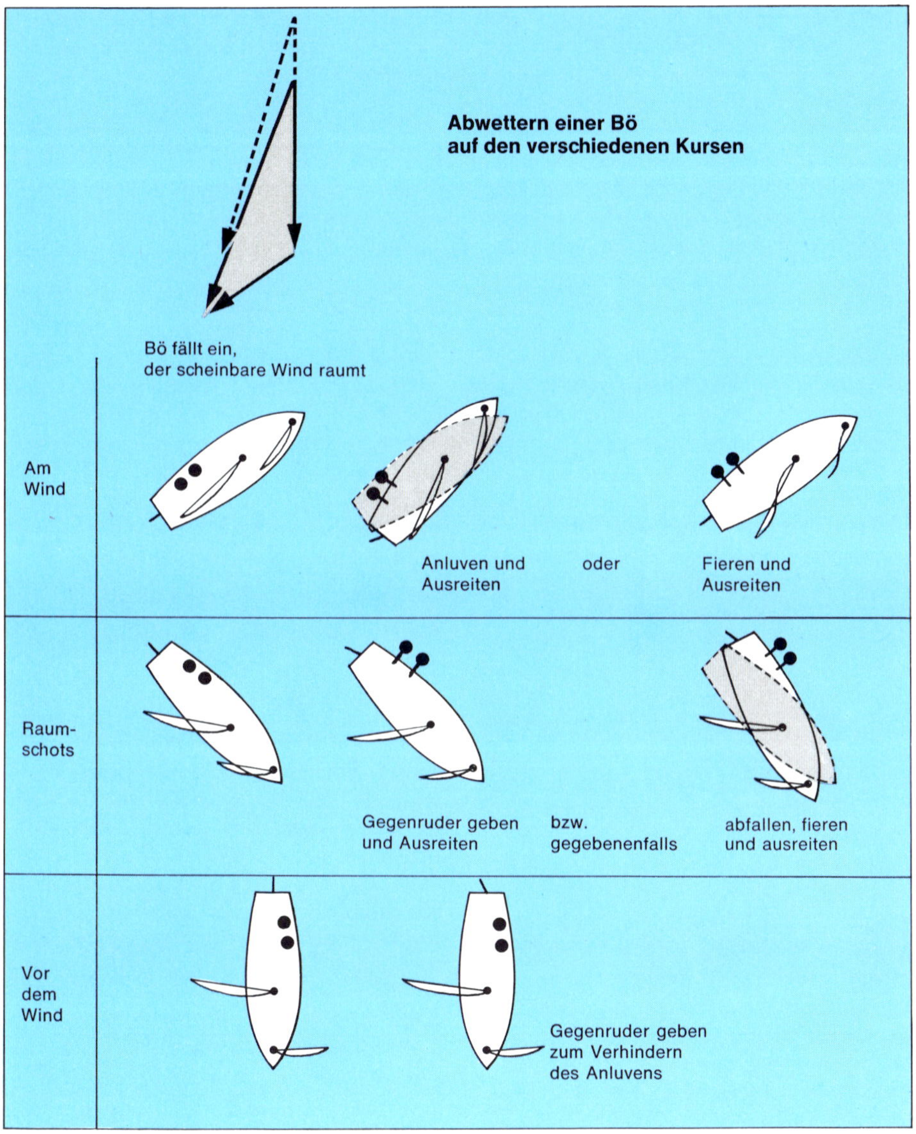

Verhalten nach einer Kenterung

Mit modernen Gleitjollen, die genügend Auftriebskörper (Auftriebstanks) besitzen, ist das Kentern wegen der Aufrichtbarkeit normalerweise überhaupt kein Problem. Das Kentern gehört in diesem Falle auch kaum in das Kapitel »Sicherheit«, sondern zum Teil »Segelpraxis« (siehe Seite 194). Vollholzboote älterer Konstruktion dagegen, z. B. Piraten, H-Jollen, Schwertzugvögel, Schratzjollen – aber auch moderne Gleitjollen mit schadhaften Auftriebstanks oder nicht aufgepumpten Kenterschläuchen, laufen nach einer Kenterung voll Wasser, und man ist auf Hilfe angewiesen. Kentern ist mit solchen Booten also ein unangenehmer Zustand, den man vermeiden sollte, bzw. – wenn nun mal geschehen – bei dem man sich sicherheitsgemäß verhalten soll. Bevor auf das richtige Verhalten eingegangen wird, sollen zwei wichtige Dinge klar herausgestellt werden:

1. Bei einem Wetter mit auch nur der geringsten Kentergefahr soll unter allen Umständen eine Schwimmweste angelegt werden.
2. Gerade mit einem nichtaufrichtbaren (d. h. nicht wieder flott zu bekommenden) Jollentyp soll man bei entsprechendem Wetter nicht so weit von einem Hafen, Steg oder Ufer wegsegeln, daß man nach einer eventuellen Kenterung nicht gesehen werden kann.

Manche tödlichen Unfälle kamen beim Jollensegeln dadurch zustande, daß die gekenterte Crew nicht bemerkt wurde und deshalb an Unterkühlung bzw. Erschöpfung und nachfolgendem Ertrinken zugrunde ging.

Wie verhält man sich nun nach einer Kenterung?:
1. Blick nach den Mitseglern.
2. Grundsätzlich beim Boot bleiben! Ein treibendes, gekentertes Boot wird von Helfern viel leichter gesichtet als ein winziger Schwimmer. Wegschwimmen vom Boot (auch mit Schwimmweste) ist immer lebensgefährlich.
3. Unter das Segel gerät man normalerweise nicht. Sollte dies aber einmal vorkommen, so hilft nur ein seitliches »Herausschlüpfen«, möglichst in Richtung Achterliek (um nicht mit der Want in Konflikt zu geraten). Das Segel hochdrücken wollen, ist zwecklos.
4. Durchkentern verhindern durch Halten am Schwert.
5. Sofern man von Helfern nicht gesichtet worden ist, versuchen, sich bemerkbar zu machen. Eine große Hilfe wäre dabei, wenn man jetzt ein rotes Signal abschießen könnte.
6. Sofern keine speziellen Probleme entstehen, könnte man jetzt aufschwimmende Gegenstände, wie Paddel, Spinnakerbaum, usw. bergen. Hierzu aber nicht ohne eine Leine in der Hand und schon gar nicht ohne Schwimmweste vom Boot wegschwimmen!
7. Sobald eine Schlepphilfe eingetroffen ist, schlägt man die Segel ab und richtet das Boot auf.
8. Eine zugeworfene Schleppleine befestigt man am besten am Mast in Decksnähe (2 Rundtörns mit 2 halben Schlägen). Zum Abschleppen selbst soll das Schwert zur Verhinderung des Querschießens hochgezogen werden. Außerdem belastet man das Heck und steuert möglichst den Schleppkurs mit.

Mann über Bord

Die Situation und Vorbeugung

Fällt im Ernstfall – und der findet immer bei schwerem Wetter mit entsprechendem Wellengang statt – eine Person über Bord, so ergibt sich eine gefährliche, lebensbedrohende Situation:

1. Bei Wellengang und gegebenenfalls unsichtigem Wetter ist es äußerst schwierig, die über Bord gefallene Person im Blickpunkt zu behalten und damit sicher zu ihr zu gelangen.
2. Bei kaltem Wasser – dies trifft besonders für nördliche Gewässer (Nord- und Ostsee) zu – tritt verhältnismäßig schnell eine Unterkühlung ein, die zunächst zu einer Bewegungsunfähigkeit – d. h. Unfähigkeit, aktiv ins Boot zurückzusteigen – führt, dann zur Bewußtlosigkeit. Und einen Bewegungsunfähigen in ein Boot zurückzuhieven, ist schwierig.
3. Auch nach einer erfolgten Rettung besteht gegebenenfalls eine kritische Phase der Unterkühlung, die erst durch richtige und sofortige Erste-Hilfe-Maßnahmen überwunden werden muß, aber oft schon nicht überwunden werden konnte.

Zur Vermeidung einer Mann-über-Bord-Gefahr trifft eine verantwortungsvoller Skipper eine wichtige Vorbeugungsmaßnahme: er läßt rechtzeitig allen Crewmitgliedern ihren Sicherheitsgürtel bzw. -gurt anlegen und sorgt dafür, daß bei allen Arbeiten an Deck sich jeder mittels einer Sorgleine anhängt.

Die Reaktion der Mannschaft

Ist nun aber doch eine Person über Bord gefallen, so muß ihr als erstes so unverzüglich wie möglich der Rettungskörper (mit einem Griff aus der Halterung gelöst) einschließlich der Markierungsboje (Farbbeutel, Rauchsignal) nachgeworfen werden, um die Stelle zu markieren und wiederzufinden. Gleichzeitig muß der Überbordgefallene ununterbrochen intensiv beobachtet werden, damit man ihn nicht außer Augen verliert und ihn dann vielleicht nicht mehr findet. Nun käme das »Mann-über-Bord-Manöver«, das man ja im Hinblick auf die A-Schein-Prüfung eifrig als »Boje-über-Bord-Manöver« (siehe dort im Praxisteil!) geübt hat, dran. Statt dieses Manövers – oder wenigstens davor – unternimmt man aber nach unserer Meinung etwas anderes und besseres: Man geht sofort über Stag und dreht bei. Auf diese Weise kommt die Yacht in unmittelbarer Nähe (je nach schneller Reaktion des Rudergängers) und in Luv der Markierungsboje und des Überbordgefallenen zum Stehen. Man behält den zu Rettenden in der Nähe leichter im Blick und kann sich nun in Ruhe die weiteren Rettungsmaßnahmen überlegen. Man wird auf alle Fälle versuchen, die Maschine anzuwerfen (aber keinesfalls Segel bergen!), um gewappnet zu sein; ansonsten versucht man, die Yacht zur gewünschten Stelle hintreiben zu lassen. Gegebenenfalls kann der Überbordgefallene auch zur in diesem Fall sehr naheliegenden Yacht schwimmen oder auch an einer zugeworfenen Leine zu ihr gezogen werden (eine Rettungsweste hat er ja hoffentlich wohl an!). Kommen die zuletzt erwähnten Möglichkeiten nicht in Frage, z. B. weil wegen zu langer Reaktionszeit der Mannschaft das Beidrehen zu spät und damit in zu großem Abstand erfolgte, dann bleibt nur noch ein sauberes „Mann-über-Bord-Manöver« in Prüfungsausführung übrig. Sofern man übrigens bei dieser Rettungsaktion in Schwierigkeiten gelangt bzw. den »Mann« aus den Augen verliert, sollte man versuchen, Hilfe herbeizurufen (über Funk bzw. rot schießen).

Die Bergung

Befindet sich der zu Rettende längsseits der Yacht, ist es schwierig, ihn an Bord zurückzuhieven, besonders wenn er nicht aktiv mithelfen kann. Ihn an Armen und Beinen einfach hochziehen zu wollen, erweist sich als unmöglich, deshalb muß man sich je nach Umständen einer Hilfsmethode bedienen. Folgende Methoden bzw. Hilfsmittel, die sich in der Praxis schon bewährt haben, sollte man sich als Yachtskipper einprägen – oder besser sie mal bei Flaute ausprobieren. Bei einer hochbordigen Yacht sollte die Bergung dabei immer auf der Leeseite erfolgen, weil hier durch die Krängung das Freibord niedriger ist:

Badeleiter oder Tauwerksbucht

Sofern der Überbordgefallene noch aktiv mithelfen kann, bietet eine Badeleiter die beste Einstiegsmöglichkeit. Da nicht immer eine solche Leiter mitgeführt wird, erstellt man sich mittels zweier möglichst dicker Leinen, in die je ein einfacher oder doppelter Palstek geknotet wird, eine Ersatztrittleiter. Der Verunglückte steigt dann zuerst mit einem Fuß in die eine ausgehängte Tauwerksbucht (die Hände halten sich an der Reling oder am Schanzkleid fest), dann mit dem anderen in die höher ausgehängte andere Bucht.

Bergung mit Hilfe einer sog. »Dritthand-« bzw. Arbeitstalje, deren Blöcke mit Haken ausgestattet sind

Wird eine solche Talje, die eine Kraftersparnis von 3:1 gewährt, an Bord mitgeführt, so bietet sie die wohl beste Gewähr für eine erfolgreiche Bergung. Bei einer Rettungsaktion pickt man den einen Taljenblock in das Vorsegelfall, das dann bis etwa Salinghöhe vorgeheißt wird, ein. Der zweite Block wird am Sicherheitsgurt

Bergung mittels Talje und speziellem Bergegurt.

(wenn nicht vorhanden an einer um die Brust geschlungenen Leine) des zu Rettenden befestigt. Bei der Befestigungsaktion muß gegebenenfalls ein angeleintes Crewmitglied ins Wasser steigen. Ein Hochziehen an Deck stellt anschließend normalerweise keine Schwierigkeit mehr dar.

Bergung mit Hilfe der Großschot

Der Großbaum wird dabei als Art Ladebaum benützt und seitlich ausgebracht. Der Großschotfußblock wird dann abgeschäkelt und in den Sicherheitsgürtel eingeschäkelt. Durch Dichtholen der Großschot kann das Hochhieven gelingen. Voraussetzung ist allerdings eine haltbare Dirk und die schnelle Ausschäkelmöglichkeit des Fußblockes.

Bergung mit Hilfe von Großbaum und Dirk

Sofern die Dirk und deren Umlenkrolle entsprechende Belastungen vertragen kann, ist diese Methode sehr erfolgversprechend. Man wirft dazu die Großschot los und dirkt den Großbaum so weit wie möglich an. Die holende Part der Dirk befestigt man dann am Sicherheitsgurt des längsseits Schwimmenden und hievt diesen durch Dichtholen der Großschot an Deck. Ein Vorteil dieser Rettungsart ist auch, daß der Holepunkt im Masttopp liegt, wodurch die Person in einem sehr spitzen Winkel nach oben gezogen wird, ohne sie über die Seereling zerren zu müssen.

Bergung mit Hilfe der Fock

Der Fockhals wird dazu außerhalb der Reling z. B. an einer Relingstütze festgebändselt, gleichzeitig setzt man das Schothorn mittels der Schot fest nach achtern durch. Jetzt wird die Fock (Kopf bleibt am Fall angeschäkelt) so in das Wasser gefiert, daß sich eine Art Tasche bildet, in die der Verunglückte gezogen wird. Durch Heißen des Falls und Nachhelfen am Vor- und Achterliek kann die Bergung gelingen.

Einsatz der Rettungsinsel

Bereitet die Bergung Schwierigkeiten und kann im Hinblick auf eine drohende Unterkühlung keine Zeit mehr für weitere Versuche verschwendet werden, so muß die Überlegung angestellt werden, ob man nicht die mit einer Leine am Boot festgebundene Rettungsinsel über Bord wirft, um den Bewußtlosen zur unverzüglichen Erste-Hilfe-Leistung zunächst in die Insel zu ziehen.

Bergung beim Jollensegeln

Beim Jollensegeln liegt die Situation etwas anders. Man wird sich zwar mit einer Jolle niemals auf der Hochsee oder im fernen Küstenbereich aufhalten, in einem Ernstfall stehen aber andererseits keine Hilfsmittel wie Dirk oder Talje zur Verfü-

Bergung bei der Jolle auf der Luvseite (Bildreihe rechts) oder über das Heck (bei nicht abgedecktem Achterschiff).

gung, außerdem ist der Retter in der Regel alleine. Die meisten Jollen werden nämlich zu zweit gesegelt, und wenn da einer über Bord fällt, ist der andere eben allein. Nicht umsonst haben deshalb viele einschlägige Bücher auf die außerordentlichen Schwierigkeiten verwiesen, jemanden in eine Jolle zu ziehen. Aber keine Angst, neuerdings gibt es eine sehr wirkungsvolle Methode, mittels derer eine einzelne Person sehr wohl in der Lage ist, einen Bewegungsunfähigen an Bord zu ziehen. Diese Methode hat die Segelschule des Sportzentrums der Technischen Universität München im Sommer 1975 entdeckt (übertragen aus dem Bereich des Rettungsschwimmens) und erfolgreich in einer Versuchsreihe mit verschiedenen Jollentypen und verschiedengewichtigen Personen getestet. Die zu rettende Person wird dabei auf der Luvseite oder bei hinten nicht abgedeckten Jollen auch am Heck von hinten unter den Achseln gefaßt. Dann taucht man die Person in einer Art Ausholbewegung ins Wasser und zieht kräftig nach oben. Durch die Eintauch-Ausholbewegung bekommt man selbst so viel Schwung, und der Bewußtlose erhält so viel Auftrieb (sehr verstärkt, wenn er eine Schwimmweste anhat), daß das Herausziehen – besonders wenn dies aus den Beinen heraus geschieht – ohne Probleme gelingt.

Das Problem der Unterkühlung

Bei der über Bord gefallenen Person besteht das Problem der Unterkühlung (vor allem in den nördlichen Gewässern). Durch ein geringes Absinken der Körpertemperatur im Zwischenhirn treten zuerst Bewußtseinsstörungen ein, dann Bewußtlosigkeit, Bewegungsstarre und schließlich der Tod. Nachdem Wasser 25 mal schneller Wärme ableitet als Luft, ist in kaltem Wasser der Wärmeverlust sehr groß. Der menschliche Körper versucht nun durch entsprechende Maßnahmen den Unterkühlungsprozeß zu verzögern, z. B. durch Hautgefäßverengung oder vermehrte Energieausschüttung zur Wärmebildung. Für den Überbordgefallenen bedeutet dies, daß er sich zweckmäßig und energiesparend verhalten muß. Für ihn gilt:

- Alle Kleidungsstücke unter allen Umständen anbehalten. Kleider verzögern die Wärmeabgabe.
- Jede unnötige Bewegung und jedes unnötige Schreien unterlassen, es kostet wertvolle Energie. Man soll also z. B. erst winken, wenn man auch gesehen werden kann.
- Statt schreien sollte man möglichst eine Trillerpfeife benützen (eine solche Pfeife sollte an der Schwimmweste hängen).
- Eine Panik kostet Energie. Vielleicht kann man sie erfolgreich unterdrücken.

Ist der Überbordgefallene an Bord gehievt, so ist noch nicht unbedingt das schwierige Bergungsmanöver erfolgreich abgeschlossen. Vielmehr ist gegebenenfalls zunächst eine kritische Phase der Unterkühlung, die sich in erster Linie noch innerhalb der ersten halben Stunde nach der Rettung abspielt, zu überwinden. Gezielte Erste-Hilfe-Maßnahmen von seiten der Crew sind u. U. angebracht und können sich als lebensnotwendig erweisen.

Zwei entscheidende Dinge sind hierbei zu leisten:

1. Äußerliche Zufuhr von Wärme.
2. Verhinderung, daß unterkühltes Blut zum Zwischenhirn vordringen kann.

Zur Wärmezufuhr gehören das Entfernen nasser Kleider, das Anziehen trockener Wollsachen, Einpacken in warme Decken, Behandlung mit Wärmflasche und heißen Tüchern (besonders in der Nackengegend im Hinblick auf das Zwischenhirn). Notfalls packt man den Geretteten in eine Koje zwischen zwei ausgezogene Crewkameraden. Sofern keine Bewußtseinsstörung vorhanden ist, können auch heiße Getränke in kleinen Mengen eingenommen werden. Alkohol darf auf keinen Fall getrunken werden: er bewirkt durch die Erweiterung der Haut-Blutgefäße nicht nur einen zusätzlichen Wärmeverlust, sondern auch eine vermehrte Zufuhr von unterkühltem Blut ins Körperinnere.

Zur Verhinderung des Vordringens von unterkühltem Blut zum Zwischenhirn soll man nicht nur Reiben und Massieren von Armen und Beinen unterlassen, sondern die Gliedmaßen an Oberschenkel und Oberarm sogar leicht abbinden, damit eine Stauung des zurückfließenden kalten Blutes hervorgerufen wird.

Wiederbelebung

Atmet der Verunglückte nicht mehr, so ist unverzüglich (nach Freimachen der Atemwege) mit **künstlicher Beatmung** zu beginnen. Am wirkungsvollsten ist hierbei die Mund-zu-Mund- bzw. die Mund-zu-Nase-Beatmung. Dazu wird der Verunglückte auf den Rücken gelegt, Kopf nach rückwärts gebeugt. Der Helfer kniet daneben in Kopfhöhe, wobei er mit der einen Hand auf die Haare greift und mit der anderen flach

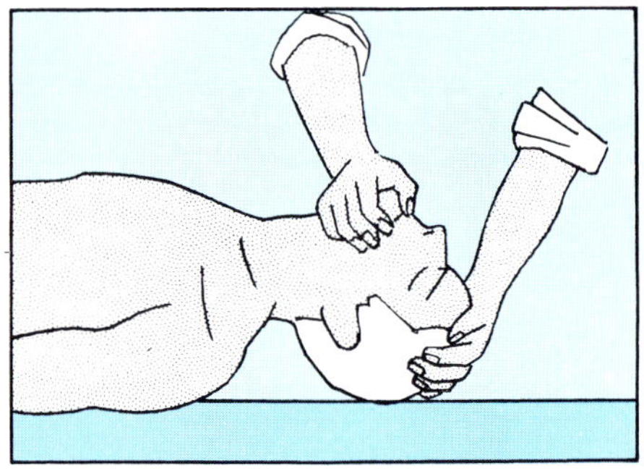

unter das Kinn. Je nachdem, ob von Mund-zu-Mund oder von Mund-zu-Nase beatmet werden soll, verschließt die Hand am Kinn entweder die Nase oder den Mund. Der Helfer atmet dann jeweils tief ein und bläst seine Ausatmungsluft dem Verletzten kräftig ein. Während diese Luft dann aus den Lungen des Leblosen selbsttätig entweicht, atmet der Helfer wieder normal ein.

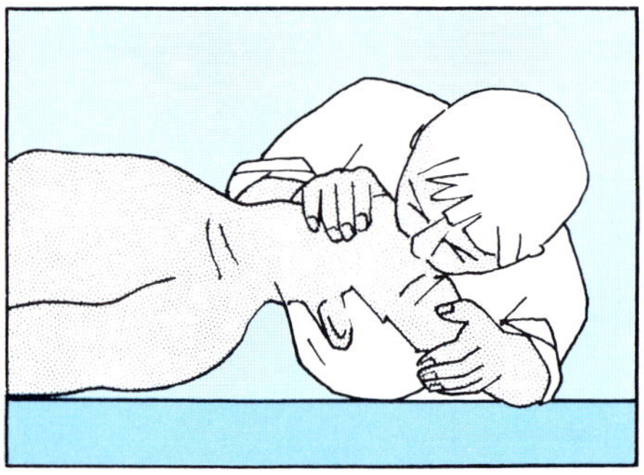

Mund-zu-Mund (bzw. Mund-zu-Nase)-Beatmung: die obere Abb. zeigt das richtige Rückwärtsbeugen des Kopfes, unten bläst der Retter Luft ein.

Diese Beatmung soll in normalem Rhythmus und ohne Unterbrechung erfolgen, etwa mit 12 Atemstößen pro Minute. Bei Herzstillstand kann die Atemspende keine Wirkung zeigen, da kein Blut transportiert wird. In diesem Falle muß schnellstens

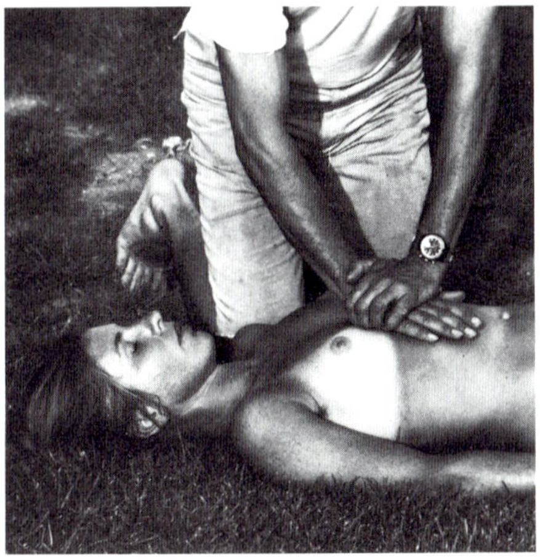

Herzmassage: in dieser Weise kniet ein Helfer neben dem Verunglückten und setzt so die übereinandergelegten Handballen auf die untere Hälfte des Brustbeins. Daneben muß aber die Beatmung weitergeführt werden.

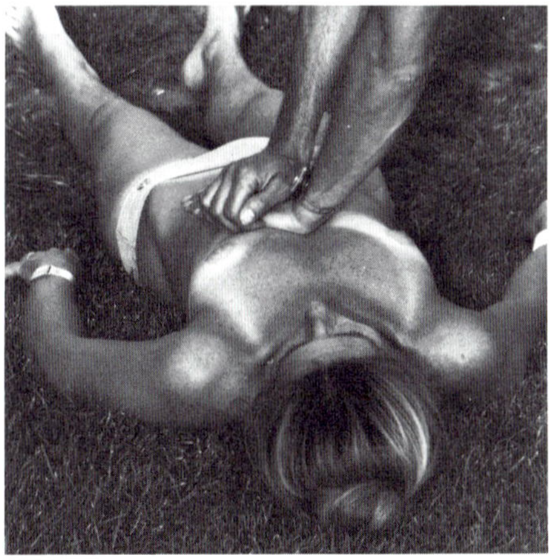

eine äußere **Herzmassage** einsetzen (aber nur bei wirklichem Kreislaufstillstand). Dazu kniet sich möglichst ein zweiter Helfer seitlich neben den in Rückenlage daliegenden Verunglückten, setzt die beiden übereinandergelegten Handballen auf die untere Hälfte des Brustbeins und drückt regelmäßig und kräftig, etwa 60–80 mal pro Minute. Neben der Herzmassage muß die Beatmung weitergeführt werden.

Abwettern eines Sturmes

In einem geschützten Hafen einen Sturm abzuwettern, ist der Idealfall. Auf Binnenseen ist dies bei aufmerksamer Wetterbeobachtung und rechtzeitigem Handeln eigentlich immer möglich. Beim Fahrtensegeln im Küstenbereich sollte man bei Sturmanzeichen auch versuchen, einen Schutzhafen anzulaufen. Ist dies nicht möglich, so strebe man mit allen Mitteln danach, tiefes Wasser und freien Raum zu gewinnen, um den Sturm frei von einer gefährlichen Küste abwettern zu können.

Ein Schutzhafen oder eine Ankerbucht müssen vor Wind und Seegang geschützt sein. »Legerwall« vermeiden!

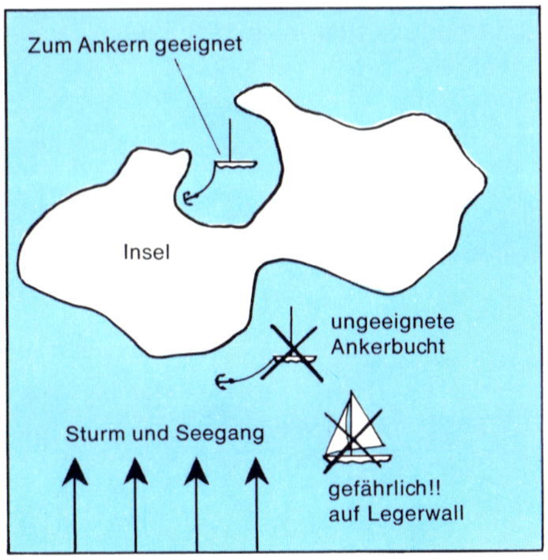

Das Boot wird dann rechtzeitig vorbereitet:

1. Ballast an Deck, wie z. B. Anker, zur Stabilitätserhöhung möglichst tief unter Deck verstauen und festzurren.
2. Das Deck aufklaren und gegebenenfalls Dinge, wie z. B. Spinnakerbaum, zusätzlich festzurren.
3. Ein an Bord mitgeführtes Schlauchboot wird verpackt und verstaut, ein Beiboot muß kieloben festgezurrt werden, damit es nicht voll Wasser schlagen kann und die Stabilität der Yacht mindert.
4. Rettungssignale und -mittel werden erreichbar klargelegt.
5. Der Niedergang zur Kajüte muß gut verschlossen werden, damit kein überkommender Brecher die Kajüte vollschlagen läßt.

Zunächst wird immer das Großsegel gerefft. Der nächste Schritt wäre dann das Verkleinern der Vorsegelfläche.

Hat der Wind entsprechend aufgefrischt, so ist die erste Maßnahme das Verkleinern der Segelfläche durch Wegnehmen von Segeln (Zweimaster) oder durch *Reffen.* Mit dem Reffen tauscht man auch das Vorsegel gegen ein kleineres aus (Sturmfock), voraus geht aber in der Regel das Verkleinern des Großsegels.

Reffeinrichtung

Gebräuchlich sind heute zwei Arten: das ältere Bindereff und das modernere Dreh- bzw. Patentreff. Beim Bindereff enthält das Großsegel meist zwei Reihen von Reffkauschen parallel zum Großbaum. Das weggefierte Segeltuch wird dann mit Reffbändseln oder einer Reihleine am Großbaum festgebunden. Beim Drehreff wird das Großsegel um den Großbaum gerollt. Dazu dreht man den Baum mittels einer Kurbel am speziell ausgeführten Lümmelbeschlag (Schneckengetriebe). Zum Eindrehen oder Einbinden segelt man »superhart« am Wind, während einer am Großfall das Großsegel langsam ein Stück wegfiert. Da das Drehreff gegenüber dem Bindereff einige Nachteile aufweist, feiert neuerdings das Bindereff ein Comeback – besonders bei Rennseglern.
Die Nachteile des Drehreffs gegenüber dem Bindereff sind im Folgenden dargestellt.

Die Nachteile des Drehreffs und die Vorteile des Bindereffs

1. Zu viele Crewmitglieder werden beim Reffvorgang benötigt: einer fiert das Großsegel, einer kurbelt, einer oder sogar zwei ziehen das Segel so zurecht (nach achtern), daß es sich faltenfrei aufwickelt.
2. Eine Faltenbildung ist meist nicht zu vermeiden, das Segel ist in Gefahr, sich zu verziehen.

Beim Bindereff dagegen ist der Reffvorgang schneller und mit weniger Personen zu bewerkstelligen, außerdem wird das Tuch geringer beansprucht. Allerdings kann ein Bindereffsegel nicht stufenlos verkleinert werden, wie dies beim Drehreff gegeben ist.

Die nachträgliche Ausrüstung einer Yacht mit einem Bindereff stellt kein Problem dar. Das Großsegel muß man nur zum Segelmacher bringen, damit er es mit zwei Reihen von Reffgatchen (kleine Kauschen) parallel zum Unterliek versieht. Am Vor- und Achterliek wird dabei jeweils eine stärkere Kausch eingepreßt. In die Gatchen knotet man dann kleine Reffbändsel, besser aber führt man durch sie eine Reihleine. Am Großbaum selbst werden jeweils zwischen zwei Kauschen auf beiden Seiten Reffhaken angebracht zum Einhängen der Reihleine. Für den Halsbeschlag benötigt man dazu noch einen Haken zum Einhängen der vorderen Reffkausch, und achtern am Baum bringt man auf der einen Seite eine Öse, auf der anderen Seite eine Umlenkrolle an, mittels derer die Reffleine befestigt und nach vorne umgelenkt wird.

Zum Reffen mit einem Bindereff fiert man das Großfall zunächst so weit, bis die zutreffende vordere Reffkausch in den Haken am Großbaum paßt. Ist dies der Fall, setzt man das Segel wieder durch. Als nächstes muß die achtere Reffleine durchgeholt werden (sie wird über die Umlenkrolle nach vorne gezogen und an einer Klampe belegt), dazu müssen Baumniederholer und Großschot gefiert werden. Sobald die Reffleine durchgesetzt ist, kann man das Großsegel bereits wieder benützen. Das lose Tuch unter dem Großbaum wird als letztes mittels der Reffbändsel oder der Reihleine eingebunden.

Mittels Drehreff gerefftes Segel.

Beim Drehreff bedient einer das Großfall, der andere die Reffkurbel (unten).

Gerefft mittels Bindereff, als Vorsegel Reacher.

Nimmt der Sturm so an Stärke zu, daß ein sicheres Weitersegeln mit stark gerefftem Großsegel und Sturmfock nicht mehr gewährleistet ist, so muß man die gerefften Segel bergen und versuchen den Sturm mit anderen Mitteln zu überstehen, wobei folgende Möglichkeiten bestehen:

1. Beidrehen
2. Lenzen vor Topp und Takel
3. Liegen vor Treib- oder Seeanker
4. Boot mit geborgenen Segeln sich selbst überlassen
5. Ölen der Wellen.

Welche dieser Möglichkeiten die richtige ist, und welcher der Vorzug gegeben werden soll, kann nicht festgelegt werden. Es kommt dabei zu sehr auf die Situation an und vor allem auf die Art und Verhaltensweise der Yacht. Eine Yacht mit langgezogenem Lateralplan z. B. wird anders reagieren als eine solche mit einem beschnittenen, usw.

Es sei deshalb jedem Skipper angeraten, einmal mit seiner Yacht bei rauhem Wetter einige der genannten und unten dargestellten Abwettermethoden durchzuchekken, um für einen Ernstfall die Verhaltungsweise seines Bootes zu kennen.

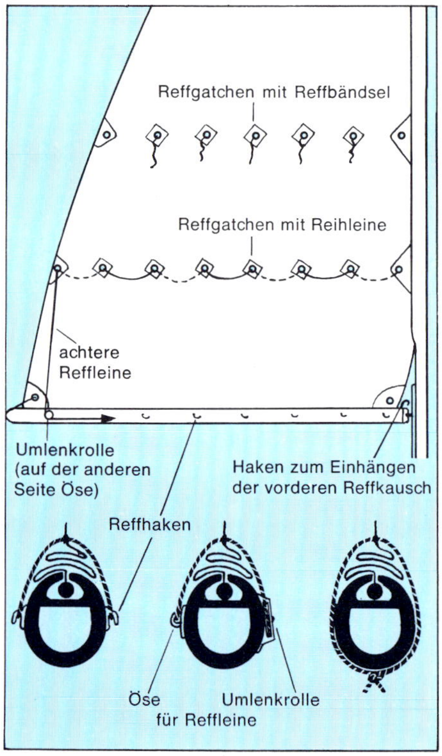

Beidrehen

Besonders für Yachten mit einem ausgeprägteren Lateralplan eignet sich die Methode des Beidrehens bzw. Beiliegens. Selbstverständlich muß das Großsegel stark gerefft bzw. gegen ein Trysegel ausgetauscht werden, dazu setzt man eine Sturmfock. Obwohl während des Beiliegens der Seegang quer auf die Yacht zurollt, hinterläßt die Abdrift eine Wirbelbahn, die auf der Luvseite des Bootes die Wasserfläche einigermaßen beruhigt und die heranrollenden Brecher mindert. Dazu gesellt sich die dämpfende Wirkung der Besegelung, die ein starkes Schlingern der Yacht einschränkt. Da das Beidrehe-Manöver nicht nur bei Sturm sondern auch bei anderen Gegebenheiten anwendbar ist, haben wir seine Ausführung bereits im Teil »Praxis« dieses Buches beschrieben.

Lenzen vor Topp und Takel

Hat die betreffende Yacht freien Seeraum nach Lee, so kann sie zum Abwettern auch »vor Topp und Takel lenzen«, d. h. sich ohne jegliches Segel vom Wind treiben lassen – eine Methode, die sich als sehr zweckmäßig erweist. Die Yacht läuft in diesem Falle mit Sturm und Wellen, wobei sie von den Wellen überholt wird. Hier liegt auch die Gefahr: Holt ein Wellenberg die Yacht ein, so wird diese kräftig beschleunigt; taucht dagegen der Bug in das Wellental ein, so wird vorne durch das gegenläufige Wasser eine Abbremsung hervorgerufen. Das ohnehin auf diesem Kurs (es ist ja ein Vorwindkurs!) schon labile Gleichgewicht der Yacht wird damit weiter gestört, und es ergibt sich die Möglichkeit zum gefürchteten Querschlagen und Überspültwerden. Diese Gefahr kann unterbunden werden durch aufmerksamstes Mitsteuern.

Zur Verbesserung einer Kursstabilität und zur Verringerung der vor einem überholenden Wellenberg einsetzenden Beschleunigung kann man sich gegebenenfalls eines einfachen, aber zweckmäßigen Hilfsmittels bedienen: man bringt über Heck möglichst lange und dicke Leinen aus, die auf beiden Seiten des Achterschiffs so belegt werden, daß sich Buchten ergeben. Zur Erhöhung des Schleppwiderstandes können auch noch andere Gegenstände über Heck ausgehängt werden, wie z. B. Fender, Spieren, kleine Treibanker, Rettungsringe. Zu beachten bei diesem Nachschleppen von Leinen ist die Gefahr des Bruches durch Schamfielen. An den betroffenen Stellen, an denen die Leinen das Schiff verlassen (also bei Klüsen oder an der Heckkante), sollten die Trossen zum Schutz z. B. mit Segeltuchfetzen bekleidet werden. Das Aushängen von Leinen aber nicht so übertreiben, daß es die Steuerfähigkeit der Yacht beeinträchtigt.

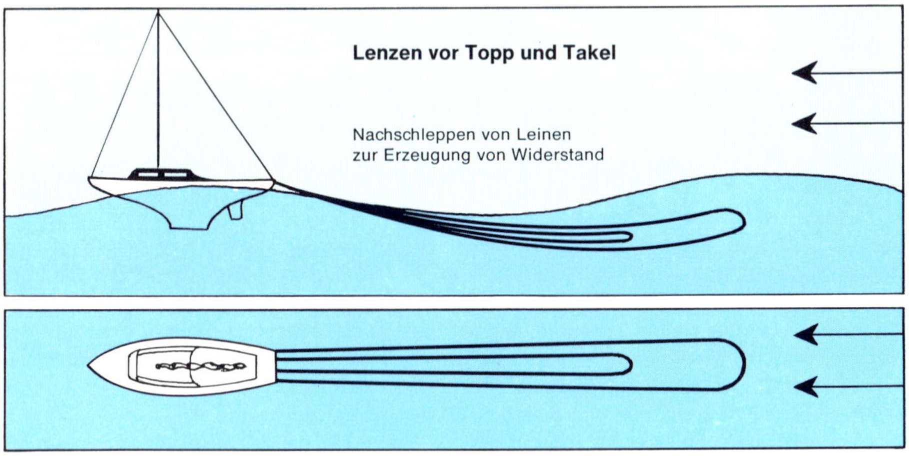

Liegen vor Treib- oder Seeanker

Beim konventionellen Treib- oder Seeanker handelt es sich um einen an beiden Enden offenen kräftigen Segeltuchsack. Die vordere größere Öffnung ist durch einen eingenähten Eisenring verstärkt, an einem Hahnepot wird die Trosse befestigt. An der hinteren Öffnung ist ein Auge angebracht zum Festmachen einer Sorgleine zum Einholen.

Das Problem dieser Treibankerart ist zunächst seine Unhandlichkeit und Verstauschwierigkeit, da er für größere Yachten ziemlich groß sein muß, um eine zweckmäßige Wirkung zu zeigen. Neuerdings kennt man auch Treibankerausführungen, die Fallschirmen ähneln. Sie sind aus verhältnismäßig leichtem Kunststofftuch hergestellt und gut verstaubar. An der Eintrittsöffnung tragen sie oben Auftriebskörper und unten Ballast, damit sie sich im Wasser schnell entfalten können.

Die Zweckmäßigkeit eines Treibankers, den man über Bug oder über Heck ausbringen kann, ist umstritten und nicht restlos geklärt. Eric C. Hiscock z. B. schrieb in seinem Buch »Segeln in Küstengewässern«: »Ich habe Seeanker bei verschiedenen Gelegenheiten benutzt, teile aber die Meinung anderer Fachleute, daß ihre Verwendung außer unter besonderen, weiter unten erwähnten Verhältnissen wenig zufriedenstellend ist.« Frank Robb meinte in seinem Buch »Beaufort 10 – was tun?«: »Er hat viele Mängel und nur einen wirklichen Vorzug – er hält die Abdrift in Grenzen.«

Und der erfahrene Weltumsegler Bobby Schenk sagte in seinem Buch »Fahrtensegeln in Theorie und Praxis«: »Illusorisch ist es zu glauben, man könne sich an einen Treibanker hinhängen, wie an einem stationären Anker.«

Die Benützung eines Treibankers ist bei Sportseglern auch nicht allzu verbreitet, obwohl er im Bedarfsfalle wenigstens eine sehr wichtige Aufgabe leistet: Er kann bei einer Yacht die Abdrift nach Lee sehr stark herabsetzen, somit die Treibgeschwindigkeit auf eine gefährliche Leeküste mindern. Aber gerade durch diese bremsende Wirkung entstehen andererseits die Hauptnachteile des Treibankers: es wirken nämlich nicht nur auf ihn selbst starke Kräfte (wodurch er z. B. verloren gehen kann), sondern auch auf das Boot selbst und auf das Ruder, welches Beschädigungen erleiden könnte.

Soll ein Treibanker über Heck oder Bug ausgebracht werden? Wird er über den Bug ausgebracht, so zeigt eine Yacht die Tendenz, quer zur See zu pendeln.

Sie bleibt also nicht, wie gewünscht, in Wind und Wellenrichtung. Damit aber trotzdem eine einigermaßen stabile Lage erreicht wird, empfiehlt Juan Baader in seinem Buch »Segelsport, Segeltechnik, Segelyachten« die Verwendung eines möglichst achtern angebrachten Stützsegels, wobei man bei zweimastigen Takelungen dazu am Besanmast ein Trysegel mit dichtgeholten Schoten und bei Sluptakelungen

eine Sturmfock an der Dirk oder am Achterstag setzt.
Interessanter dürfte die Methode sein, den Treibanker über Heck auszufahren, wobei sich ein ähnlicher, aber intensiverer Effekt erzielen läßt wie beim »Lenzen vor Topp und Takel«. Die meisten Yachten verhalten sich in diesem Falle weniger störrisch, da sich der Mast im hinteren Drittel des Bootes befindet und mehr stabilisierend wirkt. Um die Tendenz eines Querschlagens noch mehr zu vermindern, könnte man nach Juan Baader auch jetzt ein Stützsegel setzen, in diesem Falle eine Sturmfock ganz normal am Vorstag.
Die stabilisierende Wirkung der oben erwähnten Stützsegel stimmt in der Theorie genau. In der Praxis sieht es aber etwas anders aus: Welcher Skipper greift schon bei einem solch starkem Sturm, bei dem er froh ist, die Segel endlich geborgen zu haben, wieder nach einer Sturmfock, um sie dann noch dazu etwa an das Achterstag oder an die Dirk »hinbasteln« zu müssen?
Abschließend kann man festhalten: Der Treibanker ist für Segelyachten weniger geeignet! Wenn man ihn aber benützt, dann soll die dazugehörige Trosse so lange ausgefahren werden, daß sich die Yacht und Treibanker immer gleichzeitig in einem Wellenberg bzw. Wellental befinden.

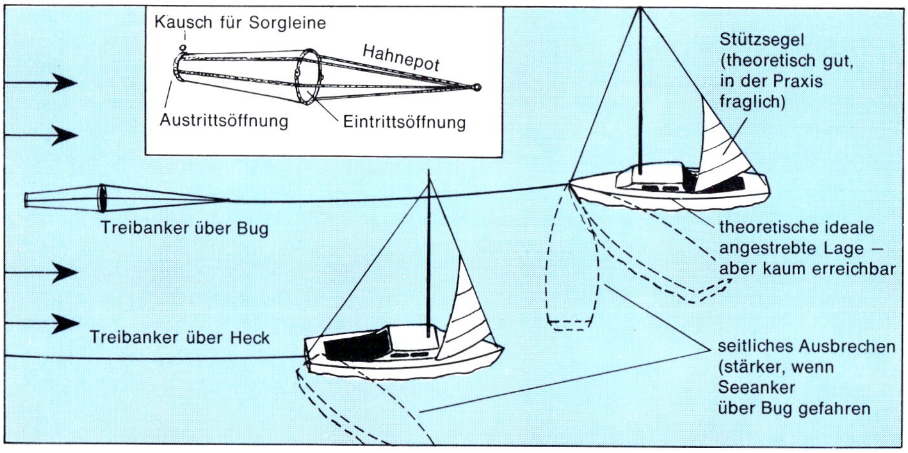

Yacht mit geborgenen Segeln sich selbst überlassen

Diese Methode, einen Sturm abzuwettern, wurde schon öfters mit Erfolg angewandt. Durch die fehlenden Segel und die fehlenden Bremswirkungen, wie sie durch nachgeschleppte Trossen oder Treibanker hervorgerufen werden, ist eine Yacht jetzt einer geringeren Beanspruchung ausgesetzt. Das Boot sucht sich dabei selbst seine Lage, meist quer zur See oder schräg treibend. Durch die Abdrift wird in Luv wieder eine Wirbelzone erreicht, welche die heranrollenden Brecher abmildert. Ein Ergießen von Brechern über Deck ist aber nicht ausgeschlossen. Die Pinne soll natürlich festgebunden werden, und die Mannschaft zieht sich am besten unter Deck zurück. Die unregelmäßigen starken Bewegungen der Yacht bedeuten allerdings eine beträchtliche Strapaze für die Mannschaft. Wie jeweils eine Yacht bei dieser Methode reagiert, und ob sie dazu geeignet ist, das kann nur durch »Trainingsversuche« herausgefunden werden.

Ölen der Wellen

Da Öl sich auf Wasser ausbreitet und dazu dessen Oberflächenspannung dämpfend verändert, stellt es eine gute Hilfe dar für den Notfall – zumindest theoretisch gesprochen. Ist man in der Lage, in Luv eine bestimmte Ölmenge zu verteilen, so tritt sofort eine deutliche Wasserflächen-Beruhigung ein, wobei die heranrollenden Brecher nicht mehr in der ursprünglichen Art weiterlaufen, sondern bereits am Rande der Ölzone brechen. Das Ausbringen des Öls geschieht entweder durch Pumpen außenbords durch das Pump-WC oder das Spülbecken, wobei es sich wegen der Abdrift von selbst nach Luv verbreitet; oder man verwendet kleine Leinen- bzw. Segeltuchsäckchen als Ölbeutel mit einem Fassungsvermögen von ca. 1,5–2,5 Litern. Diese Ölbeutel sollten am besten auch Werg oder ähnliches enthalten und vor Gebrauch an mehreren Stellen angestochen werden. Verwendet werden sie normalerweise in Zusammenhang mit einer der oben beschriebenen Abwettermethoden, und zwar bringt man sie beim Beiliegen querschiffs auf der Luvseite an, beim Lenzen vor Topp und Takel beiderseits beim Vorschiff und bei Verwendung eines Treibankers an diesem selbst. Welches Öl ist geeignet? Am zweckmäßigsten ist rohes Leinöl. Daneben wirken tierische Tranöle und Schmieröle. Dieselöle erweisen sich als weniger wirkungsvoll und als gänzlich ungeeignet zeigt sich Petroleum.
Der volle Erfolg des Ausbringens von Öl ist keinesfalls gewährleistet. Zwar wirkt das Öl immer auf die Oberflächenspannung, die Yacht bleibt aber nicht unbedingt im Bereich des beruhigten Wassers. Außerdem werden zu leicht durch das an Bord zurückgespritzte ölige Gischtwasser das Deck und das Cockpit glitschig, was zunächst durchaus unfallträchtig (Gefahr des Ausrutschens) und später zumindest mühsam zu entfernen ist. Ganz nebenbei gesprochen werden die meisten Yachtskipper kaum immer das passende Öl samt Ölbeutel in ihrer Ausrüstungskollektion bereitstehen haben.

Sturmwarnung

Sturmwarnungen auf Binnenrevieren werden heute in der Regel durch Blinklichter angezeigt. Auf den großen bayerischen Revieren signalisieren z. B. an bestimmten Uferstellen montierte Lichter mit 45 Umdrehungen pro Minute Vorwarnung und mit 90 Umdrehungen pro Minute die eigentliche Sturmwarnung. An den Küsten

Die wichtigsten Signale

Buchstabenflagge	Bedeutung
N C	Ich bin in Not und benötige sofortige Hilfe
V	Ich benötige Hilfe
W	Ich benötige ärztliche Hilfe
O	Mann über Bord
A G	Sie sollten Ihr Fahrzeug so schnell wie möglich verlassen
A N	Ich benötige einen Arzt
A Q	Ich habe einen Verletzten, der übernommen werden muß
C G	Halten Sie sich bereit, mir zu helfen

Buchstabenflagge	Bedeutung
C V	Ich bin nicht in der Lage, Hilfe zu leisten
G N	Übernehmen Sie die Menschen
G Q	Ich kann wegen des Wetters nicht zu Hilfe kommen; tun Sie alles, was Sie können
G V	Versuchen Sie, mir eine Leine zu geben
G W	Mann über Bord. Unternehmen Sie etwas, um ihn aufzunehmen
A	Neue Taucherflagge: Ich habe Taucher unten, halten Sie sich bei langs. Fahrt gut frei von mir
N G	Sie sind in einer gefährlichen Position

Wichtige Sicherheitssignale mittels Signalflaggen.

werden bei zu erwartender Windstärke über 6 Beaufort Wind- und Sturmwarnungen von Metereologischen Stationen ausgegeben, wobei diese Warnungen über alle Sender, die Schiffahrtswetterberichte geben (besonders zu nennen für die deutschen Küsten sind die Küstenfunkstellen Kiel Radio und Norddeich Radio) gehen. Sie werden auch an Signalmasten der Sturmwarnungsstellen in Form von internationalen Signalen gesetzt. Die Signalstellen sind jeweils zu entnehmen aus dem Anhang der Leuchtfeuerverzeichnisse und aus Seehandbüchern.

Ausdrücklicher Hinweis: Der Sturmwarndienst ersetzt nicht die eigene Wetterbeobachtung und entsprechende Konsequenz. Dies gilt insbesondere auch für Binnengewässer, wo durch Gewitter sehr schnell ein Sturm aufkommen kann. Die Sturmwarnungen sind dort nicht immer zuverlässig.

Bordapotheke

Selbstverständlich gehört – wie schon erwähnt – eine Bordapotheke zur Grundausrüstung einer seegehenden Yacht. Die Art und der Umfang einer solchen Apotheke hängt ab von der Törndauer, dem Revier, den Teilnehmern. Eine Bordapotheke für einen kleinen Wochenendtörn wird natürlich bescheidener ausgerüstet sein, als die für einen sechswöchigen Törn in abgeschiedener Gegend oder als die für einen Weltumsegler.
Einen vorzüglichen Artikel über die Bordapotheke hat die Weltumseglerin und Apothekerin Karla Schenk in dem Buch von Bobby Schenk »Fahrtensegeln in Theorie und Praxis« (BLV Verlagsgesellschaft) geschrieben. Den dortigen Vorschlag einer Apotheke für eine Yacht, die mit ca. 3–4 Mann Besatzung auf Urlaubstörn geht, und zwar in ein Gebiet (Nord- und Ostsee, Mittelmeer, Karibik), in dem im Notfall in 2–3 Tagen ein Hafen erreicht werden kann, zitieren wir mit Genehmigung von Autor und Verlag:

Medikamente

Medikament:	Menge	Anwendung
Adumbran Tabletten oder Valium-Tabletten	25 20	Nervosität, Schlafstörungen
Amuno Dragees	20	Entzündungen, Schwellungen
Baycillin Mega Tabl.	10	Infektionen im Hals, Nasen- und Ohren-Bereich, der Haut, Atemwege, im Mund-, Zahn- und Kieferbereich.
Binotal 1 g-Tabletten Binotal 2 g-Ampullen	20 5	Infektionen der Atem-, Harn- und Gallenwege, Blutvergiftung.
Bisolvon Gribletten	20	Grippe, Fieber
Buscopan comp. Dragees Buscopan comp. Zäpfchen Buscopan comp. Ampullen	20 5 5	Koliken, Krämpfe (Galle, Nieren)
Codipront Dragees	20	Bronchitis, Reizhusten
Dolantin-Tabletten* Dolantin Ampullen* Dolantin Zäpfchen*	10 5 5	sehr starke Schmerzen
Dolviran Tabletten Dolviran Zäpfchen	20 5	starke Schmerzen
Dorithricin Ohrentropfen	10 g	Entzündung des äußeren u. mittleren Ohres
Dulcolax Dragees	30	Verstopfung
Gelusil Lac Tabletten	40	Magensäurebeschwerden, Magenkatarrh, Geschwür
Ilon Abzeß-Salbe	10 g	Furunkel
Iversal Tabletten	20	infektiöse Erkrankungen des Mund- und Rachenraumes
Kohle Tabl.	20	Durchfall
Lasonil Salbe	40 g	Verstauchungen, Prellungen, Blutergüsse, Hämorrhoiden
Leukomycin Augentropfen	10 g	bakt. Infektion der Lider u. Tränenorgane
Merfen-Orange-Lösung	50 g	Desinfektion von Wunden
Mexaform plus Tabletten	20	Durchfall
Nitrolinqual Kapseln	15	Angina pectoris
Novadral Tropfen Novadral Ampullen	20 g 5	bei Kreislaufversagen
Opium Tinkt.*	10 g	starke Durchfälle
Paspertin Zäpfchen	5	starkes Erbrechen
Peremesin Dragees od. Bonamine Tabletten	2 × 25	Seekrankheit
Psyquil Ampullen	3	starkes Erbrechen
Rhinospray	10 g	Schnupfen
Sandosten Calcium Tabl.	20	Allergien, Juckreiz
Thomapyrin Tabletten	20	Schmerzen (Kopfschmerzen)
Ugurol Tabletten	20	Blutungen (Innere z. B. Magen-, Darm-, Blasen- und Nasenblutungen)
Urbason ret. Tabletten	10	starke Allergien (Insektenstich im Hals)
Valium Ampullen	5	starke Erregung
Visadron Augentropfen	10 g	Bindehautentzündung
Wund- und Brandgel od. Aristamid Gel	30 g 20 g	Verbrennungen, Sonnenbrand, Schürfwunden, Insektenstiche

Instrumente

1 Fieberthermometer
10 Einmalhandschuhe, steril, groß
1 Splitterpinzette
1 Einmalskalpell
10 Wundklammern
1 Verbandschere
10 Einmalspritzen je 5 ml
5 Einmalspritzen je 20 ml
20 Einmalkanülen Gr. 1
1 Safar-Tubus
1 Einmalkatheter (Tiemann)
100 ml Isopropylalkohol 70%, in Plastikflasche

Verbandsmaterial

1 Dreieckstuch
Watte, 50 g
Verbandspäckchen, 3 × groß, 3 × mittel
Verbandmull, 1 m
1 Lohmann Metalline Verbandtuch 60 × 80 cm
3 Metalline Verbandpäckchen
10 Porofix Klammerpflaster
Hansastrip, Nr. 40 in 5 Größen
Leukoflex, 5 m × 2²/₂ cm, 5 m × 5 cm
Druckverbände)
Mullbinden, 2 × 6 cm, 2 × 8 cm, 2 × 10 cm
Idealbinden, 1 × 8 cm, 1 × 10 cm
1 Claudennasentamponade
1 Augenklappe
je 1 Lederfingerling, Gr. 5, Gr. 3
4 Kramerschienen, endlos, zusammensteckbar 10 × 25 cm
Sicherheitsnadeln

* Die derzeitige gesetzliche Situation gestattet es keinem Arzt, diese Medikamente vorbeugend zu verschreiben.

Wettsegeln

Die Wettsegelarten

Einen Höhepunkt des Segelns stellt das Wettsegeln dar, meist bezeichnet als »Regattasegeln«. Hierbei sind zwischen drei Arten zu unterscheiden:

- »Normales« Regattasegeln auf Dreieckskurs bzw. Olympischer Bahn mit jeweils gleichen Bootsklassen. Es handelt sich um die bekannteste und verbreitetste Art des Regattasegelns, wobei für eine Reihe von Bootsklassen jeweils nationale, kontinentale und Welt-Meisterschaften veranstaltet werden. Sechs Bootsklassen (siehe Seite 76f.) segeln um olympische Medaillen.
- Regattasegeln nach dem »Yardstick«-System. Diese Regattaart findet man seltener, sie ermöglicht aber den Wettkampf zwischen unterschiedlichen Bootsklassen.
- Hochseeregatten.

Alle diese drei Arten des Regattasegelns werden nach den gleichen Regeln durchgeführt, nur finden Hochseeregatten auf etwas anderen Bahnen statt und erstrekken sich über wesentlich größere Distanzen.

Regelheft

Als Grundlage für alle Segelregatten dienen die Wettsegelbestimmungen des Internationalen Segler-Verbandes (I.Y.-R.U.), die in offizieller Übersetzung durch den Deutschen Segler-Verband (DSV) und Österreichischen Segel-Verband (ÖSV) vorliegen. Sie bestehen aus einem I. Teil mit Begriffsbestimmungen, den Teilen II–VI mit den Regeln 1–78 (mit Unterpunkten) und 5 Anhängen. Sie haben jeweils für 4 Jahre Gültigkeit, z. Z. sind die Regeln 1973–1977 verbindlich. Darüber hinaus können bei einer Regatta noch Sonderbestimmungen in Kraft treten, die dann im Regattaprogramm angegeben sind.

Wettfahrt – Regatta – Wertung

Was ist der Unterschied zwischen Regatta und Wettfahrt? Ganz einfach: Eine sportlich ernstzunehmende Regatta besteht immer aus mehreren Wettfahrten. Eine Wettfahrt umfaßt jeweils den Zeitraum zwischen dem Vorbereitungssignal (5 Minuten vor dem Start) und dem Zieldurchgang (bzw. Aufgabe oder Abbruch). Die Plazierungen in jeder Wettfahrt werden zusammengezählt und ergeben dann die Gesamtwertung für die Regatta. Bei wichtigen Meisterschaften werden immer 5–7 Wettfahrten gesegelt, wobei jeder Teilnehmer seine schlechteste Wertung gestrichen bekommt. Olympische Regatten bestehen immer aus 7 Wettfahrten mit einer Streichung. Gewertet wird jede Wettfahrt bei uns nach dem DSV-Punktsystem, bei Olympischen Spielen wird das olympische Punktsystem angewendet:

	DSV-System	olympisches System
1. Platz	0 Punkte	0 Punkte
2. Platz	1,6 Punkte	3 Punkte
3. Platz	2,9 Punkte	5,7 Punkte
4. Platz	4 Punkte	8 Punkte
5. Platz	5 Punkte	10 Punkte
6. Platz	6 Punkte	11,7 Punkte
7. Platz	7 Punkte	7+6 Punkte
8. Platz usw.	8 Punkte	8+6 Punkte

Bei »Yardstickregatten« muß nach jeder Wettfahrt die jeweilige Yardstickzahl miteingerechnet werden, bei Hochseeregatten gegebenenfalls das »Rating«.

Flaggen und Signale

Auf dem Startschiff sind neben den Klassenflaggen auch eine Reihe weiterer »Tücher«, zum Teil aus dem internationalen Flaggenalphabet gebräuchlich, um Signale geben zu können. Der Regattasegler muß die wichtigsten Zeichen selbstverständlich genau kennen: Eine rote oder grüne Flagge (oder auch Tafel) wird 10 Minuten vor dem Start als Bahnanzeige (rot = links, grün = rechts herum) gesetzt. Die Flagge »S« (manchmal auch eine Tafel mit dem Buchstaben »K«) bedeutet abgekürzte Bahn, die Flagge »Y« verpflichtet zum Tragen von Schwimmwesten. Flagge »P« wird 5 Minuten vor dem Start gesetzt und mit dem Startschuß eingeholt. Ist eine Startverschiebung notwendig, so zeigt dies der »Signalbuch und Antwortwimpel« an. Soll laut Programm die 2- oder 1-Minutenregel in Kraft treten, erscheint die Flagge »I«. Der Fehlstart einzelner Boote wird angezeigt durch Setzen der Flagge »V«, ein Gesamtfehlstart und damit ein Gesamtrückruf durch den »Ersten Hilfsstander«. Muß eine Wettfahrt – z.B. wegen Flaute – ganz abgebrochen werden, so geschieht das durch Zeigen der Flagge »N«. Das Setzen dieser Flaggen ist meist verbunden mit einem oder mehreren Schüssen oder Horntönen, je nach Angabe im betreffenden Regattaprogramm.
Auf dem Zielschiff ist immer als Kennzeichen eine blaue Flagge gesetzt. Der Segler selbst sollte auch eine kleine Flagge mitführen, und zwar den Buchstaben B (= roter Doppelstander): In einem Protestfall muß er nämlich diese Protestflagge deutlich zeigen.
Die o. g. Flaggen bzw. Signale und noch einige Signale für spezielle Fälle dazu seien in folgender Tabelle zusammengefaßt. Diese Tabelle ist den Segelanweisungen der Kieler Woche entnommen, sie wurde nur in eine etwas übersichtlichere Form gebracht (Abbildungen Seite 252).

optisch	akustisch	Bedeutung
rote Tafel mit weißem Rand		Bahnanzeige: Alle Bahnmarken an Bb.
grüne Tafel mit weißem Rand		Bahnanzeige: Alle Bahnmarken an Stb.
Tafel »K«		Abgekürzte Bahn
3 Tafeln mit schwarzen Ziffern auf weißem Grund		Kompaßkurs
Klassenflagge	1 Schuß	Ankündigungs-signal
Flaggen mit Klassenzeichen (jeweils in der Teilnehmerliste ersichtlich)		Klassenflaggen
Flagge »P« (weißes Rechteck auf blauem Grund)	1 Schuß	Vorbereitungs-signal
Flagge »P« und Klassenflagge nieder	1 Schuß	Startsignal
Antwortwimpel (rot-weiß-rot-weiß-rot stehend)	2 lange Töne (5 sec) mit Horn oder Dampfpfeife	Startverschiebung 15 Minuten
Flagge »I« (schwarzer Ball auf gelbem Grund)	1 langer Ton (5sec)	Beginn der »1-Minute-Rule«-Zeit
Flagge »V« (rotes Andreaskreuz auf weißem Grund)	1 langer Ton (5 sec)	Es sind Frühstarter beobachtet worden
1 Hilfsstander (blau-gelb)	2 Schuß	Allgemeiner Rückruf
Flagge »N« (blau-weiß gewürfelt)	3 Schuß	Abbruch der Wettfahrt

optisch	akustisch	Bedeutung
Flagge »N« über Flagge »X« (weiß mit blauem Kreuz)	3 Schuß	Abbruch der Wettfahrt mit der Absicht, sie in Kürze neu zu starten
Flagge »S« (weiß mit blauem Rechteck) ggf. mit Klassenflaggen der Klassen, für die die Abkürzung gilt	wenn von einem Boot der Wettfahrtleitung: 2 kurze Töne in kurzen Abständen	Abkürzung der Bahn nach dem Start
Tafel »O« (rot/gelb diagonal) und 3 Tafeln mit schwarzen Ziffern auf weißem Grund	2 kurze Töne in kurzen Abständen	Änderung der Bahn nach dem Start und neuer Kompaßkurs
blaue Tafel mit weißem Buchstaben »F«	2 kurze Töne in kurzen Abständen	Achten Sie besonders auf die Lage des Zielschiffs
Flagge »blau«		Ziel
zusätzlich Flagge »Q« (gelb)		Ziel, wenn das Zielschiff ein anderes als das Startschiff ist
2 Flaggen »blau«		(nur für Regattagebiet »A«) Zielschiff gilt für alle im Regattagebiet »A« segelnde Boote
Flagge »Y« (rot-gelb diagonal gestreift)	1 langer Ton (5 sec)	Schwimmwesten-zwang
Flagge »L« (schwarz-gelb-schwarz über Eck)	1 Ton	Alle Boote in Rufweite kommen
Flagge »M« (blau mit weißem Andreaskreuz)	1 Ton in kurzen Abständen	Bahnmarke vertrieben, runden Sie Boot mit dieser Flagge
Flagge »B« (roter Doppelstander)		Protestflagge

Regattabahn

Die abzusegelnde Regattabahn ist der sog. »Olympische Kurs«, früher ein Kreis aus acht Bojen, aus dem je nach Windrichtung drei Bojen zu einem Dreieckskurs ausgewählt wurden. Heute wird der Kurs nur von drei Bahnmarken markiert, wobei dann Kreuzstrecken, Raumwindstrecken und eine Vorwindstrecke zu absolvieren sind.

Ein Boot der Wettfahrtleitung fährt kurz vor dem Start von der Startlinie aus genau gegen den Wind und legt im Abstand von rund zwei Seemeilen, bzw. für Finn-Dinghies rund 1,5 Seemeilen (1 Sm = 1,8 km), die Tonne 1. Sodann wird die Tonne 2 links oder rechts (häufiger links!) so ausgebracht, daß sie die Spitze eines gleichschenkligen Dreiecks bildet, dessen Basis die Startboje (bzw. Boje 3) und die Tonne 1 ist. Die Bahnmarke 3 legt das Boot in die Nähe der Startzone. Die Ziellinie wird dann später in Nähe der Tonne 1 (in Kiel 1972 0,2 Sm darüber hinaus) ausgelegt. Für den Fall zu starker Winddrehung nach dem Start diente in Kiel 1972 noch eine Ersatzboje – Tonne 4 – in Nähe von Tonne 1, die nach speziellem Signal (Flagge oder Tafel 0) statt der Boje 1 zu runden war.

Wird beim Ankündigungssignal (= 10 Minuten vor dem Start) eine grüne Flagge oder Tafel gesetzt, so ist rechts herum zu segeln, die Bahnmarken müssen beim Runden an der Steuerbordseite liegenblei-

Flaggen und Wimpel
aus dem internationalen Signalbuch, die bei Regatten gebräuchlich sind

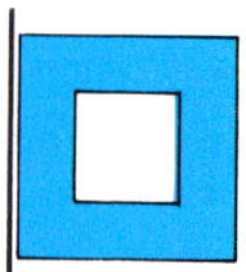	»P« (Blauer Peter)	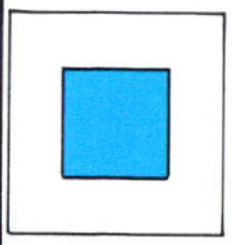	»S« Bahnverkürzung
	»N« Abbruch der Wettfahrt		»Y« Schwimmwesten anlegen
	»V« Einzelrückruf	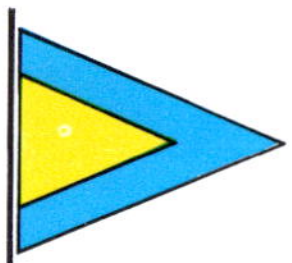	Erster Hilfsstander Startwiederholung der ganzen Klasse
	»I« 1- bzw. 2-Minuten-Regel		Flagge Zielschiff
	»L« »Kommen Sie in Rufweite« oder »folgen Sie mir«	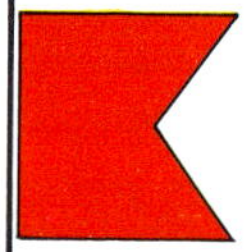	»B« Protestflagge
	Bahnanzeige: links herum	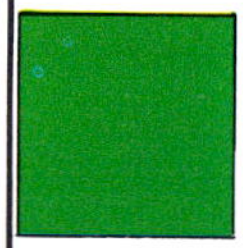	Bahnanzeige: rechts herum
	»X« Unter »N« gesetzt: Abbruch der Wettfahrt mit der Absicht eines baldigen Neustarts		»O« Mit Zifferntafeln: Änderung der Bahn nach dem Start und neuer Kompaßkurs
	»Q« Mit Flagge »blau«: Ziel, wenn das Zielschiff ein anderes als das Startschiff ist		»M« Bahnmarke vertrieben, runden Sie Boot mit dieser Flagge
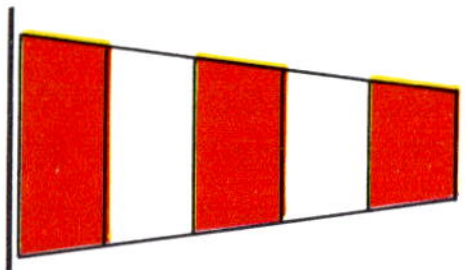	Signalbuch und Antwortwimpel Startverschiebung		

ben. Bei roter Anzeige, die bevorzugt wird, geht's links herum, die Bojen an Backbord. Die vollständige Bahn, die abzusegeln ist, lautet nun: Start – 1 – 2 – 3 – 1 – 3 – Ziel; d. h. nach dem Start ist zuerst ein Kreuzkurs zu Boje 1 zu absolvieren. Zu Boje 2 und 3 geht's raumschots weiter, einmal auf Steuerbord – und einmal auf Backbordbug (oder umgekehrt). Dann erfolgt der zweite Kreuzkurs wieder hoch zur Boje 1, und nach Runden steuert man direkt auf Vorwindkurs zurück zur Tonne 3.
Schließlich ist der dritte Kreuzkurs in Richtung Boje 1 zum Ziel zu segeln. Die Gesamtlänge des olympischen Kurses beträgt dann 11,2 Sm (Finn-Dinghies 8,5 Sm). Auf den meisten deutschen Binnen-Segelrevieren hat man nicht so viel Platz, um

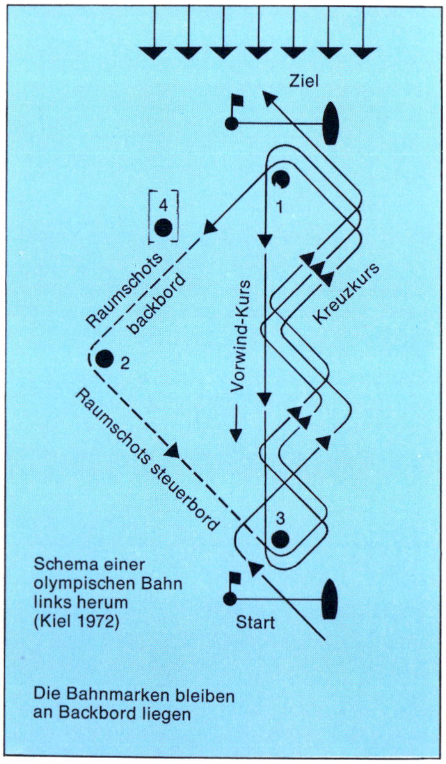

Schema einer olympischen Bahn links herum (Kiel 1972)

Die Bahnmarken bleiben an Backbord liegen

diesen olympischen Kurs mit seinen langen Bahnschenkeln original auslegen zu können. Deswegen wird bei den meisten Wettfahrten auf kleineren Bahnen etwas abweichend einfach ein Dreieck mehr gesegelt. Geschrieben sieht das so aus: Start – 1 – 2 – 3 – 1 – 3 – 1 – 2 – 3 – Ziel (bei Bahnverkürzung: Start – 1 – 2 – 3 – 1 – 3 – Ziel oder Start – 1 – 2 – 3 – 1 – 2 – 3 – Ziel, je nach Angabe im Programm). Übrigens ist der Vorteil kürzerer Bahnschenkel unverkennbar: Man sieht die Tonnen besser.

Wichtige Grundbegriffe

Richtiger Kurs Ein richtiger Kurs ist jeder Kurs, den eine Yacht nach dem Startsignal in Abwesenheit der davon betroffenen Yacht oder Yachten segeln würde, um so schnell wie möglich ins Ziel zu gelangen. Der vor dem »Anluven« oder »Abfallen« gesegelte Kurs ist vermutlich, aber nicht notwendigerweise, der richtige Kurs dieser Yacht. Vor dem Startsignal gibt es keinen »richtigen Kurs«.

Luv-Yacht und Lee-Yacht Ein Boot führt sein Großsegel auf der Leeseite. Luv ist die entgegengesetzte Seite. Wenn von zwei Yachten auf gleichem Bug keine klar achteraus liegt, so ist die in Lee der anderen liegenden Yacht die Lee-Yacht, die andere die Luv-Yacht.

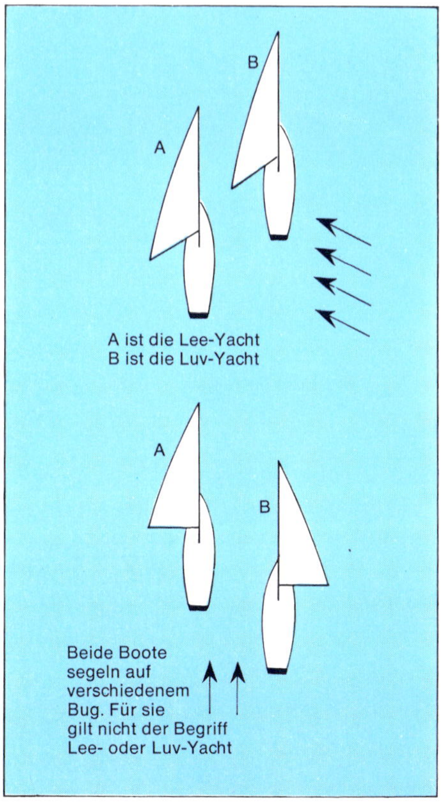

A ist die Lee-Yacht
B ist die Luv-Yacht

Beide Boote segeln auf verschiedenem Bug. Für sie gilt nicht der Begriff Lee- oder Luv-Yacht

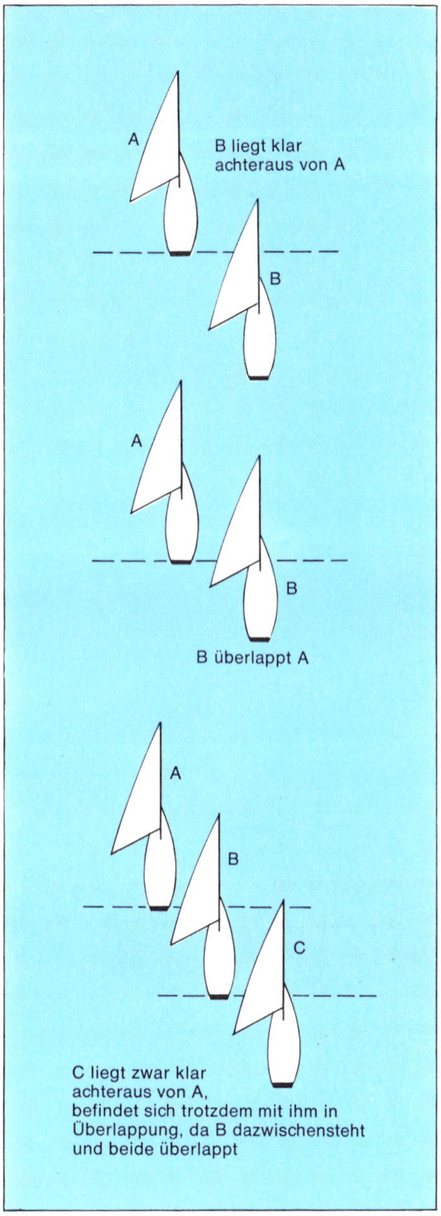

B liegt klar achteraus von A

B überlappt A

C liegt zwar klar achteraus von A, befindet sich trotzdem mit ihm in Überlappung, da B dazwischensteht und beide überlappt

Klar achteraus – klar voraus – überlappen
Ein Boot liegt von einem anderen klar achteraus, wenn sich sein Rumpf (einschl. der Ausrüstung in normaler Lage) hinter einer angenommenen Linie befindet, die querab zum achterlichsten Punkt des Rumpfes (bzw. der Ausrüstung in normaler Lage) des anderen Bootes verläuft. Das andere Boot liegt dann klar voraus. Segelboote überlappen, wenn keines klar achteraus liegt, ober wenn – obwohl eines klar achteraus – ein dazwischen liegendes Boot beide überlappt.

Abdecken Sich vom Gegner nicht abdecken zu lassen, ist ein wichtiger, taktischer »Kunstgriff«. In Lee jedes Bootes entsteht ein Windschatten, in Luv und an der achterlichen Seite wird der Wind umgelenkt – beides wirkt auf Boote, die einem anderen in diesem Abdeckungs- oder Umlenkungsbereich nachsegeln (bzw. auch bei Vorwindkurs voraussegeln), nachteilig. Dazu kommt auch noch evtl. die störende Bugwelle.

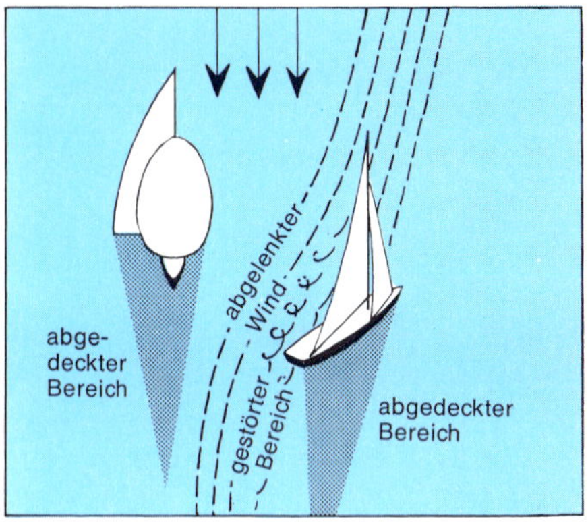

Sichere Leestellung Wenn ein Boot am Wind entsprechend nahe und etwas voraus in Lee eines Konkurrenten liegt, so lenkt es den Wind so ab, daß das Luvboot ungünstige Bedingungen bekommt und zunächst zurückfällt. Befinden sich zwei Boote beim Kreuzen auf Kollisionskurs, so kann es für das auf Steuerbordbug besser sein, in die sichere Leestellung »hineinzuwenden«, als dem anderen hinterm Heck auszuweichen.

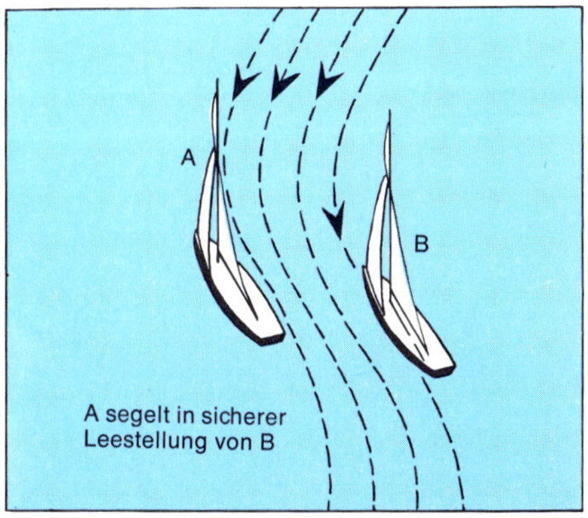

A segelt in sicherer Leestellung von B

Sichere Wegerechts-Stellung Segeln zwei Boote am Wind, z. B. auf Backbordbug, so nimmt das weiter achterlich und in Luv liegende Boot die sichere Wegerechts-Stellung ein und ist im Vorteil. Wenn der Vordere wendet, so fährt er auf Steuerbordbug weiter, muß aber ausweichen und verliert an Raum. Oder wenn beide näher zusammenliegen, kann das vordere Leeboot nach Regel 41/1 überhaupt nicht wenden.

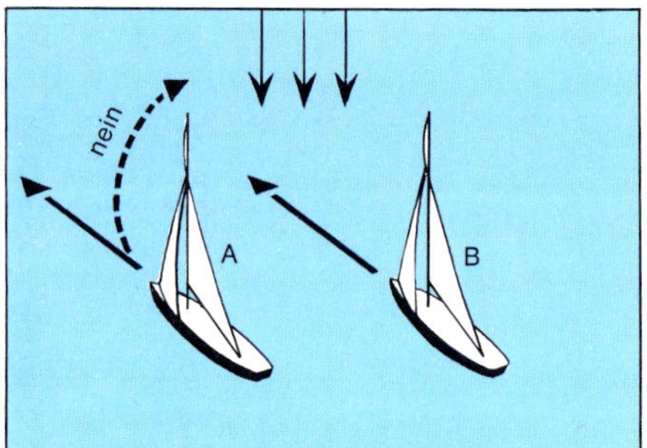

A kann nicht wenden, bevor B »über Stag geht«

Luvkampf Das Boot, das in Luv überholt wird, darf zunächst durch beliebiges Anluven den anderen am Überholen hindern.

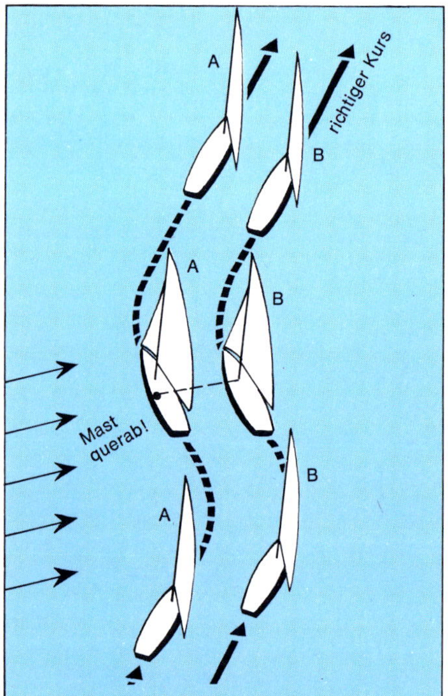

B wird von A überholt und darf luven, bis A die Position »Mast querab« erreicht hat. B muß dann wieder abfallen auf den richtigen Kurs.

Das noch vorne liegende Leeboot darf also so lange luven, bis der Überholer so weit vorgekommen ist, daß sein Steuermann querab zum Mast des Leebootes sitzt. Der Steuermann ruft dann (er muß rufen!): »Mast querab« und die Leeyacht darf daraufhin nicht mehr höher als ihren richtigen Kurs segeln.

Die wichtigsten Regeln

Ausweichregeln für alle Kurse

1. Zwei Boote auf Kollisionskurs mit verschiedenen Schoten:

Regel 36:
Eine Yacht auf Steuerbord-Bug muß sich von einer Yacht auf Backbord-Bug freihalten.

2. Zwei Boote auf Kollisionskurs mit gleichen Schoten:

Regel 37/1:
Eine Luv-Yacht muß sich von einer Lee-Yacht freihalten.

3. Überholen:

Regel 37/2:
Eine klar achterausliegende Yacht muß sich von einer klar vorausliegenden Yacht freihalten.

Regel 37/3:
Eine Yacht, die von klar achteraus eine Überlappung in Lee herstellt, muß der Luv-Yacht genügend Raum und Gelegenheit lassen, sich klar zu halten, und während der Dauer dieser Überlappung darf die Lee-Yacht nicht höher segeln als ihren richtigen Kurs.

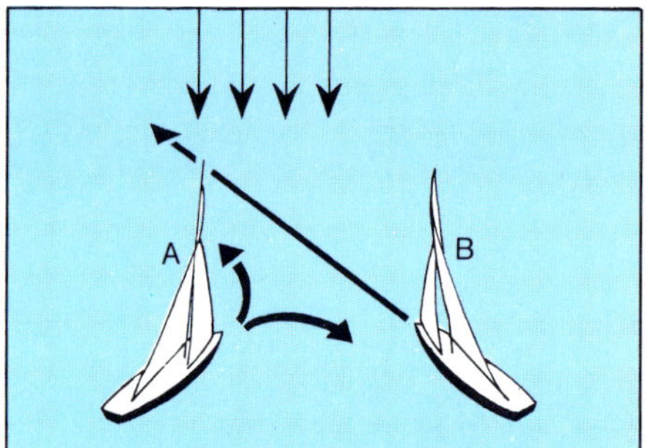

A segelt auf Sb.-Bug und muß ausweichen.

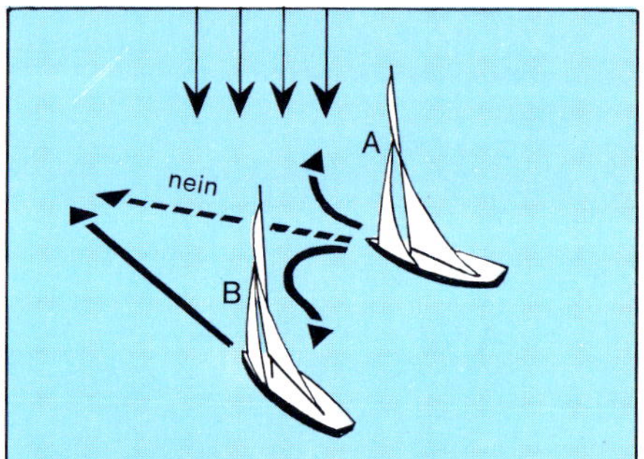

A und B segeln beide auf Bb.-Bug. A ist das Luvboot und muß ausweichen.

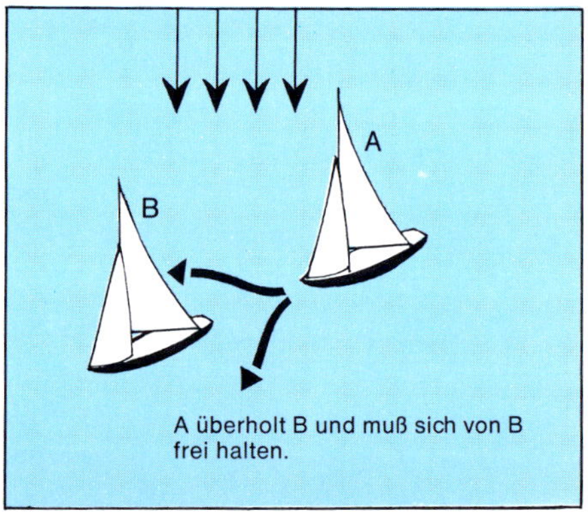

A überholt B und muß sich von B frei halten.

Regeln beim Start

Regel 40:
Luven der Wegerecht-Yacht vor dem Start
Bevor eine Yacht **gestartet** ist und die Startlinie durchsegelt hat, muß sie jedes **Luven** ihrerseits, das eine andere Yacht nötigt, den Kurs zu ändern, um eine Berührung zu vermeiden, langsam und in solcher Weise ausführen, daß sie der **Luv-Yacht** Raum und Gelegenheit gibt, sich freizuhalten; doch darf die **Lee-Yacht** dann nicht über einen höheren als einen Am-Winde-Kurs luven, es sei denn, daß der Steuermann der **Luv-Yacht** (von seinem normalen Platz aus querab peilend) sich hinter dem Hauptmast der **Lee-Yacht** befindet. Regel 38.3 – Zuruf zwecks Stoppens oder Verhinderns des **Luvens** – 38.4 – Beschränkung eines **Luv**manövers – und 38.5 – **Luv**kampf gegen zwei oder mehr Yachten – finden gleichfalls Anwendung.

Regel 42:
3. Bei einer Annäherung an die Startlinie, um zu **starten** ist eine **Lee-Yacht** nicht verpflichtet, einer **Luv-Yacht** Raum zum Passieren auf der Leeseite einer von schiffbarem Wasser umgebenen **Startbahnmarke** zu geben; doch darf nach dem Startsignal eine **Lee-Yacht** einer **Luv-Yacht** nicht an einer solchen **Bahnmarke** den Raum verwehren, indem sie entweder höher als auf dem **richtigen Kurs** oder höher als **am Wind** die erste **Bahnmarke** ansegelt.

Regel 44:
1. (a) Eine zu früh gestartete Yacht, die zurückkehrt, um ordnungsgemäß zu **starten**, oder eine Yacht, die sich von der Bahnseite der Startlinie oder ihrer Verlängerung nähert, muß sich, sobald das Startsignal gegeben wird, von allen anderen Yachten, die ordnungsgemäß **starten** oder **gestartet** sind, freihalten, bis sie sich völlig im Startvorfeld vor der Startlinie oder ihren Verlängerungen befindet.

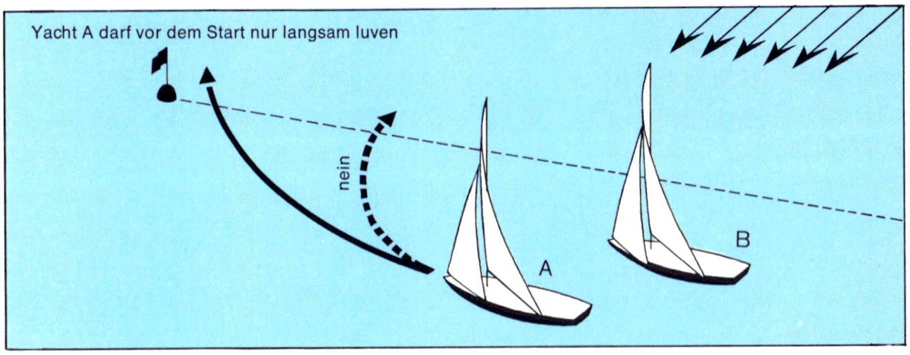

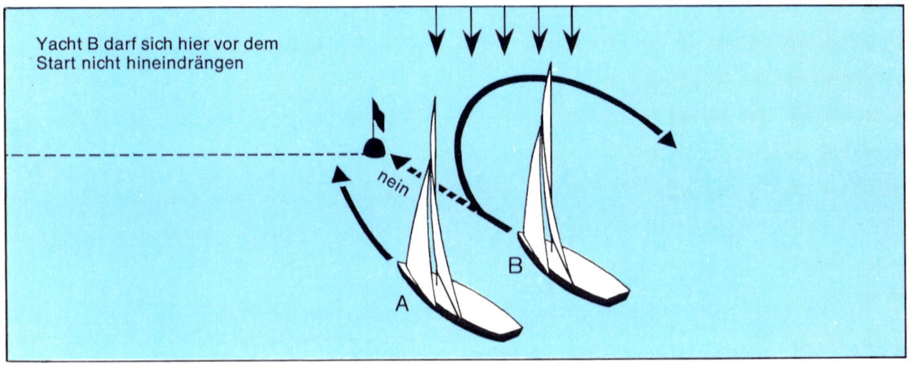

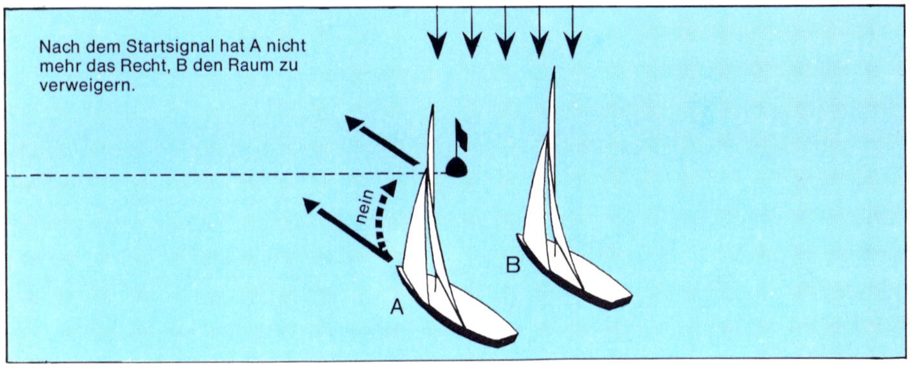

Regeln für den Luvkampf

Regel 38:
Wegerecht-Yacht luvt nach dem Start

1. **Luvrechte und Beschränkungen**
Nachdem sie **gestartet** ist und die Startlinie durchsegelt hat, darf eine **klar voraus** liegende Yacht oder eine **Lee-Yacht** nach Belieben **luven**, ausgenommen daß:
während eine **Überlappung** besteht, eine **Lee-Yacht** nicht höher als ihren **richtigen Kurs** segeln darf, wenn zu irgendeinem Zeitpunkt der **Überlappung** der Steuermann der **Luv-Yacht** (von seinem normalen Platz querab peilend und nicht höher am Wind segelnd, als die **Lee-Yacht**) sich auf gleicher Höhe oder vorlich des Großmastes der **Lee-Yacht** befunden hat.
2. **Überlappungsbeschränkungen**
Im Sinne dieser Regel besteht keine Überlappung, es sei denn, die Yachten befinden sich klar innerhalb zweier Längen-über-alles der längeren Yacht; und eine **Überlappung**, die zwischen zwei Yachten besteht, wenn die führende Yacht **startet**, oder wenn eine von ihnen oder beide eine **Wende** oder **Halse** beenden, ist als eine zu diesem Zeitpunkt beginnende neue **Überlappung** anzusehen.
3. **Zuruf zwecks Stoppens oder Verhinderns des Luvens**
Im Zweifelsfall darf die **Lee-Yacht** annehmen, daß sie ein **Luv**-Recht hat, wenn nicht der Steuermann der **Luv**-Yacht »Mast querab« oder Worte gleicher Bedeutung gerufen hat. Die **Lee-Yacht** muß sich solchem Zuruf beugen; hält sie ihn für unberechtigt, bleibt ihr nur die Möglichkeit des Protestes.
4. **Beschränkung eines Luvmanövers**
Die **Luv-Yacht** darf ein **Luven** nicht wegen Nähe zur **Lee-Yacht** beschneiden, es sei denn, ein Hindernis, eine dritte Yacht oder ein anderer Gegenstand schränkt ihre Fähigkeit zu reagieren ein.

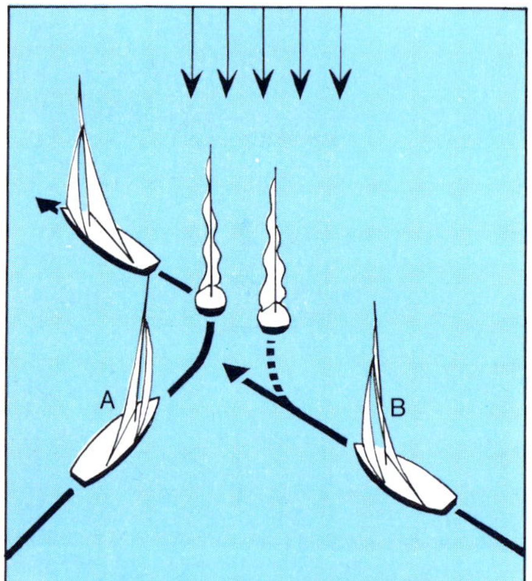

A hat gewendet, aber vor Ende des Manövers war B zur Kursänderung gezwungen. A handelte regelwidrig.

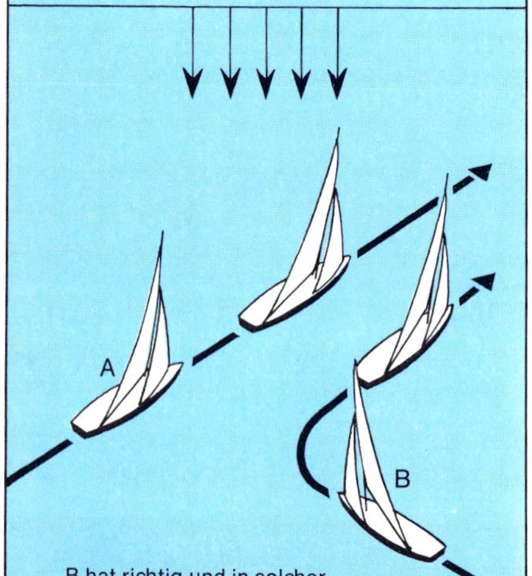

B hat richtig und in solcher Entfernung gewendet, daß A nicht zur Kursänderung gezwungen wurde. B hat sich in die »sichere Leeposition« hineingewendet.

5. **Luvkampf gegen zwei oder mehr Yachten**
Eine Yacht darf nicht **luven**, wenn sie nicht gegenüber allen Yachten, die durch ihr **Luven** betroffen werden, das **Luv**-Recht besitzt, in welchem Falle sich alle danach richten müssen, selbst wenn eine dazwischenliegende Yacht oder Yachten sonst kein Recht zu **luven** hätten.

Regeln für Wenden und Halsen

Regel 41:
Wenden oder Halsen

1. Eine Yacht, die entweder **wendet** oder **halst**, muß sich von einer Yacht, die auf einem **Bug** segelt, (Backbord oder Steuerbord), freihalten.
2. Eine Yacht darf nicht in eine Position **wenden** oder **halsen**, die ihr Wegerecht gibt, es sei denn, sie tut dies soweit entfernt von einer Yacht, die auf **Backbordbug** oder **Steuerbordbug** segelt, daß diese Yacht, um sich freizuhalten, ihre Kursänderung nicht beginnen muß, bevor die **Wende** oder **Halse** beendet worden ist.
3. Eine Yacht, die **wendet** oder **halst**, trägt dem Wettfahrtausschuß gegenüber die Beweislast, daß sie ihre **Wende** oder **Halse** in Übereinstimmung mit Regel 41.2 beendet hat.
4. Wenn zwei Yachten gleichzeitig **wenden** oder **halsen**, so muß sich die an der **Backbord-Seite** der anderen befindlichen freihalten.

Regeln für das Runden von Bahnmarken

Regel 42:
Runden oder Passieren von Bahnmarken und Hindernissen

1. **Grundregeln betreffs Raumgebens.** Wenn Yachten entweder auf dem gleichen **Bug** oder, nachdem sie gestartet sind und die **Start**linie durchsegelt haben, auf entgegengesetztem **Bug** im Begriff sind, eine **Bahnmarke** auf der gleichen vorgeschriebenen Seite zu runden oder zu passieren – mit der Ausnahme einer **Start-Bahnmarke**, die von schiffbarem Wasser umgeben ist oder einem **Hindernis** auf derselben Seite, so gilt folgendes:
   (a) **Bei Überlappung:**
   (I) Eine außenliegende Yacht muß jeder Yacht, die sie auf ihrer Innenseite **überlappt**, Raum zum Runden oder Passieren der **Bahnmarke** oder des **Hindernisses** geben – ausgenommen wie vorgesehen in den Regeln 42.1. (a) (III) und (IV) und 42.3. Raum schließt den Platz für eine **Wende** oder **Halse** einer **überlappenden** Yacht ein, wenn eines der beiden integrierender Bestandteil des Runde- oder Passiermanövers ist.
   (II) Wenn eine innenliegende Yacht von zwei oder mehr **überlappenden** Yachten, die entweder auf entgegengesetztem Bug oder ohne Luvrecht auf gleichem Bug liegen, **halsen** muß, um unmittelbar den **richtigen Kurs** zur nächsten **Bahnmarke** aufzunehmen, so

Linke Reihe von oben nach unten: Gelungener Steuerbordbugstart! Wenige Sekunden vor dem Start, die FD-Jollen sind bereit, auf Backbordbug zu starten ... da hat der Wind gedreht, er bevorzugt nun die linke Seite. Die Boote H 11 und G 1280 haben offenbar diese Winddrehung geahnt und legen einen Nullstart auf Steuerbordbug hin ... und kommen vor dem übrigen Feld vorbei.
Auf dem ersten Bild oben rechts erkennt man, wie stark die Boote auf Backbordbug abfallen müssen, bei dieser Gelegenheit bekommt der FD F 155 mit der Begrenzungsmarke Schwierigkeiten ... und während jetzt immer mehr Boote auf Steuerbordbug umlegen ... klebt F 155 immer noch an der Marke und hat so z. B. den zunächst hinter ihm gelegenen FD G 1131 weit vorbeiziehen lassen müssen.

FD

FD
H4

FD
H 11
G 1280

FD
H4
FD
G 1131

FD
H 11
FD
G 1280

FD
G 1131

DARLING
VSAW NRV SLSV
KYC APC

FD
G1306
FD
E 35
G1366
FD
G 119

A rundet falsch!

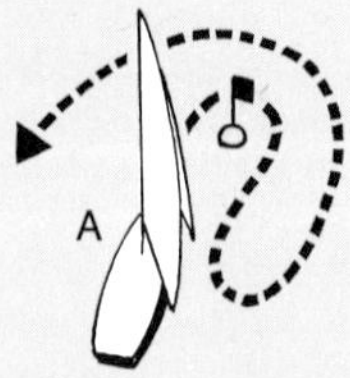

B verhält sich richtig! Nach anfänglichem falschen Runden segelt es die Schleife zuerst wieder zurück und rundet dann die Marke voll.

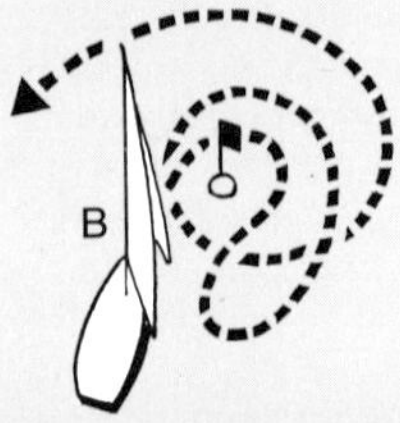

Richtige Korrektur nach Berührung einer Marke.

Richtige Korrektur nach Berühren einer Start- oder Zielbegrenzungsmarke.

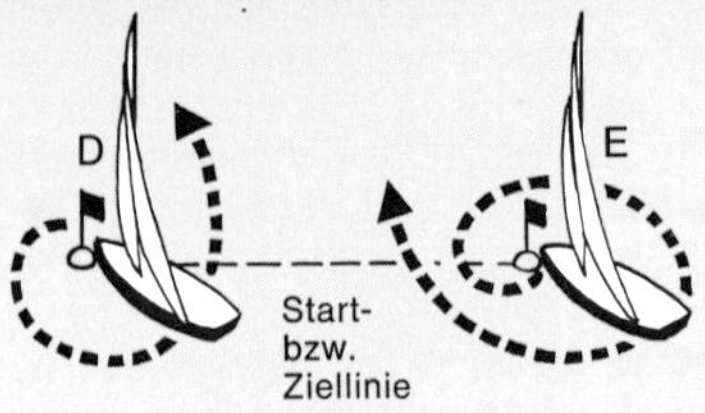

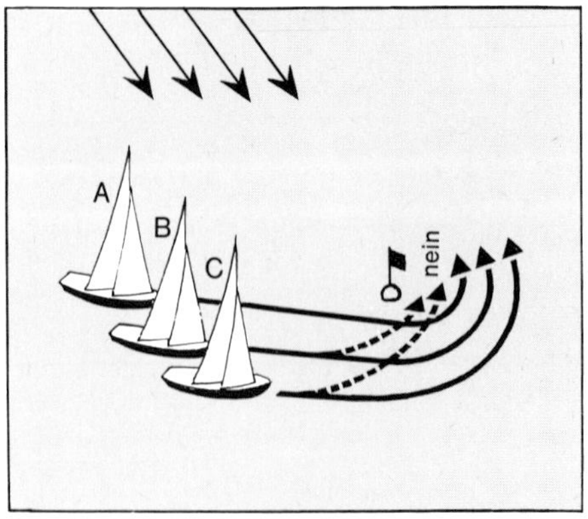

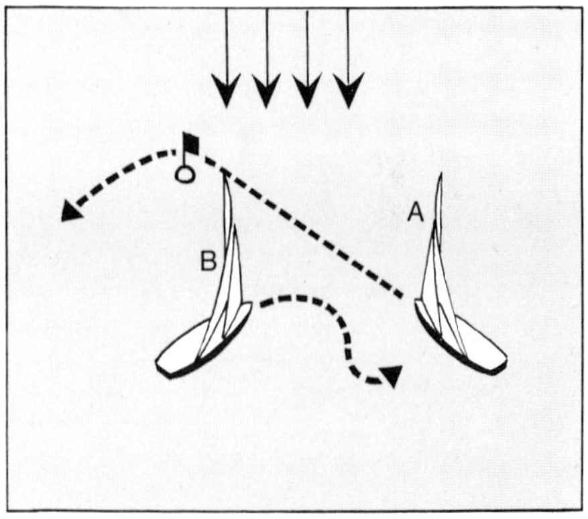

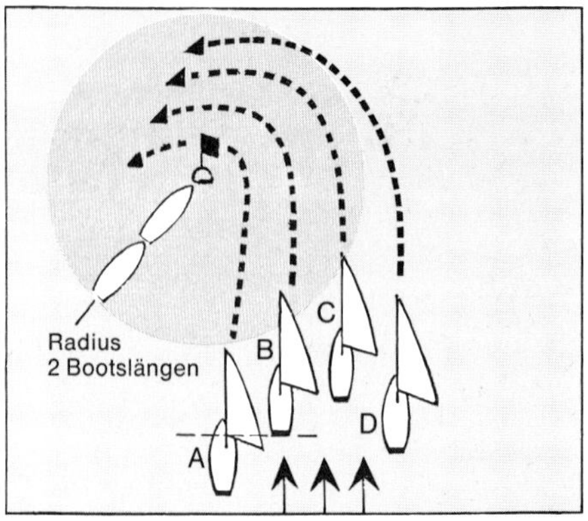

Oben:
Das ist Willy Kuhweide (mit Karsten Meyer und Axel May) in seiner Olympiasoling »Darling«. Beachten Sie die superdichte Segelstellung, auf die Willy Kuhweide auf Seite 271 (Frage 7) genauer eingeht.

Unten:
Flying-Dutchman-Jollen kurz vor der Bahnmarke 1.

muß sie bei erster zumutbarer Gelegenheit halsen.

(III) Wenn zwei Yachten auf entgegengesetztem **Bug** auf einem Kreuzkurs liegen, oder wenn eine von ihnen noch wenden muß, um entweder die **Bahnmarke** zu runden oder das **Hindernis** zu vermeiden, so ist zwischen ihnen Regel 42.1 (a) (I) nicht anwendbar, sondern sie unterliegen den Regeln 36 – Grundregel – für entgegengesetzten **Bug** und 41 – **Wenden** oder **Halsen**.

(IV) Eine außenliegende Lee-Yacht mit Luvrechten darf eine innenliegende Yacht auf die Luvseite einer **Bahnmarke** mitnehmen, vorausgesetzt sie gibt zu diesem Zweck einen Zuruf und fängt an, zu **luven**, ehe sie innerhalb zweier ihrer eigenen Längen von der **Bahnmarke** ist, und vorausgesetzt, daß auch sie selbst in Luv davon passiert.

(b) **Im Falle von klar achteraus und klar voraus**

(I) Eine **klar achteraus** liegende Yacht muß sich vor dem und während des Runde- und Passiermanövers freihalten, wenn die **klar voraus**liegende Yacht auf **demselben Bug** bleibt oder **halst**.

(II) Eine **klar voraus** liegende Yacht, die **wendet**, um eine **Bahnmarke** zu runden, unterliegt Regel 41 – **Wenden** oder **Halsen** – aber eine **klar achteraus** liegende Yacht darf nicht über **am Wind** hinaus **luven**, um die Yacht **klar voraus** am **Wenden** zu hindern.

2. Einschränkungen beim Herstellen und Aufrechterhalten einer Überlappung

(a) Eine **klar achteraus** liegende Yacht darf keine Innen-**Überlappung** herstellen und keinen Raum nach Regel 42.1 (a) (I) verlangen, wenn die **klar voraus** liegende Yacht:
(I) nicht mehr als ihre zweifache Länge über alles von der **Bahnmarke** oder dem **Hindernis** entfernt ist, ausgenommen wie vorgesehen in den Regeln 42.2 (b) und 42.2 (c) oder
(II) außerstande ist, den verlangten Raum zu geben.

(b) Die obige Zweilängen-Bestimmung findet keine Anwendung auf Yachten, von denen eine innerhalb zweier ihrer Längen über alles von einer **Bahnmarke** oder einem **Hindernis** eine **Wende** beendet hat.

(c) Eine **klar achteraus** liegende Yacht darf eine Überlappung zwischen der **klar voraus** liegenden Yacht und einem ständig vorhandenen **Hindernis** wie einer Küste oder einer Untiefe nur herstellen, wenn sie Raum genug hat, um dies in Sicherheit zu tun.

(d) (I) Eine **klar voraus** liegende Yacht ist nicht verpflichtet, einer **klar achteraus** liegenden Yacht Raum zu geben, bevor die **Überlappung** hergestellt ist.

Regel 52:
Berühren einer Bahnmarke

1. Eine Yacht, die entweder
(a) eine Berührung mit
(I) einer Start-**Bahnmarke** vor dem **Start**;
(II) einer **Bahnmarke**, die einen Bahnschenkel, auf dem die Yacht segelt, beginnt, begrenzt oder beendet, oder
(III) einer Ziel-**Bahnmarke** nach dem **Zieldurchgang** herbeiführt, oder
(b) eine **Bahnmarke** oder ein **Bahnmarken**-Fahrzeug zwingt, seine Position zu verändern, um eine Berührung zu vermeiden, muß unverzüglich aufgeben, es sei denn entweder
(I) sie behauptet, unrechtmäßigerweise durch eine andere Yacht zu der Berührung oder zum Anlaß des Positionswechsels gemacht worden zu sein, in welchem Falle sie protestieren muß, oder
(II) sie entlastet sich in Übereinstimmung mit Regel 52.2

2. (a) Wenn durch den Landesverband oder die Segelanweisungen nicht anders vorgeschrieben, darf eine Yacht jedoch, wenn die **Bahnmarke** von schiffbarem Wasser umgeben ist, ihren Fehler dadurch wieder gutmachen, daß sie die **Bahnmarke** noch einmal vollständig rundet und sie dabei auf der vorgeschriebenen Seite läßt, wonach sie sie gemäß Regel 51 – Absegeln der Bahn – und den Segelanweisungen abermals runden oder passieren muß, ohne sie zu berühren.
(b) Berührt eine Yacht:
(I) eine Start-**Bahnmarke**, so muß sie die Umrundung der **Marke** ausführen, nachdem sie **gestartet** ist.
oder
(II) eine Ziel-**Bahnmarke**, so muß sie die Rundung ausführen und wird nicht eher als **durchs Ziel** gegangen gelten, als bis sie die Rundung beendet hat und abermals die Ziellinie in Übereinstimmung mit der Begriffsbestimmung des **Zieldurchgangs** durchsegelt.

Ersatzstrafe für eine Ausweichregel-Verletzung

Anhang 3
A. Zwei volle Kreise schlagen – (720°)
Eine Yacht, die zugibt, eine Regel von Teil IV verletzt zu haben, kann sich entlasten, indem sie zwei volle Kreise (720°) wie nachstehend vorgesehen schlägt:

1. Die Yacht, gegen die der Verstoß begangen wurde, muß die schuldige Yacht bei erster zumutbarer Gelegenheit durch Zuruf und Zeigen einer Protestflagge unterrichten. (Die erste zumutbare Gelegenheit für einen Zuruf ist gewöhnlich »unverzüglich«.)
2. Nach einer solchen Unterrichtung muß die Yacht, die ihr Verschulden zugibt, unverzüglich beginnen, sich von anderen Yachten freizuhalten, und, solange sie auf dem gleichen Bahnschenkel liegt, benachbarte Yachten von ihrer Absicht unterrichten und dann ihre zwei Kreise schlagen. Während sie dies ausführt, muß sie sich von allen anderen Yachten freihalten, bis sie ihre Kreise vollendet hat und auf dem **richtigen Kurs** zur nächsten **Bahnmarke** liegt.
3. Im Sinne der Anwendung dieser Strafe gilt ein »Bahnschenkel« zwei Bootslängen vor der **Bahnmarke**, die diesen begrenzt, als beendet; ebenso gilt dieser Punkt als Beginn des nächsten Bahnschenkels, außer beim Schlußschenkel, der beendet ist, wenn eine Yacht nicht mehr in der **Wettfahrt** ist.
4. Die Kreise können in beliebiger, müssen jedoch beide in derselben Richtung ausgeführt werden.
5. Wenn die Verletzung vor dem Startsignal stattfindet, muß die regelverletzende Yacht ihre Kreise nach dem Startsignal, jedoch bevor sie **startet**, ausführen.
6. Wenn sich eine Regelverletzung an der Ziellinie ereignet, muß die regelverletzende Yacht ihre Kreise auf dem letzten Bahnschenkel ausführen, bevor sie offiziell durch das **Ziel** geht.
7. Erkennt keine der beteiligten Yachten ein Verschulden an, so kann ein Protest gemäß Regel 68 – Proteste – und den Segelanweisungen eingereicht werden.
8. Eine regelverletzende Yacht muß ihre Regelverletzung und ihre darauf ergriffenen Maßnahmen dem Wettfahrtausschuß melden und ebenso die in den Segelanweisungen etwa geforderten Informationen geben.
9. Versäumt es eine Yacht, die eine Regel von Teil IV verletzt hat, den obengenannten Erfordernissen zu genügen, so verfällt sie dem Ausschluß oder einer anderen Strafe.
10. Eine regelverletzende Yacht, die in einen Zusammenstoß mit ernsthafter Beschädigung einer der beteiligten Yachten verwickelt ist, ist auszuschließen.

Start zu einer Wettfahrt

Startlinie und Startvorgang

Die Startlinie wird entweder durch zwei Begrenzungsbojen gebildet, die einen genügenden Abstand aufweisen, oder durch eine solche Boje und dem Mast auf einem Startschiff. Übrigens liegt das Startschiff in der Regel immer auf der rechten Seite der Linie. Bei sehr großen Regattafeldern, die eine sehr lange Startlinie erfordern, legt man manchmal noch eine Mittelboje aus, damit von den Seglern die Linie besser gepeilt werden kann. Der Start zu einer Wettfahrt ist »fliegend« und erfolgt immer gegen den Wind, weshalb die Linie etwa rechtwinklig zum Wind liegt. Dabei kommen 4 Variationsmöglichkeiten vor:

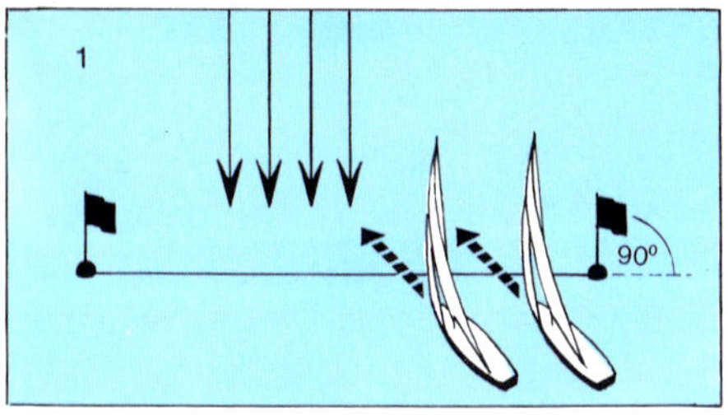

1. Die Linie verläuft im rechten Winkel zum Wind. Nachteil: Die Luvboote auf der rechten Seite (Bb.-Bug und Wegerecht) sind gegenüber den Leebooten auf der linken Seite bevorzugt.

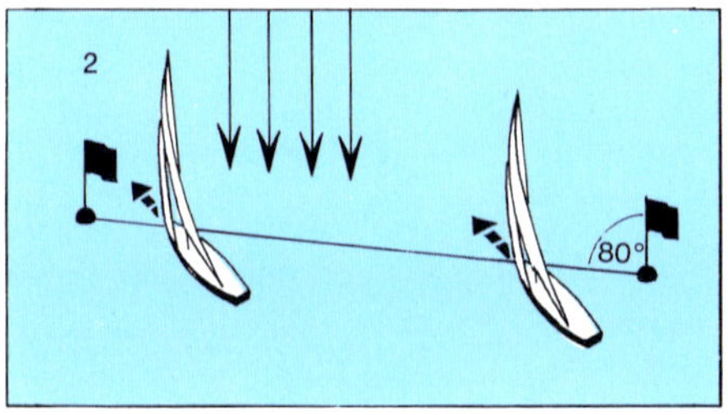

2. Die ideale Linie: Die linke Begrenzungsboje wird etwas nach vorne versetzt. Statt 90°-Winkel also etwa ein 80°-Winkel. Jetzt sind alle Teile der Linie gleichwertiger geworden.

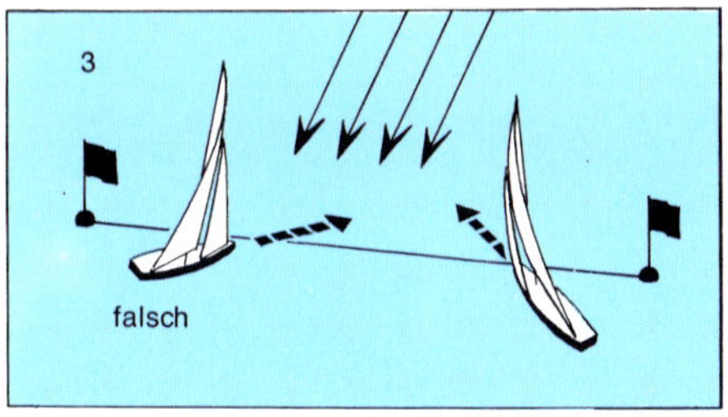

3. Der Wind hat gedreht und fällt mehr von rechts ein: Die rechte Seite ist bevorzugt.

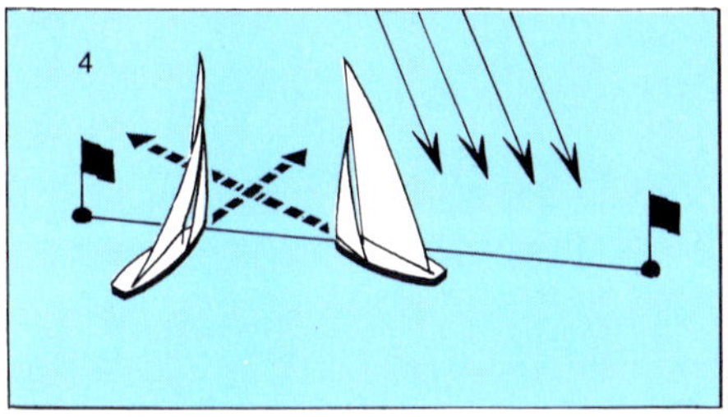

4. Der Wind hat nach links gedreht: Die linke Seite ist bevorzugt.

Zehn Minuten vor dem Zeitpunkt, der im Programm festgesetzt wurde, ertönt das Ankündigungssignal (meist ein Schuß). Gleichzeitig wird die Bahnanzeige gesetzt und gegebenenfalls die Klassenflagge gehißt. Fünf Minuten später fällt der Vorbereitungsschuß, und die Flagge »P« des internationalen Flaggenalphabets (der sogenannte »blaue Peter«) wird gesetzt. Von diesem Augenblick an gelten die Wettfahrtregeln.

Mit dem Startschuß wird die Flagge »P« als optisches Zeichen eingeholt. Sollen mehrere Bootsklassen hintereinander starten und geschieht dies – wie meist – in Abständen von 10 Minuten, so gilt das Startsignal der 1. Klasse gleichzeitig als Ankündigung für die folgende. Zu früh startende Boote müssen auf ein Rückrufsignal hin (Flagge »V«) umkehren und die Linie, ohne die anderen zu behindern, nochmals passieren.

Durchsegeln mehrere Boote zu früh die Linie, so wird der ganze Start wiederholt (Flagge »1. Hilfsstander«). Um weitere Frühstarts zu vermeiden, wird dann die Ein-Minuten-Regel (Setzen der Flagge »I«) angewendet. Sie besagt, daß jede Yacht ausgeschlossen wird, die in der letzten Minute vor dem Start die Startlinie überfährt. Eine Yacht kann gegebenenfalls den Ausschluß aber vermeiden durch Umsegeln der Begrenzungstonnen. Diese Regel wird manchmal von vornherein – und das steht dann in den Segelanweisungen des Programms – auch als Fünf-Minuten-Regel oder Zwei-Minuten-Regel (»Round the Ends«-Regel) angewandt.

Bei der **Starttechnik** kommt es darauf an, rechtzeitig durch Aufschießen bzw. Entlangsegeln an der Linie und gegebenenfalls durch Kompaßkontrolle die bevorzugte Seite der Linie festzustellen. Könner verstehen es, die letzten Minuten vor dem Start unmittelbar vor der Linie mit killenden Segeln zu liegen, die letzten Sekunden vor dem Startsignal werden die Schoten dichtgenommen, und unter Abfallen versucht jeder Fahrt aufzunehmen.

Eine große Rolle spielt die **Starttaktik.** Welche Starttaktik ein Meistersegler anwendet, verrät Willy Kuhweide: »Zunächst richte ich mich danach, ob eine Seite bevorzugt ist. Ist kein Vorteil einer Seite zu erkennen, dann behalte ich die schärfste Konkurrenz im Auge und richte mich gegebenenfalls danach. Dreht nämlich z. B. der Wind und liegt man dadurch unvorhergesehen an schlechter Position, so befindet man sich wenigstens in der Nähe dieser Konkurrenz. Bei einer gleichwertigen Linie oder bei einer Bevorzugung der rechten Seite, neige ich immer dazu, nicht ganz

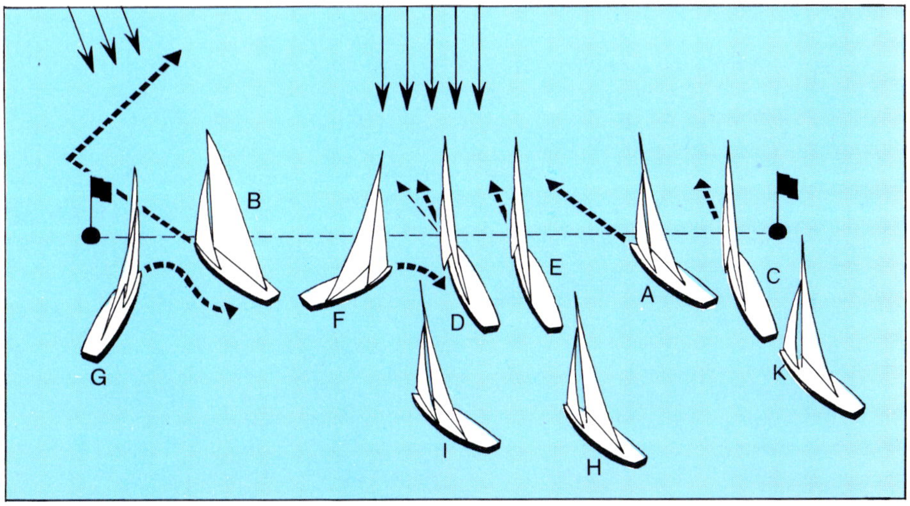

A und B nehmen die beste Startposition ein: Sie haben auf Bb.-Bug Wegerecht, außerdem genügend Leeraum zum Abfallen und Fahrtaufnehmen. B wäre besonders im Vorteil, wenn der Wind nach links dreht, und es nach einer Wende Luvboot wird. C liegt zu hoch an (auch der Leeraum fehlt) und macht zu wenig Fahrt. D müßte unbedingt abfallen. E liegt auch viel zu hoch an, kann aber nicht abfallen, da der Leeraum fehlt. Trotz der 2. Linie startet K gar nicht schlecht. Es kann mit guter Fahrt in Lee von C vorbeigehen, nach Passieren der Linie wenden und sich freisegeln. F und G machen es schlecht: Sie starten auf Stb.-Bug, müssen ausweichen und fallen weit zurück. H und I liegen zu weit von der Linie entfernt.

rechts in Luv – also dort, wo sich in diesen Fällen immer sehr viele Boote drängeln! – zu starten, sondern in Lee von dieser Luvgruppe. Lieber verzichte ich auf ein paar Meter, gewinne aber den für mich sehr wichtigen Vorteil, frei wegsegeln zu können. Ein Boot in Luv ist viel leichter kontrollierbar als ein solches in Lee, das mich beim Abfallen und Fahrtaufnehmen stört, und dessen Abwinde mich im Höhesegeln stören.
Ist die linke Seite leicht bevorzugt, dann herrscht dort normalerweise weniger Gedränge, weil viele die leichte Bevorzugung gar nicht merken. In diesem Falle versuche ich u. U. ganz in Lee, möglichst als erstes Boot dicht an der Leeflagge = linken Flagge zu starten. Bei starker Bevorzugung der linken Seite starte ich natürlich dort – selbstverständlich über Backbordbug, aber mit dem Ziel so bald wie möglich auf Steuerbordbug umzulegen. Ein Steuerbordbugstart bei der linken Bevorzugung, und zwar ganz an der Begrenzungsmarke, ist – sofern er gelingt – das Eleganteste, was denkbar ist. Kommt man ungestört heraus und vor den anderen Booten vorbei, so führt man das Feld an. Aber die Chancen stehen hierbei nicht sehr gut, deshalb ist für mich das Risiko eines Steuerbordbugstarts in der Regel zu groß. Übrigens spielt beim Starten auch das Bluffen eine große Rolle! Im Grunde blufft man dauernd, indem man irgendwelche Manöver vollzieht oder in Positionen fährt, von denen aus man dann gar nicht startet. Schon oft habe ich z. B. meinen Standort in der letzten Minute total verändert.«

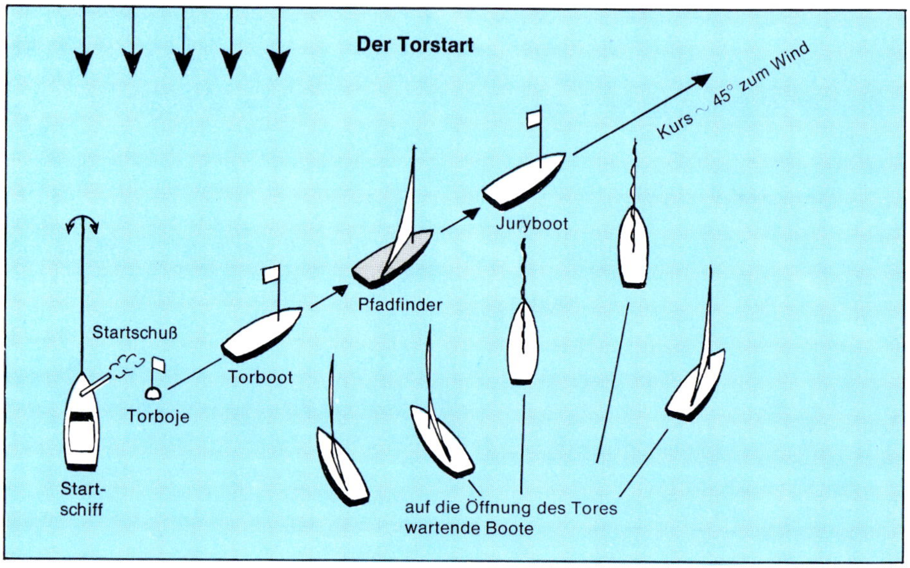

Der Torstart

Ein neues Startverfahren, das besonders für Jollen in den Vordergrund treten könnte, ist der Torstart, auch »Gate-Start« genannt. Dieses Startverfahren wurde in den letzten Jahren zuerst von den englischen 505er-Seglern erprobt, die es auch schon bei Pokalwettfahrten und nationalen Meisterschaften zur Vermeidung der vielen Fehlstarts bei Massenfeldern angewandt haben. 1975 wurden auch die britischen Meisterschaften der Laserklasse nach dieser neuen Art abgewickelt.
Benötigt werden zu diesem Start ein Startschiff mit der Wettfahrtleitung, ein Juryboot, ein Torboot und der sog. Pfadfinder, der von einem Teilnehmer »gespielt« wird. Als Anzeige für den Torstart wird zunächst auf dem Startschiff die Flagge »G« gesetzt. Neben dem Startschiff ankert auch das Torboot im Startgebiet. 10 Minuten vor dem Start folgt wie sonst auch das Ankündigungssignal und 5 Minuten davor das Vorbereitungssignal. Die Boote müssen jetzt in Lee vom Startschiff und dem sich nun einfindenden Pfadfinder bleiben. Drei Sekunden vor dem Startschuß öffnet das Torboot durch Werfen einer freitreibenden Boje, der Torboje, das Tor, der Pfadfinder geht auf Steuerbordbug am Wind auf Kurs. Das Juryboot fährt auf gleichem Kurs voraus, das Torboot schließt sich dem Pfadfinder an. Die Startlinie wird nun gebildet zwischen der Boje und der Heckmitte des Torbootes.
Mit dem Startsignal dürfen die Boote nun diese Linie hinter dem Torboot passieren, wobei es jedem überlassen bleibt, ob er unmittelbar an der Torboje auf Backbordbug legt und startet, oder ob er mit dem

Laserjollen beim Torstart.

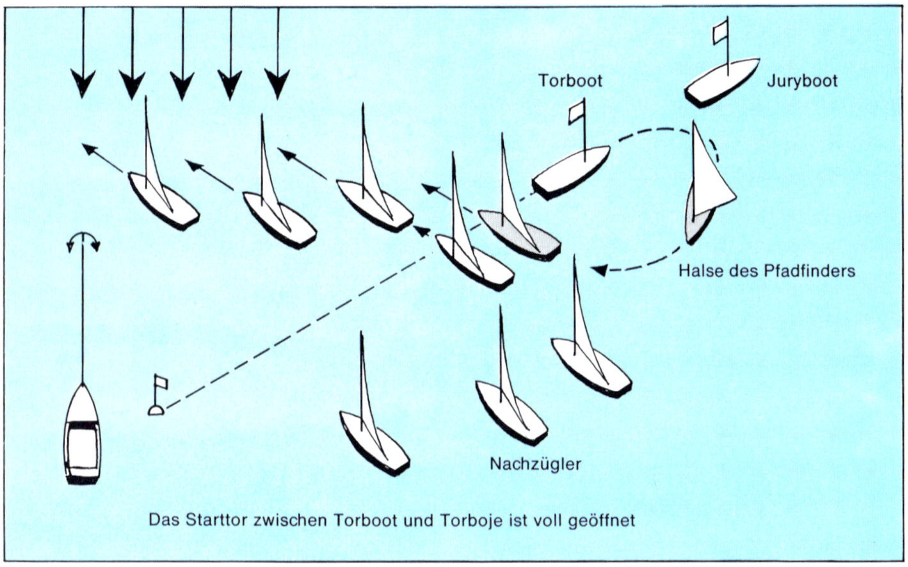

Pfadfinder noch weiter läuft. Nach ungefähr 5 Minuten wird der Pfadfinder von der Jury entlassen, er muß dabei, bevor er das Rennen aufnimmt, hinter dem Heck des Torbootes halsen. Tor- und Juryboot bleiben dann noch liegen bzw. fahren auf gleichem Kurs weiter, bis auch Nachzügler das nun ganz geöffnete Tor passiert haben. Das Schließen des Tores wird durch ein akustisches Signal und Niederholen der Flagge »G« angezeigt, niemand darf jetzt mehr starten.

Kreuzkurs

Rennentscheidend – und somit am wichtigsten – ist bei Wettfahrten immer das Kreuzen, wobei das genau im Wind liegende Ziel (= Boje 1 bzw. Ziellinie) im Wechsel zwischen Bb.-Bug und Stb.-Bug anzusteuern ist. Dazugehöriges Manöver: Wende.
Beim normalen olympischen Kurs sind drei Kreuzkurse zu absolvieren: Nach dem Start zur Boje 1, nach der ersten Runde von der Boje 3 zur Boje 1 und dann von der Boje 3 ins Ziel. Beim erweiterten olympischen Kurs sind es sogar vier Kreuzkurse. In Bezug auf die Technik und Taktik beim Kreuzkurs nun die wichtigsten Fragen an Willy Kuhweide:

Nach welchen Gesichtspunkten soll ein Kreuzkurs eingeteilt werden?

»Schon vor dem Start peilt man zur ersten Tonne und stellt fest, welches das »lange Bein« (= Streckbug) und welches das »kurze Bein« (= Holebug) ist. Und die daraus folgende einzige klare Entscheidung heißt dann: Immer zuerst den Streckbug segeln und dann erst den Holebug. Und hierbei gibt es wiederum – zunächst rein theoretisch – nur eine Möglichkeit: einen langen Schlag segeln z. B. auf Backbordbug und dann nach einer Wende einen kurzen Schlag auf Steuerbordbug. Diese Art des Kreuzens, die ich in der Praxis oft anwende, gelingt allerdings nicht immer, insbesondere sind zwei Voraussetzungen erforderlich:

1. Man muß mindestens im Spitzenfeld liegen oder besser das Feld anführen, sonst ist das Risiko zu groß.
2. Der Wind muß konstant wehen.
   Dreht der Wind (immer auf allen Binnenrevieren), so muß auf jede Winddrehung (ab etwa 4–5°) eine Reaktion durch Wenden erfolgen. U. U. sind also 10 oder 20 Wenden zu fahren.«

Soll man versuchen, möglichst viel Höhe herauszusegeln oder soll man lieber etwas Höhe verschenken und das Boot schneller laufen lassen?

»Ein Kompromiß in der richtigen Reihenfolge wäre das Richtige. Zunächst versucht man sehr viel Fahrt ins Boot zu bringen, und dann tastet man sich an den Idealpunkt heran zwischen optimaler Geschwindigkeit und optimaler Höhe. Hat man diesen Punkt, den man bei jeder Windstärke zu halten versuchen soll, erreicht, dann gibt es immer noch solche (etwa 30%), die noch höher segeln – aber mit erheblich weniger Fahrt, und es gibt solche, die schneller segeln – aber mit erheblich weniger Höhe.«

Immer wiederkehrende Vorfahrtsituation beim Kreuzkurs: Das Boot auf Steuerbordbug (im Vordergrund) muß ausweichen.

Beeinflussen zu erwartende Winddrehungen die taktische Einteilung der Kreuzschläge?

»Selbstverständlich! Spekuliert man z. B. auf eine Winddrehung nach rechts, dann empfiehlt sich nur eine klare Möglichkeit: Sofort nach steuerbord rüber, um auf der sicheren Seite zu segeln. Andererseits muß man bei dieser Kalkulation den richtigen Zeitpunkt treffen. Ist z. B. eine Rechtsdrehung des Windes angesagt, kann es durchaus falsch sein, seine Kreuzschläge jedesmal auf die rechte Bahnseite zu verlegen – in Erwartung der Winddrehung, die sich vielleicht erst einstellt, wenn man sich schon längst auf dem Raumschotskurs befindet. Die Drehung kann sich also durchaus erst beim zweiten oder dritten Kreuzkurs bemerkbar machen – dann allerdings sollte man auf der richtigen Seite ›da sein‹.«

Stellen Wolken, Ufergegebenheiten oder ähnliches eine taktische Hilfe beim Kreuzen dar?

»Ja, Wolkenbildungen und alle möglichen erspähbaren, optischen Signale, wie Dampfer, sämtliche anderen Segelboote, Flaggen an Land, Schornsteinrauch sollten laufend beobachtet werden. Zieht z. B. auf der nördlichen Halbkugel eine Wetterfront vorbei, so ist mit Sicherheit mit einer Winddrehung von mindestens 10° nach rechts zu rechnen. Vereinzelte Gewitter- oder Cumuluswolken deuten ebenfalls auf eine Winddrehung oder Windzunahme hin. Also: Immer zu den dicken Wolken hinsegeln, dort ist mehr Wind zu erwarten!!«

Welche Rolle spielt die sog. »Nahtaktik«, die Taktik, die sich mit einem oder mehreren umliegenden Gegnern direkt befaßt?

»Normalerweise soll man insbesondere in den ersten Runden sein Rennen alleine fahren, nur nach Gesichtspunkten der Technik und großräumigen Taktik. In Zielnähe muß man sich dann oft mit einem speziellen Gegner – gerade wenn seine Plazierung in der Gesamtwertung die eigene Plazierung beeinflußt – taktisch näher befassen. Ansonsten sollte man vielleicht lieber mal ein Boot vorbeilassen, anstatt dieses halten zu wollen, während dabei fünf andere oder mehr an einem vorbeigehen!«

Ein wichtiger Gegner folgt dichtauf. Wie kann man die führende Position verteidigen?

»Ist dieser Konkurrent annähernd gleichschnell, so versuche ich immer, meine Position durch technisch sauberes Weitersegeln zu halten. Für ausgesprochen falsch halte ich es, diesen Gegner nun massiv abdecken zu wollen: er wird dann immer wieder versuchen, auszubrechen und zu wenden; dadurch ergibt sich eine große Unruhe, die für beide Boote unvorteilhaft ist.

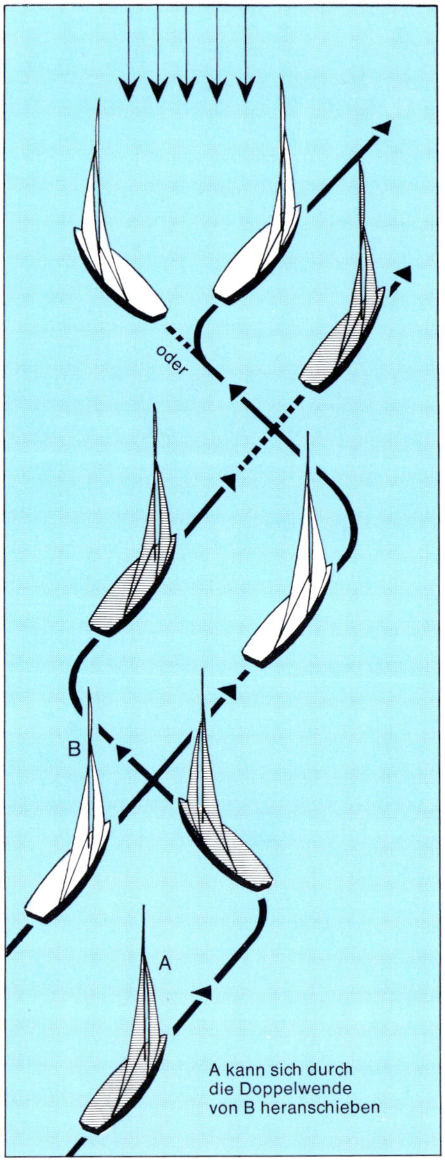

Die Doppelwende: Man kann statt einer Scheinwende zunächst möglichst unbemerkt und vorsichtig eine normale Wende fahren. Der Gegner wird nach einigen »Schrecksekunden« wieder mit seiner Wende antworten, diese oft aber überstürzt ausführen und mehr Fahrt verlieren. Jetzt ist der Zeitpunkt für die zweite Wende da.

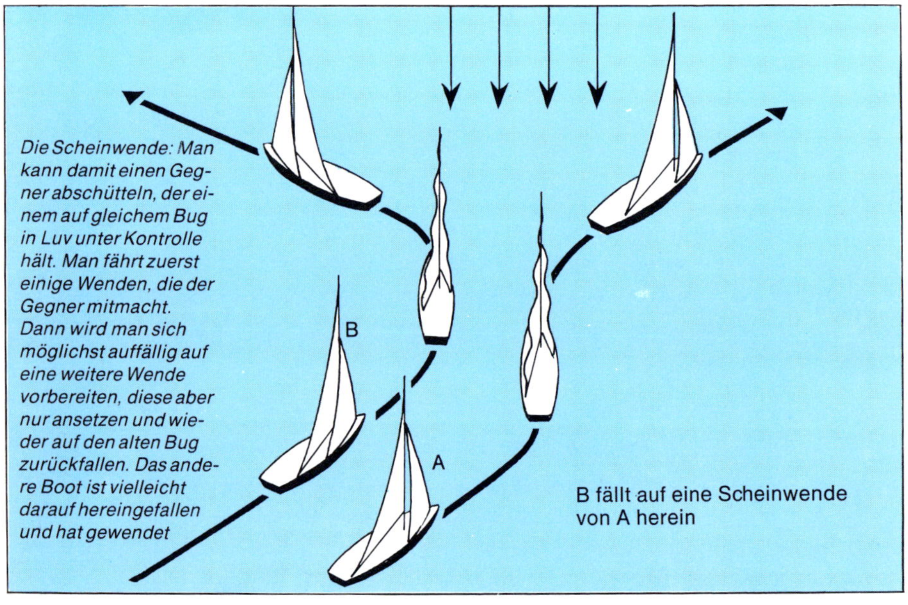

Die Scheinwende: Man kann damit einen Gegner abschütteln, der einem auf gleichem Bug in Luv unter Kontrolle hält. Man fährt zuerst einige Wenden, die der Gegner mitmacht. Dann wird man sich möglichst auffällig auf eine weitere Wende vorbereiten, diese aber nur ansetzen und wieder auf den alten Bug zurückfallen. Das andere Boot ist vielleicht darauf hereingefallen und hat gewendet

Unternimmt der Gegner nun ein Wendemanöver, dann lasse ich ihn nicht alleine auf dem anderen Bug weiterlaufen und wende mit. Aber auch hier unterlasse ich wieder ein massives Decken und lasse ihn durchaus frei segeln. Das massive Decken wende ich bei entsprechenden Gegnern nur auf der Zielkreuz an, und dann auch nur, wenn es wirklich auf die letzten Meter ins Ziel ankommt.«

Ein wichtiger Gegner liegt knapp in Luv voraus, welche Möglichkeiten gibt es, ihn zu überholen?

»Wenn der vorne liegende Gegner nicht durch leichtes Abfallen in Lee überholt oder wenigstens zu einer Wende angeregt werden kann, so bleibt nur das berühmte »Wendespiel« – aber nur, wenn es in Bezug auf das übrige Feld vertreten werden kann. Es wird also gewendet (und vom vorausliegenden Gegner mitgewendet) – und wenn dies hundertmal stattfindet. Entweder wird das führende Boot des Wendens überdrüssig oder es übersieht mal eine Wende. Ist das nicht der Fall, dann hat der Verfolger immerhin die Möglichkeit, durch saubere Technik bei jeder Wende gegenüber dem Konkurrenten einen halben Meter gutzumachen. Somit hat er die Chance, irgendwann vielleicht doch vorbeizukommen.
In das Repertoire zu solchen Ziel-Zweikämpfen gehören die Schein- und die Doppelwende. Wendet nämlich der vordere Gegner immer rechtzeitig und technisch sauber mit, dann kann man es als nächstes mit einer Scheinwende versuchen. Pariert er diese gut, dann folgt als nächstes die Doppelwende. Zur Verblüffung des Gegners könnte der Hintenliegende zwischendurch wieder eine normale Wende einlegen oder einen Leedurchbruch versuchen.«

Drachen segeln auf der Raumstrecke die Boje 2 an.

Raumstrecken

Nach dem ersten Kreuzkurs muß von der Marke 1 aus zu den Bojen 2 und 3 raumschots gesegelt werden. Bei Kurs grün = rechts herum laufen die Boote zwischen 1 und 2 auf Stb.-Bug und nach einer Halse bei Marke 2 zu 3 auf Bb.-Bug. Umgekehrt auf dem häufigeren roten Kurs = links herum: also zuerst Bb.-Bug, dann Stb.-Bug. Werden abweichend vom originalen Olympiakurs zwei Dreiecke gesegelt, so sind oben genannte Raumstrecken zweimal zu absolvieren. Die Boote erreichen jetzt ihre größte Geschwindigkeit, die erhöht werden kann durch Setzen der Spinnaker. Wer jetzt sein Boot durch gute Segeltechnik zur Höchstgeschwindigkeit – bei Gleitjollen zum langen Gleiten – bringen kann, hat die Möglichkeit, sehr viel Raum zu gewinnen. Bei stärkerem Wind besteht nun bei Jollen auch eine erhöhte Kentergefahr, bedingt durch den Spinnaker der auf den Raumstrecken manchen zum »Stolpern« bringt.
Die wichtigsten Fragen zur Raumschotstechnik und -taktik beantwortet wieder Willy Kuhweide:

Welche technischen Grundsätze soll man auf den Raumstrecken beachten?

1. »Bei gleichmäßigen Windverhältnissen, ohne Welle und Strömung gilt nur ein Grundsatz: auf direktem Kurs, ohne Umweg zur nächsten Tonne fahren, da somit der schnellste Kurs gegeben ist. Dies gilt allerdings nur, sofern keine taktischen Maßnahmen in Bezug auf andere Boote getroffen werden müssen!
2. Ist eine Welle gegeben, dann muß man mit seinem Boot der Welle entsprechend leicht pendeln.
3. Bei unterschiedlich starkem Wind muß dieser zwecks Geschwindigkeitszunahme entsprechend ausgenützt werden, und zwar nach folgendem Grundsatz: zunehmender Wind = mehr anluven, abnehmender Wind = wieder Höhe aufgeben. (Prinzip: Der Geschwindigkeitszuwachs durch Anluven bei Windzunahme ist überproportional).
4. Wird der Wind noch stärker, dann verkehrt sich vorgenannter Grundsatz genau ins Gegenteil. Es ergibt sich dann ein Wechselpunkt (bei der Soling etwa ab 5 Windstärken), von dem an man bei stärkerem Windstoß abfällt und bei abnehmendem Wind anluvt, um für die starken Windböen genügend Raum nach Lee zu haben, da man sonst das Boot nicht mehr halten kann.«

Wie spinnakern Sie bei ziemlich spitz einfallendem Wind?

»Wenn die Windstärke so beschaffen ist, daß ich den Spinnaker noch halten kann, dann behalte ich diesen immer so lange wie möglich oben. Notfalls muß ich dabei zunächst nach Lee der nächsten Tonne segeln, um dann später auf einem kurzen letzten Stück zur Tonne den Spinnaker zu bergen, damit ich unter Anluven die Tonne erreichen kann.
Ist der Wind stärker als etwa 4–5 und fällt er sehr spitz ein, dann lasse ich den Spinnaker generell erst mal unten. Dafür segle ich jetzt mehr Höhe, die ich dann in der zweiten Streckenhälfte benötige, um nach dem Spinnakersetzen diesen halten zu können. Bei sehr starkem, spitz einfallendem Wind kommt bei der Soling z. B. aber ein Punkt, bei dem der Spinnaker nicht mehr gehalten werden kann und nur Quälerei bringt, aber keinen Fahrtgewinn mehr.«

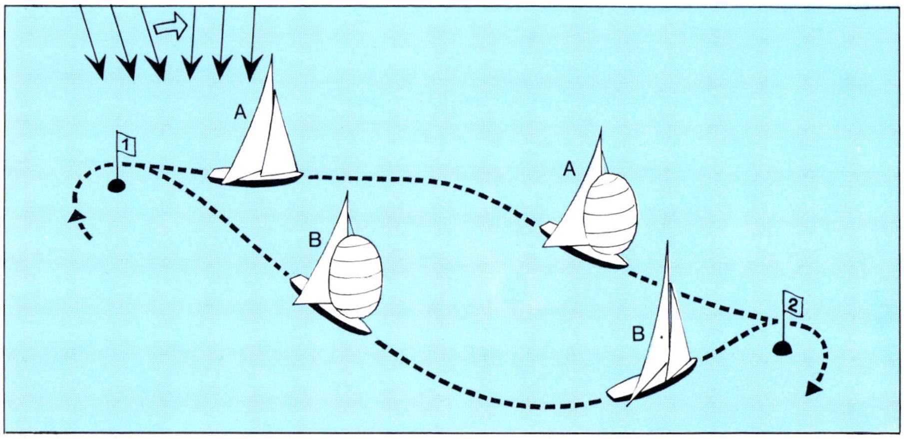

Spinnakern bei spitz einfallendem Wind: Bei sehr starkem Wind segelt Willy Kuhweide zuerst höher und ohne Spinnaker, um dann abzufallen und den Spi halten zu können (Boot A). Bei einer klar zu beherrschenden Windstärke segelt er generell und solange wie möglich zuerst mit Spinnaker – gegebenenfalls unter Abfallen in Lee der Tonne – um dann vor der Tonne ohne Spinnaker mit der notwendigen Höhe die Tonne anzuliegen (Boot B).

Soll man, um evtl. an einem Feld vorbeizukommen, eine »Luvtour« (erste Streckenhälfte höher segeln, dann abfallen) oder eine »Leetour« (erst abfallen, dann höher segeln) unternehmen?

»Bei kleineren Gleitjollenklassen oder allen Einhandklassen, wie z. B. Laser oder Finn, ist die Chance eines Leedurchbruches erheblich größer als bei einem größeren Boot unter Spinnaker, weil deren Ablenkung entsprechend weitreichender und massiver ist. Im Finn habe ich selbst immer genauso oft versucht, in Lee vorbeizukommen, wie in Luv. Bei der Soling wäre aber eine Fahrt nach Lee sicherlich falsch, da die Chance des Durchkommens – wenn die Gegner aufpassen – gleich Null ist. Allenfalls müßte man so weit nach Lee abfallen, daß durch den sich dadurch ergebenden großen Umweg jeglicher Vorteil wieder eingebüßt würde. Könnte man sich allerdings ohne Behinderung von Anfang an nach Lee absetzen, dann bringt dies durchaus einen Vorteil, weil auf der zweiten Streckenhälfte durch das Höhersegeln zur Tonne eine schnellere Fahrt ermöglicht wird – im Gegensatz zu den Booten, die zuerst Höhe liefern und nun abfallen müssen. Dies gilt aber nur für leichtere bis mittlere Windstärken und bei stärkerem Wind für Boote ohne Spinnaker. Segelt man dagegen bei stärkerem Wind einen Spinnaker, würde man nach der Leestrekke nun die benötigte Höhe mit dem Spinnaker gar nicht mehr fahren können. Hier wäre es also besser, sich zuerst nach Luv die Sicherheit zu holen, um dann mit jeder starken Bö notfalls nach Lee ausweichen zu können.«

Willy Kuhweide mit seiner Crew in der Soling auf der Raumstrecke.

Wie kann man seine Position verteidigen, wenn ein wichtiger Konkurrent von hinten aufkommt?

»Will der Gegner in Lee vorbeisegeln, kann man ihn auf Grund der Wettsegelbestimmungen (Regel 39, »Voller segeln als den richtigen Kurs«) zunächst nicht daran hindern. Zumindest so weit wie möglich kann man aber mit ihm abfallen, um zu erreichen, daß der Gegner wenigstens durch die nachteilige Abdeckung durchsegeln muß. Will der Gegner aber in Luv vorbeisegeln, dann kann man das durch Mitanluven bis ins Extrem verhindern. Dies sollte man aber nur tun, wenn man sich einen solchen Luvkampf im Hinblick auf das übrige Feld auch leisten kann. Kann man dies sich nicht leisten, dann lasse man im Zweifelsfalle lieber den einen wegsegeln und kümmere sich um die anderen!«

Wie greifen Sie selbst einen in Reichweite vor Ihnen liegenden wichtigen Gegner an?

»Ich versuche zunächst, genau auf seinen Spiegel zuzusegeln. Dabei segle ich mal ein wenig links, mal ein wenig rechts, so, daß er nicht weiß, wie ich genau angreifen will. Wenn sich mein Boot dann irgendwann ganz dicht am Heck des Gegners befindet, passe ich einen günstigen Augenblick ab und setze ganz beherzt zu einem klar entschiedenen Manöver an – und zwar so, daß der Gegner mit seiner Reaktion zu spät dran ist. Bei der Soling setze ich dies Manöver meistens nach Luv an, wobei der Gegner bei zu später Reaktion in meine Abdeckung gelangt und damit den Zeitpunkt einer erfolgreichen Verteidigung verpaßt hat. Reagiert der Gegner allerdings bei dieser Luv-Überrumpelungstaktik gut und schnell genug (was bei guten Seglern ja oft der Fall ist), dann kann man seine Taktik sofort ins Gegenteil drehen, indem man jetzt wiederum sehr beherzt ganz massiv abfällt – und zwar weiter als notwendig – und versucht, in Lee freizukommen. Durch späteres Anluven gelingt dann vielleicht der Leedurchbruch.«

Vorwindstrecke

Nach dem zweiten Kreuzkurs folgt jeweils von der Bahnmarke 1 zur Marke 3 die Vorwindstrecke. Bootsklassen, die mit einem Spinnaker ausgerüstet sind, werden diesen bei normalen Verhältnissen natürlich jetzt immer setzen.

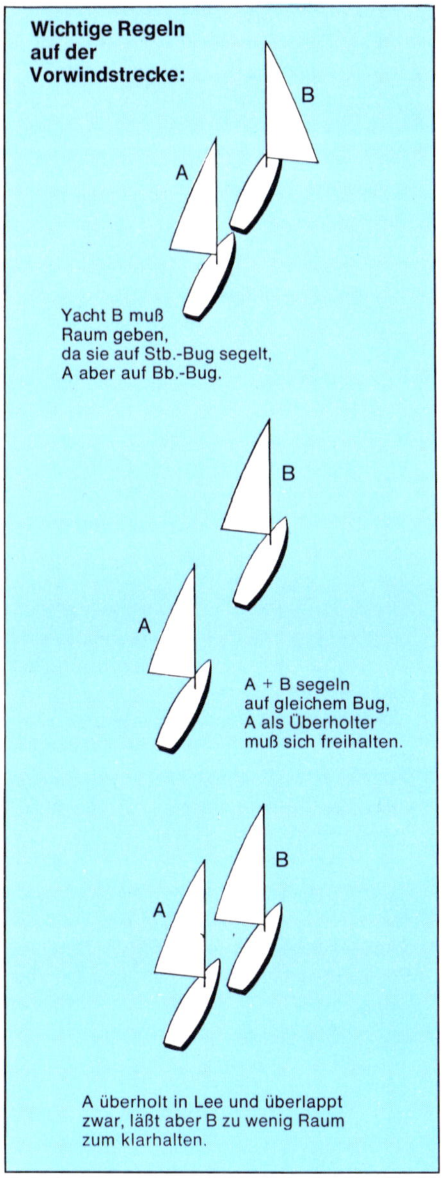

Welche Ratschläge gibt Willy Kuhweide zu dieser Vorwindstrecke?

»Für die meisten Bootsklassen gilt der Grundsatz: leichtes Kreuzen vor dem Wind ist besser als »platt vor dem Laken« zu segeln! Die Planung soll nach Möglichkeit so laufen, daß man zunächst auf demselben Bug bleibt, auf dem man die Boje 1 rundet. Im Idealfall und bei konstanten Bedingungen segelt man auf diesem Bug unter einem bestimmten Winkel zum Wind bis zur ersten Hälfte der Strecke. Nach einer Halse segelt man die zweite Streckenhälfte auf dem anderen Bug, aber wieder unter gleichem Winkel. Mit den richtigen Schoten

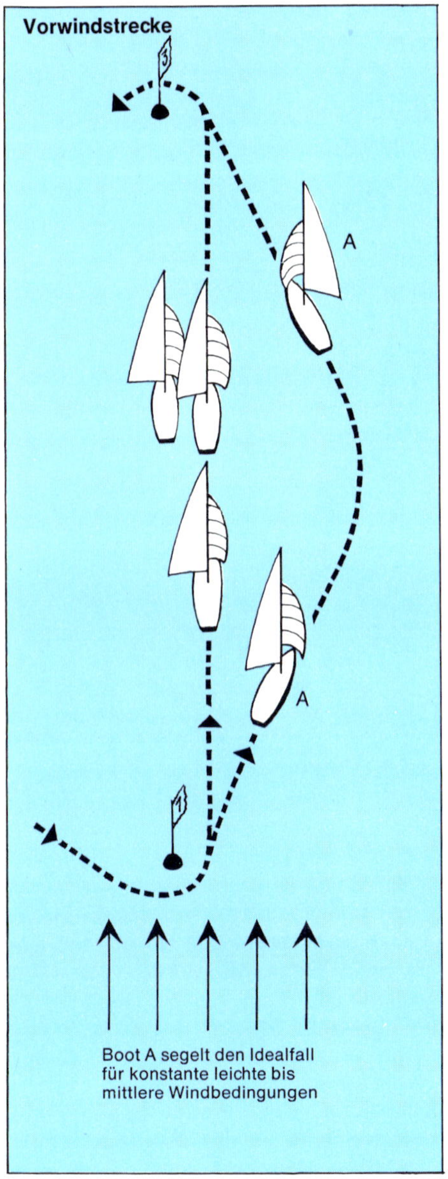

erreicht man dabei dann auch die Bahnmarke 3. Der Geschwindigkeitsgewinn durch dieses Kreuzen vor dem Wind ist bedeutsamer als der Verlust durch die sich somit ergebende größere Wegstrecke. Allerdings hängt dieses Prinzip auch vom Wind ab. Je stärker nämlich der Wind weht, um so mehr kann man von diesem Prinzip abweichen, weil dann sowieso eine bestimmte maximale Geschwindigkeit nicht mehr überschritten werden kann. Kommt dann noch eine erhebliche Welle dazu, so wird der Winkel zum Wind noch kleiner, d.h. man kann es sich leisten, tatsächlich genau vor dem Wind zu segeln.

Übrigens kann man häufig einen schweren Trimmfehler auf der Vorwindstrecke feststellen: Viele versetzen ihr Mannschaftsgewicht zu weit nach achtern, wodurch das Heck zu stark eintaucht. Bei leichteren bis mittleren Winden muß vielmehr der Spiegel des Bootes frei bleiben, sonst bremst die Wirbelbildung zu stark.«

Runden der Bahnmarken

Es handelt sich hierbei um die Tonnen 1, 2 und 3 (und gegebenenfalls einer Ersatztonne), die vorschriftsmäßig zu runden sind (siehe Seite 256). Durch technische und taktische Fehler an diesen Tonnen kann man sehr viel an Raum verlieren. Dazu wieder ein »Frage-Antwort-Spiel« mit Willy Kuhweide:

Welche technischen Punkte soll man beim Runden der Bojen beachten?

1. Schon vor der Bahnmarke soll im Boot alles klargelegt werden, daß man definitiv für das zu absolvierende Manöver – z. B. Halse an der Boje 2 – bereit ist. Muß man erst während des Manövers anfangen zu sortieren, dann ist die Gefahr irgendeines Mißlingens zu groß.
2. Die Kurve beim Runden jeder Boje soll so angelegt werden, wie es jeder gute Autofahrer und jeder Autorennfahrer machen: d. h. man setzt den Bogen am Anfang größer an und schneidet dann von außen tangential nach innen die Boje ganz nah an. Auf keinen Fall darf man eine Bahnmarke eng ansteuern, sonst muß man anschließend den großen Bogen in Kauf nehmen – ein Fehler, der sich an der Tonne 3 am radikalsten auswirkt.
3. Bei der Tonne 3 empfiehlt es sich, nicht sofort zu wenden, sondern nach dem Anluven noch einige Bootslängen auf gleichem Bug zu bleiben (es sei denn, es spielen taktische Erwägungen eine Rolle). Dadurch gewinnt man im Schiff erst mal wieder etwas Ruhe, außerdem vermeidet man einen Fahrtverlust, der sich bei sofortiger Wende einstellen würde.

4. Segelt man ein Boot mit Spinnaker, wäre es falsch, sofort nach dem Runden der Tonne 1 auf den direkten Kurs zur nächsten Tonne zu gehen (was normalerweise generell richtig wäre!). Grund: Beim Runden und kurz danach dauert es wenigstens einige Sekunden, bis der Spinnaker gesetzt ist und steht. Und während dieser Zeit sollte man nicht zu weit abfallen, sondern noch mit halbem Wind weitersegeln und gute Fahrt machen – bis der Spinnaker wirklich fertig ist.
5. Dieser Punkt berührt schon den Bereich der Taktik: Beim Kurs links herum sollen die Kreuzschläge vor der Tonne 1 so eingeteilt werden, daß der letzte Schlag auf Backbordbug eingeplant ist. Auf Steuerbordbug anzusegeln ist wegen der fehlenden Vorfahrt sehr risikoreich! War allerdings die linke Seite der Kreuzstrecke bevorzugt und segelte man deshalb auf der linken Seite, dann soll einen die Tonne und der Backbordbug nur in zweiter Linie interessieren! Die Hauptfrage lautet dann: Wie weht der Wind und wie komme ich am schnellsten zur Tonne? Der Schlag ist also zu wählen, der das Boot schneller zur Tonne bringt – nach dem Prinzip »zuerst den Streckbug, dann den Holebug«.
Beim Kurs rechts herum kann man sich raussuchen, auf welchem Bug man die Tonne ansegelt. Segelt man auf Steuerbordbug an, soll man dies unbedingt wenigstens eine Bootslänge überhöht tun, damit die Backbordbugboote, die Wegerecht besitzen, innen durchwenden können. Ansonsten ist in diesem Fall der Steuerbordbug durchaus zu empfehlen, da man beim Runden nur abfallen und nicht wenden (wie die Boote auf Bb.-Bug) muß.«

Kann man einen taktischen Grundsatz zum Runden der Tonnen aufstellen?

»Der Hauptgrundsatz ist wohl die Innenposition, die man auf Grund der Regeln (Wegerecht) möglichst anstreben soll. Dies gilt für alle Bojen und in stärkstem Maße für die Boje 3.«

Oben: Ansegeln der Tonne 1 auf Steuerbordbug. Runden der Tonne 1. Die innen liegende Soling . . .

Mitte: . . . (GO 5) hat Wegerecht.

Unten: Runden der Tonne 2. Hier sind eine Halse und das Schiften der Spinnakers fällig.

Man strebt die Innenposition an, die außen und vorne segelnden Boote steuern aber die Tonne entgegen der technischen Grundsätze zu eng an. Was tun?

»Wird man auf Grund der taktischen Situation gezwungen, einen technischen Fehler zu machen und die Boje mit einem anfänglich zu engen Bogen zu runden, dann geht dies leider nicht anders. Ein taktischer Vorteil ist wichtiger als ein technischer!«

Ein wichtiger Gegner hat an der Tonne 1 knapp vor Ihnen gerundet, greifen Sie an?

»Auf alle Fälle! Es gibt zwei Möglichkeiten: Die Luv- und die Leeseite – je nach Situation und Bootsklasse.
Mit der Soling würde ich in jedem Falle, d. h. wenn ich einigermaßen Luft hinter mir habe, einen Angriff in Luv versuchen – da man in einem Pulk von Booten oft ohnehin nicht die Freiheit hat, sofort den Spinnaker setzen zu können. Gelingt der Luvangriff nicht, so sollte man im Hinblick auf die nächste Tonne irgendwann nach Lee abfallen, um wenigstens die Innenposition zu erreichen.«

Ein wichtiger Gegner rundet relativ knapp hinter Ihnen die Tonne 1, was unternehmen Sie zur Verteidigung Ihrer Position?

»Auf alle Fälle warte ich mit dem Setzen des Spinnakers, bis er ihn gesetzt hat; vor ihm den Spinnaker hochzuhiehen, wäre ein kapitaler Fehler! Zieht er ihn hoch, dann allerdings unternehme ich so schnell wie möglich gleiches und halte mich zunächst luvseitig, um von ihm freizubleiben. Versucht er nun, ohne Spinnaker hochzuluven, luve ich mit, und zwar u. U. auch so massiv es erforderlich ist. Fällt er ab, um endlich auch seinen Spinnaker hochziehen zu können (weil sonst die anderen Boote die Nutznießer werden), dann ziehe ich meinen ebenfalls hoch und falle auch ab.«

Ein wichtiger Gegner hat an der Tonne 3 knapp vor Ihnen gerundet, was unternehmen Sie?

»Sofern der Abstand so knapp bemessen ist, daß mein Bug fast seinen Spiegel berühren könnte, dann kommt es auf die Beurteilung des Gegners an, dessen Stär-

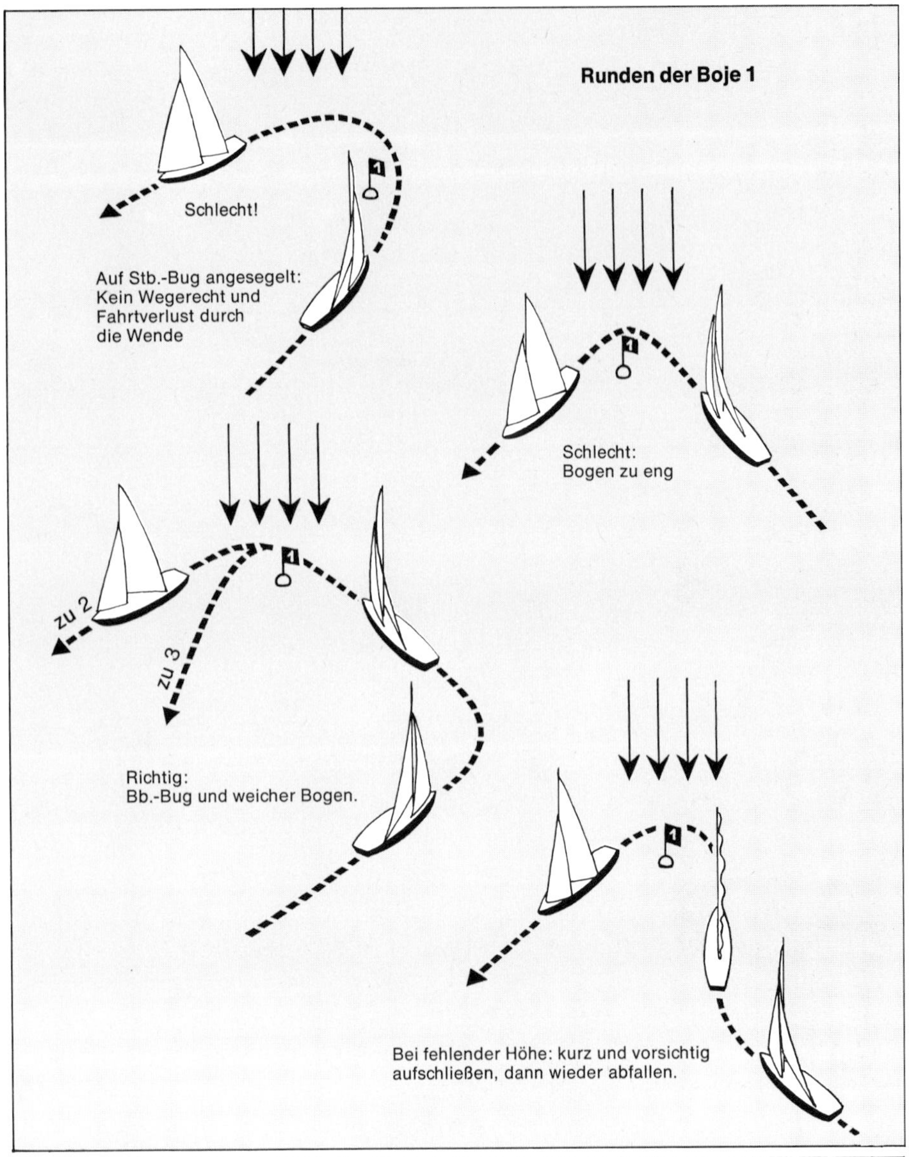

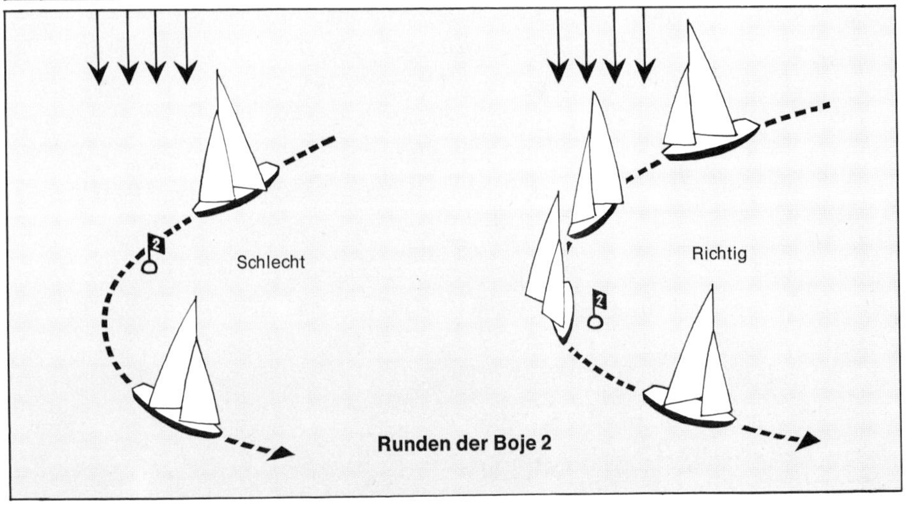

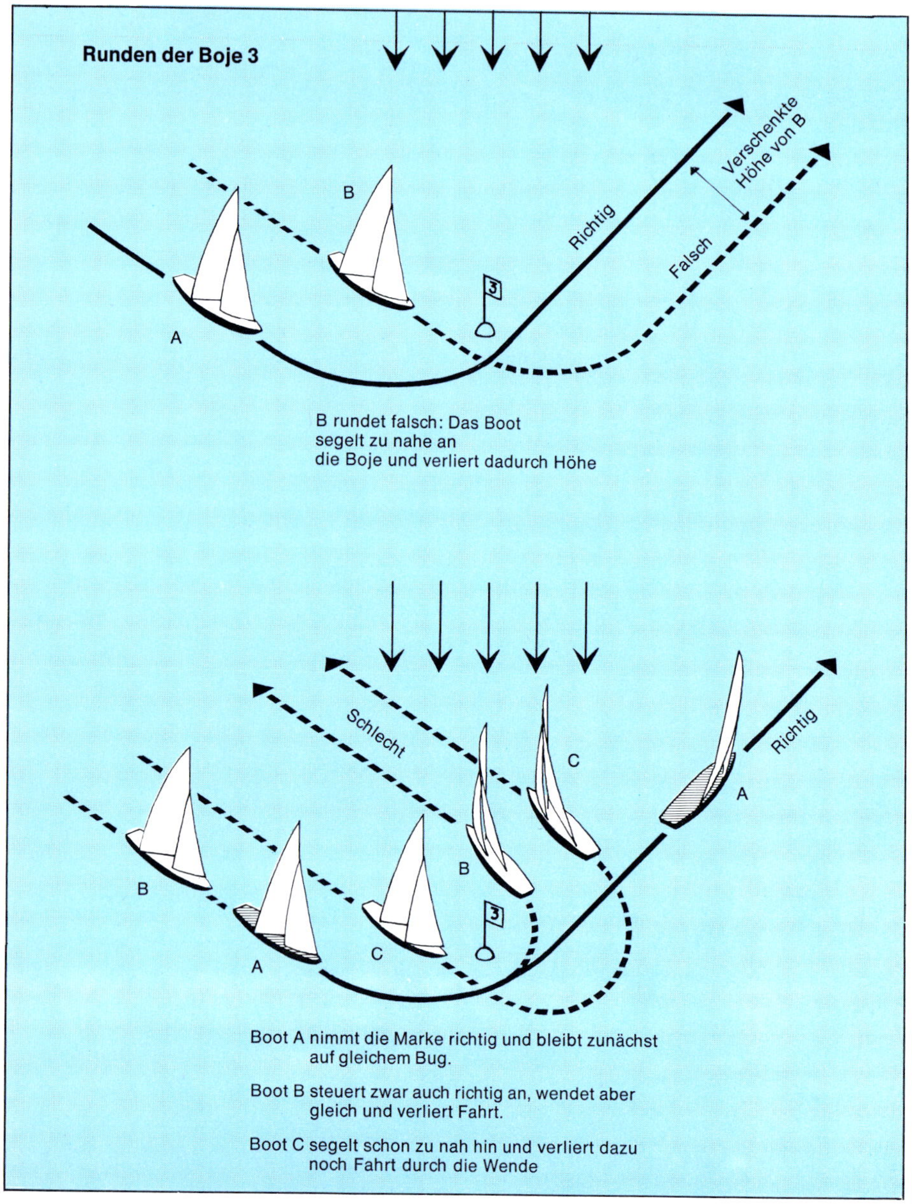

ken und Schwächen man ja oft kennt. Handelt es sich um einen Gegner, der in der Regel weniger hoch als ich segelt, dann werde ich versuchen, zunächst auf Geschwindigkeit zu verzichten und mit stärkerer Höhe als sonst in Luv von ihm freizukommen. Weiß ich aber von einem Gegner, daß er allgemein mindestens die gleiche Höhe als ich selbst segelt, dann wende ich entweder weg oder versuche einen Leedurchbruch. Ich muß in diesem Falle zunächst bewußt auf Höhe verzichten, um dann in Lee von ihm freizukommen.
Liegt der Gegner weiter vorne, dann stelle ich mir die Frage, ob er mich stört oder nicht. Stört er (d. h. seine Abdeckung) mich nicht mehr, dann segle ich zuerst einmal hinterher und überlege dabei, wie der Kurs technisch richtig angelegt werden soll. Dabei kann ich immer noch entscheiden, ob es vielleicht besser ist, wegzuwenden.«

Ziel

In der Nähe der Bahnmarke 1 (bei den olympischen Regatten in Kiel 1972 z. B. 0,2 Sm darüber hinaus) liegt jeweils die Ziellinie, die wie die Startlinie durch zwei Begrenzungsbojen oder durch den Mast des Zielschiffes (blaue Flagge!) und eine solche Begrenzungsboje gebildet wird. Von Richtung der Bahnmarke 3 kommend, muß gegen den Wind ins Ziel gesegelt werden. Laut Wettsegelbestimmungen geht ein Boot durch die Linie, wenn irgendein Teil seines Rumpfes oder seiner Ausrüstung bzw. Besatzung (in normaler Lage!) die Ziellinie aus der Richtung der letzten Bahnmarke kommend, kreuzt. Regel 51/5 sagt aus, daß man nicht unbedingt vollständig durchsegeln muß, sondern nach dem Durchgang in jeder Richtung ablaufen kann. In diesem Zusammenhang ist allerdings zu beachten, daß Segelanweisungen ein vollständiges Durchsegeln der Ziellinie – wie es auch in der Praxis immer üblich ist – fordern können.
In der Regel wird der Zieldurchgang jedes Bootes durch ein Hup- oder Hornsignal auf dem Zielschiff bestätigt.

Welche Tricks verrät Willy Kuhweide für die Zielkreuz und den Zieleinlauf?

»In der Segeltechnik gibt es keinen speziellen Unterschied zwischen einer Startkreuz, einer dazwischenliegenden Kreuz und der Zielkreuz. Ins Spiel kommen nur rein taktische Erwägungen, wobei jetzt die Nahtaktik an Bedeutung gewinnt. Wichtig ist, so schnell wie möglich herauszufinden, wie die Ziellinie ausgelegt ist: ist sie sauber ausgelegt oder gibt es eine bevorzugte Seite? Die »Politik« dabei lautet: immer den kürzesten Weg wählen, auf dem man das Ziel erreichen kann; wobei es keine Rolle spielt, ob dieser Weg noch mit einer Wende mehr verbunden ist. Kann man z. B. die Leemarke (linke Begrenzungstonne) anliegen, dann sollte man unbedingt auf jeden Fall so lange und so weit weitersegeln, bis man einen Punkt in Nähe der Linie erreicht hat, bei dem man folgende technische Überlegung anstellen muß: Ist es jetzt besser geradeaus weiterzusegeln oder lohnt sich nochmal eine Wende, weil dann der Weg näher wird? Liegt ein

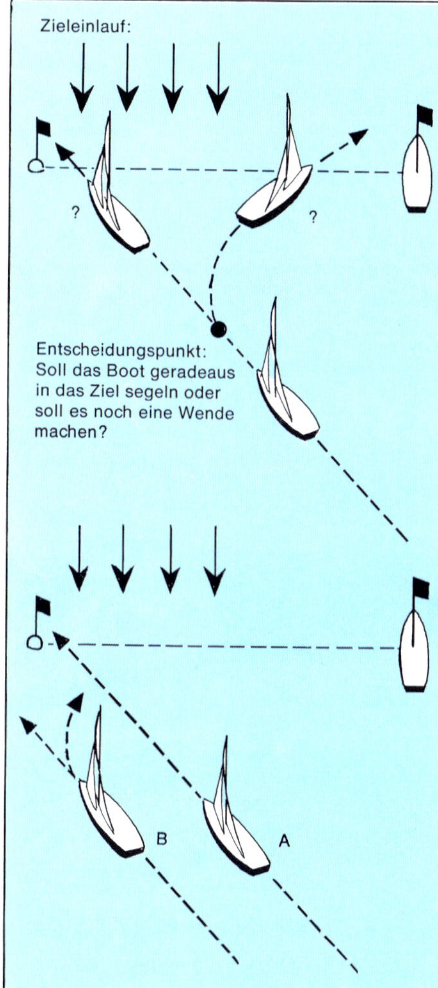

Boot A kann die linke Zieltonne gerade noch anliegen – es soll unbedingt so weitersegeln und kann dadurch B schlagen. Boot B kann nicht mehr anliegen und muß wenden. Beim Wenden darf A nicht behindert werden, außerdem behält A auf Bb.-Bug segelnd Wegerecht.

Konkurrent in Lee nicht zu weit vorne, so kann man eine Chance suchen, indem man auf größte Höhe verzichtet, 1–2 Grad abfällt und somit versucht, mehr Geschwindigkeit zu erreichen. Dabei ist allerdings unbedingt zu vermeiden, daß der Gegner in die sichere Leeposition gelangt. Kann der Gegner vielleicht die Ziel-Begrenzungstonne nicht mehr anliegen, man selbst aber gerade noch – dann handelt es sich um einen glücklichen Umstand: dann heißt es, so weitersegeln, daß man die Flagge gerade noch anliegen kann; der Gegner in Lee muß ja noch wenden, er hat u. U. nun auf Steuerbordbug segelnd kein Wegerecht und somit Pech gehabt.«

Weitere Tips und Tricks zum Regattasegeln – verraten von Willy Kuhweide

1. Welchen allgemeinen wichtigen Tip würden Sie einem jungen Regattasegler geben?

»Vor jeder Wettfahrt soll er ganz genau sein Material durchchecken, damit wirklich alles stimmt. Viele Segler kommen nach einer halben Wettfahrt mit irgendeinem Bruch nach Hause und setzen somit eine gute Gesamtplazierung aufs Spiel – nur weil vorher etwas nicht in Ordnung war!«

2. Wie steuern Sie Ihr Boot bei sehr hartem Wetter?

»Das Hauptaugenmerk liegt bei mir hier auf dem Traveller, den ich bei Bedarf mehr lose gebe; außerdem luve ich immer weiter in den Wind, ich segle gewissermaßen auf der Windkante – auch wenn das halbe Segel killt. Eine Ausnahme stellen hier nur die Gleitboote dar, mit denen es besser sein kann, mehr abzufallen, um volle Fahrt (Halbgleiten) zu erreichen.«

3. Wie lautet das Grundprinzip beim Segeln mit der Welle?

»Die Welle bergauf höher ansegeln – also anluven – bergab ins Wellental abfallen.«

4. Wie verhält man sich bei Stromeinfluß?

»Bei einer Strömung auf Raumschotskurs muß von Anfang an die Abdrift mit einkalkuliert werden. Man segelt deshalb nicht den normalen Kompaßkurs zur nächsten Tonne, bei dem man langsam wegdriften würde und nachher die verlorene Höhe wieder ausgleichen muß; man berücksichtigt von vornherein den entsprechenden Luvwinkel.

Auf Kreuzkurs ist der Strom, der das Boot nach Luv drückt, immer der richtige. D. h. bei einer bestimmten Strömungsrichtung und einer bestimmten Richtung, in die auf Grund des Kurses und Windes gesegelt werden muß, soll man immer versuchen, den längeren Schlag mit Stromunterstützung zu segeln und den schädlichen Schlag zeitmäßig kürzer anzulegen. Muß man z. B. genau gegen den Strom segeln, so kann die kleine Feinheit gelten, mal ganz auf Geschwindigkeit zu verzichten und Höhe zu ›stehlen‹: eine Stromunterstützung von Lee driftet das Boot erheblich höher; andererseits würde man vom Strom weggetrieben, wenn man abfällt und mehr auf Fahrt geht.

Allgemein spielt der Strom aber keine so bedeutende Rolle. Auf Binnenrevieren entfällt er ganz und selbst in Kiel z. B. taucht er mal auf mit 1,5 Seemeilen (in Extremfällen 2 Seemeilen). Der Strom bildet also nur eine kleine Komponente beim Regattasegeln, das Entscheidende bleibt der Wind, und es gilt die Regel: ›Wind geht vor Strom!‹.«

5. Was halten Sie im Rahmen der Nahtaktik vom direkten Stören des Gegners?

»Man sollte nach meiner Ansicht einen Gegner so wenig wie möglich stören und hindern, d. h. ihn mit einem absoluten Minimum an Störversuchen oder nach Möglichkeit ganz ohne Störversuche zu schlagen versuchen. Auf diese Weise behält jeder seine gute Laune, und der Gegner stört mich bei der nächsten Gelegenheit – wenn er sich in passender Position befindet – vielleicht dann auch nicht.«

6. Was halten Sie von taktischen Ablenkungstricks?

»Davon halte ich eigentlich nichts, es sei denn allenfalls – z. B. bei Flaute – zu einer Auflockerung der Wettkampfatmosphäre. Man sollte nicht vergessen, daß es sich um Sport handelt, bei dem man zwar gegeneinander segelt aber doch in freundschaftlich fairem Geist miteinander verbunden ist. Manche vergessen dies allerdings. Solche Tricks, wie sie von früher her bekannt geworden sind, daß man dem Gegner z. B. eine Schraube ins Segel geworfen hat, die dann in sein Boot fällt und die Mannschaft erschreckt (»um Gottes willen, jetzt kommt gleich das ganze Rigg herunter«), gefallen mir gar nicht.«

7. Sie sind in Fachkreisen bekannt für Ihre extrem und unkonventionell dichte Segelstellung auf Amwindkurs. Welche Vorteile sind hiermit gegeben?

»Mein Großsegel sieht von hinten wie ein Strich aus, weswegen unser Solingtrainer Bruno Splieth immer sagt: »Dich erkennt man an dem Strich schon immer 3 Seemeilen vorher«. Schon ab Windstärke 1–2 ziehe ich meine Schoten (Groß- und Fockschot!) so dicht wie es überhaupt geht, belege sie und lasse sie belegt. Das mache ich bei jeder Windstärke ganz genauso – bis 8 Windstärken. Mit diesen superdichten Segeln kann ich einen enormen Fahrtgewinn bei gleichzeitig außerordentlicher Höhe erzielen – und habe damit die Möglichkeit, das berühmte Stückchen schneller und höher als die anderen zu segeln. Damit die gute Fahrt und Höhe aber gelingen, muß ich einen optimalen Punkt im Kurssteuern finden und diesen auch halten. Dieser Punkt liegt bei meiner Methode in einem ganz kleinen Bereich ohne Spielraum. Segle ich nicht zu 100% auf diesem Punkt und luve ich nur 1/4 Grad an oder falle 1/4 Grad ab, so ist sofort die Fahrt weg. Bei der konventionellen Segelstellung mit den etwas loseren Schoten befindet sich der optimale Punkt auf einer größeren Bandbreite und kann leichter gefunden und gehalten werden. Kleinere Fehler werden hierbei auch nicht so hart bestraft durch Fahrtverlust.«

Regattasegeln nach Yardstick

Das Problem vieler Club- und Freundschaftsregatten ist es, die Vielfalt der Bootstypen unter einen Hut zu bringen. Eine Möglichkeit aber, daß verschiedene Bootsklassen gegeneinander segeln können, eröffnet das Yardsticksystem, auch »Langstone-System« genannt. Dieses System, erfunden 1951 von dem Engländer S. Zillwood Milledge und 1969 in der BRD eingeführt, beruht auf empirisch ermittelte Meßzahlen. Dabei wird die von jedem Boot vom Start bis ins Ziel gesegelte Zeit auf Grund dieser Meßzahlen nach einer bestimmten Formel in die berechneten Zeiten umgerechnet und nach denen dann bewertet.

Diese Umrechnungsarbeit ist zu umgehen mit Hilfe der sog. Langstone-Ausgleichstafeln. Heute werden besonders in Skandinavien, Holland und England auch große verbandsoffene Regatten nach Yardstick veranstaltet. Die Meßzahlen befinden sich noch im Fluß, und so wurden sie in drei Gruppen unterteilt: endgültige, vorläufige Yardstickzahlen und Probezahlen.

Für 1975 lauten die DSV-Yardstickzahlen (in alphabetischer Reihenfolge):

Endgültige Yardstickzahlen	
Flying Dutchman	78
OK-Jolle	98
505er	81
Vorläufige Yardstickzahlen	
Challenger	91
Conger	97
Drachen	89
Europe	98
Fam	95
Finn	92
Fireball	85
Flying Junior	98
Jollenkreuzer 30 m^2	87
Jollenkreuzer 20 m^2	86
Jollenkreuzer 16 m^2	92
Jollenkreuzer 15 m^2	92
Koralle 10 m^2	100
Korsar	86
Moth (Konstr. Klasse)	100
Neptun 22 (bis Bj. 73)	98
O-Jolle	94
Pfeil-S-Jolle	100
Pirat	96
Sailhorse	89
Shark 24	98
Soling	82
Sunbeam	97
Starboot	81
Strale	86
Tempest	82
Tornado Kat.	63
Trias	82
Varianta	95
Zugvogel, Kiel	90
Zugvogel, Schwert	88
Youngster	98
470er	87
420er	96
Probezahlen	
A-Katamaran	67
Aeolus	94
Alice	92
Amphora	109
Alezan	107
BB 11	100
BB 17	95
Carina (MK, KS)	112
Carina (KK)	115
Capella 24 (ex Wega)	88
Chiemseeplätte	116
C + C 27	90
Condor	95
Condor 8	87
Contender	85
Contest 25	100
Contest 27	95
Contest 30	91
Corsaire	103
Defender 15	86
Delanta	93
Delphin 9,5 m^2	102
Delphin 11 m^2	100
Dyas	86
Ecume de Mer	93
Edel 4	97
Edel 2	100
Etap 22	99
Feunec	107
Flibustier	92
Flying Cruiser	106
Flying Fish	100
Folkeboot	95
Fox-Jolle	110
H-Boot	85
H-Jolle (neuer Riß)	83
H-Jolle (alter Riß)	88
Hansa-Jolle	102
Häfele Finesse	93
Häfele 370	107
IF-Boot	94
Jaka	100
Jakon	103
Javelin	81
Jet-Jolle	85
Jeton	87
Jollenkreuzer, Blitz	86
Kievit 680	107
Königskreuzer 29	92
Kolibri 8,5 m^2	112
Kolibri 7,5 m^2	113
Koralle 8,5 m^2	102
Laser	95
Leisure 17	109
Leisure 22 (MK)	100
Leisure 22 (KK)	101
Lis-Jolle	97
Lis-Jollenkreuzer	98
Marina (MK, KS)	105
Marina (KK)	110
Midjet	102
Miranda	89
Neptun 20	100
Neptun 210	99
Neptun 17	98
Niedersachsen Jolle	99
Optimist	140
Pandora (MK)	91
Pandora (KK)	100
Partner	118
Patrizia 750	96
Petergleiter	93
Ponant	87
Prelude (KK)	98
Ra-Phantastik	99
Regina-Kreuzer	92
Safari	92
Sailhorse Glider	90
Samourai	96
Schratz	92
Schärenkreuzer 40 m^2	79
Schärenkreuzer 30 m^2	82
Seepferdchen	91
Shearwater Kat.	75
Snipe	94
Südkreuzer	89
Super Dorado (MK)	96
Super Dorado (KK)	100
Star Cat	102
Stern Jolle	87
Tempo Jolle	94
Trainer	92
Traveller	94
Vaurien	101
VB-Jolle	100
Vega	94
Victoire 25	93
Victoire 22	96
Waarship 1/4 t	93
Wibo I	100
Wibo II	103
Wibo III	105
Wibo IV	110
Wibo V	110
Windspiel	96
Windy	85
Zef-Jolle	108
490er	86
1/4 t IOR	93
1/2 t IOR	89

(MK – Mittelkiel, KK – Kimmkiel, KS – Kielschwert)

Kleines Regatta-Wassertraining

Die beste Übung für einen Regattasegler ist zwar die häufige Teilnahme an Regatten selbst. Ein zwischenzeitliches Training und ein solches zu Saisonbeginn ist aber dringend anzuraten. Alleine sollten die wichtigsten Manöver durchgeübt werden, wie Wenden auf Kreuzkurs und um die Tonne, Halsen und Schiften mit und ohne Spinnaker, mit und ohne Tonne, Spinnaker setzen und bergen, gefühlvolles Anluven und Abfallen, Parieren von Böen, gegebenenfalls schneller Segelwechsel. Bei Jollen sollte auch ein Kentertraining nicht vernachlässigt werden. Zweckmäßig ist auch ein gemeinsames Training mit Clubkameraden oder mit Seglern benachbarter Clubs. Dafür gibt es eine Reihe von Übungsmöglichkeiten, z. B.:

- Zwei oder mehrere Boote segeln gemeinsam jeweils alle Kurse ab. Durch verschiedene Verstellungen am Boot versucht immer einer, seine Geschwindigkeit zu vergrößern.
- Die Boote segeln gemeinsam einen Amwindkurs. Auf Kommando des Trainers wird gewendet.
- Die Boote segeln gemeinsam einen Vorwindkurs. Auf Kommando des Trainers werden die Spinnaker gesetzt (später geborgen). Dieses Spiel kann auf einer langen Strecke oft wiederholt werden.
- Zwei Boote segeln jeweils einen Amwindkurs. Einer befindet sich etwas voraus und in Luv – er hat seine Position zu verteidigen durch sauberes Mitwenden. Das andere Boot spielt den Angreifer, er versucht durch Wenden, Schein- und Doppelwenden den Partner zu überlisten.
- Von einem bestimmten Punkt aus wird eine Boje angesegelt und technisch sauber gerundet.
- Ein kleiner Dreieckskurs wird möglichst oft durchsegelt. Das Hauptaugenmerk liegt bei den Bojemanövern.
- Zwei Bojen werden im Abstand von etwa 150 Metern so ausgelegt, daß sich ein Anliegerkurs und ein Raumschotskurs ergeben. Die Bojen werden zunächst im Uhrzeigersinn umsegelt, dabei kann man das Spinnakersetzen aus dem Abfallen heraus üben, anschließend das Spinnakerbergen vor einem Amwindkurs. Umsegelt man die Bojen gegen den Uhrzeigersinn, dann kann man das Spinnakersetzen nach einer Wende und das Spinnakerbergen vor einer Halse üben.
- Mehrere Bojen werden stark versetzt quer zum Wind ausgelegt. Beim Slalom durch diese Bojen wird das Hochluven und Abfallen geübt, einschließlich einem flüssigen Bergen und Setzen des Spinnakers.
- Mehrere Bojen werden in einer Reihe hintereinander in Windrichtung gelegt und zwar in verhältnismäßig kurzen Abständen. Bei einem Slalom gegen den Wind kann man viele Wenden üben, auf dem Rückweg bei einem Slalom mit dem Wind saubere Halsen.
- Möglichst viele Startübungen mit Hilfe einer kleinen Startlinie. Zur Zeitersparnis kann man statt der normalen Zeitintervalle kürzere Abstände wählen.
- Startübungen wie vorher, aber jetzt ist eine 200–300 m in Luv liegende Boje 1 anzulaufen.
- Verfolgungsrennen: Von einer Startlinie oder einem bestimmten Punkt aus segeln die Boote in gleichen Abständen (die schlechteren zuerst) zu einer Boje. Angriff und Verteidigung können hierbei gut geübt werden.
- Startübung und Absegeln einer kleinen Runde.
- Kurzregatten auf kleinem Kurs.

Neben diesem Manövertraining ist das Finden der jeweiligen Feineinstellung am Boot von großer Bedeutung. Siehe dazu Kapitel »Segeltheorie und der richtige Segel- und Bootstrimm«.

Regatta-Konditionstraining

Bei entsprechendem Wind ist das moderne Regattasegeln ein harter Leistungssport, der nur demjenigen Chancen einräumt, der auch körperlich absolut fit ist. Ohne die notwendige Kondition ist keine Seglercrew in der Lage, eine zwei bis vier Stunden dauernde Wettfahrt – und das meist einige Tage hintereinander – mit voller Konzentration, uneingeschränktem Reaktionsvermögen und in der kraftraubenden Ausreithaltung mit Erfolg durchzustehen. Sehr viele technisch und taktisch gute Segler erreichen besonders auf Jollen im Sommer bei Hart-Wind-Wettfahrten niemals gute Plazierungen, weil sie im Winter das aufbauende und in der Saison das krafterhaltende Konditionstraining vernachlässigt haben und somit einfach nicht fähig sind, eine wirksame Aus-

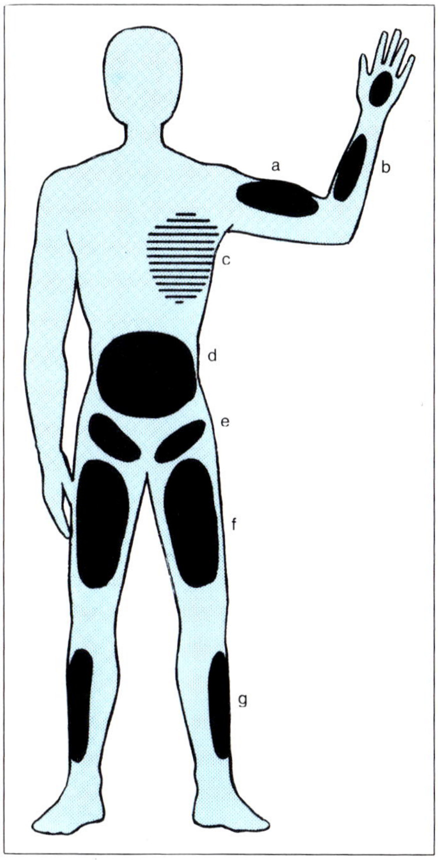

a M. biceps; deltoides; brachialis
b lange und kurze Handmuskeln
c M. trapezius; serratus lateralis; latissimus dorsi; teres major;
d M. rectus abdominis; obliquus abdominis externus + internus; transversus abdominis;
e M. iliopsoas
f M. quadriceps femoris
g M. tibialis anterior; extensor digitorium longus; extensor hallucis longus

reithaltung länger durchzuhalten, um das Boot aufrecht zu segeln.
Wer also beim Regattasegeln Erfolg haben will, muß auch körperlich fit sein und bereits im Winter mit Konditionstraining anfangen. Während der Segelsaison geht dieses Training weiter!
Neben einer allgemeinen, Fitness, Beweglichkeit und Ausdauer, neben Konzentrationsvermögen, Reaktionsfähigkeit und einer gewissen Willenskraft benötigt ein Regattasegler insbesondere eine entsprechende Muskelkraft und lokale statische Muskelausdauer.
Folgende Muskeln werden dabei beim Segeln schwerpunktmäßig beansprucht und müssen speziell mit z. B. folgenden Übungen trainiert werden:

Beanspruchte Muskeln	Im Einsatz bei folgenden Tätigkeiten		Übungsbeispiele
Muskeln am Oberarm und Schultergürtel zum Armbeugen und Ziehen (vorwiegend: Musculus biceps; brachialis; deltoides; trapezius; serratus lateralis; latissimus dorsi; teres major)	Schoten halten und dichtnehmen; Zurückziehen der Pinne beim Abfallen; Halten und Hochziehen am Trapezgriff beim Vorschoter; Halten und Hochziehen der Vorschoter beim Soling-Ausreiten.		1. Klettern oder hängen im Beugehang an einem Kletterseil. 2. Klimmzüge z. B. an einem Reck. 3. Ein Gewicht hochheben.
Handmuskeln zum Greifen (lange und kurze Handmuskeln an Unterarm und Hand)	Schoten halten; Trapezgriff halten; Pinne halten; Griffe für Vorschoter an Soling halten.	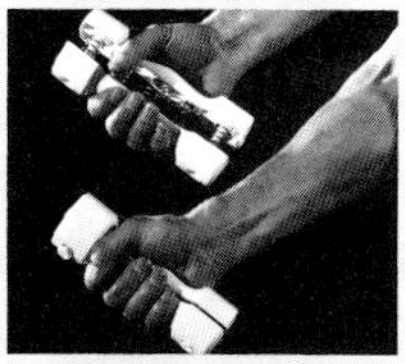	1. Zusammenpressen von Druckhanteln oder Tennisbällen. 2. Schnelles Bewegen der Finger 3. Hangeln an 2 Kletterstangen.
Bauchmuskeln und Hüftgelenkbeuger (vorwiegend: Musculus rectus abdominis; obliquus abdominis externus und internus; transversus abdominis; illiopsoas)	Ausreithaltung; Vom Ausreiten ins Boot zurück; ins Boot zurück nach Trapezstand.		1. Jollensitz auf einem Schemel, einer Langbank o. ä. und Wippen bzw. zurückbeugen. 2. »Taschenmesser«. 3. Füße unter einen Schrank o. ähnl. klemmen und Oberkörper aufrichten.
Kniegelenkstrecker (vorwiegend: Musculus quadriceps femoris an der Vorderseite des Oberschenkels)	Ausreiten; Hockstellung; Bewegung z. B. beim Wenden; Hocken – Strecken des Trapezmannes.		1. Rücklings mit in einem 90°-Winkel gebeugten Beinen an die Wand stellen, jeweils 30–90 Sek. verharren. 2. Strecksprünge aus der Hocke. 3. Wippen in Ski-Abfahrtshaltung.
Muskeln zum Heben des Fußrückens (Muskeln der Unterschenkelvorderseite)	Halten der Füße im Ausreitgurt.		1. Gehen auf der Ferse. 2. Schnelles Beugen und Strecken der Füße im Sitzen. 3. Füße unter einen Schrank klemmen, hochziehen und 30–60 Sek. halten.

Hochseerennyachten der IOR-Klasse I (Admiral's Cup-Yachten) beim Start zu einem Rennen.

G 110
G 33
33
G
1555
55
G
1161
G2033
Saudade
ILLUSION

Z
30
G
736
FD
G 1191
49
50

Gestaltung eines Trainings

Schon eine Viertelstunde häuslichen Trainings ist wertvoll. Bei gemeinsamem Üben in einer Turnhalle sollte man sich wenigstens eine Stunde vornehmen. Soll Spielen auch noch dabei sein, so schlagen wir bis zu zwei Stunden vor. Selbstverständlich muß man sich vorher gut aufwärmen – auch zu Hause! – durch Laufen, Hüpfen, Armkreisen, usw. Eine anschließende allgemeine Gymnastik mit einer Betonung von Ausgleichsübungen (Rumpfbeugen rückwärts) ist zu empfehlen. Dann folgt als Hauptteil das Spezialtraining, wobei eine Auswahl aus den Spezialübungen nacheinander durchgearbeitet wird. Eine sehr zweckmäßige Trainingsform ist die des **Circuittrainings.** Hier sind z. B. 12 Übungen auf 12 Stationen verteilt, die nacheinander zu absolvieren sind. Am einfachsten läuft das Ganze so ab, daß einer jeweils die Übungszeit und die Pause anpfeift. Als Durchschnittswerte schlagen wir vor: 30 Sekunden Übung – 20 Sekunden Pause – und Wechsel zur nächsten Station. Kleinere Intervalle – also 20 Sekunden zu 10 Sekunden – sind nur zum allgemeinen Training (z. B. in der Vorbereitungszeit) oder für sehr Konditionsschwache zu empfehlen. Diese zu kurzen Intervalle betonen zu einseitig den Kreislauf und geben zu wenig Reize auf den Muskel. Für die Haupt-Konditionstrainingsphase und die Segler, die sich wirklich intensiv z. B. auf eine Meisterschaft vorbereiten wollen, empfehlen wir 45 Sekunden Übung und 30 Sekunden Pause, wobei ein gleichmäßiges und nicht hektisches »Arbeiten« anzustreben ist. Nach jedem Durchgang eines Circels (also der z. B. 12 Übungen) legt man eine kurze Pause ein (nur einige Minuten) zum gut Durchatmen, Dehnen und Lockern. Je nach Trainingszustand und Jahreszeit wird man eine solche Stationenreihe 2- bis 6mal absolvieren. Als sehr zweckmäßig halten wir – und das gilt hauptsächlich für die Haupt-Konditionstrainingsphase – bei jeder Station zweimal zu verbleiben, bevor gewechselt wird. Hierdurch ergibt sich ein erhöhter Trainingsreiz auf den Muskel.

Trockentraining – Jahresplan

Periode und Zeit	Art des Trainings	Trainingszeit pro Woche
Übergangsperiode 15. Sept.–15. Nov.	Allgemeine Gymnastik, Haltungsübungen, Allgemeine Beweglichkeitsschulung, Allgemeines Circuit-Training (Intervalle 20 zu 10), Waldlaufen, viel Spiel (Hallenfußball, Basketball usw.)	Erwachsene: zweimal Jugendliche: zweimal
1. Vorbereitungsperiode 15. Nov.–15. Jan.	Allgemeine Gymnastik, Übungen für allgemeine Beweglichkeit und Geschicklichkeit, Allgemeines Circuit-Training, Skigymnastikübungen, Spiele	Erwachsene: zweimal Jugendliche: zweimal
2. Vorbereitungsperiode 15. Jan.–15. März	Spezialsegeltraining rückt in den Mittelpunkt. Beim Circuit-Training werden die Intervalle auf 30 zu 20 gesteigert.	Erwachsene: dreimal Jugendliche: zwei- bis dreimal
Hauptvorbereitungsperiode 15. März–1. Mai	Ausgiebiges aufbauendes Spezialtraining. Beim Circuit-Training von 45 zu 30, wobei jede Station doppelt absolviert wird.	Erwachsene: drei- bis viermal Jugendliche: dreimal Spitzensegler: vier- bis fünfmal
Wettkampfperiode 1. Mai–15. Sept.	Nicht mehr aufbauendes, sondern konditionserhaltendes Spezialtraining, jetzt wieder stärker vermischt mit allgemeinen Übungsformen. Waldläufe, Ballspielen, Radfahren.	Erwachsene: Jugendliche: Spitzensegler: 2–5mal je nach Umfang des Wassertrainings

Oben:
Dieser Finnsegler zieht sich vor Ablegen zu einer Wettfahrt sportgerecht an: Über die Schwimmweste zieht er seinen Rennoverall.

Unten:
Auch das gehört zum Wettsegeln: die Vorbereitung der Boote und das Ablegen – beobachtet während der Kieler Woche.

Beispiel für ein Segler-Spezial-Circuit-Training

(12 Stationen)

1. Station:
Klimmzüge am Hochreck. Nach jedem Klimmzug zurück zum Boden springen und dann erst neu ansetzen

2. Station:
Langbank vor Sprossenwand: Ausreithaltung, leicht wippen dabei gegebenenfalls auch Oberkörper zurückbeugen

3. Station:
Dasselbe wie 2. Station, aber mit Gewicht. Dabei mit einer Hand am Expander ziehen

4. Station:
Hochsprungplatte oder tiefgestellte Reckstange. Unten durchwinden und dann über Langbank springen

5. Station:
Klettertau: Im Beugehang hängen oder schaukeln

6. Station:
Strecksprünge aus der tiefen Hocke. Sandsack im Genick

7. Station:
Sitz oder Stand vor einer Sprossenwand, Füße darunterschieben: kräftig Fußriste heben und halten

8. Station:
Hockstand auf dem Knoten eines Klettertaues: links und rechts im Wechsel halten, mit der freien Hand in Richtung Boden greifen

9. Station:
Über eine Langbank seitlich springen (= »wedeln«)

10. Station:
Sitz auf einem Kasten: Unterschenkel mit einem Sandsack belasten und heben

11. Station:
Rückenlage: Medizinball im Aufrichten zum Sitz mit beiden Händen an die Wand (oder zum Partner) werfen

12. Station:
Auf eine schräg gestellte Leiter ein Stück freihändig hochbalancieren – umdrehen – und zurück

Je nach Anordnung der Geräte in der betreffenden Turnhalle muß gegebenenfalls die Übungsreihenfolge verschoben werden.

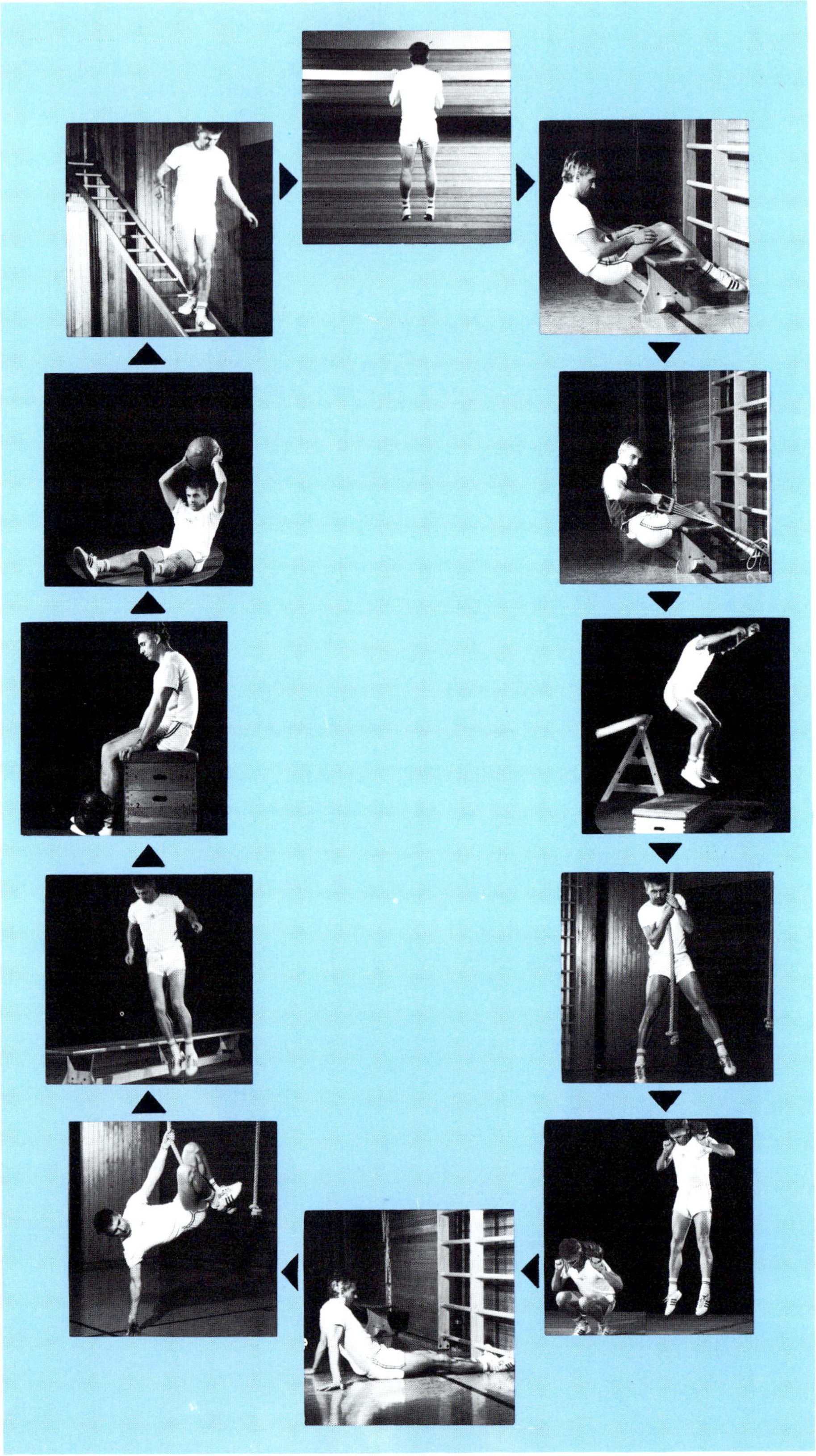

Beispiel für ein Segler-Heim-Circuit-Training

(8 Stationen)

1. Station:
Wippen in Abfahrtshaltung (»Eiform«).

2. Station:
Ausreiten auf Stuhl, Schemel oder ähnlichem.

3. Station:
Vor einen Schrank oder ähnlichem setzen, Füße darunter klemmen und Oberkörper zurücklehnen.

4. Station:
Je einen Tennisball kräftig mit den Händen zusammendrücken.

5. Station:
Schneidersitz, Arme verschränkt: aufstehen.

6. Station:
Liegen unter einem Tisch, Griff an die Tischplatte: Klimmzüge.

7. Station:
Sitz am Boden, die leicht angewinkelten Beine etwas heben: leicht wippen.

8. Station:
Expander an einem Ende fixieren (z. B. an einem Heizkörper bzw. mit einem Fuß): mit einer Hand ziehen.

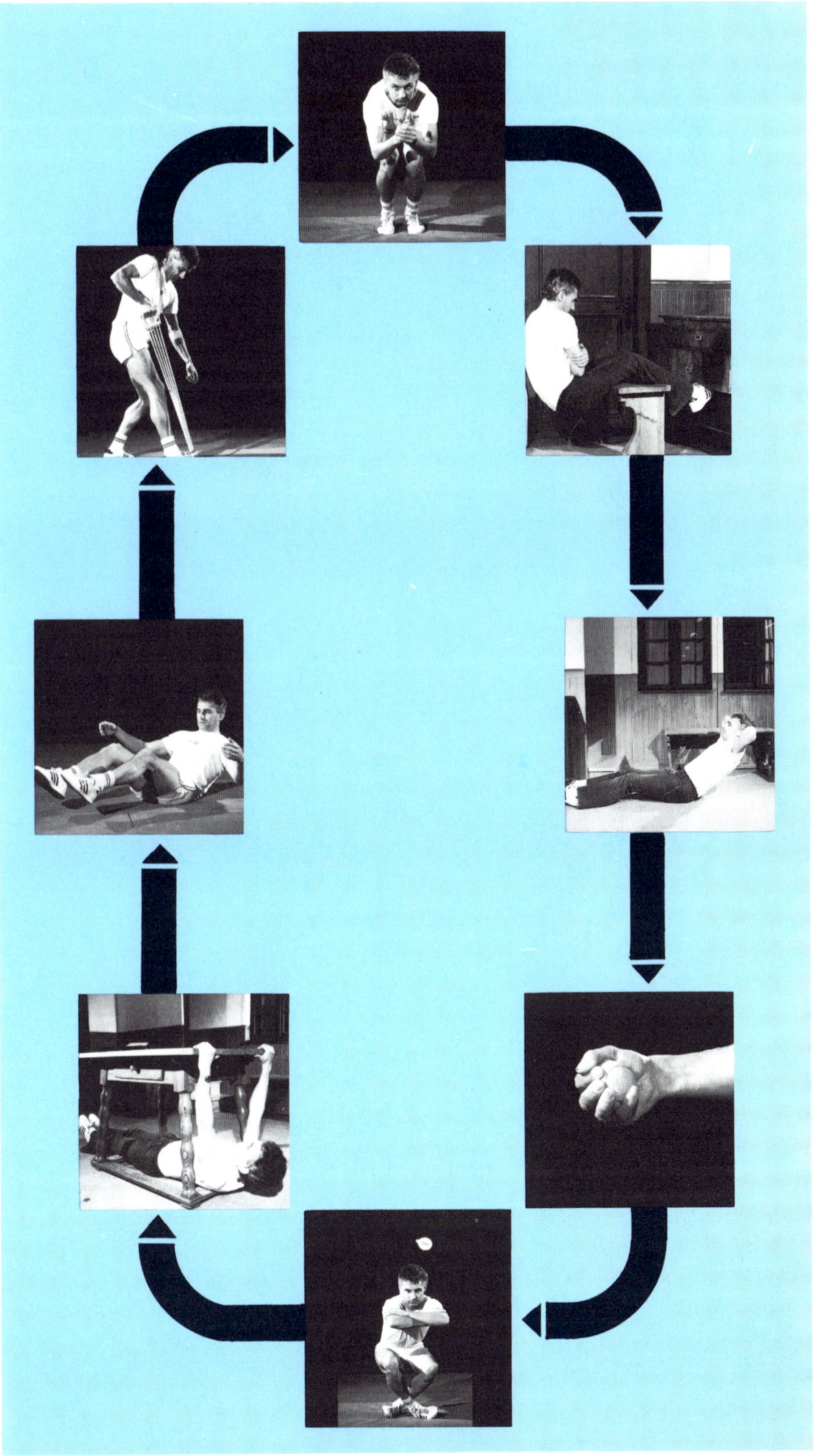

Hochsee-regatten

Regattasegeln findet nicht nur auf olympischem Dreieckskurs statt! In zunehmendem Maße gewinnen vielmehr auch Hochseerennen, teilweise über sehr lange Distanzen, immer mehr an Bedeutung und Beliebtheit. Die meisten Hochseerennen werden heute für Yachten ausgeschrieben, die nach der IOR-Formel (siehe Bootsklassen Seite 74) vermessen sind.
Durchgeführt werden auch die Hochseeregatten nach den internationalen Wettsegelbestimmungen der I.Y.R.U., wobei je nach Art der Regatta und des Seereviers Zusatz- und Sonderregeln gelten können. Streng geachtet wird auch jeweils auf die in den »Special Regulations« des Offshore Council vom November 71 festgelegten Sicherheitsvorschriften. Veranstaltet werden Hochseeregatten von einzelnen Segelclubs des betreffenden Landes oder auch von mehreren Clubs gemeinsam, wenn Start und Ziel in verschiedenen Ländern liegen.
Die Entwicklung in der Konstruktion und im Bau von Hochseerennyachten nahm in den letzten Jahren einen gewaltigen Fortlauf, wobei immer bessere Rumpfformen, Beschläge, Takelungen und Segelschnitte geschaffen wurden. Sogar ganz neue Arten von Beisegeln wurden erfunden. Als besonders anregend für den Fortschritt in der Yachtkonstruktion erwiesen sich die Wettbewerbe um den America's Cup und um den Admiral's Cup.
Der ungeheuere finanzielle Aufwand für den Bau der millionenschweren, über 20 m langen Zwölfer-Yachten (America's Cup) oder der um die 16 m langen Yachten der IOR-Klasse I (Admiral's Cup) mag zunächst absurd erscheinen. Bedenkt man aber, wie sehr auf diesem Gebiet erzielte Fortschritte auch dem Bau von normalen Fahrtenyachten und damit dem Breitensport zugute kommen, so muß man eigentlich die noch weiter fortschreitende Rennyacht-Entwicklung mit einem Ja und einem gewissen Interesse verfolgen.
Für eine Crew in einem Hochseerennen kommt es darauf an, in jeder Rennphase – sei es Tag oder Nacht – das Höchstmaß an Geschwindigkeit aus der Yacht herauszu-

Kreuzkurs in stürmischem Wind bei einem Hochseerennen. G 15 segelt auf Backbordbug, G 110 auf Steuerbordbug. Beide Yachten haben gerefft.

Zweikampf bei einem Hochseerennen.

holen. Selbstverständlich müssen die einzelnen seemännischen Arbeiten, wie z. B. das häufige Segelwechseln, oder die einzelnen Manöver perfekt eingespielt sein. Ein Hauptaugenmerk liegt jeweils auf der Ausnutzung begünstigender Winde und Strömungen. Eine besondere Bedeutung spielt bei Hochseerennen die Navigation, mittels derer das Ziel nicht nur erreicht werden soll, sondern mittels derer die Yacht das Ziel in der kürzesten Zeit erreichen soll. Eine ungenaue Navigation kann der Yacht einen längeren Weg über Grund und damit einen kostbaren Zeitverlust bescheren. Dem Navigator, der selbstverständlich alle Navigationsmethoden beherrschen muß, kommt deshalb auch eine wichtige Rolle zu.

Weitere bekannte Hochseerennen sind das »Transpacific-Race« (2225 sm von Los Angeles nach Diamonds Head), das »Miami-Montego-Bay-Race« (600 sm von Florida nach Jamaika, Abschluß des »Southern Ocean Racing Circuit«), das »Channel Race« (250 sm zwischen Portsmouth und Le Havre, Auftakt der »Cowes Week«), das »Skaw Race« (290 sm im Skagerrak), die Regatta »Gotland Runt« (290 sm um die Insel Gotland in der östlichen Ostsee), das »Middle-Sea-Race« (613 sm rund um Sizilien mit Start und Ziel auf Malta), das »China-Sea-Race« (600 sm auf den Philippinen mit Start in Hongkong und Ziel in Manila) und das »Agulhas Race« (500 sm, Südafrika). Die bekanntesten Hochseeregatten in der Bundesrepublik Deutschland sind »Rund um Helgoland« (58–62 sm, seit 1925) und »Helgoland-rund-um-Skagen-Kiel« (510 sm), die beide im Rahmen der jährlichen »Nordseewoche« ausgesegelt werden.
Inoffizielle Weltmeisterschaften werden heute auch in einigen Tonnerklassen ausgetragen, bekannt sind dabei der Halbtonner-, Eintonner- und Zweitonner-Pokal.
Die spektakulärsten (d. h. die von der Öffentlichkeit am meisten beachteten) Hochseeregatten sind der »America's Cup«, der »Admiral's Cup« und die »Transatlantik-Regatta der Einhandsegler«, über die noch kurz berichtet werden soll:

Berühmte Hochseerennen

Bezeichnung	Gebiet	Länge (Seemeilen)	Erstes Rennen	Rhythmus
Bermuda-Race (im Rahmen der Serie »Onion Patch Trophy«)	USA/Nordatlantik (von Newport zu den Bermuda Inseln)	635	1906	alle 2 Jahre
Buenos Aires – Rio de Janeiro	Südatlantik	1200	1947	alle 3 Jahre
Fastnet-Race (im Rahmen der »Cowes Week«)	England/Nordatlantik	615	1925	alle 2 Jahre
Kalifornien-Honolulu	Pazifik	2225	1906	alle 2 Jahre
Sidney-Hobart (im Rahmen der Serie »Southern Cross«)	Australien	680	1945	jährlich
Chicago-Mackinnac	USA/Große Seen	333	1898	jährlich
St. Petersburg-Havanna (bzw. Ft. Lauderdale)	Karibisches Meer	284	1930	jährlich
Transatlantik-Rennen	Nordatlantik	3500	1866	unregelmäßig
Transatlantik-Rennen der Einhandsegler	Nordatlantik (von Plymouth nach Newport)	3500	1960	alle 4 Jahre
Kapstadt-Rio-Race	Südatlantik	3600	1971	alle 2 Jahre
Whitbread-Round-the-World-Race	Alle Meere	26500	1973/74	noch unbestimmt

America's Cup (auch: America Pokal)

Es handelt sich um einen 1851 von der britischen Königin Victoria für eine Regatta rund um die Insel Wight gestifteten Pokal, der ursprünglich »Queen's Cup« hieß, und aus dem nach dem damaligen überlegenen Sieg des amerikanischen Schoners »America« gegen starke englische Konkurrenz der »America's Cup« wurde. Der Preis wurde vom Eigner-Syndikat dem New York Yacht Club gestiftet mit der Auflage, ihn gegen jeden ausländischen Herausforderer zu verteidigen, was dann erst wieder 1870 geschah. Seit 1958 werden die Pokalwettfahrten in 12 m-R-Yachten – sog. »Zwölfern« entschieden. Dabei veranstaltet man Zweikämpfe, wobei nur 2 Boote über den Kurs segeln: die Verteidigerin und die Herausforderin. Gesegelt werden maximal 7 Wettfahrten auf Dreieckskurs (offener Seekurs von 24,3 sm), Sieger ist der, der zuerst 4 Wettfahrten für sich entschieden hat. Bisher wurde der Pokal immer von den Amerikanern erfolgreich verteidigt. 1974 fand die 23. Herausforderungsrunde statt. Zum Erscheinungszeitpunkt dieses Buches laufen schon wieder die Vorbereitungen für die nächste Runde, wobei natürlich wieder neue »Zwölfer« konstruiert wurden.

1975 belegten die bundesdeutschen Titelverteidiger (»Rubin«, »Duva«, »Pinta«) den 2. Rang hinter Großbritannien und vor den Booten aus USA.

Transatlantik-Regatta der Einhandsegler

Seit 1960 wird diese Regatta alle vier Jahre im Olympiajahr veranstaltet und zwar von Plymouth (England) nach Newport (USA) mit Segelbooten ohne jede Art von Bauvorschrift, gesteuert nur von einem einzelnen Menschen. Die bisherigen Sieger und Rekorde: 1960: Francis Chichester mit der 11,90 m langen »Gipsy Moth III« in 40 Tagen. 5 Teilnehmer. 1964: Eric Tabarly (Frankreich) mit der 13,43 m langen »Pen Duick III« in 27 Tagen. 15 Teilnehmer. 1968: Geoffrey Williams mit der 17,39 m langen »Sir Thomas Lipton« in 25 Tagen. 20 Stunden, 33 Minuten. Teilnehmer 35. 1972: Alain Colas (Frankreich) mit dem 21,33 m langen Trimaran »Pen Duick IV« in 20 Tagen, 12 Stunden, 15 Minuten vor dem spektakulären Dreimastgiganten »Vendredi 13«. Teilnehmer 54. 1976: Eric Tabarly mit der 22,55 m langen Ketsch »Pen Duick VI«. Teilnehmer: 125.

So sieht eine 12-m-R-Yacht, ein sog. »Zwölfer«, aus.

Admiral's Cup

Ein 1957 gestifteter Preis für Hochseeyachten, genannt nach Admiral Sir Miles Wyatt vom renommierten Royal Ocean Racing Club. Es ist ein Nationenpreis (3 Yachten starten jeweils) um die inoffizielle Mannschafts-Weltmeisterschaft der Hochseesegler. Diese Regatta, die alle 2 Jahre im Rahmen der Cowes Week vor Südengland ausgesegelt wird, besteht aus 4 Wettfahrten: dem Channel Race auf einem Dreieckskurs über 250 Seemeilen (sm) mit Start und Ziel in Portsmouth (doppelte Punktwertung), dem berühmten Fastnet Race über 615 sm (dreifache Punktw.) und den 2 Tagesfahrten (Inshore Races) mit einfacher Punktw. und jeweils 35 sm von Cowes aus auf dem Solent. Zugelassen sind Schiffe von 29–45 Fuß nach der Vermessungsformel Mark III IOR, schnelle Hochseeyachten, meist mit 9–11-köpfigen Crews.
Seit Ursprung dieses Nationenpreises hatten immer Engländer, Amerikaner und Australier die ersten Plätze unter sich ausgemacht. 1973 sorgte die bundesdeutsche Mannschaft für die große Sensation, als sie zum erstenmal mit den Yachten »Saudade«, »Rubin« und »Carina III« den Preis gewann vor Australien, England und den USA. 16 Nationen hatten teilgenommen.

Navigation

Beim Fahrtensegeln an Küste oder auf Hochsee und auch beim Hochseerennsegeln muß die Mannschaft laufend den Kurs und den Standort des Schiffes bestimmen. Dies geschieht durch das Navigieren. Man unterscheidet dabei drei Arten der Navigation:

1. Die terrestrische Navigation, die mit Hilfe von Landmarken und Seezeichen betrieben wird und die sich demnach im Küstenbereich abspielt.
2. Die Funknavigation mit Hilfe elektromagnetischer Wellen.
3. Die Navigation nach Gestirnen – auch Astronavigation genannt – die mit Hilfe von Winkelmessungen arbeitet, und die sich demnach im Hochseebereich abspielt.

Hilfsmittel der Navigation

Kompaß

Der Kompaß ist das wichtigste Ausrüstungsstück für die Navigation. Zunächst unterscheidet man zwischen zwei Hauptarten: Magnetkompasse und für den Yachtsport nicht verwendete Kreiselkompasse. Bei den Magnetkompassen unterscheidet man wiederum zwischen Trokkenkompassen und Flüssigkeits- bzw. Fluidkompassen, wobei man nach der Bauart nochmal unterteilt in Flach- oder Kugelkompasse. Benötigt wird auf einer Yacht ein Kompaß zum Steuern – ein Steuerkompaß – und ein solcher zum Peilen – ein Peilkompaß. Der **Steuerkompaß** muß so im Cockpit angebracht werden, daß er vom Rudergänger gut abgelesen werden kann. Es handelt sich immer um einen Schwimm-, Flüssigkeits- oder Fluidkompaß, der dank einer Flüssigkeit (eine Art hochraffiniertes Petroleum, möglich ist auch destilliertes Wasser mit Alkoholzusatz als Gefrierschutz) die Bewegungen der Kompaßrose im Kompaßkessel dämpft. Damit eine zu große Trägheit der Rose überwunden wird, waren bei den Fluidkompassen früher stärkere Magnete eingebaut als bei Trockenkompassen.

Kardanische Aufhängung eines Kompasses.

Moderner Yacht-Kugelkompaß

Heute werden dazu vielfach die sog. Alnico-Magnete verwendet, bestehend aus einer Metallegierung, die bei gleichem Gewicht eine weitaus höhere Magnetisierbarkeit als die bisher üblichen Stahlmagnete aufweist. Übrigens ist die Kompaßrose mit dem sog. Hütchen auf einem Stift – genannt Pinne – im Kessel gelagert. Damit Reibung und Abnutzung möglichst gering gehalten werden, bestehen die Pinnenspitze meist aus gehärtetem Stahl, Platin oder Iridium und die Mitte des Hütchens aus einem Halbedelstein (Rubin oder Saphir).

Die heute fast ausschließlich in Schwarz mit weißen Zahlen hergestellte Kompaßrose war früher in 32 Striche eingeteilt. Heute benützt man die vorteilhaftere Gradeinteilung von 0°–360°. Hierbei gilt:

0° bzw. 360° = Nord	180° = Süd
90° = Ost	270° = West

Wichtig bei Yachtkompassen ist natürlich auch die kardanische Aufhängung des Kompasses. Diese kann halbkardanisch (in eine Richtung neigend) oder vollkardanisch (nach allen Seiten neigend) ausgeführt sein, wobei zwischen einer äußeren und einer inneren kardanischen Aufhängung zu unterscheiden ist. Die modernen Yachtkompasse sind aber als Kugelkompaß ausgebildet, wobei die Glasscheibe so kugelförmig gewölbt ist, daß die Rose mit dem Schwimmer bis etwa 75° ausschwingen kann. Gute Steuerkompasse sind heute auch mit einer Beleuchtung ausgerüstet, und zwar entweder mit einer möglichst auf der Kuppel sitzenden elektrischen Beleuchtung oder mit dem sog. »Beta«- oder »Brylit«-Licht. Dieses Licht besteht aus fluoreszierendem Tritiniumsalz, das im Kompaß untergebracht ist, ein indirektes Licht ausstrahlt und somit eine Ablesung bei Dunkelheit ermöglicht. Als Steuerkompasse sind besonders auch die »Grid-Kompasse« zu empfehlen, bei denen oben ein drehbarer Außenring mit Gradeinteilung angebracht ist. Der zu steuernde Kurs kann hier am Steuerstrich mit dem Außenring eingestellt werden. Auf der Abdeckplatte ist eine Strichmarkierung angebracht. Liegt der zu steuernde Kurs an, so decken sich die Gridmarkierungen mit denen auf der Kompaßrose. Dieses Verfahren erleichtert dem Rudergänger das Kurshalten.

Zum Aufstellen bzw. Einbau eines Steuerkompasses gilt folgendes:

1. Kompaß soweit als möglich vom Eisenkiel und mindestens 1 Meter von jedem Eisengegenstand bzw. -teil entfernt aufstellen. In der Nähe weder Fotoapparat noch Kofferradio, Messer oder Kocher lagern.
2. Bei Stahlschiffen Kompaß in der Mittschiffslinie einbauen, wegen symmetrischer Verteilung der Eisenmassen.
3. Stromführende Kabel in der Nähe so verlegen, daß die Hin- und Rückleitung unmittelbar nebeneinander liegen. Die Zuleitungsdrähte zur Kompaß-Beleuchtung müssen verdrillt sein.
4. Die elektrischen Geräte, wie Funkpeiler und Echolot, soweit vom Kompaß entfernt aufstellen, daß sie ein- oder ausgeschaltet keine Ablenkung hervorrufen.
5. Ferner: Im Hafen den Kompaß vor intensiver Sonne, Temperaturwechsel und sonstigen Witterungseinflüssen durch

einen Schutzbezug schützen. Gelegentlich Flüssigkeitsstand prüfen und bei Blasenbildung z. B. mit vergälltem Alkohol auffüllen (Verschlußhaube öffnen). Frei von Erschütterungen (Arbeiten an Deck) halten. Nach einigen Jahren Kompaß von einer Kompaßprüfstelle des Deutschen Hydrographischen Instituts prüfen lassen.

Sehr wichtig ist auch die Kompensierung des Kompasses, von der noch später die Rede sein soll.

Peilgeräte

Das für Sportyachten wichtigste und gebräuchlichste Peilgerät ist der **Handpeilkompaß.** Es handelt sich um einen kleineren Kompaß meist mit Handgriff (oft als Stablampe ausgearbeitet zur Beleuchtung) und Peilvisier. Zum Peilen stellt man

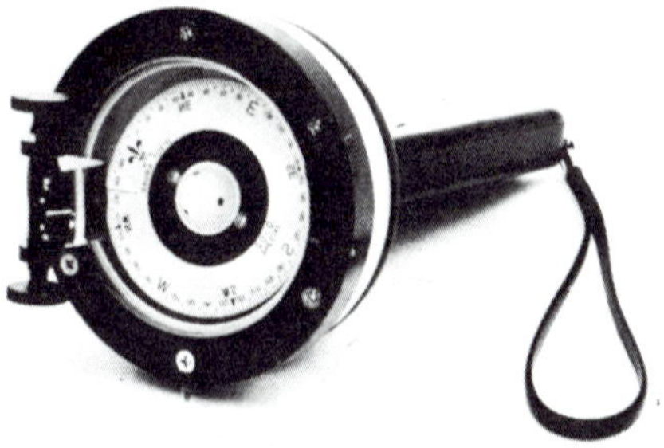

Handpeilkompaß

hierbei ein mittels Handschrauben drehbares, unter einer Kimme gelagertes Prisma so ein, daß im Spiegel auf dessen Rückseite die Gradzahlen abgelesen werden können. Von jeder Stelle der Yacht aus kann gepeilt werden, man sollte sich aber möglichst weit von ablenkenden Eisenteilen fernhalten. Um beim Ablesen der Gradzahl einen Parallaxenfehler zu vermeiden, achte man darauf, daß der im Prisma eingefügte Ablesestrich jeweils in Verlängerung der Kimme liegt.

Für das Peilen bei Nacht benötigt man einen beleuchteten Peilkompaß, wobei man batteriebetriebene erwerben kann und solche mit dem etwas dunkleren schon erwähnten »Beta«-Licht.

Problematisch ist der Gebrauch eines Handpeilkompasses auf Stahlschiffen. Ein von verschiedenen Stellen des Bootes aus angepeiltes Objekt könnte hierbei die verschiedensten Ergebnisse erbringen.

Peilaufsatz auf einem Steuerkompaß.

Eine brauchbare Möglichkeit für Stahlschiffe wäre die Erstellung einer Deviationstabelle für den Handpeilkompaß von einer festgelegten Stelle aus. Die Zuverlässigkeit müßte aber erst ausprobiert werden. Manche Stahlschiffskipper sind auch schon zu guten Peilergebnissen gekommen, indem sie sich auf das Kajütdach zur Peilung gestellt haben, möglichst weit entfernt von den Eisenmassen. Auf einem Nichtstahlschiff muß man für den Handpeilkompaß normalerweise keine Deviation (siehe Seite 306) berücksichtigen. Diese Tatsache sollte man aber gelegentlich überprüfen, z. B. wenn man mal eine Deckpeilung (siehe Seite 312) durchsegelt. Außerdem könnte man hierbei auch feststellen, von welcher Stelle an Bord aus die wenigsten Ablenkungen auf den Kompaß einwirken. Auf dem Boots-Zubehörhandel kann man auch Handpeilkompasse erwerben, die man im Notfall auch als Steuerkompaß verwenden kann. Nach den im Kapitel »Sicherheit« zitierten Sicherheitsrichtlinien wird ohnehin ein Reservekompaß gefordert!

Eine andere, heute beim Sportsegeln weniger gebräuchliche Peilmöglichkeit ist die mit einem Kompaß, der mit einem **Peilaufsatz**, auch **Peildiopter** genannt, versehen ist. Bei diesem Peilaufsatz handelt es sich um eine drehbare Visiereinrichtung. Voraussetzung zur Benützung eines Kompasses mit Peilaufsatz ist die günstige, nach allen Seiten freie Aufstellung dieses Kompasses.

Auch die **Peilscheibe** ist beim Sportsegeln weniger gebräuchlich. Es handelt sich um eine kardanisch aufgehängte »blinde«

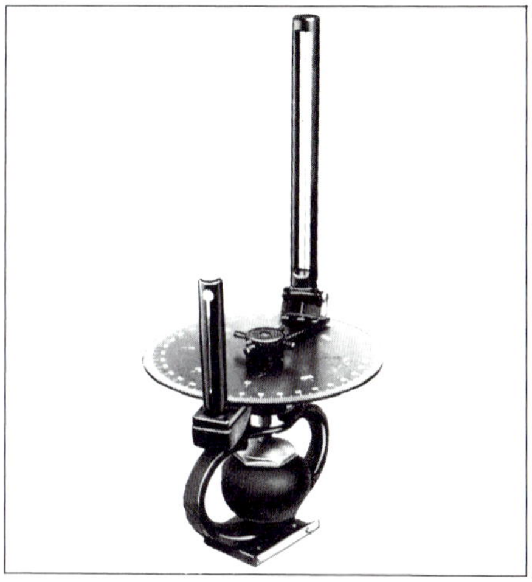

Peilscheibe

Kompaßrose mit Peilvorrichtung. Die Nullrichtung der Peilscheibe muß genau in Kielrichtung ausgerichtet sein, man mißt dann den Winkel zwischen der Kiellinie und dem Peilobjekt. Die erhaltene Seitenpeilung muß dann erst in eine mißweisende Peilung verwandelt werden. Über die Peilungen selbst muß später noch ausführlich gesprochen werden.

Die Seekarte

Ohne eine Seekarte, besser gesagt ohne einen Satz von Seekarten für das in Frage kommende Gebiet, hilft ein Kompaß nichts. Deshalb gehört eine Kollektion von Seekarten zu den grundlegendsten Navigationsmitteln.

An eine Seekarte müssen bestimmte Ansprüche gestellt werden, damit sie sich zum Navigieren eignet:

1. In die Seekarte muß man eine Kurslinie als Gerade und nicht als Bogen eintragen und mit dem Kursdreieck absetzen können. Dabei ist diese Kurslinie der von der Mittschiffsachse und dem Ortsmeridian gebildete Winkel, der bei gleichem Kurs gleich bleibt. Damit nun bei einem gleichbleibendem Kurs an jedem Meridian dieselben Winkel gemessen werden können, müssen in der Seekarte die Meridiane parallel verlaufen.
2. Die Seekarte muß winkeltreu sein, damit jeder Kurswinkel in der Karte dem entsprechenden Winkel auf der Erde gleich ist. Auf der Yacht gesteuerte Kurse müssen genau mit den in der Karte eingetragenen Kurswinkeln übereinstimmen.

3. Eine Flächentreue ist bei einer Seekarte nicht erforderlich, es genügt eine Flächenähnlichkeit.
4. Entfernungen müssen leicht meßbar sein und sich absetzen lassen, d. h. zum Navigieren müssen Distanzen mit dem Stechzirkel unmittelbar aus der Karte (Kartenrand) entnommen werden können.

Die Abbildung der runden Erdoberfläche auf einer ebenen Karte ist problematisch, da entsprechende Verzerrungen entstehen. Die Kartographen haben zwar verschiedene Abbildungsverfahren entwikkelt, aber Fehler waren nicht auszuschließen. Ein Verfahren, das obige Bedingungen erfüllt und deshalb für Seekarten geeignet ist, hat der Geograph und zu seiner Zeit (1512–1594) größte Kartenzeichner Gerhard Kremer – mit damaligem latinisiertem Namen »Mercator« genannt – erfunden. Das Prinzip dieser **Merkatorkarte** ist sehr einleuchtend: Man stelle sich auf einem Globus das Kartenbild längs der Meridiane (»Längenkreise«) eingeschlitzt vor. Schält man nun den Globus wie eine Orange und breitet die Schalen auf einer Ebene aus, so erhält man lauter sphärische Zweiecke. Natürlich ist die somit entstandene Projektionsart noch nicht brauchbar, da die einzelnen Meridiane noch nicht parallel verlaufen. Also zerrt man die oberen und unteren Teile dieses Zweiecks so lange auseinander, bis eine Parallelität der Meridiane gegeben und eine Plattkarte entstanden ist.

Dabei hat sich aber jetzt ein großer Fehler eingeschlichen: Je mehr man sich in die höheren Breiten begibt, um so mehr sind die Flächen in Ost-West-Richtung gedehnt. (In unserer Abbildung ist diese Dehnung deutlich an der zunächst kreisförmigen, dann ovalen Insel zu erkennen). Durch diese Dehnung ist aber noch keine winkeltreue Abbildung gegeben, deshalb ist nochmal eine Verzerrung notwendig, und zwar diesmal in Nord-Süd-Richtung – so lange, bis alle Kreise wieder Kreise sind, d. h. alle Winkel wieder stimmen. Bei diesem Nord-Süd-Verzerrungsvorgang ist in Äquatornähe wenig zu ziehen, in höheren Breiten aber stärker, weshalb Inseln in Äquatornähe ihren Umfang mehr behalten als solche in höheren Breiten, die größer werden und ihre Flächentreue verlieren. Bedingt durch dieses Verzerrungsprinzip ist folgendes zu beachten: Der Abstand der Teilstriche am unteren Kartenrand ist immer gleich im Gegensatz zum Abstand der Teilstriche am Seitenrand, der um so größer wird, je weiter man sich vom Äquator entfernt. Eine Bogenminute ist in Äquatornähe auf Breitenkreis und Meridan gleich lang. Je mehr man sich höheren Breiten nähert, um so länger wird eine Bogenminute am Seitenrand der Karte. Da nun eine Seemeile einer Bogenminute entspricht, entnimmt man beim Absetzen von Distanzen die Seemeilen mit dem Stechzirkel immer an der rechten oder linken Kartenseite – und zwar immer ungefähr auf der betreffenden Höhe – und niemals am unteren Kartenrand.

Bei den Seekarten gibt es verschiedene Arten in unterschiedlichem Maßstab. Was heißt Maßstab? Ist z. B. eine Karte im Maßstab 1 : 1 000 000 hergestellt, so verhält sich jede Entfernung in der Karte zur wirklichen Entfernung wie 1 : 1 000 000; d. h. die wirkliche Entfernung ist 1 Million mal so groß. 1 cm in der Karte ist in Wirklichkeit 1 000 000 cm bzw. 10 000 m oder 10 km.

Je nach Maßstab sind die Seekarten wie folgt eingeteilt:

1. Ozeankarten im Maßstab 1 : 5 Millionen und kleiner. Sie stellen ein ganzes Meer als Gesamtübersicht dar.
2. Übersichts- bzw. Übersegler-Karten im Maßstab 1 : 1 Millionen und kleiner. Ebenso wie die Ozeankarten sind diese Übersegler nur zum Entwurf einer Schiffsreise brauchbar, und nicht zur genauen Navigation, da die Küsteneinzelheiten zu ungenau sind.
3. Segelkarten im Maßstab 1 : 250 000 und kleiner. Die einzelnen Küstenlinien und Meeresteile sind bereits genauer dargestellt, weshalb diese Karten der eigentlichen Schiffsführung über See dienen.
4. Küsten- und Sonderkarten im Maßstab etwa zwischen 1 : 250 000 und 1 : 30 000. Kleinere Teile der Küsten und einzelne Reviere sind hier genau dargestellt, und selbstverständlich sind solche Karten für den Küstenbereich obligatorisch.
5. Hafenpläne in den Maßstäben 1 : 10 000 oder 1 : 20 000. Solche Pläne sind meist in den Sonderkarten eingedruckt und geben genaue Auskünfte über Einzelheiten des Fahrwassers, der Liegeplätze, usw.

Herausgegeben werden die Seekarten z. B. von Nord- und Ostsee vom Deutschen Hydrographischen Institut (abgekürzt DHI).

Welche Karten genau zu erwerben sind, das kann man im »Verzeichnis der nautischen Karten und Bücher« dieses Instituts nachlesen. Von manchen anderen ausländischen Revieren – z. B. Mittelmeer – gibt das DHI nur Segelkarten heraus, so daß die Kartenausrüstung durch ausländisches Kartenmaterial ergänzt werden muß. Die ausländischen landeseigenen Karten sind manchmal wegen ihrer besseren Qualität vorzuziehen, was z. B. für die jugoslawischen Gewässer zutrifft.

Jede Seekarte trägt oben eine Überschrift, z. B. »Mündungen der Jade und Weser«, und in der Nähe oft kleingedruckte Anmerkungen, z. B. über den Maßstab, die Projektionsart, die Bezugsbreite, usw. Auch Symbolabweichungen werden vermerkt, und gegebenenfalls werden fremdländische Abkürzungen zusammengestellt. Die Land- und Wasserflächen der Karte sind durch die Küstenlinie getrennt und angefüllt mit einer Vielzahl verschiedener Abkürzungen und Symbole, mit deren Hilfe man genaue Informationen erhält über Grundbeschaffenheit, Untiefen, Tonnen, Wracks, Strömungen, Leuchtfeuer. Die

System der Merkatorkarte

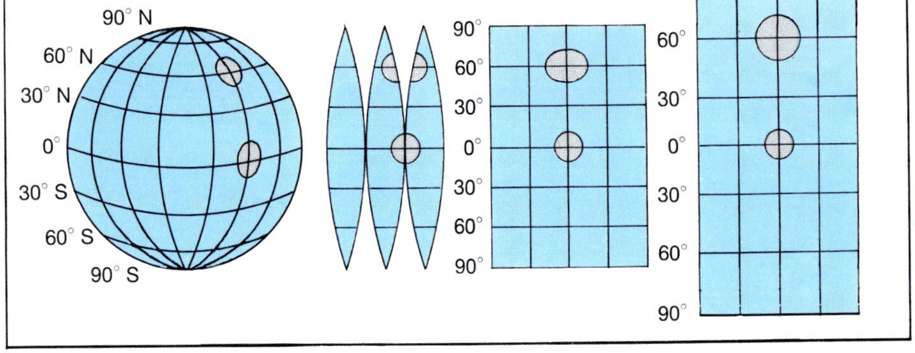

Küstengestaltung ist genau angegeben, wobei natürlich speziell alle wichtigen Landmarken angeführt sind, wie Funkmasten, Leuchttürme, Mühlen, Kirchtürme, Hügel und Berge, wichtige Ortschaften, usw. Diese genannten Symbole und Abkürzungen sind zusammengefaßt in der »Karte Nr. 1« (»Zeichen und Abkürzungen in den deutschen Seekarten«) des DHI, woraus wir einige Beispiele geben:

Die Küstenlinie (Küstenarten)
The Coastline (Nature of the Coast)

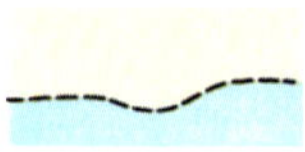	*Ungenau bekannte Küste oder nicht vermessene Küstenlinie* — *Coast imperfectly known or coastline unsurveyed*
	*Steilküste* — *Steep coast*
	*Flachküste* — *Flat coast*
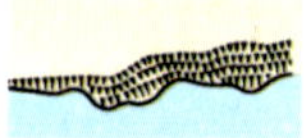	*Kliffküste* — *Cliffy coast*
	*Felsküste* — *Rocky coast*
	*Sandhügel, Dünen* — *Sandhills, Dunes*
	*Stein- oder Kiesküste* — *Stony or shingly shore*
	*Sandküste* — *Sandy shore*
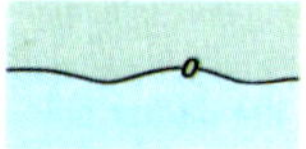	*Schlick* — *Mud*
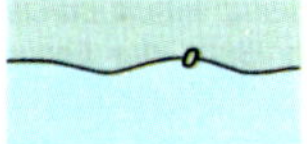	*Sand* — *Sand*
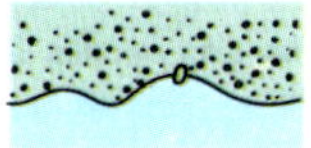	*Steine, grober Kies oder Kies* — *Stones, Shingle or gravel*
	*Fels* — *Rock*
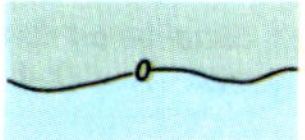	*Sand und Schlick* — *Sand and mud*

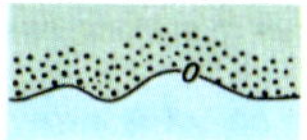	*Sand und Kies* — *Sand and gravel*
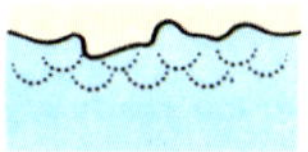	*Brandung entlang einer Küste* — *Breakers along a shore*

Das Land (Natürliche Formen)
The Land (Natural Features)

	*Höhenlinien* — *Contour lines*
	*Formlinien* — *Form-lines*
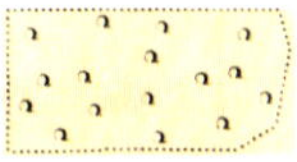	*Laubwald* — *Deciduous woodland*
	*Nadelwald* — *Coniferous woodland*
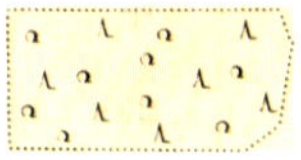	*Mischwald* — *Woods in general*

Häfen
Ports and Harbours

⚓	*Ankerplatz für große Schiffe* — *Anchorage for large vessels*; *Ankerplatz für kleine Schiffe* — *Anchorage for small vessels*
Hfn.	*Hafen* — *Harbour*; *Hafen* — *Haven*; *Hafen* — *Port*
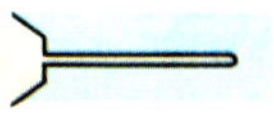	*Mole* — *Mole*
	*Mole mit Betonböschung* — *Mole with concrete slope*
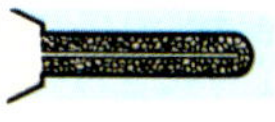	*Mole mit Natursteinböschung* — *Mole with nature stone slope*
	*Mole mit Steinschüttung* — *Mole with broken stones*
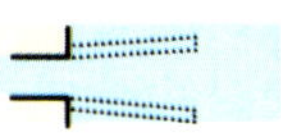	*Damm unter Wasser* — *Submerged jetty*
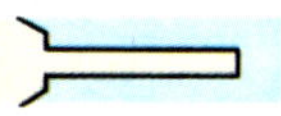	*Pier, Landungsbrücke* — *Pier*

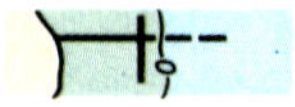	*Buhne, Stack* — *Groin, Groyne*
	*Ankern verboten* — *Anchorage prohibited*
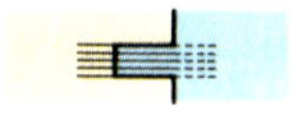	*Schlipp, Aufschleppe* — *Patent slip, Slipway, Marine railway*
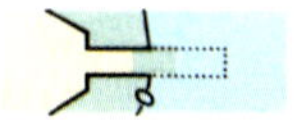	*Rampe, teilweise unter Wasser* — *Ramp partly submerged*
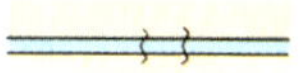	*Schleuse* — *Lock*

Topographie
Topography (Artificial Features)

- - ▪Bhf. - - -	*Bahnhof* — *Railway station*
	*Damm* — *Embankment, Levee*
	*Straßendamm Bahndamm* — *Causeway*
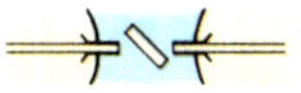	*Drehbrücke* — *Swing-bridge*
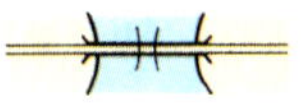	*Hebebrücke, Hubbrücke* — *Lift-bridge*
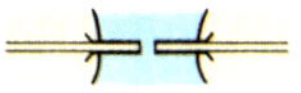	*Klappbrücke* — *Bascule-bridge*
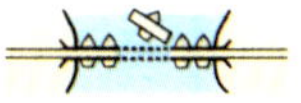	*Pontonbrücke* — *Pontoon-bridge*

Bauten aller Art
Buildings

	Stadt — *City, Town*
	*Vorstadt* — *Suburb*
⬠ od. o	*Dorf* — *Village*
	*Bauwerke, allgemein* — *Buildings, in general*

	Kirche Church Kathedrale Cathedral Kirchturm, Glockenturm Spire, Steeple Römisch-Katholische Kirche Roman Catholic Church
	Kapelle Chapel
	Friedhof (Nicht-Christen) Cemetery (Non-Christian)
	Friedhof (Christen) Cemetery (Christian)
	Denkmal Monument
Ru.	Ruine Ruins
	Turm, alter Leuchtturm Tower, Tower of disused lighthouse
(30)	Turm mit Höhe über Höhennull (siehe Hinweis 6 c) Tower with height above height datum (see remark 6c)
(30)	Turm mit Höhe über Erdboden (siehe Hinweis 7 a) Tower with height above ground (see remark 7a)
	Windmühle Windmill
	Schornstein Chimney, Stack
	Wasserturm Water tower
Öl-T. Öl-T.	Öltank Oil tank
	Wichtiges Gebäude Important building
	Gebäude Building
	Bohrturm, Plattform, Bohranlage, Förderanlage Oil derrick, Drilling platform Off-shore oil exploitation platform
	Ankermast Mooring mast

Die Zeichen auffälliger Objekte werden zusätzlich durch Blockschrift hervorgehoben, z.B. Kr. Tm. Schst.-Hotel

The symbols for conspicuous objects are additionally emphasized by single stroke (egyptian) lettering.

Verschiedene Stationen

Miscellaneous Stations

od. L-S.	Lotsenstelle Pilot station
Lotsen	Lotsenversetzstelle Place where pilots board the vessels
Strm-S.	Sturmsignalstelle Storm signal station Orkansignalstelle Hurrican signal station Taifunsignalstelle Typhoon signal station

Gefahren

Dangers

(4,1) (4,1) (4,1)	Fels ständig über Wasser, Höhe über Höhennull (siehe Hinweis 6 c) Rock which does not cover, height above height datum (see remark 6 c)
(3_7) (3_7)	Fels trockenfallend, Höhe über Kartennull (siehe Hinweis 5) Rock which covers and uncovers, height above chart datum (see remark 5)
	Fels in Höhe des Kartennulls Rock awash at the level of chart datum
	Gefährliche Unterwasserklippe, Tiefe unbekannt Dangerous sunken rock, depth unknown

Gefährliche Unterwasserklippe, Tiefe bekannt (siehe Hinweis 4c u. 11)

Dangerous sunken rock, depth known (see remark 4 c and 11)

$+(1_5)$ $+(17_1)$	im entsprechenden Tiefenbereich in the corresponding depth area
(1_5) (17_1)	außerhalb des entsprechenden Tiefenbereiches outside of the corresponding depth area

Ungefährliche Unterwasserklippe (siehe Hinweis 12)

Not dangerous sunken rock (see remark 12)

+	Tiefe unbekannt Depth unknown
+ (22)	Tiefe bekannt Depth known
	Korallenriff, ständig unter Wasser Coral reef which covers

	Gefährliches Wrack, Tiefe unbekannt (siehe Hinweis 11) Dangerous wreck, depth unknown (see remark 11)
5_6 Wk 25 Wk	Wrack, Tiefe bekannt Wreck, depth known
	Ungefährliches Wrack, Tiefe unbekannt (siehe Hinweis 12) Not dangerous wreck, depth unknown (see remark 12)
	Stromwirbel Eddies

Verschiedene Grenzen u. a.

Various Limits etc.

2Bk. 2Bk. in Linie 270,1°	Richtlinie (feste Linie: Fahrwasser) (siehe Hinweis 14) Leading line, Range line (continuous line: fairway) (see remark 14)
Hs. Huk und Hs. in Linie	Deckpeilung Transit
Tm. und Schst. in Linie 270°	Objekte in Linie Objects in line
oder	Sektorengrenzen Limits of sectors
90°-270°	Fahrwasser, empfohlener Kurs (bezeichnet durch ein System fester Marken) Channel, Course, Track recommended (based on a system of fixed marks)
8_5	Fahrwasser, zwischen den Pfeilen Angabe der geringsten Fahrwassertiefe Channel with least depth between the arrows
8_5 m	Fahrwasser, zwischen den Pfeilen Angabe des höchstzulässigen Tiefganges Channel with maximum draught between the arrows
	Unterwasserkabel (Starkstrom, Telegraf, Telefon) Submarine cable (power, telegraph, telephone)
	Unterwasserkabelgebiet Submarine cable area
	Hoheitsgrenze (äußere Grenze des Küstenmeeres) Limit of sovereignty (Territorial sea)
	Zollgrenze Customs boundary

⊢⊢⊢⊢	Staatsgrenze *International boundary*
⊢ ⊢ ⊢ ⊢	Staatsgrenze neben einem Objekt *International boundary close to an object*

Funktechnische Stationen
Radio and Radar Stations

⊕ RC.	Kreisfunkfeuer *Circular radiobeacon*
⊕ RD.	Richtfunkfeuer *Directional radiobeacon, Radio range*
⊕ RW.	Drehfunkfeuer *Rotating loop radiobeacon*
⊕ RG.	Funkpeilstelle *Radio direction finding station*
△ Racon	Radarantwortbake *Radar responder beacon*
	Funkmast *Radio mast*
	Funkturm *Radio tower*
	Fernsehturm *Television tower, Television mast*
⊕ R.	QTG-Küstenfunkstelle *QTG-Radio station*
⊕ Ra.	Radarstation *Radar station*
	Radarreflektor *Radar reflector*
	Radarauffälliges Objekt *Radar conspicuous object*
RC.(Aero) ⊕	Flugfunkfeuer *Aeronautical radiobeacon*
⊕ Decca	Deccastation *Decca station*
⊕ Loran	Loranstation *Loran station*
⊕ RW.	Consolfunkfeuer *Consol station*

Tiefenangaben
Soundings

(9) SD	Tiefenangabe zweifelhaft *Sounding of doubtful depth*
(5_4)	Tiefenzahl nicht auf geographischem Ort (siehe Hinweis 4 c) *Sounding figure out of position (see remark 4c)*
21 (gem. 1970)	Gemeldete Tiefe *Reported depth*
490	Lotung, Grund nicht erreicht *No bottom found*
	Geringste Tiefe in engem Fahrwasser (siehe Hinweis 4 c) *Least depth in narrow channel (see remark 4c)*
Geringste Tiefe 7m (1970) oder 7m (1970)	Baggerrinne mit Angabe der geringsten Tiefe und dem Jahr der Feststellung (siehe Hinweis 4 d) *Dredged channel with controlling depth and year (see remark 4d)*
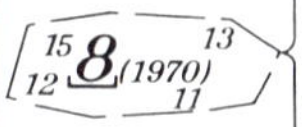	Mit Schleppgerät abgesuchtes Gebiet, aber nicht ausreichend ausgelotet *Swept area, cleared by wire drag, not adequately sounded* Mit Schleppgerät abgesuchtes Gebiet, ausreichend ausgelotet *Swept area, cleared by wire drag, adequately sounded*

Tiefenlinien und Flächentöne
Depth Contours and Tints

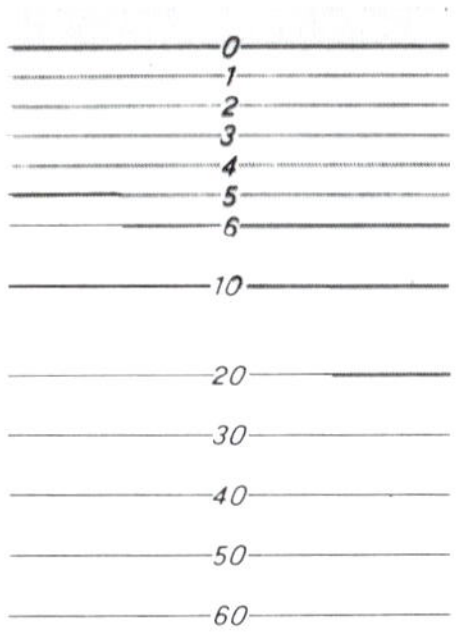	Niedrigwasserlinie *Low water line*

Besonders typisch für die Seekarten sind die überall verteilten Zahlen, welche die Wassertiefen angeben, daneben die Tiefenlinien, wodurch Orte gleicher Wassertiefe verbunden werden. Flächen, die bei Gezeitenrevieren (z. B. Nordsee) nicht ständig unter Wasser liegen, sondern nur bei Hochwasser überflutet sind, sind in deutschen Seekarten mit olivgrüner Farbe gekennzeichnet. Dabei wird die Höhe, mit welcher diese Gebiete über Kartennull trockenfallen, mit einer Zahl angegeben, die unterstrichen ist. Auf welches Niveau ist nun die Wassertiefenangabe in der Karte bezogen, was bedeutet Kartennull? In Gewässern ohne bemerkenswerte Gezeiten – z. B. Mittelmeer oder Ostsee – geht man von einem Durchschnittswert aus, dem mittleren Wasserstand. Anders bei einem Gezeitenrevier, bei dem der Wasserstand im Tagesverlauf beträchtlich wechselt: Hier wird als Kartennull das »mittlere Springniedrigwasser« gewählt, ein aus Sicherheitsgründen sehr niedriger Wasserstand, der bei Springzeiten (siehe ›Gezeiten‹ Seite 313) entsteht, wenn die gezeitenbildenden Kräfte von Sonne und Mond zusammenwirken.

Typisch für die Seekarte ist auch die eingedruckte »Mißweisungsrose« (siehe auch ›Mißweisung‹ Seite 305), aus der die für dieses Gebiet geltende und für jeweils ein bestimmtes Bezugsjahr (einschließlich der jährlichen Änderung) angegebene Mißweisung abzulesen ist.

Seekartenberichtigung

Seekarten müssen auf dem neuesten Stand sein! Tiefenangaben, Befeuerungen und Betonnungen können sich ändern, deswegen müssen Seekarten bis zum Kauftag berichtigt sein. Später muß man seine Karten selbst laufend berichtigen oder berichtigen lassen. Angaben über Veränderungen entnimmt man den wöchentlich erscheinenden »Nachrichten für Seefahrer« (NfS). Am linken unteren Kartenrand ist neben dem Hinweis auf den Zeitpunkt der Erstausgabe das Datum der

Kartenberichtigungsstempel am unteren Kartenrand.

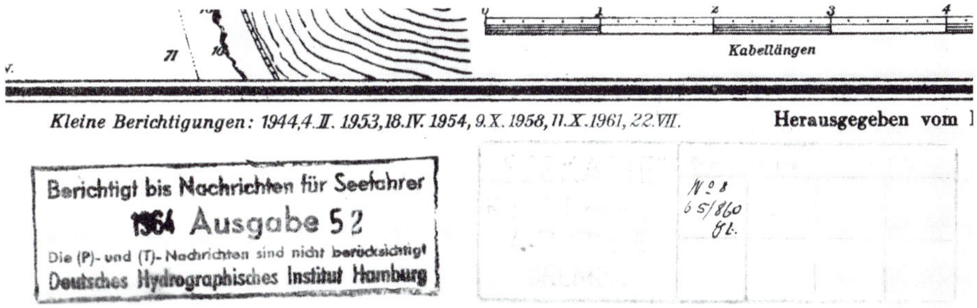

noch auf der Druckplatte vorgenommenen kleinen Berichtigungen angegeben. Die handschriftlichen Korrekturen vom DHI bzw. von einer von ihm autorisierten »Amtlichen zugelassenen Vertriebs- und Berichtigungsstelle für Seekarten und nautische Bücher« (AVB-Stelle) werden mit einem Stempel auch am linken unteren Kartenrand bestätigt. Aus diesem geht die letzte für die Korrektur berücksichtigte Ausgabe der NfS hervor. Unkorrigierte Seekarten sollten auf keinen Fall verwendet werden.

Nautische Bücher

Neben Seekarten und Kompaß benötigt der Fahrtensegler auch eine Reihe nautischer Bücher. Die meisten dieser Bücher sind vom *Deutschen Hydrographischen Institut* (DHI) herausgegeben.

Das Deutsche Hydrographische Institut

ist eine Bundesoberbehörde im Geschäftsbereich des Bundesministers für Verkehr. Adresse: Bernhard-Nocht-Str. 78, 2000 Hamburg 4.
Außendienststellen befinden sich in Bremen, Bremerhaven, Cuxhaven, Duisburg, Emden, Flensburg, Kiel-Holtenau, Lübeck, Wilhelmshaven. Aufgaben: Förderung der Seeschiffahrt und -fischerei durch naturwissenschaftliche und nautisch technische (nicht meeresbiologische) Forschungen; Prüfung auf ihre Eignung für den Schiffsbetrieb und ihre sichere Funktion an Bord von nautischen Instrumenten und Geräten der Schiffsausrüstung; Regulierung von Magnetkompassen; Seevermessungsdienst; Gezeiten-, Windstau-, Eisnachrichten- u. Sturmflutwarndienst; erdmagnet. Dienst; Zeitdienst; Herstellung und Herausgabe amtlicher Seekarten und amtlicher nautischer Veröffentlichungen; Verbreitung nautischer Warnnachrichten; Überwachung des Meerwassers auf Radioaktivität und sonstige schädliche Beimengungen.

Um folgende nautische Bücher handelt es sich:

Seehandbücher

Aus ihnen kann man über die Seekarten hinausgehend Angaben entnehmen, z. B. über Fahrwasser, Strömungen, Ansteuerungen, Wetterverhältnisse, Schiffahrtsbehörden, Ankerplätze, Lotsen, Untiefen, Zoll- und Hafenvorschriften. Für diese Seehandbücher des Deutschen Hydrographischen Instituts, die im wesentlichen nur die Nord- und Ostsee umfassen, erscheinen zu Beginn jedes Jahres Nachträge bzw. Ergänzungen, die alle Änderungen berücksichtigen.

Hafenhandbücher

Das DHI gibt solche Bücher zwar nicht heraus, aber es existieren solche Bücher, herausgegeben von anderen Organisationen oder Privatautoren, z. B. das Hafenhandbuch für die Ost- und Nordsee« von der Kreuzerabteilung des Deutschen Segler-Verbandes oder »die Häfen der jugoslawischen Adria« von der Segelabteilung des Universitäts-Sport-Clubs München

Leuchtfeuerverzeichnisse

Von diesen jährlich erscheinenden Verzeichnissen gibt es mehr als 10 Teile, die für die ganze Welt den Standort, die Trag- und Sichtweite, die Kennung und Wiederkehr und die Sektoren aller Leuchtfeuer enthalten.

Teil I A behandelt z. B. die Ostsee, SW-licher Teil,
Teil I B die Ostsee, NO-licher Teil,
Teil II die Gewässer zwischen Ost- und Nordsee
Teil IV den Kanal, die W-Küste Englands und Schottlands, die Küsten Irlands und die W-Küste Frankreichs.

Gezeitentafeln

Sofern man in einem Gezeitengewässer segelt, benötigt man Gezeitentafeln bzw. einen Atlas der Gezeitenströme, den das DHI für die Nordsee herausgibt. Die Gezeitentafeln erscheinen jährlich in zwei Bänden für europäische und außereuropäische Gewässer. Daneben gibt das DHI noch für kleinere Gebiete (z. B. Deutsche Bucht) Gezeitenkalender heraus, welche die Hoch- und Niedrigwasserzeiten der jeweiligen Bezugs- und Anschlußorte enthalten.

Nautischer Funkdienst (NF)

Der NF kommt natürlich nur in Frage, sofern Funknavigation betrieben wird. Er besteht aus 3 Bänden und umfaßt alle diesbezüglichen Angaben für die gesamte Welt. Eine Zusammenfassung aus diesen 3 Bänden für die Belange der Kleinschifffahrt – allerdings beschränkt auf Nord- und Ostsee und die Gewässer um England – ist der »Sprechfunk für die Küstenschifffahrt«. Ein Auszug aus diesem »Sprechfunk« ist der »Yachtfunkdienst«, eine Sonderausgabe für Sportfahrzeuge, beschränkt auf östliche Nordsee und die mittlere und westliche Ostsee.

Nautisches Jahrbuch und Pub.-Nr. 249-Tafeln

Ein Skipper, der astronomische Navigation betreibt, benötigt an Bord auch das Nautische Jahrbuch und die Pub.-Nr. 249-Tafeln.

Windkarten

Speziell für Langstreckensegler sind auch Windkarten (Pilot Carts) zu empfehlen, die jeweils für bestimmte Monate die vorherrschenden Windstärken und Windrichtungen angeben. Windkarten sind für alle Ozeane erhältlich.

›Nachrichten für Seefahrer‹

Zu erwähnen im Zusammenhang mit der nautischen Literatur sind auch noch die »Nachrichten für Seefahrer«, ein vom DHI wöchentlich herausgegebenes Mitteilungsblatt, das Berichtigungen und Korrekturen enthält.

Kursdreieck und Zirkel

Zum Arbeiten an der Seekarte benötigt man neben Bleistift und Radiergummi ein bis zwei Kursdreiecke (entweder zwei Kursdreiecke oder ein solches und ein Lineal bzw. normales Dreieck) und einen Kartenzirkel. Dies sind die wohl am meisten gebrauchten Navigationswerkzeuge. Bei den Kartenzirkeln unterscheidet man zwischen zwei Bauarten: dem normalen Karten- oder Marinezirkel und dem sog. Einhandzirkel. Die Spitzen dieser meist dreikantigen Zirkel dürfen nicht zu scharf sein, damit die Karte nicht verletzt wird. Bei den Kursdreiecken werden im Handel vorwiegend zwei Ausführungen bzw. Größen angeboten: eine kleinere Art weist eine Hypotenuse von weniger als 30 cm Länge auf, bei einer größeren Art beträgt die Hypotenusenlänge mehr als 30 cm. Die Kursdreiecke sind mit einer Winkeleinteilung von 0°–360° versehen, sowie einer Millimetereinteilung an der Hypothenuse. Kursdreiecke, deren Gradeinteilung oft mehrfarbig

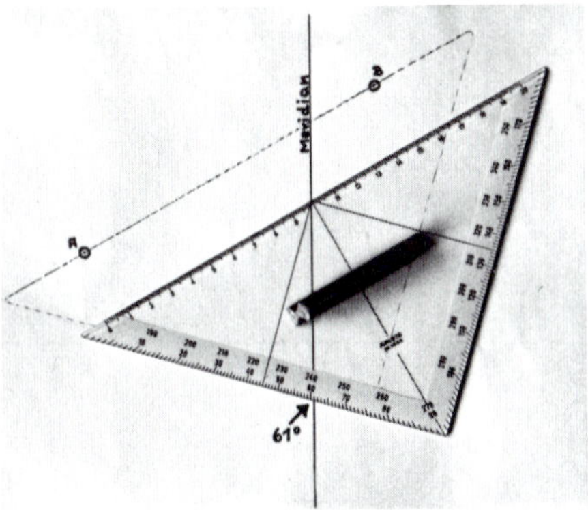

Ablesen der Gradzahl mit Hilfe des Kursdreiecks.

angelegt ist, sollen durchsichtig sein (meist sind sie aus Acryl hergestellt) und einen kleinen Holzgriff zwecks besserer Bedienung tragen.

Neuerdings haben die Kursdreiecke eine gewisse Konkurrenz bekommen in den Kurslinealen, wobei es hier verschiedene Systeme und Ausführungen gibt. Diese Kurslineale bestehen vielfach aus einer oder mehreren Skalen mit 360°-Einteilung und Winkelmessern. Dazu sind sie mit Skalen für die Errechnung bzw. Ablesung für Mißweisung, Weg-Zeit-Rechnung, Stromberechnung, Abstandsbestimmung ausgerüstet. Bevor man aber statt eines Kursdreieckes ein solches Kurslineal benützen möchte, sollte man sich zunächst aber genau über die Verwendungsmöglichkeit informieren!

Das Lot

Als wichtiges Navigationshilfsmittel dient zum Messen der Wassertiefe ein Lot. Man unterscheidet hierbei zwischen dem Handlot und dem modernen Echolot. Obwohl eine Yacht, die auf große Fahrt geht, sicher über ein Echolot verfügt, sollte auch noch ein Handlot an Bord sein.

Das **Handlot** besteht aus einem 2–3 kg schweren länglichen Bleikörper, der unten mit einer Aushöhlung versehen ist zur Aufnahme der »Lotspeise«. Lotspeise ist weicher Talg, der in die Vertiefung des Lotkörpers geschmiert wird, damit sich dort bei Grundberührung Teile des Meeresbodens festsetzen. Nach einer Lotung wird die Lotspeise herausgeschnitten und getrocknet, damit man die Grundbeschaffenheit besser erkennen kann. Sie kann einen Hinweis geben für die Schiffsortbestimmung bzw. den Ankergrund.

Der Bleikörper wird an einer 25–40 m langen Lotleine auf den Grund hinabgelassen. Steht die Leine senkrecht, kann man an der entsprechenden Marke die Tiefe ablesen. Die Leine ist in der Regel mit farbigen Tuchstreifen in folgender Weise gemarkt: 2, 12, 22, 32 m = schwarz/4, 14, 24, 34 m = weiß/6, 16, 26, 36 m = rot/8, 18, 28, 38 m = gelb. Alle 10 m ist ein gelochter Lederstreifen eingefügt. 1 Loch = 10 m, 2 Löcher = 20 m, 3 Löcher = 30 m, 4 Löcher = 40 m. Vor der Markierung müssen neue Lotleinen erst naß gemacht und gereckt werden. Hat das Boot beim Loten Fahrt, muß das Handlot entsprechend weit vorausgeworfen werden. Ansonsten auf der Luvseite loten, damit man nicht über die Leine treibt! Den Tampen der Leine belegt man an Bord, damit man das Handlot nicht verliert.

Es gibt noch schwerere und längere Ausführungen des Handlots, die aber für

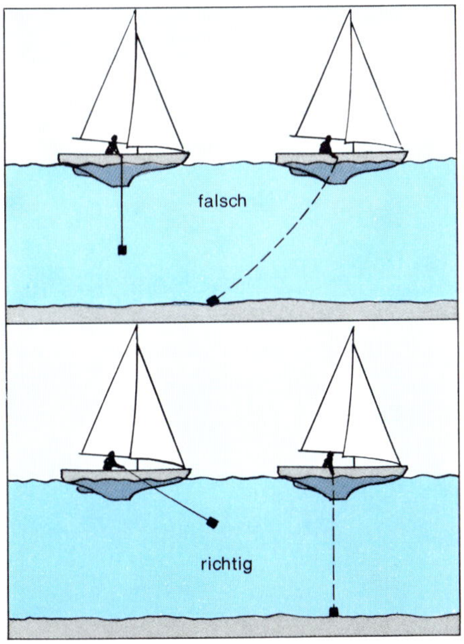

den normalen Yacht-Skipper nicht notwendig sind: Mittellot (8–10 kg, 60–100 m Leine) und Tieflot (15–25 kg, 200–300 m Leine).

Beim **Echolot** handelt es sich um ein Sende- und Empfangsgerät, das einen elektrischen Schallimpuls in Richtung Meeresboden aussendet und die Zeit mißt, bis der Impuls als Echo zurückkehrt. Der Schall breitet sich im Wasser mit einer Geschwindigkeit von rund 1500 m/sek. aus. Auf einer Skala kann man dann die Was-

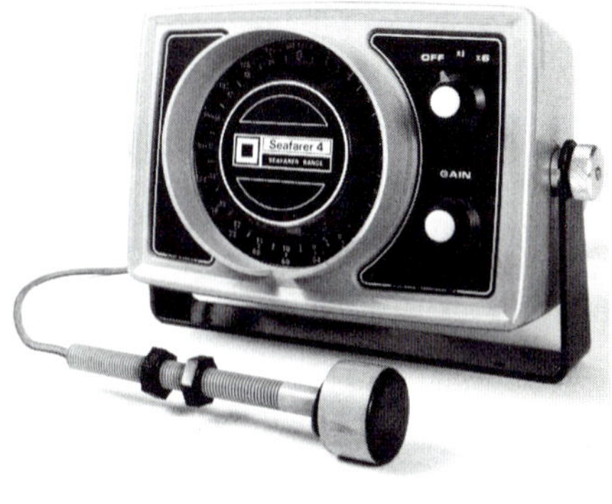

Modernes Echolot

sertiefe direkt ablesen. Die meisten für Yachten geeigneten Echolote haben 2 umschaltbare Meßbereiche, für größere und geringere Wassertiefen.

Der Schwinger, der bei einem Echolot die Sende- und Empfangsfunktion ausübt, muß sorgfältig in den Boden des Schiffsrumpfes eingebaut werden, und zwar so, daß kein mit Luft vermischtes Wasser vorbeiströmt – da Luftblasen die Ausbreitung der Schallwellen stark behindern. Die modernen Echolote sind voll transistorisiert, meist können sie bei geringem Stromverbrauch mit Trockenbatterien betrieben werden.

In der Art der Anzeige unterscheidet man beim Echolot zwischen drei Systemen: Neon-Leuchtanzeige, Zeigeranzeige und Digitalanzeige. Zeigergeräte sind etwas ungünstiger, da sie sich oft in der Anzeige unruhig verhalten.

Das Log (auch: die Logge)

Dieses Instrument dienst zur Geschwindigkeitsmessung bzw. zur Feststellung der zurückgelegten Distanz. Den Vorgang des Messens selbst bezeichnet man als »loggen«. Bei diesem Loggen ist zu beachten, daß nur die Fahrt gemessen werden kann, die das Boot als Eigenfahrt im Wasser besitzt – genannt »Fahrt durchs Wasser«. Segelt eine Yacht durch ein Gewässer, das sich selbst – z. B. durch Stromeinfluß – bewegt, so ist sie auch noch der Wirkung dieses Stromes ausgesetzt, der die Fahrt steigern oder verringern kann. Die genaue Fahrt des Bootes – genannt »Fahrt über Grund« – kann man nur festhalten, wenn geeignete Landmarken zwecks Peilung in Sicht sind. Die Entfernung zwischen zwei Orten wird in der Seefahrt nicht in Metern gemessen, sondern in »Seemeilen«. Eine *Seemeile* (abgekürzt: sm) ist 1852 m lang. Dieses Maß hat mit der Erdkugel seinen Zusammenhang, wobei man auf den immer gleichbleibenden Abstand zwischen zwei Breitenkreisen zurückgegriffen hat. Auch anders gesehen: Den Erdumfang von etwa 40 000 km kann man durch die Anzahl der Bogenminuten dividieren (360 × 60 Minuten = 21 600 Minuten) und erhält dann als 1 Seemeile (40 000 : 21 600) 1,852 km. Legt eine Yacht nun in einer Stunde eine Seemeile zurück, so beträgt ihre *Fahrt* einen *»Knoten«* (abgekürzt: kn).

Als Formel kann man sich merken:

$$\text{Fahrt F (in kn)} = \frac{\text{Distanz D (in sm)}}{\text{Zeit t (in Stunden)}}$$

bzw.

$$\text{Fahrt F (in kn)} = \frac{\text{Distanz D (in sm)} \times 60}{\text{Zeit t (in Minuten)}}$$

Beispiel:

Distanz = 5 sm; Zeit = 42 min:

$$F = \frac{5 \times 60}{42} = 7 \text{ kn}$$

Umgekehrt kann man auch eine *Zeitspanne* errechnen (z. B. um zu erfahren, wie lange man noch zum Erreichen des nächsten Zieles brauchen wird), wenn man die Distanz vom Schiffsort zum Ziel kennt (das entnimmt man aus der Seekarte) und die Schiffsgeschwindigkeit gemessen hat.
Formel:

$$\text{Zeitspanne t (in Stunden)} = \frac{\text{Distanz D (in sm)}}{\text{Fahrt F (in kn)}}$$

bzw.

$$\text{Zeitspanne t (in Minuten)} = \frac{\text{Distanz D (in sm)} \times 60}{\text{Fahrt F (in kn)}}$$

Beispiel:

Distanz = 5 sm; Fahrt = 7 kn:

$$t\text{ (min)} = \frac{5 \times 60}{7} = 42 \text{ min}$$

Will man die zurückgelegte *Distanz* errechnen, so ist dies möglich, sofern die Fahrt und die Zeit bekannt sind.
Formel:

Distanz D (in sm) =
Fahrt F (in kn) × Zeit t (in Stunden)

bzw.

$$\text{Distanz D (in sm)} = \frac{\text{Fahrt F (in kn)} \times \text{Zeit t (in Minuten)}}{60}$$

Beispiel:

Fahrt = 5 kn; Zeit = 42 min:

$$D\text{ (sm)} = \frac{5 \text{ kn} \times 42 \text{ min}}{60} = 5 \text{ sm}$$

Bei einem Log unterscheidet man zwischen vier Systemen: Schlepplog, Wasseranströmungslog, Staudrucklog und Electronic-Log. Zum Schlepplog-System gehören das alte und heute nicht mehr gebräuchliche **Handlog,** bei dem man eine Leine ablaufen ließ und dabei die angebrachten Marken zählte, und das **Patentlog.** Letzteres besteht aus einer sehr langen geflochtenen Leine, an deren Ende ein Propeller angebracht ist. Der im Wasser weit nachgeschleppte Propeller überträgt seine Umdrehungszahl über die Leine auf eine am Heck angebrachte Zähluhr, woran die zurückgelegten Seemeilen abgelesen

Yacht-Patentlog

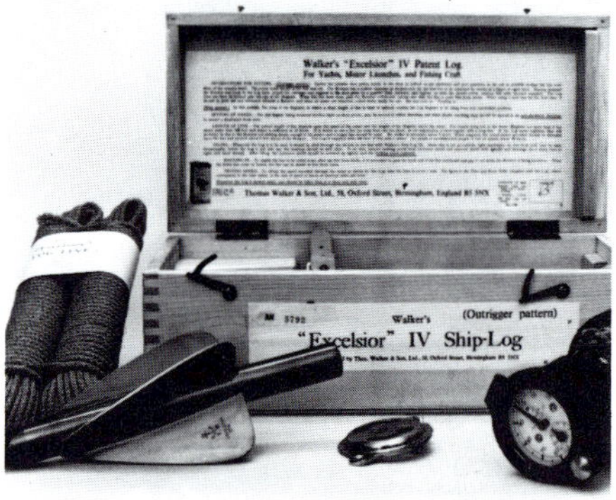

Auch das gehört zum Kapitel »Navigation«: Verschiedene Anlegearten mit Fahrtenyachten!

Oben links:
Diese Yacht hat an einem Badeplatz so an einer Felsnase festgemacht.

Oben rechts:
Liegen mit dem Heck an der Pier. Statt eines Bugankers können die Yachten hier eine Festmachetonne benützen. Das linke Boot »parkt« gerade ein: zunächst mit einer Vorleine an der Tonne festmachen, dann nach achtern treiben lassen (gegebenenfalls mit Motorhilfe) zur Pier. Bei der rechten Yacht erkennt man deutlich eine Querleine, die nach steuerbord wegzieht.

Unten:
Yacht mit dem Bug (und Heckanker) an der Pier. Hier erkennt man auch eine Querleine, die vom Heck in Richtung Land verläuft.

BORA

werden können. Das Patentlog zeigt also nicht die Geschwindigkeit an, sondern die zurückgelegte Distanz. Die Geschwindigkeit ist allerdings nach einer der obigen Formeln leicht zu errechnen. Bei geringer und hoher Geschwindigkeit ist dieses Log etwas unzuverlässig, auch ist achtzugeben, daß die Leine z. B. bei Hafeneinfahrten rechtzeitig eingeholt wird, und daß sie nicht in die Schraube des Motors gerät.

Ein **Wasseranströmungslog** besteht aus Geber mit Impeller, Schaufelrad oder Fühler und Dehnungsmesser, wobei die Meßwerte auf elektrische Anzeigengeräte weitergegeben werden. Bei **Staudruckmessern** wird der durch die Fahrt durchs Wasser erzeugte Staudruck auf einen Hebel, eine Fläche oder eine Röhrenöffnung ermittelt. Die dabei erhaltenen Werte werden ebenfalls auf mechanischem oder elektronischem Wege auf die Anzeigegeräte an Bord umgesetzt. Bei einem **Electronic-Log** wird die Geschwindigkeit durch Hochfrequenz-Ultraschallwellen gemessen.

Impeller, Schaufelräder und Staudruckdüsen können durch Kraut, Quallen oder sonstiges Treibgut behindert oder blokkiert werden, weswegen sie mit Abweisern versehen sein müssen. Unempfindlicher gegen Störungen und Beschädigungen – außer bei Grundberührung – sind dagegen Dehnungsmesser (Fühler) und Schallwellen-Loggen. Bei Elektrologgen sollte übrigens – ebenso wie bei einem Echolot – das Anzeigegerät wenigstens 80–100 cm vom Kompaß entfernt angebracht sein.

Ein Geschwindigkeitsmesser, der also die Bootsgeschwindigkeit und nicht die Distanz anzeigt, wird beim heutigen Yachtsport allgemein auch als »Speedometer« bezeichnet.

Befinden sich keine der o. g. Loggen an Bord, so kann man sich auch notdürftig behelfen, indem man die Fahrt mißt mit dem Verfahren des **Relingslogs.** Man benötigt zu diesem recht einfachen Verfahren eine Stoppuhr, ein Stückchen Holz oder einen anderen geeigneten Gegenstand zum Überbordwerfen und dazu eine an der Reling des Schiffes beidseitig abgemessene Strecke. Diese Strecke – an der Reling wird beim Vor- und Achterschiff jeweils eine Markierung angebracht – wird in »Meridiantertien« verwandelt. Bei einer Meridiantertie handelt es sich um die Strecke in Metern, die bei einer Fahrt von 1 Knoten in 1 Sekunde zurückgelegt wird. Da eine Stunde aus 3600 Sekunden besteht, wird die Meridiantertie folgendermaßen errechnet: 1852 m (1 Seemeile also) : 3600 = 0,514 m.

Eine Meridiantertie ist also 0,514 m lang, minimal länger als ein halber Meter. Um nun bei der Geschwindigkeitsmessung brauchbare Ergebnisse zu erhalten, sollte die an Bord markierte Strecke mindestens 10 Meridiantertien umfassen, also 5,14 m.

Zur Ermittlung der Geschwindigkeit wirft man bereits erwähntes Stückchen Holz oder ähnliches auf der Leeseite frei von der Yacht und gut voraus ins Wasser, setzt die Stoppuhr in Bewegung, wenn das Holzstückchen die vordere Markierung passiert und stoppt bei der achteren Markierung. Die Fahrt in kn wird dann nach folgender Formel berechnet:

$$\text{Fahrt F (kn)} = \frac{\text{Anzahl der Meridiantertien}}{\text{Durchlaufzeit (sec)}}$$

Beispiel:

Anzahl der Meridiantertien = 12;
Durchlaufzeit = 3 sec;

$$F = \frac{12}{3} = 4 \text{ kn}$$

Da aber 1 Meridiantertie ungefähr einem halben Meter und 2 Meridiantertien etwa einem Meter entsprechen, kann man in der Praxis auch so rechnen:

$$F = \frac{\text{abgemessene Strecke in m} \times 2}{\text{Durchlaufzeit}}$$

Beispiel:

Abgemessene Strecke = 6 m;
Durchlaufzeit = 3 sec;

$$F = \frac{6 \text{ m} \times 2}{3} = 4 \text{ kn.}$$

Sextant: Dieses Winkelmeßgerät – bestehend aus Kreisbogenrahmen mit Alhidade, Index- und Horizontalspiegel mit Blenden und Fernrohr – ist ein unentbehrliches Hilfsmittel bei der astronomischen Navigation, deswegen gehen wir im dortigen Kapitel näher darauf ein. Bei der terrestrischen Navigation kann man auf dieses Gerät verzichten, obwohl es auch hier gute Dienste leisten kann, und zwar bei der Abstandsbestimmung von einer Küste durch Höhenwinkelmessung und bei der Horizontalwinkelmessung.

Oben:
Yacht längsseits an einer Pier

Mitte:
Liegen im Päckchen

Unten:
Die linke Yacht liegt mit dem Bug an der Pier, während die rechte Yacht die »italienische Art« zeigt, nämlich das Liegen mit dem Heck an der Pier.

Weitere nautische Instrumente

Als weitere nützliche Instrumente sollen sich an Bord befinden: ein Fernglas, eine genau gehende Uhr, zwecks Wetterbeobachtung ein Barometer bzw. Barograph und zur Abhörung von Wetterberichten ein Radio.
Es muß sich hierbei nicht unbedingt um einen speziellen »Yachtempfänger« handeln, wie oft angepriesen. Ein normales Markengerät erfüllt vielmehr seinen Dienst genauso, wobei man sogar auf UKW verzichten könnte. Vorhanden müssen aber die Frequenzen sein, auf denen man spezielle Schiffs-Wettervorhersagen empfangen kann. Die betreffenden Frequenzen sind aus dem »Nautischen Funkdienst«, Band III zu ersehen. (Siehe auch im Kapitel »Wetterkunde« Seite 344).
Mit einem normalen Radiogerät, das über die sog. Navigationswelle (unmittelbar an Langwelle anschließend von 285–425 KHz) und eine richtungsempfindliche Peilantenne verfügt, kann man Funkpeilungen durchführen. Als eine zweckmäßige Antenne für das Radio dient das unten und oben je mit einem Porzellanei isolierte Achterstag.
Über Funkeinrichtungen wird im Kapitel »Funknavigation« die Rede sein.
Übrigens sollte man auch nicht vergessen, ein Logbuch mitzuführen!

Betonnung und Befeuerung

Leuchtfeuer

Für das Navigieren bei Nacht im Küstenbereich benötigt man Leuchtfeuer.
Es handelt sich um weittragende Leuchttürme an wichtigen Punkten der Küste selbst oder um Feuerschiffe und Leuchttonnen. Lichtquelle ist Strom, Petroleum, Preßgas- oder Flüssigkeitsgasglühlicht, Azethylenglühlicht. Gesammelt wird das Licht durch Fresnel-Linsensysteme (Gürtellinsen). In Leuchtfeuerverzeichnissen sind die Tragweite und die Sichtweite angegeben.

Tragweite und Sichtweite

Bei der Sichtweite handelt es sich um die Entfernung, in der man ein Feuer in der Kimm sieht, bezogen auf 5 m Augeshöhe. Bedingt durch die Krümmung der Erde kann man ein Feuer erst ab einem gewissen Punkt über die Kimm hinweg erkennen, wobei diese Sichtweite abhängt von der Höhe des Beobachterauges (Augeshöhe) und der Laternenhöhe über dem

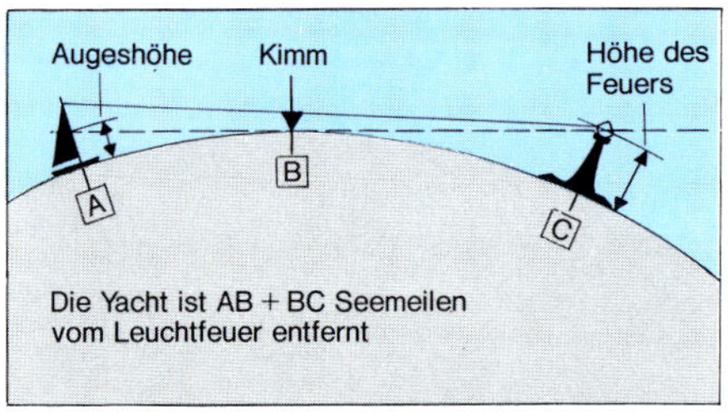

Meeresspiegel. Das erste Sichten des Feuers nennt man »Feuer in der Kimm«. In diesem Falle befindet man sich vom Leuchtturm in Sichtweite (gemessen in Seemeilen) entfernt. Zwar beziehen sich die Werte für die Sichtweite auf eine Augeshöhe von 5 m, aber auch für z. B. geringere Augeshöhen sind die Sichtweiten jeweils für verschiedene Leuchtfeuerhöhen aus einer

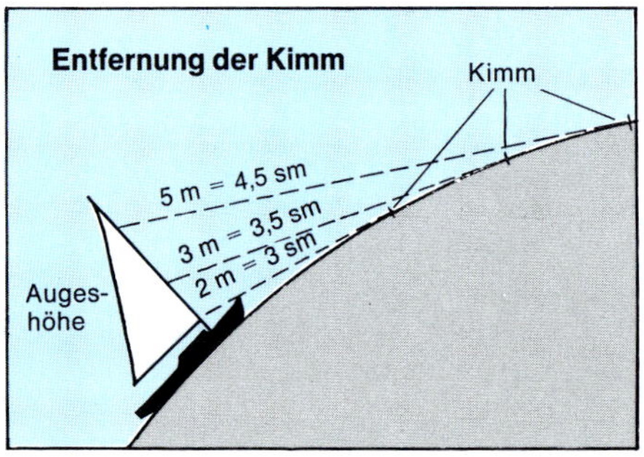

Tabelle im Leuchtfeuerverzeichnis zu entnehmen. Die Entfernung zur Kimm selbst beträgt z. B. aus 5 m Augeshöhe 4,5 sm. Für geringere Augeshöhen zieht man pro Meter ½ sm ab, dann beträgt die Entfernung zur Kimm bei 4 m Augeshöhe = 4 sm, bei 3 m = 3,5 sm oder bei 2 m = 3 sm.
Die Tragweite eines Feuers (meist stärker als die Sichtweite) hängt ab von der Lichtstärke der Laterne und der Lufttrübung. Im Leuchtfeuerverzeichnis ist hierfür die Entfernung angegeben, in der das Feuer bei normaler Sicht zu erkennen ist.

Einteilung der Feuer

Je nach ihrer Kennung werden die Leuchtfeuer in folgende Arten eingeteilt:

Festfeuer (F.)	Weißes bzw. farbiges Licht ohne Unterbrechung in gleicher Stärke.
Unterbrochenes Feuer (Ubr.)	Wechsel zwischen Schein und Verdunkelung, evtl. in Gruppen von 1, 2 oder 3 Unterbrechungen.
Gleichtaktfeuer (Glt.)	Ein unterbrochenes F. mit gleicher Dauer von Schein und Verdunkelung.
Blitzfeuer (Blz.)	Blitze einzeln oder in Gruppen.
Blinkfeuer (Blk.)	Blinke einzeln oder in Gruppen.
Funkelfeuer (Fkl.)	Sehr schnell folgende Blitze (mind. 40/Minute), auch in Gruppen.
Mischfeuer (Mi.)	Gemischte Kennung aus den vorgenannten Lichterscheinungen. An deutschen Küsten nicht mehr üblich.
Wechselfeuer (Wchs.)	Weiße oder farbige Scheine wechseln mit einer anderen Farbe; auch in Gruppen. An deutschen Küsten nicht mehr gebräuchlich.
Morsefeuer (Mo.)	Zeigen Lichterscheinungen, die Buchstaben und Zahlen des Morsealphabets ergeben.

Kennung und Wiederkehr

Jedes Leuchtfeuer hat eine eigene Kennung, d. h. eine typische Art, wie es brennt. Sie ergibt sich durch die verschiedenen Arten der Lichterscheinungen und Lichtfarben, zu ersehen jeweils aus dem Leuchtfeuerverzeichnis und den Seekarten. An Lichterscheinungen gibt es Festfeuer, Scheine, Blinke und Blitze. Ein *Festfeuer* leuchtet ununterbrochen; als *Schein* bezeichnet man das Licht zwischen zwei relativ kurzen Verdunklungen; ein *Blink* ist ein kürzeres (länger als 2 sec.) Aufleuchten aus einer längeren Dunkelphase, ein *Blitz* ist ein kurzes Aufleuchten von höchstens 1 Sekunde aus einer verhältnismäßig langen Dunkelphase. Schein, Blinke und Blitze werden in Gruppen geordnet oder einzeln ausgesendet, die *»Wiederkehr«*, d. h. die

Dauer des ganzen Signals von der ersten Erscheinung an bis zu deren Wiedereintritt, ist bei benachbarten Leuchtfeuern verschieden. Zur Auszählung der Kennung braucht man oft eine Uhr, um Verwechslungen zu vermeiden.

Leuchtfeuer
Lights

• ☆	*Ort eines Leuchtfeuers* Position of light
•	*Leuchtbake* Light beacon
	Feuerschiff Light vessel
	beleuchtet lighted
F.	*Festfeuer* Fixed light
Ubr.	*Unterbrochenes Feuer* Occulting light
Blk.	*Blinkfeuer, Lichterscheinung 2^s und mehr* Long flashing light, appearance of light 2^s and more
Glt.	*Gleichtaktfeuer* Isophase light
Fkl.	*Funkelfeuer* Quick flashing light
Fkl. unt.	*Unterbrochenes Funkelfeuer* Interrupted quick flashing light
Blz.	*Blitzfeuer, Lichterscheinung weniger als 2^s* Short flashing light, appearance of light less than 2^s
w. r. Wchs. w. r.	*Wechselfeuer, weiß-rot* Alternating light, white-red
w. r. Wchs. Ubr. w. r.	*Unterbrochenes Wechselfeuer, weiß-rot* Occulting light alternating, white-red
w. r. Wchs. Blk. w. r.	*Blinkwechselfeuer, weiß-rot* Long flashing light alternating, white-red
w. w. gn. gn. Wchs. (2) w. gn.	*Wechselgruppenfeuer, weiß-grün* Group alternating light, white-green
w. r. Wchs. Blz. w. r.	*Blitzwechselfeuer, weiß-rot* Short flashing light alternating, white-red
Ubr. (2)	*Unterbrochenes Gruppenfeuer* Group occulting light
Warn-F.	*Warnfeuer* Obstruction light
Flamme	*Flamme* Flare
	Befeuerte Wracke Lighted wrecks
$7{,}5^s$	*Wiederkehr in Sekunden* Period in seconds

15sm	*Nenntragweite in Seemeilen* Nominal range in nautical miles
viol.	*violett* violet
bl.	*blau* blue
gn.	*grün* green
or.	*orange* orange
r.	*rot* red
g.	*gelb* yellow
w.	*weiß* white
vdklt.	*verdunkelt* obscured
N-Such-F.	*Nebelsuchfeuer* Fog detector light

ztws.	*zeitweise* occasional
schw.	*schwach* faint
Ob-F.	*Oberfeuer* Upper light
U-F.	*Unterfeuer* Lower light
Mt-F.	*Mittelfeuer* Middle light
Tg-F.	*Tagesfeuer* Daytime ligth
Qm-F.	*Quermarkenfeuer* Cross light
skr.	*senkrecht* vertical
wgr.	*waagerecht* horizontal
vrst.	*verstärkt* intensified

Beispiele von Leuchtfeuern aus der Seekarte Nr. 1.

Spezielle Befeuerungen

Fahrwasserbezeichnung durch Leuchttonnen

Bei Leuchttonnen eines Fahrwassers gilt folgendes System:

Mittelfahrwassertonnen: Rotes Blitz-, Blink- oder Unterbrecherfeuer mit Einzeltakt.

Stb.-Seite des Fahrwassers: Weißes Blitz-, Blink- oder Unterbrecherfeuer in ungerader Taktkennung (1 oder 3) oder weißes unterbrochenes Funkelfeuer.

Bb.-Seite des Fahrwassers: Weißes Blitz-, Blink- oder Unterbrecherfeuer in gerader Taktkennung (2 oder 4) oder auch weißes Funkelfeuer.

Wrackfeuer

Im allgemeinen entspricht die Wrackbefeuerung dem System der Seiten- und Richtungsbezeichnung, aber entsprechend der Wracktonnen in grüner Farbe. Für die Fahrwasserseiten benützt man

Wrackbefeuerung nach dem Lateralsystem (innerhalb der Fahrwasser)

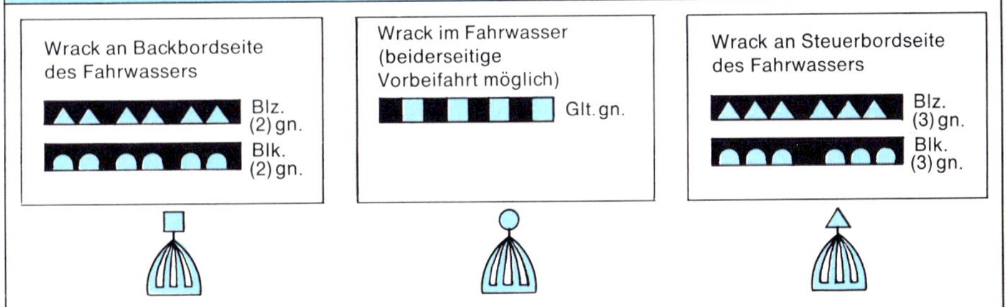

Wrackbefeuerung nach dem Kardinalsystem (außerhalb der Fahrwasser)

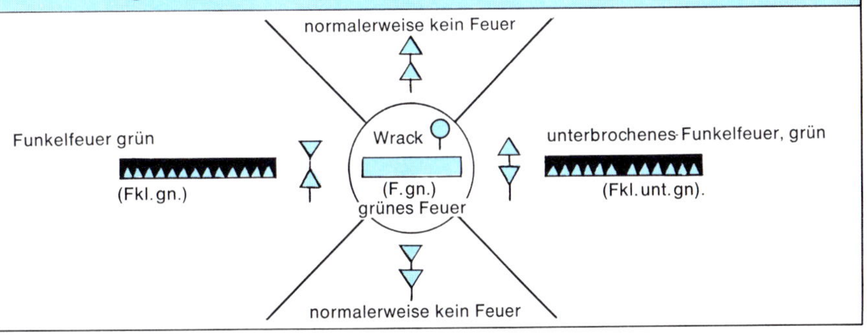

Blitz- und Blinkfeuer (Wrack an Stb.-Seite = 3 grüne Blitze oder Blinke, an Bb.-Seite = 2 grüne Blitze oder Blinke), ist das Wrack an beiden Seiten passierbar, so erscheint grünes Gleichtaktfeuer. Außerhalb des Fahrwassers sind die Feuer meist als Funkelfeuer im West- und Ostquadranten beschränkt. Gegebenenfalls zeigen die Nordtonnen ein grünes Unterbrecherfeuer mit 3 Unterbrechungen, die Südtonne ein solches mit 4 Unterbrechungen.
Auf dem Wrack selbst erscheint gegebenenfalls ein grünes Festfeuer.

Untiefen und Riffe im Fahrwasser, die beiderseits passierbar sind
Leuchttonnen mit roten Gleichtaktfeuern.

Befeuerung von Untiefen außerhalb der Fahrwasser nach dem Kardinalsystem
Entsprechend der Tonnenfarbe sind die Feuer in der Regel im Süd- und Ostquadranten rot und im Nord- und Westquadranten weiß. Die Nord- und Osttonnen (spitzes Toppzeichen nach oben) sind mit einem Blitz-, Blink- oder Unterbrecherfeuer in ungerader Taktkennung (meist 1 oder 3) oder mit einem unterbrochenen Funkelfeuer ausgerüstet. Die West- und Südtonnen (stumpfes Toppzeichen nach oben) tragen ein Blitz-, Blink- oder Unterbrecherfeuer in gerader Taktkennung (2 oder 4) oder ein Funkelfeuer. Die Tonne in der Mitte auf der Untiefe zeigt ein rotes Gleichtaktfeuer.

Leitfeuer
Diese Art dient zur Bezeichnung von Hafeneinfahrten, Fahrwassern oder Durchfahrten. Besteht aus 3 verschieden leuchtenden Sektoren. Der Leitsektor ist immer ein weißes Festfeuer. An dessen beiden Seiten befinden sich Warnsektoren, entweder ein grünes (Steuerbordseite von See kommend) und rotes (Backbordseite) Festfeuer oder weiße Blitzfeuer mit 1, 3, 5 (Steuerbordsektor) und 2, 4 Blitzen. Steuert man mit Hilfe eines Leitfeuers, muß man weißes Festlicht im Blick haben. Wird es farbig bzw. blitzt es, so ist man aus dem Leitsektor = Fahrrinne heraus. Ist man außerhalb eines Warnsektors: Vorsicht!

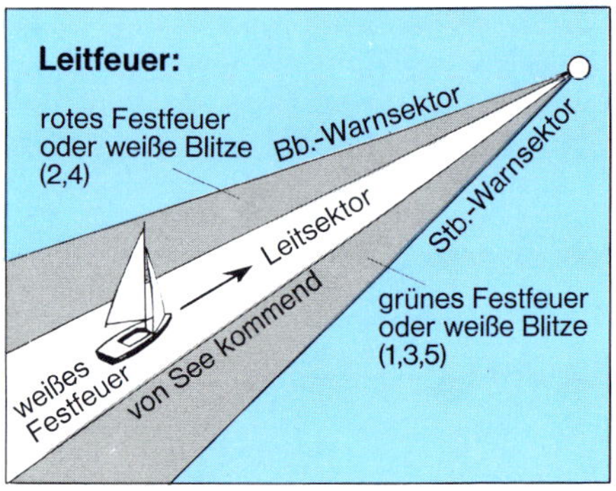

Richtfeuer
Zwei in bestimmtem Abstand und in verschiedener Höhe aufgestellte Leuchtfeuer (Ober- und Unterfeuer), die in Deckung gebracht, dieselbe Funktion erfüllen, wie Richtbaken. In der Regel haben beide Feuer verschiedene Kennungen. Jede Kursabweichung ist sofort am Auswandern des Unterfeuers nach der Seite zu bemerken.

Quermarkenfeuer
Ein festes Leuchtfeuer an Land, das quer zur Kursrichtung liegt und auf schwierigen Fahrwassern durch grüne, rote oder weiße Lichtsektoren unterschiedlicher Kennung jeweils den Zeitpunkt einer notwendigen Kursänderung anzeigt.

Torfeuer
Zwei Feuer in gleicher Höhe, Lichtstärke und Kennung, die sich an beiden Fahrwasserseiten gegenüberliegen, und zwar als seitliche Begrenzung eines zu passierenden Tores. Sie sind meist mit anderen Feuern kombiniert oder als Torkettenrichtfeuer mehrmals hintereinander in gleichem Abstand aufgestellt. Segelt man in Fahrwassermitte, so weisen diese seitlichen Feuerketten gleichen Abstand auf.

Hafen-, Brücken- und Schleusenfeuer
Allgemein handelt es sich hier um farbige Festfeuer, wobei sich von See kommend an Stb. ein grünes Licht und an Bb. ein rotes Licht befindet. Sofern die Einfahrten eine Taktkennung zeigen, so ist die Kennung auf der Bb.-Seite gerade (auch weiß) und auf der Stb.-Seite ungerade.

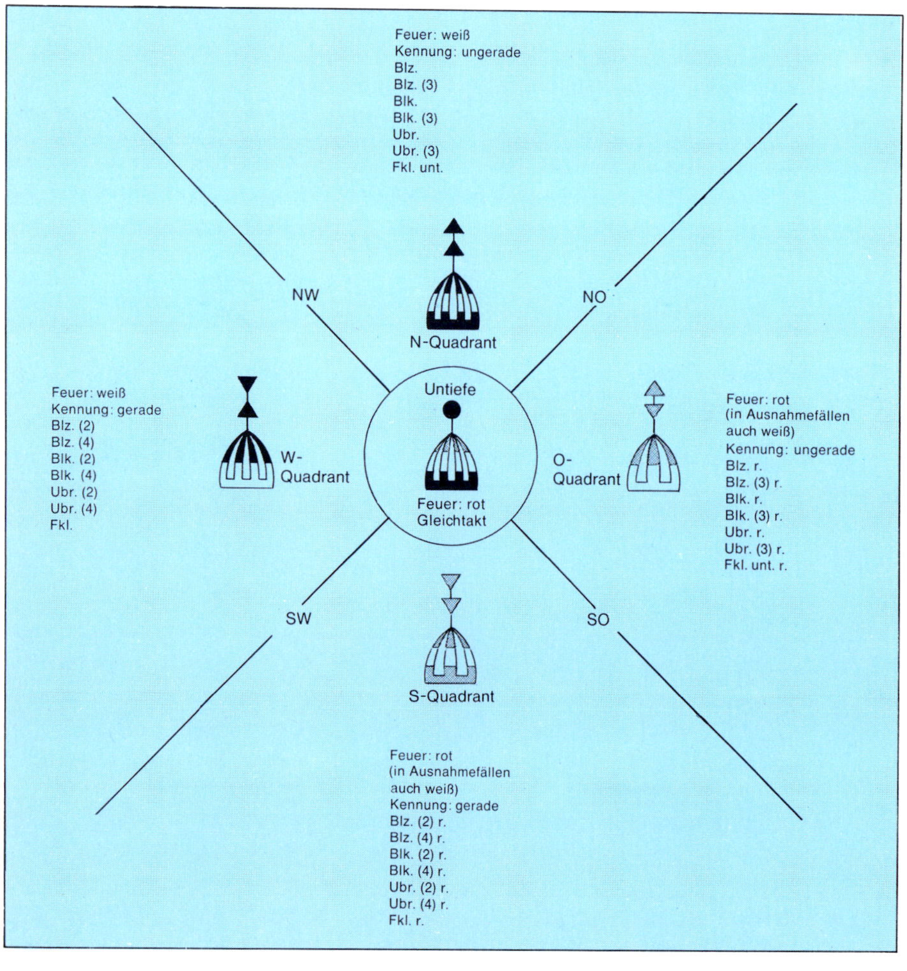

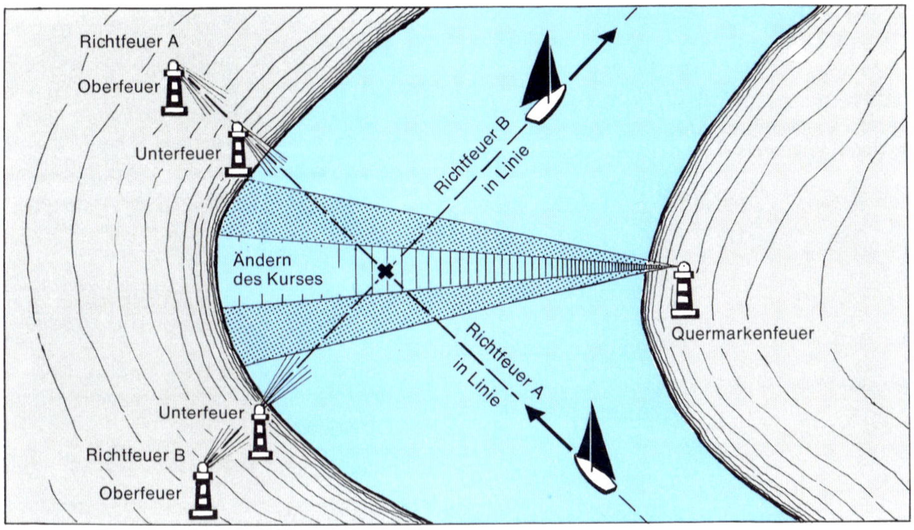

Quermarkenfeuer und Richtfeuer: Das Boot segelt zunächst auf der Richtfeuerlinie von Richtfeuer A. Im roten Sektor des Quermarkenfeuers muß eine Kursänderung erfolgen, das Boot kann sich nun am Richtfeuer B orientieren.

Uferfeuer
Feuer, die einen Uferverlauf kennzeichnen.

Zeitweilige Feuer
Provisorische und unregelmäßig brennende Feuer, z. B. zur Bezeichnung von Baustellen oder auch als Ersatz für vorrübergehend stillgelegte Feuer.

Zeitweise Feuer
Diese Feuer werden nur zu einem ganz bestimmten Zweck zwischenzeitlich angezündet, z. B. von Fischern auf See oder bei Erwartung eines bestimmten Schiffes in einem selten frequentierten Hafen.

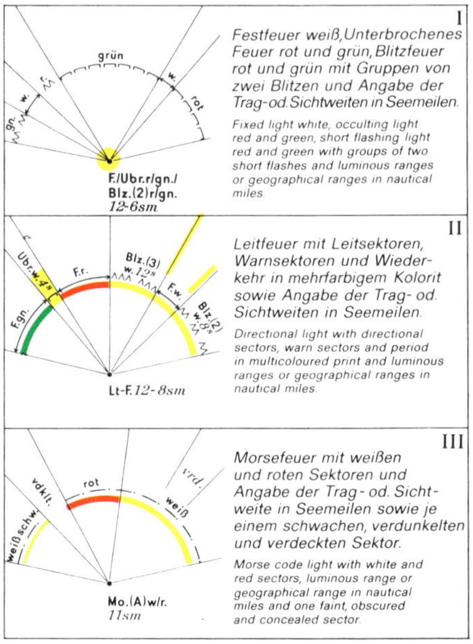

Beispiele für Leuchtfeuer, entnommen aus der »Karte Nr. 1« (»Zeichen und Abkürzungen in den deutschen Seekarten«) des DHI.

Hinweise zu den Leuchtfeuern

1. Farbige Feuer weisen eine geringere Tragweite auf als weiße, wobei grün noch hinter rot zurücksteht.
2. Ein Lichtsignal kann durch Verschmutzung der Feuer-Dreheinrichtung, durch große Entfernungen und Temperaturschwankungen verändert erscheinen.
3. Lichterscheinungen erreichen das Auge an der Grenze ihrer Sichtbarkeit verkürzt: ein Blink könnte also z.B. zunächst als Blitz erscheinen.
4. Bei großer Entfernung und schlechtem Wetter kann sich die Farbe verändern, insbesondere können dabei weiße Feuer rötlich wirken.
5. Leuchttonnen können vertrieben oder verloschen sein.
6. Unter Umständen sind Feuerschiffe und Leuchttonnen nicht so weit sichtbar wie festgelegt, da sie durch Wind und Seegang krängen können.
7. Normalerweise darf man nie auf ein farbiges Feuer zusteuern bzw. ein solches Feuer recht voraus im Kurs haben, da es sich sehr häufig um Warnsektoren handelt. Segelt man trotzdem auf ein solches Feuer zu, so muß man sich vergewissern, ob dies auf Grund einer speziellen Feuerkombination richtig ist.

Die Seezeichen und Landmarken

Seezeichen und Landmarken sind für einen Yachtskipper im Küstenbereich die beste Navigationshilfe bei Tage. Natürlich sind sie auch in der passenden Seekarte dargestellt (Siehe unsere Abb. S. 300) und ermöglichen somit die Orientierung und Ortsbestimmung. Man unterscheidet:

1. Natürliche Landmarken (z. B. markante Hügel, alleinstehende Bäume, Kirchtürme, Mühlen, Funkmasten oder eine Huk)
2. Feste Seezeichen (Leuchttürme, Dalben = mehrere Pfähle, Baken = Gitter- oder Gerüstkonstruktion, Stangen = in den Boden gerammte und oft mit einem Besen versehene Stangen, Pricken = junge Bäume mit Ästen)
3. Schwimmende Seezeichen (in erster Linie Tonnen, daneben auch Feuerschiffe).

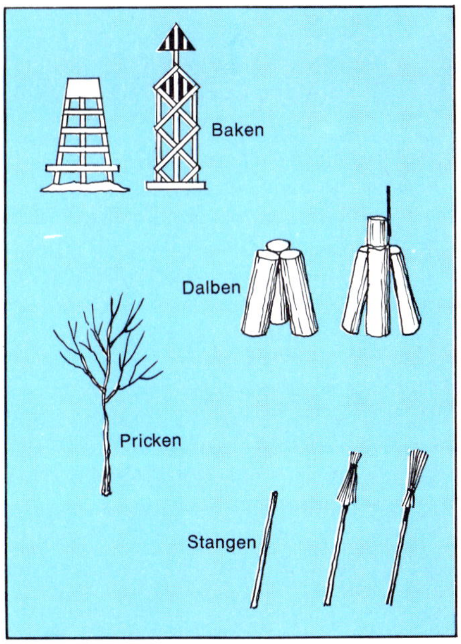

Bei den Tonnen, die meist eine rote, schwarze oder rot/schwarze Farbe aufweisen, unterscheidet man je nach Form verschiedene Arten:

Bakentonnen		Sie tragen einen Aufbau in verschiedener Form über Wasser. Daneben können sie auch mit einer Einrichtung zum Aussenden von Schall- und Lichtsignalen versehen und somit als Heul-, Glocken- oder Leuchttonnen ausgeführt sein.
Spitztonnen	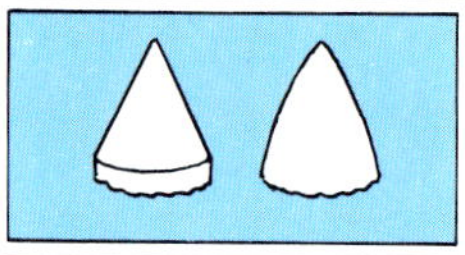	Kegelförmige Erscheinung.
Spierentonnen	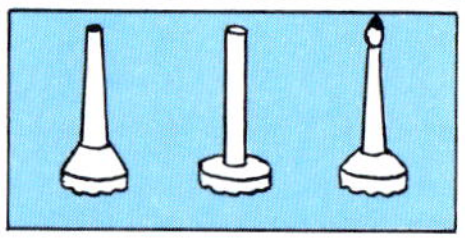	Bei einem beliebig ausgeführten Schwimmkörper sind die Überwasserteile spierenförmig.
Stumpftonnen		Diese meist zylinderförmigen Tonnen sind oben flach.
Faßtonnen	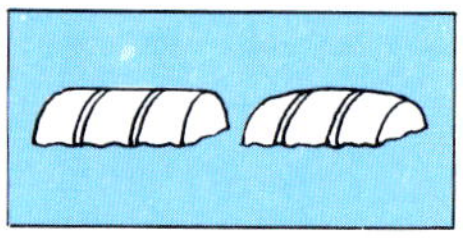	Es handelt sich hier um ein liegendes Faß.
Kugeltonnen		Sichtbar als Halbkugel.
Klotzbojen	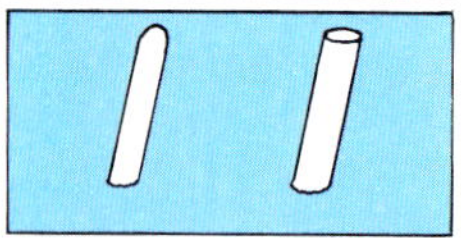	Diese spierenförmigen Tonnen werden als Winterseezeichen an Stelle der anderen Tonnen verwendet.

Abweichend von der bereits erwähnten roten, schwarzen oder rot/schwarzen Farbe, sind die Tonnen, die ein Wrack kennzeichnen, grün und die Begrenzungstonnen von Fischerei- bzw. militärischen Warn- und Sperrgebieten blau.

Zur Unterscheidung gleichartiger Seezeichen bzw. zu ihrer speziellen Kennzeichnung dienen *Toppzeichen.*
Es handelt sich hierbei um aus jeder Richtung erkennbare Signalkörper (Rotationskörper), die einzeln oder in Form von Bällen, Zylindern, Kegeln, Doppelkegeln, Kreuzen) auch zusammengesetzt verwendet werden. Toppzeichen dürfen die typische Form des betreffenden Seezeichens nicht beeinträchtigen und sind deutlich sichtbar an einer Stange oben angebracht. In der Regel dienen Seezeichen mit Toppzeichen der Fahrwasserbezeichnung.

Das System der Fahrwasserbezeichnung

Nach der Seeschiffahrtsstraßenordnung sind Fahrwasser definiert als die Teile der Wasserflächen, die durch Seezeichen begrenzt oder gekennzeichnet oder die, soweit dies nicht der Fall ist, für die durchgehende Schiffahrt bestimmt sind.
Früher gab es in den verschiedenen Ländern eine Vielfalt an Betonnungsarten, seit der Jahrhundertwende starteten die ersten Bemühungen zur Vereinheitlichung. Erst auf der Genfer Konferenz 1936 einigte man sich – in Abwesenheit von Deutschland und der USA – auf folgende einheitliche Richtlinien:
Seitenbezeichnung (Lateralsystem)
Bezeichnung von besonderen Fahrwassern mit einer Tonnenreihe an jeder Seite.
Richtungsbezeichnung (Kardinalsystem)
Bezeichnung von Wracks und Untiefen.
Steuerbordseite
Die Tonnen auf dieser Seite sind schwarz und spitz, die Toppzeichen spitz.

Tonnen und Baken
Buoys and Beacons

	Ort einer Tonne oder Bake Position of buoy or beacon
	Leuchttonne Light buoy
	Tonne mit Leuchte Buoy with light
Gl-Tn.	*Glockentonne* Bell buoy
Gong	*Gongtonne* Gong buoy
Hl-Tn.	*Heultonne* Whistle buoy
	Stumpftonne Can buoy, Cylindrical buoy
	Spitztonne Nun buoy, Conical buoy
	Kugeltonne Spherical buoy
	Spierentonne Spar buoy
	Bakentonne Beacon, pillar or spindle buoy
	Tonne mit Toppzeichen Buoy with topmark
	Faßtonne Barrel buoy, Ton buoy
	Leuchtfloß, Leuchtboot Light-float, Light-boat
	Festmachetonne Mooring buoy
	Reedetonne für Wasserflugzeuge Sea-plane anchorage buoy
	waagerecht gestreift oder geteilt oder mit waagerechtem Band horizontal stripes or bands
	senkrecht gestreift vertical stripes
	gewürfelt chequered
	diagonal gestreift diagonal bands
	Treibbake, Spiere Floating beacon
Bk.	*Stangenbake* Fixed beacon
Bk.	*Bake, allgemein* Beacon in general
Tm-Bk.	*Turmbake* Tower beacon

Toppzeichen
Topmarks

Kegel, Spitze oben	*Cone, point upwards*
Kegel, Spitze unten	*Cone, point downwards*
Nordtoppzeichen	*North topmark*
Südtoppzeichen	*South topmark*
Osttoppzeichen	*East topmark*
Westtoppzeichen	*West topmark*
Stundenglas	*Hour-glass*
Kelch	*Chalice*
Doppelkegel, Raute	*Diamond, Rhomb*
Zylinder	*Cylinder*
Tafel	*Board*
Kübel	*Truncated cone*
Kreuz	*Cross*
Doppelkreuz	*Double-cross*
Liegendes Kreuz	*St Andrew's cross*
T-Toppzeichen	*T-topmark*
Besen aufwärts (Spitze unten)	*Broom point downwards*
Besen abwärts (Spitze oben)	*Broom point upwards*
Spindel	*Spindle*
Ballon	*Balloon*
Ball	*Ball*
Fähnchen, Flagge	*Small flag*
Flügel, Wimpel	*Pennant*
Fisch	*Fish*

Backbordseite
Die Tonnen sind rot und stumpf, die Toppzeichen stumpf.

Tonnenformen
Neben grundsätzlicher Formen sind auch abweichende zugelassen.

Dieses Abkommen unterschrieben 13 Länder, teilweise mit dem Vorbehalt, daß die Nachbarländer auch angleichen. Erst nach 1945 kam es zu den heutigen Vereinheitlichungen, nach denen die meisten europäischen Länder ihr Betonnungssystem aufgebaut haben. USA hat ihr System behalten, UdSSR hat sich nur teilweise angepaßt, Norwegen, Schweden und Finnland haben ihr System untereinander abgestimmt.

Das Lateralsystem (Seitenbezeichnung)

Die Fahrwasser und Hafenansteuerungen auf den deutschen Küstenrevieren werden nach dem System der Seitenbezeichnung, genannt Lateralsystem, gekennzeichnet. Dabei ist zu beachten, daß ein einlaufendes Schiff immer die Bb.-Seite des Fahrwassers an seiner eigenen Bb.-Seite hat. Beim Auslaufen sind also die Fahrwasserseiten genau umgekehrt einzukalkulieren! Folgende Kennzeichnung gilt:

Backbordseite
Rote Spierentonnen oder Baken gegebenenfalls mit den weißen Zahlen von 1–99 von See beginnend. Nach 99 wird mit 1 fortgesetzt, eingeschobene Tonnen erhalten einen zusätzlichen Buchstaben. Toppzeichen sind oben flach.

Steuerbordseite
Schwarze Spitztonnen oder Baken gegebenenfalls mit großen weißen Buchstaben A–Z von See beginnend. Eingeschobene Tonnen erhalten eine zusätzliche Zahl. Toppzeichen sind oben spitz.

Fahrwassermitte
Schwarz-rot senkrecht gestreifte Bakentonne oder Bake, gegebenenfalls mit einem schwarzen Doppelkreuz als Toppzeichen. Evtl. mit weißen Buchstaben Name des Fahrwassers.

Ansteuerungstonnen
Auf Bb.-Seite (von See aus) rote Bakentonne gegebenenfalls mit rotem Stundenglas und weißem Fahrwassernamen, auf St.b.-Seite schwarze Bakentonne, gegebenenfalls mit schwarzer Spindel und weißem Fahrwassernamen, in der Mitte schwarz-rot senkrecht gestreiften Bakentonne (evtl. mit Doppelkreuz und weißer Beschriftung).

Lateralsystem (Seitenbezeichnung)

Ansteuerung

Fahrwasserseiten

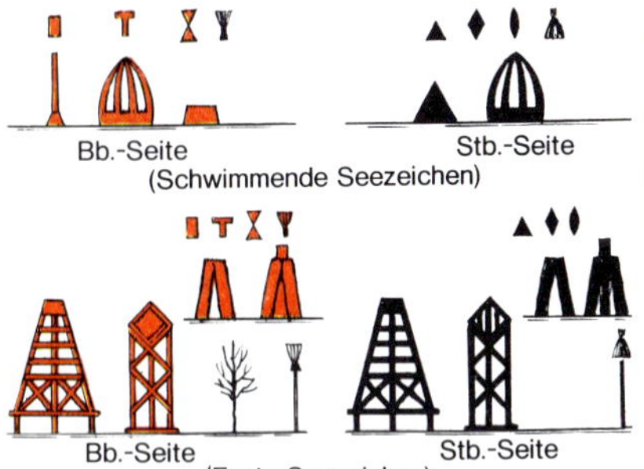

Untiefen / Riffe

(es kann beidseitig vorbeigefahren werden)

Mittelgründe

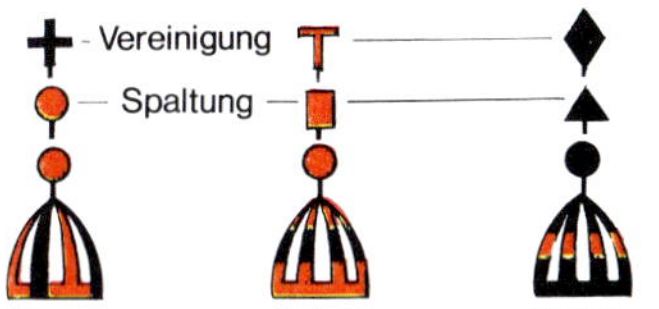

Die Toppzeichen beim Lateralsystem:

Bb.-Seite (flach)	Mitte	Stb.-Seite (spitz)
Zylinder	Ball	Kegel
Buchstabe T	Kreuz	Spindel
Stundenglas	Doppelkreuz	Doppelkegel

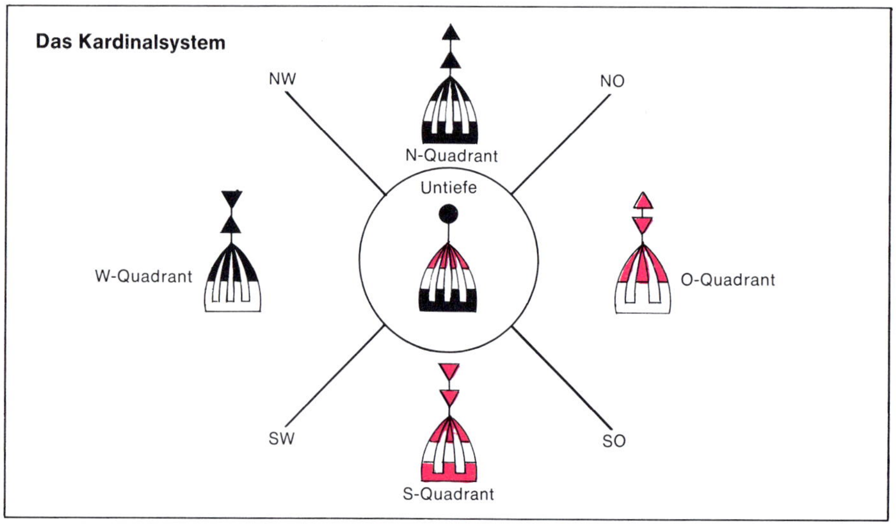

Je nach Kurs sieht man so die Toppzeichen einer Untiefenbetonnung nach dem Kardinalsystem

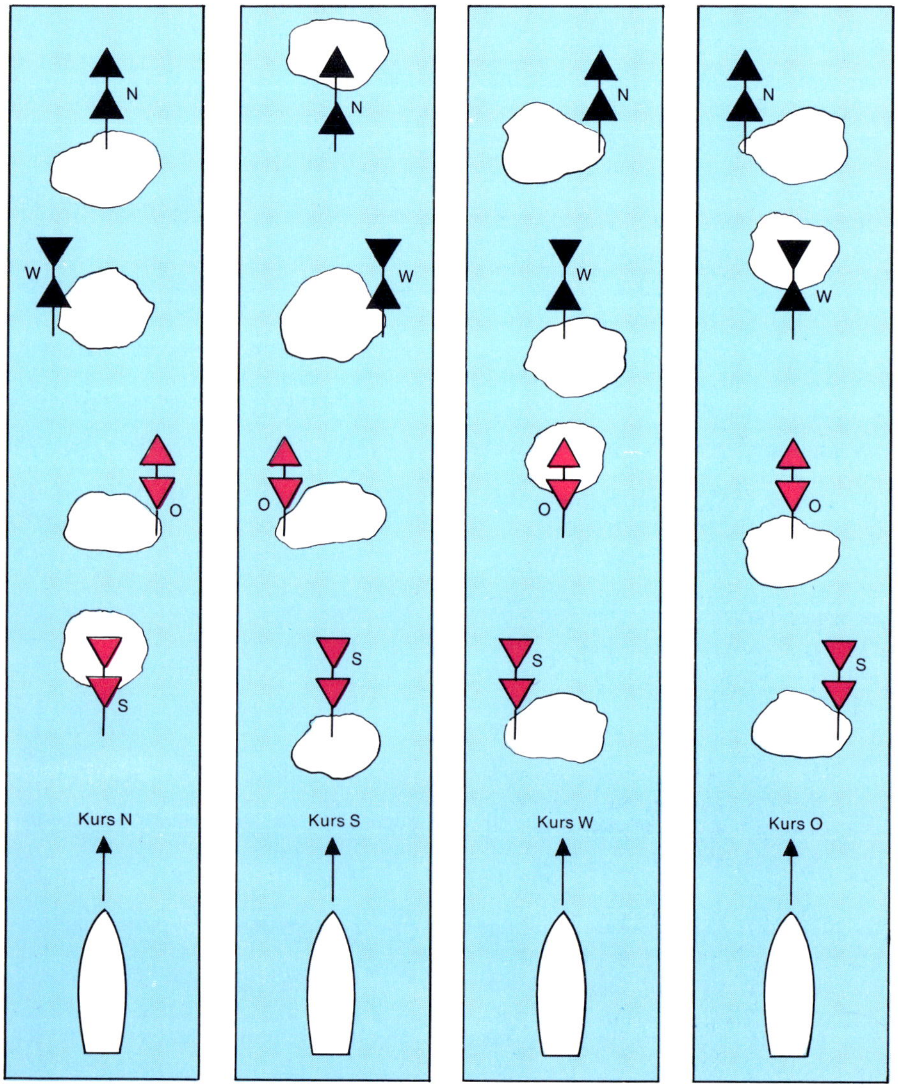

opt. Zeichen	Bedeutung
	Fahrverbot für Maschinenfahrzeuge
SPERR-G.	Sperrgebiet für militärische Zwecke
SPERR-G.	Sperrgebiet für zivile Zwecke
WARN-G	Warngebiet für militärische Zwecke
	Stelle für militärische Zwecke
	Stelle für zivile Zwecke (z.B. Markierung von Forschungs- und Vermessungsarbeiten)
	Reeden-Kennzeichnung: Die Reede grenzt an die Stb.-Seite des Fahrwassers
	Reeden-Kennzeichnung: Die Reede grenzt an die Bb.-Seite des Fahrwassers
P	Kennzeichnung von Reeden für Fahrzeuge, die besonders gefährdende Güter befördern
Q	Kennzeichnung von Reeden für unter Quarantäne stehende Fahrzeuge
	Festmachetonne
	Wendemarke für Wettfahrten
	Deviationstonne
	Gemessene Meile
	Fischereigründe
	Baggerschüttstelle

Untiefen und Riffe

Bakentonne oder Bake, obere Hälfte rot, untere schwarz, weiße Beschriftung, evtl. schwarzer Ball als Toppzeichen.

Einmündungen und Abzweigungen

a) St.b.-Seite des Fahrwassers:
An Stb.-Seite der Abzweigung schwarze Bakentonne oder Bake, evtl. mit schwarzem Kegel als Toppzeichen, großer weißer Buchstabe der Fahrwasserbezeichnung, darunter Name des einmündenden Fahrwassers. An Bb.-Seite der Abzweigung schwarze Tonne oder Bake mit waagrechtem roten Band evtl. schwarzem Kegel, selbe Beschriftung wie vorher.

b) Bb.-Seite des Fahrwassers:
An Bb.-Seite der Abzweigung rote Tonne oder Bake evtl. mit rotem Zylinder oben. Weiße Zahl, darunter Name des abzweigenden oder einmündenden Fahrwassers. An St.b.-Seite rote Tonne oder Bake mit waagrechtem schwarzem Band, evtl. rotem Zylinder oben und Beschriftung wie vorher.

Mittelgründe

Das sind Untiefen, die ein Fahrwasser in zwei Fahrwasser spaltet, und zwar entweder in 2 Hauptfahrwasser oder in Haupt- und Nebenfahrwasser. Die Tonnen sind immer schwarz und rot, als Toppzeichen tragen sie einen Ball unter einem weiteren Toppzeichen.

Wracks

Grüne Tonnen mit weißem Buchstaben »W« und grüne Toppzeichen.

Das Kardinalsystem (Richtungsbezeichnung)

Ausgedehnte Untiefen und auch Wracks außerhalb eines Fahrwassers werden nach dem Kardinalsystem gekennzeichnet, wobei die Tonnen hier jeweils das Gebiet der Untiefe bzw. des Wracks anzeigen. Die Seezeichen sind so ausgelegt, daß sie entweder auf Untiefe oder Wrack liegen oder in einer der 4 Hauptrichtungen davon. Je nach Lage der Tonne zur Untiefe bzw. zum Wrack tragen die Toppzeichen eine bestimmte Form, wobei es sich entweder um einen runden Signalkörper handelt (Ball) oder um dreieckige Körper (verschieden gelagerte Kegel):

Auf Untiefe oder Wrack
= ein Ball.

Nördlich von Untiefe/Wrack
= zwei Kegel, Spitzen nach oben.

Südlich von Untiefe/Wrack
= zwei Kegel, Spitzen nach unten.

Westlich von Untiefe/Wrack
= zwei gegeneinandergestellte Kegel.

Östlich von Untiefe/Wrack
= zwei entgegengesetzt gestellte Kegel.

Während die Tonnen und Toppzeichen für die Wrackmarkierung immer grün sind, unterscheiden sich die Untiefentonnen mit ihren Toppzeichen auch in der Farbe je nach Lage zur Untiefe:

Rot-weiß-schwarze Tonne + schwarzes Toppzeichen = auf der Untiefe
Schwarz-weiße Tonne + schwarzes Toppzeichen = westlich der Untiefe
Schwarz-weiß-schwarze Tonne + schwarzes Toppzeichen = nördlich der Untiefe
Rot-weiße Tonne + rotes Toppzeichen = östlich der Untiefe
Rot-weiß-rote Tonne + rotes Toppzeichen = südlich der Untiefe.

Daneben sind diese Seezeichen noch mit dem Namen der Untiefe versehen, außerdem je nach ihrer Lage zur Untiefe entsprechend dem betreffenden Quadranten mit den Buchstaben N, S, W, O. Über die Art der Befeuerung wird im nächsten Kapitel zu sprechen sein.

Seezeichen für besondere Zwecke

Neben den genannten Seezeichen gibt es noch solche für besondere Zwecke, die aber andere Formen, Farben und Unterscheidungszeichen aufweisen. Diese Zeichen sind in der Tabelle auf Seite 302 dargestellt.

Die in der Seekarte durch kleine Symbole dargestellten Seezeichen tragen unten an der Basis einen kleinen Kreis als genaue Kennzeichnung der Stelle, an der sie liegen und wo der Zirkel einzustechen ist.

Terrestrisches Navigieren

Die »Adresse« des Schiffsortes mit Hilfe von Breite und Länge

Wesentlicher Bestandteil der Navigation ist die Bestimmung des Schiffsortes. Das Auffinden eines angegebenen Standortes bzw. das Mitteilen des eigenen Ortes geschieht mit Hilfe des allgemein eingeführten Koordinatensystems. Durch Nord- und Südpol der Erdkugel denkt man sich Kreise gelegt, die Hälften davon von Pol zu Pol nennt man Meridiane. Der Meridian, der durch die Sternwarte Greenwich in London geht, trägt die Nummer Null. Insgesamt ist die Erde in 360 Meridiane geteilt, die vom Nullmeridian aus nach Ost und West bis je 180° durchnumeriert werden. Senkrecht zu den Meridianen hat man ebenfalls eine Kreiseinteilung gelegt, die Breitenkreise. Der von Nord- und Südpol gleichweit entfernte größte Kreis ist der Äquator mit der Nummer Null. Zwischen Äquator und den Polen sind in gleichen Abständen immer kleiner werdende je-

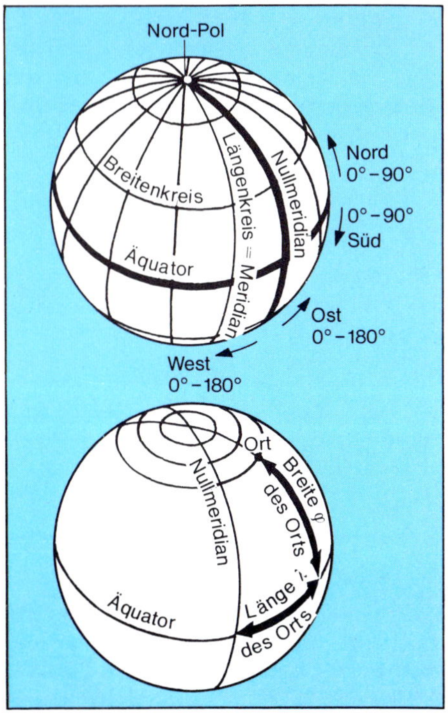

jeweils 90 Breitenkreise gezogen, also von 0° bis 90° Nord und 0° bis 90° Süd. Jeder Standort der Erde ist nun durch die 2 Koordinaten Länge und Breite genau festlegbar. Die geographische Länge (bezeichnet mit griech. Lambda = λ) eines Ortes wird durch die Nummer des Meridians durch den Ort angegeben (bzw. sie ist der Winkel zwischen dem Meridian des Ortes und dem Nullmeridian). Die geographische Breite (bezeichnet mit griech. Phi = φ) ist der Abstand des Ortes vom Äquator auf dem Meridian des Ortes gemessen. Ein Ort wird also bezeichnet durch die Angaben:

z. B. $\varphi = 54°\,17'$ N
$\lambda = 10°\,19'$ O

Die Länge λ findet man jeweils am oberen und unteren Kartenrand, die Breite φ am seitlichen Rand.
Zur genaueren Angabe ist es notwendig, daß jeder Grad in 60 Bogenminuten (′) und jede Minute in 60 Bogensekunden (″) eingeteilt ist. In der Praxis verwendet man aber nicht die Bogensekunden, sondern unterteilt die Minute im Dezimalsystem. Statt z. B. 54° 17′ 30″ N sagt man dann: 54° 17,5′ N.

Der Umgang mit Kursdreieck, Zirkel und Seekarte

Mit Seekarte, Kursdreieck und Zirkel (dazu noch mit Anlegedreieck bzw. Lineal und Zeichengerät) sind folgende grundlegenden Aufgaben beim Navigieren zu leisten:

1. Feststellen der Länge und Breite eines gegebenen Ortes.
2. Eintrag eines durch Breite und Länge gegebenen Ortes.
3. Festlegen eines Kurses zu einem bestimmten Ziel hin (Kurs absetzen).
4. Ablesen, wohin ein auf dem Kompaß gesteuerter Kurs zielt.
5. Eintragen von Peilungen bzw. Standlinien.
6. Entnehmen von Distanzen.

1. Feststellen der Länge und Breite eines gegebenen Ortes

Die Breite und Länge entnimmt man – wie oben bereits erläutert – am seitlichen und oberen bzw. unteren Kartenrand. Zum Ablesen der Position eines Ortes muß jeweils vom seitlichen bzw. oberen oder unteren Kartenrand die Senkrechte gezogen werden, der Schnittpunkt ist der gesuchte Ort. In Nähe des Kartenrandes ist diese Senkrechte sofort mit dem Kursdreieck zu ziehen, bei weiterer Entfernung behilft man sich dazu noch mit dem Anlegedreieck zwecks paralleler Verlängerung. Man kann auch den Zirkel verwenden: Man mißt damit den Abstand zum nächstgelegenen Breitenkreis oder Meridian und trägt diesen Abstand dann am seitlichen bzw. oberen oder unteren Kartenrand ab.

2. Eintrag eines durch Breite und Länge gegebenen Ortes

Die Senkrechten vom seitlichen und oberen (bzw. unteren) Kartenrand werden gezogen, der Schnittpunkt beider Lote ist der gesuchte Ort. Oder: Auf dem dem Ort nächstgelegenen Meridian trägt man mit Hilfe des Zirkels die gegebene Breite ab und zeichnet einen Breitenkreis ein. Hier wird nun die vom oberen oder unteren Kartenrand mit dem Zirkel entnommene Länge abgetragen – und der Ort ist gefunden.

3. Festlegen eines Kurses zu einem bestimmten Ziel hin (Kurs absetzen)

Will man von einem Ausgangsort A zu einem Zielort B segeln, so ermittelt man die rechtweisende Kurs-Gradzahl auf folgende Weise: Man legt das Kursdreieck mit seiner Hypotenuse an die beiden Punkte A und B an und verschiebt es sodann mit Hilfe eines Anlegedreiecks (oder zweiten Kursdreiecks) so weit nach links

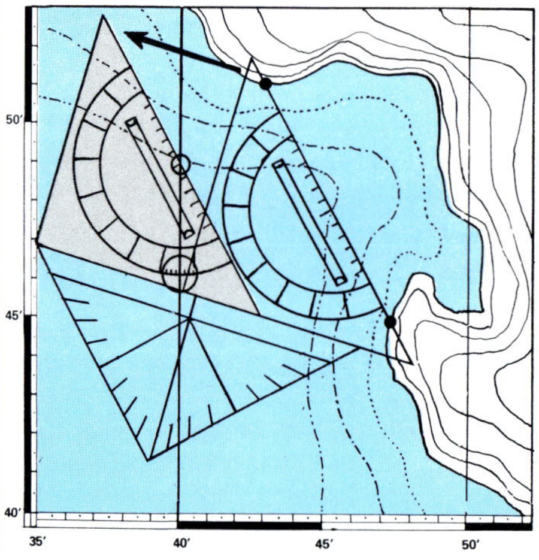

oder rechts parallel zum nächsten Meridian, bis der Anlegepunkt in der Mitte der Hypotenuse des Kursdreiecks auf diesem Meridian liegt. Auf der entsprechenden Gradskala wird dann am Meridian der Kurs abgelesen. Beim Ablesen ist zu beachten, daß man je nachdem, in welche Richtung der Kurs läuft, den richtigen Wert abliest, nachdem das Kursdreieck jeweils zwei um 180° verschiedene Werte enthält.

4. Ablesen, wohin ein auf dem Kompaß gesteuerter Kurs zielt

Segelt man ausgehend von einem Standort A einen bestimmten Kurs auf dem Kompaß, so kann man den Ort, wohin dieser Kurs führen würde, mit Hilfe des Kursdreiecks in obiger Weise ermitteln: Man rechnet den Kompaßkurs zunächst um in den rechtweisenden Kurs (siehe ›Kursverwandlung‹ Seite 307) und legt dann das

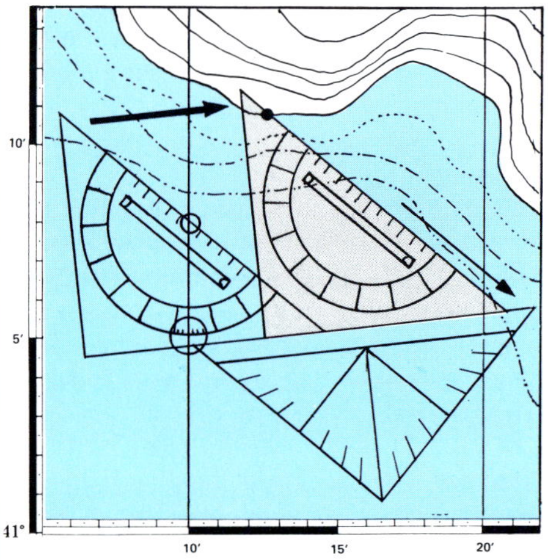

Kursdreieck so auf die Karte, daß sich die Gradzahl mit dem dem Ausgangsort nächstgelegenen Meridian deckt. Dann wird das Dreieck so parallel verschoben, daß die Hypotenuse den Ausgangsort schneidet. Auf der Hypotenuse liegt die betreffende Kurslinie.

5. Eintragung von Peilungen bzw. Standlinien

Ermittelte Peilungen trägt man in gleicher Weise wie oben im Punkt 4 beschrieben mit Hilfe des Kursdreiecks in die Karte ein: Gradzahl an den nächsten Meridian anlegen, Hypotenuse durch den angepeilten Ort parallelverschieben. Der an der Hypotenuse gezogene Strich ist die Standlinie. (Siehe ›Peilungen‹ Seite 311)

6. Entnehmen von Distanzen

Wie bereits erläutert, werden die Distanzen immer in Seemeilen (siehe ›Log‹, Seite 291) angegeben und am *seitlichen Kartenrand* (siehe ›Seekarte‹, Seite 285) mit Hilfe des Stechzirkels entnommen.

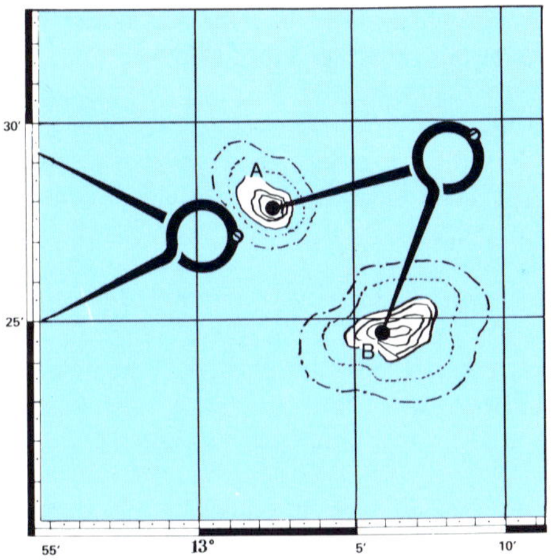

Eine Distanzmessung muß auch vorgenommen werden zum Feststellen einer *Versegelung.* Ist man also von einem Punkt A aus auf Grund einer Loggemessung z. B. 8 sm gesegelt, so zeichnet man zunächst in obiger Weise die Kurslinie in die Karte ein, greift dann am seitlichen Kartenrand 8 sm mit dem Zirkel ab und überträgt diesen Abstand auf die Kurslinie. Auf diese Weise erhält man einen sog. gegißten Schiffsort, von dem noch zu sprechen sein wird (siehe Seite 310).

Tips zum Umgang mit Karte, Zirkel und Kursdreieck

1. Zum Eintragen der Kurse in die Karte niemals Tinte oder Kugelschreiber benützen, sondern einen weichen, gut gespitzten Bleistift.
2. Die eingezeichneten Kurslinien müssen mit einem Radiergummi wieder leicht zu entfernen sein.
3. Der Kartenzirkel soll so leicht und etwas schräg angesetzt werden, daß kein Loch in die Karte gestochen wird.
4. Zum Verschieben des Dreiecks auf der Karte muß letztere auf einer ebenen Tischfläche liegen, möglichst beschwert durch Gewichte. Ein Verrutschen von Karte oder Kursdreieck muß vermieden werden.
5. Man zeichnet immer an der langen Seite, also der Hypotenuse, des Kursdreiecks.
6. Karten niemals falten (bei Kniffstellen ist keine genaue Navigation möglich) und möglichst auch nicht rollen. Am besten werden sie an Bord liegend aufbewahrt.
7. Alle Eintragungen aus dem letzten Törn müssen vor einer neuen Schiffsreise entfernt werden. Dabei prüft man am besten auch gleich nach (aber rechtzeitig vor der Abreise!), ob eine Kartenberichtigung fällig ist.
8. Die Karten dürfen nicht naß oder feucht werden. Damit man eine Karte auch im Cockpit benützen kann, empfiehlt es sich, die Karten in eine große Klarsichthülle zu stecken. Eine solche Hülle in Kartengröße kann man sich leicht selbst »basteln«.

Kompaß und Ablenkung

In Zusammenhang mit dem Kompaß muß von zwei Ablenkungserscheinungen gesprochen werden: der Mißweisung (Mw) und der Deviation (δ). Beide zusammen bezeichnet man auch als Fehlweisung (Fw).

Formel: $Fw = Mw + \delta$.

Mißweisung

Die Kompaßrose pendelt sich ein in Richtung des Erdmagnetfeldes, dessen Pole (magnetische Pole) nicht mit den geographischen Polen zusammenfallen. Es ist also mit zwei verschiedenen Nordrichtungen umzugehen: mit dem von den Meridianen in der Seekarte vorgegebenen »rechtweisenden Nord« (abgekürzt: rwN) und dem vom Magnetfeld der Erde bestimmten und vom Kompaß angezeigten »mißweisenden Nord« (abgekürzt: mwN). Der Winkelunterschied zwischen rechtweisend und mißweisend Nord wird Mißweisung (abgekürzt Mw) genannt. Mit anderen Worten: Die Abweichung = der Winkel zwischen geographisch und magnetisch Nord ist die Mißweisung. Diese Mißweisung ist auf den verschiedenen Punkten der Erde unterschiedlich groß, auch ändert sie sich mit der Zeit. Die Mißweisungswerte und die jährlichen Änderungen entnimmt man jeweils aus der in der Seekarte eingedruckten Kompaßrose. Die westliche Mißweisung erhält immer ein Minuszeichen (−), die östliche ein Pluszeichen (+). Ein auf dem Kompaß abgelesener Kurswert muß also, bevor er in die Seekarte übertragen wird, um die Mißweisung berichtigt werden. Umgekehrt muß ein in der Karte abgesteckter Kurs erst mit der Mißweisung beschickt werden, bevor man ihn am Kompaß steuern kann. Der Winkel zwischen Kiellinie und rechtweisend Nord ist der rechtweisende Kurs (abgekürzt rwK), der Winkel zwischen Kiellinie und mißwei-

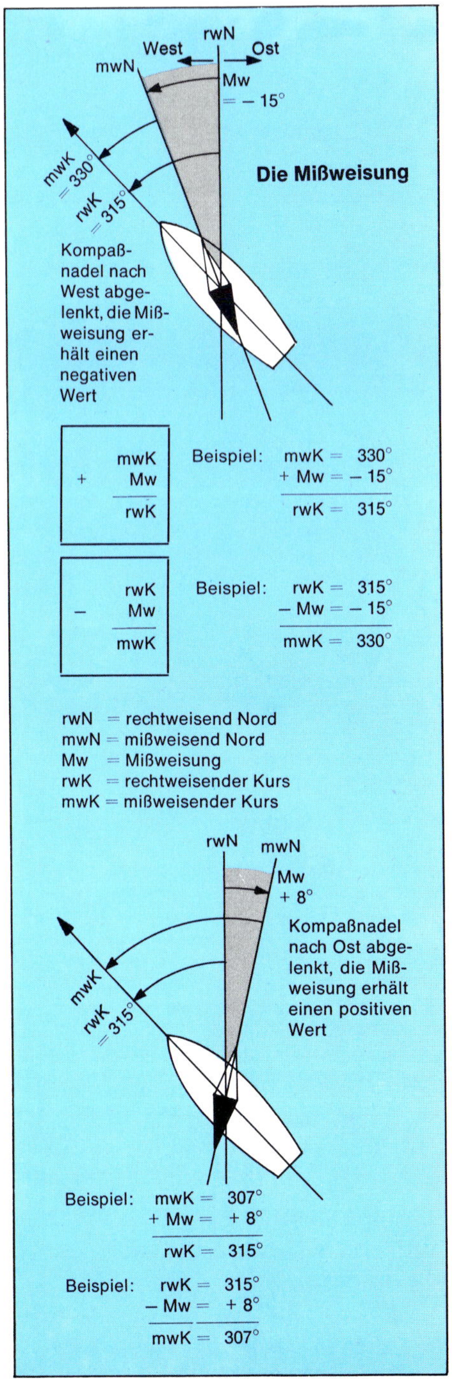

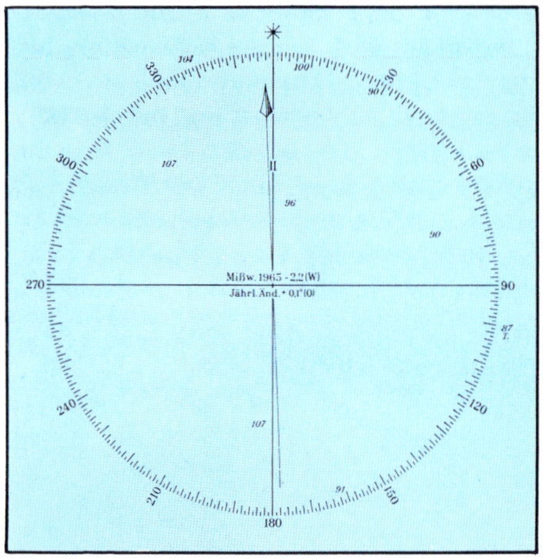

In der Seekarte eingedruckte Mißweisungsrose.

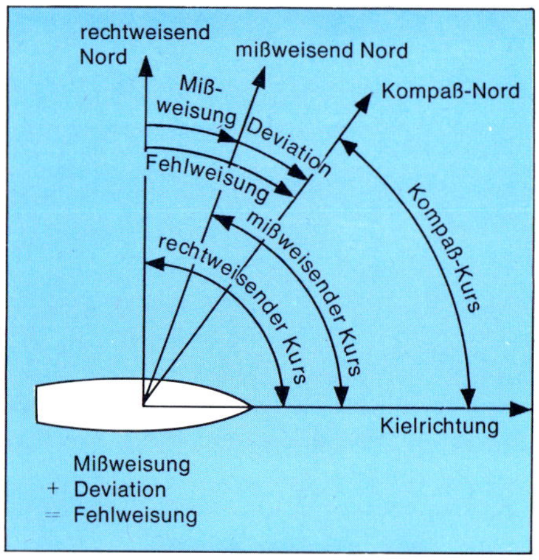

Für den Segler gelten drei Nordrichtungen:
1. *Rechtweisend Nord = Meridianrichtung zum Erd-Nordpol.*
2. *Mißweisend Nord = vom Magnetfeld der Erde bestimmte Richtung, die ein Kompaß ohne Deviationseinfluß anzeigt.*
3. *Kompaß-Nord = Richtung, die der Kompaß an Bord anzeigt.*

Dazu kommen die drei Kursarten:
1. *Rechtweisender Kurs = Winkel zwischen Kielrichtung der Yacht und rechtweisend Nord.*
2. *Mißweisender Kurs = Winkel zwischen Kielrichtung der Yacht und mißweisend Nord.*
3. *Kompaß-Kurs = Winkel zwischen Kielrichtung der Yacht und Kompaß-Nord. Nach diesem Kurs steuert die Yacht.*

send Nord, d. h. der Kurs, der nach dem (mißweisenden) Kompaß gesteuert wird, ist der mißweisende Kurs (abgekürzt mwK).

Deviation

Bei der Deviation (abgekürzt δ, aus lat. devius = vom Wege abgehend) handelt es sich um eine Ablenkung bzw. um einen Kompaßfehler, bedingt durch die Eisen- und Stahlteile auf der Yacht. Durch Deviationseinfluß zeigt die Kompaßnadel bzw. -rose nicht nach mißweisend Nord, sondern nach Kompaß-Nord. Die Deviation ist also der Winkel zwischen mißweisend Nord und Kompaß-Nord. Liegt Kompaß-Nord westlich von mißweisend Nord, so versieht man den Deviationswert mit einem Minuszeichen (−), liegt Kompaß-Nord östlich von mißweisend Nord, so arbeitet man mit einem Pluszeichen (+). Im Gegensatz zur Mißweisung, die immer aus der Seekarte (eingedruckte Mißweisungsrose) direkt entnommen werden kann, und die am betreffenden Ort für jedes Schiff und für jeden Kurs gleich groß ist, ändert sich die Deviation von Kurs zu Kurs. Außerdem ist sie für jedes Schiff verschieden, da die ablenkenden Eisenteile auf jedem Schiff anders in Hinblick auf den Kompaß verteilt sind. Segeln also z. B. zwei Yachten in der Nähe auf einem gleichen Kurs, so

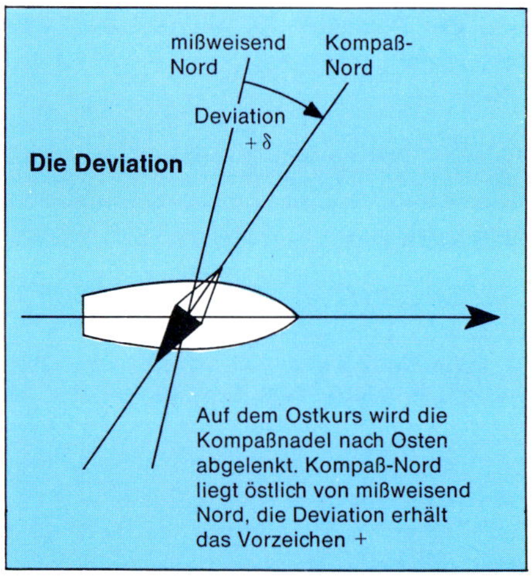

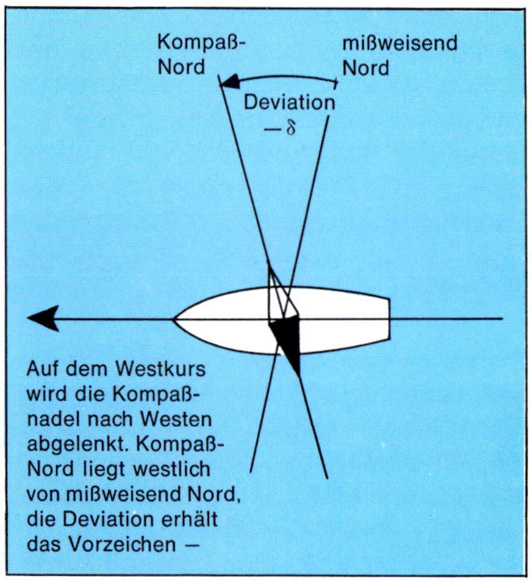

haben sie beide die selbe Mißweisung einzurechnen. Beide Yachten haben es mit dem gleichen rechtweisenden und mißweisenden Kurs zu tun. Da sie aber wegen der unterschiedlichen Häufung und Anordnung der Eisenmassen und -gegenstände unterschiedlichen Deviationseinflüssen unterliegen, zeigt ihr Kompaß verschiedene Kompaßkurse an.

Wie erfährt man die Deviationswerte? Man erstellt sich (oder läßt sich von einem Fachmann erstellen) eine Deviationstabelle, in der jeweils von 10° zu 10° die dazugehörigen Deviationswerte erfaßt sind. Diese in der Tabelle erfaßten Werte müssen gelegentlich überprüft werden, wobei eine Überprüfung besonders wichtig ist bei Stahlschiffen, schiffsbaulichen Veränderungen bzw. Ausrüstungsveränderungen. Die Deviationsbestimmung kommt zustande durch den Vergleich einer bekannten mißweisenden Peilung mit der an Bord abgelesenen Kompaßpeilung eines Objektes. Dabei kann man entweder eine Landmarke von einem bekannten Schiffsort aus (z. B. von Deviationsdalben aus) anpeilen, oder eine Deckpeilung ausnützen. Bei der jeweils erforderlichen Drehung des Schiffes (Peilungen von 10° zu 10°) besteht die Gefahr eines sog. Schleppfehlers. Er kommt zustande, weil die Kompaßrose während der Bootsdrehung durch die Flüssigkeit, in der sie schwimmt, mitgeschleppt wird und sich bei der Peilung noch nicht genau eingependelt hat. Diesen Schleppfehler kann man aber nahezu ausgleichen, wenn man einen entgegengesetzten Kreis dreht und dann die betreffenden Mittelwerte bildet. Sofern die ermittelten Deviationswerte Beträge von 4°–5° und darüber erreichen, empfiehlt sich das Aufstellen zweier paralleler Tabellen: einer Ablenkungstafel und einer Steuertafel. In der Ablenkungstafel sind die Werte für den jeweiligen Kompaßkurs verzeichnet, sie benützt man beim Rechnen vom Kompaßkurs zum rechtweisenden Kurs. In der Steuertafel sind die Werte für den dazugehörigen mißweisenden Kurs verzeichnet, und sie benützt man beim Umrechnen vom rechtweisenden Kurs zum Kompaßkurs.

Das Erstellen einer Deviationstabelle ist auch möglich mit Hilfe eines Peilkompasses. Ein Verfahren dazu wurde in dem Artikel »Standort handgepeilt: Was taugen Handpeilkompasse« in der Zeitschrift »Yacht« (Nr. 25/26, 1975) beschrieben: Ein

Handpeilkompaß wurde in etwa 1,70 m Höhe über Deck zwischen die beiden Achterstage einer Yacht gehängt und auf die Mastmitte gerichtet. Von den benötigten drei Personen stand dann eine am Steuerkompaß, eine am Handpeilkompaß und eine mit einem Paddel am Bug. Bei ruhigem Gewässer wurde nunmehr das Boot mit Hilfe des Paddels ganz langsam gedreht, währenddessen notierten sich die beiden Kompaßbeobachter in regelmäßigen Abständen die Gradzahlen und ermittelten somit eine Deviationskurve.

Das Kompensieren

Wenn eine Deviationstabelle zu große Werte aufweist, so muß der Kompaß kompensiert (aus Lat. compensare = ausgleichen), d. h. korrigiert werden. Immer notwendig wird das Kompensieren bei einer Stahlyacht sein. Dabei werden meist im bzw. unter dem Kompaßhaus unterhalb der Rose einzelne Magnetstäbe angebracht, die den störenden Kräften entgegenwirken. Die Lage dieser Magnete darf nicht verändert werden! Das Kompensieren setzt genaue Kenntnisse voraus und soll nur von Fachleuten durchgeführt werden. In größeren deutschen Häfen werden solche Kompensierungen von Dienststellen des Deutschen Hydrographischen Instituts durchgeführt, wobei die Yacht in seeklarem Zustand sein muß mit allen Ausrüstungsgegenständen auf ihrem richtigen Platz. Die nach dem Kompensieren verbliebenen Restablenkungen werden jeweils auf einer Deviationstabelle erfaßt.

Die Kursverwandlung

Auf Grund der »Kompaßfehler« Mißweisung und Deviation muß ein Kurs immer verwandelt werden. Der am Kompaß abgelesene Kurs (= der Kompaßkurs), muß erst, bevor er in die Seekarte eingetragen wird, in den rechtweisenden Kurs der Karte (die Karte ist immer rechtweisend!) umgewandelt werden. Umgekehrt muß ein in der Karte abgesteckter Kurs (= rechtweisender Kurs) in den Kompaßkurs verwandelt werden, um diesen am Kompaß steuern zu können.

Die Kursverwandlung

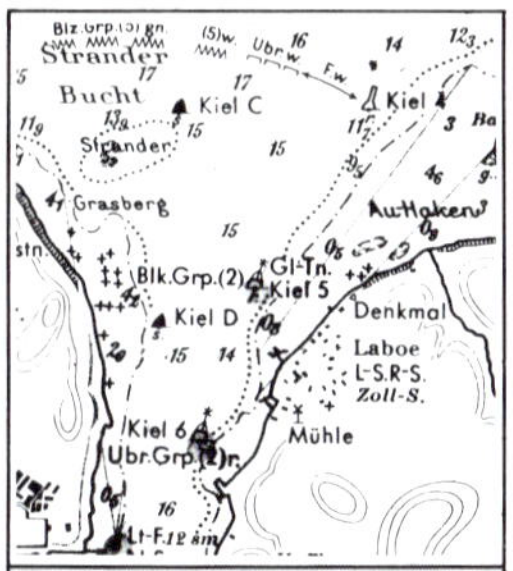

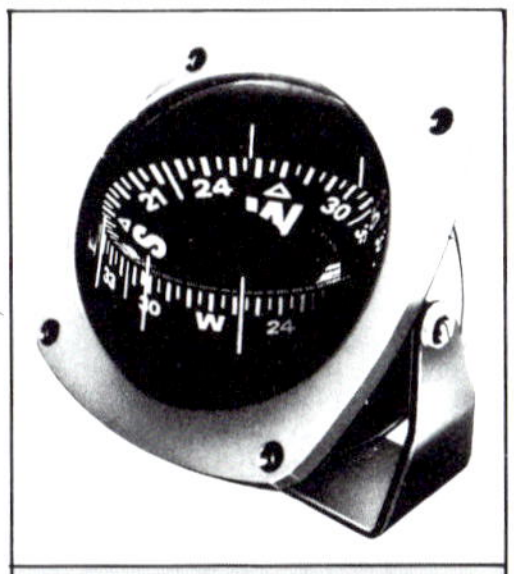

Vom »richtigen« Kurs zum »falschen« Kurs = Mißweisung und Deviation mit falschem Vorzeichen einrechnen

Seekarte
rechtweisender Kurs = »richtiger« Kurs

Vom »falschen« Kurs zum »richtigen« Kurs = Mißweisung und Deviation mit richtigem Vorzeichen einrechnen

Kompaß
Kompaßkurs (gesteuerter Kurs) = »falscher« Kurs

Beispiel:

rechtweisender Kurs	45°
Mißweisung	– 3°
Deviation	+12°

Rechnen mit falschem Vorzeichen: –3 wird +3 +12 wird –12

45°
+ 3°
48° (mißweisender Kurs)
–12°
36° (Kompaßkurs)

36°
– 3°
33° (mißweisender Kurs)
+12°
45° (rechtweisender Kurs)

Rechnen mit richtigem Vorzeichen: –3 bleibt –3 +12 bleibt +12

Beispiel:

Kompaßkurs	36°
Mißweisung	– 3°
Deviation	+12°

Der zu verwandelnde Kurs wird jeweils mit den Werten der Mißweisung und der Deviation beschickt (der Fachausdruck »beschicken« bedeutet soviel wie ordnen, Anbringen einer Verbesserung), wobei je nach Kursart abzuziehen oder dazuzuzählen ist. Als Gedächtnisstütze merke man sich zum Verwandeln des Kurses folgende Regel:

Den rechtweisenden Kurs der Seekarte könnte man auch als »richtigen« Kurs bezeichnen, im Gegensatz zum »falschen« Kurs, der auf dem Kompaß gesteuert wird.
Rechnet man nun vom »richtigen« Kurs zum »falschen« Kurs, so versieht man die Mißweisung und Deviation mit einem falschen Vorzeichen. Rechnet man umgekehrt vom »falschen« Kurs zum »richtigen« Kurs, so versieht man die Mißweisung und Deviation mit dem richtigen Vorzeichen.

Das Ganze ist in der untenstehenden Tabelle verdeutlicht.
Der Autor dieser Zeilen wendet für sich selbst in der Praxis eine andere Gedächtnisstütze an:

Beim Umrechnen vom Kompaßkurs (»falschen« Kurs) zum rechtweisenden Kurs (»richtigen« Kurs) wird immer von oben nach unten gerechnet, und zwar mit einem Pluszeichen. Umgekehrt beim Umrechnen vom rechtweisenden Kurs zum Kompaßkurs wird von unten nach oben gerechnet, und zwar mit einem Minuszeichen.

Dabei müssen nur die mathematischen Grundregeln beachtet werden: z. B. 8+ –3 = 5; 8– –3 = 11; 8+ +3 = 11. Man rechnet also hierbei nach folgendem Schema:

z. B. Kompaßkurs	= 36°		
Deviation	= +12°		
mißweisender Kurs	= 48°	+ ↓	– ↑
Mißweisung	= –3°		
rechtweisender Kurs	= 45°		

Tips zur Kursverwandlung

1. Man kann auch gleich die Mißweisung und Deviation zusammenzählen und erhält eine Fehlweisung. Die Rechnung mit obigen Zahlen geht dann so:

Deviation	=	12°	↓	↑
Mißweisung	=	−3°		
Fehlweisung	=	9°		
Kompaßkurs	=	36°	+	−
Fehlweisung	=	9°		
rechtweisender Kurs	=	45°		

2. Segelt man auf nördlichen Kursen mit einer Gradzahl nahe bei 0 bzw. 360, so kann man evtl. Schwierigkeiten beim Rechnen, wenn die Fehlweisung die Kurszahl überschreitet (z. B. Kompaßkurs = 6°, Fehlweisung = 9°), in folgender Weise ausschalten: Sind also von 6° 9° abzuziehen (6 − 9 = −3), dann rechnet man: 360° + 6° = 366° − 9° = 357°. Sind umgekehrt zu 357° noch 9° dazuzuzählen, so rechnet man: 357° + 9° = 366°; davon werden 360° abgezogen: 366° − 360° = 6°.

Übungsaufgaben zur Kursverwandlung

1. Kompaßkurs 48°, Mißweisung −4°, Deviation +7°; wie lautet der rechtweisende Kurs?
2. Rechtweisender Kurs 357°, Mißweisung −5°, Deviation −8°; wie lautet der Kompaßkurs?

Lösungen: 1. 51°, 2. 10°)

Abdrift und Stromversetzung

Die oben aufgezeigte Kursverwandlung durch Mißweisung und Deviation hat nur Gültigkeit, sofern man ohne Einfluß einer Abdrift durch Wind oder einer Versetzung durch Strom segelt. Da in der Praxis aber sehr häufig beide Einflüsse wirken, müssen sie in die Umrechnung mit einbezogen werden.

Abdrift

Eine Abdrift ergibt sich durch seitliche Einwirkungen des Windes, ganz besonders aber bei Amwindkursen. Man erkennt sie durch Peilen über das Heck als Winkel zwischen der Boots-Längsachse und dem ablaufenden Kielwasser. Sobald man eine Abdrift erkennt, muß der zu verwandelnde Kurs neben Mißweisung und Deviation auch mit der Abdrift beschickt werden, rechnerisch nach den selben Grundsätzen. Dabei ist zu beachten:

Windeinfall von Bb. und
Abdrift nach Stb. = Vorzeichen +

Windeinfall von Stb. und
Abdrift nach Bb. = Vorzeichen −

Der Kurs, den eine Yacht mit Abdrift zurücklegt, ist der »wahre Kurs«. Soll der wahre Kurs berechnet werden, so sind am Kompaßkurs neben Mißweisung und Deviation die Abdrift anzubringen.

Beispiele:

1. Eine Yacht steuert einen Kompaßkurs von 36°; bei nordwestlichen Winden beträgt die Abdrift etwa 4°; welcher wahre Kurs muß in die Karte eingetragen werden bei einer Deviation von +12° und einer Mißweisung von −3°?

Lösung:

Kompaßkurs	=	36°	↓ Abdrift nach Stb. = +
Deviation	=	+12°	
mißweisender Kurs	=	48°	
Mißweisung	=	−3°	
rechtweisender Kurs	=	45°	
Abdrift	=	+4°	
wahrer Kurs	=	49°	

2. In der Seekarte wurde ein wahrer Kurs von 130° abgesetzt. Bei südlichem Wind ist mit einer Abdrift von 6° zu rechnen, weshalb man 6° vorhalten möchte. Welcher Kurs ist am Kompaß zu steuern bei einer Mißweisung von +7° und einer Deviation von −5°?

In dieser zweiten Aufgabe ist der umgekehrte Weg zu gehen: Entweder rechnet man dabei mit falschem Vorzeichen oder von unten nach oben mit einem Minuszeichen:

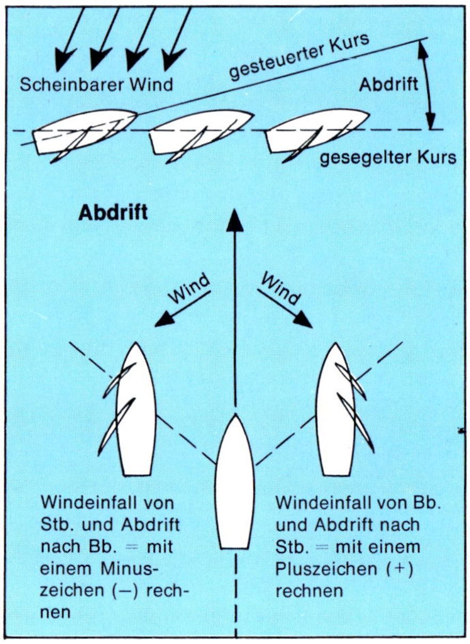

Lösung:

Kompaßkurs	=	134°	↑ Abdrift nach Bb. = −
Deviation	=	− 5°	
mißweisender Kurs	=	129°	
Mißweisung	=	+ 7°	
rechtsweisender Kurs	=	136°	
Abdrift	=	− 6°	
wahrer Kurs	=	130°	

Stromversetzung

Da ein Strom zu den typischen Gegebenheiten mancher Gewässer zählt, ist seine Erscheinung meist registriert, und man kann Angaben über seine Stärke aus Seehandbüchern und Tiden- bzw. Stromatlanten entnehmen und berücksichtigen. Als Stromstärke wird in der Regel die Stromgeschwindigkeit in einer Stunde (gemessen in Knoten) angegeben. Bei mitlaufendem Strom kommt zur Fahrt des Bootes durchs Wasser noch die Stromgeschwindigkeit dazu. Läuft der Strom aber gegen das Boot, ist die Stromgeschwindigkeit von der Fahrt abzuziehen. Bilden der Kurs des Bootes und Stromrichtung einen Winkel, so ergibt sich eine »Stromversetzung« (= die Strecke, um die ein Schiff in einer entsprechenden Zeit durch den Strom abgetrieben wird). Man unterscheidet jetzt einen »Weg durchs Wasser«, den das Boot durch seinen Kurs segelt, und einen »Weg

über den Grund«, der durch den Strom bedingt wird.
Die Stromversetzung ist also die Differenz zwischen dem Weg des Bootes durchs Wasser und dem Weg über Grund
Zu beachten beim Strom ist folgendes: während bekanntlich der Wind nach der Richtung bezeichnet wird, aus der er weht, ist dies beim Strom umgekehrt:

Der Strom ist nach der Richtung benannt, in die er setzt.

Die Berechnung des Stromversatzes geschieht auf zeichnerische Weise in der Seekarte durch das sog. Stromdreieck. Je nach Kartenmaßstab wird dieses Dreieck für eine oder mehrere Stunden gezeichnet. Dabei kann man jeweils aus zwei bekannten Seiten auf die dritte schließen: aus dem Kurs durchs Wasser und dem Strom ermittelt man den Kurs über Grund; oder umgekehrt erhält man aus dem Kurs durchs Wasser und dem Kurs über Grund zeichnerisch Stärke und Richtung des Stromes.

Drei Stromaufgaben sind zu lösen:

1. Kurs und Fahrt durchs Wasser einer Yacht sind gegeben, außerdem der herrschende Strom nach Richtung und Stärke. Wohin segelt die Yacht? Bzw. gesucht werden der Weg und die Fahrt über Grund.

Lösung:
Vom Ausgangspunkt A aus trägt man den Kurs durchs Wasser an, darauf den Weg durch das Wasser in einer Stunde und erhält Punkt B. Von diesem Punkt aus wird der Strom in Richtung und Stärke (für eine Stunde) eingezeichnet, und man erhält Punkt C. Die Strecke A–C ist der gesuchte Weg (einschließlich der Fahrt) über Grund.

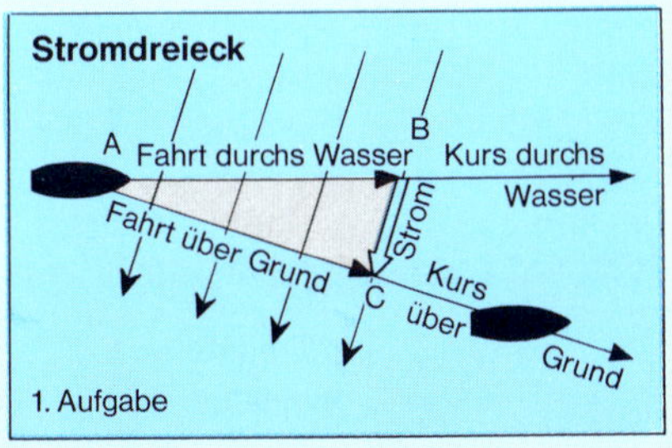

2. Der Strom in Richtung und Stärke ist gegeben, außerdem die Fahrt durchs Wasser und das Ziel. Welchen Kurs durchs Wasser muß man steuern?

Lösung:
Man verbindet den Ausgangspunkt A mit dem Zielpunkt B und erhält den Kurs über Grund. Außerdem wird im Ausgangspunkt A der Strom in Richtung und Stärke als Pfeil angetragen, die Pfeilspitze ist der Punkt C. Als nächstes wird die bekannte Fahrt durchs Wasser in den Zirkel genommen, und um Punkt C als Mittelpunkt wird ein Kreis so gezogen, daß er die »Kurs über Grund-Linie« schneidet. Verbindet man nun diesen Schnittpunkt D mit Punkt C, so erhält man die »Kurs durchs Wasser-Linie«.

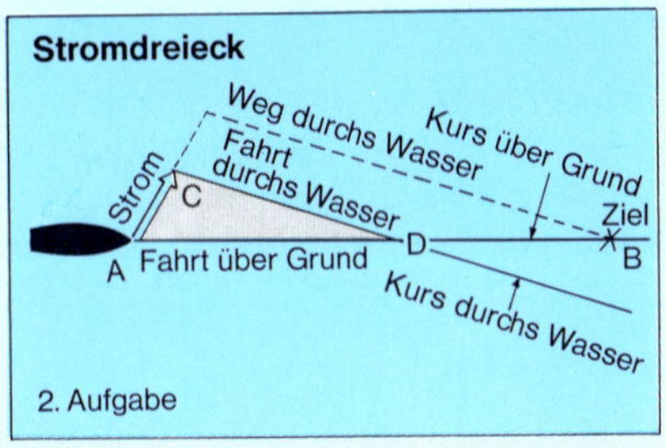

Um nun zu erfahren, welchen Kompaßkurs man zu steuern hat, muß der Kurs durchs Wasser erst noch entsprechend beschickt werden. Sofern man noch den Weg durchs Wasser und den Zeitpunkt bis zum Erreichen des Zieles ermitteln möchte, so verschiebt man die Kurs durchs Wasser-Linie parallel durch den Zielpunkt. Die Zeitspanne wird dann errechnet:

$$\text{Zeit} = \frac{\text{Weg durchs Wasser}}{\text{Fahrt durchs Wasser}}$$

3. Gegeben sind der in der Karte abgesetzte Kurs durchs Wasser, die mittels der Logge gemessene Fahrt durchs Wasser und der wahre, nicht auf der Kurs durchs Wasser-Linie liegende Schiffsort. Wie kann man den Strom nach Richtung und Stärke bestimmen?

Lösung:
Zunächst wird die Besteckversetzung (siehe Seite 310) ermittelt. Dazu verbindet man den Ausgangspunkt A mit dem wahren Schiffsort B – und der Kurs über Grund ist eingetragen. Ferner zeichnet man in die Karte vom Ausgangspunkt A den Kurs durchs Wasser ein, auf dessen Linie der zurückgelegte Weg durchs Wasser abgetragen wird. Der somit erhaltene Punkt C ist der gegißte Ort (›ungenaue Ort‹, siehe unten), den man ohne Stromeinfluß erreicht hätte. Verbindet man die beiden auf den gleichen Zeitpunkt bezogenen Schiffsorte B und C, so ist die Besteckversetzung abzulesen. Da die Richtung des Stromes mit der Richtung der Besteckversetzung zusammenfällt, ist die genaue Ermittlung des Stromes kein Problem mehr. Man verwandelt dazu das Stromdrei-

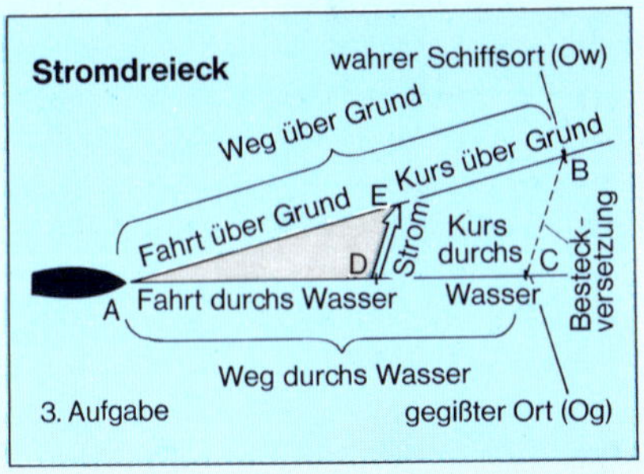

eck in ein Stundendreieck, indem man vom Ausgangspunkt A auf der Linie Kurs durchs Wasser die gemessene Fahrt durchs Wasser abträgt (Strecke A–D) und durch den gewonnenen Punkt D die Parallele zur Besteckversetzung zieht. Die Strecke D–E entspricht nach ihrer Länge der Stromstärke, nach ihrer Richtung der Stromrichtung.

Schiffsortbestimmung

Das Koppeln

Die Position wird beim Koppeln ohne Berücksichtigung einer Landmarke errechnet, indem man an der in der Seekarte eingetragenen rechtweisenden Kurslinie die vom Ausgangspunkt an zurückgelegte Distanz abträgt. Der somit erhaltene Koppelort – auch bezeichnet als »gegißter Ort« (Og) oder »gegißtes Besteck« (gissen ist ein niederdeutsches Wort in der Bedeutung von schätzen!) – wird in der Seekarte durch einen kleinen Querstrich durch die

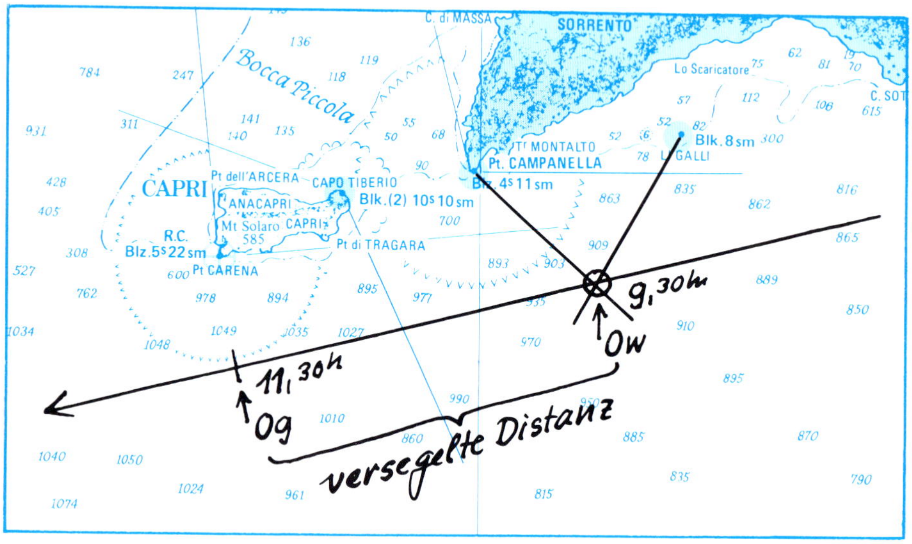

Kurslinie markiert, dazu wird die Uhrzeit eingetragen. Insbesondere die Einflüsse von Wind und Strom ergeben sehr oft, daß dieser gegißte Schiffsort nicht mit dem wahren Ort (Ow) übereinstimmt. Übrigens wird der wahre Schiffsort in der Seekarte mit einem kleinen Kreis um die sich kreuzenden Peillinien markiert. Die rechtweisende Richtung, in die man nun durch Strom oder Abdrift versetzt wurde, und die Strecke, um die man versetzt wurde, heißt *»Besteckversetzung«*.

Die übrigen Verfahren zur Schiffsortbestimmung arbeiten mit Standlinien, wobei jeweils mindestens zwei Standlinien, deren Schnittpunkt den Schiffsort ergibt, erforderlich sind.

Die Standlinien im Küstenbereich nennt man »terrestrische Standlinien«, man erhält sie durch Abstandsbestimmungen, Loten, Horizontalwinkelmessung und Peilungen.

Abstandsbestimmung

Hat man einen Sextanten an Bord, so kann man mit dessen Hilfe den Abstand der

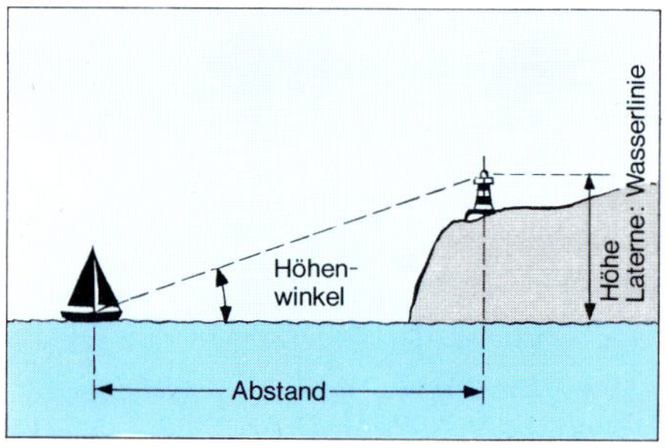

Yacht von einem Objekt der Küste bestimmen. Dies geschieht durch *Höhenwinkelmessung*.

Man mißt den Höhenwinkel z. B. zu einem Leuchtturm und errechnet (da die Turmhöhe im Leuchtfeuerverzeichnis angegeben ist) den Abstand in Seemeilen nach folgender Formel:

$$\text{Abstand} = \frac{13}{7} \times \frac{\text{Höhe (in Metern)}}{\text{Höhenwinkel (in Min.)}}$$

z. B. Leuchtturmhöhe 50 m, gemessener Winkel 40′.

$$\text{Abstand} = \frac{13}{7} \times \frac{50}{40} = 2{,}3\ \text{sm}.$$

Im Leuchtfeuerverzeichnis ist die Höhe der Laterne über der Wasserlinie und über dem Erdboden angegeben. Da man meistens den Fußpunkt nicht genau erkennen kann, rechnet man besser mit der Höhe über der Wasserlinie. In Revieren mit Gezeiten (z. B. Nordsee) sind diese aber zu berücksichtigen.

Für Höhen bis zu 90 m ist der jeweilige Abstand auch unmittelbar aus einer Tabelle zu entnehmen (Fulst, Nautische Tafeln 10).

Eine andere Art der Abstandsbestimmung ist nachts möglich durch die Beobachtung des *»Feuers in der Kimm«* (siehe Seite 300). Man registriert den Augenblick, in dem ein Leuchtfeuer erstmals klar in der Kimm erkannt werden kann. Aus dem Leuchtfeuerverzeichnis entnimmt man dann die Entfernung je nach Augeshöhe.

Durch diese Abstandbestimmungen ist keine gerade Standlinie gegeben sondern eine kreisförmige um das betreffende Objekt. Bei obigen Zahlen steht die Yacht also irgendwo auf einem Kreis vom Radius 2,3 sm um den Leuchtturm.

Zu einer genauen Standortbestimmung müßte nun eine zweite Standlinie geschaffen werden, z. B. durch Anpeilen des Leuchtturmes. Der Schnittpunkt der Linien wäre der Schiffsort.

Loten

Hat man nicht die Möglichkeit, seinen Schiffsort durch andere Methoden zu bestimmen, z. B. bei Fehlen von Funkpeileinrichtungen oder Radar und bei unsichtigem Wetter, so kann man sich mit Loten behelfen. Diese etwas ungenaue Hilfsmethode bringt aber nur dann eine brauchbare Standlinie, wenn der Meeresboden charakteristische Tiefenunterschiede aufzeigt. Weist ein Küstengewässer einen beständig aufsteigenden Grund auf, so findet man bereits durch Einzellotungen eine Standlinie, die identisch ist mit der in der Karte angegebenen Tiefenlinie. Peilt man dazu nun noch ein Objekt an, so erhält man eine zweite Standlinie + Schiffsort.

Meist reichen aber solche Einzellotungen nicht aus, deshalb sucht man sich seine Standlinie durch Reihenlotungen. Auf dem gerade gesteuerten Kurs lotet man in kürzeren gleichmäßigen Abständen und notiert jeweils die Wassertiefe, den Zeitpunkt und den Loggestand. Mit diesen Angaben stellt man sich dann einen sog. Lotstreifen her, d. h. man skizziert in maßstabsgetreuen Abständen den Kurs und die einzelnen Lotungen mit Tiefenangaben auf einem Transparentpapierstreifen. Das Papier verschiebt man dann auf der Seekarte in der Gegend des voraussichtlichen Schiffsortes so lange, bis die Tiefenwerte des Papiers sich mit den Angaben in der Karte decken.

Somit kann man eine Standlinie erhalten.

Segelt man in einem Gezeitengewässer, so müssen die Lotungen vor einer Auswertung in der Karte auf Karten-Null beschickt werden.

Horizontalwinkelmessung

Sind zwei geeignete Objekte in Sicht und steht ein Sextant zur Verfügung, so kann man eine bogenförmige Standlinie erhalten durch Messung des Horizontalwinkels, unter dem diese beiden Landmarken erscheinen. Auf dem Kreisbogen liegen sowohl die Landmarken als auch die betreffende Yacht, dabei erscheinen von jedem Punkt dieses Kreises dem Beobachter die beiden Objekte unter gleichem Winkel. Um den Kreisbogen nun auch ziehen und damit eine terrestrische Standlinie gewinnen zu können, muß der Kreismittelpunkt gesucht werden. Den Mittelpunkt findet man nach dem Prinzip, indem man ein entsprechendes Dreieck konstruiert mit den beiden Objekten A und B und dem zu suchenden Mittelpunkt M als Ecken. Dabei gilt:

1. Ein am Kreismittelpunkt liegender Winkel ist doppelt so groß wie der gemessene Winkel α auf dem Kreisbogen (also $2 \times \alpha$).
2. Die beiden an den Objekten liegenden Winkel β des zu konstruierenden Dreiecks sind gleich groß. Ihre Größe ist gegeben als Unterschiedsbetrag des gemessenen Horizontalwinkels α zu 90°. Ist der Winkel α kleiner als 90°, dann gilt: 90° − Winkel α. Ist der Winkel α größer als 90°, dann gilt: Winkel α − 90°.

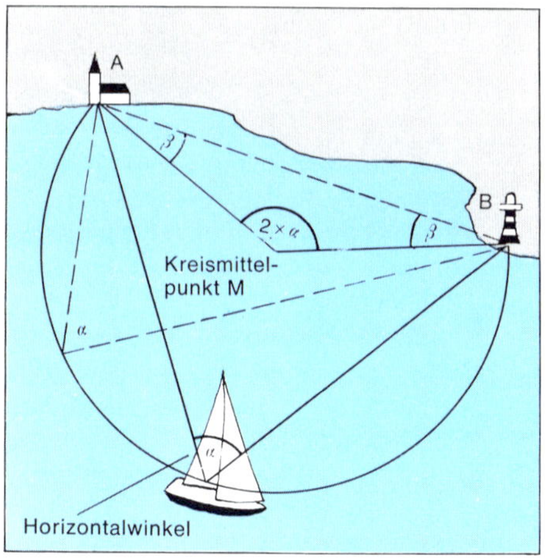

Nach einer Horizontalwinkelmessung bildet man also zunächst den Unterschied des Winkels α zu 90° und erhält die Winkel β, die an den durch eine Linie verbundenen Objekten angetragen werden. Als Schnittpunkt der beiden Schenkel der Winkel β erhält man den gesuchten Kreismittelpunkt. Zieht man um diesen Punkt einen Kreis mit dem Radius Mittelpunkt-Objekt, so ist die Standlinie gegeben.

Sind 3 Objekte vorhanden, so kann man eine sehr genaue Methode der Schiffsortbestimmung anwenden: das Messen zweier Horizontalwinkel. Maß mißt den Winkel zwischen A und B und B und C, der Schnittpunkt beider Kreise ist der Schiffsort.

Peilungen

Wie schon im Kapitel »Peilgeräte« (siehe Seite 285) erläutert, kann man Peilungen vornehmen mit einem Handpeilkompaß, einem Kompaß mit Peilaufsatz oder einer Peilscheibe. Peilungen am Kompaß nennt man *Kompaßpeilung*.

Da diese um den Betrag der Fehlweisung des Kompasses falsch sind, müssen sie erst in eine rechtweisende Peilung verwandelt werden, ehe man sie in der Seekarte eintragen kann. Diese Verwandlung der Peilungen geschieht nach denselben Grundsätzen wie bei der Kursverwandlung. Dabei richtet sich die Deviation nach dem gerade anliegenden Kompaßkurs. Z. B.: (bei einer Deviation von −2° und einer Mißweisung von +3°)

Kompaßpeilung (K♂)	= 90°	↓	
Deviation (δ)	= − 2°		
mißweisende P. (mw♂)	= 88°		+
Mißweisung (m)	= + 3°		
rechtweisende P. (rw♂)	= 91°	↓	

Benützt man zur Peilung eine Peilscheibe, so erhält man eine *Seitenpeilung*. Hierbei ist die Richtung zum gepeilten Gegenstand auf die Kielrichtung des Bootes bezogen. Aus einer Seitenpeilung muß deshalb zuerst eine Kompaßpeilung gemacht werden: Seitenpeilung + Kompaßkurs = Kompaßpeilung. Eine Beschickung sieht dann z. B. so aus:

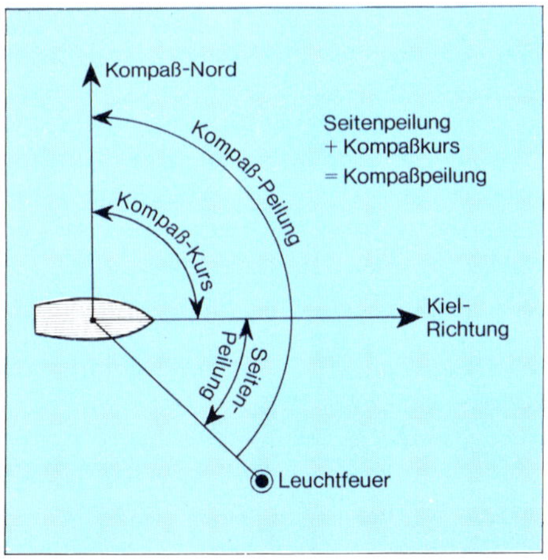

(Kompaßkurs (KK) = 80°, Seitenpeilung (S♂) = 40°, Deviation = +4°, Mißweisung = −3°):

KK	= 80°	↓
S♂	= 40°	
K♂	= 120°	
δ	= 4°	
mw♂	= 124°	+
m	= − 3°	
rw♂	= 121°	↓

Bei Verwendung eines Handpeilkompasses kann man – wie schon erwähnt – die Deviation vernachlässigen, sofern man sich beim Peilen von allen beeinflussenden Eisenteilen fernhält. Günstiger ist aber

das Aufstellen einer Deviationstabelle für einen ganz bestimmten festen Peilplatz.

Je nachdem, wie viele Landmarken angepeilt werden können, unterscheidet man zur Bestimmung des Schiffsortes verschiedene Peilarten.

Anpeilen eines Objektes

Steht nur eine Landmarke zum Anpeilen zur Verfügung, so kann man trotzdem den Schiffsort bestimmen, indem man die *Doppelpeilung* anwendet. Dabei peilt man die eine Marke an, segelt ein Stück weiter, bis das Objekt gut ausgewandert ist, und peilt es dann nochmal an. Die Distanz zwischen beiden Peilungen muß möglichst genau festgestellt werden. Man verschiebt nun die erste Peillinie parallel in Richtung Kurslinie so, daß sie den Punkt der versegelten Distanz schneidet. Der sich ergebende Schnittpunkt der verschobenen 1. Peillinie mit der 2. Peillinie ist der Schiffsort zur Zeit der 2. Peilung. Durch unbekannte Stromversetzungen kann dieses Verfahren etwas ungenau sein.

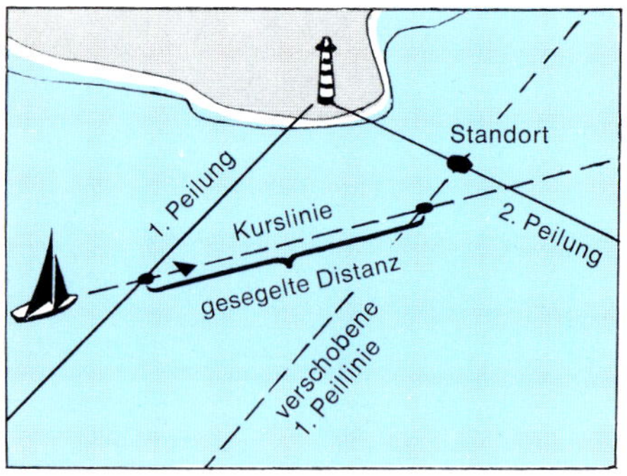

Eine Variante der Doppelpeilung ist die *abgestumpfte Doppelpeilung.* Sie geht nach dem gleichen Prinzip vor, nur peilt man verschiedene Punkte nacheinander an.

Als weitere Variante erweist sich die *Verdoppelung der Seitenpeilung:* Man nimmt die zweite Peilung in diesem Falle vor, wenn ihr mit der Kiellinie gebildeter Winkel genau doppelt so groß ist wie bei der ersten Peilung. Dadurch erhält man ein gleichschenkliges Dreieck und somit den Abstand zum Peilobjekt. Dieser Abstand entspricht der zwischen den beiden Peilungen versegelten Distanz.

Eine Abart der Doppelpeilung ist auch die sog. *Vierstrichpeilung:*

Wenn man das Objekt 4 Strich (= 45°) peilt, liest man das Log ab bzw. notiert die Zeit. Dann peilt man dasselbe Objekt querab (90°), liest wieder das Log ab bzw. notiert die Zeit und errechnet die zwischen den Peilungen zurückgelegte = versegelte Distanz. Die Distanz ist dann gleich dem Abstand des Schiffes zur Zeit der zweiten Peilung.

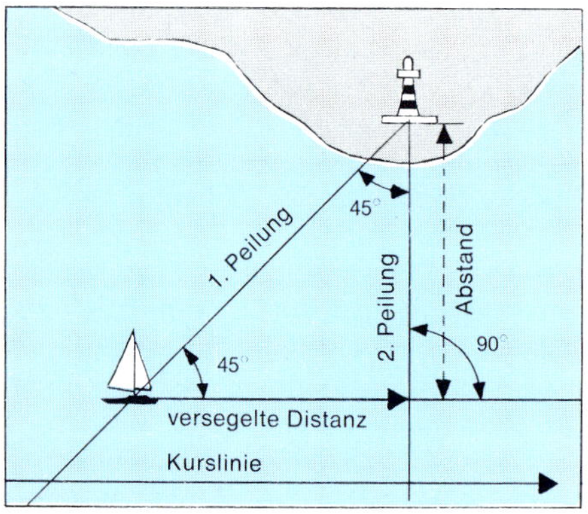

Anpeilen von mindestens zwei Objekten

Kreuzpeilung: Bei dieser einfachen Art peilt man zwei geeignete Peilobjekte gleichzeitig bzw. kurz nacheinander an und erhält durch den Schnittpunkt beider Peillinien den Standort. Das Peilergebnis ist am genauesten, wenn sich beide Linien unter einem Winkel von etwa 50° bis 130° schneiden. Ist der Winkel dagegen kleiner oder größer, so sind die beiden Peilungen wenig brauchbar, da sich die in die Karte

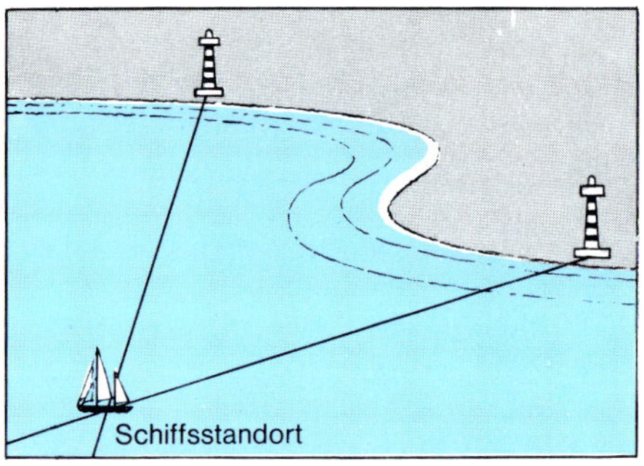

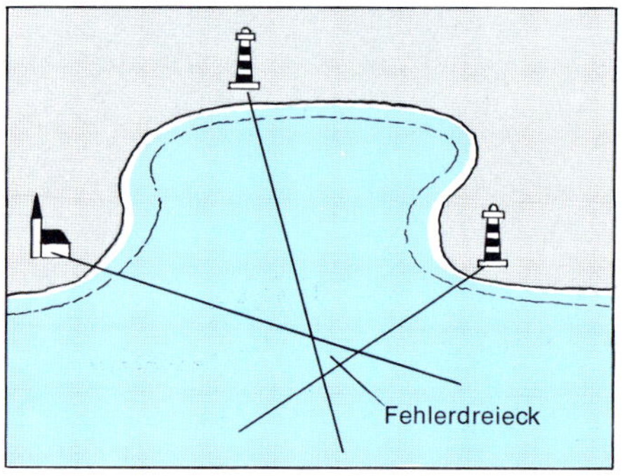

nach der Umrechnung eingezeichneten Peillinien zu undeutlich schneiden. Peilt man noch ein drittes Objekt an, so kann man dadurch die Zuverlässigkeit des Schiffsortes erhöhen. Meist ergibt sich allerdings hier ein sog. »Fehlerdreieck«, da sich die dritte Peillinie kaum genau mit den anderen schneidet. Den Schiffsort wird man dann in der Regel im Schwerpunkt dieses Dreiecks suchen. Ist das Dreieck zu groß, so liegen wohl deutliche Fehler in einer oder mehreren Peilungen vor, weshalb die Peilungen wiederholt werden müssen.

Deckpeilung: Eine Peilung, zu der man weder Kompaß noch Peilscheibe benötigt ist die Deckpeilung. Sie ergibt sich, wenn zwei deutliche Objekte, die auch in der Seekarte identifiziert werden können, zur Deckung gebracht werden. Also z. B. Zwei Baken, zwei Leuchtfeuer, ein Kirchturm und ein Leuchtfeuer, zwei Huken oder ein Schornstein und ein Hügel. Verlängert man die Verbindungslinie beider Objekte, so erhält man eine zuverlässige Standlinie, wobei diese Linie zuverlässiger ist, wenn sie aus Landmarken gewonnen wurde im

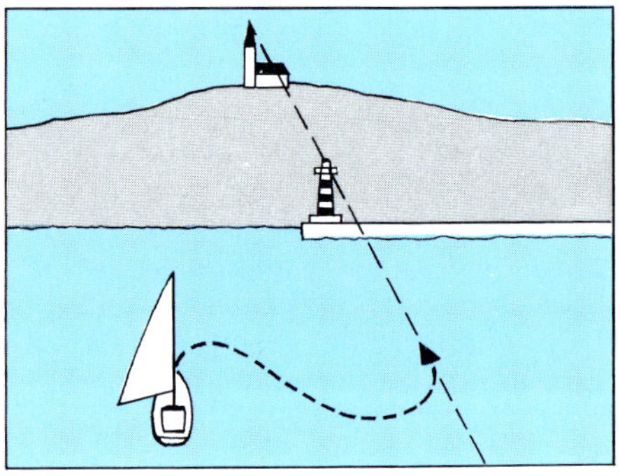

Gegensatz zu Tonnen, die vertreiben können. Obwohl bei der Deckpeilung zwei Objekte angepeilt werden, ergibt sich nur eine Standlinie. Zur Ermittlung eines Schiffsortes ist deshalb noch eine zweite Standlinie, z. B. durch Anpeilen eines weiteren Objekts, erforderlich.

Schiffsortbestimmung kurz zusammengefaßt

1. Ohne sichtbare Landmarke erhält man einen Schiffsort durch Koppeln.
2. Bei nur einer sichtbaren Landmarke erhält man einen Schiffsort durch:
   a) Abstandsbestimmung (z. B. Höhenwinkelmessung) + Peilung der Landmarke
   b) Lotung + Peilung
   c) Doppelpeilungen (Doppelpeilung, Verdoppelung der Seitenpeilung, Vierstrichpeilung)
3. Bei zwei sichtbaren Landmarken erhält man einen Schiffsort durch:
   a) Kreuzpeilung
   b) Deckpeilung + Anpeilung eines weiteren Objekts
   c) Horizontalwinkelmessung + Peilung eines der Objekte (bzw. + Abstandsbestimmung)
   d) Abstandsbestimmung von zwei Objekten
4. Bei drei sichtbaren Landmarken erhält man einen Schiffsort durch:
   a) Kreuzpeilung mit den 3 Objekten
   b) Zwei Horizontalmessungen.

Gezeiten

Grundlagen

Bei den Gezeiten – auch Tiden genannt – handelt es sich um eine besonders in der Nordsee stark auftretende Hebung und Senkung des Meeresspiegels in regelmäßigem Rhythmus einschließlich der dies verursachenden Gezeitenströme, einer horizontalen Wasserbewegung. Die Gezeiten entstehen durch die Anziehungskraft zwischen Erde und Mond und zwischen Erde und Sonne und durch die Fliehkraft, die bei der Mondbewegung um die Erde auftritt. Die Wirkung des Mondes überwiegt. Der sich dabei ergebende höchste Wasserstand heißt Hochwasser (HW), der niedrigste Niedrigwasser (NW). Das Steigen von NW auf HW nennt man Flut, das Fallen von HW auf NW Ebbe. Die Höhe, um die der Wasserspiegel fällt und steigt, heißt Tidenhub. Ebbe und Flut zusammen ergeben eine Tide bzw. Gezeit. Zwischen zwei Hoch- oder Niedrigwassern liegen im Durchschnitt 12½ Stunden, zwischen Hoch- und Niedrigwasser 6¼ Stunden. Der Höhenunterschied zwischen Niedrigwasserhöhe und Hochwasserhöhe heißt Tidenstieg, umgekehrt Tidenfall. Das Mittel aus Tidenstieg und Tidenfall bezeichnet man als Tidenhub. Wirken die gezeitenbildenden Kräfte von Sonne und Mond zusammen (= wenn beide in einer Linie stehen, d. h. bei Voll- und Neumond), entstehen besonders hohe Hochwasser und besonders niedrige Niedrigwasser – das sind die Springzeiten (-tiden) mit Springhoch- und Springniedrigwasser. Steht aber der Mond im ersten bzw. letzteren Viertel, ergeben sich besonders schwache Tidenerscheinungen – die Nippzeiten (-tiden) mit Nipphoch- und Nippniedrigwasser. Die Spring- und Nippzeiten treten mit gewisser Verspätung auf, an den deutschen Küsten 3 Tage später: dies nennt man Springverspätung, die man aus den Gezeitentafeln (Tafel 1 a im III. Teil) entnimmt. Die Zeit zwischen Spring- und Nippzeit heißt Mittzeit.

Die Spring- und die Nippzeit dauern jeweils 4 Tage, die dazwischenliegende Mittzeit jeweils 3 Tage.

Gezeitenströme

Die Wasserstandsänderungen durch die Gezeiten sind verbunden mit einem Hin- und Herströmen des Wassers: den Gezeitenströmen. Bei Heranströmen = Steigen des Wassers fließt der Flutstrom, umgekehrt der Ebbstrom. Zwischen beiden tritt ein Zustand der Stromlosigkeit ein, genannt Stillwasser. Beim Wechsel von Flut- zu Ebbstrom spricht man von Kentern des Stromes. Im freien Seeraum können auch sich ändernde Drehströme auftreten.

Gezeitentafeln

Das Eintreten von Hoch- und Niedrigwasser und die einzelnen Wasserstandshöhen der Gezeiten sind ausführlich in den jährlich vom Deutschen Hydrographischen Institut (DHI) herausgegebenen Gezeitentafeln (GT) vorausberechnet. In einem Teil I des 1. Bandes (Europäische Gewässer) findet man genaue Angaben einschließlich von Tidenkurven für 34 ausgewählte Bezugsorte (z. B. Bremen, Bremerhaven, Cuxhaven, Hamburg, Helgoland). In einem Teil II werden für benachbarte Orte, die Anschlußorte, nur bestimmte Werte angegeben, die aussagen, wieviel früher bzw. später dort Hochwasser eintritt und wieviel höher das Wasser steht, als am betreffenden Bezugsort. Es werden also die Gezeitenunterschiede angegeben. Spring- und Nippzeit entnimmt man aus den Tafeln der Mondphasen.

Gebräuchlich ist auch bei Fahrtenseglern statt der Gezeitentafeln der handlichere *Tidenkalender,* ebenfalls jährlich vom DHI herausgegeben. Der Tidenkalender umfaßt aber ein kleineres Gebiet, und er führt für die betreffenden Bezugs- und Anschlußorte nur die Hoch- und Niedrigwasserzeiten ohne die Höhen und ohne die Tidenkurven. An deren Stelle enthält er eine kurze Zusammenstellung der mittleren Tidenhübe, die als langjähriges Mittel unter Berücksichtigung von Spring- und Nippzeiten gegeben sind.

Angaben über die Gezeitenströme kann man aus dem *Gezeiten-Atlas* des DHI entnehmen.

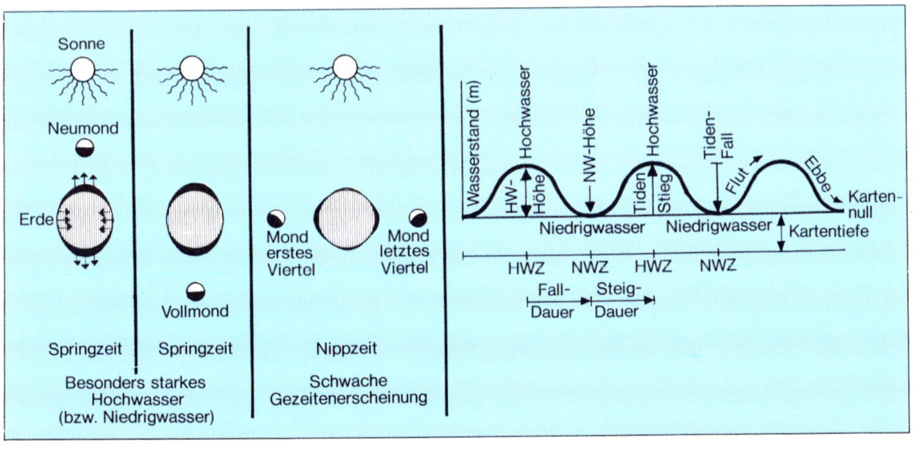

Kartennull/Wassertiefe

Die den Gezeitentafeln entnommenen Angaben über die Wasserhöhen sind auf *Kartennull* bezogen.

Wie schon beim Abschnitt »Seekarte« (siehe Seite 289) erwähnt, ist in deutschen Seekarten das Kartennull auf die durchschnittliche Niedrigwasserhöhe zur Springzeit bezogen, eine Wasserhöhe, die im Ablauf der Gezeitenkurve meist überschritten wird. Zu beachten ist aber, daß diese Bezugshöhe nicht unbedingt für alle Länder gilt. Die *Kartentiefe* ist in der Seekarte angegeben, die *Höhe der Gezeit* ist die meist über dem Kartennull liegende Wasserhöhe. Die eigentliche beim Loten feststellbare *Wassertiefe* ergibt sich aus der Addition von Kartentiefe + Höhe der Gezeit.

Windeinflüsse

Die in den Gezeitentafeln gesammelten Vorausberechnungen sind unabhängig von Wettereinflüssen erstellt. Deshalb ist zu beachten, daß starke Winde die angegebenen Wasserhöhen verändern können.

Ebenso können auch Verschiebungen für die berechneten Zeiten eintreten. Auflandige Stürme bei Springverhältnissen bewirken eine Sturmflut.

Spring-, Nipp-, Mittzeit und Springverspätung

Um zu ersehen, an welchem bestimmten Tag Spring-, Nipp- oder Mittzeit herrscht, benötigt man die Tafel 3a (Mondphasen) der Gezeitentafeln für das betreffende Jahr, zur Feststellung der Mondphasen. Zunächst herrschen jeweils 2 Tage vor und nach Neumond bzw. Vollmond Springverhältnisse und 2 Tage vor und nach den beiden Halbmondphasen Nippverhältnisse. Dazwischen liegen jeweils für 3 Tage Mittverhältnisse.

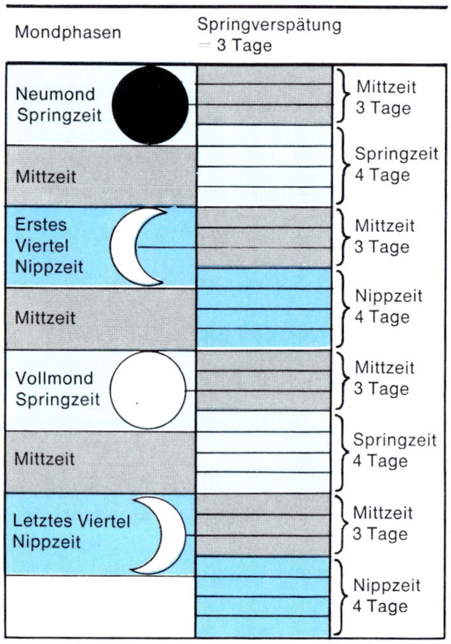

In den europäischen Gewässern fällt aber die Springzeit nicht genau mit Voll- oder Neumond zusammen, sondern sie verschiebt = verspätet sich. Diese Verspätung, genannt Springverspätung, betrifft natürlich auch die anderen Zeiten, sie beträgt in der deutschen Bucht 3 Tage. Diese 3 Tage Springverspätung müssen also jeweils einkalkuliert werden, wozu unsere folgende Tabelle helfen mag:

Beispiel:
Am 2. Mai 1973 herrschte Neumond, am 9. Mai Halbmond, 1. Viertel. An welchen Tagen war Spring-, Mitt- und Nippzeit?
3.–6. Mai = Springzeit
7.–9. Mai = Mittzeit
10.–13. Mai = Nippzeit.

Die genauen Werte der Springverspätung sind zu ersehen aus der Tafel 1a im Teil III der Gezeitentafeln.

Gezeitenaufgaben

Bei der Navigation in Gezeitengewässern sind verschiedene Aufgaben zu bewältigen. Wichtig zu wissen ist dabei jeweils:

- Wann für den betreffenden Bezugs- oder Anschlußort Hochwasser bzw. Niedrigwasser herrscht.
- Wie hoch die Hochwasser- und die Niedrigwasserhöhe sind.
- Wieviel Wassertiefe zwischen Hoch- und Niedrigwasser herrscht.
- Wieviel Wasser man bei Niedrigwasser an einem bestimmten Ort noch unter dem Kiel hat.
- Wann mit auf- und wann mit ablaufendem Wasser zu rechnen ist.

Beispiele:

1. Wann herrschten am 17. September 1974 in Portsmouth Hochwasser und Niedrigwasser? Welches sind die jeweiligen Höhen?

Lösung mit Hilfe der für den Bezugsort Portsmouth vorausberechneten Tabelle (siehe Abb.):

1. Hochwasser	00.30 Uhr	4,8 m
2. Hochwasser	13.01 Uhr	5,0 m
1. Niedrigwasser	05.56 Uhr	0,4 m
2. Niedrigwasser	18.17 Uhr	0,5 m

2. Wann ist am 3. September 1974 in Calshot Castle mit dem 1. Niedrigwasser und dem 2. Hochwasser zu rechnen? Um welche Wasserhöhen handelt es sich?

Lösung mit Hilfe der für diesen Anschlußort vorausberechneten Tabelle (siehe Abb.) und der Tabelle für den zuständigen Bezugsort (= Portsmouth):

1. Niedrigwasser Portsmouth	06.16 Uhr	0,9 m
Gezeitenunterschied Calshot Castle	−00.15 h	0,0 m
1. Niedrigwasser Calshot Castle	06.01 Uhr	0,9 m
2. Hochwasser Portsmouth	13.18 Uhr	4,5 m
Gezeitenunterschied Calshot Castle	+00.10 h	−0,2 m*
2. Hochwasser Calshot Castle	13.28 Uhr	4,3 m

* Beim Höhenunterschied von Hoch- und Niedrigwasser ist zu berücksichtigen, ob Spring- oder Nippzeit herrscht. Bei unserem Beispiel wurde auf Grund der Tafel »Mondphasen« und mit Hilfe unserer Tabelle »Springverspätung« eine Mittzeit festgestellt. Es wurde also das Mittel der Höhe für Springzeit (− 0,3 m) und der Höhe für Nippzeit (− 0,1 m) genommen (0,2 m).

Tafel 3a

Mondphasen 1974. M.G.Z.

		d h m		d h m		d h m		d h m
Erstes Viertel	Januar	1 18 06	März	31 01 44	Juni	26 19 20	September	23 07 08
Vollmond		8 12 36	April	6 21 00	Juli	4 12 40	Oktober	1 10 38
Letztes Viertel		15 07 04		14 14 57		12 15 28		8 19 46
Neumond		23 11 02		22 10 17		19 12 07		15 12 25
Erstes Viertel		31 07 39		29 07 39		26 03 51		23 01 53
Vollmond	Februar	6 23 24	Mai	6 08 55	August	3 03 57		31 01 19
Letztes Viertel		14 00 04		14 09 29		11 02 46	November	7 02 47
Neumond		22 05 34		21 20 34		17 19 02		14 00 53
Erstes Viertel	März	1 18 03		28 13 03		24 15 38		21 22 39
Vollmond		8 10 03	Juni	4 22 10	September	1 19 25		29 15 10
Letztes Viertel		15 19 15		13 01 45		9 12 01	Dezember	6 10 10
Neumond		23 21 24		20 04 56		16 02 45		13 16 25
Erstes Viertel		31 01 44		26 19 20		23 07 08		21 19 43
Vollmond	April	6 21 00	Juli	4 12 40	Oktober	1 10 38		29 03 51

Portsmouth 1974

Breite: 50° 48′ N, Länge: 1° 07′ W.

September					
	Zeit h m	Höhe m		Zeit h m	Höhe m
1	0515	1.0	16	0511	0.4
	1218	4.5		1216	5.0
So	1730	1.0	Mo	1733	0.6
2	0024	4.4	17	0030	4.8
	0545	0.9		0556	0.4
Mo	1247	4.5	Di	1301	5.0
	1802	1.0		1817	0.5
3	0054	4.4	18	0115	4.9
	0616	0.9		0639	0.5
Di	1318	4.5	Mi	1345	5.0
	1834	0.9		1859	0.6
4	0125	4.4	19	0159	4.9
	0648	0.8		0720	0.6
Mi	1351	4.5	Do	1426	4.9
	1906	0.9		1939	0.7

Oktober					
	Zeit h m	Höhe m		Zeit h m	Höhe m
1	0515	0.9	16	0008	4.8
	1215	4.6		0533	0.5
Di	1732	1.0	Mi	1236	4.9
				1753	0.6
2	0024	4.5	17	0053	4.8
	0548	0.9		0616	0.6
Mi	1246	4.6	Do	1318	4.9
	1804	0.9		1834	0.7
3	0057	4.5	18	0139	4.8
	0621	0.8		0654	0.8
Do	1319	4.6	Fr	1357	4.8
	1838	0.8		1913	0.8
4	0133	4.5	19	0222	4.7
	0656	0.8		0731	1.0
Fr	1356	4.6	Sa	1434	4.7
	1913	0.8		1950	1.0

November					
	Zeit h m	Höhe m		Zeit h m	Höhe m
1	0031	4.6	16	0120	4.7
	0553	0.9		0629	1.0
Fr	1252	4.7	Sa	1332	4.7
	1812	0.8		1849	0.9
2	0112	4.6	17	0202	4.6
	0631	0.9		0704	1.1
Sa	1330	4.7	So	1408	4.6
	1850	0.8		1925	1.0
3	0155	4.6	18	0242	4.5
	0710	0.9		0739	1.3
So	1411	4.6	Mo	1443	4.5
	1931	0.8		2002	1.2
4	0240	4.5	19	0320	4.4
	0750	1.0		0817	1.6
Mo	1455	4.5	Di	1521	4.3
	2014	0.9		2042	1.4

Dezember					
	Zeit h m	Höhe m		Zeit h m	Höhe m
1	0054	4.7	16	0144	4.5
	0610	0.9		0644	1.1
So	1311	4.7	Mo	1347	4.5
	1833	0.7		1904	0.9
2	0140	4.7	17	0221	4.5
	0653	0.9		0718	1.2
Mo	1355	4.7	Di	1421	4.4
	1917	0.7		1938	1.1
3	0229	4.7	18	0257	4.4
	0737	0.9		0753	1.3
Di	1441	4.6	Mi	1457	4.3
	2004	0.8		2013	1.2
4	0318	4.6	19	0333	4.3
	0825	1.1		0832	1.5
Mi	1531	4.5	Do	1534	4.2
	2052	0.9		2052	1.4

Nr.	Anschlußort		Geograph. Lage		Zeitunterschied des		Höhenunterschied des H.W.		Höhenunterschied des N.W.	
			Breite	Länge	H.W.	N.W.	Sp.Zt.	Np.Zt.	Sp.Zt.	Np.Zt.
			° ′ N	° ′ W	h m	h m	m	m	m	m
							M.G.Z. + 01^h00^m			
					Bezugsort: Portsmouth. S. 85–87.					
1084	Christchurch	T Sp T Np	50 43	1 45	− 02 30 + 00 30	− 00 35	− 2.9	− 2.4	− 0.2	− 1.2
	The Solent									
1085	Totland Bay	T Sp T Np	50 41	1 33	− 01 30 − 00 45	− 00 40	− 2.0	− 1.5	− 0.1	− 0.5
1087	Hurst Point	T Sp T Np	50 42	1 33	− 01 15 − 00 05	− 00 28	− 2.0	− 1.5	− 0.1	− 0.5
1088	Yarmouth	T Sp T Np	50 42	1 30	− 01 05 + 00 05	− 00 28	− 1.6	− 1.3	0.0	− 0.4
1089	Lymington	T Sp T Np	50 46	1 32	− 00 55 + 00 05	− 00 20	− 1.7	− 1.2	− 0.1	− 0.5
1090	Solent Bank	T Sp T Np	50 44	1 26	− 01 00 00 00	− 00 18	− 1.3	− 1.0	− 0.1	− 0.3
	Medina River									
1091	Cowes		50 46	1 17	00 00	− 00 10	− 0.5	− 0.3	0.0	− 0.1
	Southampton Water									
1093	Calshot Castle		50 49	1 18	+ 00 10	− 00 15	− 0.3	− 0.1	0.0	0.0
1095	Lee-on-Solent		50 48	1 12	00 00	− 00 12	− 0.2	− 0.1	+ 0.2	+ 0.1

Tidenkurven für Portsmouth

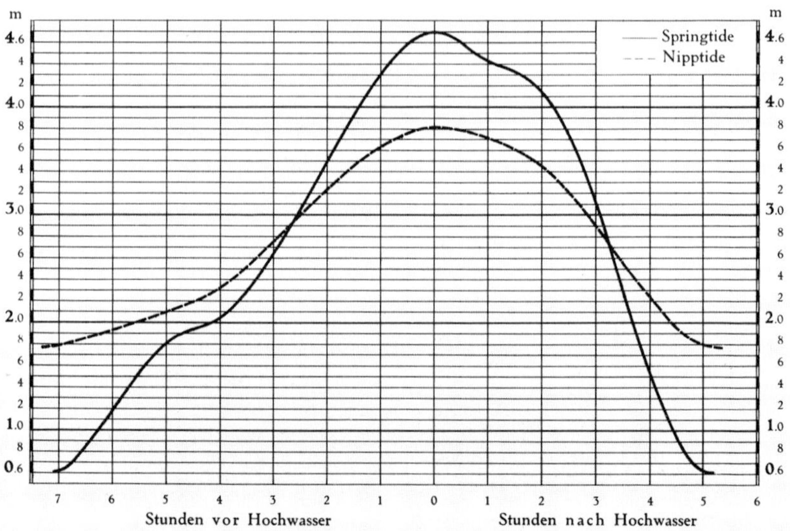

3. Am 4. September 1974 erreicht man am Spätnachmittag mit seiner Yacht Lymington im Solent und möchte gerne an einer Stelle ankern, die in der Karte mit 2 m Wassertiefe (KT) gekennzeichnet ist. Der Tiefgang der Yacht beträgt 1,60 m. Kann man ohne Grundberührung bzw. Trokkenfallen bei Niedrigwasser ankern?

Lösung:
Die Höhe der Tide während des folgenden Niedrigwassers ist zu errechnen und dann die Wassertiefe (WT) nach der Formel:

WT = KT + Höhe der Gezeit

2. Niedrigwasser
Portsmouth (19.06 Uhr) 0,9 m
Gezeitenunterschied
Lymington (für Springzeit) − 0,1 m

2. Niedrigwasser
Lymington 0,8 m

WT = 2,0 m + 0,8 m = 2,8 m. Ein Anker ist also möglich.

4. Am 4. September 1974 ankert man gegen 16 Uhr vor Portsmouth und hat zuvor 7 m Tiefe gelotet. Ist ein problemloses Ankern möglich?

Gesucht werden also die Kartentiefe und die Höhe der Gezeit beim Loten.

Lösung:
KT = WT − Höhe der Gezeit.
Um die Höhe der Gezeit zum Zeitpunkt des Lotens zu erfahren, stellt man zunächst die vor 16.00 Uhr liegende Hochwasserzeit fest: 13.51 Uhr. Dann benützt man die Tidenkurve von Portsmouth und liest dort für 2 Stunden nach Hochwasser für die herrschende Springzeit 4,1 m ab. Das Ergebnis nach obiger Formel: KT = 7 m − 4,1 m = 2,9 m. Ankern ist also bei einem Tiefgang um 1,50 m möglich.

5. Man ankert zur selben Zeit wie im vorausgehenden Beispiel vor Calshot Castle und hat 6 m Tiefe gelotet. Wie errechnet sich in diesem Falle ohne Tidenkurve die Kartentiefe?

Tafel 2
Angenäherter Höhenunterschied gegen die Niedrigwasserhöhe

Zeitunterschied gegen das nächstliegende Hochwasser bei einer Steig- oder Falldauer von					Tidenstieg oder Tidenfall											
h m 04 00	h m 05 00	h m 06 00	h m 07 00	h m 08 00	m 1.0	m 2.0	m 3.0	m 4.0	m 5.0	m 6.0	m 7.0	m 8.0	m 9.0	m 10.0	m 11.0	m 12.0
h m 00 00	h m 00 00	h m 00 00	h m 00 00	h m 00 00	m 1.0	m 2.0	m 3.0	m 4.0	m 5.0	m 6.0	m 7.0	m 8.0	m 9.0	m 10.0	m 11.0	m 12.0
00 07	00 08	00 10	00 12	00 13	1.0	2.0	3.0	4.0	5.0	6.0	7.0	8.0	9.0	10.0	11.0	12.0
00 13	00 17	00 20	00 23	00 27	1.0	2.0	3.0	4.0	5.0	6.0	6.9	7.9	8.9	9.9	10.9	11.9
00 20	00 25	00 30	00 35	00 40	1.0	2.0	2.9	3.9	4.9	5.9	6.9	7.9	8.8	9.8	10.8	11.8
00 27	00 33	00 40	00 47	00 53	1.0	1.9	2.9	3.9	4.8	5.8	6.8	7.8	8.7	9.7	10.7	11.6
00 33	00 42	00 50	00 58	01 07	1.0	1.9	2.9	3.8	4.8	5.7	6.7	7.6	8.6	9.5	10.5	11.4
00 40	00 50	01 00	01 10	01 20	0.9	1.9	2.8	3.7	4.7	5.6	6.5	7.5	8.4	9.3	10.3	11.2
00 47	00 58	01 10	01 22	01 33	0.9	1.8	2.7	3.6	4.5	5.5	6.4	7.3	8.2	9.1	10.0	10.9
00 53	01 07	01 20	01 33	01 47	0.9	1.8	2.6	3.5	4.4	5.3	6.2	7.1	7.9	8.8	9.7	10.6
01 00	01 15	01 30	01 45	02 00	0.9	1.7	2.6	3.4	4.3	5.1	6.0	6.8	7.7	8.5	9.4	10.2
01 07	01 23	01 40	01 57	02 13	0.8	1.6	2.5	3.3	4.1	4.9	5.7	6.6	7.4	8.2	9.0	9.9
01 13	01 32	01 50	02 08	02 27	0.8	1.6	2.4	3.1	3.9	4.7	5.5	6.3	7.1	7.9	8.7	9.4
01 20	01 40	02 00	02 20	02 40	0.8	1.5	2.3	3.0	3.8	4.5	5.3	6.0	6.8	7.5	8.3	9.0
01 27	01 48	02 10	02 32	02 53	0.7	1.4	2.1	2.8	3.6	4.3	5.0	5.7	6.4	7.1	7.8	8.5
01 33	01 57	02 20	02 43	03 07	0.7	1.3	2.0	2.7	3.4	4.0	4.7	5.4	6.0	6.7	7.4	8.1
01 40	02 05	02 30	02 55	03 20	0.6	1.3	1.9	2.5	3.2	3.8	4.4	5.0	5.7	6.3	6.9	7.6
01 47	02 13	02 40	03 07	03 33	0.6	1.2	1.8	2.3	2.9	3.5	4.1	4.7	5.3	5.9	6.5	7.0
01 53	02 22	02 50	03 18	03 47	0.5	1.1	1.6	2.2	2.7	3.3	3.8	4.3	4.9	5.4	6.0	6.5
02 00	02 30	03 00	03 30	04 00	0.5	1.0	1.5	2.0	2.5	3.0	3.5	4.0	4.5	5.0	5.5	6.0
02 07	02 38	03 10	03 42	04 13	0.5	0.9	1.4	1.8	2.3	2.7	3.2	3.7	4.1	4.6	5.0	5.5
02 13	02 47	03 20	03 53	04 27	0.4	0.8	1.2	1.7	2.1	2.5	2.9	3.3	3.7	4.1	4.5	5.0
02 20	02 55	03 30	04 05	04 40	0.4	0.7	1.1	1.5	1.9	2.2	2.6	3.0	3.3	3.7	4.1	4.4
02 27	03 03	03 40	04 17	04 53	0.3	0.7	1.0	1.3	1.6	2.0	2.3	2.6	3.0	3.3	3.6	3.9
02 33	03 12	03 50	04 28	05 07	0.3	0.6	0.9	1.2	1.4	1.7	2.0	2.3	2.6	2.9	3.2	3.5
02 40	03 20	04 00	04 40	05 20	0.3	0.5	0.8	1.0	1.3	1.5	1.8	2.0	2.3	2.5	2.8	3.0
02 47	03 28	04 10	04 52	05 33	0.2	0.4	0.6	0.9	1.1	1.3	1.5	1.7	1.9	2.1	2.3	2.6
02 53	03 37	04 20	05 03	05 47	0.2	0.4	0.5	0.7	0.9	1.1	1.3	1.4	1.6	1.8	2.0	2.1
03 00	03 45	04 30	05 15	06 00	0.1	0.3	0.4	0.6	0.7	0.9	1.0	1.2	1.3	1.5	1.6	1.8
03 07	03 53	04 40	05 27	06 13	0.1	0.2	0.4	0.5	0.6	0.7	0.8	0.9	1.1	1.2	1.3	1.4
03 13	04 02	04 50	05 38	06 27	0.1	0.2	0.3	0.4	0.5	0.5	0.6	0.7	0.8	0.9	1.0	1.1
03 20	04 10	05 00	05 50	06 40	0.1	0.1	0.2	0.3	0.3	0.4	0.5	0.5	0.6	0.7	0.7	0.8
03 27	04 18	05 10	06 02	06 53	0.0	0.1	0.1	0.2	0.2	0.3	0.3	0.4	0.4	0.5	0.5	0.6
03 33	04 27	05 20	06 13	07 07	0.0	0.1	0.1	0.1	0.2	0.2	0.2	0.2	0.3	0.3	0.3	0.4
03 40	04 35	05 30	06 25	07 20	0.0	0.0	0.1	0.1	0.1	0.1	0.1	0.1	0.2	0.2	0.2	0.2
03 47	04 43	05 40	06 37	07 33	0.0	0.0	0.0	0.0	0.0	0.0	0.1	0.1	0.1	0.1	0.1	0.1
03 53	04 52	05 50	06 48	07 47	0.0	0.0	0.0	0.0	0.0	0.0	0.0	0.0	0.0	0.0	0.0	0.0
h m 04 00	h m 05 00	h m 06 00	h m 07 00	h m 08 00	m 0.0	m 0.0	m 0.0	m 0.0	m 0.0	m 0.0	m 0.0	m 0.0	m 0.0	m 0.0	m 0.0	m 0.0

Lösung:
1. Man errechnet Falldauer, Tidenfall und Zeitunterschied nach folgendem Schema (Abkürzungen: HWZ = Hochwasserzeit, NWZ = Niedrigwasserzeit, HWH = Hochwasserhöhe, NWH = Niedrigwasserhöhe):

Bezugsort Anschlußort	HWZ	HWH	NWZ	NWH
Portsmouth	13.51	4,5	19.06	0,9
Calshot Castle	00.10	−0,3	−00.15	0,0
Calshot Castle	14.01	4,2	18.46	0,9

Falldauer (FD) = 18.46 − 14.01 = 4,45 h
Tidenfall (TF) = 4,2 m − 0,9 m = 3,3 m
Zeitunterschied (ZU) gegen Hochwasser = 14.01−16.00 = 2 h
Da für den Anschlußort Calshot Castle keine Tidenkurve vorhanden ist, muß man jetzt die Tafel 2 im III. Teil der Gezeitentafeln (siehe Abb.) benützen. Die Benützung dieser Tafel erleichtert folgendes Schema:

Falldauer (FD) Steigdauer (SD)	Tidenfall (TF) Tidenstieg (TS)
Zeitunterschied (ZU)	Höhenunterschied (HU)

mit unseren Zahlen:

FD = 4,45 h	TF = 3,3 m
ZU = 2 h	HU = ?

Man sucht sich nun in der Tafel in der Art des obigen Schemas oben links die passende Spalte für die Falldauer, in unserem Falle die Spalte für 5 Stunden (aufgerundet) und geht senkrecht nach unten, bis man auf den ungefähren Zeitunterschied von 2 Stunden trifft (hier: 1,57 h). Bei diesem Wert geht man waagrecht nach rechts und liest innerhalb der Spalte Tidenfall bzw. Tidenstieg = 3 m (3,3 m abgerundet) den Höhenunterschied ab: 2,0 m. Da es sich aber bei unserem Beispiel um einen Tidenfall von 3,3 m handelte, wird man zwischen den beiden Spalten 3,0 m und 4,0 m entsprechend ausgleichen und erhält den Wert für HU = 2,2 m. (Ein solcher Ausgleich ist gegebenenfalls auch schon bei der Spalte Falldauer am Anfang zu machen).
Mit dem so erhaltenen Wert HU = 2,2 m sind nun leicht die Gezeitenhöhe (H) und Kartentiefe (KT) zu errechnen:
H = HU (2,2 m) + NWH (0,9 m) = 3,1 m
KT = WT (6 m) − H (3,1 m) = 2,9 m

Navigation nach Gestirnen – Astronavigation

(ein kleiner Intensivkurs)

Keine Angst vor der Astronavigation!

Grundprinzipien

Genau wie in der terrestrischen Navigation dreht sich bei der Navigation nach Gestirnen alles darum, einen genauen Schiffsort zu erhalten. Dieser ist immer der Schnittpunkt von mindestens zwei Standlinien. Während bei der terrestrischen Navigation die Peilung eines Landobjektes eine Standlinie ergibt, wird in der Astronavigation hierzu ein Gestirn, meistens die Sonne, verwendet. Astronavigation ist also keine höhere Wissenschaft, sondern sie beruht auf den gleichen Prinzipien wie die Navigation in Landsicht. Ja, in vielerlei

Hinsicht ist sie sogar leichter, wenn wir zum Beispiel an die Schwierigkeiten bei der Indentifizierung mancher Landmarken denken. Die Sonne, der Mond und manche Planeten sind dagegen kaum zu verwechseln.
Auch die Umrechnung einer Gestirnsmessung in die Standlinie ist heute mit Hilfe der modernen Navigationstafeln oder den elektronischen Taschenrechnern überhaupt kein Problem mehr. Keinesfalls muß der Navigator über besondere mathematische Kenntnisse verfügen, nicht einmal Grundkenntnisse in Trigonometrie wie vor ein paar Jahren werden mehr gefordert. Lediglich mit der Addition und Subtraktion von Grad, Minuten und Sekunden muß sich der Navigator vertraut machen.
Es wäre sogar denkbar, daß der Navigator seine astronomische Standlinie nach einfachen Schemen rein mechanisch ausrechnet. Davon ist jedoch nicht nur deshalb abzuraten, weil diese Beschäftigung sicher keine Befriedigung verschafft, sondern auch deshalb, weil sich auf diese Art mögliche Fehler kaum finden lassen, und der Navigator kritiklos ein paar Zahlen, die er als Endergebnis ansieht, ausgesetzt ist. Andererseits ist nämlich das Grundprinzip der astronomischen Navigation derart simpel, daß es einfach schade ist, ohne Ahnung der inneren Zusammenhänge sich lediglich als geistiger Hilfsarbeiter zu betätigen. Lernarbeit wird bei der astronomischen Navigation ohnehin nicht verlangt und in den wenigen Ausnahmefällen, wo es notwendig ist, sich eine Definition möglichst wörtlich anzueignen, ist besonders darauf hingewiesen.
Astronavigation benutzt dieselben Prinzipien zur Gewinnung einer Standlinie, wie die Navigation in Landsicht. Sehen wir uns einmal die Höhenwinkelmessung von Seite 310 an (Siehe auch die dortige Abbildung bei »Abstandsbestimmung«):
Mit einem Winkelmeßinstrument (Sextant, Oktant) wird dort genau der Winkel zwischen Leuchtfeuer, Schiff und Fußpunkt des Leuchtturmes gemessen. Nach der einfachen Formel

$$\text{Abstand in Seemeilen} = \frac{13}{7} \times \frac{\text{Höhe des Feuers in Meter}}{\text{Höhenwinkel in Minuten}}$$

läßt sich also

1. der Abstand zum Leuchtfeuer berechnen,

Wer mit einer solchen Jacht auf große Fahrt geht, muß die Navigation beherrschen.

2. der Abstand in den Kartenzirkel nehmen und damit einen Kreis in die Seekarte um das Leuchtfeuer zeichnen, was letztlich dann unsere Standlinie ist.

Zur Gewinnung einer Standlinie ist deshalb nötig:

- der genaue Winkel: Leuchtfeuer – Beobachter – Fußpunkt des Leuchtturms.
- Höhe des Leuchtfeuers über der Wasserlinie.
- Die genaue Position des Leuchtfeuers.

Daß die dritte Voraussetzung – Position des Leuchtfeuers – zum Zeichen dieser Standlinie gebraucht wird, ist uns sicher bis jetzt nicht so recht bewußt geworden, weil wir kaum jemals Schwierigkeiten haben, ein Leuchtfeuer in der Seekarte zu finden. Trotzdem ist die Position des Leuchtfeuers natürlich der Punkt, in dem der Zirkel zum Standlinienzeichnen in der Seekarte angesetzt wird.
Die oben erwähnte Formel gilt dann nicht mehr, wenn das Schiff so weit vom Leuchtfeuer entfernt ist, daß – durch die Erdkrümmung verdeckt – der Stand gar nicht mehr gesehen und damit auch nicht mehr beobachtet werden kann. Man sieht dann nämlich statt dessen die »Kimm«, das ist jener waagrechte Trennungsstrich zwischen Wasser und Himmel, der sich ziemlich scharf bei einem Blick aufs offene Meer ausmachen läßt. (Betreff »Kimm« siehe auch Abbildung auf Seite 300!)

In diesem Fall wird nicht mehr wie oben folgender Winkel gemessen:

Leuchtfeuer – Beobachter – Strand,
sondern:
Leuchtfeuer – Beobachter – Kimm.

Wenngleich die Formel hierzu nicht mehr so einfach ist, läßt sich trotzdem aus dem Beobachtungswinkel und der Höhe des Feuers über der Meeresoberfläche die Entfernung zum Fußpunkt des Leuchtturms berechnen und damit in gleicher Weise wie oben eine Standlinie gewinnen.

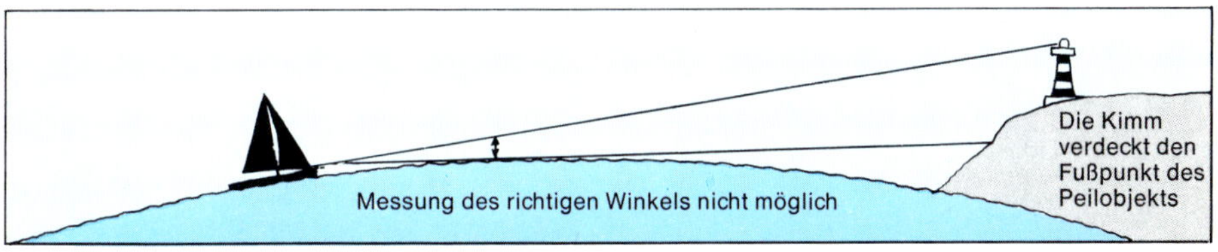

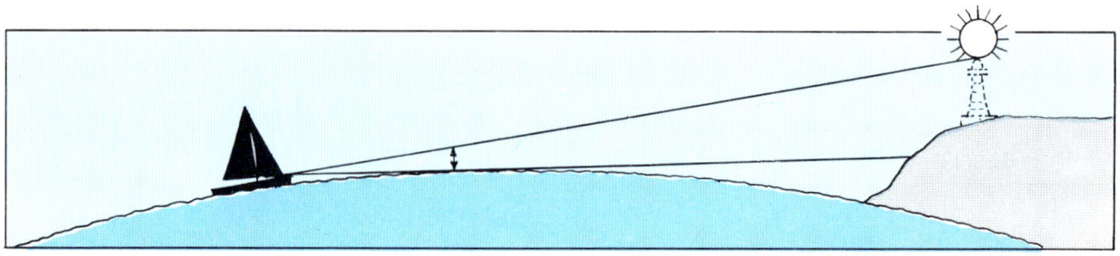

In gleicher Weise wie durch ein Leuchtfeuer läßt sich auch mit Hilfe der Sonne eine Standlinie gewinnen.

Zur Standliniengewinnung ist also nötig:

- der Beobachtungswinkel
- Höhe des Feuers
- Position des Fußpunktes des Leuchtturms.

In genau der gleichen Weise läßt sich nun auch mit der Sonne eine Standlinie gewinnen. Man braucht sich hierbei nur die Sonne als Leuchtfeuer vorzustellen:
Um die Sonnenstandlinie zu berechnen, bedient man sich einer Formel, die allerdings wesentlich komplizierter ist, als die oben erwähnte. Diese Formel muß man aber nicht kennen, weil Nautische Tafel oder Elektronenrechner den Skipper der Arbeit entheben, die Standlinie logarithmisch zu berechnen.
Auch hier ist zum Zeichnen der Standlinie notwendig:

- die Höhe der Sonne über der Wasseroberfläche
- der Beobachtungswinkel
- die Position des »Fußpunktes« der Sonne, also des Punktes, der genau senkrecht unterhalb der Sonne auf der Erdoberfläche ist.

Höhe der Sonne (Gestirn) über der Meeresoberfläche

Gerade dieser Punkt, dem viele Anfänger so große Bedeutung beimessen, kann in der Astronavigation vernachläßigt werden. Die Entfernung Erde – Sonne ist nämlich mit ca. 150 Millionen km (das ist ca. 12000mal der Erddurchmesser) so weit entfernt, daß sich für die Praxis ausreichend genau sagen läßt: Die Sonne und damit erst recht die Planeten und Fixsterne sind »unendlich« weit von der Erde entfernt. Dies hat die erfreuliche Folge, daß die Größe »Höhe der Sonne« (Gestirn) über der Meeresoberfläche in den Berechnungen überhaupt nie auftaucht.

Beobachtungswinkel

Sextant

Zum Messen werden ein präziser Sextant oder Oktant benutzt. Ein billiger Plastiksextant ist für die astronomische Navigation nicht ausreichend genau. Ein Sextant für den Yachtgebrauch soll folgende Ausstattung haben:

- Fernglas (Vergrößerung höchstens 5mal)
- Schattengläser
- Trommel
- Beleuchtung
- eventuell Sternspreitzglas

Eine Libelle (künstlicher Horizont) kann auf einer Yacht nicht verwendet werden.

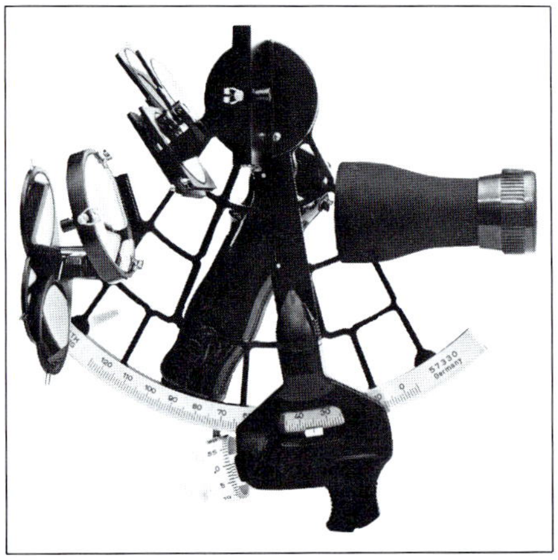

Es muß versucht werden, den Winkel Gestirn – Beobachter – Kimm auf mindestens eine Winkelminute genau zu messen. Die hierzu notwendige und nicht ganz einfache Meßtechnik kann letztlich nur durch Übung erworben werden.

Meßfehler

Beim Anfänger schleichen sich die größten Meßfehler dadurch ein, daß er im Zeitpunkt der Messung den Sextanten nicht 100%ig senkrecht hält und somit einen viel zu großen Winkel mißt. Deshalb muß der Navigator während der Messung mit dem Sextanten eine leichte Pendelbewegung

Eine Stimmung, wie man sie beim Fahrtensegeln erleben kann.

KABRISINA

Oben:
Beim Fahrtensegeln in südlichen Gewässern trifft man auch auf solche Häfen. Hier: Yachthafen in Piräus.

Unten:
Mit einer solchen Yacht kann man Fahrtensegeln betreiben und Rennsegeln. Hier befindet sich diese Yacht in einer Rennsituation – erkennbar an der fehlenden Nationalflagge und am Blick des Skippers auf die Uhr (vor dem Start also).

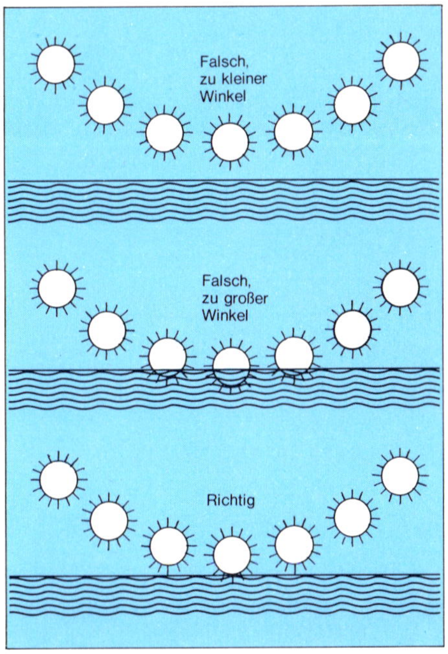

um die Fernrohrachse durchführen, damit er das Gestirn einen leichten Bogen über dem Horizont beschreiben läßt. Wenn der Bogen der Kimm am nächsten gekommen ist, und diese nach genauer Einstellung am tiefsten Punkt des Bogens gerade berührt (küßt), hat er die Gewähr, daß er den richtigen Winkel gemessen hat. Eine andere Möglichkeit um festzustellen, ob der Sextant im Zeitpunkt der Messung genau senkrecht war, gibt es nicht. Eine Messung, die ohne die Pendelbewegung des Instrumentes gewonnen wird, ist somit wertlos und darf nicht verwendet werden.

Verbesserungen

Der mit dem Sextanten gemessene Winkel muß noch geringfügig verbessert werden, bevor wir damit anfangen zu rechnen.

1. **Der Indexfehler** ist kein Fehler im üblichen Sinne. Wenn mit dem Sextanten eine waagrechte oder senkrechte Linie in einer Entfernung von mindestens zwei Seemeilen (z. B. Kimm) mit der Einstellung 0° 0′ anvisiert wird, muß diese Linie ungebrochen sein. Ist sie es nicht, so liegt ein Indexfehler vor. Bewegen wir die Trommel so weit, daß die Linie wieder durchgehend wird, können wir direkt den Indexfehler ablesen. Beträgt er weniger als zwei Winkelminuten – was er sollte –, so muß er bei jeder Beobachtung rechnerisch berücksichtigt werden. Eine wesentliche Vereinfachung läßt sich dadurch erreichen, daß zu Beginn eines Törns der Indexfehler festgestellt und danach der Null-Punkt auf der Trommel mit Hilfe eines Filzschreibers neu markiert wird. Der Indexfehler muß von Zeit zu Zeit überprüft werden.
2. **Die Gesamtberichtigung für den Sonnenunterrand.** Die Lichtstrahlen, die vom Gestirn kommen, werden beim Durchdringen der mehr oder weniger dichten Lufthüllen um die Erde gebrochen. Das führt – grob gesprochen – dazu, daß der Winkel, den der Skipper mit dem Sextanten mißt, geringfügig falsch ist. Diesen Umstand, die Entfernung der Kimm vom Schiff, die von der Augeshöhe abhängt und die Tatsache, daß der »wahre Horizont« gar nicht sichtbar ist, wird mit der sog. Gesamtbeschickung (= Gb) »berücksichtigt«. Die zu addierende Gb bekommen wir aus einer speziellen Tafel (Nautisches Jahrbuch, Seite 40), wo lediglich mit Sextantwinkel und Augeshöhe eingegangen wird. Bei der für Yachten üblichen Augeshöhe von 2 m beträgt die Gesamtberichtigung (Gb) für den Sonnenunterrand:

Gemessener Winkel	Gesamtberichtigung
ab 20°	+ 11 Minuten
ab 25°	+ 12 Minuten
ab 40°	+ 13 Minuten

Position des »Fußpunktes«

Der Fußpunkt eines Gestirns heißt Bildpunkt. Der Bildpunkt entsteht dadurch, daß eine Linie vom Erdmittelpunkt zum Gestirn gezogen wird. Genau an der Stelle, an der diese Linie die Erdoberfläche durchsticht, ist der Bildpunkt. Er ist der Schlüssel zur gesamten astronomischen Navigation, weil er uns dazu verhilft, irgendwelche Positionen weit draußen im Universum auf die Erdoberfläche projizieren zu können. Deshalb reicht für die astronomische Navigation das Koordinatensystem der Erdoberfläche (Länge und Breite) vollkommen aus.

Die Breite des Bildpunktes heißt Deklination oder Abweichung. Die Länge des Bildpunktes heißt Greenwich-Winkel.

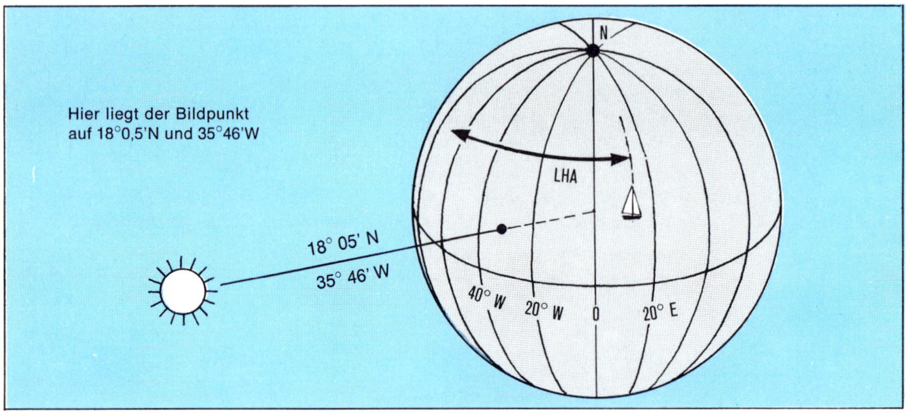

Hat der Bildpunkt eine Breite von 12° 14′ N, so spricht man von einer Deklination oder Abweichung von 12° 14′ N. Beide Ausdrücke sind wichtig, weil die »Deklination« im Deutschen Nautischen Jahrbuch als »Abweichung« bezeichnet wird.

Sind bei der Breitenangabe der Position des Bildpunktes die üblichen Koordinaten verwendet worden, so gibt es bei der Länge des Bildpunktes (Greenwich-Winkel) einen – rein äußerlichen – Unterschied. Während die Erdkoordinaten von 0 bis 180 Grad entweder west- oder ostwärts benannt sind, werden die Längenkoordinaten des Bildpunktes – einfacher – nach Westen um die Erde herum in 360 Grad angegeben. Befindet sich der Bildpunkt auf einer Länge von 170° Ost, so spricht man somit von einem Greenwich-Winkel von 170° (ohne West- oder Ost-Zusatz!).

Der Bildpunkt der Sonne jagt – dem Schatten eines Düsenjägers vergleichbar – wie die Sonne in 24 Stunden genau einmal von Ost nach West um die Erde herum. Seine Geschwindigkeit liegt damit bei über 1600 km/h. Nachdem zum Zeichen einer astronomischen Standlinie aber die Position des Bildpunktes nötig ist, muß exakt für den Zeitpunkt der Messung feststehen, wo sich der Bildpunkt in dieser Sekunde (wegen seiner Überschallgeschwindigkeit) befunden hat. Deshalb ist auch der genaue Zeitpunkt der Messung wichtig.

Die Zeit

In der Astronavigation wird nur mit mittlerer Greenwich-Zeit gerechnet. Zieht man von der mitteleuropäischen Zeit genau eine Stunde ab, so ergibt sich die mittlere Greenwich-Zeit (MGZ). Um ausreichend genau navigieren zu können, muß die Zeit sekundengenau bekannt sein. Früher wurden hierzu teure Schiffschronometer verwendet. Heute gibt es etwas viel Besseres: Die Zeitzeichen im Radio zur Kontrolle einfacher Armbanduhren. Dies ist auch nötig, wenn wir genaue Quarzuhren benutzen, die zwar nicht gegen mechanische Stöße, aber gegen Temperaturschwankungen empfindlich sind.

Zeitzeichen-Sender sind über die ganze Welt verteilt. Sie senden, teils mit gesprochener Ansage, 24 Stunden lang auf folgenden Radiofrequenzen:
2,5 MHz, 5 MHz, 10 MHz, 15 MHz, 20 MHz, 25 MHz, 30 MHz.

Das Nautische Jahrbuch

Mit Hilfe des jährlich neu erscheinenden Nautischen Jahrbuches kann für jede Sekunde des Tages auf sehr einfache Art die genaue Position des Bildpunktes der Sonne, des Mondes oder sonst eines Sternes bestimmt werden.

Beispiel:
Am 1. August 1975 befinden wir uns im Mittelmeer ungefähr auf 40° 40′ N und 13° 33′ E (= East). Genau um 14 h 29 m 22 s MGZ messen wir die Sonne (Augeshöhe 2 m) mit 42° 18′. Wie lautet die Position des Bildpunktes zum Zeitpunkt der Messung?

Lösung:
Auf der Seite »1. August 1975« im Nautischen Jahrbuch (siehe Abb.) finden wir die beiden Bildpunktkoordinaten Greenwich-Winkel und Abweichung für jede volle Stunde. Um 14 Uhr betrug die Greenwich-Länge 28° 25,5′. Um festzustellen, um wieviel der Bildpunkt der Sonne in den verbleibenden 29 m und 22 s weitergewandert ist, brauchen wir nur in die »Schalttafel« am Ende des Nautischen Jahrbuches einzugehen und finden auf der Seite für »29 m« dann bei 22 s den genauen Wert von 7° 20,5′. Die Bildpunktlänge beträgt also um 14 h 29 m 22 s:

	28°	25,5′
+	7°	20,5′
	35°	46,0′

Die Bildpunktbreite (Deklination oder Abweichung) ist noch einfacher zu berechnen, weil sie sich nicht so rasend schnell verändert. Um 14 h betrug sie 18° 5,2′ N und um 15 h 18° 4,5′ N, so daß sie aufgerundet um 14 h 29 m 22 s 18° 05′ N betragen hat. Wir können hierbei großzügig auf- und abrunden, weil – wie wir später sehen werden – in den Nautischen Tafeln ohnehin die Deklination nur auf ganze Minuten auf- oder abgerundet eingegeben wird. Die Bildpunktlänge (Greenwich-Winkel) muß allerdings wegen der großen Geschwindigkeit peinlich genau berechnet werden.

Das Höhenverfahren

Schiff und Bildpunkt

Nachdem nunmehr die Höhe des Gestirns über der Meeresoberfläche (= unendlich), der Beobachtungswinkel und die Position des Bildpunktes der Sonne bekannt sind, könnte mit einer recht komplizierten Formel in dem obigem Beispiel die Entfernung vom Bildpunkt zum Schiffsort berechnet werden. Das Ergebnis wäre ungefähr 2912 Seemeilen. Wenn damit nun die Standlinie, also der Kreis um den Bildpunkt der Sonne mit einem Halbmesser von 2912 Seemeilen gezeichnet würde, müßte der Navigator feststellen, daß dies in der Seekarte gar nicht möglich ist. Denn entweder ist sowohl Schiffsort als auch Bildpunkt enthalten, dann wäre die Karte zum Navigieren wegen des Maßstabes nicht geeignet, oder aber der Zirkel ließe sich gar nicht ansetzen, weil der Bildpunkt weit außerhalb der Karte wäre. Dieses Verfahren ist also in der Praxis, so einleuchtend es auch ist, nicht zu verwenden. Deshalb behilft man sich mit einem einfachen Kunstgriff:

Nautisches Jahrbuch

1975 AUGUST 1 Freitag

213 MGZ h	SONNE r = 15.8 Grw.Stw. ° '	Abw. ° '	MOND Alter = 22.8 Tage Grw.Stw. ° '	Unt '	Abw. ° '	Unt '	FRÜHLP. Grw.Stw. ° '	FIXSTERNE Nr.	Sternwinkel ° '	Abw. ° '
0	178 25.1	N 18 13.9	266 28.6	11.6	N 17 30.9	6.5	308 59.0	1	358 12.7	N 28 57.4
1	193 25.1	18 13.2	280 59.2	11.5	17 37.4	6.4	324 1.4	3	353 43.4	S 42 26.0
2	208 25.1	18 12.6	295 29.7	11.5	17 43.8	6.3	339 3.9	5	349 24.2	S 18 7.0
3	223 25.2	18 12.0	310 0.2	11.4	17 50.1	6.2	354 6.4	7	342 54.2	N 35 29.5
4	238 25.2	18 11.4	324 30.6	11.3	17 56.3	6.2	9 8.8	8	335 47.7	S 57 21.2
5	253 25.2	N 18 10.8	339 0.9	11.2	N 18 2.5	6.0	24 11.3	11	328 32.8	N 23 20.9
6	268 25.3	18 10.1	353 31.1	11.2	18 8.5	6.0	39 13.7	12	314 44.8	N 3 59.8
7	283 25.3	18 9.5	8 1.3	11.1	18 14.5	5.9	54 16.2	13	313 21.1	N 40 51.6
8	298 25.3	18 8.9	22 31.4	11.0	18 20.4	5.9	69 18.7	14	309 21.2	N 49 46.3
9	313 25.4	18 8.3	37 1.4	10.9	18 26.3	5.7	84 21.1	15	303 29.4	N 24 1.8
10	328 25.4	N 18 7.7	51 31.3	10.9	N 18 32.0	5.7	99 23.6	16	291 22.1	N 16 27.6
11	343 25.4	18 7.0	66 1.2	10.8	18 37.7	5.5	114 26.1	17	281 39.6	S 8 13.7
12	358 25.5	18 6.4	80 31.0	10.7	18 43.2	5.5	129 28.5	18	281 16.7	N 45 58.3
13	13 25.5	18 5.8	95 0.7	10.7	18 48.7	5.4	144 31.0	19	279 2.7	N 6 19.7
14	28 25.5	18 5.2	109 30.4	10.6	18 54.1	5.3	159 33.5	24	271 32.3	N 7 24.2
15	43 25.6	N 18 4.5	124 0.0	10.5	N 18 59.4	5.2	174 35.9	25	270 34.0	N 44 56.6
16	58 25.6	18 3.9	138 29.5	10.4	19 4.6	5.1	189 38.4	27	264 9.2	S 52 40.8
17	73 25.6	18 3.3	152 58.9	10.4	19 9.7	5.0	204 40.9	28	260 55.5	N 16 25.2
18	88 25.7	18 2.6	167 28.3	10.3	19 14.7	5.0	219 43.3	29	258 59.1	S 16 40.9
19	103 25.7	18 2.0	181 57.6	10.2	19 19.7	4.8	234 45.8	30	255 35.2	S 28 56.3
20	118 25.8	N 18 1.4	196 26.8	10.1	N 19 24.5	4.7	249 48.2	35	234 30.3	S 59 25.9
21	133 25.8	18 0.8	210 55.9	10.1	19 29.2	4.7	264 50.7	37	221 46.6	S 69 37.2
22	148 25.8	18 0.1	225 25.0	10.0	19 33.9	4.5	279 53.2	41	194 26.9	N 61 53.1
23	163 25.9	17 59.5	239 54.0	9.9	19 38.4	4.5	294 55.6	42	183 2.8	N 14 42.6
	T=12h 6m	Unt.=0.6	T= 6h27m		MGZ 4h 12h 20h HP 55.7 55.9 56.2		T= 3h24m	43	173 41.5	S 62 58.1

MGZ h	VENUS Grw.Stw. ° '	Abw. ° '	MARS Grw.Stw. ° '	Abw. ° '	JUPITER Grw.Stw. ° '	Abw. ° '	SATURN Grw.Stw. ° '	Abw. ° '
0	147 44.9	N 3 53.2	259 51.2	N 16 38.6	285 52.6	N 8 9.1	192 26.9	N 21 11.3
1	162 47.2	3 52.5	274 52.0	16 39.1	300 54.9	8 9.2	207 29.1	21 11.2
2	177 49.4	3 51.9	289 52.8	16 39.5	315 57.3	8 9.2	222 31.2	21 11.2
3	192 51.6	3 51.2	304 53.7	16 40.0	330 59.6	8 9.2	237 33.3	21 11.1
4	207 53.9	3 50.6	319 54.5	16 40.4	346 2.0	8 9.3	252 35.4	21 11.1
5	222 56.1	N 3 49.9	334 55.3	N 16 40.9	1 4.3	N 8 9.3	267 37.6	N 21 11.0
6	237 58.3	3 49.3	349 56.1	16 41.3	16 6.7	8 9.3	282 39.7	21 11.0
7	253 0.6	3 48.6	4 56.9	16 41.8	31 9.1	8 9.3	297 41.8	21 10.9
8	268 2.8	3 48.0	19 57.8	16 42.2	46 11.4	8 9.4	312 43.9	21 10.9
9	283 5.1	3 47.3	34 58.6	16 42.7	61 13.8	8 9.4	327 46.1	21 10.8
10	298 7.3	N 3 46.7	49 59.4	N 16 43.1	76 16.1	N 8 9.4	342 48.2	N 21 10.7
11	313 9.6	3 46.0	65 0.2	16 43.6	91 18.5	8 9.5	357 50.3	21 10.7
12	328 11.8	3 45.4	80 1.1	16 44.0	106 20.8	8 9.5	12 52.5	21 10.6
13	343 14.1	3 44.7	95 1.9	16 44.5	121 23.2	8 9.5	27 54.6	21 10.6
14	358 16.4	3 44.1	110 2.7	16 44.9	136 25.6	8 9.6	42 56.7	21 10.5
15	13 18.6	N 3 43.4	125 3.5	N 16 45.4	151 27.9	N 8 9.6	57 58.8	N 21 10.5
16	28 20.9	3 42.8	140 4.3	16 45.8	166 30.3	8 9.6	73 1.0	21 10.4
17	43 23.2	3 42.1	155 5.2	16 46.2	181 32.6	8 9.6	88 3.1	21 10.4
18	58 25.5	3 41.5	170 6.0	16 46.7	196 35.0	8 9.7	103 5.2	21 10.3
19	73 27.8	3 40.9	185 6.8	16 47.1	211 37.4	8 9.7	118 7.3	21 10.3
20	88 30.0	N 3 40.2	200 7.6	N 16 47.6	226 39.7	N 8 9.7	133 9.5	N 21 10.2
21	103 32.3	3 39.6	215 8.4	16 48.0	241 42.1	8 9.8	148 11.6	21 10.2
22	118 34.6	3 39.0	230 9.3	16 48.5	256 44.4	8 9.8	163 13.7	21 10.1
23	133 36.9	3 38.3	245 10.1	16 48.9	271 46.8	8 9.8	178 15.9	21 10.1
Unt.	2.3 T=14h 7m	0.6 HP=0.4 Gr.=-4.1	0.8 T= 6h40m	0.4 HP=0.1 Gr.=+0.6	2.4 T= 4h56m	0.0 HP=0.0 Gr.=-2.2	2.1 T=11h 9m	0.1 HP=0.0 Gr.=+0.4

Nautisches Jahrbuch (grüne Schalttafel)

28m Schalttafel 29m

28m s	Zuwachs Grw. Stw. Sonne Planet ° '	Frühl.p. ° '	Mond ° '	Unt. '	Verb. '	29m s	Zuwachs Grw. Stw. Sonne Planet ° '	Frühl.p. ° '	Mond ° '	Unt. '	Verb. '
0	7 0,0	7 1,1	6 40,9	0,0	0,0	0	7 15,0	7 16,2	6 55,2	0,0	0,0
1	0,3	1,4	41,1	0,3	0,1	1	15,3	16,4	55,4	0,3	0,1
2	0,5	1,6	41,3	0,6	0,3	2	15,5	16,7	55,7	0,6	0,3
3	0,8	1,9	41,6	0,9	0,4	3	15,8	16,9	55,9	0,9	0,4
4	1,0	2,2	41,8	1,2	0,6	4	16,0	17,2	56,1	1,2	0,6
5	7 1,3	7 2,4	6 42,1	1,5	0,7	5	7 16,3	7 17,4	6 56,4	1,5	0,7
6	1,5	2,7	42,3	1,8	0,9	6	16,5	17,7	56,6	1,8	0,9
7	1,8	2,9	42,5	2,1	1,0	7	16,8	17,9	56,9	2,1	1,0
8	2,0	3,2	42,8	2,4	1,1	8	17,0	18,2	57,1	2,4	1,2
9	2,3	3,4	43,0	2,7	1,3	9	17,3	18,4	57,3	2,7	1,3
10	7 2,5	7 3,7	6 43,3	3,0	1,4	10	7 17,5	7 18,7	6 57,6	3,0	1,5
11	2,8	3,9	43,5	3,3	1,6	11	17,8	18,9	57,8	3,3	1,6
12	3,0	4,2	43,7	3,6	1,7	12	18,0	19,2	58,0	3,6	1,8
13	3,3	4,4	44,0	3,9	1,9	13	18,3	19,4	58,3	3,9	1,9
14	3,5	4,7	44,2	4,2	2,0	14	18,5	19,7	58,5	4,2	2,1
15	7 3,8	7 4,9	6 44,4	4,5	2,1	15	7 18,8	7 19,9	6 58,8	4,5	2,2
16	4,0	5,2	44,7	4,8	2,3	16	19,0	20,2	59,0	4,8	2,4
17	4,3	5,4	44,9	5,1	2,4	17	19,3	20,5	59,2	5,1	2,5
18	4,5	5,7	45,2	5,4	2,6	18	19,5	20,7	59,5	5,4	2,7
19	4,8	5,9	45,4	5,7	2,7	19	19,8	21,0	6 59,7	5,7	2,8
20	7 5,0	7 6,2	6 45,6	6,0	2,8	20	7 20,0	7 21,2	7 0,0	6,0	3,0
21	5,3	6,4	45,9	6,3	3,0	21	20,3	21,5	0,2	6,3	3,1
22	5,5	6,7	46,1	6,6	3,1	22	20,5	21,7	0,4	6,6	3,2
23	5,8	6,9	46,4	6,9	3,3	23	20,8	22,0	0,7	6,9	3,4
24	6,0	7,2	46,6	7,2	3,4	24	21,0	22,2	0,9	7,2	3,5
25	7 6,3	7 7,4	6 46,8	7,5	3,6	25	7 21,3	7 22,5	7 1,1	7,5	3,7
26	6,5	7,7	47,1	7,8	3,7	26	21,5	22,7	1,4	7,8	3,8
27	6,8	7,9	47,3	8,1	3,8	27	21,8	23,0	1,6	8,1	4,0
28	7,0	8,2	47,5	8,4	4,0	28	22,0	23,2	1,9	8,4	4,1
29	7,3	8,4	47,8	8,7	4,1	29	22,3	23,5	2,1	8,7	4,3
30	7 7,5	7 8,7	6 48,0	9,0	4,3	30	7 22,5	7 23,7	7 2,3	9,0	4,4
31	7,8	8,9	48,3	9,3	4,4	31	22,8	24,0	2,6	9,3	4,6
32	8,0	9,2	48,5	9,6	4,6	32	23,0	24,2	2,8	9,6	4,7
33	8,3	9,4	48,7	9,9	4,7	33	23,3	24,5	3,1	9,9	4,9
34	8,5	9,7	49,0	10,2	4,8	34	23,5	24,7	3,3	10,2	5,0
35	7 8,8	7 9,9	6 49,2	10,5	5,0	35	7 23,8	7 25,0	7 3,5	10,5	5,2
36	9,0	10,2	49,5	10,8	5,1	36	24,0	25,2	3,8	10,8	5,3
37	9,3	10,4	49,7	11,1	5,3	37	24,3	25,5	4,0	11,1	5,5
38	9,5	10,7	49,9	11,4	5,4	38	24,5	25,7	4,3	11,4	5,6
39	9,8	10,9	50,2	11,7	5,6	39	24,8	26,0	4,5	11,7	5,8
40	7 10,0	7 11,2	6 50,4	12,0	5,7	40	7 25,0	7 26,2	7 4,7	12,0	5,9
41	10,3	11,4	50,6	12,3	5,8	41	25,3	26,5	5,0	12,3	6,0
42	10,5	11,7	50,9	12,6	6,0	42	25,5	26,7	5,2	12,6	6,2
43	10,8	11,9	51,1	12,9	6,1	43	25,8	27,0	5,4	12,9	6,3
44	11,0	12,2	51,4	13,2	6,3	44	26,0	27,2	5,7	13,2	6,5
45	7 11,3	7 12,4	6 51,6	13,5	6,4	45	7 26,3	7 27,5	7 5,9	13,5	6,6
46	11,5	12,7	51,8	13,8	6,6	46	26,5	27,7	6,2	13,8	6,8
47	11,8	12,9	52,1	14,1	6,7	47	26,8	28,0	6,4	14,1	6,9
48	12,0	13,2	52,3	14,4	6,8	48	27,0	28,2	6,6	14,4	7,1
49	12,3	13,4	52,6	14,7	7,0	49	27,3	28,5	6,9	14,7	7,2
50	7 12,5	7 13,7	6 52,8	15,0	7,1	50	7 27,5	7 28,7	7 7,1	15,0	7,4
51	12,8	13,9	53,0	15,3	7,3	51	27,8	29,0	7,4	15,3	7,5
52	13,0	14,2	53,3	15,6	7,4	52	28,0	29,2	7,6	15,6	7,7
53	13,3	14,4	53,5	15,9	7,6	53	28,3	29,5	7,8	15,9	7,8
54	13,5	14,7	53,8	16,2	7,7	54	28,5	29,7	8,1	16,2	8,0
55	7 13,8	7 14,9	6 54,0	16,5	7,8	55	7 28,8	7 30,0	7 8,3	16,5	8,1
56	14,0	15,2	54,2	16,8	8,0	56	29,0	30,2	8,5	16,8	8,3
57	14,3	15,4	54,5	17,1	8,1	57	29,3	30,5	8,8	17,1	8,4
58	14,5	15,7	54,7	17,4	8,3	58	29,5	30,7	9,0	17,4	8,6
59	14,8	15,9	54,9	17,7	8,4	59	29,8	31,0	9,3	17,7	8,7

So wie vorher aus Winkel und Bildpunktposition die Entfernung zum Bildpunkt festgestellt werden konnte, ließe sich umgekehrt auch der Beobachtungswinkel berechnen, wenn neben der Bildpunktposition der Schiffsort und damit auch die Entfernung Schiffsort – Bildpunkt bekannt wäre. Natürlich ist die Schiffsposition unbekannt, denn diese soll ja durch Gewinnung einer Standlinie erst ermittelt werden. Aber zumindest läßt sich ein gegißter Schiffsort festlegen, also die ungefähre Position. Würde mit dieser gerechnet, und wäre dann der berechnete Beobachtungswinkel mit dem tatsächlichen Beobachtungswinkel identisch, so ergäbe sich daraus, daß der wirkliche Schiffsort die gleiche Entfernung zum Bildpunkt hat wie der gegißte. Wesentlich wahrscheinlicher aber ist es, daß ein geringfügig anderer Winkel gemessen wird. Ist dieser Winkel größer, – müssen wir also zur Sonne höher hinaufsehen – dann sind wir näher an der Sonne dran, als wir dachten. Ist der gemessene Winkel kleiner, so sind wir tatsächlich von der Sonne etwas weiter weg, als wir im gegißten Schiffsort gewesen wären (»Gegißter Schiffsort« siehe S. 309).

Noch einmal: Der Winkel wird berechnet, der gemessen werden würde, wenn das Schiff genau am gegißten Schiffsort wäre. Der gemessene Winkel ist kleiner, deshalb ist das Schiff vom Bildpunkt etwas weiter weg – oder, der gemessene Winkel ist größer, dann ist der Schiffsort näher am Bildpunkt der Sonne dran.

Ist berechneter und gemessener Winkel identisch, so befinden wir uns auf einem Kreis, der durch den gegißten Schiffsort

läuft. Aufgrund der riesigen Entfernung zum Bildpunkt hat der Kreis einen so großen Durchmesser, daß seine Krümmung auf dem Stückchen unserer Seekarte nicht mehr sichtbar ist und die Standlinie als eine Gerade erscheint. Entsprechend ist diese Gerade genau senkrecht auf der Richtung zur Sonne, die als Azimut bezeichnet wird. Das ist wichtig, da mangels Einstichpunkt für den Zirkel ja auch die Richtung der Standlinie zum Zeichnen benötigt wird.
Meist sind gemessener und berechneter Winkel nicht identisch, die Standlinie läuft nicht durch den gegißten Schiffsort, sondern ist etwas weiter vom Bildpunkt entfernt oder näher dran.
Der Betrag, um den die Standlinie genau in Richtung oder vom Gestirn weg verschoben wird, ergibt sich aus dem Vergleich von berechnetem und gemessenem Winkel. Eine Winkelminute entspricht genau einer Seemeile.
Nunmehr können wir an die Auswertung unserer Messung gehen.
Nach folgenden Formeln errechnen sich Winkel und Azimut:

errechneter Winkel = arcsin (sin Deklination × sin gegißte Breite + cos Deklination × cos gegißte Breite × cos LHA)

$$Z = \arccos \frac{\text{sin Deklination} - \text{sin gegißte Breite} \times \text{sin errechneter Winkel}}{\text{cos errechneter Winkel} \times \text{cos gegißte Breite}}$$

Azimut = Z, wenn sin LHA kleiner als 0 ist

Azimut = 360° − Z, wenn sin LHA größer als 0 ist.

»arcsin« und »arccos« sind auf den Tasten von elektronischen Taschenrechnern meist mit »$\sin^{-1}$« beziehungsweise »$\cos^{-1}$« bezeichnet.
Alle anderen Bestandteile der Formel sind uns nun bekannt, bis auf »LHA«.

Der Ortsstundenwinkel

(Local Hour Angle, abgekürzt LHA)

Dieser Winkel ist nichts anderes als der Längenunterschied zwischen gegißtem Schiffsort und Bildpunkt.

Merke: Der LHA wird immer vom Beobachter aus nach Westen gezählt.

Er errechnet sich einfach:
LHA = Greenwich-Winkel + Ostlänge
LHA = Greenwich-Winkel − Westlänge

Im Beispiel von Seite 322 beträgt der LHA

	35 Grad 46
(Ostlänge!) +	13 Grad 33
	49 Grad 19

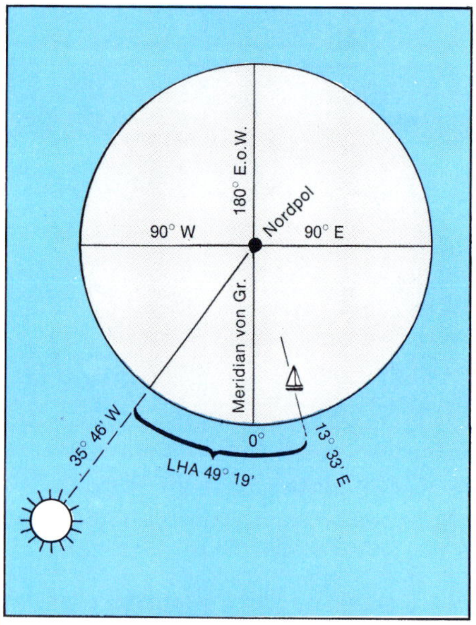

Der Weg zu Winkel und Azimut

Formel
↓
Semiversus | Pub. No. 249 | Elektronenrechner
↓
Winkel, Richtung zum Gestirn

Das Prinzip bleibt immer das gleiche. Welcher Weg auch zur Ausrechnung gewählt wird, das Ergebnis ist der errechnete Winkel und die Richtung zum Gestirn (Azimut).

1. Semiversus-Verfahren
Damit haben sich unsere Väter herumgeschlagen. Da mit Logarithmentafeln gearbeitet wird, ist es zeitraubend und beinhaltet eine Unzahl von Fehlermöglichkeiten.

2. Elektronische Taschenrechner mit trigonometrischen Funktionen
Kosinus oder Tangens ist damit kein mathemaitsches Problem mehr, sondern nur ein Knopfdruck. Je mehr Speicher, um so besser.
Trotzdem besteht die große Gefahr des Vertippens. Deshalb sind programmierbare Rechner zu bevorzugen:

1. Programm eingeben.
2. Probewerte durchjagen.
3. Tatsächliche Werte eingeben.

Programmierbarer Taschenrechner

Teuer, aber sonst ideal sind Rechner, deren Programm auf eine Magnetkarte aufgezeichnet und beliebig wiederholt werden kann.

Das Verfahren nach den Pub. No. 249-Tafeln

(Siehe Abb. eines Auszuges). Trotz Elektronenrechner behält es seine Daseinsberechtigung, weil es unkompliziert und schnell arbeitet. Mit Übung reichen 5 Minuten zur Gewinnung einer Standlinie aus.

1. Die Eingänge in die Pub. No. 249
Nachdem es selbstverständlich nicht möglich ist, für jeden Punkt der Erde Winkel und Azimut vorauszuberechnen, hat man sich wegen der Handlichkeit der Tafeln in den Pub. No. 249 auf einige wenige Punkte beschränkt. Der Kunstgriff beim Gebrauch dieser Tafeln besteht darin, daß nicht mit dem gegißten Schiffsort in die Tafeln eingegangen wird, sondern mit einem in der Nähe liegenden »Rechenort«. In der Praxis hat diese Manipulation kei-

Pub. No. 249, Band III

DECLINATION (15°-29°)

<u>SAME</u> NAME AS LATITUDE

N. Lat. {LHA greater than 180°....... Zn=Z
{LHA less than 180°.......... Zn=360−Z

	15°			16°			17°			18°			19°			20°			21°		
LHA	Hc	d	Z	Hc	d	Z	Hc	d	Z	Hc	d	Z	Hc	d	Z	Hc	d	Z	Hc	d	Z
	° ′	′	°	° ′	′	°	° ′	′	°	° ′	′	°	° ′	′	°	° ′	′	°	° ′	′	°
0	64 00	+60	180	65 00	+60	180	66 00	+60	180	67 00	+60	180	68 00	+60	180	69 00	+60	180	70 00	+60	180
1	63 59	60	178	64 59	60	178	65 59	60	178	66 59	60	178	67 59	60	178	68 59	60	177	69 59	60	177
2	63 57	59	176	64 56	60	176	65 56	60	175	66 56	60	175	67 56	60	175	68 56	60	175	69 56	60	175
3	63 52	60	173	64 52	60	173	65 52	59	173	66 51	60	173	67 51	60	173	68 51	59	172	69 50	60	172
4	63 46	60	171	64 46	59	171	65 45	60	171	66 45	59	170	67 44	60	170	68 44	59	170	69 43	59	169
5	63 38	+60	169	64 38	+59	169	65 37	+59	168	66 36	+59	168	67 35	+59	168	68 34	+59	167	69 33	+59	167
6	63 29	59	167	64 28	59	167	65 27	59	166	66 26	59	166	67 25	58	165	68 23	59	165	69 22	58	164
7	63 18	59	165	64 17	58	164	65 15	59	164	66 14	58	163	67 12	58	163	68 10	58	162	69 08	58	161
8	63 05	59	163	64 04	58	162	65 02	58	162	66 00	58	161	66 58	57	160	67 55	58	160	68 53	57	159
9	62 51	58	161	63 49	58	160	64 47	57	159	65 44	58	159	66 42	57	158	67 39	57	157	68 36	56	156
10	62 35	+58	159	63 33	+57	158	64 30	+57	157	65 27	+57	157	66 24	+56	156	67 20	+57	155	68 17	+56	154
11	62 18	57	157	63 15	57	156	64 12	56	155	65 08	57	154	66 05	55	154	67 00	56	153	67 56	55	152
12	61 59	57	155	62 56	56	154	63 52	56	153	64 48	56	152	65 44	55	151	66 39	55	151	67 34	54	149
13	61 39	56	153	62 35	56	152	63 31	55	151	64 26	55	150	65 21	55	149	66 16	54	148	67 10	54	147
14	61 18	55	151	62 13	55	150	63 08	55	149	64 03	54	148	64 57	54	147	65 51	54	146	66 45	53	145
15	60 55	+55	149	61 50	+55	148	62 45	+54	147	63 39	+53	146	64 32	+54	145	65 26	+52	144	66 18	+52	143
16	60 31	55	147	61 26	53	146	62 19	54	145	63 13	53	144	64 06	52	143	64 58	52	142	65 50	52	141
17	60 06	54	146	61 00	53	145	61 53	53	144	62 46	52	143	63 38	52	142	64 30	51	140	65 21	51	139
18	59 40	53	144	60 33	53	143	61 26	52	142	62 18	52	141	63 10	51	140	64 01	50	139	64 51	50	137
19	59 13	52	142	60 05	52	141	60 57	52	140	61 49	51	139	62 40	50	138	63 30	50	137	64 20	49	135
20	58 45	+51	141	59 36	+52	140	60 28	+51	138	61 19	+50	137	62 09	+50	136	62 59	+49	135	63 48	+48	134
21	58 15	51	139	59 06	51	138	59 57	50	137	60 47	50	136	61 37	49	135	62 26	48	133	63 14	48	132
22	57 45	51	137	58 36	50	136	59 26	49	135	60 15	49	134	61 04	49	133	61 53	47	132	62 40	47	130
23	57 14	50	136	58 04	49	135	58 53	49	134	59 42	49	133	60 31	47	131	61 18	47	130	62 05	47	129
24	56 42	49	134	57 31	49	133	58 20	49	132	59 09	47	131	59 56	47	130	60 43	47	129	61 30	45	127
25	56 09	+49	133	56 58	+48	132	57 46	+48	131	58 34	+47	130	59 21	+47	128	60 08	+45	127	60 53	+45	126
26	55 35	49	132	56 24	48	130	57 12	47	129	57 59	46	128	58 45	46	127	59 31	45	126	60 16	45	124
27	55 01	48	130	55 49	47	129	56 36	47	128	57 23	46	127	58 09	45	126	58 54	45	124	59 39	43	123
28	54 26	47	129	55 13	47	128	56 00	46	127	56 46	46	125	57 32	44	124	58 16	44	123	59 00	44	122
29	53 51	46	128	54 37	47	126	55 24	45	125	56 09	45	124	56 54	44	123	57 38	44	122	58 22	42	120
30	53 14	+47	126	54 01	+45	125	54 46	+45	124	55 31	+45	123	56 16	+43	122	56 59	+43	120	57 42	+42	119
31	52 37	46	125	53 23	45	124	54 08	45	123	54 53	44	122	55 37	43	120	56 20	42	119	57 02	42	118
32	52 00	45	124	52 45	45	123	53 30	44	122	54 14	44	120	54 58	42	119	55 40	42	118	56 22	41	117
33	51 22	45	123	52 07	44	122	52 51	44	120	53 35	43	119	54 18	42	118	55 00	42	117	55 42	40	116
34	50 44	44	121	51 28	44	120	52 12	43	119	52 55	43	118	53 38	42	117	54 20	41	116	55 01	40	114
35	50 05	+44	120	50 49	+43	119	51 32	+43	118	52 15	+42	117	52 57	+42	116	53 39	+40	115	54 19	+40	113
36	49 26	43	119	50 09	43	118	50 52	43	117	51 35	41	116	52 16	41	115	52 57	40	114	53 37	40	112
37	48 46	43	118	49 29	43	117	50 12	42	116	50 54	41	115	51 35	41	114	52 16	39	113	52 55	39	111
38	48 06	43	117	48 49	42	116	49 31	41	115	50 12	41	114	50 53	41	113	51 34	39	112	52 13	39	110
39	47 25	43	116	48 08	42	115	48 50	41	114	49 31	40	113	50 11	40	112	50 51	39	111	51 30	39	109
40	46 44	+42	115	47 26	+42	114	48 08	+41	113	48 49	+40	112	49 29	+40	111	50 09	+39	110	50 48	+38	108
41	46 03	42	114	46 45	41	113	47 26	41	112	48 07	40	111	48 47	39	110	49 26	38	109	50 04	38	107
42	45 22	41	113	46 03	41	112	46 44	40	111	47 24	40	110	48 04	39	109	48 43	38	108	49 21	38	107
43	44 40	41	112	45 21	41	111	46 02	40	110	46 42	39	109	47 21	39	108	48 00	38	107	48 38	37	106
44	43 58	41	111	44 39	40	110	45 19	40	109	45 59	39	108	46 38	38	107	47 16	38	106	47 54	37	105
45	43 15	+41	110	43 56	+40	109	44 36	+39	108	45 15	+39	107	45 54	+38	106	46 32	+38	105	47 10	+37	104
46	42 33	40	109	43 13	40	108	43 53	39	107	44 32	39	106	45 11	38	105	45 49	37	104	46 26	37	103
47	41 50	40	109	42 30	40	108	43 10	39	107	43 49	38	106	44 27	38	104	45 05	37	103	45 42	36	102
48	41 07	40	108	41 47	39	107	42 26	39	106	43 05	38	105	43 43	38	104	44 21	36	103	44 57	37	101
49	40 24	39	107	41 03	39	106	41 42	39	105	42 21	38	104	42 59	37	103	43 36	37	102	44 13	36	101
50	39 40	+40	106	40 20	+39	105	40 59	+38	104	41 37	+38	103	42 15	+37	102	42 52	+36	101	43 28	+36	100
51	38 57	39	105	39 36	39	104	40 15	38	103	40 53	37	102	41 30	37	101	42 07	37	100	42 44	36	99
52	38 13	39	104	38 52	38	103	39 30	38	102	40 08	38	101	40 46	37	100	41 23	36	99	41 59	36	98
53	37 29	39	104	38 08	38	103	38 46	38	102	39 24	37	101	40 01	37	100	40 38	36	99	41 14	36	98
54	36 45	39	103	37 24	38	102	38 02	37	101	38 39	37	100	39 16	37	99	39 53	36	98	40 29	36	97
55	36 01	+38	102	36 39	+38	101	37 17	+38	100	37 55	+37	99	38 32	+36	98	39 08	+36	97	39 44	+36	96
56	35 16	39	101	35 55	38	100	36 33	37	99	37 10	37	98	37 47	36	97	38 23	36	96	38 59	35	95
57	34 32	38	101	35 10	38	100	35 48	37	99	36 25	37	98	37 02	36	97	37 38	36	96	38 14	35	95
58	33 47	38	100	34 25	38	99	35 03	37	98	35 40	37	97	36 17	36	96	36 53	36	95	37 29	35	94
59	33 03	38	99	33 41	37	98	34 18	37	97	34 55	37	96	35 32	36	95	36 08	36	94	36 44	35	93
60	32 18	+38	98	32 56	+37	97	33 33	+37	96	34 10	+37	96	34 47	+36	95	35 23	+35	94	35 58	+36	93
61	31 33	38	98	32 11	37	97	32 48	37	96	33 25	37	95	34 02	36	94	34 38	35	93	35 13	35	92
62	30 48	38	97	31 26	37	96	32 03	37	95	32 40	36	94	33 16	36	93	33 52	36	92	34 28	35	91
63	30 03	38	96	30 41	37	95	31 18	37	94	31 55	36	93	32 31	36	92	33 07	36	92	33 43	35	91
64	29 18	38	95	29 56	37	95	30 33	36	94	31 09	37	93	31 46	36	92	32 22	35	91	32 57	35	90
65	28 33	+37	95	29 10	+37	94	29 47	+37	93	30 24	+37	92	31 01	+36	91	31 37	+35	90	32 12	+35	89
66	27 48	37	94	28 25	37	93	29 02	37	92	29 39	36	91	30 15	36	90	30 51	36	90	31 27	35	89
67	27 03	37	93	27 40	37	93	28 17	37	92	28 54	36	91	29 30	36	90	30 06	36	89	30 42	35	88
68	26 17	38	93	26 55	37	92	27 32	36	91	28 08	37	90	28 45	36	89	29 21	35	88	29 56	35	87
69	25 32	37	92	26 09	37	91	26 46	37	90	27 23	36	89	27 59	36	89	28 35	36	88	29 11	35	87
	15°			16°			17°			18°			19°			20°			21°		

S. Lat. {LHA greater than 180°....... Zn=180−Z
{LHA less than 180°.......... Zn=180+Z

nen Nachteil, da der gegißte Schiffsort ja ohnehin nicht der richtige Schiffsort ist. Um eine möglichst hohe Genauigkeit zu erzielen, muß aber unbedingt der nächstgelegene Rechenort benutzt werden.

Die Rechenorte stellen folgende Anforderungen:

1. Sie haben eine ganzgradige Breite.
2. Der LHA, den sie mit dem Bildpunkt bilden, muß ganzgradig sein.

Der gegißte Schiffsort dient also lediglich dazu, um festzustellen, welcher Rechenort am nächsten liegt. Anschließend wird nur noch mit dem Rechenort weitergerechnet und letztlich gezeichnet.

Im Beispiel von Seite 322 wird ein Rechenort mit den Koordinaten von 41° N (gegißte Schiffslänge 40° 40′ N) und einer Länge von 13° 14′ E gewählt, denn nur diese ergibt einen ganzgradigen LHA von 49°. Damit stehen bereits 2 der 3 Tafeleingänge fest. Der dritte Eingang ist die Deklination von 18° 05′ N.

Die richtige Seite der Tafel hat die Überschriften:

1. »Lat. 41°« (Latitude = Breite)
2. »Declination (15–29°) Same Name as Latitude« (Same = gleich, denn Deklination und Breite sind beide nördlich).

Links und rechts der Tafel ist der Eingang für den LHA. Zuständig ist die Spalte: »Declination 18°«.

Dies heißt aber nicht, daß nur die ganzgradige Deklination verwendet wird. Die gewonnenen Werte müssen nämlich später noch etwas wegen der zunächst vernachlässigten Minuten der Deklination verbessert werden. Deshalb wird auch nicht wie bei der Breite aufgerundet; auch bei einer Deklination von 18° 59′ müßte die Spalte »18°« benutzt werden.

2. Ergebnisse aus der Tafel

Bei LHA 49, Lat. 41° und Declination 18° erhält man 3 Ergebnisse:

42,21	38	104

Die linke Zahl bedeutet den errechneten Winkel für eine Deklination von 18°. Da aber die Deklination 18° 05′ war, muß noch eine kleine Verbesserung angebracht werden. Den Schlüssel zu dieser Verbesse-

Pub. No. 249, Band II und IIII
(Verbesserung von Hc um die Minuten der Deklination)

TABLE 5.—Correction to Tabulated Altitude for Minutes of Declination

d / ′	1	2	3	4	5	6	7	8	9	10	11	12	13	14	15	16	17	18	19	20	21	22	23	24	25	26	27	28	29	30
0	0	0	0	0	0	0	0	0	0	0	0	0	0	0	0	0	0	0	0	0	0	0	0	0	0	0	0	0	0	0
1	0	0	0	0	0	0	0	0	0	0	0	0	0	0	0	0	0	0	0	0	0	0	0	0	0	0	0	0	0	0
2	0	0	0	0	0	0	0	0	0	0	0	0	0	0	0	1	1	1	1	1	1	1	1	1	1	1	1	1	1	1
3	0	0	0	0	0	0	0	0	0	0	1	1	1	1	1	1	1	1	1	1	1	1	1	1	1	1	1	1	1	2
4	0	0	0	0	0	0	0	1	1	1	1	1	1	1	1	1	1	1	1	1	1	1	2	2	2	2	2	2	2	2
5	0	0	0	0	0	0	1	1	1	1	1	1	1	1	1	1	1	2	2	2	2	2	2	2	2	2	2	2	2	2
6	0	0	0	0	0	1	1	1	1	1	1	1	1	1	2	2	2	2	2	2	2	2	2	2	2	3	3	3	3	3
7	0	0	0	0	1	1	1	1	1	1	1	1	2	2	2	2	2	2	2	2	2	3	3	3	3	3	3	3	3	4
8	0	0	0	1	1	1	1	1	1	1	1	2	2	2	2	2	2	2	3	3	3	3	3	3	3	3	4	4	4	4
9	0	0	0	1	1	1	1	1	1	2	2	2	2	2	2	2	3	3	3	3	3	3	3	4	4	4	4	4	4	4
10	0	0	0	1	1	1	1	1	2	2	2	2	2	2	2	3	3	3	3	3	4	4	4	4	4	4	4	5	5	5
11	0	0	1	1	1	1	1	1	2	2	2	2	2	3	3	3	3	3	3	4	4	4	4	4	5	5	5	5	5	6
12	0	0	1	1	1	1	1	2	2	2	2	2	3	3	3	3	3	4	4	4	4	4	5	5	5	5	5	6	6	6
13	0	0	1	1	1	1	2	2	2	2	2	3	3	3	3	3	4	4	4	4	5	5	5	5	5	6	6	6	6	6
14	0	0	1	1	1	1	2	2	2	2	3	3	3	3	4	4	4	4	4	5	5	5	5	6	6	6	6	7	7	7
15	0	0	1	1	1	2	2	2	2	2	3	3	3	4	4	4	4	4	5	5	5	6	6	6	6	6	7	7	7	8
16	0	1	1	1	1	2	2	2	2	3	3	3	3	4	4	4	5	5	5	5	6	6	6	6	7	7	7	7	8	8
17	0	1	1	1	1	2	2	2	3	3	3	3	4	4	4	5	5	5	5	6	6	6	7	7	7	7	8	8	8	8
18	0	1	1	1	2	2	2	2	3	3	3	4	4	4	4	5	5	5	6	6	6	7	7	7	8	8	8	8	9	9
19	0	1	1	1	2	2	2	3	3	3	3	4	4	4	5	5	5	6	6	6	7	7	7	8	8	8	9	9	9	10
20	0	1	1	1	2	2	2	3	3	3	4	4	4	5	5	5	6	6	6	7	7	7	8	8	8	9	9	9	10	10
21	0	1	1	1	2	2	2	3	3	4	4	4	5	5	5	6	6	6	7	7	7	8	8	8	9	9	9	10	10	10
22	0	1	1	1	2	2	3	3	3	4	4	4	5	5	6	6	6	7	7	7	8	8	8	9	9	10	10	10	11	11
23	0	1	1	2	2	2	3	3	3	4	4	5	5	5	6	6	7	7	7	8	8	8	9	9	10	10	10	11	11	12
24	0	1	1	2	2	2	3	3	4	4	4	5	5	6	6	6	7	7	8	8	8	9	9	10	10	10	11	11	12	12

d / ′	31	32	33	34	35	36	37	38	39	40	41	42	43	44	45	46	47	48	49	50	51	52	53	54	55	56	57	58	59	60	d / ′
0	0	0	0	0	0	0	0	0	0	0	0	0	0	0	0	0	0	0	0	0	0	0	0	0	0	0	0	0	0	0	0
1	1	1	1	1	1	1	1	1	1	1	1	1	1	1	1	1	1	1	1	1	1	1	1	1	1	1	1	1	1	1	1
2	1	1	1	1	1	1	1	1	1	1	1	1	1	1	2	2	2	2	2	2	2	2	2	2	2	2	2	2	2	2	2
3	2	2	2	2	2	2	2	2	2	2	2	2	2	2	2	2	2	2	2	2	3	3	3	3	3	3	3	3	3	3	3
4	2	2	2	2	2	2	2	3	3	3	3	3	3	3	3	3	3	3	3	3	3	3	4	4	4	4	4	4	4	4	4
5	3	3	3	3	3	3	3	3	3	3	3	4	4	4	4	4	4	4	4	4	4	4	4	4	5	5	5	5	5	5	5
6	3	3	3	3	4	4	4	4	4	4	4	4	4	4	4	5	5	5	5	5	5	5	5	5	6	6	6	6	6	6	6
7	4	4	4	4	4	4	4	4	5	5	5	5	5	5	5	5	5	6	6	6	6	6	6	6	6	7	7	7	7	7	7
8	4	4	4	5	5	5	5	5	5	5	5	6	6	6	6	6	6	6	7	7	7	7	7	7	7	7	8	8	8	8	8
9	5	5	5	5	5	5	6	6	6	6	6	6	6	7	7	7	7	7	7	8	8	8	8	8	8	8	9	9	9	9	9
10	5	5	6	6	6	6	6	6	6	7	7	7	7	7	8	8	8	8	8	8	8	9	9	9	9	9	10	10	10	10	10
11	6	6	6	6	6	7	7	7	7	7	8	8	8	8	8	8	9	9	9	9	9	10	10	10	10	10	10	11	11	11	11
12	6	6	7	7	7	7	7	8	8	8	8	8	9	9	9	9	9	10	10	10	10	10	11	11	11	11	11	12	12	12	12
13	7	7	7	7	8	8	8	8	8	9	9	9	9	10	10	10	10	10	11	11	11	11	11	12	12	12	12	13	13	13	13
14	7	7	8	8	8	8	9	9	9	9	10	10	10	10	10	11	11	11	11	12	12	12	12	13	13	13	13	14	14	14	14
15	8	8	8	8	9	9	9	10	10	10	10	10	11	11	11	12	12	12	12	12	13	13	13	14	14	14	14	14	15	15	15
16	8	9	9	9	9	10	10	10	10	11	11	11	11	12	12	12	13	13	13	13	14	14	14	14	15	15	15	15	16	16	16
17	9	9	9	10	10	10	10	11	11	11	12	12	12	12	13	13	13	14	14	14	14	15	15	15	16	16	16	16	17	17	17
18	9	10	10	10	10	11	11	11	12	12	12	13	13	13	14	14	14	14	15	15	15	16	16	16	16	17	17	17	18	18	18
19	10	10	10	11	11	11	12	12	12	13	13	13	14	14	14	15	15	15	16	16	16	16	17	17	17	18	18	18	19	19	19
20	10	11	11	11	12	12	12	13	13	13	14	14	14	15	15	15	16	16	16	17	17	17	18	18	18	19	19	19	20	20	20
21	11	11	12	12	12	13	13	13	14	14	14	15	15	15	16	16	16	17	17	18	18	18	19	19	19	20	20	20	21	21	21
22	11	12	12	12	13	13	14	14	14	15	15	15	16	16	16	17	17	18	18	18	19	19	19	20	20	21	21	21	22	22	22
23	12	12	13	13	13	14	14	15	15	15	16	16	16	17	17	18	18	18	19	19	20	20	20	21	21	21	22	22	23	23	23
24	12	13	13	14	14	14	15	15	16	16	16	17	17	18	18	18	19	19	20	20	20	21	21	22	22	22	23	23	24	24	24

rung ergibt die zweite Zahl von 38 (Vorzeichen beachten: steht 5 Zeilen höher »+«). Mit diesem Korrekturfaktor von 38 wird in die Tafel 5 der Pub. No. 249 eingegangen, was in der Zeile 38 und unter der Überschrift 5 (5 Minuten Deklination) eine Verbesserung von 3 ergibt, die lediglich dem errechneten Winkel von 42° 21′ hinzugezählt werden muß, so daß sich letztlich ein Winkel von 42° 24′ ergibt.

Die dritte Zahl »104« zeigt den Weg zum Azimut. Dies errechnet sich nach der Regel links oben in der Tafel Pub. No. 249 »N. Lat.; LHA less than 180° Zn = 360 − Z« (»less« = weniger, »Z« = Azimut), was im Beispiel zur Azimutformel führt:

$$\text{Azimut} = 360 - 103 = 257°$$

Das letzte, was zu tun bleibt, ist ein Vergleich mit dem tatsächlich gemessenen Winkel, bei dem selbstverständlich vorher noch die Gesamtberichtigung (siehe Seite 321, »Gesamtberichtigung ...«) berücksichtigt werden muß:

Gemessener Winkel	42° 18′
Gb	+ 13′
	42° 31′
Errechneter Winkel:	− 24° 24′
	= 0° 07′

(Interzept oder Unterschied)

Der gemessene Winkel ist also um 7′ größer, d. h. wir müssen mehr zur Sonne aufsehen, das Schiff ist näher dran.

Zeichnen der Standlinie

Keinesfalls darf beim Zeichnen der Standlinie der Fehler gemacht werden, daß vom gegißten Schiffsort ausgegangen wird. Dieser war nur dafür da, um einen in der Nähe liegenden Rechenort zu finden. Zum Zeichnen muß also der Rechenort verwendet werden.

Wie zeichnet man die Standlinie?

1. Einzeichnen des Rechenortes.
2. Durch den Rechenort das Azimut zum Gestirn zeichnen.
3. Senkrecht im Rechenort auf dem Azimut eine Linie zeichnen, und diese dann um 7′ (Interzept) näher an die Sonne, also in Richtung 257° verschieben. Dies ist die Standlinie.

Die Mittagsbreite

Die Mittagsbreite wird auch heute trotz Elektronenrechner und Nautischer Tafeln gern verwendet, weil sie schnell zu rechnen ist und unmittelbar – ohne Zeichnen – eine Schiffsortkoordinate gibt. (Betreff Schiffskoordinate siehe auch im Kapitel »Die Adresse des Schiffsortes ...«, S. 303). Sie kann nur während der Schiffsmittagszeit genommen werden. Schiffsmittag ist dann, wenn die Bildpunktlänge genau der Schiffslänge entspricht. Das läßt sich auch ohne Berechnung feststellen, indem die Sonne beobachtet und dann gemessen wird, wenn sie sich am höchsten Punkt ihrer Bahn (Kulmination) befindet. Dann steht sie nämlich in N oder S vom Beobachter, Schiffs- und Bildpunktlänge sind gleich! Um nicht unnötig Zeit an Deck zu vertrödeln, ist es allerdings besser, mit Hilfe des gegißten Schiffsortes die Mittagszeit zu berechnen. Ein Fehler von bis zu 20 Meilen im Schiffsort bleibt hier ohne Einfluß, weil die Sonne – scheinbar – zur Mittagszeit mehrere Minuten in derselben Höhe verharrt.

Beispiel:
Am 1. August 1975 beträgt die gegißte Schiffslänge 22° W. Wann ist Mittag?
Die Sonne legt in 24 Stunden genau 360°, also in einer Stunde 15° zurück. Eine Stunde, nachdem sie in Greenwich war, befand sie sich also auf 15°. Wie lange sie für die verbleibenden 7° benötigt, ergibt sich wiederum direkt aus der Schalttafel. Auf der Seite für 28′ steht, daß die Sonne für 7° 0,0′ genau 28 m und 0 s benötigt. Sie wird also auf der Schiffslänge von 22° genau um 1 h und 28 m nach Greenwich stehen. Somit ergibt sich

T	=	12 Stunden	6 Minuten
15°	= +	1 Stunde	0 Minuten
7°	= +		28 Minuten
		13 Uhr	34 Minuten

Die Mittagszeit läßt sich leicht vorausberechnen. In der Spalte »Sonne« im Nautischen Jahrbuch steht unten als »T« der Kulminationszeitpunkt der Sonne in Greenwich. Es muß dann nur noch ausgerechnet werden, wie lange der Bildpunkt der Sonne von Greenwich zum Schiffsort benötigt, oder um wieviel Zeit die Sonne vor diesem Zeitpunkt auf der Schiffslänge gewesen ist.
Um 13 h 34 m können wir also an Deck gehen und dort die Sonne beobachten. Sie wird ca. 4 m unter ein- und demselben Winkel zu sehen sein. Die Formeln für die Mittagsbreite sind denkbar einfach.
Auf der Nordhalbkugel gelten:

1. Die Deklination ist nördlich, die Sonne sieht man mittags im Süden:

Breite = 90° + Deklination
− (gemessener Winkel + Gb)

2. Die Deklination ist südlich, weshalb auf der Nordhalbkugel die Sonne immer im Süden zu sehen ist.

Breite = 90° − Deklination
− (gemessener Winkel + Gb)

3. Die Deklination ist nördlich, man sieht die Sonne mittags im Norden.

Breite = gemessener Winkel
+ Gb + Deklination − 90°

Beispiel:
Am 1. August 1975 13 h 34 m wird die Sonne an ihrem höchsten Punkt im Süden mit 67° 24′ gemessen.

	90°
Deklination	+ 18° 05′
	108° 05′
gemessener Winkel + Gb	− 67° 41′ (67° 24′ + 13′)
Schiffsbreite	= 40° 24′ N

Die Mittagsbreite wird auch deshalb noch gerne verwendet, weil sie meist mit Sonnenmessung am Vormittag oder am Nachmittag einen guten Schnittpunkt ergibt. Selbstverständlich können diese beiden Standlinien nur dann ohne weiteres gekreuzt werden, wenn das Schiff zwischen beiden Messungen am gleichen Platz geblieben ist. Wurde allerdings eine größere Strecke dazwischen zurückgelegt, so muß die erste Standlinie – wie bereits aus der terrestrischen Navigation bekannt – in Kursrichtung um die zurückgelegte Anzahl von Seemeilen versegelt werden.

Der Mond

Warnung: Der Mond darf zur Standliniengewinnung nachts nicht verwendet werden, weil dann die Kimm überstrahlt und nicht sichtbar ist. Während der Halbmondphase ist er dagegen ein hervorragendes Peilobjekt, weil er sich mit Sonnenstandlinien, die gleichzeitig genommen werden können (also keine Unsicherheiten aus einer Versegelung!) günstige Schnittwinkel bildet. Unbrauchbar ist er auch bei Vollmond, da sein Azimut ziemlich entgegengesetzt der Sonne ist, und deshalb beide Azimute keinen nennenswerten Schnittwinkel bilden. Der Mond unterscheidet sich von der Berechnung einer Sonnenstandlinie folgendermaßen:

Gesamtbeschickung

Die Tabelle hierfür steht auf Seite 42 des Nautischen Jahrbuches. Neben den üblichen Eingängen wie bei der Sonne (gemessener Winkel und Augeshöhe) ist hier aber auch noch die Horizontalparallaxe (»HP«) wegen der großen Nähe des Mondes zur Erde zu berücksichtigen. Der Wert hierfür steht unter dem jeweiligen Datum in der Spalte Mond des Nautischen Jahrbuches.

Greenwichwinkel

Da die Bewegung der Sonne um die Erde außerordentlich gleichmäßig ist, lassen sich die Werte zwischen den einzelnen Stunden für den Greenwich-Winkel ohne weiteres aus einer Schalttafel entnehmen, der eine Sonnengeschwindigkeit von 15° pro Stunde zugrunde gelegt ist. Dagegen variiert die Geschwindigkeit des Mondes geringfügig. Die Schalttafel-Spalte »Mond« gilt für seine Mindestgeschwindigkeit. Nachdem der Mond aber an dem betreffenden Tag wahrscheinlich nicht diese Mindestgeschwindigkeit hat, muß zusätzlich ein Wert aus der Schalttafel hinzugezählt werden. Dieser Wert ist als »Unt« angegeben.

Beispiel:
Bildpunktlänge des Mondes am 1. 8. 75 um 10 h 28 m 10 s:

MGZ 10 h	51° 31,3′
28 m 10 s	+ 6° 43,3′
Verbesserung für »Unt« = 10′9 aus der Schalttafel	+ 5,1′
	58° 19,7′

Deklination

Nachdem sich die Deklination der Sonne nur wenig verändert, werden dort die Zwischenwerte zwischen den vollen Stunden »über den Daumen gepeilt« und Ab- oder

Nautisches Jahrbuch

42

Gesamtbeschickung für den Kimmabstand des Mondunterrandes

Kimm-abstand	Horizontal - Parallaxe 54.0′	54.5′	55.0′	55.5′	56.0′	56.5′	57.0′	57.5′	58.0′	58.5′	59.0′	59.5′	60.0′	60.5′	61.0′
°	′	′	′	′	′	′	′	′	′	′	′	′	′	′	′
3	+48.4	49.1	49.7	50.3	50.9	51.5	52.2	52.8	53.5	54.1	54.7	55.3	56.0	56.6	57.3
3.5	+49.8	50.5	51.1	51.7	52.3	52.9	53.6	54.3	55.0	55.6	56.2	56.8	57.5	58.1	58.8
4	+51.0	51.7	52.3	52.9	53.5	54.1	54.8	55.5	56.2	56.8	57.4	58.0	58.7	59.3	60.0
4.5	+52.0	52.7	53.3	53.9	54.5	55.1	55.8	56.5	57.1	57.8	58.4	59.0	59.7	60.3	60.9
5	+52.9	53.6	54.2	54.8	55.4	56.0	56.7	57.3	58.0	58.6	59.2	59.8	60.5	61.1	61.8
5.5	+53.6	54.3	54.9	55.5	56.1	56.8	57.4	58.1	58.7	59.3	59.9	60.6	61.3	61.9	62.5
6	+54.3	54.9	55.5	56.2	56.8	57.4	58.1	58.7	59.3	60.0	60.6	61.3	61.9	62.5	63.1
6.5	+54.8	55.4	56.0	56.7	57.3	57.9	58.6	59.2	59.8	60.5	61.1	61.8	62.4	63.0	63.6
7	+55.3	55.9	56.5	57.1	57.8	58.4	59.1	59.7	60.3	60.9	61.6	62.2	62.9	63.5	64.1
7.5	+55.7	56.3	56.9	57.5	58.2	58.8	59.5	60.1	60.7	61.3	62.0	62.6	63.3	63.9	64.5
8	+56.0	56.7	57.3	57.9	58.5	59.1	59.8	60.4	61.0	61.6	62.3	62.9	63.6	64.2	64.8
8.5	+56.3	57.0	57.6	58.2	58.8	59.4	60.1	60.7	61.3	61.9	62.6	63.2	63.9	64.5	65.1
9	+56.5	57.2	57.8	58.4	59.1	59.7	60.3	60.9	61.6	62.2	62.8	63.4	64.1	64.7	65.4
9.5	+56.8	57.4	58.0	58.6	59.3	59.9	60.5	61.1	61.8	62.4	63.0	63.6	64.3	64.9	65.6
10	+57.0	57.6	58.2	58.8	59.5	60.1	60.7	61.3	62.0	62.6	63.2	63.8	64.5	65.1	65.8
11	+57.3	57.9	58.5	59.1	59.8	60.4	61.0	61.6	62.3	62.9	63.5	64.1	64.8	65.4	66.1
12	+57.5	58.1	58.7	59.3	60.0	60.6	61.2	61.8	62.5	63.1	63.7	64.3	65.0	65.6	66.2
13	+57.6	58.3	58.9	59.5	60.1	60.7	61.3	61.9	62.6	63.2	63.9	64.5	65.1	65.7	66.3
14	+57.7	58.3	58.9	59.5	60.2	60.8	61.4	62.0	62.7	63.3	63.9	64.5	65.2	65.8	66.4
15	+57.7	58.4	59.0	59.6	60.2	60.8	61.4	62.0	62.7	63.3	63.9	64.5	65.2	65.8	66.4
16	+57.7	58.4	59.0	59.6	60.2	60.8	61.4	62.0	62.7	63.3	63.9	64.5	65.1	65.7	66.4

Aufrundungen vorgenommen. Beim Mond ist dies nicht möglich, da sich seine Deklination außerordentlich schnell ändert. Aber auch hier ist die Ausrechnung einfach, man braucht nur mit dem Unt. aus dem Nautischen Jahrbuch in die Schalttafel unter der entsprechenden Seite einzugehen und wie vorher beim Greenwich-Winkel die Verbesserung herauslesen. Die Deklination beträgt für 10 h 28 m 10 s:

10 Uhr	18° 32,0′
Verbesserung für Unt. 5′7	
	+ 2,7′
	18° 34,7′

Hier heißt es aufpassen: Während bei dem Greenwich-Winkel Zuwachs und Verbesserung immer addiert werden, kann es bei der Deklination möglich sein, daß die Verbesserung auch abgezogen werden muß. Dies ergibt sich nur aus dem Vergleich von vorhergehendem Stundenwert mit dem nachfolgenden.
Die übrige Ausrechnung von Winkel und Azimut ist in gleicher Weise vorzunehmen, wie vorher bei der Sonne. Auch im Zeichnen der Standlinie gibt es keinen Unterschied.

Planeten

Sie lassen sich gut für astronomische Standlinien verwenden, wenn gleichzeitig die Kimm deutlich zu sehen ist. Bei der Berechnung der Standlinie gibt es im Vergleich zur Sonne keine Unterschiede, lediglich im Nautischen Jahrbuch und in der Gesamtberichtigungstabelle müssen die entsprechenden Spalten benutzt werden.

Fixsterne

Sterne können nur dann gemessen werden, wenn sie bereits und die Kimm noch, oder die Sterne noch und die Kimm schon wieder eindeutig ausgemacht werden können. Erfahrungsgemäß ist deshalb eine Sternenbeobachtung nur während der Morgen- oder Abenddämmerung möglich. In mondheller Nacht lasse man sich nicht täuschen, meist ist auch hier die Kimm vom Mond überstrahlt und deshalb nicht auszumachen.
Es ist nicht notwendig, daß der Navigator Sterne kennt, sondern er wird Winkel und Azimut mit Hilfe des ersten Bandes der Pub. No. 249 von bestimmten Sternen (»Selected Stars«) vorausberechnen, zum berechneten Zeitpunkt in der Dämmerung den Horizont mit voreingestelltem Winkel am Sextanten in Richtung des Sternes absuchen und dort im Fernglas – nicht aber mit bloßem Auge – den Stern dann sehen. Daß er hierbei einen falschen erwischt, ist höchstunwahrscheinlich und würde mit Sicherheit beim Zeichnen bemerkt werden.
Mit Band I von Pub. No. 249 ist die Berechnung der Sterne einfacher als die Gewinnung einer Sonnenstandlinie. Es ist nämlich keine Deklination mehr nötig, sondern nur noch die ganzgradige Breite des Rechenortes und des ganzgradigen LHA mit dem Frühlingspunkt oder »Aries« – gleichgültig, welcher Stern auch ausgewählt wurde. Der »Aries« ist nicht etwa ein bestimmtes Sternbild, sondern ein rein rechnerischer Punkt am Firmament, auf den alle Sterne im Band I der Pub. No. 249 bezogen sind. Seine Bildpunktkoordinaten stehen im Nautischen Jahrbuch. Sollen zu einem bestimmten Zeitpunkt Sterne gemessen werden, so wird der LHA mit dem Aries für diesen Zeitpunkt ausgerechnet und direkt unter der betreffenden Breite in den I. Band der Tafel eingegangen. Fix und fertig stehen dort Azimut und errechneter Winkel für sieben ausgewählte Sterne. Man beachte, daß im Gegensatz zu den übrigen Bänden der Pub. No. 249 hier die Breite jeweils als Nord- oder als Süd-Breite bezeichnet wird (und nicht mit »same« oder »contrary«).
Ist einer dieser Sterne mit dem Sextanten im eingestellten Winkel eingefangen, wird wie bei der Sonne die genaue Zeit der Beobachtung gestoppt und dann wie dort die Standlinie ausgerechnet. Die Sextantenmessung muß dabei selbstverständlich auch um die Gesamtberichtigung verbessert werden, die in der Gb-Tafel für Sterne im Nautischen Jahrbuch steht.
Im Gegensatz zu Band II und Band III der Pub. No. 249 gilt der I. Band unmittelbar nur für ein ganz bestimmtes Jahr. Die Tafeln lassen sich jedoch aber auch in den vorangegangenen und nachfolgenden Jahren verwenden, wenn die Standlinie anschließend noch geringfügig verschoben wird. Um wieviel Meilen und in welcher Richtung die Standlinie verschoben werden muß, ersehen wir aus der Tafel 5 im Anhang zum Band I.

Funkortungsverfahren

Funkeigenpeilung

Wie bei allen Navigationssystemen wird auch mit Hilfe der Funkeigenpeilung versucht, nach folgendem einfachen Prinzip, eine Standlinie zu bekommen: Nahezu alle Antennen, mit denen Radiowellen empfangen werden sollen, sind mehr oder weniger richtungsempfindlich. Das heißt, je nach ihrer Stellung zum ausstrahlenden Sender, sind sie in der Lage, viel oder wenig Sendeenergie aufzunehmen. Im Radioempfänger äußert sich das darin, daß der Ton, der letztlich aus dem Lautspre-

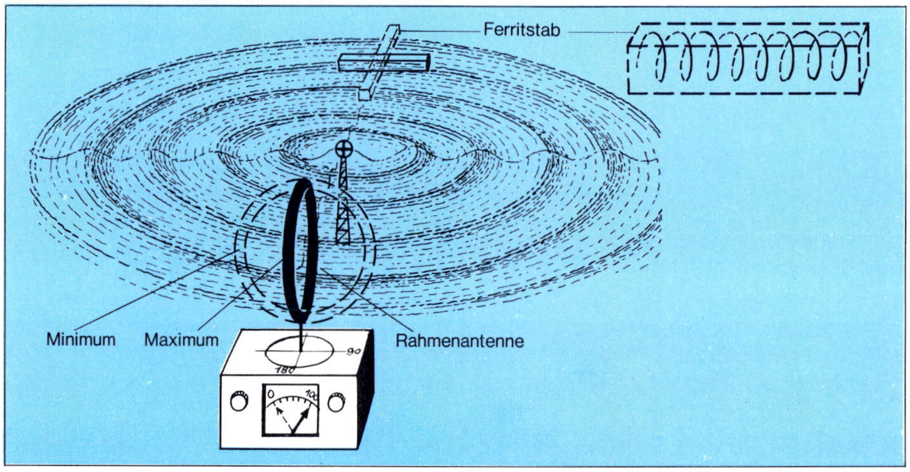

cher an unser Ohr gelangt, laut oder leiser wird. Bei der Funkpeilung werden an Bord Antennen mit ausgeprägter Richtungsempfindlichkeit verwendet. Wird die Antenne solange gedreht, bis sie ein »Maximum« an Radioenergie aufnimmt (der Ton ist am lautesten), läßt sich dann aus der Stellung der Peilantenne genau erkennen, in welcher Richtung der Sender liegt. Er wurde gepeilt.

Ist die drehbare Antenne nunmehr noch mit einer 360-Gradeinteilung (0 Grad genau in Richtung Bug) versehen, so kann diese »Seitenpeilung« in genau der gleichen Weise zu einer Standlinie in der Seekarte verarbeitet werden, wie eine ganz gewöhnliche optische Peilung mit der Peilscheibe, bei der ein Landobjekt angepeilt und gleichzeitig der Kompaßkurs festgehalten wird.

Durchführung einer Funkpeilung

1. Abstimmen des Senders

Zu Navigationszwecken eignen sich nur ganz bestimmte Sender. Die Seefunkfeuer sind in der Karte mit »RC« angegeben. Ein Peilsender sollte nicht weiter als 50 Seemeilen vom Schiffsort entfernt sein. Stehen in dieser Reichweite mehrere Seefunkfeuer, so werden diejenigen gewählt, deren Standlinien letztlich den günstigsten Schnittpunkt zu einem Schiffsort ergeben. Die Frequenz, das ist – grob gesagt – die Stelle auf der Skala, die auf dem Peilempfänger eingestellt werden muß, findet sich in der einschlägigen Literatur, insbesondere im Nautischen Funkdienst, Band II, in dem sämtliche Seefunkfeuer der Erde verzeichnet sind. Alle Peilsender liegen im Frequenzbereich zwischen 285 KHz und 415 KHz. Über diesen Bereich muß der Peilempfänger also verfügen, das ist einer der Gründe, warum nur spezielle Radioempfänger an Bord zum Peilen verwendet werden können.

In vielen Gebieten der Erde sind überhaupt keine Seefunkfeuer. Dort können auch Flugfunkfeuer benutzt werden, also jene Peilsender, an denen sich die Luftfahrt orientiert. Flugfunkfeuer allerdings, die weit landeinwärts stehen, sind ungünstig. Auch die Position der Flugfunkfeuer und ihre Frequenz sind im Nautischen Funkdienst Band II angegeben.

Ist die entsprechende Sendeart (im Nautischen Funkdienst ist angegeben, ob A 1, A 2 oder A 3) und die Frequenz nunmehr auf dem Peilempfänger eingestellt, so kann es passieren, daß mehrere Sender gleichzeitig zu hören sind. Es muß also vorher in jedem Fall feststehen, daß tatsächlich nur der ausgewählte Peilsender empfangen wird. Nachdem es dort keine gesprochene Ansage gibt, erscheint es vor allem dem Anfänger meist schwierig, die Identität des Senders festzustellen. Im Nautischen Funkdienst, Band II, und in den entsprechenden Veröffentlichungen für den Yachtfunkdienst ist neben der Position und Frequenz zu jedem geeigneten Sender auch seine »Kennung« angegeben. Meist besteht sie aus zwei oder drei gemorsten Buchstaben. Diese werden in langsamem Rhythmus öfters wiederholt und sodann durch einen längeren »Peilstrich« (Dauerton) abgelöst. In der Praxis bereitet es, sofern man ein Verzeichnis der Morsebuchstaben zur Hand hat, keine Schwierigkeiten, den Sender genau festzustellen.

2. Das Peilen

Ist der Sender so eingestellt, daß er mit eingeschalteter Hauptantenne (Rundum-Antenne) mit der größtmöglichen Lautstärke empfangen wird, kann nunmehr auf die Peilantenne umgeschaltet werden. Gleich welches Antennensystem benutzt wird, ob per Hand oder automatisch, nach Gehör, mit Zeigerinstrument oder gar mit Hilfe einer Braun'schen Röhre die Richtung zum Sender festgestellt wird, man bedient sich doch immer des oben erwähnten einfachen Prinzips der Funkpeilung. Allerdings wird heute kaum noch nach »Maximum« gepeilt. Unser Gehör reagiert nämlich

Funkpeilgerät

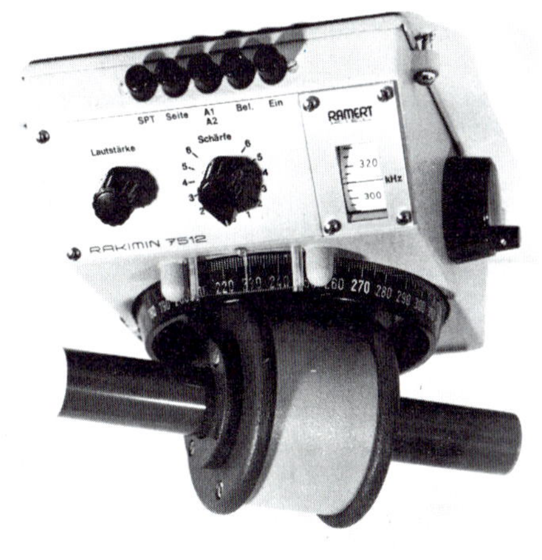

dann wesentlich empfindlicher, wenn wir mit Hilfe der drehbaren Peilantenne auf geringstmögliche Lautstärke einstellen, also die Position der Antenne aufsuchen, in der sie ein »Minimum« an Sendeenergie aufnimmt. (Falls der Radioempfänger über einen eingebauten Schwundausgleich verfügt, muß dieser abgeschaltet sein).

Aber auch wenn das Minimum gepeilt wird, und wir zum Schutz gegen Außenlärm einen Kopfhörer tragen, gibt es in der Praxis Schwierigkeiten, die genaue Stellung zu finden. Eindeutiger gelingt das, und dies ist nicht einmal wesentlich teurer, wenn wir einen Radioempfänger benutzen, der über ein eingebautes Meßinstrument verfügt. Wesentlich deutlicher läßt sich daran am Zurückgehen der Nadel die Minimumstellung herausfinden. Die »besseren« Peilempfänger besitzen sogar eine Vorrichtung, um das Minimum zu »schärfen«, was dazu führt, daß der Zeiger des Meßinstrumentes in der Minimumstellung noch spontaner auf Null zurückgeht als ohne diese Zusatzeinrichtung.

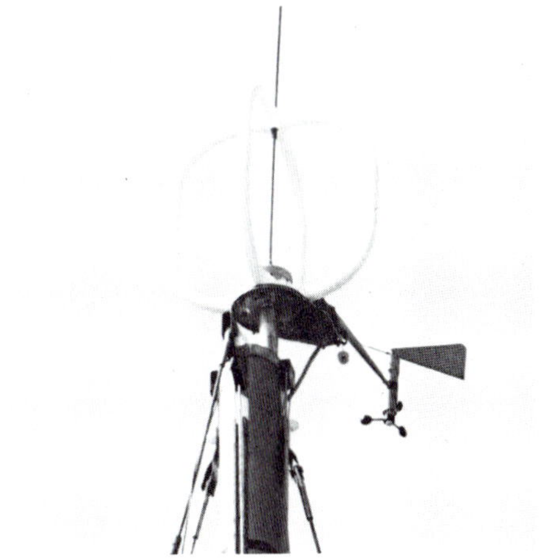

Peilantenne am Masttopp

Auch beim sogenannten Gonio-Peiler wird dieses Prinzip verwandt. Der Unterschied besteht lediglich darin, daß die eigentliche Peilantenne nicht manuell vom Navigator gedreht wird, sondern daß mit Hilfe zweier »Peilkabel« der Radioenergiezustand um die Peilantenne elektrisch zum Empfänger übertragen wird und dort dann gepeilt werden kann. Der Vorteil dieses Systems besteht darin, daß die Peilantenne an einem störungsfreien Ort (Masttopp) angebracht werden kann.

Nach einem ähnlichen Prinzip arbeitet ein Sichtfunkpeiler, bei dem die Peilung auf

einer Bildröhre, die von einem Gradnetz umrahmt wird, abgelesen wird.
Von der Fliegerei her werden immer mehr automatische Funkpeiler übernommen (ADF = Automatic-Direction-Finding). Auch diese beruhen auf dem gleichen Grundprinzip, doch ist es hier nicht mehr notwendig, von Hand eine Peilantenne zu drehen, meist wird ein Zeiger elektromagnetisch so bewegt, daß er auf einer Skala mit Gradeinteilung die Seitenpeilung zum Funkfeuer direkt angibt.

3. Die Funkbeschickung

Ein grundlegender Unterschied zur optischen Schiffsseitenpeilung besteht bei der Funkpeilung. Während bei der Peilung über der Peilscheibe mit Recht davon ausgegangen wird, daß das Peilobjekt tatsächlich sich dort befindet, wo wir es auch sehen, kann der Funkstrahl auf seinem Weg vom Empfänger zur Peilantenne durch Metallteile an Bord so abgelenkt worden sein, daß die gepeilte Richtung mit der tatsächlichen Seitenpeilung nicht mehr identisch ist. Am leichtesten läßt sich das dadurch feststellen, daß der Sendeturm des Funkfeuers gleichzeitig mit der Peilscheibe optisch und mit der Peilantenne elektrisch angepeilt wird. Bei einer Segelyacht können hierbei Unterschiede bis zu 15° auftreten. Bei Einsatz eines Funkpeilers müssen deshalb diese Werte in einer Funkbeschickungskurve festgehalten werden. Sie wird durch Drehung des Schiffes bei gleichzeitiger optischer und Radiopeilung des Sendemastes eines Peilsenders von 10° zu 10° (besser: 5° zu 5°) aufgestellt.

Funkbeschickungskurve

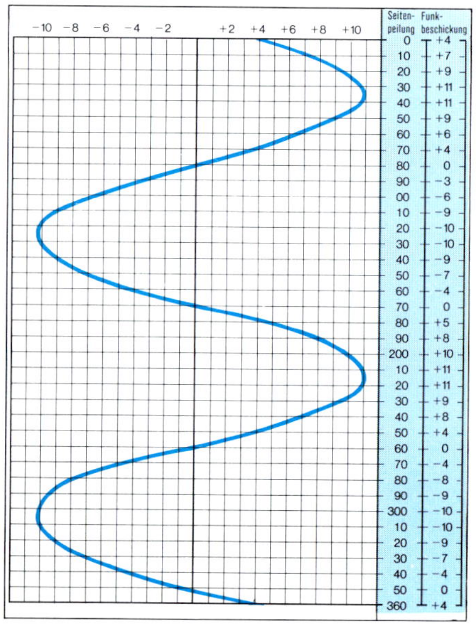

In die Berechnung der Standlinie wird die Funkbeschickung nach ähnlichen Grundsätzen mit einbezogen, wie die Deviation bei einer Kompaßpeilung. Die Verwandlung der Eigenpeilung in eine rechtweisende Peilung, die letztlich dann als Standlinie in die Karte eingezeichnet wird, sieht also z. B. bei einer Funkpeilung von 224°, einer Mißweisung und einer Deviation von − 3° und − 5° so aus:

Funkpeilung	= 224°	+
Funkbeschickung	= + 11°	
Kompaßkurs	= 110°	
Deviation	= − 5°	
mißweisende Peilung	= 340°	
Mißweisung	= − 3°	
rechtweisende Peilung	= 337°	

Vorsicht!

Funkpeilungen sind außerordentlich beliebt, weil sie sehr bequem sind. Bei schlechtem, stürmischen Wetter braucht sich der Navigator nicht einmal an Deck zu begeben. Trotzdem wird dringend zur äußersten Vorsicht mit Funkpeilungen geraten.

Dämmerungseffekt

Weder in der Abend- noch in der Morgendämmerung darf eine Funkpeilung verwendet werden. Auch nicht im Notfall! Durch den Dämmerungseffekt können Verfälschungen bis 90° (!) in die Rechnung eingehen, ohne daß der Navigator es bemerkt. Zwar sind bei vielen Sendern spezielle Antennen montiert, die diesen Effekt vermeiden sollen, doch ist trotzdem geraten, eine Funkpeilung eben vor oder nach der Dämmerung vorzunehmen. Aber auch zur Nachtzeit muß mit dem Auftreten des Nachteffektes gerechnet werden. Er verfälscht eine Peilung nicht in dem krassen Maße wie der Dämmerungseffekt. Trotzdem sollte eine Funkpeilung nachts nur sehr bedachtsam als Hilfsmittel herangezogen werden.

Landeffekt

Hat der Funkstrahl eine größere Strecke über Land zurückzulegen und überquert er die Küste nicht rechtwinklig, so kann er beim Übergang von Land auf Wasser gebrochen werden. Die Stärke des Landeffektes ist noch nicht erforscht und deshalb im wörtlichen Sinne unberechenbar.

Veränderung der Funkbeschickungskurve

Alle metallischen Veränderungen an Deck oder am Rigg können eine Verfälschung der Funkbeschickung zur Folge haben. Dies kann bei starker Krängung und auf verschiedenen Kursen (Spinnakerbaum) der Fall sein. Deshalb auch hier Vorsicht.

Steuerfehler und Veränderung der Steuertafel

Wie bei der optischen Schiffsseitenpeilung mit Hilfe der Peilscheibe gehen sämtliche Steuerfehler und nicht berücksichtigten Ablenkungsfehler des Kompasses voll in die Standlinien ein. Aber auch wenn die Peilantenne direkt über einem Handkompaß aufgebracht ist, hat man mit einer Reihe von unkontrollierbaren Fehlern zu rechnen. Insbesondere sei hier die nicht erfaßte Deviation des Handkompasses (Nähe von Instrumenten) erwähnt. Dieses System der Funkpeilung sollte deshalb von einem »gewissenhaften« Navigator nicht verwendet werden.

»Seite«

Wird mit einer einfachen Peilantenne ein Funkfeuer angepeilt, so lassen sich jeweils zwei um 180° versetzte Minima und Maxima feststellen. Immer muß sich also der Navigator darüber im klaren sein, auf welcher Seite das Funkfeuer sich befindet. In den meisten Fällen wird dies keine Schwierigkeit bedeuten. Eine Reihe von »besseren« Geräten sind mit einem »Seite«-Schalter ausgerüstet, mit dessen Hilfe der Navigator auch an der Peilung erkennen kann. ob das Funkfeuer sich hinter ihm oder vor ihm befindet.
Bei so vielen Wenn und Aber muß die Frage nach der Daseinsberechtigung der Funkpeilung für Yachten aufgeworfen werden. Hierauf ist zu antworten, daß die Eigenpeilung keines der klassischen Navigationsverfahren ersetzen kann, sie aber in Situationen, in denen jene versagen, eine wertvolle, weil einzige, Hilfe sein kann. Es sei hier insbesondere auf Nebelfahrten in tiefen Gewässern verwiesen, bei denen eine schlechte Funkstandlinie, die nur mit äußerster Vorsicht verwertet werden sollte, sicher besser ist, als keinerlei Anhaltspunkte oder tagelanges Koppeln.

Consolfunk

Consolsender sind in der Seekarte als »RW« bezeichnet. Es gibt nicht viele in Europa, die bekanntesten sind Stavanger und Lugo in Spanien. Das Prinzip der Consolfunkpeilung besteht – vereinfacht – darin, daß eine Sendergruppe Morsepunkte und -striche ausstrahlt. Um den Sender herum sind insgesamt 24 Sektoren gebildet, unterteilt in 12 A-Sektoren und 12 B-Sektoren. Wenn das Schiff in einem A-Sektor steht, beginnt der Ausstrahlungszyklus von 30 Sekunden nach der Kennung des Funkfeuers mit Punkten, beim B-Sektor mit Strichen. Insgesamt werden pro Ausstrahlung 60 Zeichen gesendet. Bei einem A-Sektor beginnt somit beispielsweise die Ausstrahlung mit Punkten, die zu Beginn sehr deutlich zu hören sind, im Laufe der Sendung allerdings immer mehr in den Hintergrund treten und in einem Dauerton verschwimmen, bis sich aus diesem zunächst nicht deutlich, dann aber immer klarer, Striche herauslösen. Da in der Mitte der Sendung Striche und Punkte verschwimmen, und somit bei der Auszählung einige Zeichen verlorengehen, müssen diese später ergänzt werden. Das ist einfach, da bekannt ist, daß eine Ausstrahlung insgesamt 60 Zeichen umfaßt. Sind 14 Punkte und 40 Striche gezählt worden, so fehlen insgesamt 4 Zeichen, wovon die Hälfte den Punkten und die andere Hälfte den Strichen zugezählt wird. Alles was der Navigator nun noch zu tun hat, ist auf einer speziellen Consolfunkkarte die Linie in seinem A-Sektor mit den 16 Punkten zu suchen, die unmittelbar eine Standlinie bedeutet.

Das Consolfunkverfahren bringt dem Navigator im Gegensatz zur Schiffseigenpeilung eine Reihe von Vorteilen:

- Keine spezielle Peilantenne nötig wie bei der Funkeigenpeilung
- gewöhnlicher Radioempfänger, der mit der entsprechenden Frequenz und einem BFO (= Überlagerer) ausgestattet ist, reicht aus.
- Über weite Entfernungen (bis 1500 Seemeilen zum Sender) verwendbar.
- Keine Funkbeschickung notwendig und damit Rechenersparnis.
- Nachteffekt nur zwischen 200 und 400 Seemeilen.
- Genauigkeit wesentlich besser als bei der Funkeigenpeilung.

Radar

Nachdem die Abmessungen immer geringer, unsere Stromerzeuger leistungsfähiger und die Anschaffungskosten erschwinglicher werden, finden Radargeräte, die einst der Großschiffahrt vorbehalten waren, immer mehr Zugang auf größeren Yachten. Radar dient aber nicht nur dazu, um die Umgebung bei Nacht und Nebel als schwach leuchtende Echos auf dem Bildschirm sichtbar zu machen, sondern auch um außerordentlich einfache und schnelle Abstandsmessungen zu Landobjekten vorzunehmen und die Schiffsseitenpeilung festzustellen.

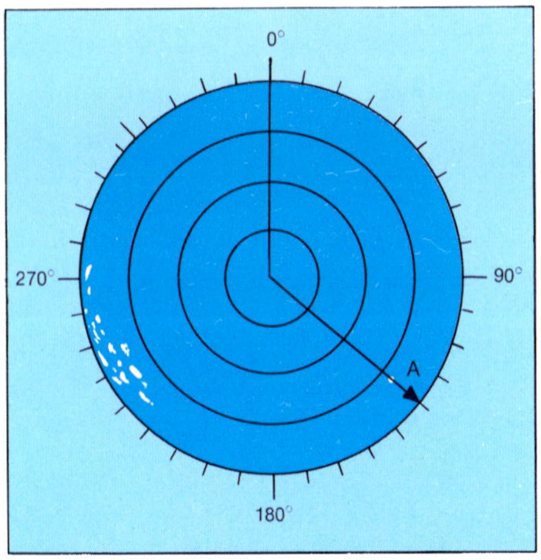

Die Hauptschwierigkeit dürfte darin bestehen, entsprechende Radarechos auf dem Bildschirm mit Sicherheit als Peilobjekt zu identifizieren. Ist der richtige »Bereich« eingeschaltet, so läßt sich auf dem Schirm mit Hilfe der konzentrischen Entfernungskreise um die Bildmitte als Schiffsort mit einem Blick die Entfernung recht genau ablesen. Mit Hilfe des Peilstriches, der in einer Gradeinteilung um den Schirm herum mündet, bekommt der Navigator auch gleich die Schiffsseitenpeilung mitgeliefert.

Die Hyperbel-Verfahren

Allen Spielarten liegt dasselbe Prinzip zugrunde. Jeweils ein Senderpaar sendet phasengleich. An einem bestimmten Punkt treffen nun beide Radiowellen mit der gleichen Phasenlage ein, so daß die Phasendifferenz Null ist. An anderen Punkten wiederum treffen die Senderwellen aufgrund der verschiedenen Entfernung zum Empfänger mit ungleicher Phasenlage ein, so daß dort eine gewisse Phasendifferenz besteht. Würde man alle Punkte, bei denen die Ausstrahlung des Senderpaares mit gleicher Phasendifferenz empfangen wird, verbinden, so bekäme man in der Karte eine Hyperbel-Kurve. Mit Hilfe von hochkomplizierten Empfängern läßt sich nunmehr feststellen, auf welcher der Hyperbeln sich das Schiff befindet. In Spezialkarten sind diese Hyperbeln eingedruckt.

Das Decca-Verfahren konnte sich auf Yachten einerseits wegen des hohen Anschaffungspreises, andererseits wegen der örtlich begrenzten Anwendungsmöglichkeiten nicht durchsetzen. In Amerika fand jedoch beschränkten Zugang zur Yachtnavigation das Loran-Verfahren, das sich auch für größere Entfernungen von den Loran-Sendern (bis zu 1400 Seemeilen) eignet.

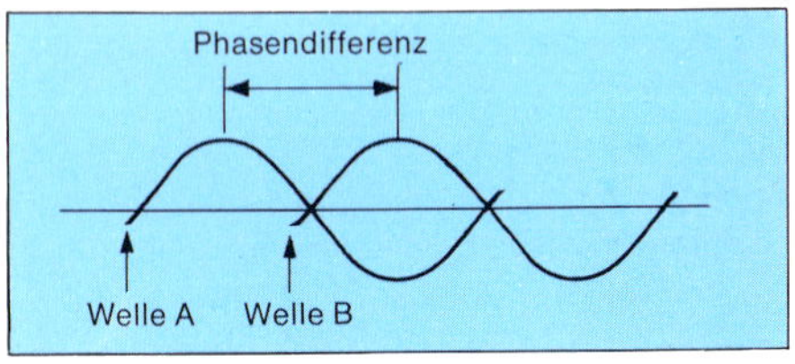

Einen Durchbruch in die Yachtnavigation scheint es nunmehr für das Omega-Verfahren zu geben. Um die gesamte Erdoberfläche abzudecken, reichen 8 Sender aus, die im Längstwellenbereich (12 KHz) arbeiten. Wird dem Empfangsgerät zu Beginn der Reise die Nummer der Hyperbeln, auf denen es sich befindet, eingegeben, so zählt es fortwährend digital die Anzahl der Hyperbeln mit, die unterwegs überfahren werden. Es können gleichzeitig bis zu drei

Ein Omega-Gerät

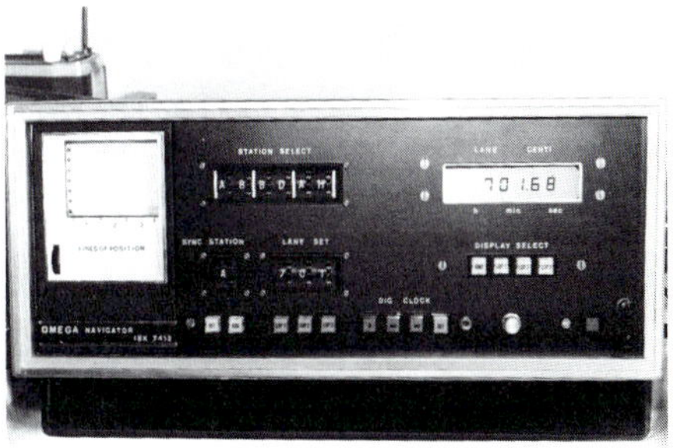

Hyperbeln (Senderpaare) empfangen und aufgezeichnet werden. Der Nachteil des Systems liegt auf der Hand: Es muß ununterbrochen mitlaufen. Das war einer der Gründe, warum sich auch dieses System bis jetzt auf Yachten nicht einführen

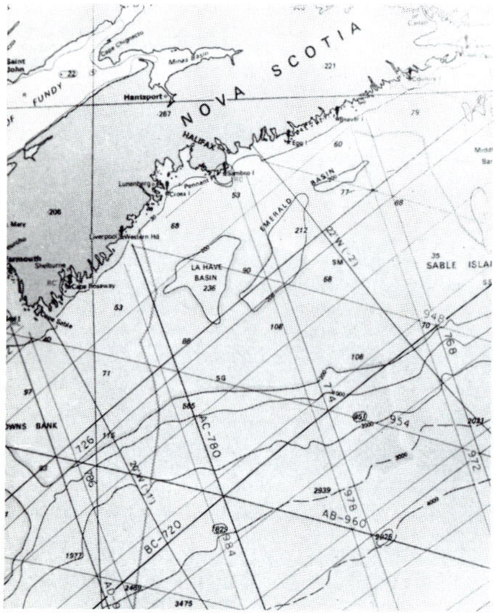

Ausschnitt aus einer Omega-Karte.

konnte. Nunmehr aber ist es mit Hilfe modernster Elektronik in jüngster Zeit gelungen, Geräte zu einem vernünftigen Anschaffungspreis (ca. 10000,– DM) zu entwickeln, die weniger Strom verbrauchen als die Kojenbeleuchtung. Was die Genauigkeit anbetrifft, stellt Omega auf Yachten alles in den Schatten:

Ungenauigkeit		
nachts	–	2 Seemeilen
tags	–	1 Seemeile

Zukunftsverfahren

Daneben gibt es derzeit noch kein Funkortungsverfahren, das für die Sportskipperei in nächster Zukunft interessant werden könnte. Ein leistungsfähiges, stromsparendes und billiges Trägheits-Navigationssystem, wie es derzeit auf Kriegsschiffen erprobt und eingesetzt wird, ist für uns noch Utopie. Auch die Funkortungsverfahren mit Hilfe von Satelliten (Satelliten-Navigation) sind für Yachten im derzeitigen Stadium noch viel zu aufwendig. Allein die notwendigen Computer übersteigen den Wert der ganzen Yacht bei weitem. (DM 100000 und mehr).

Sender

Verfügt die Segelyacht über ein leistungsfähiges Stromnetz, so sollte schon aus Sicherheitsgründen auf Yachten ab 10 m L. ü. a. ein Sender an Bord vorhanden sein. Der Laie wird sich bei dem Überangebot von Systemen hart tun, die richtige Wahl zu treffen. Für Yachten, in »unserer« Größe kommen folgende Geräte in Frage:

Grenzwellenanlage

Im AM-Verfahren (Amplituden Modulation) haben die üblichen Geräte für eine Yacht zwischen 30 und 50 Watt Ausgangsleistung. Das ergibt auf der Grenzwelle unter normalen Verhältnissen eine Reichweite von ca. 50 Seemeilen. Größere Werte werden zwar erreicht, sind jedoch nicht die Regel. Mit einer Grenzwellenanlage kann der Skipper Kontakt mit allen Küstenfunkstationen der Welt aufnehmen. Er kann auch in das öffentliche Telefonnetz eingespeist werden und damit über die nächste Küstenfunkstelle jeden Teilnehmer erreichen. Im Seenotfall wird der Skipper die Frequenz 2182 KHz benutzen, um dort einen Seenotruf abzusetzen. Auf dieser Frequenz kann er sicher sein, von einer Küstenfunkstelle oder von einem ausrüstungspflichtigen Schiff der Berufsschifffahrt gehört zu werden.
Zum Betrieb einer Grenzwellenanlage an Bord einer Yacht ist das amtliche Funksprechzeugnis und die Zuteilung eines Rufzeichens durch die Deutsche Bundespost notwendig. Sind diese Voraussetzungen nicht erfüllt, macht sich der Skipper wegen Schwarzsendens strafbar, ganz abgesehen davon, daß er kaum einen Gesprächspartner finden wird.
In Zukunft müssen die Grenzwellenanlagen auch für den SSB-Betrieb (Single-Side-Band) ausgerüstet sein, was die Geräte außerordentlich verteuern wird. Bisher mußte man für eine Empfangs- und Sendeanlage, die von der Deutschen Bundespost zugelassen war, ca. 4000 DM anlegen. Im SSB-Betrieb ist mit einer Steigerung um mindestens 50% zu rechnen.

UKW-Sender

Sie sind in der Anschaffung billiger und nahezu so leistungsfähig wie eine Grenzwellenanlage. In Ost- und Nordsee sowie in Skandinavien ist ein lückenloses Küstenfunknetz errichtet, so daß in diesen Gewässern nahezu von jedem Punkt aus eine Verbindung hergestellt werden kann. Außerdem ist Kanal 16 als Notfrequenz eingerichtet, die offiziell überwacht wird. Alle Küstenfunkstationen der Welt werden in Zukunft auch auf UKW-Betrieb umstellen. Sprechfunkzeugnis ist für den Betrieb dieser Anlagen, die bereits ab 2000 DM zu haben sind, notwendig.

Wetterkunde
für Segler

Wettergeschehen

Der Wind ist die treibende Kraft beim Segeln. Und Wetterumschläge können draußen auf dem Wasser gefährlich werden. Im Boot ist, ähnlich wie auf dem Berg, »jeder mit seinem Wetter« allein. Was wir als Wetter bezeichnen, findet in der Atmosphäre, der Lufthülle der Erde, statt: Wind, Regen, Wolken, Gewitter, Hagel oder Schnee. Ohne Atmosphäre hätten wir auch keinen blauen Himmel, keinen Regenbogen, kein Morgen- und Abendrot.

Bereits Aristoteles hat sich bemüht, die Windsysteme auf der Erde als Folge der Sonnenstrahlung zu erklären. Tatsächlich ist die Sonne die Energiequelle für das gesamte Wettergeschehen. Der physikalische Prozeß ist nicht ganz einfach, weil er von verschiedenen Faktoren beeinflußt wird:

- Abhängigkeit vom Sonnenstand, der wiederum von der geographischen Breite, der Tages- und der Jahreszeit abhängig ist.
- Zustand der Erdoberfläche (festes Land/offenes Meer).
- Reflexion und Absorption von Strahlung oberhalb und in der Atmosphäre.

Wäre die Erde ein feststehender Himmelskörper, würde sie am Äquator von der Sonnenstrahlung aufgeheizt werden. Die Folge wäre aufsteigende Warmluft, die von Kaltluft aus den Polgebieten ersetzt werden würde. Unter diesen Umständen hätten wir nur Nord- oder Südwinde. Doch die Erde rotiert in 24 Stunden um ihre Achse. Die Kaltluft der Polarregionen wird westwärts abgelenkt. So bilden sich typische Windsysteme:

- In niedrigen Breiten (Äquator) Ostwinde.
- In höheren Breiten (»gemäßigten Breiten«) Westwinde.

Die Tatsache, daß auf der Erde Wasserflächen und unregelmäßig verteilte Landflächen abwechseln, erklärt Störungen im Windsystem genauso wie ein abwechslungsreiches Wettergeschehen. Die Ostwinde in den äquatornahen Breiten (Passate, Monsun) werden an den Küsten der Kontinente gebremst. Der Westwindgürtel in mittleren Breiten auf der Nordhälfte der Erde wird von den Landmassen Europas, Asiens und Nordamerikas zerrissen. Am unverfälschtesten sind noch die Westwinde in den mittleren Breiten der Südhemisphäre.

Die meisten Wettervorgänge spielen sich in den unteren Schichten der Atmosphäre ab, in der sog. Troposphäre. Das ist vom Erdboden aus gemessen ein Bereich bis etwa 8000 m Höhe. Die Vielzahl der meteorologischen Erscheinungen lassen sich immer wieder mit einigen wenigen Elementen erklären. Die wichtigsten Elemente sind:

1. Der Luftdruck
2. Die Lufttemperatur
3. Der Wind
4. Die Luftfeuchtigkeit.

Messungen meteorologischer Elemente, z. B. des Luftdrucks, geben einen momentanen Zustand wieder. Mit Hilfe von Mittelbildungen über längere Zeit hinweg werden aus den Momentmessungen durchschnittliche Tages-, Monats- und Jahreswerte. So stellt man für bestimmte Gebiete typische Erscheinungsformen im Wettergeschehen fest. Langzeitliche Untersuchungen dieser Art gehören in den Bereich der Klimatologie.

Der Luftdruck

Die Lufthülle der Erde übt auf die Erdoberfläche einen erstaunlich starken Druck aus. Torricelli, ein Schüler Galileis, wies bereits nach, daß die Luftsäule auf jeden Quadratzentimeter der Erdoberfläche eine Kraft von rund 1 kg ausübt.

Torricellis Messungen erfolgten mit Hilfe einer Quecksilbersäule, die mit dem Luftdruck im Gleichgewicht stand. Noch heute ist es vielfach üblich, den Luftdruck nach den Millimetern Quecksilbersäule zu bestimmen, die nötig sind, um dem Luftdruck das Gleichgewicht zu halten. Dazu sind im Durchschnitt in Meereshöhe

> 760 mm (auch: 760 Torr)

notwendig. Üblicher ist es jedoch, den Luftdruck in Millibar anzugeben. Der Druck wird im physikalischen Maßsystem in Bar gemessen. 1 Bar ist der Druck, den 1 Megadyn auf einen Quadratzentimeter ausübt. Die Kraft, die zur Beschleunigung der Masse von 1 Gramm von 1 cm/sec^2 erforderlich ist, heißt dyn, und 1 Million dyn sind ein Megadyn. Die Unterteilung des Bar erfolgt in 1000 Millibar (mb).

> 1000 mb = 750 mm Quecksilbersäule (750 Torr), 750 Torr = 1013 mb

Es gibt sowohl Barometer mit mm-Teilung wie mit mb-Teilung. Als Hilfe bei der Umrechnung dient folgende Tabelle:

mb	mm
980	735
985	739
990	742,5
995	746,5
1000	750
1005	754
1010	757,5
1015	761,5
1020	765
1025	769
1030	772,5
1035	776,5
1040	780

Der Luftdruck nimmt mit der Höhe ab, etwa pro 8 m Höhenzunahme um 1 mb. Demzufolge eignet sich das Barometer auch als Höhenmesser und umgekehrt ein Höhenmesser als Barometer.

Das am meisten verbreitete Barometer ist das Dosenbarometer (Aneroid-Barometer). Es besteht aus einer luftleeren Metalldose, die eine Feder auseinanderzieht, während sie der Luftdruck zusammendrückt. So kann mit Hilfe eines Zeigersystems das Steigen und Fallen des Luftdrucks sichtbar gemacht werden. Und eine entsprechende Eichung ermöglicht das Ablesen des Luftdrucks in Millibar oder Millimeter. Mittels einer Stellschrau-

Barograph

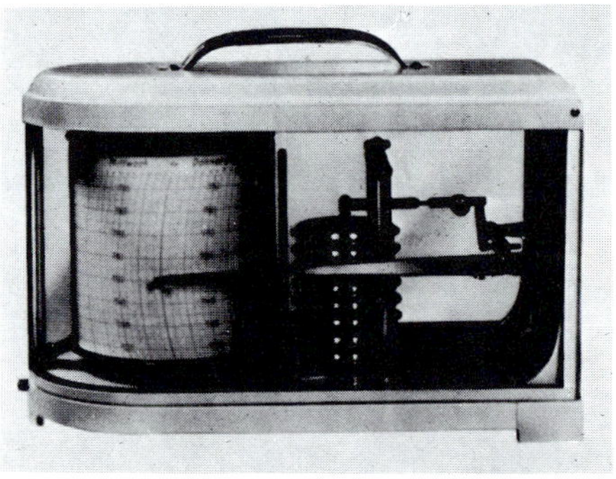

be auf der Rückseite des Barometers kann man das Gerät eichen.
Neben dem Skalenzeiger gibt es einen Merkzeiger, der wichtig ist, um die Veränderung des Luftdrucks festzuhalten.
Das Quecksilber-Barometer ist auf kleineren Schiffen zu unhandlich. Für Fahrtensegler kann sich ein Luftdruckschreiber (Barograph) als nützlich erweisen, da es mit seiner Hilfe möglich ist, den zeitlichen Ablauf der Luftdruckentwicklung zu verfolgen.

Vorsicht: der Barograph reagiert empfindlich auf alle Schiffsbewegungen (Seegang!). Eine entsprechend gepolsterte oder hängende Lagerung ist daher unbedingt ratsam.

Der Sportsegler wird in den allermeisten Fällen mit dem Aneroid-Barometer auskommen. Auf dieses Gerät soll er aber an Bord nie verzichten:

Das Barometer ist ein wesentlicher Bestandteil jeder Schiffsausrüstung. Luftdruckanstieg und Luftdruckfall sind Hauptdaten des Wettergeschehens.

Ein Hinweis für den Gebrauch von Wetterkarten: Alle Orte mit gleichem Luftdruck verbinden Linien, die sogenannten Isobaren. Ein Hochdruckgebiet ist auf der Wetterkarte als von Isobaren umschlossene Zone dargestellt, wobei die Isobaren nacheinander im Abstand fallenden Luftdruck markieren. Beim Tiefdruckgebiet ist es umgekehrt: die Isobaren zeigen mit zunehmendem Abstand steigenden Druck an.
Wetterkarten zeichnen in der Regel die Isobaren von 5 zu 5 Millibar (mb). Für Segler ist wichtig:

Großes Druckgefälle zeigen eng stehende Isobaren an – es ist mit auffrischendem Wind zu rechnen. Geringes Druckgefälle zeigen weit auseinander stehende Isobaren an – es ist mit wenig Wind zu rechnen.

Die Lufttemperatur

Der Wärmezustand der Luft beeinflußt das Wettergeschehen nachhaltig. Die Atmosphäre wird nicht direkt durch die Sonnenstrahlung erwärmt, sondern hauptsächlich von der durch Einstrahlung aufgeheizten Erdoberfläche. So ist es auch naheliegend, daß die Lufttemperatur mit der Höhe abnimmt. Eine Regel, die aber nur bis etwa 10000 m Höhe gilt.
Es reagiert nicht nur der Luftdruck auf Temperaturänderungen. Die unterschiedliche Erwärmung benachbarter Luftmassen führt zu Luftströmungen: es entsteht Wind.
Die Lufttemperatur an einem Ort hängt ab von dessen geographischer Breite (Dauer von Tag und Nacht, Jahreszeiten, Sonneneinstrahlung) und den Wetter- und Klimabedingungen.

Festland erwärmt tagsüber rasch und gibt viel Wärme an die Luft ab. In der Nacht kühlt der Boden dafür stark ab. Die Temperatur in unteren Luftschichten sinkt. In Seen und Meere dringt die Strahlung tiefer ein. Der Temperaturanstieg tagsüber erfolgt langsam. Aber die erwärmte Masse ist größer. Bei Nacht (und im Winter!) sinkt die Lufttemperatur über Wasser nicht so tief wie über festem Boden.

Die höchste Lufttemperatur tritt sowohl im Tagesgang wie auch im Jahresverlauf nicht zur Zeit der größten Sonneneinstrahlung auf. An Sommertagen erreicht die Hitze erst gegen 14 Uhr ihren größten Wert, die heißesten Tage im Sommer treten erst Juli-August (Nordhemisphäre) auf und die kältesten Tage im Winter erst im Januar.
Die Temperatur der Luft mißt das Thermometer, ein schmales, oben verschlossenes Glasrohr, an das unten eine Kugel angeschmolzen ist. Diese Kugel und Teile des Glasrohrs sind mit Quecksilber oder Alkohol gefüllt. Der übrige Raum ist luftleer. Quecksilber und Alkohol dehnen sich mit steigender Temperatur aus.
Für die Eichung des Thermometers dient der Gefrierpunkt des Wassers (= 0 Grad) und der Siedepunkt des Wassers (= 100°).

Diese Skala ist die Teilung nach Celsius (auf dem Thermometer steht über den Teilstrichen ein C), die unterhalb von 0 Grad mit dem Vorzeichen minus fortgesetzt wird.
Im Ausland (z. B. USA) gibt es die Skalenteilung nach Fahrenheit. In diesem System liegen der Gefrierpunkt bei + 32° C und der Siedepunkt bei 212° C. Das macht eine Skaleneinteilung in 180° zwischen den beiden Extrempunkten notwendig. Es sind z. B.

Grad-Celsius	Grad-Fahrenheit
+ 30	+ 86
+ 20	+ 68
+ 16	+ 61
+ 10	+ 50
+ 6	+ 43
+ 2	+ 35,5
0	+ 32
– 2	+ 28,5
– 6	+ 21
– 10	+ 14

Einige alte Thermometer tragen noch die Skalenteilung nach Reaumur (abgekürzt R). Sie sind offiziell nicht mehr im Gebrauch.

Wichtig für Messungen der Lufttemperatur mit dem Thermometer

Niemals in der prallen Sonne messen. Das Thermometer soll möglichst einen Platz im Schatten haben. Auch Körperwärme (Berührung der Glasröhre mit der Hand!) verfälscht die Meßwerte. Kein Platz ist unter Deck, weil hier häufig gestaute Wärme als Folge der Strahlung auf das Schiff angezeigt wird.
Für Hochseesegler ist neben dem Luftthermometer ein Wasserthermometer empfehlenswert. Mit seiner Hilfe lassen sich warme und kalte Meeresströmungen messen bzw. nachweisen ob sich das Schiff in einer bestimmten Strömung befindet.

Die Luftfeuchtigkeit

Stets enthält die Luft auch Wasserdampf. Sein Anteil wechselt. Wasserdampf in der Atmosphäre führt zur Wolkenbildung. Aus den Wolken fällt Niederschlag, der entweder sofort verdunstet oder auf dem Weg über das Grundwasser und die Flüsse ins Meer, dem Mittelpunkt der Verdunstung, gelangt.
Die Verflüssigung des Wasserdampfes (Kondensation) ist eine Folge der Abkühlung der Luft. Luft mit einer bestimmten Temperatur kann nur eine bestimmte Menge Wasserdampf haben. Man spricht dann von der Sättigung der Luft mit Wasserdampf oder von einer relativen Luftfeuchtigkeit von 100 Prozent:

Temparatur in °C	− 20	0	+ 20
Maximale Dichte des Wasserdampfes g/m^3	1,1	4,8	17,3

Die Übersicht zeigt, daß mit zunehmender Abkühlung der Luft immer weniger Wasserdampf notwendig ist, um den Sättigungszustand zu erreichen. Andersherum: mit zunehmender Erwärmung der Luft kann sie mehr Feuchtigkeit binden.
Ein Kubikmeter Luft enthält bei 20° C 17,3 g Wasserstoff, wenn die relative Luftfeuchtigkeit 100% beträgt. Sind es bei der angegebenen Temperatur z. B. nur 4,8 g, dann gilt

4,8 : 17,3 = 0,28 (aufgerundet) relative Feuchte.
Oder: Man spricht in diesem Fall von einer relativen Luftfeuchtigkeit von 28%.

Wann würde unter diesen Umständen der Sättigungspunkt der Luft erreicht sein? Antwort: bei Absinken der Temperatur auf 0°. Für eine Luft mit der Temperatur 20° C und der relativen Luftfeuchtigkeit von 28 Prozent ist 0° C der Taupunkt. Es kommt zur Tau- bzw. (bei 0°) zur Reifbildung.
Sich erwärmende Luft wird relativ trockener, sich abkühlende Luft wird relativ feuchter – zwei wichtige Erfahrungen zum Verständnis des Wettergeschehens.
Zur Messung der Luftfeuchtigkeit dient das Hygrometer. Geläufig ist das Haar-Hygrometer, das sich den Umstand zunutze macht, daß ein fettfreies menschliches Haar aus der Luft Wasserdampf aufnimmt und sich dabei verlängert. Eine andere Methode der Feuchtigkeitsbestimmung besteht in der Registrierung der unterschiedlichen Meßwerte am trockenen und feuchten Thermometer. Der Unterschied markiert die relative Luftfeuchtigkeit.

Weder für den Binnen- noch für den Hochseesegler ist es unbedingt notwendig, ständig Beobachtungen der relativen Luftfeuchtigkeit durchzuführen.

Der Wind

Das Thema interessiert natürlich jeden Segler besonders. Meteorologisch gesehen ist Wind jene Luftbewegung, die entsteht, wenn Luft von einem Ort höheren Luftdrucks zu einem Ort niedrigeren Luftdrucks strömt.

Zur Bestimmung des zu erwartenden Windes ist deshalb wichtig, die Luftdruckverteilung in der in Frage kommenden Umgebung zu kennen.

Ein H in der Wetterkarte markiert ein Hochdruckgebiet, ein T das Tiefdruckgebiet, kurz Hoch oder Tief genannt. Es gilt die Faustregel:

Stehen Hoch und Tief dicht beieinander
= kräftiger Luftdruckunterschied
= stark bis stürmischer Wind.

Die aus verschiedensten Gründen unterschiedliche Erwärmung der Luftmassen bewirkt maßgeblich Luftdruckunterschiede. Z. B. löst das Temperaturgefälle zwischen Festland und Meer Druckunterschiede aus, deren Ausgleich zu dem bekannten tageszeitlichen Wechsel zwischen See- und Landwind führt.
Richtung und Stärke charakterisieren den Wind. Die Windrichtung ist die Richtung, aus der der Wind weht. Die Stärke des Windes entspricht der Geschwindigkeit der Luft, z. B. in Metern pro Sekunde oder in Seemeilen pro Stunde (Knoten). Praktische Bedeutung hat immer noch die Beaufort-Skala, die 12 Windstärken angibt. In Orkanen können Windstärken von 150 km/h und mehr erreicht werden.
Die Skala ist bezeichnet nach dem englischen Hydrographen Admiral Sir Francis Beaufort, der sie eingeführt hatte. 1874 wurde sie international anerkannt, und während des 2. Weltkrieges wurde die Skala von der US-Marine von der ursprünglichen Höchststärke 12 auf 17 erweitert. Diese Erweiterung hat aber für die Praxis keine Bedeutung und ist nur für die Wissenschaft von Interesse, da sie ausschließlich nach Wirbelstürmen einteilt. Den Segler betreffen also die Windstärken 0–12, die auf nebenstehender Tabelle wiedergegeben sind.
Unmittelbar in Zusammenhang mit der Windstärke steht der *Seegang.* Unterschieden wird zwischen Windsee und Dünung. Die Windsee verursacht der unmittelbar wehende Wind. Die Dünung ist ein Seegang, der indirekt von Winden in Bewegung gebracht wird, die anderenorts wehen. Während die Wellen der Dünung wenig steil, aber dafür sehr lang sind, kennzeichnet die Wellen der Windsee Steilheit (= Verhältnis der Wellenhöhe zur Wellenlänge). Dabei ist aber auffällig, daß auf offenem Meer mit zunehmender Windstärke die Wellenlängen mehr zunehmen als die Wellenhöhen.
Für die Schiffahrt gefährlich werden kann der Seegang in Kreuzseen. Das ist eine Erscheinung in den Oberflächenwellen der Meere, die durch die Überlagerung zweier Wellensysteme mit verschiedenen Fortbewegungsrichtungen entsteht.
Im flachen Wasser liegen die Wellenkämme näher beieinander. Hohe und steile Wellen sind die Folge. Charakteristisch ist das für die Brandungswellen, die Höhen von 15 und mehr Metern erreichen können.
Unsere auf Seite 338 folgende Übersicht enthält Angaben für die mittlere Wellenhöhe und Wellenlänge von Windsee und Dünung.

Beaufort Stärke + Bezeichnung	Geschw. m/sek.	Mittlere Geschw. Knoten	Bez. in Wetter-karte	Auswirkungen
0 Windstille	0–0,2	unter 1		glattes Wasser, Rauch steigt senkrecht hoch
1 leiser Zug	0,3–1,5	2	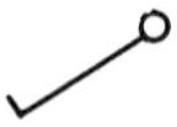	kleine Kräuselwellen Rauch bewegt sich, Boot fährt, ist steuerbar
2 leichte Brise	1,6–3,3	5	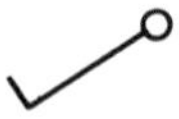	kleine Wellen – Kämme glasig, Blätter bewegt, Flaggen bewegt
3 schwache Brise	3,4–5,4	6	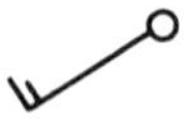	Wellenkämme beginnen zu brechen, einzelne Schaumköpfe, Blätter und dünne Zweige bewegt, Wimpel wird gestreckt
4 mäßige Brise	5,5–7,9	13	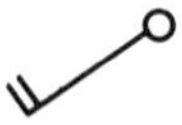	Wellen werden länger, Ausbreitung weißer Schaumköpfe. Hebt Staub und loses Papier, bewegt Zweige
5 frische Brise	8–10,7	18	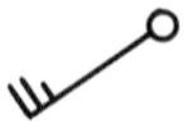	Überall weiße Schaumköpfe. Kleine Bäume beginnen zu schwanken, Flaggen wehen scharf aus
6 starker Wind	10,8–13,8	24	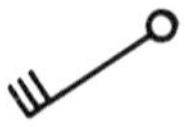	Grobe See, Kämme brechen, etwas Gischt. Bäume stark bewegt, Pfeifen in Telegraphenleitungen, Regenschirme bereiten Schwierigkeiten
7 steifer Wind	13,9–17,1	30		Hoher Seegang, See türmt sich, Schaum legt sich in Streifen gegen Windrichtung. Bäume bewegt, Hemmung beim Gehen gegen den Wind
8 stürmischer Wind	17,2–20,7	37	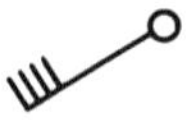	Mäßig hohe Wellenberge. Von den Kammkanten beginnt Gischt abzuwehen. Zweige brechen, Gehen erschwert
9 Sturm	20,8–24,4	44		Hohe Wellenberge, dichte Schaumstreifen, Gischt hemmt die Sicht. Rollen der See. Kleine Schäden an Häusern
10 schwerer Sturm	24,5–28,4	52	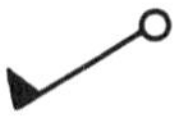	Sehr hohe Wellenberge mit überbrechenden Kämmen, See weiß durch Schaum, stoßartiges Rollen. Sichtbeeinträchtigung durch Gischt. Entwurzelte Bäume, bedeutende Häuserschäden
11 orkanartiger Sturm	28,5–32,6	60		Außergewöhnlich hohe Wellenberge, Gischt in der Luft, schlechte Sicht. Schwere Sturmschäden
12 Orkan	32,7–36,9	68		See vollständig weiß, Luft mit Schaum und Gischt angefüllt. Schwerste Verwüstungen

Für Hochseesegler interessant ist die nachfolgende Aufstellung für wichtige Seegebiete. Es handelt sich dabei um Höchstwerte in stürmischer See:

	Westliche Ostsee	Südliche Nordsee	Nördliche Nordsee
Wellenhöhe	3 m	6 m	9 m
Wellenlänge	70 m	120 m	200 m
Wellenperiode	7 sec	10 sec	12 sec
Wellengeschwindigkeit	10 m/sec	12 m/sec	17 m/sec

Die Windgeschwindigkeit wird mit Windmessern (Anemometer) festgestellt. Für größere Schiffe gibt es fernanzeigende Windmesser, bei denen z. B. der Meßteil im Masttopp sitzt und der Anzeigeteil in der Kajüte. Die Übertragung erfolgt elektrisch.
Ein besonderes Problem bei der Erfassung der Windstärke und vor allem der Windrichtung besteht darin, daß auf dem fahrenden Schiff der sogenannte scheinbare Wind beobachtet wird. Er besteht – wie auf Seite 109 ausführlicher dargestellt – aus zwei Komponenten:

- dem wahren Wind, wie man ihn bei ruhendem Boot beobachtet, und
- dem Fahrtwind entsprechend der Geschwindigkeit des Bootes.

So zeigt auch der Stander beim fahrenden Segelboot nur den scheinbaren Wind an. An Bord des fahrenden Schiffes stellt man die Richtung des wahren Winds durch Beobachtung der Wellenbewegungen und allenfalls Markierungen an Land (Rauchfahne, Flagge an Land, Stander stehender Boote) fest.
Insbesondere auf dem Meer ist es nicht ganz einfach, die Einwirkung des wahren Windes auf die See für die Richtungsbestimmung zu erfassen. Bitte beachten:

1. Die Bildung von Schaumstreifen hilft dem Beobachter.
2. Die Überlagerung von Seegang und Dünung kann den Beobachter irreführen.
3. Der Seegang folgt einer plötzlichen Winddrehung nie sofort.

Der Beobachter darf sich auf keinen Fall nach dem Wolkenzug orientieren. Der Zug der Wolken zeigt ja nicht den seenahen Wind (Bodenwind) an.

Seegang	Mittlere Wellenhöhe in m	Mittlere Wellenlänge in m	Bezeichnung des Seegangs	Auswirkung
0	0	0	Vollkommen glatte See	Spiegelglatt
1	$0-\frac{1}{2}$	0–10	Ruhige, gekräuselte See	Kleine Kräuselwellen
2	$\frac{1}{2}-\frac{3}{4}$	$10-12\frac{1}{2}$	Schwach bewegte See	Kurze, aber ausgeprägte Wellen
3	$\frac{3}{4}-1\frac{1}{4}$	$12\frac{1}{2}-22\frac{1}{2}$	Leicht bewegte See	Wellen werden länger. Auftreten weißer Schaumköpfe, Rauschen
4	$1\frac{1}{4}-2$	$22\frac{1}{2}-37\frac{1}{2}$	Mäßig bewegte See	Längere, ausgeprägtere Wellen. Überall weiße Schaumköpfe, teilweise Gischt
5	$2-3\frac{1}{2}$	$37\frac{1}{2}-60$	Grobe See	Größere Wellen, brechende Kämme hinterlassen weiße Schaumflächen
6	$3\frac{1}{2}-6$	60–105	Sehr grobe See	Wellen türmen sich, dumpfes Rollen der sich brechenden See. Weißer Schaum beginnt sich in Windrichtung zu legen
7	über 6	über 105	Hohe See	Mäßig hohe Wellenberge mit langen Kämmen. Gischt beginnt abzuwehen. Schaum legt sich in ausgeprägten Streifen in Windrichtung
8	bis 20	bis 600	Sehr hohe See	Hohe Wellenberge mit langen brechenden Kämmen. Weiß durch Schaum. Sicht durch Gischt stark beeinträchtigt. Schweres Rollen
9	bis 20	bis 600	Außergewöhnlich schwere See	Außergewöhnlich hohe Wellenberge. See weiß. Luft mit Gischt und Schaum erfüllt. Keine Fernsicht. Rollen wird zum Getöse.

Wichtig: Das Einfallen von Böen bei Schauern und Gewittern, aber auch bei sonnigem Wetter als Folge der Überhitzung des Bodens, führt zu Veränderungen der Richtung des scheinbaren Windes, obwohl der wahre Wind seine Richtung überhaupt nicht ändert. Er erhöht nur kurzfristig seine Geschwindigkeit. Das aber bringt die Richtungsänderung des scheinbaren Windes mit sich.

Wetterentwicklung und Wind

In der Atmosphäre spielen sich in jedem Augenblick Vorgänge ab, die ihren Ausdruck in den meteorologischen Elementen, z. B. im Luftdruck, finden. Im großen betrachtet ist das Wettergeschehen in unseren Breiten ein beständiger Kampf zwischen kalten und warmen Luftmassen. Die sog. »gemäßigten Breiten« liegen zwischen dem Hoch der Roßbreiten und jenem über dem Nordpolgebiet der Erde. Von beiden Seiten gelangen die Luftmassen in die Tiefdruckrinnen der gemäßigten Breiten, die damit eine Zone recht veränderlichen Wettergeschehens bilden.

Auf Grund der jahrzehntelangen Wetterbeobachtungen hat man Erfahrungen über den durchschnittlichen Wetterablauf eines Jahres gesammelt, die für Europa in der Karte, Seite 339, wiedergegeben sind.

Besonders interessant für Fahrtensegler sind die durchschnittlichen Windgeschwindigkeiten, die sie an den europäischen Küsten erwarten. (Siehe unsere nebenstehende Abbildung).

Die in Europa wirksamen Luftmassen sind:

- Maritim-arktische Luft
  feucht und warm mit Neigung zu Bewölkungen und Schauern. Aus Richtung W, NW, N.

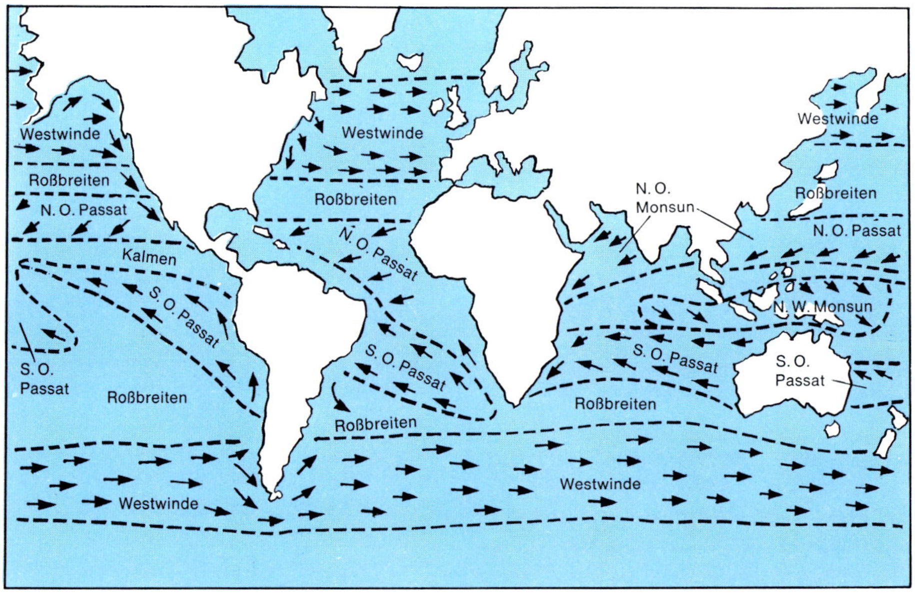

Typische Winde und Windsysteme der Erde (zwischen Januar und März)

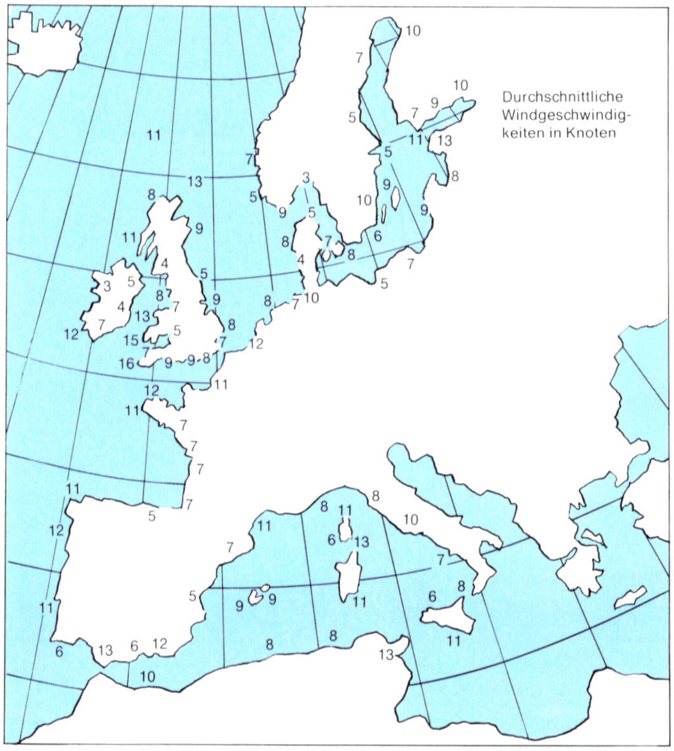

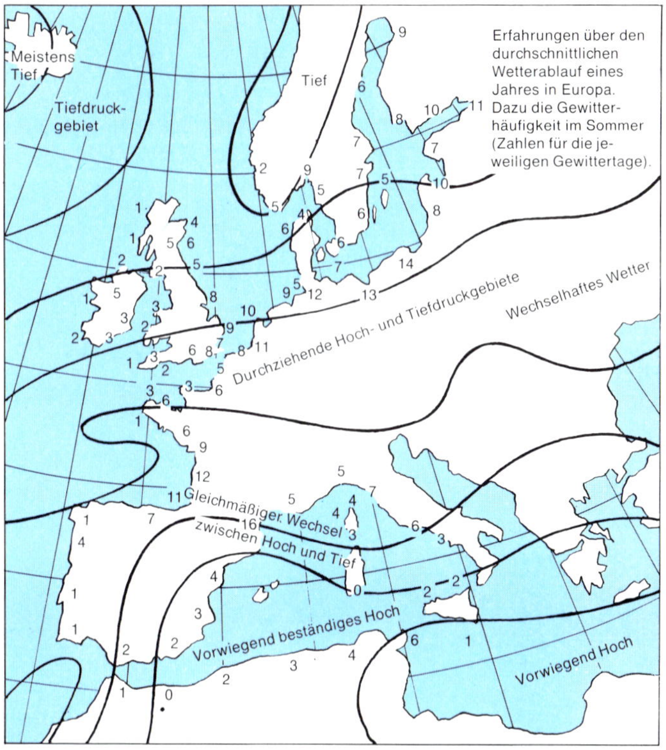

- Kontinental-arktische Luft
  trocken und kalt mit Neigung zu schönem Wetter. Aus Richtung: NO, O.
- Maritim-tropische Luft
  feucht und warm mit Neigung zu Nebel und Sprühregen. Aus Richtung: SW, S.
- Kontinental-tropische Luft
  trocken mit Neigung zu schönem und warmem Wetter. Aus Richtung: SO.

Das Zusammentreffen der verschiedenen Luftmassen ist gekennzeichnet durch oft plötzliche Änderungen des Luftdrucks, der Lufttemperatur und der Windrichtung. Bei den von West nach Ost driftenden Tiefdruckgebieten (Zyklonen) strömt Warmluft auf ruhende Kaltluft (»Warmfront«) und Kaltluft auf ruhende Warmluft (»Kaltfront«).

Die Bahnen der Tiefdruckgebiete richten sich nach Oberflächenhindernissen und ausgedehnten stationären Hochdruckgebieten.

Dabei gibt es für Europa fünf typische Zugbahnen:

1. Zwischen Island und England nordöstlich vorbei an der norwegischen Küste. Randtiefs können über Skagerrak und Kattegat bis in die Ostsee reichen.
2. Englische Nordküste über Südnorwegen und Mittelschweden nach Südfinnland.
3. Englische Nordküste über Skagerrak in die Ostsee. Vor allem im Winter mit schweren Stürmen in der Nordsee.
4. Vom Atlantik über den »Kanal« (englische Südküste) nach Skandinavien. Im Sommer verbunden mit stürmischem Wetter in Nord- und Ostsee.
5. Von der Biscaya über Oberitalien nach Osteuropa mit Ausläufern bis nach Griechenland.

Die kräftigsten Winde entwickeln sich in einem Tiefdruckgebiet dicht hinter der Kaltfront. Gleichzeitig beginnt der Luftdruck wieder zu steigen. Anders ist es in sog. Troglagen, die sich hinter der Kaltfront bilden können und mit starkem Sturm verbunden sind. Anhaltspunkte: Kein Druckanstieg nach dem Durchzug der Kaltfront und dabei vorübergehendes Ablaufen des Windes.

In die west-östlich ziehenden Tiefdruckgebiete sind Hochdruckkeile eingestreut (»Zwischenhochs«). Sie werden eingeleitet durch frische Winde aus West bis Nordwest, einige Regenschauer und verhältnismäßig weite Sicht. Es folgt kurze Zeit schönes Wetter mit geringem Wind (Dauer wenige Stunden bis 2 Tage). Aufkommende Cirruswolken künden die Fortsetzung des Tiefs an.

Vor allem im Herbst und im Winter kommt es über Land zu stationären Hochdruckgebieten mit außerordentlich hohem Luftdruck, die wochenlang dauern können. Ein solches Hoch kann sich aber auch im Sommer bilden und verursacht eine länger dauernde Hitzeperiode. Wegen der dabei meist recht trockenen Luft sind Gewitter selten. Wie schon an anderer Stelle erwähnt, verursachen Erwärmung und Abkühlung der Erdoberfläche die Bildung von Hoch- und Tiefdruckgebieten:

- Ein Tief entsteht, wenn ein Teil der Erdoberfläche stärker erwärmt wird als die umliegenden Gebiete.
- Ein Hoch entsteht, wenn ein Teil der Erdoberfläche stärker abgekühlt wird als die umliegenden Gebiete.

Dabei kommt es zu Luftbewegungen (»Wind«), um das Gleichgewicht in der Atmosphäre wieder herzustellen. In das Tief strömt Luft ein, aus dem Hoch strömt Luft aus. Die Erdrotation sorgt für die Ablenkung der strömenden Luft. Der Effekt der Ablenkung ist in den gemäßigten Breiten am größten. Mit der Höhe nimmt die Windstärke zu. Und auf dem offenen Meer muß man mit kräftigerem Wind rechnen als über Land.

Die Windbahn in einem Hoch und in einem Tief ist spiralförmig. Auf der Nordhemisphäre verlaufen die Spiralen aus dem Hoch im Uhrzeigersinn, auf der Südhemisphäre entgegen. Die Spiralen in das Tief hinein verlaufen auf der Nordhalbkugel gegen und auf der Südhalbkugel mit dem Uhrzeiger.

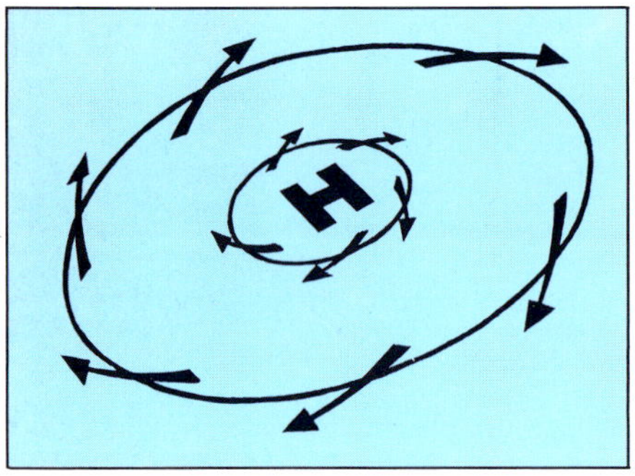

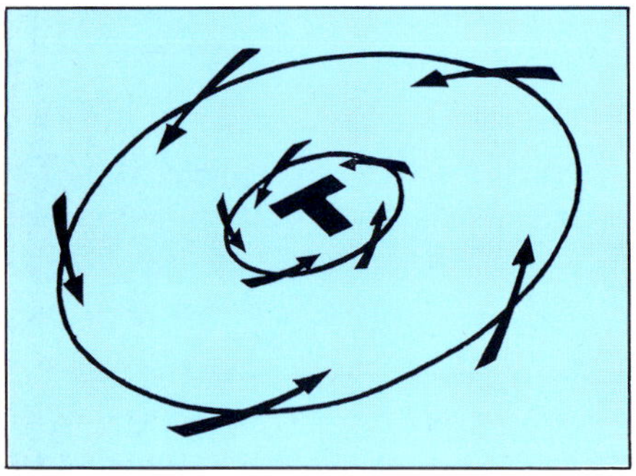

Die Gestalt der Landmassen, vor allem Steilküsten und Gebirge, beeinflussen mehr oder minder stark den Windstrom:

- Senkrecht auftretender Wind wird gestaut. Die Luft steigt auf. Bildung von Wolken und Niederschlag.
- Parallel zu einer Küste oder einem Gebirge wehender Wind wird durch die Erdrotation entweder zum geographischen Hindernis hingedrückt oder abgedrängt. Im ersteren Fall werden wiederum Wolkenbildung und Niederschlag begünstigt. Im zweiten Fall wird eine Sogwirkung ausgeübt. Es bilden sich auf See oder ins Land wehende zum Teil kräftige Winde.
- Wird der Windkanal verengt (z. B. durch Berge), erhöht sich die Windgeschwindigkeit im Engpaß.

Für die Küsten- und Binnenschiffahrt können dadurch schwierige Situationen entstehen, auf die es sich einzustellen gilt.

Typische Winde und Windsysteme

In den einzelnen Segelrevieren herrschen typische Winde und Windsysteme. Die wichtigsten:

Passate

Sie entwickeln sich nur auf dem Meer und gehören zum planetarischen Windsystem. Es handelt sich um großräumige Luftströmungen, die in einer geographischen Breite von etwa 30–35° (Nord und Süd) liegen. Der Passat zeichnet sich durch große Beständigkeit bei meist schönem Wetter aus. Mittlere Windstärken 4–8 m/sec.

Monsune

Großräumige Windsysteme mit halbjährlichem Wechsel der Richtung: verursacht durch die Verteilung von Land und See. Abkühlung des Festlands im Winter führt zur Bildung eines Hochdruckgebiets und Abströmen der Luft hinaus aufs Meer. Erhitzen des Festlands im Sommer führt zur Bildung eines Tiefdruckgebiets und Hereinströmen der Luft vom Meer. Am längsten bekannt ist der Monsun Indiens. Der sommerliche SW-Monsun im Arabischen Meer erreicht Windstärken von 19 m/sec. Er ist sehr feucht und bringt, an der vorderindischen Küste zum Aufsteigen gezwungen, erhebliche Niederschläge. Der winterliche NO-Monsun erreicht mittlere Windstärken von 7 m/sec und ist recht trocken.

Wichtig für Segler: Solche jahreszeitlichen Windwechsel sind weit verbreitet, z. B. auch an der deutschen Nord- und Ostseeküste mit nördlichen Winden im Frühsommer (zum Teil sehr böig!) und südlichen Winden im Spätherbst.

Land- und Seewind

Dem jahreszeitlichen Richtungswechsel des Monsuns entspricht der Tagesgang der sogenannten Land- und Seewinde an

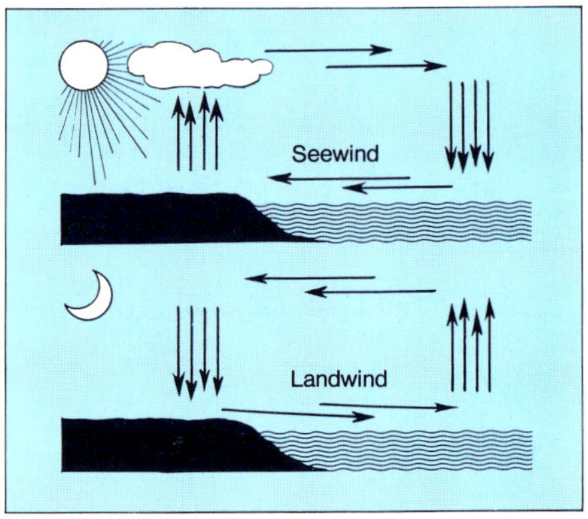

den Küsten. Bei schönem Wetter bildet sich über Land als Folge der Erwärmung ein Tief, in das der Wind von See her einströmt (»Seewind«). Am Abend flaut der Wind ab, weil sich die Temperaturgegensätze ausgleichen. Nachts kühlt das Festland stärker ab als das Meer, es bildet sich ein Hoch, und Wind strömt hinaus aufs Meer (»Landwind«).

Wichtig für Segler: Das Einlaufen in Küstenhäfen ist tagsüber am günstigsten, während man am besten in der Nacht oder noch vor Sonnenaufgang ausläuft.

Was an den Küsten als Land- und Seewindsystem in Erscheinung tritt, entspricht bei schönem Wetter im Gebirge dem Berg- und Talwind. Tagsüber weht der Talwind bergwärts, nachts weht der kühle Bergwind ins Tal.

Fallwinde

Einer der bekanntesten Fallwinde ist der **Föhn**: er weht oft sturmartig auf der Alpennordseite talabwärts. Die hohe Temperatur und Trockenheit rührt davon her, daß warme feuchte Luft an der Alpensüdseite zum Aufsteigen gezwungen wird und da-

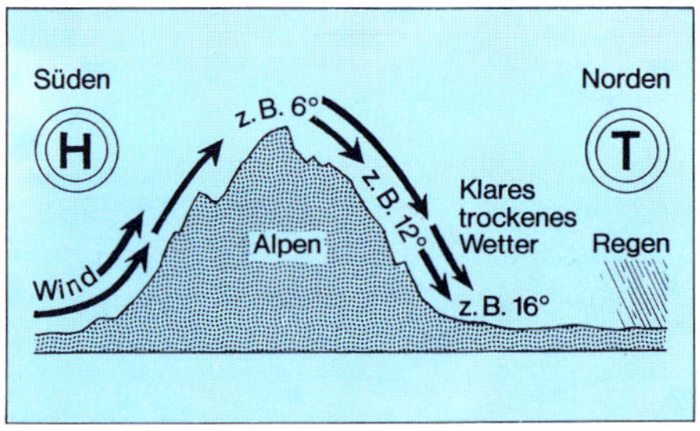

Föhnsturm in Bayern (Starnberger See)

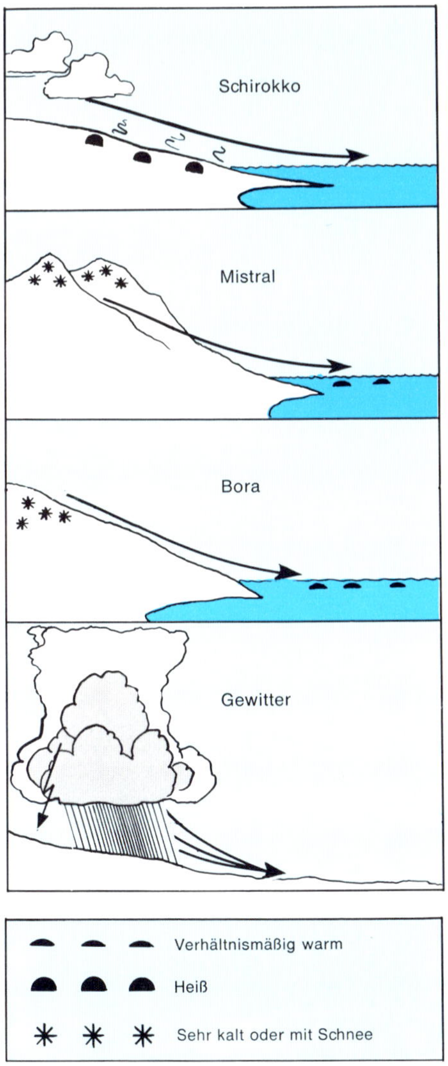

bei einen Teil der Feuchtigkeit ausregnet. So kommt die Luft beim Absteigen in gleicher Höhe auf der Alpennordseite trockener und auch etwas wärmer an. Klarheit der Luft und ausgezeichnete Fernsicht begleiten den Föhn.

Bei Nordföhn an der Alpensüdseite überqueren mächtige Kaltluftmassen die Alpen. Ein so ausgelöster Fallwind ist die **Bora**, mit der sich die Segler in der Adria auseinanderzusetzen haben. Die Bora weht an den Küsten Jugoslawiens und Albaniens meistens sehr böig aus NNO auf das Adriatische Meer. Obwohl ein Fallwind, ist die Bora kalt, wenn die Temperaturen in den Bergen besonders niedrig sind. Die Erwärmung beim Absteigen reicht nicht aus, um den Kontrast zur warmen Adria zu überbrücken.

Als Anzeichen für die Bora gelten Wolkenbildungen an den Gebirgskämmen, die sich schnell auflösen.

Die Segler im Mittelmeer lernen noch zwei weitere Fallwinde kennen:

Mistral: Ein kalter, trockener Nordwind in Südfrankreich, speziell im Rhônemündungsgebiet zwischen Avignon und Marseille. Entstehungsursache: ein Tief über dem Golfe de Lion, das Luft vom Land her ansaugt. Zwischen Cevennen und Alpen wird diese Nordströmung wie durch eine Düse verstärkt. Der Mistral kann z. B. die See zwischen Frankreich und Korsika sehr stürmisch gestalten.

Schirokko: Ein heißer, trockener Südwind im westlichen Mittelmeer. Entstehungsursache: ein Tief vor der nordafrikanischen Küste, das die Luft von den Höhen des Atlasgebirges absaugt. Von der Sahara her führt er oft Staub und Sand mit sich. Seine Ausläufer erreichen gelegentlich auch Mitteleuropa.

Schwere Böen und Wasserhosen bringt der Schirokko der Schiffahrt vor allem in Küstennähe.

Hinweis: Es gibt einen ebenfalls Schirokko genannten böigen Wind im östlichen Mittelmeer, der aber kein Fallwind ist.

Gewitterwinde

Es gibt Wärmegewitter als Folge starker Erwärmung des Erdbodens im Sommer. Auch das Gebirge fördert die Gewitterbildung, indem es Luft zum raschen Aufsteigen veranlaßt. In beiden Fällen ist die Luftfeuchtigkeit hoch. Sog. Frontgewitter treten bei einem Kaltlufteinbruch auf, der stationäre, feuchte Warmluft zum schnellen Aufsteigen bringt. Frontgewitter sind im Sommer und im Winter möglich.

Das plötzliche Aufsteigen feuchter und warmer Luft und die daraus resultierenden schauerartigen Regen-, unter Umständen Hagel- und Schneefälle, sind verbunden mit elektrischen Aufladungen. Bei zu großem Spannungsunterschied zwischen den aufgeladenen Luftschichten blitzt es.

Die Entfernung eines Gewitters ergibt sich aus dem Zeitunterschied zwischen Blitz und erstem Donner. Teilt man ihn – gerechnet in Sekunden – durch 3, bekommt man die angenäherte Entfernung in Kilometern.

Eine beliebte Wetterecke für die Bildung von Wärmegewittern ist der Südwesten. So wird der erfahrene Segler an einem Sommertag den südwestlichen Horizont im Auge behalten und schauen, wie sich dort eventuell vorhandene Wolkentürme entwickeln.

Eine Besonderheit ist bei aufziehendem Gewitter zu beobachten: Der Saugwind. Ein Gewitter zieht vorher den Wind an, bis es dann seine Böen losschickt. Weht z. B. der Tageswind aus SW und zieht ein Gewitter aus SW auf, so wird der Wind nach einer kurzen Flaute (erste Flaute) umspringen auf NO. Nähert sich das Gewitter weiter, so werden sich bald seine Böen aus SW durchsetzen, meist nach einer zweiten Flaute (Flaute vor dem Sturm!), wenn sich Saug- und Gewitterwind aufheben.

Weht dagegen der Tageswind aus NO, und zieht das Gewitter wieder in SW auf, so wird sich keine erste Flaute bilden, der Tageswind vielmehr auffrischen, bis nach der kurzen Flaute vor dem Sturm die ersten Böen einfallen.

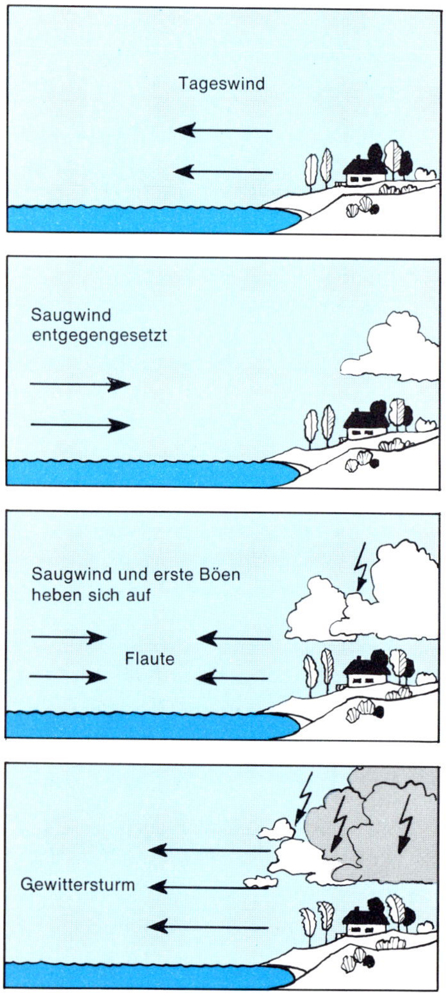

Kurze, starke Windstöße leiten das Gewitter ein. Gewitter sind in der Regel mit starken Böen verbunden, die auch auf Binnengewässern ohne weiteres Windstärken von 20 m/sec erreichen. Dazu kommen oft sehr ergiebige Niederschläge. Ein echtes sommerliches Wärmegewitter dauert ½ bis 1 Stunde. Es folgt noch eine zeitlang frischer Westwind – und dann wird das Wetter möglicherweise wieder schön. Hingegen künden Frontgewitter häufig großräumige Wetterverschlechterung an.

Bezüglich der Gewitterhäufigkeit an den europäischen Küsten siehe Abb. S. 339.

Näheres über Sturmwarnung bei Gewitter bei ›Sicherheit‹ (Seite 246).

Wirbelwinde (Orkane)

In den gemäßigten Breiten wird die Schifffahrt von »schweren Stürmen«, allenfalls »orkanartigen Stürmen«, bedroht. Einen Vorgeschmack tropischer Wirbelstürme vermitteln örtlich scharf begrenzte Staubwirbel, die sich über stark erhitztem Boden plötzlich bilden. Viel kräftiger fallen über dem Meer Wasserhosen aus, die auch Tromben genannt werden. Mächtige Haufenwolken sind der Ausgangspunkt dieser nahezu senkrecht auf die Erdoberfläche zielenden Luftwirbel. Tromben wandern von oben nach unten. Sie saugen die Luft förmlich nach oben. Der Durchmesser der Tromben beträgt meist nicht mehr als höchstens ein paar hundert Meter. Aber in diesem Bereich werden Windstärken bis zu 100 m/sec erreicht!

Im Gegensatz zur Trombe (und dem mit ihr verwandten Tornado) erfassen die in den Tropen auftretenden Orkane große Flächen, sind über dem Meer verhältnismäßig langlebig und erreichen Windstärken von 200 km pro Stunde und mehr. Die zerstörende Wirkung dieser gewaltigen Wirbelstürme ist außerordentlich groß.

Windnamen

Es gibt in den verschiedensten Ländern eine beträchtliche Reihe von Windbezeichnungen.

Nachfolgend eine Tabelle mit solchen Windnamen, wie sie in Literatur und Wettervorhersage immer wieder vorkommen:

Name	Gegend	Typ
Baguio	Philippinen	tropischer Wirbelsturm
Blizzard	Nordamerika	Schneesturm nach Kaltlufteinbruch
Bora	Adria	kalter Fallwind
Chamsin	Ägypten	heißer Wüstenwind aus SO
Chinook	USA	warmer Fallwind
Cordonazo	Mittelamerika	tropischer Wirbelsturm
Etesien	östliches Mittelmeer	sehr regelmäßig im Sommer auftretende trockene N- bis NW-Winde
Föhn	Alpen	warmer Fallwind
Harmattan	Küste von Oberguinea	trockener, staubführender N-Wind (Teil der Passatströmung)
Hurrican	Westindien	tropischer Wirbelsturm
Mauritiusorkan	Indischer Ozean	tropischer Wirbelsturm
Meltemi	Griechenland	starker Nordwind
Mistral	Südfrankreich	kalter Fallwind
Monsun	tropische Breiten	terrestrisches Windsystem
Norther (Nortes)	Nord- und Mittelamerika	Sturm als Folge von Kaltlufteinbrüchen aus N
Pampero	Südamerika	Sturm als Folge von Kaltlufteinbrüchen aus S
Passat	tropische Breiten	planetarisches Windsystem
Samum	Nordafrika	Sandsturm
Schirokko (1)	westl. Mittelmeer	Fallwind von S
Schirokko (2)	östl. Mittelmeer	warmer Südwind
Suestados	Argentinien	Sturm aus SO
Sumatras	Straße von Malacca	Fallwind
Südseeorkan	Südpazifik	tropischer Wirbelsturm

Name	Gegend	Typ
Taifun	Nordpazifik	tropischer Wirbelsturm
Tornado (1)	Nordamerika	Große Trombe
Tornado (2)	Westafrika	Gewittersturm
Trombe	alle Erdteile	heftiger, lokaler Wirbelwind
White squalls	Westindien	Fallwind
Williwaws	Argentinien	Fallwind
Willy-Willies	Australien	tropischer Wirbelwind
Zonda	Anden	Fallwind
Zyklon	Indischer Ozean	tropischer Wirbelsturm

Wolken als Wetterzeichen

Abkühlung der Luft bringt Kondensation und damit Wolken- oder Nebelbildung mit sich. Wolken zeigen auch an, daß dort, wo sie sich formieren, Luft aufsteigt. Wolken bestehen aus Wassertropfen. Die drei Grundformen der Wolken sind:

- Haufen- oder Kumuluswolken (Abk. Cu),
- Schicht- oder Stratuswolken (Abk. St),
- Feder- oder Zirruswolken (Abk. Ci).

Die wichtigsten Wolkengattungen sind in nebenstehender Tabelle aufgeführt!
Die einzelnen Wolkenformen haben typische Entstehungsursachen. Wolkenentstehung und Wolkenverhalten sind auch ein Anhaltspunkt für die Entwicklung des Wettergeschehens.
Das schnelle Aufquellen überhitzter Warmluft führt zur Kumulusbildung. Diese Wolken werden deshalb auch Quellwolken oder Thermikwolken genannt. Sie erscheinen im Sommer wesentlich häufiger als im Winter. Oft beobachten wir den Stratokumulus, eine walzen- oder ballenförmige Wolke, die am Himmel sehr großflächig wirkt, aber von geringer senkrechter Ausdehnung ist. Sie bringt keine Niederschläge. Starke Abkühlung als Folge der Wärmeausstrahlung oder eine großräumige Warmluftanhebung bilden die reinrassige Schichtwolke. Zirruswolken sind Eiswolken und deshalb in den höheren Schichten der Troposphäre zuhause. Sie informieren uns über den Zug der oberen Luftströmungen und künden damit häufig eine Wetterverschlechterung an.

Hohe Wolken – 5–13 km in gemäßigten Zonen	
Cirrus (Ci)	Eiswolken (faserig, federförmig)
Cirrocumulus (Cc)	Hohe Schäfchenwolken, Eiswolken. Zeigen bei Sonnenuntergang intensiv leuchtende Farben.
Cirrostratus (Cs)	Hohe Eiswolkenschicht, schleierförmig. Der Wolkenaufzug verkündet Schlechtwetter
Mittelhohe Wolken – 2–7 km in gemäßigten Zonen	
Altocumulus (Al)	Haufenschichtwolke. Als Altocumulus lenticularis typische Föhnwolken.
Altostratus (As)	Dünne Schichtwolke. Gilt als Regenkünder und stellt die »Aufzug«-Bewölkung eines Schlechtwettergebietes dar.
Nimbostratus (Ns)	Regenschichtwolke
Tiefe Wolken – bis 2 km	
Stratocumulus (Sc)	Haufenschichtwolke als Übergangsform von einer Haufen- zur Schichtwolke, kann den ganzen Himmel überziehen
Stratus (St)	Niedrige Wolkenschicht, teilweise sehr tiefe Wolkenfetzen. Verwandt dem Nebel, oft auch als Hochnebel. Bei großer Dichte kann Sprühregen fallen.
Cumulus (Cu)	Haufenwolken. Bilden sich oft an Schönwettertagen, können sich aber auch zur Gewitterwolke entwickeln
Cumulonimbus (Cb)	Aufgetürmte Haufenwolken, Gewitterwolken. Je höher die Wolke hinaufreicht, desto schwerer das mögliche Unwetter.

Hier droht ein Gewitter

Wolkenformen ändern sich oft verblüffend schnell, gerade an heißen Sommertagen. Ein Beispiel:

1. Ein Julimorgen. Wolkenloser Himmel.
2. Im Verlauf des Vormittags bilden sich kleine wattebauschartige Wolken.
3. Bleiben diese Wolken flach und klein, ist den ganzen Tag über mit Schönwetter zu rechnen.
4. Auch eine ständige Auflösung dieser kleinen Wolken ist ein Hinweis, daß es kein Gewitter geben wird. Wohl aber frischen Wind als unmittelbare Folge des See-Landwindsystems (siehe Seite 340).
5. Die Bildung von Wolkentürmen im Verlauf des späteren Vormittags verdient Aufmerksamkeit. Sie können zu Gewitterwolken auswachsen. Je rascher sie sich immer wieder auflösen, um so eher die Wahrscheinlichkeit, daß es doch zu keinem Gewitter kommt.
6. Wuchern die Wolkentürme pilzartig am Horizont auf, verlieren ihre scharfe Begrenzung und fangen an »zu rauchen«, dann ist mit einem Gewitter zu rechnen.

Allgemeine Regel:
Es sind nicht die »drohenden schwarzen Wolken«, die einen Wetterumschwung einleiten. Viel mehr Aufmerksamkeit verdienen großflächige, fasrig oder geschuppt strukturierte weiße bis weißgraue Wolken (Feder- und Schichtwolken), die am Anfang einer Wetterumbildung stehen.
Diese Wetterveränderung kommt umso rascher, je schneller der Wolkenzug ist.

Prognosen Wetterbericht Wetterkarte

Prognosen

Einiges über eigene Wetterbeobachtungen und damit mögliche Vorhersagen ist bereits in den vorstehenden Abschnitten erwähnt worden. Mit Thermometer und Barometer lassen sich grundsätzliche Tendenzen erkennen:

Thermometer:
- Im Sommer bei sinkender Temperatur Neigung zu Schlechtwetter, bei steigender Temperatur Neigung zu Schönwetter.
- Im Winter bei sinkender Temperatur Neigung zu Schönwetter, bei steigender Temperatur Neigung zu Schlechtwetter.

Barometer:
- Langsam sinkender Barometerstand verkündet ein umfangreiches Tiefdruckgebiet (schlechtes Wetter).
- Schnell sinkender Barometerstand (pro Stunde 1 mb und mehr) zeigt Sturm an (Gewitter).
- Langsam steigender Barometerstand zeigt ein umfangreiches Hochdruckgebiet an (schönes Wetter).
- Schnell steigender Barometerstand (pro Stunde 1 mb und mehr) deutet auf das »Zwischenhoch« hin (es ist nicht dauerhaft mit Schönwetter zu rechnen).

Weitere eigene Beobachtungsmöglichkeiten:
- Starke Taubildung nach einem heißen Tag = Fortsetzung des schönen Wetters sehr wahrscheinlich.
- Dunstbildung = mögliche Wetterverschlechterung.
- Ausgeprägtes Abendrot = weiterhin Schönwetter.
- Ausgeprägtes Morgenrot = Schlechtwetter ist zu erwarten.
- Hof um Sonne und Mond = Wetterverschlechterung möglich.
- Unruhiges Licht der Sterne (Szintillation) = Wetterverschlechterung möglich.
- Auffallende gelbe, grüne und graue Farbtöne bei Sonnenauf- und -untergang = schlechtes Wetter möglich.

Für sich allein muß man jede dieser und ähnlicher Beobachtungen mit einer Einschränkung (»ist zu erwarten«, »möglich«) versehen. Erst die genaue Kenntnis mehrerer wetterbildender Elemente erlaubt sicherere Aussagen. Dazu wird man sich in der Regel aber auf den amtlichen Wetterbericht und die Wetterkarte verlassen müssen.

Wetterbericht

Hinweis: Da ein umfangreiches Angebot an Wetterberichten über den Rundfunk in ganz Europa vorhanden ist, sollte jedes größere Boot ein Rundfunkgerät an Bord haben.

Wetterberichte

Allgemeine Wetterberichte kommen über sämtliche Rundfunkstationen in Verbindung mit den Nachrichten (in der Regel alle 1–2 Stunden). Für Binnensegler nützlich können Hinweise sein, die zum Wetter über die sog. »Autoradio-Wellen« (z. B. Bayern 3, Hessen 3) gesendet werden (Hinweise betreffen örtliche Gewitter mit starken Regenfällen usw.). Interessant ist auch ein Segelflug-Wetterbericht.

Seewetterberichte

Für die Küsten- und Hochseefahrt unentbehrlich sind die Seewetterberichte der Rundfunkstationen. Folgende deutsche Sender bringen Seewetterberichte:

Sender: Deutschlandfunk, Frequenz 1268, 1538 kHz (1538 kHz nur 0005 MEZ), Sendezeit: 0105, 1205 MEZ;
Radio Bremen, Frequenz 1079, 1358, 6190 kHz, 88,3, 89,5, 92,1, 93,8 MHz, Sendezeit: 0005 MEZ.

Gebiet: Deutsche Bucht, südwestliche und mittlere Nordsee, Skagerrak, Kattegat, westliche und mittlere Ostsee.

Inhalt: Wetterlage, Vorhersage für 12 Stunden, weitere Aussichten, Stationsmeldungen von Nord- und Ostsee (Wind, Wetter, Luftdruck und Lufttemperatur).

Spezielle Windvorhersagen

Sender: Norddeutscher Rundfunk und Westdeutscher Rundfunk (1. Programm), Sendezeit 0700, 0800, 1900 MEZ.

Gebiet: Deutsche Bucht, westliche Ostsee, mittlere Ostsee (nur um 1800 MEZ).

Sender: Norddeutscher Rundfunk (2. Programm), Sendezeit stündlich bzw. zweistündlich von 0630 bis 2330 MEZ.

Gebiet: Deutsche Bucht, westliche Ostsee.

Segelsportwetterbericht

Einen speziellen Segelsportbericht bringt der Norddeutsche Rundfunk von Mai bis Anfang Oktober für die Deutsche Bucht und die westliche Ostsee um 0730, 1330 und 2130 MEZ.
Seewetterberichte für Ost- und Nordsee bringen auch der Rundfunk der DDR, der dänische und der schwedische Rundfunk, sowie in englischer Sprache BBC London. Aktuelle Einzelheiten betreffend die Sendezeiten findet man am besten in den Tageszeitungen der Hafenorte.

Sprechfunk

Eine weitere Quelle für Seewetterberichte ist der Sprechfunk. Zum Betreiben eines Empfängers für Sprechfunk an Bord ist eine Erlaubnis der Deutschen Bundespost notwendig!

Sender: Küstenfunkstelle Norddeich Radio, Frequenz 2614 kHz, Sendezeit 0910 und 2110 MEZ (Vorhersage für 12 Stunden und Aussichten für weitere 12 Stunden). Rufzeichen DAN, DAM.

Gebiet: Nordsee, Seegebiet vor der norwegischen Küste, südwestliche Bäreninsel, Spitzbergen, Seegebiet um Island, Gebiet östlich und westlich Grönlands.

Inhalt: Hinweis auf Starkwind- oder Sturmgefahr für die Nordsee, Stationsmeldungen Deutsche Bucht, Wetterlage und deren Entwicklung für Nordatlantik und vorstehend genannte Gebiete.

Sender: Küstenfunkstelle Kiel Radio, Frequenz 2775 kHz, Sendezeit 0940 und 2140 MEZ (Vorhersage für 12 Stunden und Aussichten für weitere 12 Stunden). Rufzeichen DAO.

Gebiet: Skagerrak, Kattegat, Ostsee.

Inhalt: Hinweis auf Starkwind- oder Sturmgefahr, Stationsmeldungen, Wetterlage und deren Entwicklung für die Ostsee.

Das Deutsche Hydrographische Institut (siehe Seite 290) veröffentlicht jedes Jahr eine Liste aller in Frage kommender Nachrichtenquellen »für Sportfahrzeuge und andere nichtausrüstungspflichtige Fahrzeuge«.

Wetterkarte

Die Beobachtungen vieler hunderter Stationen werden in den täglichen Wetterkarten verarbeitet. In einfachster Form findet sich die tägliche Wetterkarte in vielen Tageszeitungen. Für die Erfordernisse der Seefahrt gibt es Wetterkarten für bestimmte Seegebiete, so z. B. die Wetterkarte des Seewetteramtes Hamburg, Bernhard-Nocht-Str. 76. Sie umfaßt den ganzen Raum vom Nordatlantik bis zum westlichen Mittelmeer. Es handelt sich hierbei um eine sog. Höhenwetterkarte, da das Wetter vor Ort von der gesamten Troposphäre gestaltet wird. Deshalb ist es wichtig, die Verteilung und Bewegung der Hoch- und Tiefdrucklagen in größeren Höhen zu kennen.
Auf der Bodenwetterkarte bedeuten die ausgezogenen Linien Linien gleichen Luftdrucks in Meereshöhe (Isobaren). Die Zahlenangabe (z. B. 1025) gibt den Luftdruck in mb an. Was weitere Symbole auf der Wetterkarte bedeuten, das sei auf unserer folgenden Abbildung dargestellt.

T	Tief	●	Regen
H	Hoch	✳	Schnee
	Warmfront	▲	Hagel
	Kaltfront	△	Graupel
	Okklusion		nach Regen
○	wolkenlos	▽	Schauer
	1/4 bedeckt, heiter		Gewitter
		~	Dunst
◑	halb bedeckt	=	diesig
	3/4 bedeckt, wolkig	≡	Nebel
	7/8 bedeckt, Wolkenlücken		tropischer Wirbel
●	ganz bedeckt	(●)	Niederschlag in Stationsumgebung
	Sprühregen		

Auf der Höhenwetterkarte bedeuten die ausgezogenen Striche Linien gleicher Höhe mit 500 mb Luftdruck (Isohypsen). Auf den Höhenwetterkarten ist auch die Lufttemperatur (z. B. – 22) angegeben. Pfeilspitzen an den Isohypsen markieren die Windrichtung.

Beim Lesen jeder Wetterkarte muß man berücksichtigen, daß sie einen vergangenen Wetterzustand wiedergibt. Erst die Analyse mehrerer aufeinander folgender Wetterkarten ermöglicht eine Aussage über die weitere Wetterentwicklung.

Ein paar wichtige Regeln

- Ein Tiefdruckgebiet wandert stets dorthin, wo der Luftdruck am stärksten fällt.
- Ein Tiefdruckgebiet verstärkt sich, wenn der Luftdruck vor dem Tiefdruckgebiet mehr fällt, als er hinter dem Tiefdruckgebiet ansteigt.
- Ein Tiefdruckgebiet füllt sich auf, wenn der Luftdruck vor dem Tiefdruckgebiet nicht so kräftig fällt, als er hinter dem Tiefdruckgebiet ansteigt.
- Störungen (Tiefdruckgebiete) verlangsamen über Land ihre West-Ost-Bewegung. Sie können dabei sogar stationär werden.
- Die Hochdruckgebiete bestimmen den Zugweg der Tiefdruckgebiete. Ein Tiefdruckgebiet (es können auch mehrere nacheinander sein) zieht links von dem Hochdruckgebiet, das am stärksten ist.
- Ein Hochdruckgebiet wandert stets dorthin, wo der Luftdruck am stärksten steigt.

Meteorologische Fachausdrücke

Aufgleitfront Aus dem Westen heranströmende Warmluft trifft auf stationäre Kaltluft. Dabei wird die Warmluft angehoben und gleitet auf (»Warmfront«).

Aufwind Ein Wind, der senkrecht auf ein orographisches Hindernis (z. B. Gebirge) trifft, sich staut und nach oben steigt.

Beaufort-Skala Stufenskala zur Bestimmung der Windstärke. 1806 von dem englischen Hydrographen Admiral Sir Francis Beaufort eingeführt.

Bewölkungsgrad Zwischen »wolkenlos« und »ganz bewölkt« wird noch unterschieden in 1/4 bedeckt (heiter), halb bedeckt, 3/4 bedeckt (wolkig), 7/8 bedeckt (einzelne Wolkenlücken).

Dunst Das Anlagern von Wasserdampfmolekülen an Kondensationskerne tritt vor der Kondensation zu Tropfen ein. Es führt zu Dunst bzw. Dunsttrübung mit verminderter Sichtweite.

Einbruchsfront Aus dem Westen heranströmende Kaltluft trifft auf stationäre Warmluft. Die Kaltluft schiebt sich unter die Warmluft und hebt diese an. Den »Einbruch« begleiten gewitterartige Niederschläge und böige Winde.

Eis Fester Aggregatzustand des Wassers bei Absinken der Wassertemperatur unter 0 Grad.

Elmsfeuer Büschelentladung bei gewittriger Atmosphäre als Folge eines elektrischen Spannungsunterschieds, z. B. an Mastspitzen und Rahnocken mit rötlich-violettem Licht.

Front Grenze, an der kalte und warme Luftmassen aufeinanderstoßen. Verbunden mit Wetterwechsel, plötzlichen Änderungen des Windes, der Temperatur und des Luftdrucks.

Gewitter Rasches Aufsteigen feuchtwarmer Luft führt zu Kondensationen, die mit elektrischen Aufladungen gekoppelt sind. Der Spannungsunterschied zwischen Luftschichten löst Blitz aus. Der Blitz kann in Segelboote einschlagen! Bei Nicht-Stahlschiffen ist gegebenenfalls ein Blitzableiter bis zum Wasserspiegel ratsam.

Glatteis Ausscheidung von Wasserdampf in fester Form auf Straßen oder an Gegenständen.

Graupel Entsteht durch das Zusammentreffen von Eiskristallen mit unterkühlten Wassertropfen.

Hagel Bis zu mehreren Zentimeter große Eisstücke.

Hoch Gebiet hohen Luftdrucks (»Schönwetter«).

Inversion Warme Luft überlagert kalte Luft und bildet eine Sperrschicht für von unten nach oben steigende Luft.

Kaltfront An der Rückseite der Warmluft eines Tiefdruckgebiets. Die schneller wandernde Kaltluft bricht in die Warmluft ein (»Einbruchsfront«).

Kondensationskern Partikel in der Luft, an denen sich das Wasser anlagern kann. Voraussetzung für Niederschlag.

Krimpen Links- oder Rückdrehen des Windes (gegen den Uhrzeigersinn).

Landklima Kontinentalklima mit heißen Sommern und kalten Wintern.

Landwind Ablandiger Wind am Morgen und Vormittag auf Grund der Abkühlung des Festlands in der Nacht.

Nebel Ausscheidung eines Teils des Wasserdampfes in der Luft bis dicht an die Erdoberfläche (bzw. Meeresoberfläche). Sichtweite unter 1000 m.

Niesel Sprühregen mit oft starker Sichtbehinderung.

Okklusion Endstadium eines Tiefdruckgebiets. Die sich schneller von West nach Ost bewegende Kaltluft hat die Warmluft umwandert und vom Boden abgehoben. Die Zuggeschwindigkeit des Tiefs wird immer langsamer bzw. das Tief wird stationär.

Rechtdrehend Wind dreht im Uhrzeigersinn.

Regen Form des Niederschlags mit Wassertropfen bis zu 6 mm Durchmesser.

Reif Ausscheidung von Wasserdampf in fester Form an Gegenständen bei Absinken der Lufttemperatur auf den Gefrierpunkt.

Rückdrehend Wind dreht gegen den Uhrzeigersinn. Auch Krimpen genannt.

Schauerwetter An Niederschlägen und böigen Winden reiche Wetterlage (mit gelegentlichen kurzfristigen Wetterbesserungen!), ausgelöst von der Kaltluft auf der Rückseite eines Tiefs.

Schnee Entsteht in großen Höhen bei sehr tiefen Temperaturen und besteht aus kleinsten Eisplättchen. Niederschlagsform.

Seewind Kühle Brise von See am Nachmittag und Abend auf Grund der Aufheizung des Festlands am Tag. Größte Windstärke nachmittags bis Beaufort-Skala 5.

Sichtweite Entfernung, in der Schiffe, Seezeichen, Küsten etc. gerade noch ausgemacht werden können. Dunst und Nebel beeinträchtigen die Sichtweite. Nicht zu verwechseln mit der von der Kimm abhängigen Sichtweite (siehe Seite 296) und der Tragweite bei Leuchtfeuern!

Starkwind Winde der Stärken 6 und 7.

Sturm Winde der Stärke 8 und darüber.

Tief Gebiet tiefen Luftdrucks (»Schlechtwettergebiet«).

Tau Die Sättigung der Luft mit Wasserdampf führt zu Taubildung.

Troglage Starker Luftdruckabfall auf der Rückseite eines Tiefdruckgebiets hinter der Kaltfront. Verbunden mit Starkwind bis Sturm.

Umlaufende Winde Winde geringer Stärke wechselnd aus verschiedenen Richtungen.

Umspringen der Wind Plötzlicher Richtungswechsel des Winds beim Durchgang einer Front.

Unterkühlung Absinken der Lufttemperatur unter den Gefrierpunkt. Dabei kann es noch regnen, und die Eisbildung setzt erst ein im Augenblick des Auftreffens auf feste Gegenstände.

Warmfront An der Vorderseite eines Tiefdruckgebiets, »Aufgleitfront«.

Wetterleuchten Bei größerer Entfernung von einem Gewitter hört man den Donner nicht mehr. Das Blitzen nimmt man in Form des Wetterleuchtens wahr.

Zwischenhoch Wanderndes Hoch (»Hochdruckkeil«) zwischen Tiefdruckgebieten. Nur vorübergehende Wetterbesserung.

Anfertigung und Auswertung von Bordwetterkarten

Küsten- und vor allem Hochseesegler sind angewiesen auf die von verschiedenen Stellen (siehe Seite 344) veröffentlichten Seewetterberichte. Zur Schilderung der Wetterlage und der zu erwartenden Wetterentwicklung kommen Angaben über Hoch- und Tiefdruckgebiete, Warm- und Kaltfronten, dazu Stationsmeldungen über Wind, Wetter und Luftdruck. Diese Daten werden zusammen mit den eigenen Wetterbeobachtungen an Bord in die Bordwetterkarte eingetragen (täglich!). Der Schiffsführer bekommt so ein anschauliches Datenmaterial über die Wetterentwicklung, das für seine Entscheidungen notwendig ist.

Vordrucke zum Eintragen der Wettermeldungen und -beobachtungen kann man z. B. vom Deutschen Wetterdienst, Seewetteramt, 2000 Hamburg 4, beziehen.

Die Seewetterberichte über Radio erfolgen im Klartext. Die Angaben können direkt in die Wetterkarte aufgenommen werden. Die Analysensendungen über Funk bedienen sich eines Schlüssels, der auf den Seiten 348/349 erläutert wird.

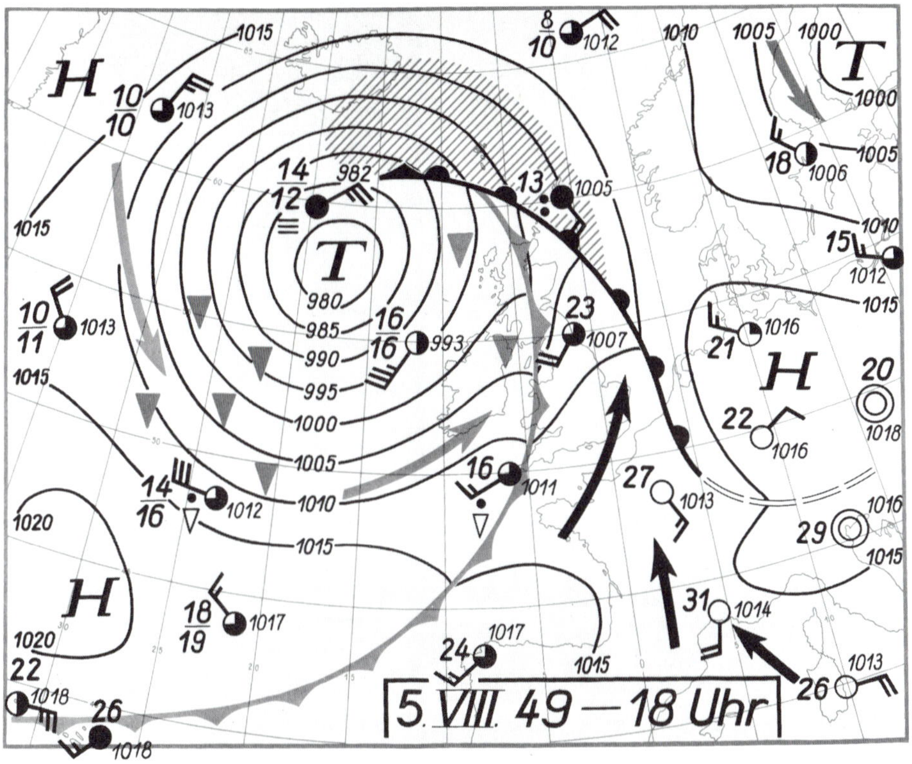

Die Eintragungen in den Vordruck für die Bordwetterkarte geschehen in folgender Reihenfolge:

1. Einzeichnung der Druckgebilde, hauptsächlich also der Hoch- und Tiefdruckgebiete.
2. Einzeichnung der Fronten in den Farben Blau für Kaltfront, Rot für Warmfront und Violett für eine Okklusion.
3. Eintragung der Stationsmeldungen über Land und über See.
4. Einzeichnen der Isobaren.

Außer Hoch- und Tiefdruckgebieten gibt es einige spezielle Druckgebilde, die in Wetterberichten besonders genannt werden. Dazu gehören das *Randtief* mit eigenem Kern. Es bewegt sich in der Regel am Rand eines größeren Tiefdruckgebiets verhältnismäßig rasch in dessen Kern. Das Randtief ist durchaus in der Lage, sich selbständig zu machen und wetterwirksam zu werden. Der *Tiefdrucktrog* folgt auf der Rückseite kräftiger Tiefdruckgebiete. Dabei ist das Wetter stürmischer und niederschlagsreicher als im vorausgegangenen Tief. Die *Welle* ist ein sehr flaches Tief, das sich an der Kaltfront bildet und sich oft zu einem wetterwirksamen Randtief entwickelt. Unter *Sattel* oder *Hochdruckbrücke* versteht man ein Gebiet, von dem der Luftdruck nach zwei entgegengesetzten Richtungen hin ansteigt, während er in zwei dazu um 90 Grad versetzten Richtungen fällt. Der Sattel ist von je zwei über Kreuz gegenüberliegenden Hochdruck- und Tiefdruckgebieten umgeben, nie von einer geschlossenen Isobare. Der *Hochdruckrücken* ist ein Gebiet mit flachem Druckanstieg zwischen zwei Hochdruckgebieten und starkem Druckabfall hin zu den Tiefdruckgebieten.

Auch wenn bei den Fronten meistens die Angaben *Warmfront, Kaltfront* oder *Okklusion* stehen, gibt es z. B. Okklusionen mit ausgeprägten Warm- oder Kaltfronteigenschaften. Im ersten Fall ist mit Aufgleitregen zu rechnen, im zweiten mit Schauern und viel Wind. Da der Frontenverlauf meistens nach dem Einzeichnen der Stationsmeldungen und Isobaren korrigiert werden muß, ist es ratsam, die Fronten nicht gleich kräftig farbig einzutragen.

Die Stations- und Schiffsmeldungen sollten unbedingt vor dem Zeichnen der Isobaren berücksichtigt werden. Das erhöht ganz wesentlich die Genauigkeit der Isobaren.

Es werden in der nachfolgenden Reihenfolge eingetragen:

1. Windrichtung und Stärke. Die Windpfeile fliegen mit dem Wind. Die Windstärke markiert die Befiederung: eine halbe Feder für 5 Knoten, eine volle Feder für 10 Knoten, usw. Für 50 Knoten den »Sturmwimpel«. Dort, wo die Beaufort-Skala für die Windstärke verwendet wird, gilt: für 1 Beaufortstärke eine halbe Feder, für je 2 Beaufortstärken eine ganze Feder. Bei Windstille wird anstelle des Windpfeils um den Stationskreis ein weiterer Kreis gezeichnet (Abb. unten).
2. Bedeckung des Himmels. Die Schätzung der Gesamtbewölkung ist im Stationskreis in Vierteln der sichtbaren Himmelsfläche eingetragen (Abb. unten).
3. Niederschläge. Neben dem Stationskreis finden sich die Eintragungen für die beobachteten Niederschläge, aber auch z. B. für Nebel. Es werden dazu die im Wetterdienst gebräuchlichen Symbole benützt (Abb. S. 345 u. unten).
4. Temperatur. Die gemessenen Celsius-Grade werden links vom Stationskreis oberhalb der Symbole für Niederschläge angegeben. Schiffsmeldungen enthalten die Temperatur der Luft und des Oberflächenwassers: über einem Bruchstrich die Lufttemperatur, unterhalb die Wassertemperatur. Auf dem

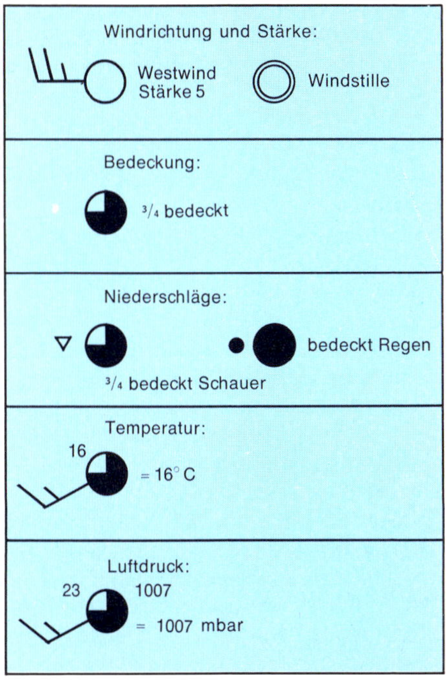

Meer passen die Luftströmungen ihre Temperatur derjenigen des Wassers an. Der Temperaturunterschied, der gemessen wird, macht darauf aufmerksam, ob über dem Meer Warmluft oder Kaltluft lagert oder strömt (siehe auch Abb. Seite 347).

5. Luftdruck. Rechts oben neben dem Stationskreis befindet sich die Luftdruckeintragung in Millibar. Die Stations- und Schiffsmeldungen geben den Luftdruck umgerechnet auf den Meeresspiegel an. Die Verteilung des Luftdrucks geben die Linien gleichen Luftdrucks, die Isobaren an (Abb. Seite 347).

Selbstverständlich gehören auch die eigenen an Bord gemachten Wetterbeobachtungen zu den Schiffsmeldungen und müssen in die Bordwetterkarte eingetragen werden. Dazu verwendet man das gleiche vorstehend erläuterte Schema.

Es ist üblich, die Isobaren von 5 zu 5 Millibar einzuzeichnen. Diese Arbeit wird erleichtert, wenn man die bekannten Luftdruckwerte in Ziffern fein auf den Vordruck schreibt. Die Verbindung der gleichen Zahlen durch eine Linie ist dann sicherer, als wenn man das Papier nur mit Punkten oder Kreuzen gekennzeichnet hat. Isobaren sind großzügig geschwungene Kurven und auf keinen Fall Gerade zwischen zwei Punkten! Auf das Tiefdruckgebiet zu sind diese Isobarenkurven konkav gekrümmt. An Fronten haben die Isobaren Knicke: ein Zeichen dafür, daß eine Front auch für den Luftdruck, wie für jedes meteorologische Element überhaupt, Unbeständigkeit signalisiert. In der Regel fällt der Luftdruck vor der Front langsamer, als er hinter der Front steigt. Man führt deshalb in der Zeichnung die Isobaren flach geschwungen an die Frontlinie, um sie hinter derselben mit deutlichem Knick in der Front steigen zu lassen. Es ist darauf zu achten, daß sich Isobaren nicht kreuzen oder berühren. Das wäre nämlich falsch, da sich Isobaren weder kreuzen noch berühren können.

Da die Dichte der Isobaren wichtige Rückschlüsse auf die zu erwartende Windstärke vermittelt, ist streng darauf zu achten, daß keine Isobare übersehen wird.

Je mehr Stations- und Schiffsmeldungen vorliegen und bei der Anfertigung der Karte ausgewertet werden, um so genauer läßt sich der Isobarenverlauf darstellen. Besonders ausführlich sind die *Analysensendungen über Funk*, die zur Anfertigung der Bordwetterkarte erst entschlüsselt werden müssen. Dabei ist es zweckmäßig, den Analysenschlüssel, die Funkaufnahme der Analyse und den Kartenvordruck nebeneinander aufzulegen. Dann entschlüsselt man der Reihe nach die Ziffern und Zahlengruppen und überträgt die Angaben sofort in den Vordruck.

Nachfolgend der gebräuchliche Analysenschlüssel nach den Angaben des Deutschen Wetterdienstes, Seewetteramt Hamburg:

10001	33388	$OYYG_cG_c$		
99900				
$8P_tP_cPP$	$QL_aL_aL_oL_o$	$md_sd_sf_sf_s$		
$000g_pg_p$	$9P_tP_cPP$	$QL_aL_aL_oL_o$		
und/oder				
$000g_pg_p$	$7P_tP_cPP$	$QL_aL_aL_oL_o$	$md_sd_sf_sf_s$	
99911				
$66F_tF_iF_c$	$QL_aL_aL_oL_o$	$QL_aL_aL_oL_o$	... usw.	$md_sd_sf_sf_s$
$000g_pg_p$	$69F_tF_iF_c$	$QL_aL_aL_oL_o$	$QL_aL_aL_oL_o$	... usw.
und/oder				
$000g_pg_p$	$67F_tF_iF_c$	$QL_aL_aL_oL_o$	$QL_aL_aL_oL_o$	... usw. $md_sd_sf_sf_s$
99922				
44PPP	$QL_aL_aL_oL_o$	$QL_aL_aL_oL_o$	... usw.	
99955				
$55T_tT_iT_c$	555PP	$QL_aL_aL_oL_o$	$QL_aL_aL_oL_o$	... usw. $md_sd_sf_sf_s$
19191				

Dazu die Bedeutung der Ziffern, Zahlengruppen und Buchstaben im einzelnen:

10001 33388 $OYYG_cG_c$ = Einleitungsgruppen

10001	**Kennung für Analysensendung**
33388	**Kennung für Ortsbestimmung** nach Form $QL_aL_aL_oL_o$
0	**Kennung für Tages- und Zeitgruppe**
YY	**Monatstag**
G_cG_c	**Kartentermin** in MGZ

99900	**Kennung für Analysenabschnitt mit Druckgebilden**
$8P_tP_cPP$	$QL_aL_aL_oL_o$ $md_sd_sf_sf_s$ = Gruppen der Druckgebilde

8 **Kennung für Druckgebilde**

P_t **Art des Druckgebildes:**

0 = Tiefkomplex	5 = Hoch
1 = Tief	6 = gradientschwaches Gebiet
2 = Randtief (Tiefausläufer mit eigenem Kern)	7 = Hochdruckrücken
3 = Tiefdrucktrog	8 = Sattel (Hochdruckbrücke)
4 = Welle (Neubildung)	9 = tropischer Wirbelsturm

P_c **Charakter des Druckgebildes:**

0 = keine Angabe	5 = in Bildung oder vermutlich vorhanden
1 = T auffüllend, H abschwächend	6 = auffüllend oder abschwächend, aber nicht verschwindend
2 = wenig Änderung	7 = allgemeiner Druckanstieg
3 = T vertiefend, H verstärkend	8 = allgemeiner Druckfall
4 = komplex (zusammengesetzt)	9 = genaue Lage zweifelhaft

PP	**Luftdruck in mb (Zehner u. Einer)**
Q	**Erdoktant**
	Nordhalbkugel / **Südhalbkugel**
	0 = 0°– 90°W / 5 = 0°– 90°W
	1 = 90°–180°W / 6 = 90°–180°W
	2 = 180°– 90°O / 7 = 180°– 90°O
	3 = 90°– 0°O / 8 = 90°– 0°O
L_aL_a	Breitengrad (Zehner und Einer)
L_oL_o	Längengrad (Zehner und Einer)
000	**Kennung für Uhrzeitgruppe** $000g_pg_p$
g_pg_p	**Stundenzahl,** die bei der Kennung 9 für die Druckgebilde bzw. 69 für die Fronten vom Kartentermin abzuziehen und bei der Kennung 7 bzw. 67 zu diesem zu addieren ist.
m	**Angaben über Verlagerung von Druckgebilden, Fronten usw:**
	0 = keine Angaben / 5 = schwenkt nach links
	1 = stationär / 6 = wird rückläufig
	2 = geringe Änderung / 7 = wird schneller
	3 = wird stationär / 8 = schwenkt nach rechts
	4 = wird langsamer / 9 = wird vermutlich rückläufig
d_sd_s	**Richtung**, in die sich System oder Front bewegt, in Zehnergraden
f_sf_s	**Verlagerungsgeschwindigkeit** in Knoten
99911	Kenngruppe für Analysenabschnitt mit Fronten
$66F_tF_iF_c$	$QL_aL_aL_oL_o$ usw. $md_sd_sf_sf_s$ = Gruppen für die Fronten
66	**Kennung der Fronten**
F_t	**Art der Front:**
	0 = quasistationäre Front am Boden / 5 = Höhenkaltfront
	1 = quasistationäre Front in der Höhe / 6 = Okklusion
	2 = Warmfront am Boden / 7 = Instabilitätslinie
	3 = Höhenwarmfront / 8 = intertropische Front
	4 = Kaltfront / 9 = Konvergenzlinie
F_i	**Intensität der Front:**
	0 = keine Angabe / 5 = mäßig; wenig Änderung
	1 = schwach; abschwächend / 6 = mäßig; verstärkend
	2 = schwach; wenig Änderung / 7 = stark; abschwächend
	3 = schwach; verstärkend / 8 = stark; wenig Änderung
	4 = mäßig; abschwächend / 9 = stark; verstärkend
F_c	**Charakter der Front:**
	0 = keine Angabe / 5 = vermutlich in Bildung
	1 = Wetterwirksamkeit abschwächend / 6 = wenig bewegend
	2 = Wetterwirksamkeit gleichbleibend / 7 = mit Wellen
	3 = Wetterwirksamkeit verstärkend / 8 = keine scharfe Bodenfront
	4 = intertropische Front / 9 = Lage zweifelhaft
99922	Kenngruppe für Analysenabschnitt mit Isobaren
44PPP	$QL_aL_aL_oL_o$ $QL_aL_aL_oL_o$ usw. = Gruppe der Isobaren
44	**Kennung für Isobaren**
PPP	**Luftdruckwert** einer Isobare in mb (Hunderter, Zehner u. Einer)
99955	Kenngruppe für Analysenabschnitt mit tropischen Erscheinungen
$55T_tT_iT_c$	555PP $QL_aL_aL_oL_o$ $QL_aL_aL_oL_o$ usw. $md_sd_sf_sf_s$ = Gruppen für Tropen-Erscheinungen Näheres hierüber im Nautischen Funkdienst, Teil III
19191	Schlußgruppe

Dazu noch ein paar Anmerkungen und Hinweise:
Im allgemeinen wird die angeführte Art der Ortsbestimmung (Einleitungsgruppe 10001 33388 $OYYG_cG_c$) angewendet.
Es ist jedoch möglich, daß einige Sender die Koordinaten in halben Graden angeben. In diesem Falle lautet die Einleitungsgruppe: 10001 33300 oder 33311 oder 33322 $OYYG_cG_c$.
Näheres hierüber im Nautischen Funkdienst, Teil III.

Vorhersageanalyse (für 24 Stunden im voraus berechnete Wetterlage) wird nach dem gleichen Schlüssel gesendet. Die Einleitungsgruppe heißt dann nicht 10001, sondern 65556. Im Falle der Vorhersagekarte ist bei Verwendung von Zusatzgruppen g_pg_p auf den Vorhersagetermin, also $G_cG_c + G_pG_p$ zu beziehen.
Das Deutsche Hydrographische Institut gibt den »Nautischen Funkdienst« heraus, dessen Teil III ausführliche Anleitungen zur Verwendung der Wetterfunksprüche an Bord gibt. Ein für Küstenschiffer erschienener Auszug trägt den Titel »Sprechfunk der Küstenschiffahrt«. Für Sportsegler gibt das Hydrographische Institut den »Yachtfunkdienst« heraus.
Der Vollständigkeit halber müssen auch die modernen Wetterkartenschreiber erwähnt werden, welche es heute für Yachten gibt und die die vom Seewetteramt ausgestrahlten Wetterkarten originalgetreu abbilden.
Zur *Auswertung der Wetterkarte* selbst. Da alle Wettermeldungen, die von auswärts an Bord gelangen, immer ein um mindestens 3 Stunden zurückliegendes Wettergeschehen schildern (in vielen Fällen beträgt der zeitliche Abstand einen halben oder ganzen Tag), tut der Skipper gut daran, die Kartenaussage mit dem tatsächlich im Augenblick beobachteten Wetter zu vergleichen.
Oft kann es dabei vorkommen, daß das Wolkenfeld einer Front bereits in der Höhe des Standorts des Schiffes ist, obwohl der Abstand laut Karte größer sein sollte. Winddrehung, Druckanstieg, Temperaturabnahme und kräftige Schauer erinnern daran, daß das Schiff die Front bereits durchquert hat, die nach der Karte noch vor dem Schiff zu suchen war.
Ist die Karte so berichtigt worden, interessiert das weitere Verhalten der Druckgebilde und Fronten. Bewegungsrichtung und

Geschwindigkeit verlangen besondere Aufmerksamkeit. Der Aussagewert erhöht sich, wenn für jeden Wetterbericht, der das Schiff erreicht, eine eigene Wetterkarte angefertigt wird.

Anmerkungen über Vertiefung oder Auffüllung eines Tiefs oder Verstärkung oder Abschwächung eines Hochs, wie sie etwa in den Analysensendungen über Funk enthalten sind, gestatten eine differenziertere Vorhersage.

Zwei Erscheinungen sind vor allem für Segler entscheidend:

1. Zugrichtung eines Tiefs in bezug auf den derzeitigen Schiffsstandort der Yacht.
2. Abstand der Isobaren (Orte mit gleichem Luftdruck verbindende Linien) und beobachtete Windstärke.

Bekanntlich dreht der Wind rechts, wenn das Tief nördlich am Schiff vorbeizieht, und links, wenn das Tief südlich vorbeizieht. Nimmt der Abstand der Isobaren auf dem Schiffskurs zu, ist aller Wahrscheinlichkeit nach mit einem abflauenden Wind zu rechnen. Hingegen legt der Wind zu, wenn der Abstand der Isobaren auf dem Kurs abnimmt.

Wertvolle Informationen gewinnt man, wenn man die Luftdruckentwicklung genau verfolgt. Die Bewegungsrichtung eines Tiefdruckgebiets zielt üblicherweise zum Ort mit dem stärksten Luftdruckfall. Und umgekehrt zieht es das Hoch an die Stelle mit dem stärksten Druckanstieg. Eine Vertiefung eines Tiefs ist zu erwarten, wenn der Luftdruck vor dem Tief stärker fällt, als er hinter dem Tief steigt. Ist dagegen der Luftdruckfall vor dem Tief geringer als der Anstieg hinter dem Tief, kann man damit rechnen, daß sich das Tief auffüllt.

Für Nordatlantiksegler wird täglich zweimal der »Ozeanwetterbericht« gegeben (0948 und 2155 GMT). Er gibt im Klartext eine Wetterübersicht und eignet sich zur Überprüfung der Bordwetterkarte. Je weiter draußen im offenen Meer sich ein Schiff bewegt, um so wertvoller sind sorgfältig geführte Bordwetterkarten und Wetteraufzeichnungen. Eine nur unvollständig gezeichnete Bordwetterkarte ist keine Grundlage für eine Vorhersage. Dabei muß der Skipper wichtige Entscheidungen treffen, z. B. Kursänderung, um so einem schlechten Wetter auszuweichen und einem mehrtägigen Abreiten eines Sturmes aus dem Weg zu gehen.

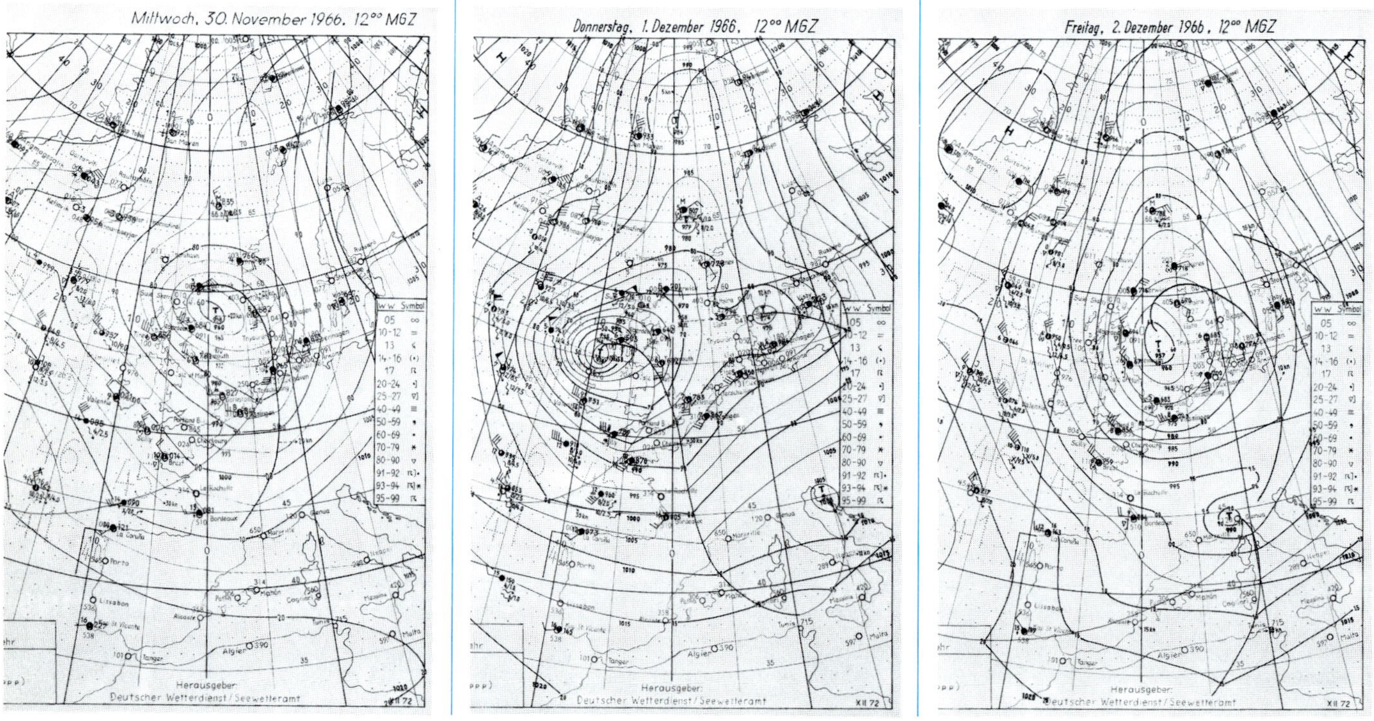

Beispiel für eine Bordwetterkarte dreier Tage. Auf diese Weise ist die Entwicklung des Wetters zu beobachten

Typische Wetterlagen im Nord- und Ostseebereich

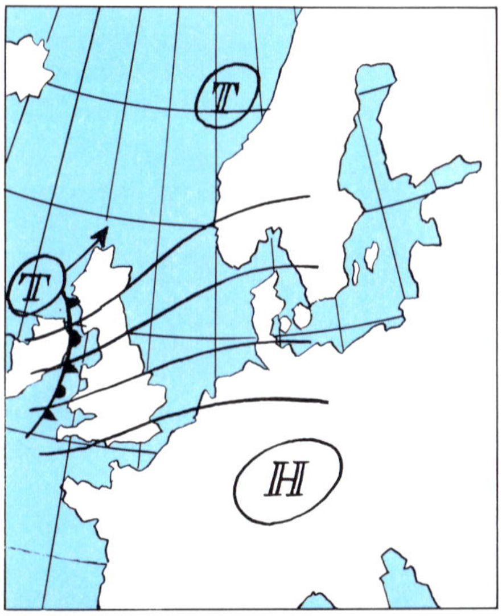

Stationäres Tief an der norwegischen Küste. Über England NO ziehendes Tief. Sturmlage. Jedoch ist die Dauer des stürmischen Wetters unterschiedlich.

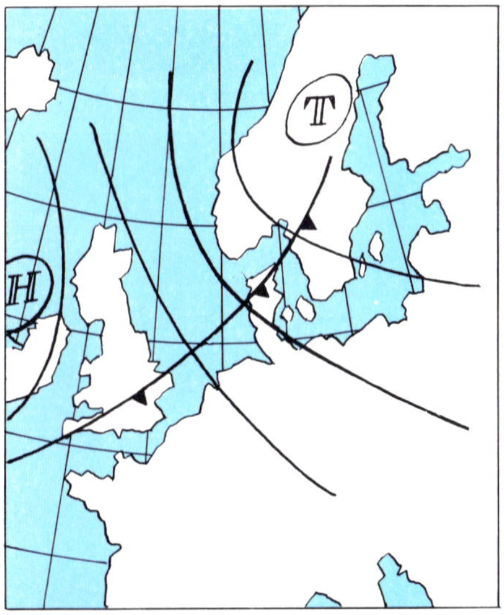

Stationäres Hoch über Irland und stationäres Tief über Norwegen. Nordwestlage mit heftigen Nordwinden, die mehrere Tage dauern können.

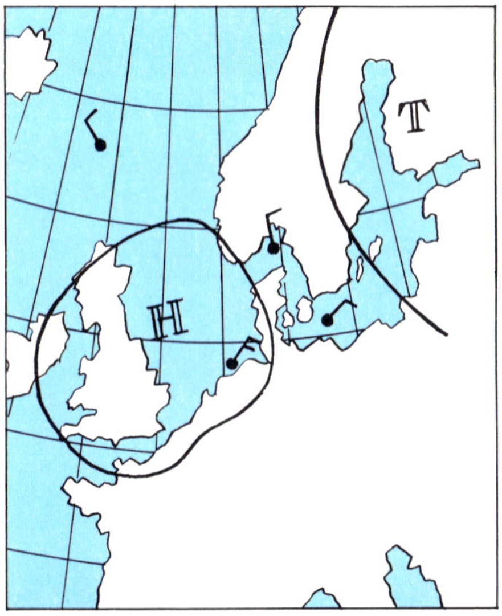

Hoch über der Nordsee und Tief über Finnland. Starke Nordwestwinde zwischen Skagerrak und der westlichen Ostsee.

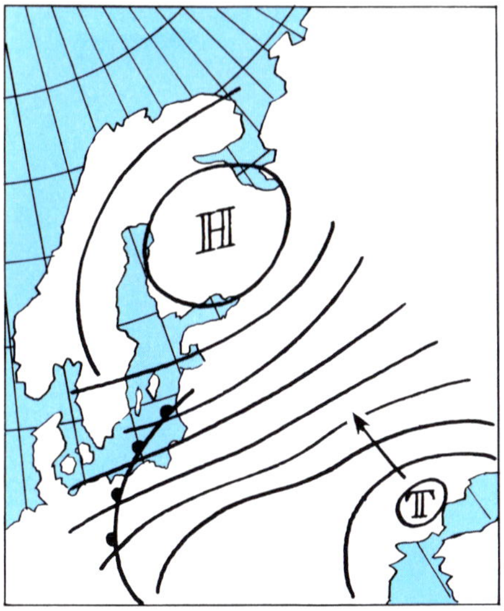

Hoch über Finnland und Tief über Südrußland. Stürme aus NO sind die Regel, auch bei verhältnismäßig hohem Luftdruck.

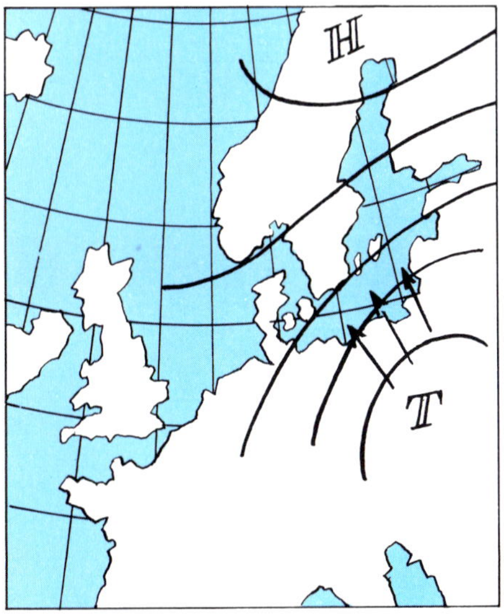

Hoch über Nordskandinavien und ein von Osteuropa nach NW ziehendes Tief. Starker Wind aus Nordost, der nach zwei Tagen nach NW umschlägt.

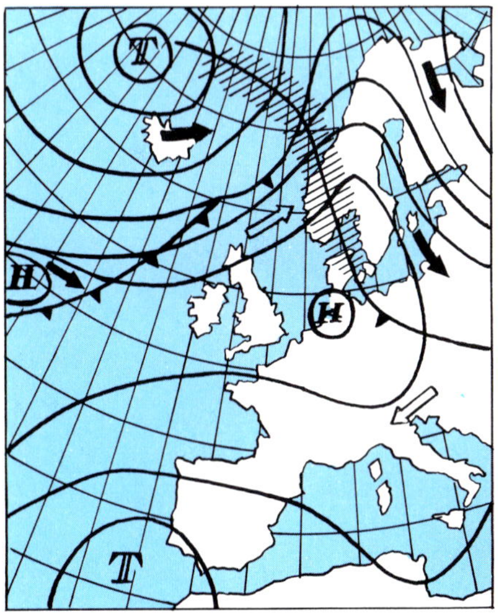

Typische Hochdruck – Schönwetterlage, die insbesondere den Seglern auf süddeutschen Revieren »Traumbedingungen« beschert: Sonne und einen konstanten Wind aus N–O mit einer Stärke von 3–4 Beaufort.

Gesetzeskunde

Verordnungen und Geltungsbereiche

Der Verkehr auf dem Wasser wird geregelt nach verschiedenen Gesetzen und Verordnungen. Für den Bereich der Seeschifffahrt gelten folgende zwei Bestimmungen:

1. Seeschiffahrtstraßenordnung (SeeSchStrO)
2. Seestraßenordnung (SeeStrO)

Für den Bereich der Binnenschiffahrt ist das Verkehrsrecht in den Jahren 1970/71 revidiert worden. Das Hauptziel der Neubearbeitung war die einheitliche Gestaltung in Inhalt und Aufbau. Wegen der Zuständigkeiten internationaler Stromkommissionen für den Erlaß von Vorschriften konnte das Verkehrsrecht nicht in einer Verordnung erscheinen. Deshalb ist das Verkehrsrecht in vier Verordnungen enthalten

1. Binnenschiffahrtstraßen-Ordnung (BinSchStrO)
2. Donauschiffahrtpolizeiverordnung (DonauSchPVO)
3. Moselschiffahrtpolizeiverordnung (MoselSchPVO)
4. Rheinschiffahrtpolizeiverordnung (RheinSchPVO)

Daneben gibt es noch eine Reihe weiterer Verordnungen für bestimmte Reviere. Die für den Segler wichtigsten seien in folgender Tabelle dargestellt:

Gewässer	Verordnungen
Alster	Alsterordnung
Bayerische Seen (ohne Bodensee)	Landesverordnung für die Schiffahrt auf den bayer. Gewässern
Berliner Wasserstraßen	1. Teil der BinSchStrO, dazu: VO zur Einführung und Ergänzung der BinSchStrO; 1. VO zur Regelung der Schiffahrt auf den Gewässern in Berlin (West) (1. SchiffVO); 2. SchiffVO; VO über die Registrierung u. Kennzeichnung von Sportbooten mit eigener Triebkraft.
Bodensee	Bodensee-Schiffahrtsordnung
Dümmer See	VO über den Verkehr auf dem Dümmer im Gebiet der Gemeinden Hilde und Lembruch im Landkreis Grafschaft Diepholz
Halterner Stausee	VO über die Zulassung und Regelung des Gemeingebrauchs an der Stever-Talsperre Haltern
Harkort- und Hengsteysee sowie untere Lenne	VO über die Zulassung und Regelung des Gemeingebrauchs am Harkort- und Hengsteysee sowie der unt. Lenne
Lingese- und Brucher-Talsperre	VO über die Zulassung und Regelung des Gemeingebrauchs an der Lingese- und Brucher-Talsperre
Maschsee	PolizeiVO über die Benutzung des Maschsees (MaschseeO)
Möhne-, Henne-, Lister-, Bigge- und Sorpe-Talsperre	VO über die Zulassung und Regelung des Gemeingebrauchs an der Möhne-, Henne-, Lister-, Bigge- und Sorpetalsperre
Rurtalsperre Schwammenauel und weitere Talsperren des Talsperrenverbandes Eifel-Rur	Ordnungsbehördliche VO über den Schiffsverkehr auf den Talsperren des Talsperrenverbandes Eifel-Rur und über sonstige Benutzung dieser Talsperren
Schluchsee	PolizeiVO über die Regelung des Gemeingebrauchs am Schluchsee
Steinhuder Meer u. Hagenburger Kanal	VO über den Verkehr auf dem Steinhuder Meer u. an seinen Ufern
Titisee	PolizeiVO über die Regelung des Gemeingebrauchs am Titisee
Wakenitz, Ratzeburger- und Küchensee	VO über den Verkehr auf der Wakenitz und dem Ratzeburger See
Zwischenahner Meer mit Nebengewässern	VO für das Zwischenahner Meer und seine Nebengewässer

Wichtige Regeln

Hinweise* für die Binnenschiffahrtstraßen

1. Hinweis

Allgemeine Sorgfaltspflicht

Die Schiffsführer haben alle Vorsichtsmaßregeln zu treffen, die die allgemeine Sorgfaltspflicht oder die berufliche Übung gebieten, um

- Beschädigungen anderer Fahrzeuge oder Schwimmkörper,
- Beschädigungen der Ufer, der Strombauwerke und Anlagen jeder Art in der Wasserstraße oder an ihren Ufern,
- Behinderungen der Schiffahrt,
- Gefährdung von Menschenleben

zu vermeiden.

2. Hinweis

Ausweichpflicht für Kleinfahrzeuge

Einzeln fahrende Kleinfahrzeuge sowie Schleppverbände und gekuppelte Fahrzeuge, die ausschließlich aus Kleinfahrzeugen bestehen, müssen allen übrigen Fahrzeugen den für deren Kurs und zum Manövrieren notwendigen Raum lassen; sie können nicht verlangen, daß die meistens größeren Fahrzeuge ihnen ausweichen.

3. Hinweis

Fahrt-Richtlinien für Kleinfahrzeuge

Kleinfahrzeuge müssen untereinander folgende Fahrregeln einhalten:

- Kleinfahrzeuge mit Maschinenantrieb müssen einander und allen anderen Kleinfahrzeugen ausweichen.
- Kleinfahrzeuge ohne Maschinenantrieb müssen einander und den unter Segel fahrenden Kleinfahrzeugen ausweichen.
- Ausweichpflichtige Kleinfahrzeuge müssen beim Begegnen ihren Kurs rechtzeitig nach Steuerbord richten; falls diese Regel aus nautischen Gründen nicht eingehalten werden kann, muß das ausweichpflichtige Kleinfahrzeug rechtzeitig und unmißverständlich durch geeignete Manöver zeigen, wie es ausweichen will.

* Zitat aus »Tips für Wassersportler«. Herausgegeben vom Bundesministerium für Verkehr.

Befinden sich zwei unter Segel fahrende Kleinfahrzeuge auf Kursen, die einander derart kreuzen, daß die Gefahr eines Zusammenstoßes besteht, so müssen sie wie folgt einander ausweichen:

- Wenn sie den Wind nicht von derselben Seite haben, muß das Fahrzeug, das den Wind von Backbord hat, dem anderen ausweichen
- Wenn sie den Wind von derselben Seite haben, muß das luvseitige Fahrzeug dem leeseitigen Fahrzeug ausweichen.

4. Hinweis

Kennen und Beachten der Schiffahrtzeichen

Die wichtigsten sind in nebenstehender Darstellung wiedergegeben.

5. Hinweis

Wichtige Schallsignale, die Sie beachten müssen:

▬	1 langer Ton: »Achtung«
•	1 kurzer Ton: »Ich richte meinen Kurs nach Steuerbord«
• •	2 kurze Töne: »Ich richte meinen Kurs nach Backbord«
• • •	3 kurze Töne: »Meine Maschine geht rückwärts«
• • • •	4 kurze Töne: »Ich bin manövrierunfähig«
• • • •	... Folge sehr kurzer Töne: »Gefahr eines Zusammenstoßes«
▬ ▬	... Wiederholte lange Töne
🔔🔔🔔	oder Gruppen von Glockenschlägen: »Notsignal«

»Kurzer Ton« ist ein Ton von etwa 1 Sekunde Dauer

»Langer Ton« ist ein Ton von etwa 4 Sekunden Dauer.

»Folge sehr kurzer Töne« ist Folge von mindestens 6 Tönen, je von etwa ¼ Sekunde Dauer.

Eine wichtige Gruppe von Schallzeichen, die der Sportbootfahrer wohl am häufigsten hört, sind die Schallzeichen der Fahrzeuge der Großschiffahrt für das Wenden über Backbord oder über Steuerbord.

Es bedeuten:

▬ •	1 Langer Ton, 1 kurzer Ton: »Ich wende über Steuerbord«
▬ • •	1 langer Ton, 2 kurze Töne: »Ich wende über Backbord«

Hinweise für die Seeschiffahrtstraßen*

1. Hinweis

Beachten der Verkehrsvorschriften

Zwei Verkehrsordnungen gelten auf den deutschen Seeschiffahrtstraßen:

- die Seeschiffahrtstraßenordnung und
- die Seestraßenordnung.

Die Seestraßenordnung hat internationalen Charakter. Denn auf der riesigen, keiner Hoheitsgewalt unterliegenden Hohen See müssen für alle Schiffe dieselben Verkehrsregeln gelten.
Die Seestraßenordnung gilt auch in den Hoheitsgewässern der Bundesrepublik!
Aber ihre Bestimmungen reichen nicht aus, vor allem wegen der dichter befahrenen, weniger tiefen und teilweise künstlich angelegten Wasserstraßen, auf denen Seeschiffe fahren.
Deshalb werden die Regeln der Seestraßenordnung durch die Bestimmungen der Seeschiffahrtstraßen-Ordnung im nationalen Bereich ergänzt. Und die müssen Sie auch kennen!
Bevor Sie die beiden Ordnungen studieren, zwei wichtige Tips:
Fast alle in der Seeschiffahrtstraßen-Ordnung bezeichneten Regeln gelten nur im Fahrwasser. Und nun die Definition im »Amtsdeutsch«: »Fahrwasser sind die Teile der Wasserflächen einer Seeschiffahrtstraße, die entweder begrenzt oder gekennzeichnet sind, oder auf denen tatsächlich und regelmäßig ein Längsverkehr stattfindet. Dabei ist es gleichgültig, ob es sich um Fahrzeuge der Berufs- oder Sportschiffahrt handelt.«
Die seewärtige Grenze der deutschen Hoheitsgewässer und damit der Geltungsbereich der Seeschiffahrtstraßen-Ordnung ist in der vom Deutschen Hydrographischen Institut herausgegebenen Seekarte D 50 und in anderen Küstenkarten eingezeichnet.

2. Hinweis

Fairness im Verkehr

Jeder Verkehrsteilnehmer hat sich so zu verhalten, daß die Sicherheit und Leichtigkeit des Verkehrs gewährleistet ist, und daß kein anderer geschädigt oder mehr als nach den Umständen unvermeidbar behindert oder belästigt wird. Dabei sind die Vorsichtsmaßregeln zu beachten, die Seemannsbrauch oder besondere Umstände des Falles erfordern.

3. Hinweis

Vorfahrt beachten

Beim Verlassen der Anker- und Liegeplätze, beim Einlaufen in andere Fahrwasser, beim Queren des Fahrwassers und beim Drehen im Fahrwasser ist die Vorfahrt der Fahrzeuge zu beachten, die im Fahrwasser fahren.

4. Hinweis

Anker-, Anlege- und Festmache-Verbote beachten

Wo müssen Sie mit diesen Verboten rechnen?

- Im Fahrwasser,
- an engen Stellen und in unübersichtlichen Krümmungen,
- in einem Umkreis von 300 m von schwimmenden Geräten, Wracks und sonstigen Schiffahrtshindernissen,
- vor Hafeneinfahrten, Anlegestellen von Fahrgastschiffen und Fähren,
- innerhalb von Fähr- und Brückenstrecken,
- an Strombauwerken, Leitwerken, Schiffahrtzeichen und abbrüchigen Uferstellen.

5. Hinweis

Kennen und Beachten der Schiffahrtzeichen

Die wichtigsten sind in der untenstehenden Darstellung zusammengestellt.

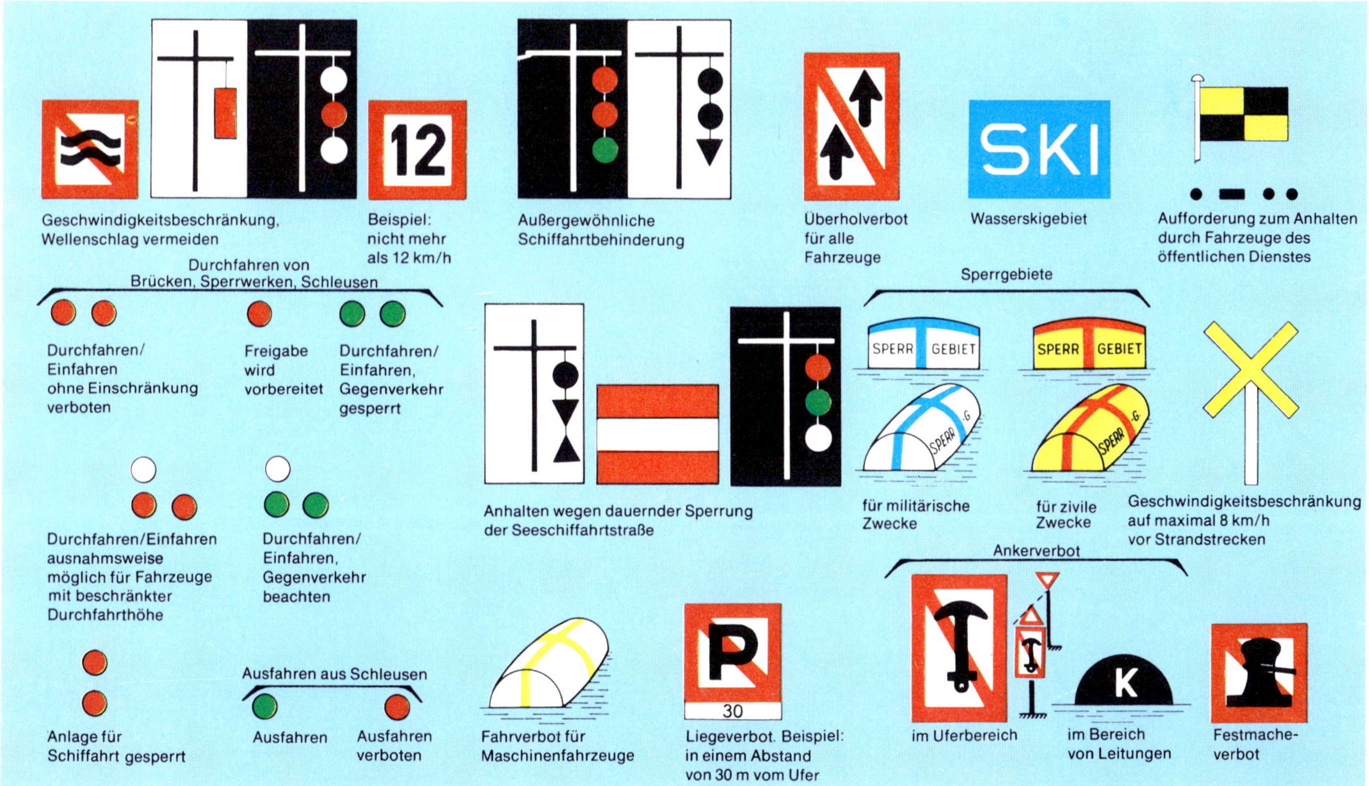

6. Hinweis

Nicht schneller fahren, als die Polizei erlaubt

Die Fahrgeschwindigkeit ist so einzurichten, daß jederzeit der Verkehrslage und der Beschaffenheit der Seeschiffahrtstraße genügt und nötigenfalls rechtzeitig aufgestoppt werden kann.

7. Hinweis

Fahrverbote und Überholverbote einhalten

Von den Wasser- und Schiffahrtsdirektionen sind besondere Fahrverbote bekannt gemacht.
Ein Überholverbot besteht grundsätzlich bei Gefährdung des Gegenverkehrs, an Engstellen, unübersichtlichen Krümmungen, Fähren, Schleusen und beim Schallsignal »ein langer Ton, vier kurze Töne«.

8. Hinweis

Aus Rücksicht auf andere: Fahrtverminderung

Damit Sog und Wellenschlag bei festliegenden Fähren, manövrierunfähigen und festgekommenen Fahrzeugen, schwimmenden Geräten und an gefährdeten Stellen vermieden werden, ist die Fahrt zu vermindern.

9. Hinweis

Rücksicht auf Wasserski

Wasserski ist erlaubt: außerhalb des Fahrwassers (... aber beachten Sie die Einschränkungen!) und auf den besonders ausgewiesenen Wasserflächen.

10. Hinweis

Wichtige Schallsignale, die Sie kennen und beachten müssen

▬	1 langer Ton: »Achtung«
•	1 kurzer Ton: »Ich ändere meinen Kurs nach Steuerbord«
• •	2 kurze Töne: »Ich ändere meinen Kurs nach Backbord«
• • •	3 kurze Töne: »Meine Maschine geht rückwärts«
▬ • • • •	2 Gruppen von jeweils einem langen und vier kurzen Tönen: »Fahrzeug wird durch ein sich näherndes Fahrzeug gefährdet oder das eigene Fahrzeug gefährdet ein anderes«

Bei Nebel und unsichtigem Wetter

▬	1 langer Ton mit der Pfeife: »Maschinenfahrzeug macht Fahrt durchs Wasser«
▬ ▬	2 lange Töne mit der Pfeife: »Maschinenfahrzeug in Fahrt, das seine Maschine gestoppt hat und keine Fahrt durchs Wasser macht«
▬	1 Ton mit dem Nebelhorn: »Segelfahrzeug in Fahrt mit Wind von Steuerbord«
▬ ▬	2 Töne mit dem Nebelhorn: »Segelfahrzeug in Fahrt mit Wind von Backbord«
▬ ▬ ▬	3 Töne mit dem Nebelhorn: »Segelfahrzeug in Fahrt mit Wind von achterlicher als querab«

Wenn Nebelhorn nicht vorhanden, irgendein anderes kräftiges Schallsignal: »Fahrzeug von weniger als 12,20 m Länge«

Regeln für das Wegerecht

Regeln für das Verhalten von Fahrzeugen, die einander in Sicht haben, zitieren wir aus der Seestraßenordnung von 1972 – es handelt sich also um internationale Regeln:

Regel 12

Segelfahrzeuge

a) Wenn zwei Segelfahrzeuge sich einander so nähern, daß die Möglichkeit der Gefahr eines Zusammenstoßes besteht, muß das eine dem anderen wie folgt ausweichen:
   i) Wenn sie den Wind nicht von derselben Seite haben, muß das Fahrzeug, das den Wind von Backbord hat, dem anderen ausweichen;
   ii) wenn sie den Wind von derselben Seite haben, muß das luvwärtige Fahrzeug dem leewärtigen ausweichen;
   iii) wenn ein Fahrzeug mit Wind von Backbord ein Fahrzeug in Luv sichtet und nicht mit Sicherheit feststellen kann, ob das andere Fahrzeug den Wind von Backbord oder von Steuerbord hat, muß es dem anderen ausweichen.

b) Im Sinne dieser Regel ist die Luvseite diejenige Seite, die dem gesetzten Großsegel gegenüberliegt, auf Rahseglern diejenige Seite, die dem größten gesetzten Schratsegel gegenüberliegt.

Regel 13

Überholen

a) Ungeachtet der Regeln dieses Abschnitts muß jedes Fahrzeug beim Überholen dem anderen ausweichen.
b) Ein Fahrzeug gilt als überholendes Fahrzeug, wenn es sich einem anderen aus einer Richtung von mehr als 22,5 Grad achterlicher als querab nähert und daher gegenüber dem zu überholenden Fahrzeug so steht, daß es bei Nacht nur dessen Hecklicht, aber keines der Seitenlichter sehen könnte.
c) Kann ein Fahrzeug nicht sicher erkennen, ob es ein anderes überholt, so muß es dies annehmen und entsprechend handeln.
d) Durch eine spätere Änderung der Peilung wird das überholende Fahrzeug weder zu einem kreuzenden im Sinne dieser Regeln noch wird es von der Verpflichtung entbunden, dem anderen Fahrzeug auszuweichen, bis es dieses klar passiert hat.

Regel 14

Entgegengesetzte Kurse

a) Wenn zwei Maschinenfahrzeuge auf entgegengesetzten oder fast entgegengesetzten Kursen sich einander so nähern, daß die Möglichkeit der Gefahr eines Zusammenstoßes besteht, muß jedes seinen Kurs nach Steuerbord so ändern, daß sie einander an Backbordseite passieren.
b) Eine solche Lage muß angenommen werden, wenn ein Fahrzeug das andere recht voraus oder fast recht voraus sieht, bei Nacht die Topplichter des anderen in Linie oder fast in Linie und/oder beide Seitenlichter sieht und am Tage das andere Fahrzeug dementsprechend ausmacht.
c) Kann ein Fahrzeug nicht sicher erkennen, ob eine solche Lage besteht, so muß es von dieser ausgehen und entsprechend handeln.

Regel 15

Kreuzende Kurse

Wenn die Kurse zweier Maschinenfahrzeuge einander so kreuzen, daß die Möglichkeit der Gefahr eines Zusammenstoßes besteht, muß dasjenige ausweichen, welches das andere an seiner Steuerbordseite hat; wenn die Umstände es zulassen, muß es vermeiden, den Bug des anderen Fahrzeugs zu kreuzen.

Regel 16

Maßnahmen des Ausweichpflichtigen

Jedes ausweichpflichtige Fahrzeug muß möglichst frühzeitig und durchgreifend handeln, um sich gut klar zu halten.

Regel 17

Maßnahmen des Kurshalters

a) i) Muß von zwei Fahrzeugen eines ausweichen, so muß das andere Kurs und Geschwindigkeit beibehalten (Kurshalter).
   ii) Der Kurshalter darf jedoch zur Abwendung eines Zusammenstoßes selbst manövrieren, sobald klar wird, daß der Ausweichpflichtige nicht angemessen nach diesen Regeln handelt.

b) Ist der Kurshalter dem Ausweichpflichtigen aus irgendeinem Grund so nahe gekommen, daß ein Zusammenstoß durch Manöver des letzteren allein nicht vermieden werden kann, so muß der Kurshalter so manövrieren, wie es zur Vermeidung eines Zusammenstoßes am dienlichsten ist.

c) Ein Maschinenfahrzeug, das bei kreuzenden Kursen nach Buchstabe a Ziffer ii manövriert, um einen Zusammenstoß mit einem anderen Maschinenfahrzeug zu vermeiden, darf seinen Kurs, sofern die Umstände es zulassen, gegenüber einem Fahrzeug an seiner Backbordseite nicht nach Backbord ändern.

d) Diese Regel befreit das ausweichpflichtige Fahrzeug nicht von seiner Ausweichpflicht.

Regel 18

Verantwortlichkeiten der Fahrzeuge untereinander

Sofern in den Regeln 9, 10 und 13 nicht etwas anderes bestimmt ist, gilt folgendes:

a) Ein Maschinenfahrzeug in Fahrt muß ausweichen
   i) einem manövrierunfähigen Fahrzeug;
   ii) einem manövrierbehinderten Fahrzeug;
   iii) einem fischenden Fahrzeug;
   iv) einem Segelfahrzeug.

b) Ein Segelfahrzeug in Fahrt muß ausweichen
   i) einem manövrierunfähigen Fahrzeug;
   ii) einem manövrierbehinderten Fahrzeug;
   iii) einem fischenden Fahrzeug.

c) Ein fischendes Fahrzeug in Fahrt muß, soweit möglich, ausweichen
   i) einem manövrierunfähigen Fahrzeug;
   ii) einem manövrierbehinderten Fahrzeug.

d) i) Jedes Fahrzeug mit Ausnahme eines manövrierunfähigen oder manövrierbehinderten muß, sofern die Umstände es zulassen, vermeiden, die sichere Durchfahrt eines tiefgangbehinderten Fahrzeugs zu behindern, das Signale nach Regel 28 zeigt.

Lichterführungen

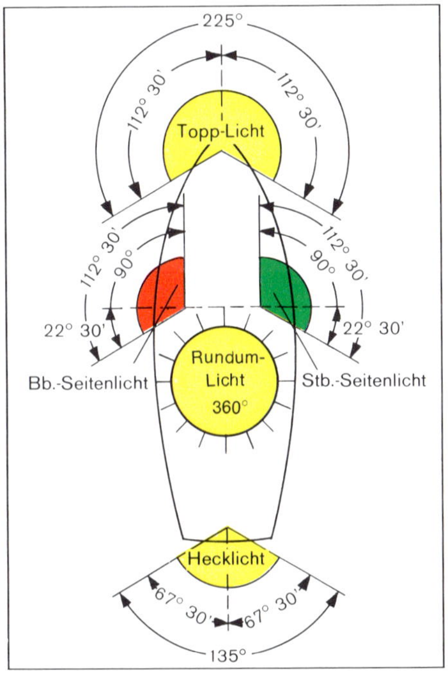

Definition der Lichter

Lichterführungen und Tagbezeichnungen nach der BinSchStrO

Fahrzeuge mit Maschinenantrieb – ebenso Fahrzeuge, die gleichzeitig Segel und eine Antriebsmaschine benützen – müssen folgende Lichter führen:

1. Ein weißes Topplicht auf dem vorderen Teil des Fahrzeuges, sichtbar über einen Horizontbogen von 225° und zwar 112°30' nach jeder Seite.
2. Seitenlichter (Steuerbord grün, Backbord rot), jedes sichtbar über einen Horizontbogen von 112°30'.
3. Ein weißes Hecklicht, sichtbar über einen Horizontbogen von 135°. Fahrzeuge mit Maschinenantrieb über 110 m Länge müssen noch ein zweites Topplicht führen!

Mit Maschinenantrieb fahrende Kleinfahrzeuge (Boote mit weniger als 15 t Tragfähigkeit bzw. Wasserverdrängung) müssen das Topplicht in gleicher Höhe wie die Seitenlichter und mindestens 1 m vor diesen führen. Oder: die Seitenlichter werden unmittelbar nebeneinander oder in einer einzigen Laterne am oder nahe am Bug in der Schiffsachse gesetzt. Dabei muß das Topplicht 1 m höher als die Seitenlichter gesetzt werden. Das Hecklicht kann in diesem Falle entfallen, wenn das Topplicht von allen Seiten sichtbar ist.

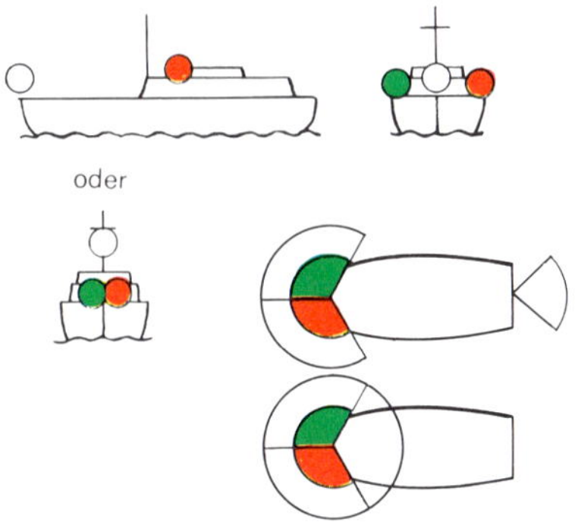

Bei Tage (bei Kleinfahrzeugen mit Maschinenantrieb, deren Schiffskörper über 10 m lang ist).

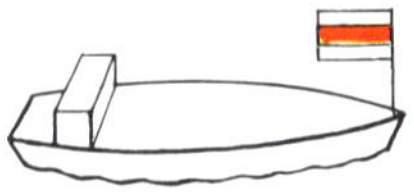

Segelfahrzeuge, die nur unter Segel fahren (– über 15 t –) führen Seitenlichter und das Hecklicht.

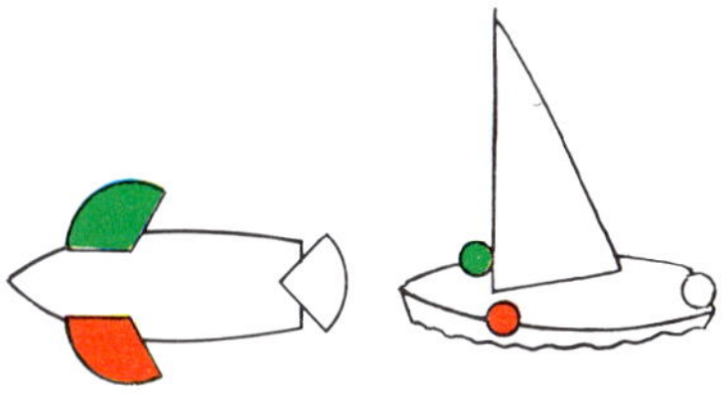

Hinweis: ◯ = nur über einen beschränkten Horizontbogen sichtbares Licht

☼ = von allen Seiten sichtbares Licht

Nur unter Segel fahrende Kleinfahrzeuge müssen ein von allen Seiten sichtbares weißes gewöhnliches Licht führen und bei der Annäherung anderer Fahrzeuge außerdem ein zweites weißes gewöhnliches Licht zeigen.

Kleinfahrzeuge ohne Segel und Motor müssen ein von allen Seiten sichtbares weißes gewöhnliches Licht führen. Beiboote ohne Segel und Motor brauchen dieses Licht nur bei Annäherung anderer Fahrzeuge zeigen.

Fahrzeuge, die gleichzeitig mit Segel und Antriebmaschine fahren (gilt nicht für Kleinfahrzeuge unter 15 t!).

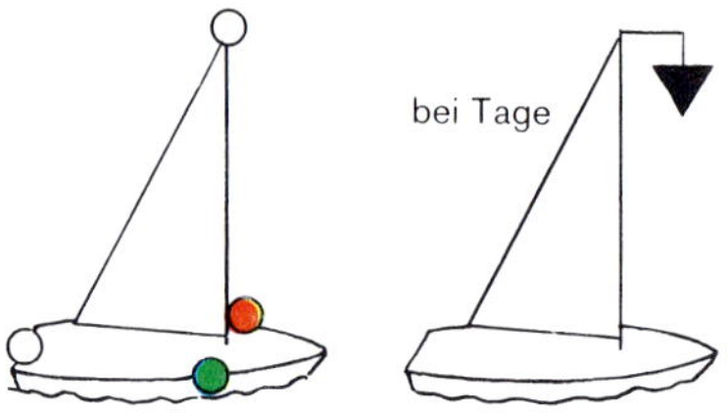

Schlepper

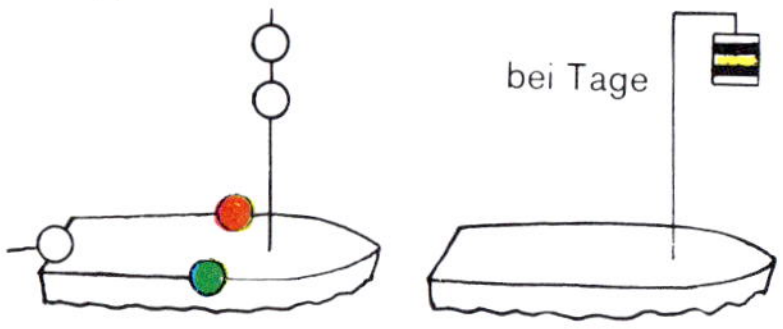

Schlepper nebeneinander an der Spitze eines Verbandes.

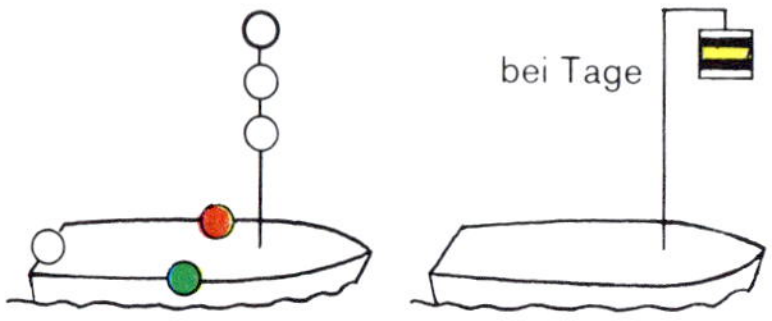

Geschlepptes Fahrzeug

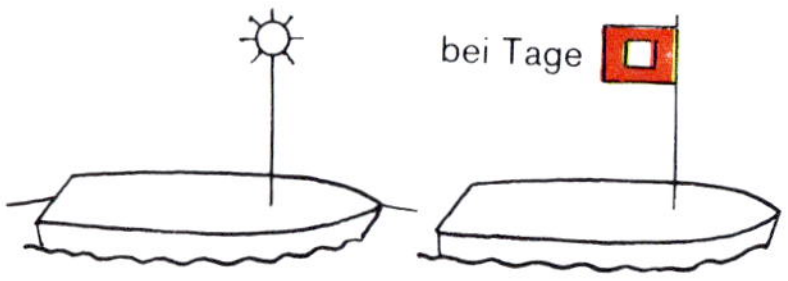

Geschlepptes Fahrzeug als letztes im Schleppverband.

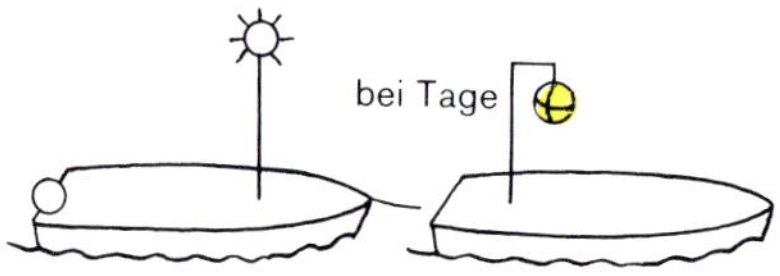

Schubverband

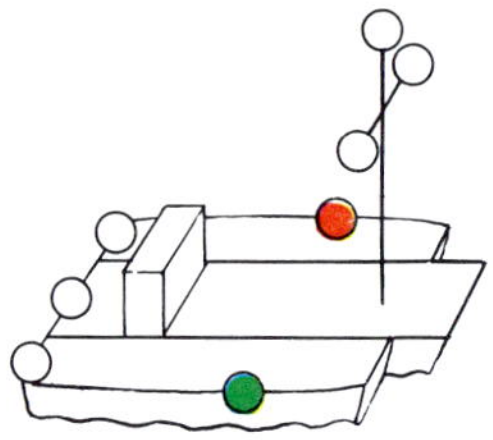

Zwei Fahrzeuge mit Maschinenantrieb gekuppelt.

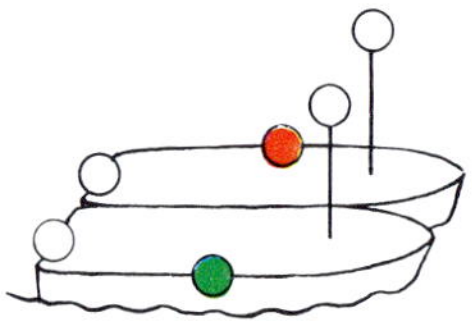

Fahrzeuge bei Beförderung bestimmter feuergefährlicher Stoffe (zusätzliche Bezeichnung).

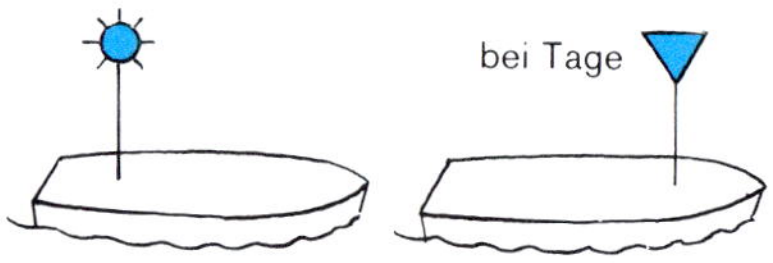

Schleppverbände mit Fahrzeugen bei Beförderung best. feuergefährlicher Stoffe. (Bei Beförderung best. explosionsgefährlicher Stoffe statt des blauen Lichts bzw. Dreiecks rotes Licht bzw. Dreieck!)

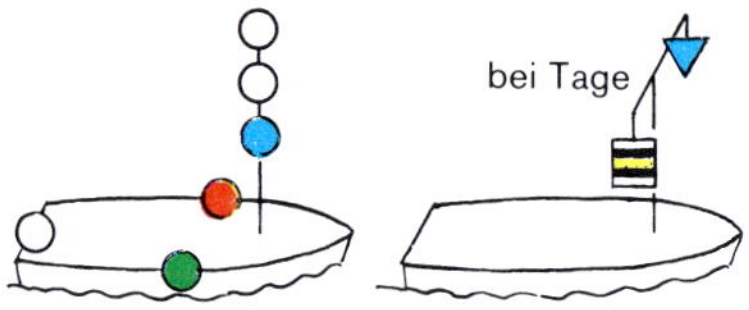

Schubverband mit Fahrzeugen bei Beförderung best. feuergefährlicher Stoffe (Bei Schubverband mit Fahrzeugen bei Beförderung best. explosionsgefährlicher Stoffe statt der blauen Lichter bzw. Dreiecke jeweils rote!).

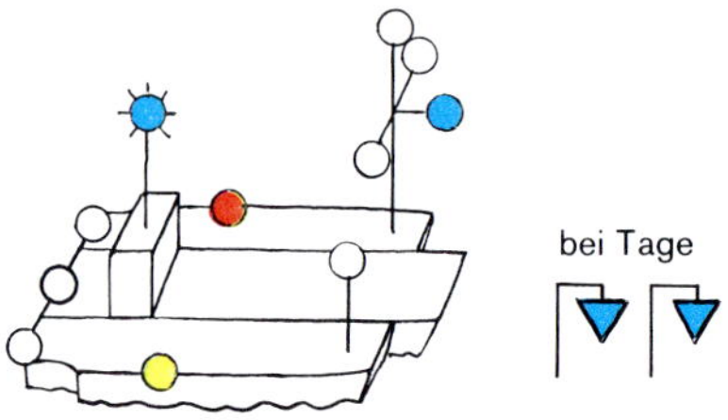

Fahrzeuge bei Beförderung best. explosionsgefährlicher Stoffe.

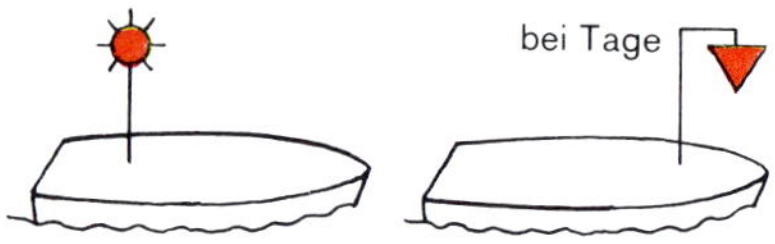

Fahrzeuge bei Beförderung von Ammoniak oder anderen gefährlichen Stoffen.

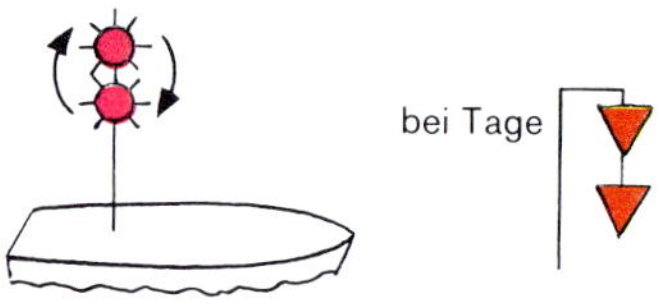

Schubverband mit Fahrzeugen bei Beförderung von Ammoniak oder anderen gefährlichen Stoffen.

Nicht frei fahrende Fähre.

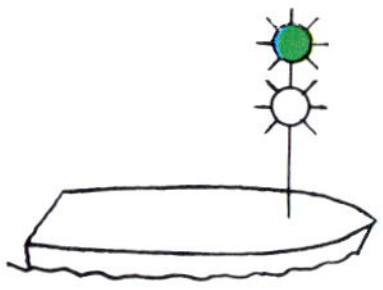

Frei fahrende Fähre.

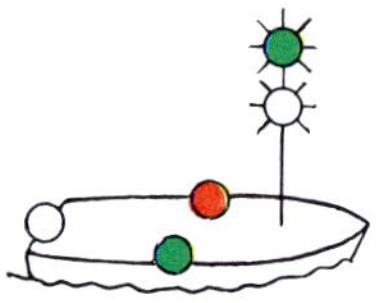

An ihrer Anlegestelle stilliegende Fähren.

Schwimmendes Gerät bei der Arbeit oder festgefahrenes bzw. gesunkenes Fahrzeug: Vorbeifahrt beidseitig möglich.

Schwimmendes Gerät bei der Arbeit oder festgefahrenes bzw. gesunkenes Fahrzeug: Durchfahrt verboten auf der Seite, bei der nur rotes Licht ist (bzw. die rot-weiße Flagge).

Stilliegende Fahrzeuge und Schwimmkörper, deren Anker die Schiffahrt gefährden können.

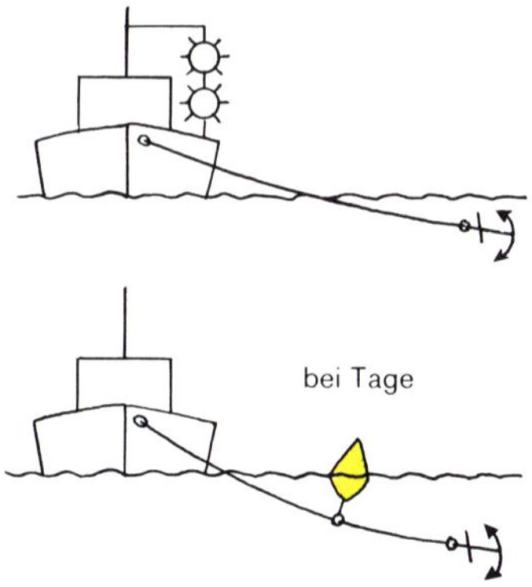

Fahrzeuge, Schwimmkörper und schwimmende Anlagen, die gegen Wellenschlag zu schützen sind.

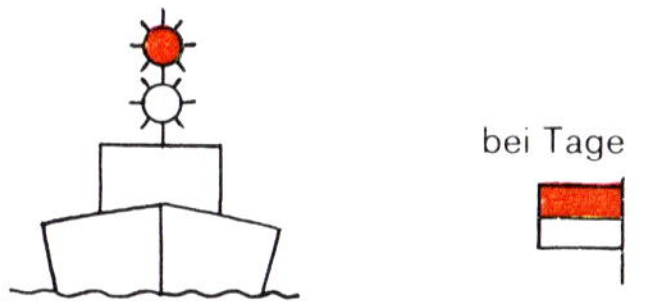

Begegnen: an der Steuerbordseite gefordert: weißes Funkellicht, bei Tage blaue Flagge bzw. blaue Tafel gekoppelt mit weißem Funkellicht.

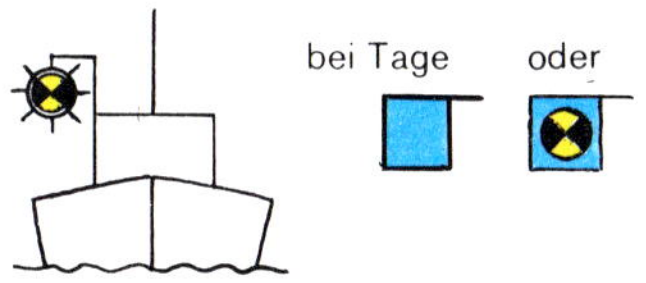

Lichterführungen nach der Seestraßenordnung

Nach der neuen Seestraßenordnung gibt es betreffs der Lichtführung für ein Segelboot folgende Möglichkeiten:

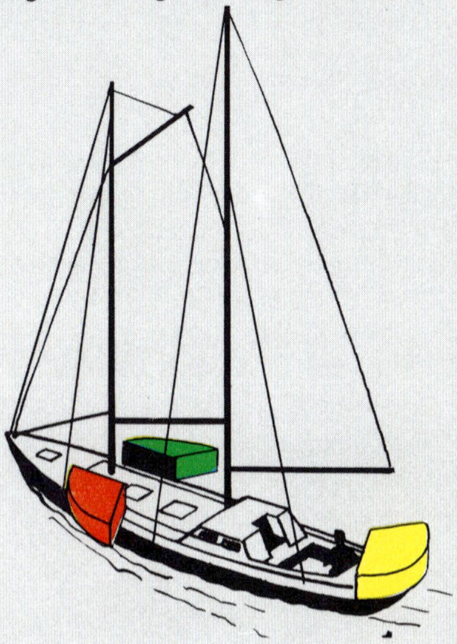

Ein Segelfahrzeug in Fahrt muß Seitenlichter und ein Hecklicht führen.

Ein Segelboot unter 20 m Länge kann die Seitenlichter auch in einer Zweifarbenlaterne führen. Günstige Befestigung: Bugkorb.

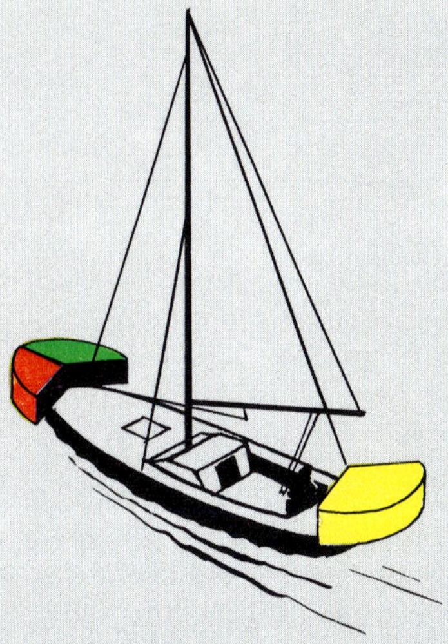

Auf einem Segelfahrzeug von weniger als 12 m Länge dürfen Seitenlichter und Hecklicht in einer Dreifarbenlaterne vereinigt werden, die an oder nahe der Mastspitze dort angebracht ist, wo sie am besten gesehen werden kann.

Ein Segelfahrzeug in Fahrt darf zusätzlich zu den vorgeschriebenen Lichtern an oder nahe der Mastspitze zwei Rundumlichter senkrecht übereinander führen, und zwar das obere rot und das untere grün. Diese Lichter dürfen aber nicht zusammen mit der Dreifarbenlaterne geführt werden.

1 Ein Fahrzeug über 50 m Länge muß im vorderen Teil ein weißes Rundumlicht (tagsüber einen Ball) und am oder beim Heck ein niedriger gelegenes zweites weißes Rundumlicht führen. Ein Fahrzeug unter 50 m Länge braucht nur ein weißes Rundumlicht im vorderen Teil zu führen. Ein ab oder über 100 m langes Fahrzeug muß dazu die Beleuchtung des Decks einschalten. Die Decksbeleuchtung dürfen auch kleinere Fahrzeuge einschalten.
Achtung: Häufig sind Ankerlichter bei Landnähe nicht von den Lichtern an Land zu unterscheiden.

2 Manövrierbehindertes Fahrzeug, das baggert: drei Rundumlichter (rot-weiß-rot), zwei rote Rundumlichter an der Seite der Behinderung und zwei grüne an der Passierseite.

3 Ein wegen seines Anhangs manövrierbehinderter Schlepper über 200 m Länge muß außer seinen drei Topplichtern (unter 200 m 2 Topplichter) drei Rundumlichter (rot-weiß-rot) führen.

4 Ein maschinengetriebenes Fahrzeug unter 50 m Länge führt ein Topplicht, Seitenlichter und Hecklicht. Hier sieht man von den Seitenlichtern nur das grüne Stb.-Licht, das Boot fährt am Beobachter von links nach rechts vorbei.

5 Maschinengetriebenes Fahrzeug unter 7 Meter Länge mit einer maximalen Geschwindigkeit von 7 kn: darf ein weißes Rundumlicht führen – es muß aber auch (wenn möglich) Seitenlichter führen.

6 Ein Ruderboot muß ein weißes Licht gebrauchsfertig haben und bei Bedarf zeigen. Es darf aber auch die für ein Segelboot vorgeschriebenen Lichter führen.

7 Ein Lotsenfahrzeug hat zwei Rundumlichter zu führen, das obere weiß, das untere rot. In Fahrt zusätzlich Hecklicht und Seitenlichter, bzw. vor Anker das oder die Ankerlichter.

8 *Ein Segelfahrzeug muß Seitenlichter und Hecklicht führen. Ist es weniger als 20 m lang, kann eine Zweifarbenlaterne über der Längsachse benutzt werden. Boote unter 12 m dürfen statt Hecklicht und Seitenlichtern eine Dreifarbenlaterne im Masttopp führen. Bei Motorfahrt – auch unter Segeln – gilt das Boot als Maschinenfahrzeug. Ein Segelfahrzeug in Fahrt darf zusätzlich zu den vorgeschriebenen Lichtern an oder nahe der Mastspitze zwei Rundumlichter übereinander (oben = rot, unten = grün) führen.*

9 *Ein maschinengetriebenes Fahrzeug über 50 m Länge muß ein zweites Topplicht führen.*

10 *Jedes Fahrzeug, das im Gespann trawlt, darf nachts ein Scheinwerferlicht zeigen, das voraus und zum anderen Fahrzeug des Gespanns gerichtet wird.*

11 *Ein nicht trawlendes Fischereifahrzeug führt zwei Rundumlichter (bzw. ein Stundenglas): das obere rot, das untere weiß. Bei Fahrt durchs Wasser außerdem Hecklicht und Seitenlichter.*

12 *Ein Fischereifahrzeug, dessen Fanggerät waagerecht mehr als 150 m reicht, muß ein weißes Rundumlicht bzw. einen Kegel (Spitze oben) in Richtung des Fanggeräts führen. (Das Erkennen dieses Lichtes ist infolge der Arbeitsbeleuchtung nicht einfach.). Bei Fahrt durchs Wasser sind zusätzlich die Seitenlichter und ein Hecklicht zu führen.*

13 *Ein manövrierbehindertes Fahrzeug muß drei Rundumlichter führen. Bei Fahrt durchs Wasser zusätzlich Topplicht(er), Seitenlichter und ein Hecklicht. Beim Ankern sind zusätzlich die vorgeschriebenen Ankerlichter zu führen.*

14 *Ein fischender Trawler muß zwei Rundumlichter führen, das obere grün, das untere weiß. Dazu ein Topplicht achterlicher und höher als das grüne Rundumlicht. Ein Fahrzeug von weniger als 50 m Länge ist zum Führen dieses Topplichtes nicht verpflichtet. Bei Fahrt durchs Wasser müssen auch Seitenlichter und ein Hecklicht geführt werden.*

15 *Schleppendes Maschinenfahrzeug: zwei Topplichter übereinander. Ist der Schleppzug länger als 200 m, so müssen es drei Topplichter übereinander sein. Dazu Seitenlichter, Hecklicht und ein Schlepplicht senkrecht über dem Hecklicht. Das geschleppte Fahrzeug muß Seitenlichter führen und ein Hecklicht.*

16 *Ein schleppendes Maschinenfahrzeug muß vorne zwei (bei Schleppzug über 200 m Länge drei) weiße Topplichter übereinander führen, dazu Seitenlichter, ein Hecklicht und ein gelbes Schlepplicht senkrecht über dem Hecklicht. Das geschleppte Fahrzeug muß Seitenlichter und ein Hecklicht führen (bei über 200 m Länge einen rhombusförmigen Signalkörper.*

17 *Ein tiefgangbehindertes Fahrzeug darf zusätzlich zu den für Maschinenfahrzeuge vorgeschriebenen Lichtern drei rote Rundumlichter senkrecht übereinander führen. Am Tage wird es durch einen Zylinder gekennzeichnet.*

18 *Manövrierunfähiges Fahrzeug (nicht in Fahrt): zwei rote Rundumlichter senkrecht übereinander.*

Wichtige Tagsignale nach der SeeStrO

Taucher müssen die Flagge »A« als Tafel führen, sofern es von der Größe des Fahrzeugs her gesehen unmöglich ist, die Signale für Unterwasserarbeiten (und Baggern) zu führen.

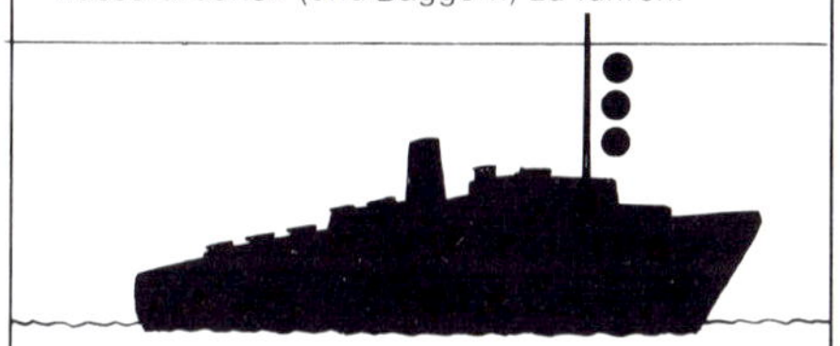

Ein Fahrzeug auf Grund muß am Tage drei Bälle senkrecht übereinander führen, nachts zwei rote Rundumlichter senkrecht übereinander zusätzlich zu dem normalen Ankerlicht(ern).

Ein Minensucher muß am Tage drei Bälle (nachts drei grüne Rundumlichter) führen, einen am Vormasttopp und einen an jedem Ende der vorderen Rah.

Über 200 m lange Schleppzüge müssen rhombusartige Signalkörper führen.

Ein manövrierunfähiges Fahrzeug muß am Tage zwei Bälle übereinander führen, nachts zwei rote Rundumlichter übereinander.

Ein Fahrzeug unter Segel, das gleichzeitig mit Maschinenkraft fährt, muß im Vorschiff einen Kegel – Spitze unten – dort führen, wo er am besten gesehen werden kann.

Anhang

Führerscheinvorschrift

des Deutschen Segler-Verbandes

vom 1. Mai 1969 in der Fassung vom 26. April 1970

Nachweis über die Befähigung zum Führen von Segelyachten und Motoryachten

§ 1 Führerscheine

Der DSV erteilt selbst oder durch seine anerkannten Vereine Führerscheine, die im In- und Ausland gegenüber Behörden, Sport- und sonstigen Verbänden als Befähigungsnachweis zur Führung von Segelyachten und Motoryachten dienen.

§ 2 Verantwortliche Schiffsführung

I. Yachten unter dem Stander eines anerkannten DSV-Vereins müssen unter der verantwortlichen Führung eines Führerscheininhabers stehen, dessen Führerschein für den jeweiligen Bereich gültig ist.

II. Die Mitgliedschaft in einem DSV-Verein verpflichtet den Eigner oder Charterer einer Yacht zur Innehaltung der Führerscheinvorschrift. Für Eignung, Zustand, Ausrüstung und Besetzung der Yacht ist der Schiffsführer nach den Regeln der seemännischen Praxis verantwortlich.

§ 3 Führerscheinarten

I. Nach bestandener Prüfung werden erteilt
1. Führerschein für Binnenfahrt (A)
2. Führerschein für Revierfahrt (BR)
3. Führerschein für Küstenfahrt (BK)
4. Führerschein für Seefahrt (C)
5. Führerschein für Motorboot (M).

II. Die Geltungsbereiche werden in den Durchführungsvorschriften (§ 9) bestimmt.

§ 4 Prüfungsverfahren

Vorbereitung und Durchführung der Prüfungen müssen von der Verantwortung getragen sein, die zur Erteilung von Befähigungsnachweisen entsprechend den vom DSV seit je geforderten strengen Maßstäben unerläßlich ist.

1. Prüfungsausschuß

Für die Abnahme von Prüfungen wird vom Vereinsvorstand ein vom DSV anerkannter Prüfungsausschuß eingesetzt. Er besteht aus drei Mitgliedern (Obmann und zwei Beisitzer beziehungsweise deren Stellvertreter). Der Prüfungsausschuß entscheidet mit Stimmenmehrheit. Er kann sich in eigener Zuständigkeit durch weitere Prüfer mit beratender Stimme ergänzen. Die Prüfer müssen im Besitz einer Prüferlaubnis des DSV sein, die für die Führerscheinart gültig ist, auf die hin geprüft wird.

Jeder Verein kann mehrere Prüfungsausschüsse einsetzen, aber auch mit anderen Vereinen gemeinsame Ausschüsse bilden. Im Vereinsmeldeformblatt ist jährlich anzugeben, welche Prüfer für den Verein geprüft haben. Dabei ist die Nummer ihrer Prüferlaubnis anzugeben.

2. Zulassung

Die Anmeldung zur Prüfung ist dem Prüfungsausschuß schriftlich einzureichen. Für die Erteilung eines Befähigungsnachweises müssen folgende Bedingungen erfüllt sein:

a) Mindestalter: Zur Erlangung des Führerscheins für Binnenfahrt muß das 14., des Führerscheins für Revierfahrt das 16. Lebensjahr vollendet sein. Die Erteilung des Führerscheins für Küstenfahrt setzt das vollendete 18., die des Führerscheins für Seefahrt das vollendete 21. Lebensjahr voraus.

b) Tauglichkeit: Nachweis durch ärztliches Zeugnis auf einheitlichem Verbandsvordruck. Die dort vermerkten Mindestforderungen müssen erfüllt sein. Anderenfalls soll das Zeugnis dem DSV zur Entscheidung vorgelegt werden.

c) Erste Hilfe: Kenntnisse in Erster Hilfe sind nachzuweisen.

d) Erfahrungsnachweis: Wo ein bestimmter Nachweis nach den Durchführungsvorschriften (§ 9) nicht gefordert ist, soll die Erteilung des Befähigungsnachweises von der bisherigen Erfahrung abhängig gemacht werden.

e) Elterliche Zustimmung: Bei Bewerbern unter 18 Jahren ist die Zustimmung der Erziehungsberechtigten zu den Unterlagen zu nehmen.

3. Zeitpunkt, Aufsicht

Der Prüfungsausschuß hat Zeitpunkt und Ort für die Prüfung zu bestimmen und rechtzeitig bekanntzugeben. Er ist für die ordnungsgemäße Durchführung verantwortlich.

4. Prüfungsfächer

Die zu prüfenden Sachgebiete und die praktische Handhabung ergeben sich aus den Durchführungsvorschriften (§ 9).

5. Durchführung der theoretischen und praktischen Prüfung

a) Die theoretische Prüfung ist schriftlich und mündlich durchzuführen. Die Leistungen in den einzelnen Prüfungsfächern sind mit »gut«, »genügend« beziehungsweise »nicht genügend« zu bewerten.

b) Praktische Prüfungen sind auf einer geeigneten Yacht bei mindestens drei Windstärken und möglichst im entsprechenden Fahrtbereich abzuhalten, wobei auch Prüfungen während der Dunkelheit zulässig sind.

Die Reihenfolge der Teilprüfungen ist beliebig, doch soll die gesamte Prüfung innerhalb einer Frist von zwei Jahren, bei A-Schein-Prüfungen jedoch schon innerhalb eines Jahres, abgeschlossen sein. Innerhalb dieser Frist sind auch die Angaben über die bisherige wassersportliche Betätigung insbesondere mit Unterlagen wie Logbüchern, Fahrtenberichten beziehungsweise Empfehlungen vorzulegen und die übrigen Nachweise gemäß Ziffer 2 zu erbringen.

6. Gesamtergebnis der Prüfung

Über das Ergebnis der Prüfung ist eine Niederschrift mit den einzelnen Bewertungen aufzusetzen und von allen drei Mitgliedern des Prüfungsausschusses zu unterschreiben. Das Endurteil lautet: »bestanden« oder »nicht bestanden«.

Wiederholung der Prüfung ist sowohl für den theoretischen wie den praktischen Teil einzeln zulässig. Kommt der Prüfungsausschuß zu der Beurteilung »bestanden«, kann er die Erteilung des angestrebten Führerscheins trotzdem von bestimmten Auflagen abhängig machen oder seine Geltung begrenzen.

7. Prüfungsgebühr

Die Vereine können Prüfungsgebühren erheben, welche die allgemeinen Kosten einer Prüfung sowie eine angemessene Zeitkostenerstattung für die Prüfer nicht übersteigen dürfen.

§ 5 Erteilung und Ausstellung der Führerscheine

I. Die Führerscheine des DSV werden erteilt und ausgestellt durch die Verbandsvereine oder durch den DSV.

1. Erteilung durch die Verbandsvereine

Nach bestandener Prüfung beantragen Vereinsmitglieder bei ihrem Verein die Erteilung des betreffenden Führerscheins.

Die Ausstellung der Führerscheine erfolgt auf dem vom Verband herausgegebenen einheitlichen Vordruck. Bei der Ausstel-

lung sind gegebenenfalls vom Prüfungsausschuß vorgesehene Auflagen und Einschränkungen zu vermerken. Die Führerscheine sind vom Vereinsvorsitzenden oder einem beauftragten Vorstandsmitglied zu unterschreiben und mit dem Vereinsstempel zu versehen.
Jeder Verbandsverein führt ein Führerscheinregister.
Ferner wird beim DSV eine zentrale alphabetische Führerscheinkartei geführt.

2. **Erteilung durch den DSV**
Nichtmitglieder von Verbandsvereinen erhalten den Führerschein durch den DSV, wenn die Prüfung vor dem Prüfungsausschuß eines Verbandsvereins bestanden worden ist und der Verein dies dem DSV bestätigt hat. Diese Scheine erhalten den Vermerk »Berechtigt nicht zur Teilnahme an Verbandsveranstaltungen des DSV«.

II. Für Führerscheine, die auf Grund von Prüfungen vor Prüfungsausschüssen beliehener Verbände ausgestellt werden, gilt Absatz I entsprechend.

§ 6 Entziehung der Führerscheine

I. 1. Bei groben Verstößen gegen sportliche Grundsätze oder gesetzliche Bestimmungen kann der Vorstand des Vereins, der gemäß § 5 Absatz I Ziffer 1 bzw. § 5 Absatz II der Führerscheinvorschrift für die Führerscheinerteilung zuständig ist, auf Entziehung des Führerscheins erkennen. Die Entziehung des Führerscheins wird auf beschränkte Zeit oder für dauernd ausgesprochen.
2. Die Entziehung des Führerscheins ist dem DSV von dem betreffenden Verein mitzuteilen.
3. Gegen eine Führerscheinentziehung kann der Betroffene Berufung beim Vorstand des DSV einlegen. Über die Berufung ist vom Vorstand des DSV in persönlicher Anwesenheit von mindestens fünf seiner Mitglieder, darunter dem Obmann des Führerscheinausschusses, zu entscheiden.

II. Soweit der DSV gemäß § 5 Absatz I Ziffer 2 bzw. gemäß § 5 Absatz II der Führerscheinvorschrift für die Erteilung des Führerscheins zuständig ist, ist der DSV auch für die Führerscheinentziehung zuständig. Absatz I gilt entsprechend.

§ 7 Mitwirkung des DSV bei Prüfungen

Der DSV kann zu jeder Zeit an den Prüfungen durch Vorstandsmitglieder oder Beauftragte mit beratender Stimme teilnehmen. Die Teilnahme bedarf keiner vorherigen Anmeldung.

Durchführungsvorschriften zur Führerscheinvorschrift

des Deutschen Segler-Verbandes

vom 1. Mai 1969 in der Fassung vom 8. Dezember 1973 mit Abänderung vom 15. Februar 1975

Gemäß § 9 der Führerscheinvorschrift des Deutschen Segler-Verbandes e. V. vom 1. Mai 1969 (veröffentlicht in den Amtlichen Mitteilungen des DSV – Die Yacht Heft 12/1969) in der Fassung vom 26. April 1970 gibt der Führerscheinausschuß des DSV nachstehende Durchführungsvorschriften bekannt:

Zu § 1: Führerscheine

I. Es ist zu unterscheiden zwischen Segelführerscheinen und Motorbootführerscheinen des DSV.

II. Die Segelführerscheine (A, BR, BK, C) des DSV berechtigen zum Führen von Segelyachten auch mit Hilfsmotor. Dementsprechend umfaßt die Prüfung ebenfalls das Fahren unter Motor.

III. Segelyachten im Sinne dieser Bestimmungen sind Fahrzeuge, deren Besegelung allein ausreicht, um das Fahrzeug zu manövrieren. Fahrzeuge mit reiner Stützbesegelung fallen nicht darunter.

IV. Die Einschränkung des Segelführerscheins auf das Führen von Segelyachten ohne Hilfsmotor ist zulässig. Im einheitlichen Führerscheinformular ist in diesem Falle der Vermerk, daß der Schein auch für Yachten mit Hilfsmotor gilt, zu streichen. In der Prüfung entfallen die das Fahren unter Motor betreffenden Fragen.

V. Die Motorbootführerscheine (MA, MBR, MBK und MC) des DSV berechtigen nur zum Führen von Motoryachten.

Zu § 2: Verantwortliche Schiffsführung

I. Die Geltung der Führerscheinvorschrift für Yachten unter dem Stander eines anerkannten DSV-Vereins bestimmt sich danach, daß die betreffende Yacht berechtigt ist, den Stander eines anerkannten DSV-Vereins zu führen.

II. Die Verantwortung des Schiffsführers nach den Regeln der seemännischen Praxis entspricht dem Begriff, wie er in der Seestraßenordnung, der darauf gegründeten Praxis der Seeämter und den ihnen entsprechenden binnenschiffahrtsrechtlichen Vorschriften festgelegt ist.

Zu § 3: Führerscheinarten

I. Es gibt nachstehende Führerscheinarten, deren Geltungsbereiche wie folgt festgelegt werden:

Führerschein Binnenfahrt (A)
Binnenfahrt umfaßt alle Binnengewässer außerhalb des Geltungsbereichs der Seestraßenordnung.

Führerschein Revierfahrt (BR)
Revierfahrt umfaßt alle Gewässer bis zur jeweiligen völkerrechtlichen 3-sm-Grenze, soweit sie von Seeschiffen befahren werden.

Führerschein Küstenfahrt (BK)
Küstenfahrt umfaßt alle Gewässer der Ostsee, die Gewässer zwischen Nord- und Ostsee, die Nordsee bis 61° nördliche Breite (Linie Sognefjord-Shetland-Inseln) einschließlich der englischen Ostküste und des Kanals bis zur Linie Lizzard-Point/Isle d'Ouessant; außerhalb dieser Grenzen alle Küstengewässer innerhalb eines 12-sm-Bereichs.

Führerschein Seefahrt (C)
Seefahrt umfaßt alle Gewässer.

II. Der Führerschein A gilt als Grundsegelschein. Voraussetzung für den Erwerb eines bestimmten Führerscheins in der Reihenfolge A – BR – BK – C ist, daß der Bewerber auch den Prüfungsstoff des vorangegangenen Führerscheins beherrscht.

Zu § 4: Prüfungsverfahren

Zu § 4 Ziffer 1: (Prüfungsausschuß)

I. Prüfer müssen im Besitz einer Prüferlaubnis des DSV sein, die für die Führerscheinart gültig ist, auf die hin geprüft wird. Eine Prüferlaubnis kann nicht erteilt werden, wenn der Bewerber um die Prüferlaubnis den Führerschein, auf den hin er prüfen will, noch nicht 3 Jahre innehat.

II. Der Verbandsverein beantragt auf verbandseinheitlichem Vordruck gemäß Anlage 1 zu dieser Vorschrift beim DSV mit schriftlicher Zustimmung des Bewerbers, eine Prüferlaubnis zu erteilen. Zur Kennzeichnung der Qualifikation des Bewerbers ist im Antrag anzugeben, welche Befähigungszeugnisse er besitzt und weshalb dieser Bewerber als Prüfer geeignet erscheint.

III. Die Prüferlaubnis ist jederzeit widerruflich und erlischt mit dem Widerruf. Der Widerruf wird in den Amtlichen Mitteilungen des DSV veröffentlicht; Prüferlaubnis und Prüferstempel sind dem DSV unverzüglich zurückzugeben.

IV. Der DSV erteilt die Prüferlaubnis auf verbandseinheitlichem Vordruck gemäß Anlage 2 zu dieser Vorschrift. In dem Vordruck ist aufgeführt, bis zu welchem Schein der Erlaubnisinhaber zu prüfen berechtigt ist. Dabei umfaßt die Prüferlaubnis zum C-Schein die Prüfungsbefugnis für die Scheine BK, BR und A, die zum BK-Schein in entsprechender Weise die für die Scheine BR und A, die zum BR-Schein die für den A-Schein.

V. Der Prüfer erhält vom DSV weiter einen Namensstempel mit Prüferlaubnisnummer, dessen Abdruck allen Unterschriften unter Prüfungsniederschriften beizufügen ist.

Zu § 4 Ziffer 2: (Zulassung)

Zu a: (Mindestalter)

I. Für die Führung von Sportfahrzeugen ist im Gegensatz zum Verbandsrecht nach verschiedenen öffentlich-rechtlichen schiffahrtspolizeilichen Bestimmungen vielfach ein höheres Mindestalter vorgeschrieben.

II. Bewerbern, die das 14. Lebensjahr vollendet haben und im Bereich des BR-Scheins segeln wollen, kann nach entsprechender Prüfung ein BR-Schein erteilt werden, der auf das örtliche Revier beschränkt ist. Dieser Schein kann weitere einschränkende Auflagen (»Gilt nur für Jollen«, »Gilt nur für Fahrzeuge ohne Motor«, »ohne Navigation«) enthalten.

Zu b: (Tauglichkeit)

I. Zum Nachweis der Tauglichkeit ist einheitlich der blaue DSV-Vordruck »Ärztliches Zeugnis für Führerscheinbewerber« gemäß Anlage 3 zu verwenden.

II. Tauglich ist ein Bewerber, der nachstehende Anforderungen erfüllt:
Die Sehschärfe gilt als ausreichend, wenn sie mit oder ohne Augengläser mindestens auf einem Auge 0,7 und auf dem anderen 0,5 und die addierte Sehschärfe beider Augen ohne Augengläser 0,15 beträgt. Dabei muß auf dem schlechteren Auge ausreichendes Orientierungsvermögen gegeben sein.
Die Augen sind einzeln auf ihre Sehschärfe mit Sehprobetafeln in einem Abstand von mindestens 5 Metern zu prüfen. Das Ergebnis ist in Dezimalwerten anzugeben. Leidet der Bewerber an einer Krankheit der Augen, die mit Wahrscheinlichkeit in absehbarer Zeit eine erhebliche Verminderung der Sehschärfe erwarten läßt oder besteht ein solcher Verdacht, so ist ein formloses augenfachärztliches Zusatzgutachten beizufügen.
Ist die vorgeschriebene Sehschärfe nur mit Ausgleich erreicht, so ist dem/der Untersuchten die Auflage zu erteilen, Augengläser während der Führung des Sportbootes ständig zu benutzen und Ersatz mitzuführen.
Farbtüchtigkeit gilt als genügend, wenn die Farbtafeln zweier anerkannter Systeme (z. B. nach Stilling, Ishihara oder Bostroem) richtig und schnell erkannt werden. In Zweifelsfällen muß eine augenfachärztliche Untersuchung mit Farbtafeln und mit dem Anomaloskop ein normales Dreifarbensehen (Trichromasie) mit einer Annahmegleichung (Anomalquotient) zwischen 0,7 und 1,4 beziehungsweise bei Grünschwäche (Deuteranomalie) 1,4 bis 6,0 ergeben.
Ausreichendes Hörvermögen besteht, wenn eine Sprache gewöhnlicher Lautstärke in drei Metern Entfernung mit dem jeweils dem Untersucher zugewandten Ohr einzeln und in fünf Metern Entfernung mit beiden Ohren zugleich ohne Hörhilfe verstanden wird.
Leidet der Bewerber an fortschreitender Schwerhörigkeit oder besteht ein solcher Verdacht, so ist ein formloses ohrenfachärztliches Zusatzgutachten beizufügen.

Zu c: (Erste Hilfe)

I. Es ist der Nachweis über Kenntnisse in Erster Hilfe zu erbringen, und zwar mindestens im Umfang der »Sofortmaßnahmen am Unfallort« unter Berücksichtigung der Verhältnisse in der Sportschiffahrt.

II. Bei approbierten Ärzten und Zahnärzten ist von der Forderung des Erste-Hilfe-Nachweises abzusehen. Bei Kandidaten der Medizin bzw. Zahnmedizin kann darauf verzichtet werden. Das gleiche gilt auch für staatlich geprüfte Krankenpfleger, Krankenschwestern, Hebammen sowie für Bewerber, die eine entsprechende Bescheinigung der Deutschen Gesellschaft zur Rettung Schiffbrüchiger, des Deutschen Roten Kreuzes, einer öffentlichen Verwaltung (Bundeswehr, Polizei, Post, Bahn, Feuerwehr), des Johanniter- bzw. Malteser-Bundes, des Arbeiter-Samariter-Bundes, der DLRG, der Landesverkehrswacht oder einer vergleichbaren Einrichtung vorlegen.

Zu d: (Erfahrungsnachweis)

I. Zum Erwerb jedes Führerscheins ist ausreichende seglerische Erfahrung erforderlich, und zwar für die Führerscheine BR, BK und C auch außerhalb des Bereichs der Binnenfahrt. Der Erfahrungsnachweis kann insbesondere durch Vorlage von Logbüchern beziehungsweise Logbuchauszügen erbracht werden.

II. Für den Erwerb des BR-Scheines ist der Nachweis erforderlich, daß der Bewerber mindestens 300 sm außerhalb des Bereichs der Binnenfahrt gesegelt ist.

III. Für den Erwerb des BK-Scheins ist zusätzlich erforderlich, daß der Bewerber nachweist, mindestens 1000 sm außerhalb des Bereichs der Binnenfahrt gesegelt zu sein und dort mehrjährige Erfahrung nach Erwerb des BR-Scheines zu haben.

IV. Für den Erwerb des C-Scheins ist zusätzlich erforderlich, daß der Bewerber nachweist, nach Erteilung des BK-Scheins weitere 2000 sm außerhalb des Bereichs der Binnenfahrt gesegelt zu sein und dort mehrjährige Erfahrung nach Erwerb des BK-Scheins zu haben.

Zu § 4 Ziffer 4: (Prüfungsfächer)

I. Die theoretische und die praktische Prüfung erstreckt sich auf die Fächer Seemannschaft, Navigation, Rechtskunde und Wetterkunde. Soweit es im folgenden nicht gesondert vermerkt ist, gelten die Prüfungsgegenstände, welche für die Segelführerscheine vorgeschrieben sind, entsprechend für die Motorbootführerscheine. Der Inhalt jedes Prüfungsfaches, dessen Mindestumfang in nachstehender Aufstellung enthalten ist, muß in den Prüfungsfragen enthalten sein.

II. Fach: Seemannschaft

1. Führerschein Binnenfahrt (A)

Seemännische Arbeiten

Behandlung der Segel
Knoten (Achtknoten, Kreuzknoten, Rundtörn mit zwei halben Schlägen, einfacher und doppelter Schotstek, Slipstek, Webeleinstek, einfacher Palstek, Stopperstek), Spleißen (Augspleiß), einfacher Takling, In- und Außerdienststellungsarbeiten
Allgemeine Instandhaltungsarbeiten
Beseitigung von Schäden mit Bordmitteln

Motorenkenntnis und Motorenbehandlung

Arbeitsweise des Motors
Getriebe bzw. Umsteuerung
Welle und Schraube
Stevenrohr und Buchsen
Kraftstofftank und Kraftstoffleitung
Sicherheitsmaßnahmen

Yacht- und Schiffsbaukunde

Kenntnis der Bauart, Takelung und Einrichtung, insbesondere von Yachten auf Binnengewässern

Yachtbedienung und Yachtführung

Segelkommandos, Segelklarmachen, Segelsetzen, Segelbergen, Reffen und Ausreffen, An- und Ablegen vom Bollwerk beziehungsweise Steg, an die Boje gehen beziehungsweise von der Boje gehen. Schleppen und geschleppt werden, Verhalten beim Kentern, Sicherheitseinrichtungen bei kleinen Booten, »Boje über Bord«-Manöver, Abfallen und Anluven, Wenden und Halsen, Ankermanöver

2. Führerschein Revierfahrt (BR)
Prüfungsgegenstände wie Führerschein A, ferner zusätzlich

Seemännische Arbeiten

Knoten (insbesondere doppelter Palstek, Roringstek, Marlschlag)
Spleißen (Kurzspleiß)
Takling (genähter Takling)

Yacht- und Schiffsbaukunde

Kenntnis der Bauart, Takelung und Einrichtung, insbesondere von seegehenden Yachten
Hauptarten der Handelsfahrzeuge (Schiffstypenkunde, soweit zur Beurteilung von Ausweichfällen oder ähnlichen seemännisch-rechtlichen Fragen erforderlich),
Stabilität, Lateral- und Segelschwerpunkt

Yachtbedienung und Yachtführung

Schiffsmanöver bei jedem Wetter
Segeln und Manövrieren im Strom
Beidrehen
Beibootsbedienung
Anker und Leinen ausfahren
Steuern nach Kompaß
Verhalten bei Schleppfahrten, in Schleusen, bei Havarien, bei Bergungen, bei Verladung
Verhalten bei Nebel
Kenntnis der Notsignale
Kenntnis der Rettungsmaßnahmen bei Strandungen

3. Führerschein Küstenfahrt (BK)
Prüfungsgegenstände wie Führerschein BR, ferner zusätzlich

Seemännische Arbeiten

Spleißen (Langspleiß)

Yachtbedienung und Yachtführung

Anlaufen von Häfen
Kenntnisse der Nachrichtenübermittlung
Ausrüstung von Yachten für Fahrten auf See entsprechend den Sicherheitsbestimmungen der Kreuzerabteilung des DSV

4. Führerschein Seefahrt (C)
Prüfungsgegenstände wie Führerschein BK

5. Motorbootführerschein Binnenfahrt (MA)

Motorenkenntnis und Motorenbehandlung

Arbeitsweise des Motors
Getriebe bzw. Umsteuerung
Welle und Schraube
Stevenrohr und Buchsen
Kraftstofftank und Kraftstoffleitung
Sicherheitsmaßnahmen

Seemännische Arbeiten

Knoten (Achtknoten, Kreuzknoten, Rundtörn mit zwei halben Schlägen, einfacher und doppelter Schotstek, Slipstek, Webeleinstek, einfacher Palstek, Stopperstek)
Spleißen (Augspleiß)
Einfacher Takling
In- und Außerdienststellungsarbeiten
allgemeine Instandhaltungsarbeiten
Beseitigung von Schäden mit Bordmitteln

Yacht- und Schiffbaukunde

Grundbegriffe der Bauweise und der allgemeinen Einrichtung von Motoryachten auf Binnengewässern

Yachtbedienung und Yachtführung

An- und Ablegen vom Bollwerk beziehungsweise Steg,
an die Boje gehen beziehungsweise von der Boje gehen, Schleppen und geschleppt werden
Wenden und Rückwärtsfahrt
Sicherheitseinrichtungen auf kleinen Booten
»Boje über Bord«-Manöver
Ankermanöver

6. Motorbootführerschein Revierfahrt (MBR)
Prüfungsgegenstände wie Führerschein MA, ferner zusätzlich

Seemännische Arbeiten

Spleißen

Yacht- und Schiffbaukunde

Kenntnis der Bauart und Einrichtung insbesondere von seegehenden Motoryachten
Hauptarten der Handelsfahrzeuge (Schiffstypenkunde, soweit zur Beurteilung von Ausweichfällen und ähnlichen seemännisch-rechtlichen Fragen erforderlich)
Stabilität des Schiffes

Yachtbedienung und Yachtführung

Schiffsmanöver bei jedem Wetter
Manövrieren im Strom
Beidrehen
Beibootsbedienung
Anker und Leinen ausfahren
Steuern nach Kompaß
Verhalten bei Schleppfahrten, in Schleusen, bei Havarien, bei Bergungen, bei Verladung
Verhalten im Nebel
Kenntnis der Notsignale
Kenntnis der Rettungsmaßnahmen bei Strandungen

7. Motorbootführerschein Küstenfahrt (MBK)
Prüfungsgegenstände wie Führerschein MBR, im übrigen wie Führerschein BK

8. Motorbootführerschein Seefahrt (MC)
Prüfungsgegenstände wie Führerschein MBK, im übrigen wie Führerschein C

III. Fach: Navigation

1. Führerschein Binnenfahrt (A)
entfällt

2. Führerschein Revierfahrt (BR)
Bezeichnung der Küstengewässer (Betonnung, Befeuerung, Nebelschallsignale), Magnetkompaß, Peilscheibe, Logge, Lot, Arbeiten in der Seekarte unter Berücksichtigung von Mißweisung, Deviation, Abdrift und Strom: Zeichnerisches Koppeln, Bestimmungen des Kompaßkurses, Schiffsortbestimmung aus Peilungen
Umgang mit Tidenkalender und Handbüchern sowie Leuchtfeuerverzeichnis

3. Führerschein Küstenfahrt (BK)
Prüfungsgegenstände wie Führerschein BR, ferner zusätzlich
Schiffsortbestimmung aus allen gebräuchlichen terrestrischen Standlinien (insbesondere auch aus Versegelungspeilungen, Horizontal- und Vertikalwinkelmessungen, Feuer in der Kimm, Lotreihen)
Deviationskontrolle und Aufstellen einer Deviationstabelle nach terrestrischen Objekten
Funkortung
Schiffsortbestimmung aus Funkstandlinien (Eigenpeilungen, Consolverfahren), Kontrolle der Funkbeschickung und Aufstellung einer entsprechenden Tabelle, Umgang mit Gezeitentafeln (Differenzverfahren) und Stromatlanten

4. Führerschein Seefahrt (C)
Prüfungsgegenstände wie Führerschein BK, ferner zusätzlich
Großkreiskurs
Sextant und Berichtigungen seiner Meßergebnisse
Auswertung astronomischer Beobachtungen in Form von vorausberechneten Höhenstandlinien und Mittagsbreite (Be-

nutzung von vorausberechneten Tafelwerken ist zulässig)
Astronomische Kompaßkontrolle
Grundkenntnisse des Loranverfahrens

IV. Fach: Rechtskunde

1. Führerschein Binnenfahrt (A)
Gesetzeskunde

Kenntnis der Verkehrsvorschriften der heimischen Segelgewässer sowie Grundkenntnisse der Sicherheitsbestimmungen und des Verhaltens bei Schiffsunfällen
Hinweis auf die Informationspflicht über verkehrsrechtliche Bestimmungen beim Segeln in außerheimischen Gewässern
Kenntnis der verschiedenen Arten der Befähigungsnachweise und deren Geltungsbereiche
Grundkenntnisse der Wettsegelbestimmungen beziehungsweise des Verhaltens gegenüber Fahrzeugen in einer Regatta

Grundkenntnisse der Yachtgebräuche

2. Führerschein Revierfahrt (BR)
Prüfungsgegenstände wie Führerschein A, ferner zusätzlich

Gesetzeskunde

Seeverkehrsrecht (Seestraßenordnung, Seeschiffahrtsstraßen-Ordnung, Grundkenntnisse der im heimischen Bereich geltenden Hafenordnungen)
Schiffspapiere (Standerschein, Befähigungsnachweise, Personalpapiere, Schiffstagebuch)
Grundkenntnisse der Sicherheitsvorschriften entsprechend den Richtlinien der Kreuzerabteilung des DSV
Verhalten bei Seeunfällen (Grundkenntnisse)
Zoll (Verhalten bei seewärtiger Ausfuhr bzw. Einfuhr sowie bei Bezug von abgabefreiem Schiffsbedarf)

Kenntnisse der Yachtgebräuche

3. Führerschein Küstenfahrt (BK)
Prüfungsgegenstände wie Führerschein BR, ferner zusätzlich

Gesetzeskunde

Schiffspapiere (Meßbrief, Schiffszertifikat, Klassenzertifikat, Fahrterlaubnisschein, Atteste, Genehmigungsurkunden für Funkanlagen)
Sicherheitsvorschriften (Verordnung über die Sicherheit der Seefahrt, Grundkenntnisse der Unfallverhütungsvorschriften der See-Berufsgenossenschaft, Ausrüstungsvorschriften des DSV für Seeregatten, Versicherungswesen)
Seeunfälle (Havarie, Bergung und Hilfeleistung, Verklarung, Seeamt, Strandamt)
Kenntnisse über Schiffahrtsbehörden und -institute

4. Führerschein Seefahrt (C)
Prüfungsgegenstände wie Führerschein BK, ferner zusätzlich

Gesetzeskunde

Grundkenntnisse des Lotsenwesens

V. Fach: Wetterkunde

1. Führerschein Binnenfahrt (A)
Hinweis auf die eigene Informationspflicht über örtliche Wind- und Sturmsignale

2. Führerschein Revierfahrt (BR)
Kenntnis der Starkwind- und Sturmsignale
Auswertung der durch Rundfunk und Fernsehen verbreiteten Wetter- und Seewetterberichte
Lesen einer amtlichen Wetterkarte

3. Führerschein Küstenfahrt (BK)
Prüfungsgegenstände wie Führerschein BR, ferner zusätzlich
Grundkenntnisse über das Wettergeschehen an den europäischen Küsten (Wetterentwicklung bei Durchzug eines Tiefs, Land- und Seewind)
Auswertung eigener Wetterbeobachtungen (Wind, Sicht, Bewölkung, Niederschlag, Luftdruck, Temperatur)
Zusammenhang zwischen Wind und Seegang
Zeichnen einer einfachen Wetterkarte nach dem Seewetterbericht

4. Führerschein Seefahrt (C)
Prüfungsgegenstände wie Führerschein BK, ferner zusätzlich
Planetarisches Windsystem und andere Windsysteme (z. B. Monsune, Winde im Mittelmeer)
Grundkenntnisse über tropische Wirbelstürme (Verhaltensweise)

Zu § 4 Ziffer 5: (Durchführung der Prüfung)
I. Maßgeblicher Zeitpunkt für die Vorlage des Erfahrungsnachweises ist der Termin der letzten Teilprüfung. Bei Ablegen der ersten Teilprüfung soll mindestens die Hälfte der geforderten Seemeilen gesegelt sein.
II. Teilprüfungen zum BK- oder C-Schein sind zulässig, sobald der Bewerber den vorangehenden Führerschein des DSV mehrjährig besitzt.

Zu § 4 Ziffer 6: (Gesamtergebnis der Prüfung)
I. Die Prüfungsniederschriften sind von jedem beteiligten Mitglied der Prüfungskommission einschließlich des Ausschußvorsitzenden unter Beifügung eines Abdrucks ihres Prüferstempels zu unterschreiben. In der Prüfungsniederschrift ist zu vermerken, auf Grund welcher Unterlage der Bewerber den Nachweis über Kenntnisse in Erster Hilfe geführt hat.
II. Die Prüfungsunterlagen (Prüfungsniederschrift, Ärztliches Zeugnis für Führerscheinbewerber auf blauem Vordruck Anlage 3, Erfahrungsnachweis, bei Minderjährigen gegebenfalls Zustimmung der Erziehungsberechtigten, schriftliche Prüfungsarbeit) müssen vom Verein gesammelt und 30 Jahre aufbewahrt werden, soweit der Verein gemäß § 5 Absatz I Ziffer 1 für die Erteilung der Führerscheine zuständig ist. Soweit der DSV den Führerschein gemäß § 5 Absatz I Ziffer 2 ausstellt, obliegt diese Aufgabe dem DSV.

Zu § 4 Ziffer 7: (Prüfungsgebühr)
I. Die Prüfungsgebühr setzt sich zusammen aus den Kosten für die Prüfung und die Prüfer sowie einer zusätzlich möglichen Prüfungsgebühr. Eine Höhe wird nicht festgesetzt; ein angemessener Betrag wird sich aus der Praxis ergeben.
II. Die Gebühr für die Ausstellung und Erteilung der Führerscheine ergibt sich aus der Durchführungsvorschrift zu § 5 der Führerscheinvorschrift (vgl. Absatz XII).

Zu § 5: Erteilung und Ausstellung der Führerscheine

I. Zur Ausstellung von Führerscheinen dürfen nur die verbandseigenen Führerscheinvordrucke nach der Anlage 4 zu dieser Vorschrift verwendet werden. Die Vordrucksätze sind bei der Geschäftsstelle des DSV vier Wochen vorher anzufordern (s. auch Ziffer IV). Jeder Vordrucksatz enthält neben dem eigentlichen Führerschein eine Durchschrift für den Prüfungsausschuß, eine Durchschrift für die alphabetische Ablage sowie eine Karteikarte für die alphabetische Zentralkartei beim DSV, ferner eine Ablagetasche für die Ablage der Prüfungsunterlagen zur Ablage in Reihenfolge der Führerscheinnummern, den Vordruck für die Prüfungsniederschrift und den Vordruck für das Ärztliche Zeugnis.
II. Für jede Führerscheinart sind besondere Vordrucke zu verwenden. Bei Erwerb einer anderen Führerscheinart ist ein neuer Schein auszustellen.

III. Die vom Prüfungsausschuß gegebenenfalls vermerkten Auflagen oder Einschränkungen sind auf dem Führerschein einzutragen und mit Unterschrift und Stempel des Vereins zu bestätigen.

IV. Die Unterschrift unter DSV-Führerscheinen und unter Bestellungen von Führerscheinvordrucksätzen ist von dem oder den Vorstandsmitgliedern vorzunehmen, die den Verein nach außen zu vertreten berechtigt sind. Ausnahmen müssen vor der Bestellung vom DSV genehmigt sein.

V. Führerscheine, die auf älteren Vordrukken ausgestellt sind, bleiben gültig. Es ist jedoch zulässig, diese Führerscheine auf die neuen Vordrucke umzuschreiben. In diesem Fall ist der alte Führerschein mit der neuen Ablagetasche abzulegen. Im neuen Führerschein ist der Vermerk »Zweitausfertigung« anzubringen und die Neuausstellung mit Unterschrift, Vereinsstempel und Datum des Neuausstellungstages zu bestätigen.

VI. Bei Ersatz verlorengegangener Führerscheine ist in entsprechender Weise zu verfahren, und zwar unter Beifügen des Vermerks »Ersatzausfertigung«.

VII. Die Vereine sind nicht berechtigt, für Nichtmitglieder, beispielsweise auch nicht für Familienangehörige von Mitgliedern, Führerscheine auszustellen. In solchen Fällen ist ausschließlich der DSV gemäß § 5 Absatz I Ziffer 2 der Führerscheinvorschrift zur Erteilung des Führerscheins zuständig. Weiter dürfen die Vereine keine Führerscheine für Mitglieder anderer Verbandsvereine ausstellen; hierzu ist nur der betreffende Verbandsverein des Führerscheinbewerbers berechtigt.

VIII. Die Vereine führen ein Führerscheinregister in Form einer alphabetischen Kartei auf verbandseinheitlichem Vordruck, in der jeder Führerschein nach Art, laufender Nummer und Ausgabetag sowie Familienname, Vorname, Geburtsort und Geburtsdatum des Führerscheininhabers erfaßt ist.

IX. Für die Erteilung der Führerscheine, die auf Grund von Prüfungen von Prüfungsausschüssen beliehener Verbände ausgestellt werden, sind für die Mitglieder von Verbandsvereinen diese Vereine gemäß § 5 Absatz I Ziffer 1 der Führerscheinvorschrift zuständig, für Nichtmitglieder der DSV gemäß § 5 Absatz I Ziffer 2 der Führerscheinvorschrift.

1. Soweit dementsprechend die einzelnen Verbandsvereine zuständig sind, werden ihnen die Prüfungsunterlagen (Prüfungsniederschrift, Ärztliches Zeugnis für Führerscheinbewerber auf blauem Vordruck, Erfahrungsnachweis, bei Minderjährigen gegebenenfalls Zustimmung der Erziehungsberechtigten, schriftliche Prüfungsarbeit) sowie der auf verbandseinheitlichem Vordruck nach Anlage 4 zu dieser Vorschrift für den betreffenden Bewerber bereits ausgefüllte Führerschein zugeschickt. Ferner sind beigefügt eine Durchschrift für die alphabetische Ablage, die Ablagetasche für die Ablage der Prüfungsunterlagen in Reihenfolge der Führerscheinnummern, der Vordruck für die Prüfungsniederschrift, sowie die Karteikarte für die alphabetische Zentralkartei beim DSV. Der Führerschein ist vom Obmann des Prüfungsausschusses des beliehenen Verbandes bereits zu unterschreiben. Der zuständige Verbandsverein händigt den Führerschein nach Gegenzeichnung und gegen Zahlung der Führerscheinausstellungsgebühr (vgl. Absatz XII) dem Bewerber aus. Ein solcher Führerschein ist nur mit der Unterschrift des Verbandsvereins gültig.
2. Soweit der DSV für die Erteilung des Führerscheins zuständig ist, gilt der vorstehende Absatz entsprechend.

X. Sollte ein Verbandsverein bei der Erteilung eines Führerscheins schwerwiegende Bedenken gegen die Ordnungsmäßigkeit des Prüfungsverfahrens haben, legt er die Prüfungsunterlagen dem DSV zur Entscheidung vor. Der Antrag ist schriftlich zu begründen. Sollte der DSV nach Überprüfung zu dem Ergebnis kommen, der beantragte Schein sei auszustellen, teilt er dies dem Verbandsverein mit. Wird dem DSV vom Verbandsverein nunmehr nicht innerhalb eines Monats nach Zustellung der Entscheidung des DSV schriftlich angezeigt, der betreffende Führerschein sei erteilt worden, ist der DSV seinerseits berechtigt, den Führerschein auszustellen.

XI. Der DSV führt eine alphabetische Zentralkartei aller auf Grund dieser Vorschriften erteilten Führerscheine. Die Verbandsvereine übersenden die ausgefüllten Karteikarten auf verbandseinheitlichem Vordruck innerhalb von zwei Monaten nach Ausstellung des Führerscheins an den DSV.

XII. Die Gebühr für die Ausstellung und Erteilung der Führerscheine bestimmt sich nach der Gebührenordnung gemäß Anlage 5 dieser Vorschrift.

Führerschein-Abkommen mit Österreich

Bekanntmachung über das deutsch-österreichische Führerschein-Abkommen

vom 26. Mai/8. Juni 1971

§ 1 Umschreibung von Führerscheinen des Österreichischen Segel-Verbandes in Segelführerscheine des Deutschen Segler-Verbandes

I. Führerscheine des ÖSV, die nach dem Prüfungsverfahren für Führerscheine des ÖSV vom 1. Mai 1970, der Prüfungsordnung des ÖSV für den Führerschein A für Binnenfahrt in der Neufassung vom 3. April 1970 nebst Ergänzung vom 17. Mai 1971, der Prüfungsordnung des ÖSV für den Führerschein B für Küstenfahrt vom 27. März 1968 und der Prüfungsordnung des ÖSV für den Führerschein C für Seefahrt vom 3. April 1970 nebst Ergänzung vom 17. Mai 1971, deutschen Staatsangehörigen ausgestellt werden, können auf Antrag in Segelführerscheine des Deutschen Segler-Verbandes umgeschrieben werden.

II. Die Zuständigkeit für die Umschreibung der Führerscheine des ÖSV in Segelführerscheine des DSV bestimmt der DSV.

III. Es werden umgeschrieben
1. in den Segelführerschein A des DSV der Führerschein A – Binnenfahrt – des ÖSV,
2. in den Segelführerschein BR des DSV der Führerschein B – Küstenfahrt – des ÖSV,
3. in den Segelführerschein BK des DSV der Führerschein B – Küstenfahrt – des ÖSV, falls in diesem erhebliche Erweiterungen, wie beispielsweise größere Teilgebiete der Nordsee, größere Teilgebiete der Ostsee oder des Mittelmeeres, eingetragen sind,
4. in den Segelführerschein C des DSV der Führerschein C – Seefahrt – des ÖSV.

Die Führerscheinvorschriften sind mit freundlicher Genehmigung durch den Deutschen Segler-Verband zitiert. Unser Zitat erfolgte nur auszugsweise, die interessantesten Paragraphen betreffend.

Segel-Lexikon

A

Abbringen Ein auf Grund gelaufenes Boot wieder flott machen

abfallen nach Lee wegdrehen. Gegensatz: anluven

ablandig der Wind, der vom Land her weht. Gegensatz: auflandig

Ablenkung auch »Deviation« genannte Ablenkung der Kompaßnadel aus der magnetischen Nordrichtung bedingt durch die Eisenteile am Schiff

abreiten Sturm vor Treibanker oder Anker abwettern

abschlagen losmachen eines Segels von einem Rundholz (Großbaum)

Absegeln Beendigung der Segelsaison durch ein letztes gemeinsames Segeln im Herbst

absetzen den Kurs auf der Seekarte eintragen

abtakeln Entfernen von Mast und allem stehenden und laufenden Gut, z. B. für das Winterlager. Nicht verwechseln mit Segelbergen!

Abtrift (auch Abdrift) das seitliche Abtreiben eines Segelschiffes durch den Wind. Nicht verwechseln mit Abtreiben durch Strömung (Stromversetzung)

abwettern Maßnahmen ergreifen, den Sturm oder die Bö gut durchzustehen

achteraus soviel wie »rückwärts«, z. B. ein Boot fährt achteraus (Gegensatz: voraus)

Achterdeck das Deck im achteren (hinteren) Teil des Schiffes

Achterholer ein Ende, mit dem etwas nach achtern (hinten) geholt wird, z. B. der Spinnakerbaum (mit Luvschot beim Spinnaker)

Achterliek achtere Kante eines Segels

achterlich von hinten

achtern hinten; bezieht sich auf den hinteren Teil des Schiffes

Achterschiff der hintere (achtere) Teil des Schiffes (Gegenteil: Vorschiff)

Achterstag ein von der Mastspitze (Masttopp) nach achtern führendes Drahtende, das den Mast abstützt

»Ahoi!« mit »Ahoi!« wird ein Schiff angerufen. »Ahoi!« ist kein Gruß!

Altersklasse nicht mehr gebaute, technisch überholte ehemalige nationale Bootsklasse

andirken eine Dirk wird so durchgesetzt, daß das Segel lose kommt und nicht mehr durch den Baum getragen wird

Ankergeschirr gesamtes Zubehör zum Anker

Ankerspill Winde zum Hochhieven der Ankerkette

anliegen 1. direkt ein Ziel ansteuern; 2. Halten eines bestimmten Kurses am Kompaß

anluven höher zum Wind hindrehen. Gegensatz: abfallen

anreihen ein Segel mit einer »Reihleine« an Mast bzw. Baum oder Gaffel befestigen (heute nicht mehr üblich)

anschäkeln etwas mit einem Schäkel befestigen. Siehe Schäkel

anschlagen z. B. Großsegel an Großbaum befestigen. Gegensatz: abschlagen

Ansegeln Beginn der Segelsaison durch erstes gemeinsames Segeln. Gegensatz: Absegeln

anstecken etwas verbinden, z. B. ein Ende an einem Beschlag

Antifouling gifthaltige, bewuchshemmende Spezialfarbe für den Unterwasseranstrich

Antizyklone Hochdruckgebiet

aufbrisen Wind verstärkt sich

auffieren Leine etwas lose geben. Gegensatz: dichtholen

auffrischen Wind nimmt zu

auflandig Wind weht zum Land. Gegensatz: ablandig

aufriggen auftakeln

aufschießen 1. Schiff in den Wind drehen zum Bremsen; 2. Eine Leine in Buchten zusammenlegen

auftakeln Mast setzen und stehendes Gut anbringen. Nicht verwechseln mit Segelsetzen! Gegensatz: abtakeln

auftuchen z. B. ein Segel zusammenlegen

auf und nieder soviel wie senkrecht, z. B. Anker auf und nieder (= kurzstag)

Augbolzen Schraubbolzen mit Auge (Ring)

Auge Ring, Loch, Öse

Ausgleicher Klassenlose Yacht, die in Regatten eine Vergütung (= Ausgleich) erhält oder geben muß

ausklarieren ein Schiff vor Auslaufen bei der Zoll- bzw. Hafenbehörde abfertigen

ausreffen die verkleinerte (= gereffte) Segelfläche wieder vergrößern

außenbords außerhalb des Bootes

ausreiten das Außenbordssetzen, um ein Boot aufrecht segeln zu können

ausschießen plötzliches Drehen des Windes auf der nördlichen Halbkugel im Uhrzeigersinn

B

Babystag zusätzliches kürzeres Vorstag

back soviel wie entgegengesetzt; man kann z. B. die Fock backhalten, d. h. gegen den Wind bzw. zur falschen Seite halten

backbord vom Heck aus gesehen links, linke Seite. Farbe des Positionslichtes: rot. Gegensatz: steuerbord

Backbordbug man segelt über Backbordbug, wenn die Segel auf der Backbordseite stehen

Backdecker Kreuzeryacht mit bis zum Bug reichendem Kajütaufbau

Backskiste Kasten unter der Sitzbank im Cockpit zum Aufbewahren von Gegenständen

Backstag	bewegliches Stag zum Abstützen des Mastes schräg nach achtern, jeweils auf st.b. und b.b.
Backstagsbrise	Wind weht schräg von achtern (raumschots)
Bake	an Land aufgestelltes Seezeichen
Balanceruder	Ruderblatt, bei dem ein Teil vor der Drehachse liegt
Balkweger	jeweils längsschiffs an den Oberkanten der Spanten laufender Balken, auf dem die Decksbalken ruhen
Ballast	Gewicht (Eisen, Blei) zur Regulierung von Stabilität und Trimm
Bändsel	ein dünnes Stück Tauwerk zum Festbändseln
Barber Hauler	Fockschot-Beiholer
Bark	Dreimastsegelschiff mit 2 vollgetakelten (= mit Rahsegeln versehenen) Masten und einem achterlichen Besanmast, der ein Schratsegel trägt
Barograph	Registrier-Barometer, das die Luftdrucksveränderungen aufzeichnet
Baum	ein Rundholz (Spiere), an dem ein Segel mit der Unterkante (Unterliek) befestigt wird, z. B. Großbaum
Baumstütze	eine Stütze, auf der der Baum aufliegt, wenn das Segel geborgen wird
Beaufort-Skala	Tabelle für die Windstärken
Beiboot	kleines zur Yacht gehörendes Ruderboot
beidrehen	ein Boot mit back gehaltener Fock so an den Wind stellen, daß es kaum noch Fahrt macht
beiliegen	soviel wie beidrehen. Genauer: der Zustand, der sich nach dem Beidrehen ergibt
Beisegel	ein Zusatzsegel, z. B. Spinnaker
bekneifen	ein Ende so belegen, daß es sich festklemmt
belegen	eine Leine festmachen
Belegnagel	ein Bolzen, der in ein Loch in der Nagelbank gesteckt wird, und an dem ein Ende belegt werden kann
bergen	1. ein Segel bergen = herunternehmen; 2. etwas in Sicherheit bringen; 3. ein havariertes Fahrzeug abschleppen
Besan	Besanmast bzw. Besansegel. Auf mehrmastigen Schiffen der achterlichste Mast bzw. Segel (z. B. bei der Ketsch)
Beschickung	Anbringung einer erforderlichen Verbesserung bei einer Kursberechnung oder nautischen Beobachtung
Beschlag	Bau- und Zubehörteile, wie Bolzen, Klampen, Schienen usw.
Besteckversetzung	Abweichung durch Strom, Abdrift und Ungenauigkeiten vom wahren Schiffsort
Betonnung	Kennzeichnung eines Fahrwassers durch schwimmende Seezeichen
Bilge	tiefster Raum im Schiff, in dem sich Wasser, Öl und Schmutz sammeln. Das Wasser in der Bilge muß jeweils gelenzt werden
Bindereff	Reffeinrichtung mit Hilfe von Reffbändseln
binnen	innen, z. B. Binnensee, binnenbords
Block	Gehäuse aus Holz, Kunststoff oder Metall mit einer oder mehreren Rollen zur Führung einer Leine
Bö	plötzlicher Windstoß
Bodenwrange	unterer Querverband im Bootsrumpf
Boje	verankerter Schwimmkörper zum Festmachen von Fahrzeugen oder zur Markierung bestimmter Stellen
Bojenstein	ein schwerer auf Grund liegender Stein oder Betonklotz, an dem mit einer langen Kette die Boje befestigt ist
Bootsmannsstuhl	ein Sitzbrett, das man zum Masttopp heißen kann für Arbeiten in der Takelage
Brasse	Leine zum horizontalen Schwenken einer Rah
brechen	1. das Reißen von Tauwerk und Ketten; 2. das Bersten und Branden von Wellen
Brecher	sich überschlagende Welle
Brigg	altes zweimastiges Segelschiff, beide Masten mit Rahsegeln vollgetakelt
Brise	leichter bis mittlerer Wind
Bucht	1. zurückspringendes Küstenstück; 2. Schleife am Tau
Bug	vorderster Teil eines Schiffes. Gegensatz: Heck
Bugspriet	Verstärkung des Vorstevens als Unterlage für den Klüverbaum
Bullauge	wasserdicht verschließbares Seitenfenster im Schiff
Bullentalje (Bullenstander)	eine von der Baumnock nach vorne geführte Talje, die beim Segeln auf Vorwindkurs bei starkem Seegang ein Überschlagen des Baumes verhindert
bunkern	Brennstoff an Bord nehmen

C

Cat (auch Kat)	Takelungsart, bei der die Boote kein Vorsegel, sondern nur ein Großsegel fahren
Cockpit	Sitzraum für die Mannschaft in einem Boot. Anderer Ausdruck: Plicht
Crew	Besatzung bzw. Mannschaft eines Schiffes
Cunningham Hole	Vorrichtung zum Strecken des Großsegel-Vorlieks
Curry-Klemme	Klemmvorrichtung mittels zweier drehbarer Backen für Leinen

D

Dalben	Gruppe von Pfählen, z. B. zum Festmachen
Davit	Aufhängevorrichtung bzw. kleiner drehbarer Kran für Rettungs- oder Beiboote, auch für Anker
Deck	oberer Abschluß eines Schiffes
Deviation	Ablenkung des Kompasses, bedingt durch die Eisenmassen des Schiffes

Diamant-rigg	Takelung eines hohen Mastes mit Toppwanten, die durch eine Saling abgespreizt sind
Diamonds	der Salinge ähnliche Spreizen am Mast
dichtholen	ein Ende bzw. eine Schot nahe heranholen. Gegensatz: fieren
Dinghy (Dingi)	kleinste Art eines Bootes, zu bedienen durch einen einzelnen Mann
dippen	die Flagge auf halbe Höhe niederholen und wieder vorheißen, Gruß von Schiffen untereinander
Dirk	eine Leine, die von der Baumnock nach oben zum Mast führt zum Halten des Großbaumes
Division	Klasseneinteilung der Katamarane (4 Divisionen)
Dollbord	oberer Rand eines Bootes, in dem die Dollen für die Riemen stecken
Dolle	eine Gabel aus Metall oder Kunststoff, in der die Riemen beim Pullen liegen
Draggen	kleiner vierarmiger Anker
Draht-vorlauf	Drahttauwerk – Anteil an einem Fall
Dreiecks-kurs	die übliche durch drei Bojen markierte Bahn für Segelregatten
Drifter	Flauten-Genua
Ducht	Sitzbank in einem Boot
dümpeln	unregelmäßiges Schaukeln eines Bootes bei Flaute, bedingt z. B. durch Dünung
Dünung	nach einem Sturm nachlaufende Wellen
durch-setzen	das Steifholen einer Leine; z. B. Fock durchsetzen
dwars	quer, querab, von der Seite
Dweidel	ein Wischer an einem langen Holzstiel zum Decksaubermachen

E

Ebbe	das Ablaufen des Wassers und das Sinken des Wasserspiegels durch die Gezeiten. Gegensatz: Flut
Eigner	Eigentümer eines Schiffes
Einhand-boot	ein Segelboot, das von einem Mann allein bedient wird
einfallen	1. Durchsetzen eines Endes, indem man dessen Tampen mit der einen Hand an der Klampe festhält, mit der anderen quer zur Richtung der Leine zieht; 2. ein Segel fällt ein, d. h. es steht nicht mehr voll; 3. der Wind fällt auf das Segel ein
Einheits-klassen	Boote, die innerhalb ihrer Klasse genau gleich gebaut werden. Gegensatz: Konstruktionsklassen
einscheren	eine Schot durch einen Block ziehen
Eintyp-klasse	frühere Werftklasse
Ende	seemännischer Ausdruck für Leine bzw. Tau; beide Endstücke eines Endes nennt man Tampen
Etmal	die von einem Schiff zwischen zwei Mittagen zurückgelegte Strecke

F

Faden	englisches nautisches Längenmaß für Tiefenangaben. 1 Faden = 6 Fuß = 1,83 m
Fahr-wasser	besonders bezeichneter Weg in Küstengewässern oder Flußmündungen für Schiffe mit größerem Tiefgang
Fall (Mehrzahl: Fallen)	Bezeichnung für Enden, mit denen etwas geheißt bzw. gefiert wird; z. B. Großfall, Schwertfall, Fockfall, Ruderblattfall
Fallwind	meist von steilen Küsten oder Bergen von oben einfallender Wind
Fender	Polster, die man über Bord hängt zum Schutz, z. B. vor Nachbarfahrzeugen
fest-machen	befestigen; z. B. ein Boot mit Leinen am Liegeplatz sicher hinlegen
Fest-macher	stärkeres Tauwerk zum Festmachen eines Bootes
Feudel	Putzlappen, Wischtuch
Feuer	das nächtliche Kennzeichen eines Leuchtturmes
fieren	ein Ende lose geben. Gegensatz: dichtholen oder heißen
Flagge	Viereckige Fahne
Flaggen-gala	festlicher Flaggenschmuck
Flaggen-parade	das feierliche Setzen oder Bergen der Nationalflagge morgens und abends
Flaggen-stock	ein Rundholz, an dem die Flagge gefahren wird
Flaggleine	dünne Leine zum Setzen von Flaggen
Flaute	Windstille bzw. ganz schwache Luftbewegung
flexibles Rigg	biegsamer Mast mit regulierbarer Verstagung
Flieger	oberstes Vorsegel
Flunke	Arm des Ankers
Flut	Auflaufen des Wassers und Steigen des Wasserspiegels infolge der Gezeiten. Gegensatz: Ebbe
Fock	Vorsegel auf einem Segelboot; auf Booten mit mehreren Vorsegeln ist die Fock das achterlichste aller Vorsegel
Fockroller	Vorrichtung zum Einrollen der gesetzten Fock
Fockschot	Leine zum Bedienen der Fock
Form-stabilität	Stabilität eines Schiffes, bedingt hauptsächlich durch die Form des Bootskörpers
Freibord	Höhe der Bordwand über der Wasserlinie
frei-kreuzen	bei auflandigem Wind von der Küste wegkreuzen
Frühstart	bei einer Wettfahrt ein Passieren der Startlinie vor dem Startschuß. Dieses Boot muß den Start wiederholen
Fuß	in der Schiffahrt verbreitetes englisches Längenmaß. 1 Fuß = 30,5 cm

G

Gaffel	Spiere, an dem das Oberliek eines Gaffelsegels festgemacht wird
Gat (Gatt)	1. Heckart eines Schiffes, z. B. Spitzgat (t), Rundgat(t); 2. Kleines Loch, z. B. Gat in der Bordwand zum Abfluß des Wassers. Gatchen im Segel: kleine eingesäumte Löcher, z. B. zum Reffen
Gelcoat	Deckschicht beim Kunststoffbootsbau
Genua	sehr großes, den Mast weit überlappendes Vorsegel
GFK	Abkürzung für »glasfaserverstärkter Kunststoff«
gieren	ständiges Ausscheren eines Bootes aus dem Kurs, bedingt z. B. durch Seegang
gissen	vermuten, schätzen – gebraucht im Zusammenhang mit der Navigation; ein »gegißter Standort« ist ein geschätzter Ort, im Gegensatz zum genau ermittelten
Gösch	kleine am Vorschiff gesetzte Landesflagge
Gräting	Gitter, Rost, Gitterfußboden
Großbaum	daran wird das Unterliek des Großsegels angeschlagen
Großschot	Leine zum Bedienen des Großsegels
Großsegel	das am (Groß-)Mast gesetzte Segel
Grummet	ringförmiger Tauwerkstropp
Grundsee	eine steile, brechende, den Grund aufrührende See, die Schiffen gefährlich werden kann
Gut	Tauwerk der Takelage; stehendes Gut: Wanten und Stage; laufendes Gut: Fallen, Schoten, Backstage

H

Hahnepot (Hahnenfuß)	ein in zwei oder mehrere Zweige auslaufendes Ende, das eine darauf einwirkende Kraft auf diese Zweige verteilt
Hals	das vordere untere Eck eines Segels
halsen	Kursänderung eines Bootes, bei der das Heck durch den Wind dreht. Gegensatz: wenden
hart	soweit wie möglich; z. B. das Ruder hart legen; hart am Wind segeln
Hauptsegel	normale Grundbesegelung ohne Beisegel
Havarie	durch Grundberührung, Sturm, Kollision entstandener Schaden
Heck	der achterste Teil eines Bootes. Gegensatz: Bug
heißen	hochziehen. Gegensatz: fieren
Helling	Schiffsbauplatz mit einer zum Wasser hin geneigten Ebene
Hochtakelung	die bei Segelbooten zur Zeit modernste und verbreitetste Takelungsart mit einem dreieckigen Hochsegel, d. h. der Kopf des Segels reicht bis zur Mastspitze, eine Gaffel entfällt
Holebug	beim Kreuzen segelt man hier Höhe heraus, nähert sich aber dem Ziel nicht. Siehe auch Streckbug
holen	ziehen, z. B. dichtholen. Gegensatz: fieren
Holepunkt	die Stelle für die zweckmäßigste Zugrichtung einer Leine, z. B. der Fockschot
Huk	Küstenvorsprung, Eck einer Küstenlinie
Hundekoje	auf Yachten eine enge neben Niedergang und Cockpit eingebaute Schlafgelegenheit
Hundsfott	unteres Auge an einem Block
Hüsing	dünnes aus 3 geteerten Garnen gedrehtes Tauwerk
Hydrodynamik	Teilgebiet der Strömungslehre: die Mechanik der Flüssigkeiten

I

Innenklüver	mittleres der 3 Vorsegel eines klassischen Kutters oder alten Segelschiffs
intern. Klassen	international verbreitete und von der I.Y.R.U. anerkannte Bootsklassen
I.Y.R.U.	»International Yacht Racing Union«, der internationale Wettsegelverband

J

Jakobsleiter	Strickleiter
Jolle	kenterbares, aber unsinkbares Schwertboot
Jollenkreuzer	Schwertboot mit Kajüte
Jolltau	einfache Umlenkung eines Taues durch einen Block
Jumpstag	an der Vorderkante von Masten angebrachte und über die Jumpstagspreize geführte Abstützung

K

Kabbelwellen	unregelmäßige, durcheinanderlaufende, kabbelige Wellen
Kabelgarn	ein aus einzelnen Fasern gedrehter Faden, der das Grundelement des Tauwerks darstellt
Kabellänge	altes Längenmaß der Seefahrt: der 10. Teil einer Seemeile = 185,2 m
kalfatern	abdichten von Ritzen und Fugen im Bootskörper
kappen	durchschneiden, durchhauen eines Endes
Kardeel	ein geschlagenes Tauwerk besteht aus mehreren Kardeelen (drei- oder vier-kardeelig)
Kardinalsystem	System der Richtungsbezeichnung bei der Fahrwasserbetonung
Karten-Null	Bezugspunkt für die Wassertiefenangaben in Seekarten
Karweel	Bauweise bei Holzbooten, bei der die einzelnen Planken so gegeneinander gesetzt werden, daß eine glatte Außenhaut entsteht
Kat	1. Abkürzung für Katamaran; 2. siehe bei Cat
Katamaran	Doppelrumpfboot

Kausch	eine Metall- oder Kunststoffverstärkung (Einlage) in einem Auge
Keep	tiefe Rille. Z. B. die Rille in Masten und Großbäumen zum Einziehen der Segel. Auch der Zwischenraum zwischen den Kardeelen von Leinen
Kennung	Kennzeichnung eines Leuchtfeuers durch die verschiedene Art der Lichterscheinungen
kentern	1. Umkippen eines Bootes; 2. Strom: der Wechsel von Ebbe zu Flut und umgekehrt
Ketsch	eine zweimastige Yacht, bei der der kleinere achterlich stehende Besanmast innerhalb der Konstruktionswasserlinie steht
Kiel	der unterste Längsbalken eines Schiffes
Kielboot (Kielyacht)	eine Yacht, die statt eines beweglichen Schwertes eine tiefliegende, fest eingebaute Kielflosse besitzt, an dem unten ein Ballast hängt. Dadurch ist die Yacht unkenterbar, sie kann aber sinken
Kielschwein	eine auf dem Kiel liegende Verstärkung
Kielschwerter	ein Yachttyp mit kürzerem Ballastkiel und zusätzlichem Schwert
killen	flattern; z. B. die Segel killen
Kimm	1. der sichtbare Horizont auf See; 2. die stärkste Krümmung auf jeder Seite des Schiffsquerschnitts
Kink	ungewollter Rundtörn beim Tauwerk, so daß es nicht klar läuft
Klampe	Metall- oder Holzbeschlag zum Festmachen bzw. Belegen von Tauwerk
Klappläufer	kleinste echte Talje mit der Kraftersparnis von 2 : 1
klarieren	1. etwas in Ordnung bringen, etwas klar machen; 2. ein Schiff beim Ein- bzw. Auslaufen behörden- und zollmäßig abfertigen
Klau	1. gabelförmiger Beschlag, mit dem die Gaffel am Mast anliegt; 2. Ecke des Gaffelsegels an der Klau
Klinker	Bauweise bei Holzbooten, bei der die Planken dachziegelartig übereinanderliegen
Klüse	Loch im Deck bzw. Beschlag zum Durchführen von Leinen oder Ankerketten
Klüver	ein Vorsegel, das vor der Fock gefahren wird
Klüverbaum	ein über den Vorsteven hinausragendes Rundholz zum Befestigen von Vorsegeln
Knickspant	eckige Bauweise bei Booten, z. B. Pirat
Knoten (kn)	Bezeichnung für die Geschwindigkeit von Schiffen = Seemeilen pro Stunde
Koker	Gehäuse, Hülle. 1. Ruderkoker: Schacht, Rohrstück als Durchführung für den Ruderschaft; 2. Mastkoker: Ausschnitt im Deck, in dem der Mast drehbar gelagert ist
Kombüse	Schiffsküche
kompensieren	»korrigieren« der Kompaßrose, die durch die Schiffseisenteile abgelenkt wird (Deviation)
Kompositbauweise	Bau eines Schiffes aus Holz und Eisen, bzw. aus verschiedenen Materialien
Konstruktionsklassen	Klassen von Yachten, bei denen dem Erbauer innerhalb einer Formel bzw. von Grenzbestimmungen gewisse freie Möglichkeiten für die Abmessungen und die Formen der Boote gegeben sind
Konstruktionswasserlinie	die vom Konstrukteur errechnete Schwimmlinie eines Bootes
Kopf	oberes Eck eines Segels
koppeln	Bestimmung eines Schiffsortes durch Eintragen und Aneinanderfügen von Distanzen an der Kurslinie
krängen	das seitliche Neigen eines Schiffes
kreuzen	auf Zick-zack-Kurs am Wind gegen den Wind segeln
Kreuzer	eine vorwiegend für das Fahrtensegeln gebaute Kajütyacht. Gegensatz: Rennyacht
krimpen	Linksdrehen des Windes (auf der nördl. Halbkugel)
kurzstag	das Einholen der Ankerkette soweit, daß der Anker gerade noch hält
Kutter	1. ein zum Pullen und Segeln geeignetes Boot der Marine; 2. Yacht mit Kuttertakelung (ein Großsegel und 2 bis 3 Vorsegel)

L

längsseits	längsseitsgehen an der Seite eines Schiffes oder an einem Steg
Lateralplan	die unter Wasser befindliche Fläche des Längsschnittes eines Schiffes
Lateralsystem	System der Seitenbezeichnung bei der Fahrwasserbetonnung
Lattentasche	auf das Segel beim Achterliek aufgenähte schmale Taschen zur Aufnahme der Segellatten
Leck	Loch im Schiffskörper
Lee	die dem Wind abgekehrte Seite. Gegensatz: Luv
leegierig	Bestreben eines Bootes, vom Wind wegzudrehen = abzufallen
Legerwall	»auf Legerwall liegen« = gefährliche Lage eines Schiffes vor einer Küste bei auflandigem Wind
lehnig	biegsam, weich, geschmeidig (beim Tauwerk)
leichtern	den Tiefgang eines Schiffes durch Ausladen vermindern
Leitöse	Öse zum Führen einer Leine (z. B. für die Fockschot)
lenzen	etwas leerpumpen
Liek	Kante eines Segels. Man unterscheidet beim Hochsegel z. B. ein Unter-, Vor- und Achterliek
Lippe	eine oben offene Öse
Log (Logge)	Meßeinrichtung für die Schiffsgeschwindigkeit bzw. zurückgelegte Distanz
Logbuch	Schiffstagebuch
loggen	die Schiffsgeschwindigkeit messen
Lot	Bleigewicht an gemarkter Leine zur Messung der Wassertiefe
Loxodrome	geradlinige Verbindung zweier Orte (bzw. Kurslinie) auf der Seekarte, die alle Meridiane unter dem gleichen Winkel schneidet
Luv	die dem Wind zugekehrte Seite. Gegensatz: Lee
Lümmellager	Verbindungsgelenk, speziell zwischen Mast und Großbaum
luvgierig	Bestreben eines Bootes anzuluven = in den Wind zu drehen

M

Marina	Bezeichnung für Yachthafen mit Versorgungseinrichtungen
marlen	mit einer Marlleine (dünne Leine) etwas durch Marlschläge anreihen; z. B. Anschlagen eines Segels an einen Baum
Marlspieker	Metalldorn, an jedem Segel- bzw. Takelmesser vorhanden, erfüllt viele Zwecke, z. B. Spleißen von Drahttauwerk
Mastkontroller	Beschlag am Mast in Deckshöhe zur Beeinflussung der Mastbiegung
Mastspur	Beschlag oder Vertiefung im Binnenkiel bzw. Kielschwein zum Einsetzen des Mastfußes
Meridian	halber Großkreis bzw. Längenkreis der Erde
Mißweisung	beim Kompaß der Winkel zwischen dem magnetischen Norden und dem wahren Norden
Mittelgrund	Untiefe in einem Fahrwasser, die dieses in 2 Fahrwasser spaltet
mittschiffs	die Mitte des Schiffes sowohl in Längsrichtung als auch in Breitenrichtung gesehen
Mole	ein den Hafen schützender Damm
Muring	Einrichtung zum Verankern eines Bootes mit 2 Ankern in einem Tidengewässer
Musing	Sicherung eines offenen Hakens mit Bändseln

N

Nagelbank	Metall- oder Holzleiste mit Löchern, die die Belegnägel aufnimmt
nationale Klassen	nur in ihrem Entstehungsland anerkannte Bootsklassen. Gegensatz: internationale Klassen
Neerstrom	Gegen- oder Rückstrom
Niedergang	Treppe an Bord, die in die Kajüte führt
Niedrigwasser	niedrigster Wasserstand in einer Tide
Nock	das Ende einer Spiere an Bord, z. B. Baumnock, Gaffelnock; Ausnahme: beim Mast (Masttopp)

O

Oberliek	obere Kante eines viereckigen Segels
Oberwant	auch Toppwant genanntes oberstes über die Saling geführtes Want
Ölzeug	Anzug aus wasserdichtem Material; aus Sicherheitsgründen in dem Farben gelb oder rot bevorzugt
olymp. Klassen	aus dem Kreis der internationalen Bootsklassen bestimmte Boote für die olympischen Regatten
olymp. Kurs	normale Bahn bei einer Segelregatta; ein durch drei Bojen markierter Dreieckskurs, der Kreuzstrecken, Raumwind- und Vorwindstrecken enthält
ösen	das Lenzen eines Bootes mit einer Wasserschaufel (Ösfaß)

P

Pall	Sperrklinke auf dem Zahnrad einer Winde
Pallholz	Stapelholz zum Abstützen einer Yacht auf dem Trockenen
Pantry	kleine Kochecke auf Yachten, sonst Anrichte auf einem Schiff
Pardun	Verstagung des Mastes nach der Seite achterlich von den Wanten. Mehrzahl: Pardunen
Part	Teil einer Leine. Läuft ein Ende durch einen Block, so unterscheidet man stehende und holende Part
Patentreff	Reffeinrichtung, bei der das Segel beim Reffen um den Großbaum aufgewickelt wird
Peilung	bei der Navigation das Bestimmen der Richtung, in der ein Objekt liegt
Persenning	Schutzüberzug für Boote
picken	soviel wie einhaken
Piek	Ecke, Spitze; z. B. das obere Ende der Gaffel
Pier	Steg, Mole, Damm
Pinne	1. Ruderpinne, ein Hebel zum Betätigen des Ruders; 2. Kompaßpinne, spitze Auflage für die Kompaßrose
Plicht	Sitzraum eines Bootes, von wo aus Ruder und Segel bedient werden; soviel wie Cockpit
Poller	Pfosten, Pfahl oder eine Art Klampe an Bord oder an Land als Festmachevorrichtung für Leinen
Preventer	Stag zum Loswerfen (Backstag)
Pricke	stangen- bzw. bäumchenartiges Seezeichen bes. in Wattengewässern
Priel	schmaler Wasserlauf an Tidengewässern
Profilstag	System zum Einführen in eine Keep des Vorsegels am Vorstag. Trägt je nach Hersteller verschiedene Namen
pullen	rudern mit dem Beiboot
Pütting	Beschlag zum Befestigen der Wanten am Boot
Pütz	kleiner Wassereimer

Q

querab	auf der Seite; etwa im rechten Winkel zur Mittschiffsebene; auch: dwars
Querkraft	die quer zur Schiffslängsachse wirkende Kraft, die Krängung und Abdrift hervorruft

R

Rah	Spiere, an die das Rahsegel mit dem Oberliek angeschlagen ist
Rahsegel	Segel, das an einer Rah gefahren wird
rank	soviel wie nicht stabil; ein rankes Schiff hat wenig Querstabilität und krängt leicht
raumen	drehen des Windes, wobei er mehr achterlich einfällt. Gegensatz: schralen

raumer Wind	Bereich zwischen Amwindkurs und Vorwindkurs
raumschots	Kurs bei raumem Wind
recht	soviel wie direkt, genau, richtig
rechtweisender Kurs	der Winkel zwischen rechtweisend Nord und Kielrichtung des Bootes = der Kurs, der in die Karte eingetragen oder aus der Karte abgelesen wird
Reck	Ausdehnung von Tauwerk oder Segeltuch durch Belastung
Ree (Rhe)	Ausführungskommando beim Manöver »Wenden«
Reede	offener Ankerplatz vor einem Hafen
Reep	soviel wie Tau; eine abgemessene Leine für bestimmte Zwecke, z. B. Bojereep
reffen	die Segelfläche verkleinern
Regatta	Segelwettfahrtserie
Reihleine	Leine zum Anreihen des Segels an den Mast
Reitbalken	ein quer über das Cockpit von Jollen laufender Querbalken
Reling	Geländer bei einem Boot
Riemen	seemännischer Ausdruck für Ruder
Rigg	soviel wie Takelage
Roring	Ring am Anker zum Befestigen von Kette oder Trosse
Roving	Glasseidenstrang als Verstärkungsmaterial beim GFK-Bootsbau
Ruder	Steuereinrichtung am Heck eines Bootes. Nicht verwechseln mit Riemen
Rudergänger	der Mann, der das Ruder bedient
Ruderhacke	Ruderträger. Entweder hinterstes Kielende, unterstes Lager des Ruderschaftes oder der unter der Schraube sitzende Träger
runden	um etwas herumfahren; z. B. eine Boje runden
Rundsel	halbkreisförmige, ausgekleidete Öffnung im Dollbord eines Ruderbootes zur Aufnahme eines Riemens
Rundtörn	das Herumwickeln einer Leine um 360°

S

Saling	quer zum Mast angebrachte kurze Stange zum Abstützen und Spreizen von Wanten
Schäkel	Metallbügel mit Schraub- oder Steckbolzen zum Verbinden verschiedener Teile
schamfilen	soviel wie scheuern oder reiben
Schandeck (Schandeckel)	die äußerst liegende Planke der Decksplanken
Schanzkleid	die feste Bordwandverlängerung rund um das Deck
Schärenkreuzer	ein im Schärengebiet entstandener Typ schneller Kreuzeryachten, lange Boote mit hoher Takelage
scheinbarer Wind	der Wind, der auf dem fahrenden Segelboot wahrgenommen wird. Er ergibt sich als Kombination von Fahrtwind und wahrem Wind
scheren	ein Ende durch einen Block führen
Scheuerleiste	an der Bordwand angebrachte Leiste zum Schutz der Außenhaut
schiften	etwas auf die andere Seite nehmen; z. B. Großbaum
Schlag	die beim Kreuzen über einen Bug zwischen zwei Wendemanövern zurückgelegte Strecke
Schoner	Segelyacht mit mindestens zwei Masten, wobei sich der größere Mast hinten befindet
Schot	Ende zum Bedienen der Segel
Schothorn	achteres unteres Eck eines Segels
Schotring	offener Ring, der den Großbaum umgreift. Daran schäkelt man den Block der Großschottalje an
Schott	wasserdichte Quer- oder Längswand im Schiff (Trennungswand)
schralen	Drehen des Windes, so daß er mehr von vorne einfällt. Gegensatz: raumen
Schratsegel	heutige gebräuchliche Segelart, dessen Vorliek in der Mittschiffsebene steht. Gegensatz: Rahsegel
schricken	Schot etwas fieren
Schwell	Dünung, z. B. in Häfen von Schleppern hervorgerufen
Schwert	Holz-, Kunststoff- oder Eisenplatte, die bei Jollen in den Schwertkasten gesteckt wird und der Abdrift entgegenwirkt. Dadurch wird erst das Kreuzen möglich
Schwertboot	soviel wie Jolle. Kleineres, formstabiles, kenterbares, aber unsinkbares Segelboot, das statt eines festen Ballastkieles ein aufholbares Schwert hat
Schwertfall	ein Ende zum Bedienen des Schwertes
schwojen	hin- und herpendeln eines vor Anker, an der Boje oder am Steg liegenden Bootes
Seemeile (sm)	seemännisches Längenmaß, 1,852 m
Selbstlenzer	Lenzventil, das bei Fahrt geöffnet aus dem Cockpit Wasser abströmen läßt
Senkruder	im Schaft beweglich gelagertes Ruder
Sextant	Winkelmeßgerät
Sichtweite	Entfernung, in der man z. B. ein Leuchtfeuer in der Kimm sieht
Skeg	Leitfläche vor einem freistehenden Ruder
Slip	ein Boot wird auf dem Slip mit Hilfe des Slipwagens zu Wasser gelassen oder umgekehrt
Slipstek	schleifenartiger einfacher Knoten, der mit einem Zug gelöst werden kann
Slup (Sloop)	übliche Takelung eines einmastigen Segelbootes mit Großsegel und einem Vorsegel
Sorgleine	Sicherungsleine
Spake	in eine Trommel einsetzbarer speichenartiger Hebel zur Drehungsunterstützung. Auch Hebel an einem Schiffssteuerrad
Spant	Quer- oder Längsrippe eines Bootskörpers
Spiegel	querschiffsstehende Abschlußplatte am Heck eines Bootes
Spiere	jede Art von Rundholz, außer dem Mast
Spill	Winsch bzw. Winde zum Verholen von Leinen oder Ankerkette (z. B. Ankerspill)

Spinnaker	leichtes Ballonsegel für Kurse mit achterlichen und raumem Wind
Spinnakerbaum	Baum, mit dem der Spinnaker gefahren wird
spleißen	Tauwerk verflechten
Spring	1. Festmacherleinen zusätzlich zu Vor- und Achterleinen bei einem längsseits liegenden Boot; 2. Leine von der Ankerkette zum Heck, um ein Boot entsprechend in den Wind zu legen
Sprung	Verlauf des Decks im Seitenriß
Stabilität	Fähigkeit des Bootes, sich nach Krängung wieder aufzurichten. Sie wird erreicht durch Gewichtsstabilität bei einem Kielboot oder durch Formstabilität bei einem Schwertboot bzw. durch eine Kombination beider Stabilitätsarten
Stag	Drahttauwerk, mit dem der Mast längsschiffs abgestützt wird (Vorstag, Achterstag)
Stander	kleine Flagge, z. B. Clubstander. Wird im Topp des Mastes gefahren und meistens am drehbaren Verklicker befestigt
Standerschein	Ausweis, der eine Yacht zum Führen eines bestimmten Standers berechtigt
Star Cut	flacherer Halbwindspinnaker in strahlenförmigem Schnitt von den 3 Ecken aus
stecken	soviel wie Nachgeben, Verlängern. Z. B. Ankerkette stecken
Steert	kurzes Stück, für einen bestimmten Zweck an verschiedenen Stellen eingespleißtes Tauwerk
stehendes Gut	Drahttauwerk, das den Mast festhält = Wanten und Stage
steif	1. beim Schiff: große Anfangsstabilität, Gegensatz: rank; 2. steifer Wind: Windstärke 7; 3. steifes Ende; wenig weiches Tau, Gegensatz: lehnig; 4. ein Ende steif setzen = straff spannen
Stek	seemännischer Knoten
Stenge	obere Verlängerung des Mastes zum Anbringen eines Toppsegels
steuerbord	die rechte Seite eines Bootes vom Heck aus gesehen. Farbe des Positionslichtes: grün
Steuerbordbug	man segelt über Steuerbordbug, wenn die Segel auf der Steuerbordseite stehen
Steven	vordere und achtere Begrenzung eines Schiffes (Vorsteven, Achtersteven)
Streckbug	beim Kreuzen: der Bug, bei dem man weniger Höhe gewinnt, sich aber dem Ziel nähert. Siehe auch: Holebug
streichen	1. rückwärtspullen im Ruder- oder Beiboot; 2. Niederholen
Strich	Stricheinteilung der Kompaßrose. Ein Strich ist der 32. Teil des Kreises, also 11,25°
Stringer	Versteifung eines Rumpfes in Längsrichtung
Stromversetzung	Veränderung des Kurses eines Schiffes durch Strömungen
Stropp	kurzes Ende
Süll	senkrechte, auf etwas aufgesetzte, z. B. um das Cockpit verlaufende Leiste zum Schutz gegen anlaufendes Wasser

T

Takelage	Sammelbegriff für alles stehende und laufende Gut
Takling	ein Takling wird auf einem Tampen aufgesetzt zum Verhindern von Auffransen und Aufspleißen
Talje	Flaschenzugsystem. Besteht aus mindestens zwei Blöcken, durch die ein Ende geschoren wird
Tallboy	schmales, hohes Beisegel
Tampen	das Ende eines Taues
Terminal	Endbeschlag bei einem Drahttauwerk
terrestrische Navigation	die Navigation, die mit Hilfe fester Punkte an Land oder im Fahrwasser betrieben wird. Gegensatz: astronomische Navigation
Tide	Gezeit. Vor allem durch die Anziehungskraft des Mondes bedingte, durch Ebbe und Flut bestimmte Änderung des Wasserstandes
Tonne	1. schwimmendes Seezeichen; 2. Gewichtsmaß: 1 t = 1000 kg; 3. Raummaß: 1 Registertonne = 2,83 cbm
Tonner-Yachten	auf einen vorgegebenen Rennwert (Rating) zugeschnittene Yachten
Topp	oberes Ende, z. B. eines Mastes
Toppnant	Tau, das vom Mast zur Nock einer Rah oder eines Baumes läuft (Dirk). Speziell beim Spinnaker: der Aufholer für den Spinnakerbaum am Mast
Toppsegel	ein über dem Gaffelsegel zwischen Topp und Gaffel gesetztes Segel
Topp und Takel	ein Segelboot »lenzt vor Topp und Takel«, wenn es bei Sturm ohne Segel dahintreibt
Törn	1. Ungewollte Verdrehung im Tauwerk; 2. Herumwickeln einer Leine; 3. Seetörn = Seereise
Totholz	den Lateralplan vergrößernde Holzfüllung (Aufklotzung) zwischen Kiel, Achtersteven und Ballastkiel
Tragweite	die Entfernung, in der nachts ein Leuchtfeuer bei normaler Sicht zu erkennen ist. Abhängig von Lichtstärke und Lufttrübung
Trailer	Bootsanhänger
Trapez	Einrichtung vorwiegend auf Rennjollen, mit deren Hilfe sich der Vorschotmann nach Luv außenbords stellen kann, damit das Boot möglichst aufrecht gesegelt wird
Traveller	quer über das Cockpit verlaufende Schiene (oft auf dem Reitbalken montiert), auf der der Großschotfußblock mit einem Schlitten gleiten und verschoben werden kann
Treibanker	trichterförmiger Segeltuchsack, der bei schlechtem, stürmischem Wetter an einer kräftigen Leine über Bord gegeben wird, und der das Boot gegen die See liegen und nur wenig treiben läßt
Treiber	das Besansegel einer Yawl. Den achterlichen kleineren Mast einer Yawl nennt man Treibermast
Trimaran	Dreirumpfboot
trimmen	etwas in die rechte Form bzw. in die richtige Lage bringen, z. B. ein Boot trimmen, neue Segel trimmen. Auch: eine Besatzung trimmen = planmäßig einüben

Trosse	dickes Tau, z. B. Ankertrosse oder Schlepptrosse
Trysegel	kleines, schweres, dreieckiges Sturmsegel, das bei schwerem Wetter an Stelle des Großsegels gesetzt wird

U

Überhang	das über die Wasserlinie hinausragende Stück von Bug oder Heck einer Yacht
überlappen	1. Bauart, bei der eine Planke dachziegelartig die andere überlappt (Klinkerbauweise). 2. Beim Regattasegeln: beim Überholen der Zustand, wenn keine der beiden Yachten klar achteraus liegt, d. h. wenn sich alle Teile des Rumpfes oder der Ausrüstung der einen Yacht nicht hinter der anderen befinden
über Stag gehen	soviel wie wenden
übertakelt	ein Boot ist übertakelt, wenn die Takelage im Verhältnis zur Stabilität des Bootskörpers zu groß ist, z. B. zuviel Segelfläche
Unterliek	die untere Kante eines Segels
Unterliekstrecker	Streckvorrichtung am Großbaum zum Spannen des Großsegel-Unterlieks
Untiefe	flache Stelle im Wasser

V

verholen	ein Boot mit Hilfe von Leinen an einen anderen Platz bringen
verkatten	zwei Anker hintereinander auslegen
Verklicker	Drehvorrichtung des Standers aus Metall
vermuren	ein Schiff in Tidengewässern mit je einem Anker stromauf und stromab verankern
vertäuen	ein Schiff mit Leinen gut festmachen
vertörnt	verdreht
Violinblock	Doppelblock mit hintereinandergelagerten Scheiben unterschiedlicher Größe
Vollzeug	mit Vollzeug segeln = ungerefft segeln
Vorliek	die vordere Kante eines Segels
Vorschiff	vorderer Teil eines Schiffes. Gegensatz: Achterschiff
Vorsegel	Segel, das man vor dem Großsegel an einem Stag setzt
Vorstag	ein Drahttau, das den Mast von vorne abstützt
Vorsteven	Begrenzung des Schiffes vorn am Bug

W

wahrer Wind	der tatsächliche Wind, wie man ihn auf einem Boot ohne Fahrt oder von Land aus wahrnehmen kann
Wahrschau!	Warnruf: soviel wie Vorsicht
Want	gehört zum stehenden Gut. Wanten sind Drahttaue, die den Mast seitlich abstützen
Wantenspanner	Spannschrauben zum Spannen von Wanten
warpen	verholen eines Schiffes mit Hilfe des Warpankers. Mit einem Boot fährt man einen kleinen Anker aus, lichtet den Buganker, verholt das Schiff am Warpanker und läßt den Buganker wieder fallen
Wasserpaß	Farbstreifen an der Bootsaußenhaut an der Stelle, an der Überwasser- und Unterwasseranstrich zusammentreffen
Wegerung	innere Bordwandbekleidung
wenden	Manöver, bei dem das Boot mit dem Bug durch den Wind dreht. Gegensatz: halsen
Wieling	ein Schutzwulst, z. B. eines Beibootes gegen schamfilen
Windsee	der durch Wind erzeugte Wellengang
wriggen	antreiben eines Beibootes mit nur einem Riemen über Heck
Winsch	Winde. Siehe auch Spill
Wuling	Durcheinander, z. B. im Tauwerk

Y

Yacht	allgemein Sportboot; speziell: Kielboot im Gegensatz zur Jolle
Yardstick-system	System mit Meßzahlen, das das Regattasegeln verschiedener Bootsklassen gegeneinander ermöglicht
Yawl	zweimastige Yacht, mit dem kleineren achterlichen Treibermast außerhalb der Konstruktionswasserlinie

Z

Zeising	kurzes Segeltuchband oder Bändsel
zu Blocks holen	1. eine Talje so zusammenholen, daß die beiden Blöcke zusammenstoßen; 2. ein Segel oder eine Flagge bis zum Anschlag am oberen Block heißen
zurren	soviel wie festbinden
Zyklone	Tiefdruckgebiet

Literaturübersicht

Autorenkollektiv (DDR): ABC des Segelns. Berlin, 5. Aufl., 1971

Baader, J.: Segelsport – Segeltechnik – Segelyachten. Bielefeld, Berlin, 4. Aufl., 1974

Bark, A.: Segelführerschein BR. Bielefeld, Berlin, 2. Aufl., 1974

Bundesminister für Verkehr: Sicherer Kurs für die Freizeit (Tips für Wassersportler)

Claviez, W.: Seemännisches Wörterbuch. Bielefeld, Berlin, 1973

Colin, A. T.: Vom Ankern und Ankergeschirr. Bielefeld, Berlin, 1966

Cotter, E. F.: Katamarane, Trimarane, Auslegerboote. Bielefeld, Berlin, 1972

Defense Mapping Agency Hydrographic Center: Pub. No. 249, Band I und II

Denk, R.: Segeln: Klar zum A-Schein. München, Bern, Wien, 4. Aufl., 1976

Denk, R.: Segelschein A in Frage und Antwort. München, Bern, Wien, 3. Aufl., 1975

Denk, R.: Klar zum Regattasegeln. München, Bern, Wien, 1973

Denk, R.: Segelsportlexikon. München, Bern, Wien, 1974

Deutsche Flying-Dutchman-Klassenvereinigung: Jahrbücher 1971/1972 bis 1976 der Flying-Dutchman-Segler

Deutscher Bundes-Verlag: Binnenschifffahrtsstraßen-Ordnung 1971 Stand 1. 10. 1973. Bonn, 1973

Deutscher Hochseesportverband »Hansa«: Seemannschaft. Bielefeld, Berlin, 12. Aufl., 1964 + 15. Aufl. 1974

Deutscher Reichsausschuß für Leibesübungen: »Die olympischen Spiele in Amsterdam 1928«. Leipzig

Deutscher Segler-Verband: Führerscheinvorschrift und Durchführungsvorschrift zur Führerscheinvorschrift des DSV vom 26. April 1970. Hamburg, 1971

Deutscher Segler-Verband: Jahrbuch des Deutschen Segler-Verbandes. Bielefeld, 1971

Deutscher Segler-Verband: Wettsegelbestimmungen, 1973

Deutscher Segler-Verband: Wir über uns. Hamburg

Deutscher Wetterdienst, Wetterkundliche Lehrmittel Nr. 11 »Ausrüstung und Tätigkeit der Bordwetterkarten«. Hamburg, 1967

Deutscher Wetterdienst, Wetterkundliche Lehrmittel »Bordwetterkarte Nr. 1 bis Nr. 10«. Hamburg

Deutscher Wetterdienst – Seewetteramt, Seegangsbilder zur Schätzung der Beaufort-Windstärke nach dem Aussehen der Windsee. Hamburg, 1964

Deutscher Wetterdienst – Seewetteramt, Wetterkundliche Lehrmittel »Schlüsseltafel (grau)«. Hamburg

Deutsches Hydrographisches Institut: Gezeitentafeln 1974 Bd. 1.

Deutsches Hydrographisches Institut: Karte Nr. 1 (Zeichen und Abkürzungen in den deutschen Seekarten). Hamburg 1974

Deutsches Hydrographisches Institut: Nautisches Jahrbuch. Hamburg, 1975

Deutsches Hydrographisches Institut: Verzeichnis der Leuchtfeuer und Signalstellen, Teil I A, 1974

Donat, H.: Der Außenborder. Bielefeld, 1975

Eichler, C. W.: Vom Bug zum Heck. Bielefeld, Berlin, 4. Aufl., 1964

Elvström, P.: Jollen- und Kielbootsegeln. Bielefeld, Berlin, 1968

Empacher, W.: Der Bau von Kunststoffbooten. Bielefeld, Berlin, 3. Aufl., 1973

Graf/Steinicke: Sportschiffahrt Binnen und Küste. Herford, 1975

Grell, G.: Instandsetzung von Segel- und Motorbooten. Bielefeld, Berlin, 3. Aufl., 1966

Gutsch, H.: Unterricht im Segeln. Berlin, 3. Aufl., 1950

Heaton, P.: Yachtsport in Bildern. Bielefeld, Berlin, 1972

Henderson, R.: Klar zum Wenden. Zürich, 1972

Henning, H.: Der Außenbordmotor. Herford, 2. Aufl., 1973

Henning, H.: Selbermachen am Boot. Herford, 1972

Hess/Brezowsky: Katalog der Großwetterlagen Europas. 2. Aufl., Offenbach a. M., 1969

Hiscock, E. C.: Segeln in Küstengewässern. Bielefeld, 5. Aufl., 1974

Howard-Williams, J.: Das Segel. Bielefeld, Berlin, 2. Aufl., 1973

Imhoff/Pranger: Das ist schnelles Segeln. Bielefeld, 1975

In Verbindung mit Bundesverkehrsministerium: Seeschiffahrtstraßen-Ordnung. Frankfurt, 11. Aufl., 1972

In Verbindung mit dem Bundesverkehrsministerium: Seestraßenordnung 1972 (Amtlicher deutscher Text). Köln, Berlin, Bonn, München, 1975

Johnson, P.: IOR-Formel verständlich gemacht. Bielefeld, Berlin, 1972

Kieschke, K.: Segeln – Lehren und Lernen. Münsterdorf, 1973

Kluge, V.: Die olympischen Spiele von 1896 bis 1968. Berlin (DDR) (ohne Jahr)

Krauß/Meldau, Wetter- und Meereskunde für Seefahrer. 6. Aufl., Berlin, 1973

Kressbach, B.: Ausbildungs-Lehrgang für Bodensee-Segler. Überlingen (ohne Jahr)

Kreuzer-Abteilung des DSV: Yachtgebräuche, Flaggenführung. 1975

Kreuzer-Abteilung des DSV: Internationale und nationale Richtlinien für die Ausrüstung und Sicherheit seegehender Segelyachten. Hamburg, 1974

Krögers Buch- und Verlagsdruckerei: Deutscher Küsten-Almanach 1975. Hamburg, 1975

Kulenkampf, H. J. (Heilmann): Segeln lernen mit H. J. Kulenkampf. München, 1974

Lund, K.: Bändsel, Leinen, Trossen. Bielefeld, Berlin, 1972

Mares, U./Schubert, K.: Segeln mit der Jolle. Bielefeld, Berlin, 1972

Merkle, L.: Sonntags segeln. Bielefeld, Berlin, 1974

Mohr, U.: Sicherheit auf See. Bielefeld, Berlin, 2. Aufl., 1971

Müller/Krauß: Handbuch für die Schiffsführung. Berlin, Heidelberg, New York, 7. Aufl., 1970

Oakeley, J. D. A.: Gewinnen. Bielefeld, Berlin, 1972

Organisationskomitee: Segelanweisungen. Spiele der XX. Olympiade München 1972.

Overschmidt, H.: Führerschein A für Segler. Bielefeld, Berlin, 10. Aufl., 1973

Pinaud, Y.-L.: Praxis des Segelns. Bielefeld, Berlin, 2. Aufl., 1970

Prade, E.: Windsurfing – den Wind in den Händen. Herford, 1975

Presseamt der Stadt Kiel: Kieler Woche (Programm und Segelregatten 1975)

Reuter, H.: Die Wissenschaft vom Wetter. Berlin, Heidelberg, New York, 1968

Robb, F.: Beaufort 10, was tun? Bielefeld, Berlin, 1969

Roth, G. D.: BLV Bestimmungsbuch »Wetterkunde für alle«. München, Bern, Wien, 1976

Sass, H.-J.: Katamarane und andere Mehrrumpfboote. Bielefeld, Berlin, 1973

Schenk, B.: Fahrtensegeln in Theorie und Praxis. München, Bern, Wien, 1976

Schult/Creagh-Osborne: Das ist Segeln. Bielefeld, Berlin, 1972

Schult, J.: Richtig ankern. Bielefeld, Berlin, 1974

Schult, J.: Mann über Bord – was tun? Bielefeld, 1975

Schult, J.: Manöver mit Jollen. Bielefeld, Berlin, 1974

Sciarelli, C.: Die Yacht. Bielefeld, Berlin, 1973

Sex, T.: Segeln mit kleinen Kreuzern. Bielefeld, Berlin, 3. Aufl., 1974

Sleightholme, J. D.: Seemannschaft von A bis Z. Herford, 1970

Sondheim, E.: Knoten – Spleißen – Takeln. Bielefeld, Berlin, 8. Aufl., 1973

Sondheim, E.: Handbüchlein der Seemannschaft auf Binnenseen. München, 1950

Städte Kiel und Lübeck: Windjammer Lübeck Kiel 1972. Herford, 1972

Stein, W.: Navigation leicht gemacht. Bielefeld, Berlin, 12. Aufl., 1974

Stein, W.: Wetterkunde für Segler und Motorbootfahrer. Bielefeld, 5. Aufl., 1974

v. Thielmann, M.: Taschenbuch des Segelsports. München, 2. Aufl., (ohne Jahr)

Tidick, M. J.: Segeln – das 1 × 1 von Pinne und Schot. Herford, 3. Aufl., 1974

Tryckare, T.: Seefahrt (Nautisches Lexikon in Bildern). Bielefeld, Berlin, 4. Aufl., 1973

Walker, S. H.: Taktisch richtig segeln. Zürich, 1970

Watts, A.: Wind Pilot mit Supplement 1 (»Baltic & North Sea Coasts«), Supplement 2 (»Atlantic Coasts of Europe«), Supplement 3 (»Western Mediterranean Coasts«), Supplement 4 (»Eastern Mediterranean Coasts«). London, 1975

Werckmeister, G.: Frischauf zum Segeln. Braunschweig, Berlin, 1956

Segelzeitschriften, Jahrbücher, Kataloge

Boote (Magazin für Freizeit-Kapitäne)

Der Blaue Peter (Zeitschrift für Segeln und Seefahrt)

Die Yacht (Zeitschrift für Segler und Motorbootfahrer

Fotoalbum des Königlich Bayerischen Yacht-Clubs (seit 1889)

Jahrbücher des Königlich Bayerischen Yacht-Clubs 1913, 1914

Jahrbücher des Kaiserlichen Yacht-Clubs Kiel, 1910, 1917, 1918

Korsaren-Nachrichten

Mitteilungen des Lübecker Yacht-Clubs

Motorboote und Yachten (Das Magazin für den Wassersport)

Motorboot (Die Fachzeitschrift für Sportschiffahrt mit Motor und Segel)

Segeln (Das Fachblatt für den Regatta- und Tourensegel-Sport)

Segelsport (Informationen und Amtliche Mitteilungen des Deutschen Segler-Verbandes)

Südkurs (Das Wassersportmagazin für Süddeutschland und den Mittelmeerraum)

The 1975 Land's End Yachtman's Equipment Guide. Chicago

»Yachtausrüstung« (Katalog der Firma Schefferling/Hamburg und Lübeck)

Yachting World

Windsurfing (International Magazine)

Quellennachweis

Der Nachdruck von Textauszügen und Abbildungen erfolgte mit freundlicher Genehmigung folgender Stellen:

DEUTSCHES HYDROGRAPHISCHES INSTITUT, HAMBURG:
Aus dem Nautischen Jahrbuch für das Jahr 1975, aus den Gezeitentafeln für das Jahr 1974 (Bd. 1, Europäische Gewässer) und aus der Karte Nr. 1 auf den Seiten 287, 289, 297, 299, 300, 301, 314–316, 323, 327.

DEFENSE MAPPING AGENCY HYDROGRAPHIC CENTER:
Aus den Pub. No. 249 Tafeln auf den Seiten 325 und 326.

SEEWETTERAMT, HAMBURG:
Abbildungen auf den Seiten 347 und 350 sowie Analysenschlüssel auf den Seiten 348–349.

BUNDESVERKEHRSMINISTERIUM:
Aus »Sicherer Kurs für die Freizeit« (Tips für Wassersportler) auf den Seiten 353–356.

DEUTSCHER SEGLER-VERBAND, HAMBURG:
Aus der Führerscheinvorschrift des DSV im Anhang.

Stichwortregister

G

H

I

J

K

L

M

Weitere Segelbücher von Roland Denk

BLV
Verlagsgesellschaft
München

blv sport
Roland Denk

Klar zum Regattasegeln

Technik, Taktik, Regeln, dazu alle wichtigen Begriffe, Ausrüstungsfragen, Ausschreibungen, Regattaboot, Bootsklassen. Erstmals wird auch ein sportwissenschaftlich fundiertes Segler-Konditionstraining vorgelegt.
136 Seiten, 28 Bildserien, 99 Fotos, 107 Zeichnungen

blv sport
Roland Denk

Segeln: Klar zum A-Schein

Hier ist das moderne Lehrbuch für Freizeitsegler. Die Praxis des Binnensegelns, über den Erwerb des Segel-Führerscheins A hinaus; Bootskunde und Theorie; Praxis des Segelns – vom Bootklarmachen über Segeln auf verschiedenen Kursen bis zu einzelnen Manövern; Segeln bei schwerem Wetter; typische Anfängerfehler; Gesetze und Gebräuche; Regattasegeln; olympische Bootsklassen. Dazu die VDS-Prüfungsfragen (mit Antworten).
4. Auflage, 158 Seiten, 101 Schwarzweißfotos, 121 Zeichnungen
Lizenzen in englisch, spanisch, holländisch und japanisch.

Roland Denk

Segelsport-Lexikon

mit 1389 Fachausdrücken

Dieses Lexikon ist mehr als nur ein umfassendes Wörterbuch: Es ist eine moderne Segelschule von A–Z mit allen Bereichen des Segelns. Eine wichtige Informationsquelle für alle Segler.
208 Seiten, 124 Fotos, 178 Zeichnungen
Lizenzen in französisch, spanisch, dänisch, schwedisch und holländisch.

Roland Denk

Segelschein A in Frage + Antwort

Mit allen VDS-Prüfungsfragen

Ein in 240 Prüfungsfragen aufgegliederter »Elementarkurs« für Teilnehmer an Segelkursen, Segellehrer, Segelschulen und eine zusammengefaßte Information für alle am Segelsport Interessierten. Dazu die 120 VDS-Prüfungsfragen (mit Antworten).
3. Auflage, 159 Seiten, 45 Fotos, 78 Zeichnungen